KB260453

|제4권|

현대 형법학
- 형법논고 -

Tractatus Juris Criminalis

안 성 조

景仁文化社

머리말

오랜만에 이 책을 내게 되었다. 4년 주기로 출간해 왔었던 현대 형법학 시리즈를 2019년 제3권 이후 작년에는 출간하지 못한 탓이다. 가장 중요한 이유를 말하자면 필자의 첫 연구년 때문이라고 할 수 있을 것이다. 교수 임용 후 여러 사정으로 연구년을 활용하지 못하고 있다가 작년에 처음으로 강의로부터 해방되어 순수하게 연구에만 전념할 수 있는 기회를 얻을 수 있었다. 한 지인의 강력한 권유로 비지팅 스칼라로 해외에 나갈 계획을 세우게 되었는데 어느 대학으로 갈 것인지는 크게 고민하지 않았다. 오래 전부터 기회가 되면 영국 옥스퍼드대에 가보고 싶다는 포부를 갖고 있었기 때문이다. 이 책의 제1권부터 제3권에 이르기까지 필자의 연구의 소재들 상당수가 옥스퍼드와 직간접적인 연관이 있었고, 그래서 늘 직접 방문해서 옥스퍼드의 책과 도서관과 사람들을 만나보고 싶다는 생각을 해왔다. 불과 몇 년 전까지도 필자의 관심을 끌었던 저술가들 중에서 옥스퍼드와 연관된 저명한 학자들이 있었기 때문이었는지도 모르겠다. 저 유명한 하트와 드워킨, 마이클 샌델, 리처드 도킨스, 유발 하라리, 그리고 물리학자 로저 펜로즈 교수가 바로 그렇다. 결심을 굳힌 필자는 설레는 마음으로 옥스퍼드대의 문을 두드렸고, 응답은 기대한 것보다 빠르게 왔다. 옥스퍼드대에서 필자를 방문학자로 받아주기로 결정한 것이다. 여러 혜택과 함께. 지금도 그때의 감동과 고마움은 잊을 수 없다.

한국인으로서는 매우 드물게 이 대학에 방문학자로 나가는 것이라서 잘 해내야 한다는 심적 부담이 크게 느껴졌다. 비지팅 결정이 되고, 실제 출국하기까지 거의 4개월 동안 옥스퍼드에서 수행해야 할 연구과제에 대한 사전준비에 매진할 수밖에 없었다. 영국에 도착해 낯선 문화에 적응이 되자마자 나에게 허락된 모든 시간은 옥스퍼드 보들리언 법대도서관에서 연구에 매진하는 데 사용되었다. 그렇게 하지 않고서는 연구과제를 기한 내에 수행해 발표하고 돌아올 수 없었기 때문이다. 이 제 필자가 작년에는 현대 형법학 시리즈를 출간할 수 없었던 이유를 독 자들이 쉽게 이해할 수 있으리라 생각한다. 한편으로는 아쉽지만, 어쩌 면 작년 한 해를 건너뛴 덕분에 이번 작품이 그나마 이와 같은 수준으 로 나올 수 있었지 않았나 생각하며 위안을 삼게 된다.

옥스퍼드의 방문학자 생활을 여기서 독자들에게 조금 더 소개하고 자 한다. 필자에게 있어서 너무나 황금같은 시간이자 귀중한 체험의 연 속이었기 때문이다.

무엇보다도 옥스퍼드에서 만난 여러분들과의 귀중한 인연에 대해 언급하고 싶다. 누구보다도 옥스퍼드 법대의 매튜 다이슨(Matthew Dyson) 교수님과의 소중한 우정을 말하지 않을 수 없다. 다이슨 교수는 필자를 옥스퍼드로 초대해 주신 장본인이자 오상방위에 대한 비교법적 연구를 수행하고 있던 필자에게 너무나 큰 도움이 되는 조언을 수없이 많이 해주신 분이었다. 단순히 관련 외국논문과 저서를 찾아보고 그것 에 의존해 연구하는 것과 직접 현지에서 전문가의 조언을 받으며 연구 하는 것의 중요한 차이를 절감할 수 있었다. 특히 필자가 옥스퍼드대에 머무는 기간 동안 옥스퍼드대 형사법토론그룹(CLDG; Criminal Law Discussion Group) 세미나와 유럽법·비교법연구소(IECL) 세미나에서 각 각 "Reinterpreting the principle of 'nullum crimen, nulla poena sine lege' from a Rawlsian Perspective"와 "Putative Defence: A Comparative Study"라는 제목의 발표를 잘 마칠 수 있게 많은 도움을 주신 데 대해 진심어린 감사의 뜻을 전해드리고 싶다.

나와 같은 전공의 교수가 아님에도 불구하고 지인의 소개로 만나뵙 게 된, 신탁법의 대가이신 윌리엄 스워들링(William Swadling) 교수님의 따듯한 환대도 평생 잊을 수 없을 것이다. 크리스마스를 앞두고 나의 가족들이 찾아왔을 때 사모님과 함께 우리를 칼리지로 불러서 따뜻한 저녁시간을 함께 해주셨다. 또한 친히 유서깊은 Brasenose 칼리지 곳곳을 안내해 주시며 구경시켜 주셨는데, 분명 그때의 일들은 나의 사랑하는 가족들 모두에게 평생 잊지 못할 귀중한 추억으로 남을 것이다. 영화 속 한 장면 같았던, 경건하고 엄숙한 분위기의 칼리지 하이테이블(high table)에서의 저녁만찬과 그 자리에서의 여러 교수님들과의 대화도 오래도록 잊지 못할 것이다.

옥스퍼드의 저명한 형법학자이자 가족법학자로도 유명한 헤링(Jonathan Herring) 교수님을 찾아뵌 기억도 잊을 수 없을 것이다. 한국의 한 지인이 나에게 헤링 교수님을 만나 한국에서 개최될 IVR 대회에 초대하고 싶다는 말씀을 전해달라고 부탁해서 처음 얼굴을 뵙게 되었는데, 일정상 본인은 참석이 어렵지만 다른 동료교수를 추천해 주실 수 있다며 환한 미소로 화답해 주셨던 그날의 대화와 Exeter 칼리지 투어도 오래도록 기억에 남을 것이다. 무엇보다 영국의 오상방위 법리에 대해 제기되는 객관주의자(objectivist)들의 비판논거를 과연 어떻게 공정한 관점에서 재평가할 수 있는지에 대해서 고민하고 있던 필자에게 헤링 교수님의 형법교과서는 매우 깊이있는 해답을 제시해 주고 있었는데, 이에 관한 대화는 필자에게 매우 유익했다.

옥스퍼드에서 가장 인상적이었던 일을 꼽으라면 그것은 옥스퍼드의 여러 칼리지(College)를 직접 초대를 받아 방문해 본 경험일 것이다. 그리 길지 않은 방문기간 동안 직접 초대를 받아 방문한 칼리지가 네 곳이나 되었다. Brasenose는 세 번이나 초대를 받아 방문하기도 하였다. 이곳에서의 저녁만찬을 비롯해 Exeter College, Wadham College, Corpus Christi College에서 차담과 식사자리는 평생 잊을 수 없을 것이다. 옥스퍼드의 교수들은 손님을 응대할 때 통상 자신의 칼리지로 초대해 차를 마시거나 식사를 하면서 대화를 나눈다. 옥스퍼드가 아닌, 혹은 칼리지 시스템을 갖고 있지 않은 대학의 교수들에게는 참으로 이색적이고 부러운 광경이 아닐 수 없었다. 칼리지에는 다양한 전공의 교원이 소속되어 있기 때문에 그들이 함께 어울려 생활하면서 자연스럽게 나누는 생각과 정보들이 이 대학의 학문적 발전의 원천이 되고 있음을 충분히 미루어 짐작할 수 있었다. 스티븐 호킹이 재학 중 소속되어 있었던 Corpus Christi 칼리지에 Dyson 교수의 식사초대를 받아 갔을 때 만나 함께 식사했던 교수님 두 분도 모두 물리학자였던 기억이 새록새록 떠오른다.

옥스퍼드에서의 방문연구 활동이 제4권의 출간이 늦어진 중요한 이유의 하나라면, 그럼에도 불구하고 바쁜 시간을 틈내서 이 책의 출간을 추진하게 된 매우 특별한 계기는 따로 있었다. 필자는 금년에 서울에서 개최된 세계법철학·사회철학대회(IVR)에 초대받아 특정 주제에 대한 발표를 하기로 되어 있었는데, IVR 대회가 시작될 무렵 외국의 저명한 출판사인 Springer사의 편집자로부터 책의 출간제의를 받게 되었다. 더욱 놀라운 것은 필자의 기존 저서를 영역해 출간해 보겠다는 제의였다. 이를 위해 IVR 대회기간에 필자는 해당 편집자와 직접 만나 미팅을 하였고, 동 편집자는 감사하게도 필자의 주제발표 장소에도 참석해 필자의 Presentation을 듣고 가기도 하였다. 출판사측의 관심과 의지가 느껴지는 순간이었다. 출판사에서 특히 관심을 표명한 필자의 저서는 총 네 권이었는데, 그중의 한 권은 그동안 출간된 나의 현대 형법학 시리즈를 집대성한 책이라고 말할 수 있는 '형법학 (2022)'이었다. 십수 년에 걸쳐서 꾸준히 출간해 왔던 형법학 이론서 시리즈가 해외 저명출판사 편집자의 눈에도 들 수 있다니 기쁘기 그지없었다. 법학자로서 보람이 느껴지는 순간이었다. 그것은 그동안 필자의 저서가 국내에서 우수학술도서로 선정될 때의 보람과는 또 다른 감격이었다. 그래서 나는 이 책의 후속작품을 다시 정성들여 출간해야 겠다는 생각을 품게 되었던 것이다.

책의 출간배경에 대한 이야기는 이쯤에서 그만두고 제4권의 내용에 대해 간단히 설명하고자 한다.

현재 형법학 시리즈의 제1권부터 제3권까지는 주로 방법론적인 주제가 주를 이루고 있었다고 해도 과언이 아닐 것이다. 하지만 오래전 구상했던 바대로 제4권부터는 순전히 도그마틱적이고 법리적인 내용이 주를 이루게 된다. 단, 첫 챕터만 예외이다. 첫 챕터는 죄형법정주의나 책임원칙과 같은 형법상 근본원칙 정당화 근거를 롤즈의 구상을 기초로 하여 새롭게 모색하고 있는 장인데, 옥스퍼드는 물론 작년에 베이징에서 개최된 형법 국제심포지움과 금년에 한국에서 개최된 IVR 대회에서도 거의 같은 주제로 영문으로 발표했던 내용을 한국의 독자들에게도 소개하기 위해 한글논문으로 집필한 것이다. 이 글을 통해 형법상 근본원칙들이 그저 유럽에서 발원한 우연하고 특수한 산물이 아니라 인류의 보편적 자산이라는 점이 분명하고 설득력 있게 보다 많은 사람들에게 잘 공감될 수 있기를 진심으로 희망한다.

본서는 크게 Part I(형법)과 Part II(형사소송법) 주제로 나뉘어 있다. 주로 최근 몇 년간 큰 관심을 갖고 천착했던 도그마틱적인 주제들을 독자의 흥미와 이해를 도울 수 있는 방향으로 주제별로 묶어 배치한 것이다. 예컨대 법률의 착오, 위법성조각사유의 전제사실에 대한 착오, 커먼로에서 사실의 착오 법리의 변천사와 오상방위의 취급문제, 합동범의 공동정범, 준강간죄의 불능미수, 재산범죄에서 재물과 재산상 이익의 구별실익, 신용카드부정사용죄 조문의 해석과 대법원의 법해석방법론, 임의제출물의 압수, 공소사실의 동일성, 증언번복 진술조서의 증거능력과 증거동의의 효력, 피고인 진술조력인제도의 도입방안 등이 바로 그러한 주제들이다. 그 중에서도 특히 위법성조각사유의 전제사실의 착오와 관련된 논문은 무려 세 편이나 된다. 집중적이고 다층적인 연구를 통해 이 문제와 관련된 대법원 판례에 대한 나름의 대안적 법리를 제시해 보고자 하였다. 이전과 마찬가지로 대체로 기존의 논문을 그대로 모아놓은 것이지만, 한 곳에서 함께 읽으면 상호 이해를 증진시킬 수 있게 의도적으로 배치하여 편집하였다. 그중에는 실제 학술지에 수록된 논문과 분량이 제법 차이가 나는 것도 있는데, 논문심사 과정에서 본문 분량을 가급적 줄이도록 권고를 받았기 때문이다. 영국형법에서 오상방위가 어떻게 취급하고 있는지 다룬 논문이 바로 그것이다. 대다수 학술지가 분량에 엄격한 제한을 두고 있어 부득이한 측면이 없지 않았지만, 그 축소된 내용이 필자가 보기에는 매우 중요한 정보와 생각을 담고 있다고 판단하여 학술지에 실린 내용과 달리 원래 투고할 당시의 긴 분량의 논문을 거의 그대로 수록하기로 결정하였다. 개별 논문의 모음집 이상의 의미를 갖게 되는 이 책의 필요성과 고유한 가치가 드러나는 부분이기도 하다. 모쪼록 이러한 결단이 독자들의 이해와 연구에 조금이나마 도움이 되기를 바랄 뿐이다. 제4권에서는 주로 법리적으로나 도그마틱적으로 오랫동안 다투어져 오고 있는 형법과 형사소송법의 주제들을 다루고 있기 때문에 이번 부제는 'Tractatus Juris Criminalis', 즉 '형법논고'로 붙였다.

제4권의 사진은 세인트 메리 교회(University Church of St. Mary the Virgin) 전망대에 올라가서 찍은 옥스퍼드 전경이다. 옥스퍼드에 처음 도착한 필자가 Queen's Lane 길가에 서서 잠시 숨을 멈출 수밖에 없었던 그 mind blowing한 풍경, 늦가을 고풍스러운 대학의 경이로움과 아름다움이 독자들에게 고스란히 전달되기를 희망한다. 현대 형법학의 여러 문제들에 대해 함께 고민하고 있는 독자들께 작은 디딤돌이 되기를 기원하며. 끝으로 옥스퍼드에서 지적 여정이 더욱 값진 것이 될 수 있게 한국에서 지속적으로 조언과 격려와 성원을 보내주신 여러 지인들께도 깊은 감사의 말씀을 전하고 싶다.

2024년 무더웠던 여름을 보내면서,
저자

차 례

머리말

| PART I **형법** |

§1. 형법상 근본원칙의 계약론적 정당화

Ⅰ. 머리말 ······ 3
Ⅱ. 롤즈의 계약론적 구상과 형법 ······ 7
  1. 롤즈의 정의론 구상과 형법의 계약론적 정당화 ······ 7
  2. 롤즈와 형벌제도 ······ 11
Ⅲ. 형법상 근본원칙의 계약론적 정당화 절차 ······ 20
  1. 원초적 입장으로부터 형법상 근본원칙의 도출과정 ······ 20
  2. 형법상 근본원칙의 계약론적 정당화의 의의 ······ 30
Ⅳ. 형법상 근본원칙에 대한 롤즈적 해석의 실천적 의의 ····· 32
  1. 형법상 근본원칙의 규범통제기능 ······ 32
  2. 독일 근친상간 판결(Inzest-Urteil)의 재조명 ······ 34
Ⅴ. 맺음말 ······ 37

§2. 형법 제16조에 대한 유기천 교수의 해석론 연구

Ⅰ. 서론 ······ 39
Ⅱ. 형법 제16조의 입법취지 ······ 43
  1. 형법 제16조에 대한 법제편찬위원회 형법요강 ······ 43
  2. 신형법 제16조의 제정 이전 구형법 제38조 3항에 대한
    학설개관 ······ 44

Ⅲ. 형법 제16조의 이론적 토대: 엄격고의설과 가능성설의
　 견해의 대립 ·· 48
　 1. 규범적 책임론과 위법성인식필요설(엄격고의설) ·············· 48
　 2. 위법성인식가능성설 ··· 51
　 3. 소결 ·· 53
Ⅳ. 형법 제16조의 해석론과 가능성설 ····························· 55
　 1. 다른 학설과 가능성설의 비교 ································ 55
　 2. 형법 제16조의 해석과 가능성설 ····························· 61
Ⅴ. 결론 ··· 72

§3. 위법성조각사유의 전제사실의 착오에 대한
　 대법원 판례의 재검토

Ⅰ. 문제의 제기 ··· 75
Ⅱ. 판례의 위전착 처리방식: 검사의 독직폭행사건[1심]의
　 검토 ··· 82
　 1. 사실관계 및 사건의 경과 ···································· 82
　 2. 1심의 주요 판시사항 ······································· 83
　 3. 판시사항의 법리적 검토 ···································· 88
　 4. 소결 ·· 88
Ⅲ. 오상을 이유로 한 위법성조각은 충분히 합당한 근거에
　 기초한 것인가? ·· 90
　 1. 논의상황 ·· 90
　 2. 판례의 태도 ··· 92
　 3. 판례의 근거 ··· 94
　 4. 판례의 문제점 ··· 97
　 5. 검토 ·· 99

Ⅳ. 고의가 부정된 위전착 사례: 검사의 독직폭행사건
   [항소심]의 검토 ··· 108
   1. 항소심의 주요 판시사항 ································· 108
   2. 검사의 독직폭행사건[항소심]의 주요 판시사항 정리 ······ 110
   3. 소결론 ··· 114
Ⅴ. 오상을 이유로 위법성을 조각하는 법리의 의의와 한계 ····· 116
   1. 독일의 판례입장과 비교 시사점: 피고인 권리보호의
      관점에서 실천적 의의와 한계 ···························· 116
   2. 도그마틱과 사실인정의 간극에 대한 성찰점 제공 ········· 119
   3. 맺음말 ··· 121

§4. 위법성조각사유의 전제사실의 착오에 관한
    유기천 교수의 견해 연구

Ⅰ. 연구의 배경 및 문제의 제기 ······························· 123
Ⅱ. 오상방위에 대한 유기천 교수의 입장의
    법리적 재구성 ··· 125
   1. 견해 재구성의 전거 및 '형법학'과 '연구'의
      모순점에 대한 구명 ·· 125
   2. 논의의 전제 ··· 132
   3. 면책적 정당방위조항을 '오상방위'에 적용한다는
      견해의 취지 ··· 134
Ⅲ. 커먼로에서 오상방위의 형법적 취급 ····················· 142
   1. 객관주의와 주관주의의 대립 ··························· 142
   2. 형법상 착오론 일반 ······································· 142
   3. 커먼로상 오상방위(putative defence)의 취급방식의 변화 ····· 146
Ⅳ. 주관주의 법리의 근거와 유기천의 형법이론 ············· 147
   1. 영국법의 주관주의 ·· 147
   2. 리딩케이스의 법리와 근거 ······························ 151

3. 주관주의의 근거 ····· 154
4. 관련 개소의 정합적 해석과 유기천 교수의 견해 ····· 156
Ⅴ. 맺음말 ····· 165

§5. 영국형법에서 오상방위의 취급에 관한 연구

Ⅰ. 서언 ····· 167
Ⅱ. 커먼로의 착오론과 오상방위에 대한 영국법의 입장 ····· 169
1. 영국법상 오상방위(putative defence)의 취급방식의
변화 ····· 169
2. 오상방위와 사실의 착오(mistake of fact) ····· 172
3. 커먼로에서 사실의 착오의 취급방식 ····· 173
4. 오상방위에 대한 영국법의 입장 ····· 194
Ⅲ. 리딩케이스의 사실관계와 법리적 근거 ····· 195
1. R v Williams(Gladstone) ····· 196
2. Beckford v. Queen ····· 197
3. 리딩케이스의 법리에 대한 논평 ····· 198
Ⅳ. 영국의 오상방위법리에 대한 반론과 그에 대한
비판적 검토 ····· 199
1. 시메스터(Simester) 교수의 비판 ····· 199
2. 시메스터의 비판에 대한 검토 ····· 209
Ⅴ. 맺음말: 대법원 판례에 대한 몇 가지 함의 ····· 216
1. 오상방위에 대한 대법원의 입장과 커먼로 법리의
구조적 유사성 ····· 216
2. '항변구성요건에 대한 착오의 법적 효과의 측면에서
논증'의 보완 필요성 ····· 217
3. 사실의 착오의 효과 ····· 222

§6. 합동범의 공동정범

Ⅰ. 문제의 제기 ··· 231
Ⅱ. 합동범의 본질 및 공동정범과의 관계 ················ 232
  1. 합동범의 개념 ··· 232
  2. 합동범의 본질 및 공동정범과의 관계 ··········· 234
Ⅲ. 합동범의 공동정범을 긍정하는 판례의 입장에 대한
  검토 ·· 240
  1. 사건의 개요 ··· 240
  2. 대법원 1998.5.21. 선고 98도321 전원합의체 판결의
   법리 분석 ··· 241
Ⅳ. 판례에 대한 비판적 견해 및 각 견해의 논거에 대한
  검토 ·· 246
  1. 판례에 대한 다양한 갈래의 비판과 그 논거들 ······· 246
  2. 비판논거에 대한 재검토 ···························· 255
Ⅴ. 맺음말 ··· 271

§7. 준강간죄의 불능미수

Ⅰ. 판결개요 및 쟁점의 정리 ······························ 275
  1. 사실관계 ··· 275
  2. 소송경과 ··· 275
  3. 쟁점의 정리 및 논의구도 ··························· 276
Ⅱ. 미수범 성립에 있어서 구성요건적 결과의 의미 ······ 279
  1. 미수범 규정에서 구성요건적 결과의 의미 ········· 279
  2. 침해범과 위험범에서 구성요건적 결과의 의미는
   달라지는가? ··· 282

Ⅲ. 불능미수 성립요건인 결과발생의 불가능성 판단기준 ···· 285
1. 대법원 반대의견의 입장 ··· 285
2. 사전적 판단의 문제점 ··· 288
3. 결과발생의 불가능성을 사전적으로 판단할 경우 불능미수
조문의 해석상 어떠한 문제점이 발생하는가? ············· 294
Ⅳ. 준강간죄의 보호법익과 불능미수의 성립여부 ·············· 297
1. (준)강간죄의 보호법익에 대한 제한적 해석론 검토 ········ 297
2. 대상판결에서 피고인 처벌의 정당성 ························· 299
Ⅴ. 맺음말 ··· 303

§8. 재산범죄의 객체로서 재물과 재산상 이익

Ⅰ. 머리말 ··· 305
Ⅱ. 판례의 기본입장 ··· 307
1. '재물과 재산상 이익-이분법'의 원칙적 유지 ··············· 307
Ⅲ. 판례의 예외법리: 이분법의 예외적 수정 ····················· 317
1. 장물죄 및 사기죄 ·· 317
2. 횡령죄 ··· 323
3. 배임죄 ··· 327
4. 부당이득죄 ·· 332
Ⅳ. 이분법의 실익: 횡령죄과 배임죄의 한계사례의
해결에 있어서의 유용성 ··· 333
1. 문제의 제기 ·· 333
2. 이분법의 적용: 피고인 또는 제3자가 취득한 금전이
재물인가, 재산상 이익인가? ······································ 335
Ⅴ. 맺음말 ··· 342

§9. 신용카드부정사용죄에서 '기망하거나 공갈하여 취득한 신용카드'의 의미

Ⅰ. 문제의 제기 ·········· 345
Ⅱ. 변호사선임비기망사건의 사실관계 및 사건의 경과 ······· 346
Ⅲ. 변호사선임비기망사건에 대한 법리적 검토 ·········· 349
   1. 해석방법론적 검토 ·········· 349
   2. '기망하거나 공갈하여 취득한 신용카드'에 대한
      목적론적 해석방법의 결과 ·········· 356
Ⅳ. '기망하거나 공갈하여 취득한 신용카드'의 올바른
   해석론 ·········· 366
   1. 목적론적 해석의 한계 및 문제점 ·········· 366
   2. 새로운 해석원칙에 따른 해석론 ·········· 369
   3. 새로운 해석론에 입각한 유흥주점공갈사건의 재평가 ····· 371
   4. 기망·공갈을 하였으나 '사용승낙'이 없는 경우의
      제70조 제1항 제4호의 적용문제 ·········· 373
Ⅴ. 맺음말 ·········· 382

| PART Ⅱ 형사소송법 |

§10. 임의제출물 압수에서 '임의성' 요건

Ⅰ. 문제의 제기 ·········· 387
Ⅱ. 현행범 체포 시 임의제출 가능성 논쟁: 임의성
   판단기준에 대한 근본적 의문 ·········· 391
   1. 하급심의 해석론: '본래적으로 강제적인 압력' 추정론 ···· 391
   2. 대법원의 해석론: '임의성' 추정론 ·········· 392

3. 견해대립의 시사점: 자백배제법칙의 이론적 근거의
   재음미 필요성 ··· 395
Ⅲ. 자백의 임의성 판단기준과 임의제출물 압수의 적법성
   판단요건 ··· 397
   1. 학설의 개관 및 검토 ····································· 398
   2. 학설 개관 및 검토로부터의 시사점: '위법배제설'의
      수용과 '종합설'의 고려 ································· 404
Ⅳ. 동의수색 기준에 대한 미란다 판결의 함의: 쉬넥로스
   판결의 의의와 한계 ··· 415
   1. 동의에 의한 압수·수색에 관한 미연방대법원 판례의
      검토와 논의의 필요성 ································· 415
   2. 판례입장의 변화: '상황의 총체성' 기준에서 '위법배제'
      기준으로 ··· 416
   3. 임의제출의 적법성을 인정하기 위한 요건 ········· 420
   4. 압수거부권의 고지 의무화를 둘러싼 법리적 문제:
      쉬넥로스 판결 비판 ····································· 429
Ⅴ. 맺음말 ·· 444

§11. 증언번복진술조서의 증거능력과 증거동의의 효력

Ⅰ. 문제의 제기 ··· 447
Ⅱ. 증언번복조서판결의 다수의견 입장에 대한 검토 ········· 452
   1. 다수의견의 증거능력 배제 근거에 대한 검토 ········· 452
   2. 다수의견 취지의 종합검토 ····························· 461
Ⅲ. 증언번복조서판결의 보충의견 및 반대의견에 대한
   검토 ·· 467
   1. 보충의견에 대한 검토 ··································· 467
   2. 반대의견에 대한 검토 ··································· 473
   3. 소결론 ·· 479

Ⅳ. 당사자주의·공판중심주의·직접주의 위반 및 공정한
   재판을 받을 권리의 침해는 헌법상 적법절차의 실질적
   내용의 침해에 해당하거나 그에 상응하는가? ·············· 480
   1. 위법수집증거배제법칙과 적법절차원칙의 실질적 내용 ···· 480
   2. 적법절차와 소송구조 및 피고인의 방어권과의 관계 ······· 482
   3. 증언번복조서의 증거능력과 증거동의의 효력 ················· 489
 Ⅴ. 맺음말 ··· 498

§12. 공소사실의 동일성 판단기준과 一事不再理의
   효력이 미치는 범위

 Ⅰ. 문제의 제기 ·· 501
 Ⅱ. 일사부재리원칙과 동일성 도그마틱 ······························ 504
   1. 일사부재리원칙의 개념과 유래 ································· 504
   2. 일사부재리의 객관적 효력범위의 법적 근거 ·················· 506
   3. 헌법상 이중위험금지원칙과 동일성 판단기준: 해석론의
      필요성 ·· 509
 Ⅲ. 기본적 사실동일설의 재검토 ······································· 512
   1. 기본적 사실동일설의 의의와 동일성 판단기준 ·············· 512
 Ⅳ. 수정된 기본적 사실동일설의 내용과 대법원 판례의
   동일성 판단기준 검토 ·· 521
   1. 기본적 사실동일설의 문제점과 대안의 모색 ················· 521
   2. 대법원 판례의 판단기준 분석-일관성의 측면 ················ 529
   3. 대법원 판례의 판단기준 분석: 정합성의 측면 ············· 534
   4. 대법원 판례입장의 정리 ··· 540
   5. 기타 참고할 판례 ··· 542
 Ⅴ. 맺음말: 향후 과제 ·· 544

§13. 피고인 진술조력인제도 도입가능성에 관한 연구

Ⅰ. 문제의 제기 ··· 547
Ⅱ. 진술조력인제도 개관 ······································ 550
Ⅲ. 영국의 진술조력인제도 ··································· 558
  1. 도입배경 ··· 558
  2. 도입과정 ··· 559
  3. 리딩케이스(Rashid Case)의 검토:
    피고인 진술조력인제도의 운용방식 ············· 563
  4. Rashid 판결의 배경 ································· 568
Ⅳ. 영국 진술조력인 제도의 평가와 시사점 ········· 573
Ⅴ. 맺음말 ··· 575

PART I 형법

§1. 형법상 근본원칙의 계약론적 정당화

Ⅰ. 머리말

형법의 한계는 어디일까? 즉 형법의 개입은 어느 지점에서 끝나야 하고 그로부터 다른 법이나 사회적 제재의 개입이 시작되어야 하는 것일까? 아마도 이 근본적 질문은 형법학에서 가장 중요하면서 시대를 초월하는 테마일 것이다. 어떤 행위를 형법상 범죄로 규정할 것인지, 현행 법조문과 판례의 법리를 어떻게 해석하고 적용할 것인지 등 입법과 사법에 있어서 중요한 문제를 단지 '조화와 균형'이라는 만능의 열쇠에만 의존하거나 환원시켜 해결하려고 해서는 안 될 것임은 분명해 보인다. '조화와 균형'은 필요하지만 종종 입법자나 법관의 자의적 판단을 합리화할 수 있는 '만능의 근거'로 활용되기도 하기 때문이다. 형법학의 영역에서 흔히 '개인의 자유확대'와 '사회적 위험방지', '피고인의 권리'과 '피해자의 보호', '학리적 견해'와 '법관의 규범적 직관' 등의 가치충돌이 있게 마련이며 이를 언제나, 너무 안이하게 '조화' 내지 '균형'이라는 문제해결의 '최후수단'에 의존해 해결하려고 해서는 안 될 것이다. 여기에는 누구나 동의할 수 있는 보편화가능한 원칙이 요구된다. 그렇다면 과연 어떤 방법으로 그러한 보편타당한 원칙을 입론할 수 있을지가 형법학의 중요한 문제로 대두된다.

다양한 철학적 입장이 제시될 수 있겠지만, 우리가 분명히 동의할 수 있는 점은 적어도 현대의 다원화된 자유민주주의 사회에서는 단지 어떤 권위에 의해 주어진 원칙은 널리 수용되기 힘들다는 사실일 것이다. 그것이 비록 법관이든 법학자이든 특수한 전문가집단의 합의에 의한 것이라 하더라도 마찬가지이다. 따라서 본고는 사회계약론의 전통에 주목해 보고자 한다. 계약론적 전통에서 보면 도덕적으로 옳은 원칙은 암묵적인 합의(implicit agreement)에 의해 결정되며, 우리가 그것을 준수해야만 하는 이유는 그것에 합의했기 때문이다.1) 이러한 생각을 가장 세련되게 발전시킨 것으로 평가되는 존 롤즈(J. Rawls)의 아이디어에 의하면 자신의 사회적 삶을 지배할 원칙의 선택에 있어서 어느 누구도 유리하거나 불리하지 않은 이상적인 공정한 상황이 주어지고 이러한 상황에서 모두가 어떤 원칙에 합의할 수 있다면 그것은 정의로우며 응당 구속력을 갖게된다. 우리가 만약 형사처벌의 영역에서도 그러한 원칙을 도출하는 데 성공한다면, 그것은 이러한 계약론적 배경에서 볼 때 공정하고 정의롭기 때문에 그 자체로 형법의 해석과 적용은 물론 입법에 있어서 구속력을 갖는 형법상의 근본원칙(foremost principle)으로 간주될 수 있을 것이다.2)

근본원칙은 그 정의상 도덕적 정당성을 지닌 것이므로 형사사법은 물론 형사입법 전반에 걸쳐 존중되고 지켜져야 하겠지만 현실적으로는 법원의 판결이나 의회의 입법에 의해 때때로 침해되는 경우도 발생할 수 있을 것이다. 그런 점에서 형법상 근본원칙의 본성(nature)에 대해 "이러한 원칙들은 어떠한 의미에서도 형법의 전분야에 걸쳐서 준수되는 엄격한 규칙이 아니며 그보다는 일단의 학자들에 의해 제안된, 형법이 지향해야 하는 원칙에 불과하다."3)는 평가는 일견 매우 적확해 보인

---

1) 윌 킴리카/박정순 역, 사회계약론의 전통, in: 사회계약론 연구 (철학과현실사, 1993), 11면.

2) 여기서 '근본(foremost)' 원칙이라 함은 형사법의 영역에서 다른 일체의 하부원칙을 구속하는 '최상급(superlative)'의 일반원칙이라는 의미이다. 롤즈가 자신의 정의원칙을 도출함에 있어서 원초적 입장을 통한 계약의 대상을 사회의 기본구조에 대한 근본적이고 일반적인 원칙으로 한정하고 있듯이 본고도 바로 그러한 근본적이 일반적인 원칙을 도출하는 과정을 입론하고 있다.

3) "these are not in any sense strict rules which are followed throughout the criminal law, rather they are proposed by some academics as principles to which the law should aspire." Jonathan Herring, Criminal Law (Oxford University

다. 하지만 우리는 그 판결이나 입법이 근본원칙에 부합되고 있는지, 원칙에서 얼마나 어긋나 있는지 판별할 수 있고 이로부터 무엇이 형법에 요청되는 정의로운 원칙인가라는 관점에서 그 판결과 입법의 도덕적 옳고 그름을 판단할 수 있기 때문에, 이를 통해 보다 바람직한 법적 대안을 제시할 수 있다는 점에서 이러한 근본원칙들은 여전히 형법의 지도이념으로서 역할을 할 수 있고, 따라서 이를 논하는 실익이 있다고 생각된다.

그렇다면 형법상 근본원칙으로 제시될 만한 것들은 무엇이 있을까? 이에 해당하는 후보들로는 이미 우리에게 잘 알려진 법익보호원칙(Rechtsgüterschutzprinzip)이나, 죄형법정주의와 책임원칙(Schuldprinzip), 비례성원칙(Verhältnismäßigkeitsprinzip) 등이 있다. 만일 위 원칙들이 단순히 역사적 발전에 따른 시대정신의 산물이거나[4] 어느 특정 학자집단의 사상적 전유물이 아니라 형법상 시대불변의 보편적인 지도이념으로 확고하게 승인될 수 있는 정당한 근거와 자격이 있다면 우리는 과연 이 원칙들을 어떠한 방법을 통해 도출해 낼 수 있고 또한 정당화할 수 있는 것일까? 이에 대한 해답의 실마리는 바로 롤즈에서 찾을 수 있으며 롤즈의 구상으로부터 형법의 근본원칙을 도출할 수 있다는 것이 본고의 논지이다.

형법이론과 형사실무에서 형법상의 여러 근본원칙들은 매우 중요하게 여겨지지만, 그 각각의 원칙의 근거는 무엇이고, 그것이 지향하는 가치는 무엇이며, 다른 대안적 원칙들에 비해서 근본원칙이 더욱 안정적인 지위를 갖는 이유에 대해 정합적으로 설명할 수 있는, 이론적으로 강건한 근거(theoretically robust grounds), 다시 말해 다른 대안적 원칙들을 지지하는 논거들로부터 근본원칙의 입장을 공고하게 방어해낼 수

Press, 2014), at 9. 동지의 입장으로는 Grant Lamond, "Core Principles of English Criminal Law", in: The Limits of Criminal Law (intersentia, 2018, edited by Matthew Dyson/Benjamin Vogel), at 12.
4) 예컨대 죄형법정주의에 대한 사상적·역사적 고찰로는 홍영기, "죄형법정주의의 근본적 의미" 형사법연구 제24권 (2005), 3면 이하 참조.

있는 이론에 대한 탐구는 여전히 거의 없다고 해도 과언이 아닐 것이다. 그렇기 때문에 형법상 근본원칙의 타당성을 보다 설명력 있게 합리적으로 정당화할 수 있는 논거나 이론이 더욱 깊이 논구되어야 할 필요가 있는 것이다. 예컨대 일반적으로 잘 알려져 있고 널리 승인되고 있는, 형법의 임무를 '법익보호'로 제한해야 한다는 원칙으로 법익보호원칙이 있지만 혹자는 법도덕주의(legal moralism)[5]나 법후견주의(legal paternalism)[6] 및 기타 권위주의적 원칙들(authoritarian principles)을 통해 현대사회에서 형법의 규율범위 확대를 용이하게 하는 것이 질서있는 사회의 유지에 도움이 될 수 있지 않겠느냐는 의문을 품을 수 있을 것이다. 그렇다면 이러한 논지에 대해 전자가 후자보다 과연 더 안정적인 지위를 지니고 있다고 말할 수 있을까? 본고는 이와 같은 의문에 답해 보고자 기획되었다. 이를 위해서 롤즈의 생각을 빌려와 '법에 대한 계약론적 정당화'로 명명할 수 있는 순수한 절차적 정당화에 대해 다루어 보고자 한다. 이를 통해 종래의 중요한 형법상의 원칙들이 절차적 공정성이 담보된 가운데 도출될 수 있는 정의로운 원칙이란 점을 입론해 보고자 한다. 이는 형법상의 근본원칙에 대한 롤즈적 관점의 해석이라고 말할 수 있을 것이다.

---

5) 법도덕주의란 한 사회의 지배도덕(dominant moral norm)을 유지하기 위해서 법은 특정한 행위를 금지하거나 요구할 수 있다(laws may be used to prohibit or require behavior based on society's dominant moral norm)는 견해를 말한다.

6) 법후견주의란 법이 한 개인의 이익을 증진하기 위해서 그의 자유와 자율성을 제한하는데 이용될 수 있다(law may be used to limit a person's liberty or autonomy for the purpose of promoting their own good)는 견해이다.

II. 롤즈의 계약론적 구상과 형법

1. 롤즈의 정의론 구상과 형법의 계약론적 정당화

잘 알려진 바와 같이 일찍이 존 롤즈는 '공정으로서 정의(justice as fairness)'라는 이론을 발전시켰다. 사회의 기본구조를 규율할 원칙을 결정하기 위해 모인 사람들이 모든 임의적인 요소들이 배제된 평등한 상태에서 합의한 계약사항은 공정하다는 것이 그 이론의 요체다. 이 간명한 사상을 뒷받침하기 위해 롤즈가 고안한 이론적 개념 중 하나가 바로 '원초적 입장(original position)'이며, 다른 하나는 합의에 필요한 최소한의 정보(공적 지식)[7]만 남겨두고 당사자들이 자신의 경제력이나 사회적 지위 등을 모르게 함으로써 공정성을 담보해 주는 기능을 하는 개념인 '무지의 베일(veil of ignorance)'이다. 계약에 참여한 당사자 모두가 무지의 베일을 쓰고 아무도 협상에 있어서 우월적 지위에 있지 않은 원초적으로 평등한 상태에서 기본적인 사회생활을 지배할 원칙들에 대해 시민들이 상호 합의한 사항들은 공정하고 정의로우며 따라서 시민과 국가 모두에게 구속력이 있는 의무를 발생시킨다는 명증한 논리가 바로 그의 이론의 핵심이다. 여기서 롤즈가 자신의 정의론을 '공정으로서 정의'라고 말하는 이유가 설명되는데, 이는 정의의 원칙이 공정한 최초의 상황, 즉 원초적 입장에서 합의된 것이라는 생각을 나타내주기 때문이다. 이 간결하면서 명증한 이론적 구상의 장점은 법과 도덕을 지배하는 원칙들의 정당화 근거가 어디에 놓여 있는지 일반시민의 관점에서 누구나 잘 이해할 수 있도록 도와준다는 것이다. 예를 들어 형법의 해석과 적용을 규율하는 원칙들이 있다고 할 때, 그러한 원칙들의 정당성의 원천은 그 어떤 권위나 도그마에 있는 것이 아니고[8] 공정한 참여와

---

7) 여기에는 인간사회에 대한 일반적 지식들, 예컨대 정치와 경제의 이론 및 원칙, 인간심리의 법칙 등이 있다.

8) 즉, 형법상 근본원칙들의 정당화 근거는 입법자나 법원, 특정한 엘리트 형법전

선택의 절차가 보장된 상황에서 시민들의 합리적인 판단에 기초한 합의로부터 도출될 수 있다는 착상이 '계약론적 정당화'의 밑바탕에 흐르는 사고방식의 핵심이다.

여기서 이해의 편의를 위해 원초적 입장에 대해 보다 상세히 논급할 필요가 있을 것이다.

원초적 입장(original position: OP)이란 사회의 기본구조가 준거로 삼아야 할 원칙을 합의하는 사회계약을 위한 롤즈식 장치이다. 롤즈에 의하면 평등한 원초적 입장은 전통적인 사회계약이론의 자연상태에 부합된다고 한다.9) 원초적 입장은 하나의 사고실험으로 고안된 것이며 실제 존재하지 않는 가설적 성격을 띤다. 이러한 논증전략은 근대적 사회계약설이 자연상태에서의 합의를 주장함으로써 역사적 사실이 아니라는 비판을 받아온 것에 대한 대응이기도 하다. 원초적 입장에서의 합의는 추론에 의해 연역적으로 도달되는, 비역사적이며(nonhistorical) 분석적인 것이다.10) 원초적 입장의 계약 당사자들은 자신의 계급이나 지위나 사회적 위치를 아무도 알지 못하며 생래적인 자산과 능력, 힘, 지능 등의 분배에 있어서 자신의 운(fortune)을 아무도 알지 못한다. 이렇게 설계된 절차적 조건은 정의의 원칙을 선택하는 과정에서 어느 누구도 자연적·사회적인 우연성의 결과에 따라서 유리하거나 불리한 입장에 처하지 않도록 보장한다. 즉, 원초적 입장은 그 입장에서 합의된 원칙은 정의로울 수 있도록 고안된 공정한 절차인 것이다.11)

롤즈는 원초적 입장의 계약당사자들은 무지의 베일을 쓰고 있는 것으로 가정한다. 그래야만 계약에 참여하는 당사자들이 자신의 사회경제

문가 집단에 있지 않으며, 근본규범(Grundnorm)이나 자연법에 의존할 필요도 없다는 것이다.

9) John Rawls, A Theory of Justice (Harvard Univ. Press, 2011), at 11(동 문헌은 본고에서 자주 인용되므로 이하 'TJ'로 약칭하기로 함).

10) John Rawls, *Justice as Fairness: A Restatement* (The Belknap Press, 2001), at 16-17.

11) TJ, at 136.

적 지위나 신분에 기해 유리하거나 불리한 입장에서 불공평한 계약을 맺게 되는 것을 방지할 수 있게 되기 때문이다. 롤즈는 이때 무지의 베일 뒤로 가려지는 것으로 사회적 지위나 경제력 등을 논급하고 있으나 이것은 예시임이 분명해 보이므로 후술하는 형법의 근본원칙을 도출하는 과정에서라면 계약 당사자들의 범죄적 성향(disposition to criminal behaviour)도 무지의 베일에 의해 가려지는 것으로 보아야 마땅할 할 것이다. 그래야만 상호 가장 불리한 입장에서, 즉 자신이 쉽게 혹은 자주 피고인의 처지에 놓였을 경우의 위험을 합리적으로 최소화하기 위한 선택을 하게 될 것이기 때문이다.[12]

원초적 입장과 무지의 베일의 역할을 다시 정리해 보면, 원초적 입장에서 계약의 당사자들은 무지의 베일을 쓰고 있으며 이러한 조건에서 당사자들은 무지의 베일이 사라졌을 때 사회생활의 기초가 될 특정 정의원칙들을 영구적으로 확립하는 계약에 합의해야 하는 공동의 과제에 직면하고 있다. 롤즈에 따르면 원초적 입장의 선택은 무작위로 선택된 한 사람의 입장으로 볼 수 있다. 즉, 원초적 입장과 무지의 베일은 언제든 누구나 동일한 합의에 도달할 수 있도록 보장해 주는 절차적 장치이므로 이를 통해 항상 동일한 원칙이 선택될 것이다.[13]

실제의 시민들은 언제라도 원초적 입장에 들어가서 선택될 정의의 원칙에 대해서 숙고해 볼 수 있다. 하지만 이러한 원초적 입장에서의 가상의 합의가 과연 구속력을 지닐 수 있는가에 대해 의문이 제기될 수 있고, 무지의 베일을 벗어던진 현실에서의 합의가 어떻게 가능한가에 대해 롤즈는 '중첩적 합의(overlapping consensus)'라는 개념을 도입한다. 중첩적 합의는 공통의 기반, 즉 '공적 이성(public reason)'을 기반으로 다원적 가치관과 배경을 지닌 시민들이 현실에서도 합의하는 것을 말한다. 따라서 원초적 입장에서 시민(의 대표)들이 도달한 합의(1단계 합

---

12) 이 점에 대한 인상적이고 탁월한 지적으로는 Matt Matravers, Political Theory and The Criminal Law, in: Philosophical Foundations of Criminal Law (Oxford Univ. Press, 2011), at 75.

13) TJ, at 139.

의)는 실제 현실에서도 시민들의 공적 이성에 기초한 중첩적 합의를 통해(2단계 합의) 타당한 것으로 수용될 수 있다. 여기서 '공적 이성'은 헌법적 핵심사항과 기본적 정의와 같은 근본적 정치적 문제와 관련된 공공의 토론과정에서 논변을 제시할 때 활용되는 시민들, 즉 공중(the public)의 이성이라고 간략히 정의할 수 있으며, 롤즈는 (대)법관, 정부 공직자, 입법자 등이 주로 공적 이성을 사용하는 대표적인 주체가 된다고 한다.14)

근대 계몽사상과 롤즈의 정의론에 공통점이 있다면 그것은 칸트적 의무론의 전통 하에 있다는 점일 것이다.15) 즉 인간은 실천이성에 의해 정언명령16)을 따라 도덕법칙을 자율적으로 정립하고 지킬 수 있는 존재라는 전제를 받아들인다는 것이다. 그런데 한 개인의 자연적 자유(사적 자유)는 타인의 자유와 권리를 침해할 수 있으므로 시민들은 상호 지켜야 할 자유의 한계를 설정해 놓고(수평적 합의) 그 자유의 한계가 침해되지 않도록 감시하고 제재를 가할 주체로 국가를 창설하기로 합의하는데(수직적 합의) 이것이 바로 전통적 사회계약설의 요체이고,17) 여기서 자유의 한계가 바로 형법이다. 형벌권의 행사는 사회의 기본구조, 즉 시민의 기본적 삶의 유지에 매우 중요한 사항이므로 시민(의 대

---

14) 이처럼 공적인 심의라는 언어적 의사소통 과정에서 사용되는 이성이라는 점에서 보면 이는 하버마스의 대화이론에서의 '의사소통적 이성'을 전제하고 있다고 말할 수 있을 것이다. 롤즈의 이론과 하버마스의 대화이론은 각기 다른 배경과 전통에서 형성되었음에도 불구하고 중요한 이론적 접합점이 있다. 이러한 생각의 단초로는 Kenneth Baynes, The Normative Grounds of Social Criticism: Kant, Rawls, and Habermas (State Univ. of New York Press, 1992), at 76 Charles Lamore, Patterns of Moral Complexity (Cambridge Univ. Press, 1987), at 55.

15) Matt Matravers, *Ibid.*, at 67-68.

16) 칸트의 정언명령은 다음과 같은 두 가지 정식(定式)으로 제시된다. (1) 네 의지의 준칙이 항상 동시에 보편적인 법칙 수립의 원리로서 타당할 수 있도록 그렇게 행위하라. (2) 너 자신의 인격에서나 다른 모든 사람의 인격에서나 인간(성)을 언제나 동시에 목적으로 대하고 한낱 수단으로 사용하지 않도록 그렇게 행위하라.

17) 칸트는 시민들 스스로 국가를 구성하는 행위자체를 '원초적 계약(der ursprüngliche Kontrakt)'이라고 칭한다.

표)[18]들이 공정한 절차적 조건하에서 형법의 임무와 한계에 대한 원칙에 합의한다고 가정해 보자. 롤즈의 구상을 원용[19]해 원초적 입장에서 국가권력의 가장 강력한 행사도구인 형법에 대해 기대하는 제도적 설계안을 가장 근본적이고 일반적인 수준에서 합의해 낸다고 하면, 그 구체적인 내용은 어떠한 것일까?

2. 롤즈와 형벌제도

(1) 롤즈의 형벌관: 사회의 기본구조와 관련된 제도로서의 형벌

그 전에, 실제로 롤즈는 형벌제도와 그 정당화 근거에 대해서 어떻게 생각했는지 그 구상의 개요를 살펴볼 필요가 있을 것이다.

먼저 롤즈의 형벌관에 따르면 형벌론은 부정의를 처리하는 방법을 규제하는 원칙들을 연구하는 부분적 준수론(partial compliance theory)의 한 분과로서 정의의 원칙이 철저히 준수되는 엄격한 준수론(strict compliance theory)을 가정한 이상론을 벗어난 경우를 다루는 이론이다. 질서정연한 공정한 사회(well-ordered, fair society)는 시민들의 정의감(sense of justice)만으로 유지되기 어려우므로 형벌이 필요하며, 따라서

---

18) 원초적 입장의 계약의 당사자는 가설적으로 고안된 시민의 대표들인 동시에 실제로 사회를 살아가는 시민과 다름없는 존재이다.

19) 롤즈의 기획의 핵심적 특징은, 칸트적 전통에 서서, 정의의 원칙을 정당화하는 기초로서 형이상학적 토대를 포기하고, 그 대신 도덕적 자율성과 이성의 공적 사용에 관한 상호주관적·절차적 해석에 의지하는 정의관을 제시한다는 점이다. 이는 하버마스의 대화이론에도 공통된 특징이다. 이 점에 대해서는 Rainer Forst, *Das Recht auf Rechtfertigung* (Suhrkamp, 2007), S. 128, 133. 잘 알려진 바와 같이 롤즈의 원초적 입장은 칸트의 자율성에 대한 절차적 해석으로 이해되기도 한다(Der Urzustand wird als verfahrensmäßige Deutung von Kants Begriff der Autonomie verstanden). 칸트에 따르면 도덕법칙이 자연의 우연성(경향성)으로부터 독립된 자율성을 입증해 주는 것과 마찬가지로 원초적 입장에서 자유롭고 평등하며 합당한 존재들이 자율적으로 정당화된(합의한) 정의의 원칙들에 따라 행위함으로써 자연적·사회적 우연성으로부터 자신의 독립성을 입증하기 때문이다.

형벌의 목적은 사회적 협력의 공정한 조건의 안정(stability)과 그러한 협력의 상호성에 대한 확신(assurance)을 제공하는 데 있다고 한다.[20]

롤즈는 그의 초기저작에서 형벌제도가 이상적 입법자와 수범자들에 의해 모든 사안에 공정하게 적용되는 법체계의 일부로서 장기적으로 사회의 이익을 증진하는 결과를 가져올 것으로 여겨진다고 논급한 바 있다.[21] 여기서 형벌제도를 사회의 기본구조와 관련된 중요한 제도의 하나로 보고 있음이 드러나며, 원초적 입장에서의 고찰대상의 하나임을 엿볼 수 있다. 스캔론(Scanlon)의 분석을 보더라도 롤즈는 정치적, 경제적 제도의 정당성은 둘 다 가상적인 합의의 조건(in terms of a merely hypothetical agreement)에 의해서 분석되어야 한다고 생각했다고 한다.[22] 롤즈는 원초적 입장을 통한 계약의 대상을 사회의 기본구조에 대한 근본적이고 일반적인 원칙으로 한정하고 있으며, 그렇기 때문에 무지의 베일을 매우 두껍게 구성함으로써 최소한의 것만을 남겨두고 모든 임의적이고 우연적인 요소들이 합의에 작용하지 못하게 이론적 장치를 만들어 놓고 있다. 그렇다면 계약의 대상을 '정의의 원칙'이 아니라 '형법의 원칙'으로 상정한다면 계약 당사자들에게는 형법에 대한 일정한 정보, 예컨대 자신이 속한 사회에서 통용되는 형벌의 종류나 기능과 목적 등을 알려주어야 할 것이고 따라서 본래적인 의미의 두터운 무지의 베일이 아니라 그보다는 얇은 베일을 전제한다면 '형법의 원칙'을 구성하기 위한 공정한 절차적 조건이 마련된 것으로 볼 수 있을 것이다.[23]

---

20) TJ, at 240, 579.

21) John Rawls, "Two Concepts of Rules", *The Philosophical Review*, Vol.64, No.1 (1955), at 6.

22) Thomas M. Scanlon, "Rawls' Theory of Justice", *Pennsylvania Law Review*, Vol.121, No.5 (1973), at 1067.

23) 롤즈 역시 원초적 입장이 해당 주제에 적합하도록 수정될 수 있는 '유연성(flexibility)'을 지닌 개념이라고 밝힌 바 있다. John Rawls, The Law of Peoples (Harvard Univ. Press, 1999), at 86. 드워킨은 원초적 입장의 시민(의 대표)들에게 정의의 일반원칙에 더하여 '합법성의 관념(a conception of legality)'에 대해서 실증주의(positivism)와 해석주의(interpretivism) 중 어느 편을 선택할 것인지

(2) 롤즈와 법의 지배: 규칙성(regularity)으로서의 정의

롤즈는 그의 책 정의론의 여러 챕터 중 법의 지배를 논하는 장에서 다음과 같이 말한다.

법의 지배는 자유와 밀접한 관련이 있다. 롤즈는 질서정연한 사회(well-ordered society)[24]의 합리적 시민들은 통상적으로 자유의 향유에 대한 확신을 얻기 위해서 법의 지배가 유지되기를 원한다고 본다. 공적 규칙(public rules) 의 일관되고 공평한 운용은, 그것이 법체계에 적용될 경우 법의 지배가 된다고 한다. 다시 말해 법체계의 일관되고 공평한 운용이 법의 지배라는 것이다. 더 나아가 일관되고 공평한, 그러한 의미에서 공정한 법운용을 '규칙성으로서의 정의(justice as regularity)'라고 정의한다. 롤즈의 이해방식을 따를 때 법의 지배는 공정한 법운용을 의미하고 '규칙성으로서의 정의'가 된다.[25]

롤즈는 법체계라는 개념과 규칙성으로서의 정의로 규정되는 원칙들과 법체계의 관련성을 고려해 보면 법의 지배가 명백하게 자유와 밀접하게 관련되는 이유를 알 수 있다고 한다. 법체계는 합리적 인간들을 위해 마련된 것으로 그들이 자신의 행동을 규율하고 그들에게 사회적 협력의 토대를 제공해주기 위한 공적 규칙들의 강제적 질서라고 롤즈는 이해한다. 이러한 규칙이 정의로울 경우 사람들은 서로 의지할 수 있으며 그들의 기대가 충족되지 않으면 정당하게 반대의사를 표명할 수 있는 근거를 형성해 줌으로써 합법적 기대(legitimate expectation)의 기반을 확립해 주는 반면에 그러한 정당한 기대에 기초한 주장의 기반이 불안정할 경우, 즉 법의 지배가 구현되지 않을 경우 개인의 자유의 한계도 불안정해지기 때문에 자유와 법의 지배는 밀접한 관계에 있다

합의하도록 요구하는 사고실험을 펼치기도 한다. Ronald Dworkin, *"Rawls and the Law"*, *72 Fordham L. Rev. 1387* (2004), at 1392.

24) 롤즈의 정의론은 모든 사람들이 정의롭게 행동하고 정의로운 제도를 유지하기 위해 각자의 역할을 다하는 가정된 질서정연한 사회를 배경으로 전개된다. TJ, at 8.

25) TJ, at 206-207.

고 한다.[26)

법질서가 합리적 인간을 위해 마련된 공적 규칙의 체계라고 생각한다면[27)] 롤즈는 법의 지배와 관련된 정의의 원칙들을 해명할 수 있다고 한다. 이러한 원칙은 법체계 개념에 완전히 부합되는 것이라면 어떠한 규칙의 체계라도 따르게 되는 그러한 것이다. 다른 조건이 동일하다면, 어떤 법질서가 법의 지배의 원칙을 더욱 완전하게 충족시킬 때, 그 법질서는 다른 법질서보다 더 정의롭게 운용된다고 말할 수 있다. 그 법질서는 자유에 대한 보다 안정된 기반을 제공하며, 사회적 협동체를 조직하는 데 있어서 보다 효과적인 수단을 제공할 것이라고 한다. 그러나 이러한 원칙들은 내용에 상관없이 규칙들에 대한 공평하고 일관된 운용만을 보장하기 때문에 그와 더불어 부정의도 양립할 수 있다고 롤즈는 지적한다.[28)

(3) 죄형법정주의의 계약론적 정당화 가능성

이상의 전제로부터 롤즈는 다음과 같은 몇 가지 정의원칙들에 대해서 설명을 하는데, 예컨대 해야한다(ought)는 할 수 있다(can)를 함축한다는 원칙을 보면 형사책임이 만일 우리가 통상적으로 할 수 있거나 할 수 없는 능력범위 내에 제한되지 않으면 그것은 자유에 대한 감내할 수 없는 부담이 될 것이라고 한다.[29)] 이밖에 같은 것은 같게 취급되어야

---

26) TJ, at 207.

27) 롤즈는 법질서를 공적 규칙의 체계로 간주하는 주된 이유가 그렇게 함으로써 합법성 원칙(principle of legality)과 결부된 원칙들을 도출해 낼 수 있기 때문이라고 한다. 합법성 원칙에 대해서는 Lon Fuller, *The Morality of Law* (Yale Univ. Press, 1969), at 33. 합법성 원칙과 관련된 논의에 대해서는 최봉철, 현대법철학 (법문사, 2007), 124면 이하.

28) TJ, 207-207면.

29) 이 원칙은 일반적으로 "누구도 자신의 능력을 넘는 의무를 지지 않는다(ultra posse nemo obligatur)"는 원칙으로 설명될 수 있으며, 형법적으로는 "책임없이는 형벌없다"는 책임원칙(Schuldprinzip)과 맞닿아 있는 것으로 보인다.

한다(similar cases be treated similarly)도 논급하고 있으며, 여기서 주목하고자 하는 원칙은 죄형법정주의(*Nullum crimen sine lege*) 원칙이다. 롤즈는 이를 법의 지배와 관련된 정의원칙으로 분류하고 있다. 롤즈는 죄형법정주의 원칙으로부터 법률주의, 명확성원칙, 소급효금지원칙, 엄격해석원칙 등을 도출해낸다. 일반적으로 이해되는 죄형법정주의의 파생원칙들과 거의 같은 것들이다. 롤즈는 특히 죄형법정주의를 강조하는데, 이 원칙이 지켜지지 않으면 우리가 자유롭게 할 수 있는 것의 경계도 모호하고 불확실해진다고 한다. 우리가 갖는 자유의 한계는 불명확하며, 그것이 불확실한 만큼 자유는 그 실행의 합리적인 두려움(reasonable fear)에 의해 제한을 받게 되므로, 죄형법정주의(principle of legality)[30]는 최대의 평등한 자유를 보장받고자 하는 합리적인 인간들의 합의 속에(in the agreement of rational persons) 확고한 기초를 갖고 있다고 한다.[31]

요컨대, 법의 지배와 관련된 정의원칙, 그 중에서도 죄형법정주의는 최대한의 평등한 자유를 확보하고자 하는 목적과 밀접한 관련성을 갖고 있으며, 롤즈는 '합리적인 인간들의 합의' 속에 그 확고한 기초를 갖고 있다고 논급함으로써 죄형법정주의에 대한 계약론적 정당화 토대를 암시하고 있다.

실제로 롤즈는 위의 결론이 다른 방식을 통해서도 도달할 수 있다고 부연하고 있는데 여기에서도 원초적 입장에 의한 정당화 과정이 암시된다. 그 논지전개는 다음과 같다.

우선 질서정연한 사회라 하더라도 국가(정부)의 강제력은 사회적 협력의 안정(stability of social cooperation)을 위해서 어느 정도 필요하다고 전제하는 것은 합당하다고 한다. 그 이유는 질서정연한 사회의 시민

---

30) 롤즈는 합법성 원칙이 그와 같은 확고한 기초를 갖고 있다고 말하고 있지만, 죄형법정주의와 합법성 원칙은 밀접하면서도 내용적으로 중첩되어 있으므로 본고의 논지에 필요한 범위로 제한하기 위해 편의상 여기서는 죄형법정주의로 번역하였다.

31) TJ, at 208-209.

들이 공통된 정의감을 공유하고 있고, 현존하는 체제를 고수하기를 원
한다는 점을 알고 있다고 하더라도 그럼에도 불구하고 그들은 서로에
대해 완전히 신뢰하지는 않을 수 있기 때문이다. 따라서 국가는 공적
형벌제도(public system of penalties)를 시행함으로써 남들이 규칙을 준
수하지 않을 것이라고 생각할 근거를 제거한다. 이러한 이유만으로도,
설령 질서정연한 사회에서는 형사적 제재가 엄중하지 않거나 아예 가
해질 필요가 없을지 모르겠지만 강제력 있는 통치권은 필요하다고 롤
즈는 말한다. 나아가 효과적인 형벌제도의 존재는 사람들의 상호 안전
에 기여하는데(고전적 사회계약설), 이러한 명제와 그것의 배후에 있는
추론은 바로 잘 알려진 홉스의 논제(Hobbes's thesis)이다.[32]

(4) 형벌제도의 수립과정: 4단계 과정

이상의 고찰을 토대로 롤즈는 형벌제도의 수립을 위해 원초적 입장
을 도입한다. 롤즈는 4단계 과정(The Four Stage Sequence)라는 장에서
정의의 두 원칙이 적용되는 단계를 정의원칙 수립단계, 입헌단계, 입법
단계, 법관과 행정관료에 의한 법적용 및 시민 일반에 의한 법준수 단
계로 도식화한 바 있다. 이 각 단계에서 무지의 베일은 점차 얇아지다
가 최종적으로 모두 벗겨지는데, 제1단계는 당사자들이 두꺼운 무지의
베일을 쓰고 자신의 경제력이나 지위 등을 전혀 알지 못하고 사회의 일
반적 지식만을 갖고 원초적 입장에서 사회의 기본구조에 대한 정의원
칙을 수립하는 단계이다. 그 다음 단계인 입헌의 단계는 여전히 특정한
개인에 대한 경제력과 지위 등은 모르지만 이제는 그들이 속한 사회와
관련된 일반적 사실들을 알고 있는 상태에서 제헌위원회(constitutional
convention) 참여해 전단계의 정의의 두 원칙을 만족시키는 가장 정의로
운 헌법을 선택하는 단계이다. 제3단계는 입법단계(legislative stage)로
법과 정책이 정의로운지 여부가 이 단계에서 판단된다. 제안된 법안은
여전히 자신의 특수한 사정은 모르는 상태에서 대표적 입법자의 입장

---

32) TJ, at 211.

(position of representative legislator)에서 판단되는데, 법률은 정의의 두 원칙과 헌법적 제약을 모두 충족시켜야 한다.[33] 마지막 제4단계는 법적용 및 법준수 단계로서 참여하는 모든 사람들은 모든 지식을 알게 된다. 규칙의 모든 체계가 이미 채택되어 개개인의 특성과 상황에 맞게 적용되므로 어떠한 지식의 제약도 남아 있지 않다. 무지의 베일이 모두 걷히는 것이다.[34]

롤즈는 제헌위원회에 참석한 시민의 대표자들은 형벌제도(a system of sanctions)를 설계함에 있어서 그것이 갖는 불리한 점도 고려해야 한다고 밝히고 있다.[35] 불리한 점이란 적어도 두 가지가 있는데, 하나는 관계기관을 운영하는 데 있어서 필요한 운영비용의 문제이고, 다른 하나는 형벌제도가 시민의 자유를 침해할 수 있다는 가능성에 의해 판단되는 자유에 대한 위협의 문제이다. 강제력 있는 기관(coercive agency)의 설치는 이러한 문제점들이 불안정성에서 야기되는 자유의 손실보다 적을 때에만 합리적이다. 사정이 이러하다면, 최선의 체제는 이러한 위험들을 극소화시키는 체제이다. 다른 사정이 동일하다면 자유에 대한 위협은 법이 죄형법정주의에 따라서 공평하고 일관되게 운용될 때 보다 작아짐은 명백하다. 강제력 있는 기관은 필요하지만, 핵심적인 것은 관계기관의 운영 경향성(tendency of its operation)을 정확하게 규정하는 것이다. 그 기관이 어떠한 행위를 처벌하는지를 알고, 그 행위가 할 수 있거나 할 수 없는 능력의 범위 내에 있음을 알면, 그에 따라 시민들은 자신들의 계획을 설계할 수 있다. 공포된 법률에 따르는 사람은 자신의 자유에 대한 침해를 두려워할 필요가 없기 때문이다.[36]

요컨대, 롤즈에 따르면 원초적 입장에서 형벌제도의 필요성을 인정하면서도 시민들의 자유에 대한 위협을 줄이기 위해서는 죄형법정주의가 요청된다고 보며("자유의 제한은 자유를 위해서"), 이를 제헌위원회

---

33) 롤즈는 제2단계와 제3단계를 오고 가면서 최선의 헌법이 발견될 것이라고 한다.
34) TJ, at 171-172.
35) TJ, at 211.
36) TJ, at 212.

에서의 합리적 선택의 과정으로 묘사하고 있는 것으로 보인다. 이는 곧 형벌제도를 규율하는 형법상 근본원칙에 대한 합의가 가능함을 논급하고 있는 것으로 볼 수 있을 것이다. 다만 롤즈는 정의론에서는 이 부분을 더 발전시키거나 상론하고 있지는 않다. 하지만 롤즈의 생각으로부터 원초적 입장의 계약당사자들은 사회적 협력의 안정을 위해서 형벌제도(system of criminal law)를 선택함은 물론 그와 동시에 형벌제로부터의 자유의 침해가능성, 즉 형사벌의 가능성을 제거하기 위해 형벌제도를 형법의 근본원칙 등과 같은 보호장치(protections)로 제약해야 한다는 점에 대해서도 합의할 것이라고 추론하는 것은 타당해 보인다.[37]

(5) 소결

이상 개관해 본 형벌제도에 관한 롤즈의 생각을 통해 다음과 같은 명제를 도출해낼 수 있게 된다.

첫째, 법의 지배는 개인의 자유의 향유를 위해 필요한 것이며, 죄형법정주의는 법의 지배와 관련된 정의원칙의 하나이다.

둘째, 형벌제도는 사회적 협력의 안정을 위해 필요한 것이다.

셋째, 죄형법정주의는 법의 지배와 관련된 정의원칙의 하나로 원초적 입장에 의한 계약론적 정당화의 토대를 가질 수 있다.

넷째, 형벌제도의 설계는 입헌의 단계에서 당사자들이 원초적 입장에 서서 합의할 사항으로, 당사자들은 형벌제도의 불리한 점, 즉 시민의 자유에 대한 위협을 고려해야만 하므로 그 위험을 극소화시키기 위해 죄형법정주의를 중요한 원칙으로 채택하게 될 것이다.

다섯째, 형벌에 의한 자유의 제한은 오로지 죄형법정주의에 따를 때에만 정당화된다. 요컨대, 자유의 제한은 오로지 자유를 위해서만 가능하다.[38]

---

37) 같은 생각으로 Matt Matravers, *Ibid.*, at 77.
38) 이 명제의 배경에 대한 보다 상세한 설명으로는 한국윤리학회 편, 롤즈 정의론의 이론과 현실 (철학과 현실사, 2021), 42-43면.

　상기 롤즈의 구상이 본고의 입장과 동일한 점은 형벌제도의 정당화를 위해서는 공정한 절차적 조건하에서 관련 원칙의 수립이 필요하다는 점일 것이다. 다만, 다음과 같은 차이가 있다.

　첫째, 절차적 측면에서 롤즈는 입헌의 단계에서 형벌제도의 운용시 초래될 수 있는 문제점(자유에 대한 위협)을 극소화하기 위해서 죄형법정주의가 합리적으로 선택될 것이라고 보고 있지만, 제1단계인 정의의 원칙을 선택하는 단계에서, 정의의 두 원칙을 채택한 후 곧바로 무지의 베일을 일부 걷어내고 형법에 요청되는 근본원칙에 합의할 수 있다고 본다. 굳이 입헌단계에서만 형법의 원칙을 도출해낼 논리필연성은 없다는 것이다. 왜냐하면 형법의 지도원리로서의 근본원칙들 중에는 일반적으로 헌법에 명문화되기 어려운 성격의 것들도 있기 때문이다. 예컨대 형벌의 부과는 오로지 타인의 주관적 권리에 해당하는 법익을 침해하는 경우에만 가능하다는 법익보호원칙(Rechtsgüterschutzprinzip) 및 해악의 원칙(Harm Principle) 등이 그러하다. 이러한 근본원칙들은 입헌의 단계 이전에 합의의 대상이 될 수 있다고 보는 것은 타당할 뿐 아니라 실천적으로 요구된다.

　둘째, 롤즈도 지적하고 있듯이 법의 지배나 죄형법정주의는 '공정으로서의 정의'와 다른 층위의 '규칙성으로서의 정의'로서 자리매김되므로, 그 법의 지배를 받는 규칙의 내용은 정의롭지 못할 수 있다. 하지만, 공정한 절차적 조건하에서 합의의 대상은 법의 지배나 죄형법정주의만 포함되는 것은 아니다. 전술하였듯 법익보호원칙과 같이 형법의 실질적인 내용적 정당성과 관련된 원칙도 합리적으로 선택될 수 있다고 보아야 한다. '공정으로서의 정의'를 도출해 내는 절차적인 조건과 과정의 핵심이 순수한 절차적 정의의 이념을 구현하는 것 외에 다른 것이 아니라는 점에서 볼 때 이러한 선택을 배제할 만한 합당한 근거는 존재하지 않는다. 다시 말해 원초적 입장이라는 구상 속에는 내용적으로도 정당한 규칙을 산출할 수 있는 절차적 조건들이 적절히 갖추어져 있다는 것이다.

III. 형법상 근본원칙의 계약론적 정당화 절차

1. 원초적 입장으로부터 형법상 근본원칙의 도출과정

상기 고찰을 토대로 다시 형법의 근본원칙에 대한 합의과정을 추론해 보도록 하자.

우선 시민들이 형법을 포함해 모든 사회제도가 추구해야 할 이념으로서 다음과 같은 두 가지 원칙을 받아들일 것이라는 점에 대해서 별 이견이 없을 것이다.

"모든 사람은 자신의 선관(conception of the good)에 따른 삶을 자율적으로 추구할 자유를 가지며, 타인의 자유의 유사한 체계와 양립가능한[39] 범위에서 평등한 기본적 자유[40]의 완전히 적절한 체계[41]를 공평하게 누릴 권리가 있다(평등한 자유의 원칙)."[42]

"평등한 자유를 보장받기 위해서는 법체계를 비롯한 모든 공적 규칙은 일관되고 공평하게 운용되어야 한다(법의 지배원칙)."[43]

---

39) 자유가 양립가능하다는 것은 일방의 자유를 허용하는 것이 타방의 자유를 억압하거나 부인하는 결과를 가져오지 않는 것을 의미하며, 형법적인 맥락에서 보면, 대부분의 중대한 법익침해행위는 타인의 자유를 침해하는 결과를 가져오므로 양립불가능한 자유의 범주에 들어가게 된다.

40) 롤즈에 따르면 자유(liberty)란 제도에 의해서 규정되는 권리와 의무들의 복합체(a complex of rights and duties defined by institutions)이다. 다양한 자유는 우리가 원할 경우 선택할 수 있는 행위들을 명시해주며, 자유의 본성상 그것이 합당할 경우 타인은 그 행위들을 침해하지 않아야 할 의무를 지닌다. TJ, at 210.

41) 잘 알려진 바와 같이 초기 롤즈는 '가장 광범위한 전체체계(the most extensive total system)'로 표현하였으나, 후기 롤즈는 하트의 비판을 수용해 '완전히 적절한 체계(a fully adequate scheme)'로 대체하였다. 본고에서는 후기 롤즈의 입장을 따랐다.

42) 이것은 롤즈가 '정의론'에서 말한 정의원칙의 하나(제1원칙)이기도 하다.

43) 법치주의원칙 또는 법치국가원칙이라고도 말할 수 있을 것이다.

위 두 가지 배경원칙은 비단 형법뿐만 아니라 (법)제도 전반에 요구되는 원칙이라고 말할 수 있으며, 이러한 원칙의 타당성은 앞서 롤즈가 자유와 법의 지배의 관련성을 논한 부분을 통해서도 쉽게 추론할 수 있을 것이다. 롤즈의 주된 관심사는 사회의 기본적 구조 및 자유와 권리의 공정한 분배 등의 주제였지만, 형법의 운용에 있어서도 자유와 권리는 중요하다. 예컨대 시민의 자유를 책임과 비례성에 어긋나게 침해하는 형법은 정의롭지 못한 형법이다. 일반적으로 자유는 정의와 관련되는 핵심요소들 중 하나이며, 이러한 점에서 형법상의 제원칙은 '정의원칙'이라고 의미를 부여할 수 있을 것이다.

상기 두 원칙을 형법을 포함한 모든 법제도의 일반원칙으로 받아들인다면 형법은 개인의 자유가 타인의 자유와 양립가능할 수 있도록 보장해 주는 기능을 한다는 점에서 형법에 요청되는 정의원칙44)으로서 다음과 같은 근본원칙에 합의할 수 있을 것이다. 첫 번째 원칙은 아래와 같다.

> 제1원칙: 형법의 임무45)는 모든 사람이 자신의 선관(conception of the good)에 따라서 삶을 자율적으로 형성할 수 있게 하는 도구가 되는 것이다.46)

---

44) 형법에 요청되는 정의원칙이란 실정법의 측면에서 보면 형법을 규율하는 헌법상의 원칙이라고 말할 수 있을 것이다.

45) 여기서 기능(Funktion)이 아니라 임무(Aufgabe)라고 표현한 것은 원초적 입장의 시민들이 형법에 의해 실현하기를 의도하는 바를 지칭하기 때문이다. 형법의 기능에는 본래 의도하지 않았던 결과(사태)까지 포함된다. 예컨대, 사회보호적 기능이 그러하다.

46) 형법의 임무(내지 목적)가 왜 근본원칙으로서 원초적 입장에서 합의의 대상이 되어야 하는가? 다른 경쟁하는 형법관이 있기 때문이다. 우리나라의 경우 형법, 민법, 상법 등 기본법률을 제외한 대부분의 실정법은 제1조에 해당 법률의 목적조항을 두고 있다. 기본법률도 이를 명문화하지는 않았지만(또 너무 방대하여 명문화하기 어렵겠지만), 각각 일정한 목적을 전제로 하고 있다고 볼 수 있으며, 이에 조문화되지 않은 형법의 임무(목적)도 가장 일반화된 형태로 도출해낼 수 있을

다시 말해 형법은 국가나 사회의 이익 또는 특정 사회윤리나 정지·경제 체계의 논리를 위해서 봉사하는 도구가 되어서는 안 되고,[47] 그와 반대로 모든 시민들이 국가형법권력의 힘을 빌어[48] 진정한 자율적 삶의 주체가 될 수 있도록 해야하는 임무를 지닌다는 것이다. 그런데 이것이 어째서 자신의 자유로운 삶과 이익에 대한 기본적 욕구와 동기를 지닌 합리적인 시민들이 형법에 요청하게 되는 가장 우선적인 제1원칙이 되는가? 그것은 세 가지 측면에서 설명할 수 있다.

첫째, 개인의 자유가 타인의 자유와 양립가능한 범위 내에서 법의

───────────────

것이다. 형법의 임무가 개인의 자유실현의 도구가 되어야 한다는 요청은 인간의 존엄성과 자유를 다른 가치에 비해 우선적으로 취급하라는 것이고, 따라서 수범자를 단순히 형벌의 객체가 아닌 목적적 존재로 취급하라는 명령이 된다. 이러한 맥락에서 형사사법의 지도원리로 '인도주의 원칙'을 거시하고 있는 입장을 이해할 수 있다. 이재상·장영민·강동범, 형법총론 (박영사, 2019), 10면 참조. 죄형법정주의를 해석함에 있어서 '자유사회(free society)'라는 근본이념을 강조하는 유기천 교수의 견해도 상기 제1원칙의 맥락에서 이해할 수 있을 것이다. 최종고·성낙인·김승욱·이헌환, 자유민주주의와 유기천의 자유사회론 (법문사 2021), 101면 이하 참조

47) 이 점에 대해서는 이상돈, 형법의 근대성과 대화이론(홍문사, 1994), 32면 이하 참조

48) 동서고금의 그 어떤 사회에서도 시민들의 정의감 내지 개인적 도덕원칙만으로는 공존의 조건 및 사회질서(사회적 협력의 조건들)가 유지되지는 않는다는 점은 명백하다. 그렇다고 해서 원초적 입장에서 시민들이 반드시 형벌을 그 보장수단으로 선택하리라는 필연성은 없다. 이 점에 대한 인상적인 통찰로는 Emmanuel Melissaris, "Toward a political theory of criminal law: a critical Rawlsian account", *15 New Crim.L.Rev.122* (2012). 동 문헌은 롤즈적 정의론에 입각한 형벌론에서 형벌은 필연적이지 않다는 점을 근거로 형벌의 보충성 원칙을 입론해내고 있다. 이외에도 롤즈의 구상으로부터 형벌론을 재해석 해내며 범법자는 정의에 대한 감각(a sense of justice)이 부족하여 그로부터 향유할 수 있는 것들을 누리지 못하는 사회적 최소수혜자(the least well-off)로 볼 수 있다는 견해로는 Chad Flanders, "Criminals behind the veil: political philosophy and punishment", *31 BYU J.Pub.L.83* (2016), 105면 이하. 여기서는 형벌을 그 수단으로 채택할 것으로 전제하고 사회제도로서 형법에 요청되는 정의원칙에 합의하는 상황을 가정하기로 한다. 롤즈도 형벌제도의 필요성을 인정한다.

보호를 받으며 적정범위 내에서 최대한 실현될 수 있다는 이상(자유실
현의 도구로서 형법)은 자유주의 법치국가 시민들 사이에 공유되는 것
으로 기대되는 보편적인 열망이며, 법적 의사소통에 참여하는 시민, 법
률전문가, 입법자들의 공적 문화에서 발견되는 형법에 대한 확고한 신
념이기 때문이다.[49] 국가의 공형벌권제도가 부재하던 시기에 타인으로
부터 생명과 신체와 같은 법익침해가 탈리오 법칙에 의해서 해결되었
던 고대사회의 관습을 참고하면 자유롭고 평등한 시민들이 자신의 기
본적 자유를 보장받기 위해 국가형법권력에 기대하는 임무가 무엇인지
잘 알 수 있다.

둘째, 공약의 부담(the strains of commitment) 때문이다. 즉 더 큰 사
회적 이익과 같은 공리주의적 가치를 위해서 형법의 투입이 정당화될
경우 개인의 자유가 희생될 수 있으며 희생자는 계약의 당사자가 될 수
도 있으므로 이처럼 용납할 수 없는 결과를 가져올 사항은 합의될 수
없을 것이다. 이로부터 형법에 의한 "자유의 제한은 오로지 자유 그 자
체를 위해서만 가능하다"는 '자유의 우선성 원칙'이 요청될 수밖에 없
다.[50] 공약의 부담에 의한 자유의 우선성 논증은 롤즈가 형벌제도의 공

---

49) 이것은 롤즈가 정치적 구성주의에 의해 우리의 자유민주사회의 공적인 정치적
문화에 내재해 있는 인간관(자유롭고 평등한 도덕적 존재로서의 시민) 및 사회관
(공정한 협력체계로서 질서정연한 안정된 사회)으로부터 우리가 모두 공유할 수
있는 정의의 제1원칙을 구성해 내는 방식과 유사하다. 이 점에 대해서는 John
Rawls, "Kantian Constructivism in Moral Theory", *The Journal of Philosophy*,
vol.77 (1980), at 516. 다시 말해 그러한 인간관과 사회관은 자유민주사회의 정치
문화에 기대어 숙고된 판단(considered judgement)을 함으로써 얻게 되는 도덕적
직관으로 원초적 입장의 전제와 조건이 된다. 롤즈의 표현을 빌리면, 그것은 정
의의 원칙을 도출하기 위해 필요한 전제로서 시민들 사이에 공유되는 하나의 고
정점(fixed point)이다.

50) 여기서 '자유의 우선성'은 롤즈의 정의론과 달리 다른 원칙에 대한 우선성을 뜻
하지 않는다. 형법의 각 원칙은 제1원칙과 상호 충돌하지 않으며, 이 제1원칙을
여러 측면에서 형법적으로 구현하는 역할을 한다. 우선성이란 자유의 실현이 형
법에 요청되는 그 어떤 임무보다 앞선다는 의미이다.

리주의적 정당화 가능성을 논하면서 무고한 사람의 희생을 허용하는 형벌제도의 정당화 가능성은 공리주의적 관점에서도 난망하다고 보는 논증과정과 유사하다. 롤즈는 형벌제도 자체의 정당화 근거로서 공리주의에 대해서 가해지는 응보주의로부터의 대표적 비판논거의 하나인 "사회의 이익을 위해서라면 무고한 자의 처벌도 용인된다"는 주장에 대해서 이는 가상의 입법자의 위치에서 숙고해 볼 때 형벌제도에 그러한 규칙을 허용하게 되면 너무나 위험이 크기 때문에(the hazards are very great) - 심지어 자신도 그러한 처벌의 희생자가 될 수 있음 - 공리주의적 관점에서 보더라도 그러한 형벌제도의 정당화는 가능하지 않을 것이라는 사고실험을 제시해 보여주고 있는데[51] 이러한 사고실험은 원초적 입장의 대표자에 의한 합의과정과 유사하다는 측면에서 주목할 만하다. 참고로 롤즈는 형벌제도 자체의 정당화 근거와 특정한 행위에 가해지는 형벌의 정당화 근거를 구분하며 전자의 경우 공리주의(utilitarianism)가 후자의 경우 응보주의(retributism)가 더 적절한 정당화 근거가 될 수 있다고 밝힌 바 있다. 응보주의와 공리주의(예방주의)를 조화시킬 수 있는 구분법을 보여준 것이다. 다만, 후술하는 바와 같이 롤즈가 형벌의 정당화 근거로서 응보주의를 옹호한다고 하더라도 전통적인 응보론의 입장과 달리 '공정으로서의 정의'라는 관점에서 일정한 제약을 설정해 두고 있음에 유의할 필요가 있을 것이다. 또 하나 유의할 점은 여기서 롤즈가 공리주의가 완전하게 옹호될 수 있는지 여부는(completely defensible or not) 별론으로 남겨두고 있다는 사실이다.[52] 그의 공정으로서의 정의론에서 공리주의는 비판의 대상임은 잘 알려져 있다. 칸트적 전통에서 "좋음(the good)에 대한 옳음(the right)의 우선성"을 견지하는 롤즈의 입장에서는 옳음은 언제나 좋음을 제한하기 때문에 선(좋음)의 극대화를 옳음의 기준으로 보는 공리주의는 타당하게 받아들여질 수 없다.[53]

---

51) John Rawls, *Ibid.*, at 11.
52) John Rawls, *Ibid.*, at 4.

셋째, 형법은 오로지 그러한 자유를 보장하기 위한 수단으로 시민 (의 대표)들에 의해 합리적으로 선택된 것이라는 점을 말해준다(도구적 합리성). 즉 형법이 권력에 봉사하는 도구로 전락하여 시민의 자유를 억압해서는 안 되고 또한 시민들 개개인의 자유와 독립적인, 그 자체로 자기목적적인 제도가 될 수는 없다는 것이다. 롤즈의 인간관이 '합리적 이고 합당한' 인간을 전제하고 있음은 잘 알려진 사실이다. '합리성(the rational)'이란 개인이 자신의 목적과 이익을 채택하고 이들 사이의 우선 순위를 매기며 이것들을 달성하기에 가장 적합한 수단을 선택할 때 적 용된다. 즉 여기서는 시민들이 자신의 자유의 확대와 이익을 달성하기 위해서, 현재 우리에게 알려진 제도 중에 더 나은 대안이 없다면 형법 이라는 수단을 '합리적으로' 선택하는 계약과정을 보여준다. 덧붙여, '합당성(the reasonable)'이란 다른 사람들도 그렇게 할 것이라는 확신이 있다면 공정한 협동의 조건으로서 원칙과 기준을 제시하고 그것을 기 꺼이 준수할 태도가 되어있을 때 적용된다. 본서는 이러한 롤즈의 인간 관을 잠재적으로 타당한 것으로 여기고 수용하며 논의를 전개하고자 한다. 형법의 인간상도 근본적으로 이와 다르지 않기 때문이다. 롤즈의 원초적 입장이 지닌 장점과 이론적 매력은 계약 당사자들이 지닌 합리 성에 기초해 정의의 원칙을 도출해낼 수 있다는 점에 있다. 어떤 고귀 한 신념이나 공공선이 아니라 합리성에 기초해 정의의 원칙을 도출해 낼 수 있다면 그 합당성은 더욱 굳건한 토대를 얻게 된다는 점에 그 이론으로서 큰 가치가 있다.

제1원칙에 의해 자신의 선관(conception of the good)에 따라 삶을 자 율적으로 꾸려 나아갈 수 있는 안정적 지위가 보장된다면, 다음으로 원 초적 입장에서 마주하게 되는 딜레마를 살펴볼 필요가 있다. 시민들은 자유를 공평하게 누릴 수 있기 위해 개인의 행동의 한계로서 형법을 필 요로 하게 되었지만, 문제는 그 어느 개인보다 강력하고 거대한 힘을 지닌 국가로부터의 '자의적 형법권력 행사'에 의해 개인의 자유가 침해

---

53) TJ, at 26-28, 231-232.

될 위험에 직면하게 되는 딜레마에 놓이게 된다. 따라서 '무지의 베일 (veil of ignorance)'[54] 하에서 형법의 적용과 관련해 자신이 가장 불리한 처지(형사소추를 당할 처지)에 놓일 지도 모르는 시민이라면 이를 미연에 방지해 제거하기 위해서는 국가의 형법권력의 행사는 필요최소한도의 범위로 축소되어야 한다는 정의원칙에 합의할 것이다(합리적 선택). 다시 말해 국가의 공형벌권 행사는 필요최소한도에 그칠 때에만 공정한 것으로 정당화된다. 그 방식은 기본적으로 형법에 의해 보호받는 대상의 목록을 필요최소한도로 축소하는 것이다. 다시 말해 어떤 행위가 단지 종교적 금기라거나, 부도덕하거나 혐오감을 준다는 근거로 처벌해서는 안 되고 진정한 범죄에 대해서만 가벌성을 인정하자는 것이다.[55] 그 축소의 균형점은 평등한 자유의 최대한 확장이라는 자유주의 이념에 비추어 보면, 양립이 가능한 타인의 자유를 직접적으로 침해하거나 그러한 자유향유의 전제가 되는 사회적 협력의 공정한 조건(신용카드부정사용죄에 있어서의 공공의 신용시스템이나 뇌물죄 등에서의 국가기능의 공정성 등) 파괴하는 행위만을 처벌의 대상으로 삼는 데서 찾을 수 있다. 국가에 의해 평등하게 보장되는 양립가능한 자유와 그 전제조건의 목록은 대부분 법익에 해당한다고 볼 수 있으므로 형법의 규율대상이 되는 범죄를 이러한 법익을 침해하는 행위[56]로 국한시키는 것이다. 따라서 원초적 입장의 시민들은 다음과 같은 정의원칙에 합의할 것

---

54) '무지의 베일'은 계약당사자들이 지닐 수 있는 모든 임의적이고 불평등한 요소들을 제거함으로써 계약(합의)의 초기조건과 그 절차를 공정하게 만드는 장치가 되며 롤즈의 표현을 빌리면 '순수한 절차적 정의' 관념을 나타낸다.

55) Werner Maihofer, "Die Reform des Besonderen Teils des Strafrechts", in: *Programm für ein neues Strafgesetz* (Fischer, 1968), S. 118.

56) 형법상 법익에는 생명과 신체의 완전성, 명예, 의사의 자유, 재산 등을 국가나 타인으로부터 부당하게 간섭받지 않고 자유롭게 향유할 권리(주관적 권리)는 물론 그러한 자유향유의 전제가 되는 공정한 사법기능 및 통화나 문서에 대한 공공의 신용 등 공동체 속 인간의 객관적 실존조건(대체로 헌법상의 기본권 목록)도 포함된다. 법익보호원칙에 대해서는 김일수, 刑法學原論(박영사, 1988), 88면 이하 참조

이다.[57]

　　제2원칙: 형법은 법익침해행위에 대해서만 형벌을 부과해야 한다(법
　　　　　　익보호원칙).

　　이러한 축소주의(minimalism)적인 선택과정과 다르게 혹자는 무지의
베일 하에서 자신이 범죄의 '피해자'가 될 수 있는 처지도 고려되어야
하므로 '범죄로부터의 자유침해'를 예방하기 위해서는 범죄자에 대해
응분의 대가를 치르게 하는 엄벌주의(중형주의) 원칙 내지 가벌성을 보
다 넓히는 원칙이 합의될 것이라고 생각할 수도 있을 것이다. 하지만
이는 타당하지 않은 생각이다. 이는 사회의 안전을 위해서라면 무고한
자의 처벌도 용인된다는 주장과 본질상 유사한 것이며 원초적 입장의
당사자들이 그러한 규칙을 채택하게 되면, 자신도 그러한 규칙의 희생
자가 될 수도 있어서 너무나 위험이 크기 때문이다. 다시 말해 그러한
생각은 공약의 부담에 의해 기각될 것이고, 자유실현의 도구로서 형법
이라는 임무를 설정한 제1원칙에 위배되기 때문에 합의될 수 없다. 아
울러 '공정으로서의 정의관'에 따르면 범법자는 반드시 그에 상응하는
응분의 대가(desert)를 치르어야 할 '도덕적 자격'을 갖추고 있다는 생각
도 재고될 필요가 있을 것이다.[58] 사회적 성공에도 일정부분 '임의적이
고 우연적인' 요소가 작용하듯이 사회적 실패(범죄자로의 낙인)에도 마
찬가지이기 때문이다. 물론 범죄자는 응분의 대가를 치르어야 한다는
생각은 '응보적 정의'의 관점에서 고려할 수는 있다. 하지만 이는 공정
으로서 정의가 아니며 범죄와 형벌에 관한 종래의 전통적인 형사정의
(criminal justice)의 영역에 속한다. 따라서 '응보적 정의'가 '공정으로서
의 정의원칙'을 수립하는 절차적 과정에서 '응분의 대가' 형태로 고려

---

57) 실체법적 측면이 아니라 절차법적 측면에서라면 '적법절차원칙' 내지는 '이중처
　　벌금지원칙' 등에 합의할 것이다. 다시 말해 형사소송법상의 주요원칙들도 계약
　　론적으로 구성이 가능할 것이다.

58) 이 점에 대한 적확한 지적으로 Emmanuel Melissaris, *Ibid.*, 124면.

될 필요는 없다.[59]

그렇다면 국가형벌권의 자의적 행사 위협을 제거하기 위해 전술한 법익보호원칙에 합의하였다고 하자. 그렇다고 해도 원초적 입장의 당사자들은 안도할 수 없을 것이다. 왜냐하면 형벌에 의해 금지되는 대상의 목록이 법익침해행위로 축소되었다고 해도, 부당한 형벌권행사로 인한 자유침해의 가능성은 완전히 제거되지 않기 때문이다. 예컨대 그러한 법익이 무엇인지 알 능력이 없거나(책임무능력), 알지 못하거나(법률의 착오), 알았어도 적법한 행위를 기대할 수 있는 가능성이 없는 때(기대불가능성)에는 단지 법익을 침해했다는 이유로 처벌되어서는 안 되는데, 법칙보호원칙만으로는 그 처벌의 가능성을 배제하지 못 한다. 그것은 개인의 자유와 존엄성이 충분히 존중받지 못하던 시대의 결과책임주의로 회귀하는 결과를 가져온다.[60] 아울러 범죄로 처벌받게 되더라도 자신의 책임에 상응하지 않는 형벌을 받게 된다면 이 역시 국가의 자의적 형벌권 행사에 의해 자유가 침해되는 결과가 되므로 부당한 일이 된다. 따라서 원초적 입장의 시민들은 다음과 같은 원칙에 합의하게 될 것이다.[61]

> 제3원칙: 형법상 책임은 형벌을 부과하기 위한 조건이 되며, 동시에 형벌은 책임에 비례해서만 부과되어야 한다(책임원칙).[62]

---

59) 이 점에 대한 적확한 지적으로는 TJ, at 276-277.

60) 결과책임에 의해 비난가능성이 없는 사람을 처벌하는 것은 목적을 위해 사람을 수단으로 사용하는 것이라는 비판으로는 신동운, 형법총론 (법문사, 2017), 250면.

61) 롤즈는 책임원칙(principle of responsibility)이 형벌의 응보적 성격보다는 자유 그 자체를 위한 것이라고 말한다. 즉 자유의 원칙(principle of liberty)이 결국 책임원칙에 도달하게 된다는 것이다. TJ, at 212.

62) 제3원칙은 제2원칙을 더욱 실질화시켜주는 보완적 기능을 할 수 있는데 사회적 하부체계의 기능보호를 위해서, 자신의 능력 밖에 있으며 개인이 책임질 수 없는 영역까지 처벌의 대상으로 삼아 사회적 위험성을 형법의 보호법익으로 삼는 경향(추상적 위험범화)에 대해 제약을 가할 수 있기 때문이다.

원초적 입장에서 법익보호원칙과 책임원칙에 합의한 시민들은 추가적으로 다음과 같이 상기 세 원칙과 병렬적 관계에 있는 상호 보완적인 원칙을 도출해 낼 수 있을 것이다.[63)]

제4원칙: 제2원칙과 제3원칙의 실현을 위해서는 법익의 내용이 누구에게나 알려져야 하며 따라서 법익의 내용과 그에 대한 침해의 효과를 형법에 명확히 규정해야 한다(죄형법정주의).[64)]

제5원칙: 제4원칙이 형식적 원칙을 넘어 실질적 죄형법정주의가 되기 위해서는 제2원칙에 의해 공형벌권의 행사범위가 축소되어야 하고, 동시에 형법은 법익을 보호하는 데 필요한 만큼만 형벌을 부과해야 한다(비례성 원칙[65)]).

---

63) 제2원칙부터 제5원칙까지의 병렬적 원칙들로부터 형법 전문가들에 의해 각각 도출될 수 있는 파생적 원칙들(유추금지, 소급효금지, 보충성 원칙 등)은 원초적 입장의 당사자들이 각각의 원칙에 합의하는 데 필요한 일반적인 지식들로서 '공적 지식'의 일부를 구성하며 따라서 파생원칙들 역시 합의의 대상에 포함되어 있다고 보는 것이 타당할 것이다.

64) 예컨대 명확성원칙은 개인에게 귀속될 수 있는 책임의 한계와 책임근거를 명확하게 하여 책임원칙을 실현, 촉진시켜 준다는 점에서 제4원칙은 제3원칙에 상호 보완적이라고 말할 수 있다. 또 한편으로 죄형법정주의의 명확성은 종교적, 형이상학적 윤리규범으로부터 벗어날 때 더욱 지지될 것이므로 제2원칙(법익보호원칙)에 의해 보완될 수 있다. 여기서 각 원칙들 간 상호 보완적 성격이 잘 드러난다. 죄형법정주의는 상대적으로 다른 근본원칙들에 비해 헌법적 근거가 명확한 것으로 평가받고 있다. 동 원칙이 단순한 헌법원칙이 아니라 기본권의 지위를 갖는다고 보는 견해로는 신동운, 앞의 책, 19면 이하.

65) 형법전에는 비례성원칙과 책임원칙을 실현하는 규정들, 예컨대 제52조(자수와 자복), 제251조(특히 참작할 만한 동기), 제288조 2항(노동력 착취목적 등), 제264조(상습성), 제258조의2(위험한 물건의 휴대), 책임능력(제9, 10, 11조)과 법률의 착오(제16조) 등이 명문화되어 있으며, 이는 죄형법정주의를 통해 두 원칙이 실현·촉진되는 상호 보완적 관계를 보여준다. 본서는 두 원칙을 병렬적인 원칙으로 분류하지만 헌법재판소는 "형사법상 책임원칙은 기본권의 최고이념인 인간의 존

2. 형법상 근본원칙의 계약론적 정당화의 의의

이상 전술한 원칙들은 계약사항의 공정성을 담보해줄 수 있는 절차적 조건 하에서 시민들 간의 자율적 합의에 따른 정의원칙의 일부로서 국가는 이를 입법, 행정, 사법의 각 단계에서 실현시켜야 할 의무를 부담한다는 점에서, 이는 곧 국가에 대한 정언명령(kategorischer Imperativ)이 된다고 말할 수 있을 것이다.[66] 따라서 이 원칙들은 형법의 제정 및 운용과 적용에 있어서 국가에게 요청되는 '의무론적 정의원칙(도덕철학적 성격)'인 동시에 그 지향점은 국가권력의 제한에 놓여 있다는 점에서 '자유주의 정의원칙(정치철학적 성격)'이라고 말할 수 있을 것이며 이러한 맥락에서 상기 원칙들은 의무론적 자유주의 정의원칙이라고 그 성격을 규정할 수 있다고 본다.[67]

법익보호원칙, 책임원칙, 죄형법정주의 등 형법의 지도원리인 여러

엄과 가치에 근거한 것으로, 형벌은 범행의 경중과 행위자의 책임 즉 형벌 사이에 비례성을 갖추어야 함을 의미한다. 따라서 기본법인 형법에 규정되어 있는 구체적인 법정형은 개별적인 보호법익에 대한 통일적인 가치체계를 표현하고 있다고 볼 때, 사회적 상황의 변경으로 인해 특정 범죄에 대한 형량이 더 이상 타당하지 않을 때에는 원칙적으로 법정형에 대한 새로운 검토를 요하나, 특별한 이유로 형을 가중하는 경우에도 형벌의 양은 행위자의 책임의 정도를 초과해서는 안된다(헌재 2004.12.26., 2003헌가12)."고 하여 책임원칙을 비례성의 측면에서 바라보고 있다. 다양한 층위의 비례성의 의미와 그 심사방법에 대해서는 김일수·배종대 편, 법치국가와 형법 (세창출판사, 1998), 71면 이하 참조. 형법의 비례성 원칙은 목적과 수단(형벌)의 관계에 있어서 1) 수단이 목적달성에 적합하고(적합성 원칙), 2) 필요하며(최소침해원칙), 3) 과도하지 않아야 한다(균형성 원칙)는 원칙을 말한다.

66) 롤즈 역시 정의의 원칙을 정언명령(kategorische Imperative)으로 묘사한다.

67) 이러한 유형의 정의관을 '의무론적 자유주의(deontological liberalism)'로 평가할 수 있다는 점에 대해서는 박정순, 존 롤즈의 정의론 - 전개와 변천 - (철학과 현실사, 2019), 120면 이하 참조. 물론 롤즈는 후기에 이르러 자신의 정의론이 특정한 도덕론에 의존하지 않는 '정치적 정의관(a political conception of justice)'라고 새롭게 해석하는 입장을 밝히고 있다. 박정순, 앞의 책, 120면 이하와 John Rawls/장동진 역, 정치적 자유주의 (동명사, 2016), 서문 참조.

근본원칙을 이와 같이 공정으로서 정의원칙으로 이해하는 실익은 무엇일까? 그것은 간명하다. 이 원칙들에 위배되는 법령과 판례는 '공정으로서의 정의'에서 그만큼 멀어지거나 부정의에 가까운 것이므로 개정 및 폐지되거나 변경되어야 한다는 당위를 보다 선명히 드러내 보여준다는 것이다. 실정법적 측면에서 보면 죄형법정주의나 책임원칙에 위배된 법률은 위헌결정을 받게 된다는 점에서 이러한 실익을 뒷받침해 준다.

아울러 형법의 근본원칙들과 그 정당화 근거가 시민들의 이해와 합리적 판단으로부터 독립된 그 어떤 별개의 권위에서 도출되는 것이 아니라 수범자 시민들의 자발적 합의에 의해서 누구나 이해가능한 방식으로 절차적으로 구성될 수 있다는 이론구성은 첫째, 형법의 근본원칙들에 대한 형사법 전문가들과 시민들 간의 인식의 간극[68]을 메울 수 있게 해주며, 둘째, 전문가들 사이에서도 발생할 수 있는, 법적 논증에 원용할 수 있는 형법의 근본원칙의 범위에 대한 견해의 차이[69]도 극복하게 해준다.

끝으로, 시민들이 단순히 국가형벌권의 객체나 수단이 아니라, 공정한 절차적 조건 속에서 국가형벌권의 근거와 한계를 계약론적으로 정당화하는 당사자들이라는 사실을 일깨워 준다. 바로 여기에서 형법의 근본원칙에 대한 전통적인 논의와 차별되며, 한 걸음 더 나아간 형법이론적 미덕을 찾을 수 있을 것이다.

---

68) 형사법 전문가들은 형법을 범죄인의 마그나카르타로 보는 반면에, 일반 시민들은 범죄자의 처벌과 범죄예방수단으로 인식하는 경향이 강하다.

69) 예컨대, 혹자는 죄형법정주의만을 형법상 근본원칙으로 인정하겠지만, 책임원칙, 법익보호원칙, 비례성원칙도 그와 병렬적인 근본원칙으로 인정되어야 하고, 판례와 법적 논증에 충분히 원용될 수 있어야 할 것이다.

IV. 형법상 근본원칙에 대한 롤즈적 해석의 실천적 의의

1. 형법상 근본원칙의 규범통제기능

앞에서 살펴본 바와 같이 형법상 근본원칙에 대한 롤즈적 해석에 따르면 근본원칙의 정당화 근거가 합리적이고 자기본위적인(rational and self-interested) 시민들의 자유로운 선택에 의한 합의에 있으며 따라서 근본원칙은 가상의 공정한 절차적 조건에서 도출된 '공정으로서의 정의'의 한 원칙으로 이해될 수 있다. 형법의 근본원칙을 이와 같이 해석할 수 있다면, 동 원칙은 헌법적인 지위를 갖는 최상급의(superlative) 원칙이어서 사법부는 물론 입법부도 이를 존중해야 한다.

다만 근본원칙이 이와 같은 규범적 지위를 갖는 것으로 해석된다고 하더라도 실정법에 대해 과연 얼마나 실효성 있는 규범통제기능을 할 수 있는지는 경우를 나누어 볼 필요가 있다.

먼저 어떤 근본원칙에 위반되는 법률조항이 있고, 헌법이 명시적 또는 묵시적으로 해당 근본원칙을 규정하고 있을 경우 법원은 해당 법률조항을 위헌으로 결정함으로써 이를 무효로 할 있다. 예를 들어, 우리나라 헌법전에는 죄형법정주의원칙뿐만 아니라 책임원칙과 비례의 원칙도 명시적 또는 묵시적으로 규정되어 있고, 따라서 이에 위배되는 법률은 위헌결정을 받아 무효가 된다(헌법재판소법 제47조 제2항). 이처럼 헌법적 지위가 인정되는 근본원칙의 경우에는 매우 직접적인 규범통제기능을 지닌다고 볼 수 있을 것이다.

다음으로 우리나라를 포함해 대부분 국가에서 헌법에 명문으로 규정하고 있지 않은 '법익보호원칙'같은 근본원칙의 침해여부가 문제되는 사안이라면 어떻게 될까? 물론 이 경우 사법부나 헌법재판소는 해당 법률조항에 대해 위헌결정을 내릴 수는 없다. 하지만 그럼에도 불구하고 관련 근본원칙은 여전히 규범통제에서 중요한 실천적 의의를 지닐 수 있다고 생각된다. 예컨대, 비록 위헌결정은 내릴 수 없지만 법공동체의 구성원들은 다양한 공론의 장에서 논의를 통해 문제되는 법률조항이 과연 근본원칙을 존중하고 준수했는지, 만일 그렇지 않다면 어느 정도 근본원칙의 본지(本旨)에서 위배되고 있는지 판단할 수 있다. 다시 말해 비록 제도화된 위헌결정은 내려지지 못해도 법공동체는 해당 조항의 근본원칙에 합치여부를 심사함으로써 그 정당성을 비판하고 바람직한 개선방안을 제시하는 방식으로 새로운 개정입법을 의회에 촉구할 수 있다는 것이다.

이러한 맥락에서 형법상 근본원칙의 기능은 유럽인권협약(European Convention on Human Rights; ECHR)의 권리조항을 영국의 국내법에 편입한 1998년 인권법(Human Rights Act; HRA)의 규범통제기능[70]과 유사하다고 볼 수 있다.

전통적으로 영국에서는 의회주권(parliamentary sovereignty) 또는 의회우위원칙(parliamentary supremacy)이 확고하게 자리잡고 있었다. 따라서 위헌법률심사제도가 확립되어 있는 나라들의 경우 의회가 제정한 법률이라도 사법부 내지 헌법재판소와 같이 위헌법률심사권을 가지는 기관이 그 법률이 기본권을 침해한다고 판단할 때에는 효력을 상실시킬 수 있는 것과는 달리, 영국에서는 의회가 제정한 법률에 대해 다른 어떤 기관도 이의를 제기할 수 없었다.[71] 그런데 1998년 '인권법(Human Rights Act 1998)'의 제정으로, 의회가 제정한 법률이 유럽인권협약에 규정된 권리와 합치하지 않을 경우 법원이 不合致宣言(Declaration of Incompatibility)을 할 수 있게 되었는데, 이로써 의회가 만든 제정법에 대한 법원의 규범통제가 가능해지게 되었다. 따라서 인권법의 제정은 영국 헌정사에 있어서 획기적인 변화로 평가된다.[72]

---

70) Matthew Dyson/Benjamin Vogel (eds.), *Ibid.*, at 11.
71) 윤진수, "영국의 1998년 인권법이 사법관계에 미치는 영향" 서울대학교 법학 제43권 제1호 (2002), 125면.
72) 이에 대해서는 황지섭, "영국 인권법 하에서의 규범통제의 양상 - 불합치선언(Declaration of Incompatibility)을 중심으로 -", 헌법재판연구 제8권 제2호

인권법 제3조는 법원이 가능한 한 협약상의 권리에 합치되는 방향으로 법률[73]을 해석할 것을 요구한다. 그러나 만일 어떤 법률이 권리에 합치되는 것으로 해석될 수 없는 경우에는 High Court 이상 심급의 법원이 인권법 제4조에 따라서 '불합치선언(declaration of incompatibility)'을 할 수 있다. 그러나 인권법 제4조에 따른 불합치선언은 그 선언이 내려진 당해 조항의 효력, 계속적 작용 내지 집행에 영향을 주지 않으며 그것이 이루어진 소송절차의 당사자들에게 구속력이 없다(인권법 제4조 제6항). 따라서 불합치선언에도 불구하고, 어떠한 법원도 불합치선언의 대상이 된 법률을 무시하거나 적용하지 않을 수 없으며 그러한 법률은 계속 완전히 유효하다.[74] 따라서 불합치선언이 내려지더라도 불합치상황을 시정하는 것은 의회의 재량에 맡겨져 있고, 의회나 정부가 불합치선언에 대하여 응답할 의무는 없다.[75] 다만, 제10조는 정부의 장관은 강력한 이유가 있는 한 구제명령(remedial order)에 의하여 불합치 선언된 입법을 수정할 수 있다고 규정하고 있는데,[76] 결과적으로 불합치선언은 직접적으로 당해 조항을 무효로 하지는 않지만 개정입법을 촉구하는 기능을 하게 된다는 점에서 형법상 근본원칙과 기능적으로 유사성을 지닌다고 평가할 수 있을 것이다.

2. 독일 근친상간 판결(Inzest-Urteil)의 재조명

2008년 2월 26일, 독일 연방헌법재판소는 형제자매 간의 성관계를 금지하는 독일형법 제173조 제2항 제2호가 헌법에 위반되지 않는다고

(2021), 284면 이하. 영국 인권법 제정의 배경에 대해서는 윤진수, 앞의 논문, 125-126면.

73) 명문으로 '1차적 입법(primary legislation)'과 '종속적 입법(subordinate legislation)'이라고 되어 있다. 전자는 전형적으로는 '법률'을 후자는 '명령' 등을 지칭한다. 윤진수, 앞의 논문, 128면.

74) 윤진수, 앞의 논문, 128면; 황지섭, 앞의 논문, 293면.

75) 황지섭, 앞의 논문, 293면.

76) 윤진수, 앞의 논문,

판결하였다.[77) 동 판결에서 다수의견의 판단을 뒷받침하는 다양한 논거
가 있었지만, 법익보호원칙으로는 민주적 정당성이 있는 입법자의 재량
을 제한할 수 없다는 논거가 그중의 하나였다.[78) 이러한 논거는 법익으
로 정의할 수 있는 대상이 어디까지이고, 어떠한 종류의 해악(harm)들
이 처벌의 정당화 근거가 될 수 있는가에 대하여 명확한 범주를 입법자
에게 제시하고 있지 않은 독일 연방헌법재판소의 재판례[79)에 비춰보면
어렵지 않게 이해될 수 있다.

그러나 위와 같은 독일 연방헌법재판소의 판단은 형법상 근본원칙
이 적어도 입헌의 단계에서 선택될 수 있는 최상급의 정의원칙으로서
규범통제적 기능을 가진다는 점을 적절히 드러내 보여주고 있지 못하
다는 점에서 근본원칙의 성격에 대한 이해와 성찰의 부족을 드러내고
있다고 생각된다. 이러한 태도는 위 근친상간 판결에 대한 다수의견의
논증에도 그대로 반영되고 있어서 재론(再論)의 여지가 있다고 본다.

의회의 결정은 민주적 정당성이 있기 때문에 아무리 중요한 원칙도
입법을 제한할 수 없다는 논리는 위에서 본 영국의 의회주권원칙의 태
도와 맞닿아 있고 여기에는 그 나름의 미덕과 가치가 있음은 누구나 동

---

77) BVerfGE 120, 224.

78) BVerfGE 120, 224 [39].

79) 2012년 4월12일, 유럽인권재판소도 'Stübing v. Germany' 사건에서 독일연방헌
법재판소 다수의견에 찬성하는 판결을 내렸다. 유럽인권재판소는 해당 조항이
유럽인권협약(ECHR) 제8조를 위반하지 않았다고 판시했다. 사건의 사실관계와
소송의 진행과정은 다음과 같다: 성인 남성 Patrick Stübing과 그의 여동생은 독
일에서 처벌되는 범죄인 합의에 의한 성관계(consensual sexual intercourse)를 가
졌다. 이 사건의 원고인 파트릭은 지방법원에서 실형을 선고받고 항소했으나
2007년 1월 30일, 항소법원은 원고의 항소를 기각했다. 그러자 파트릭은 2007년
2월 22일, 형법 제173조 제2항 제2호가 자신의 성적 자기결정권, 차별금지 및
평등대우원칙을 침해하며 금지의 효과면에서 비례성이 없고 도덕관념을 보호할
뿐 법익을 보호하지 않는다고 주장하며 헌법소원을 제기했다. 2008년 2월 26일,
독일연방헌법재판소는 7:1로 청구인의 주장이 근거가 없다며 기각했다. 이에 파
트릭은 유럽인권협약 제34조에 의거해 독일연방공화국을 유럽인권재판소에 제
소했다.

의할 수 있다. 그렇지만 영국에서도 인권법의 제정으로 의회주권에 대한 규범통제가 가능해졌다는 점에 비추어 볼 때, 근친상간을 금지하는 형벌조항이 과연 위 판결의 다수의견이 제시한 가족제도의 보호나 우생학적 근거[80]와 같은 논거만으로 충분히 정당화될 수 있는 규범인지는 보다 면밀히 검토될 필요가 있다고 사료된다.

일반적으로 법익보호원칙은 형사처벌의 정당화 근거를 단지 행위의 비도덕성이나 한 사회의 지배도덕에서 구하고자 하는 '법도덕주의(legal moralism)'를 명백히 거부하는 원칙으로서 의미를 지닌다. 형법상 근본원칙에 대한 본고의 이해방식이 옳다면 법익보호원칙은 공정한 절차적 조건하에서 법도덕주의보다 선호되어 선택될 것이고 정의원칙의 일부를 구성한다. 근친상간 처벌조항의 목적은 주로 근친상간이라는 부도덕한 성행위를 금지하는 데 있다는 점은 독일 내의 형법학자들 간에도 널리 인정되고 있고, 위 판결이 논급하고 있는 독일의 여러 형법개정초안에서도 이 점은 인정되고 있었다.[81] 위 판결의 다수의견 역시 독일형법 제173조 제2항 제2호가 사회적 금기나 문화사에 근거한 사회적 확신을 보호하려는 조항이라는 점을 인정한다.[82] 그런데 다수의견은 동 조항이 그와 같은 도덕관념에 기초하고 있다는 사실을 오히려 자신의 논증을 정당화하는 근거로 원용하고 있다.[83] 비록 도덕관념에만 근거한 형벌조항의 정당성에 대한 판단은 유보하고 있으나 그 외의 다른 보호법익이 인정될 수 있다면 도덕관념은 형벌조항의 정당화에 기여할 수 있다는 취지로 보인다. 여기서 재판부가 거시한 법익들이 과연 형법적으로 보호받을 만한 법익에 해당하는지 여부를 상론할 필요는 없을 것이다. 재판부가 설시한 바, 법익에 어떠한 이익과 가치가 포함되어야 하는지에 대해 아직 일반적인 합의는 없으며 법익개념만 보더라도 견해가 일치

---

80) BVerfGE 120, 224 [46], [49]. 이밖에도 성적 자기결정권의 보호[48] 등을 거시하고 있다.
81) BVerfGE 120, 224 [7].
82) BVerfGE 120, 224 [7].
83) BVerfGE 120, 224 [50].

되어 있지 않다[84]는 점에 대해서는 수긍할 수 있다. 하지만 그렇다고 법익의 전형적인 의미, 중심부 의미까지 알 수 없다고 단정할 수 없음은 분명해 보인다.[85] 근친상간 금지조항이 기본적으로 지배적 도덕관념에 근거하고 있음을 다수의견을 포함해 모두가 인정하고 있다면 하트가 말한 중심부 사례(core case)와 주변부 사례(penumbra case)의 구분법에 비추어 볼 때[86] 위 사례는 중심부 사례에 해당할 것이고 근친상간은 적어도 그 금지목적의 '도덕적 성격'이라는 측면에서는 형법이 보호하고자 하는 법익개념에 포섭될 수 없음은 자명하다고 생각된다. 전술한 바와 같이 법익보호원칙의 본지(本旨)가 형사처벌의 근거를 지배도덕에서 찾는 법도덕주의에 대한 거부에 있고 그것이 형법의 해석에 있어 공정으로서 정의의 요청에 부합된다면 형벌조항의 위헌성을 심사하는 법적 논증에 있어서 법도덕주의가 최소한 심사대상 조항의 합헌성을 긍정하는 정당화근거(justificatory grounds)로서 원용되어서는 안 될 것이다. 그런 점에서 독일 연방헌법재판소의 근친상간 판결은 형법상 근본원칙의 규범적 성격에 비추어 볼 때 적지 않은 아쉬움을 남기고 있다.

V. 맺음말

"세상에는 때로 그 사람을 단지 좋아한다는 사실만으로도 자랑거리

---

84) BVerfGE 120, 224 [39]. "Schon über den Begriff des Rechtsguts besteht keine Einigkeit"

85) 형법상 법익개념의 실천적 기능을 긍정하면서 그 구체화를 시도하고 있는 연구로는 김창군, "비범죄화의 실현방안", 형사정책 제8호 (1996), 14면 이하 참조.

86) 하트에 의하면 중심부 사례에서는 관련 법이 적용되어야 할 사례의 범위를 쉽게 결정할 수 있지만 주변부 사례에서는 쉽게 결정할 수 없다. H.L.A. Hart, "Positivism and the Separation of Law and Morals", 71 Harvard Law Review 593(1958), at 607-608. 중심부 사례와 주변부 사례에 대한 소개로는 안성조, "법적 불확정성과 법의 지배", 법철학연구 제10권 제2호(2007), 68면 이하 참조.

가 되는 사람이 있다. 현대를 기점으로 하면 누구보다 롤즈가 또 그런 사람 중에 속한다.”[87] 어느 책의 인상적인 서문이다. 이 말은 다양하게 해석될 수 있겠지만, 우리가 바라는 사회의 모습에 대한 롤즈의 구상이 인류의 보편적 열망을 담고 있기 때문에 가능한 찬사라고 생각한다. 형벌의 존재가 그러한 열망의 일부라면, 형벌권 행사로부터의 자유의 보장도 그러한 열망의 하나일 것이다.

본고는 이러한 생각에서 롤즈의 절차적 구상을 형법의 근본원칙에 적용해 전통적인 논의에서 한 걸음 더 나아가 결론을 제시해 보고자 하였다. 다시 정리하면 형법상의 근본원칙은 공정한 절차적 조건하에서 합의될 수 있는 정의원칙의 일부라는 것이다. 이러한 새로운 의미부여가 갖는 실익은 형법상 근본원칙의 보편성과 규범통제기능을 보다 선명히 부각시켜줄 뿐만 아니라 근본원칙의 정당성을 뒷받침할 수 있는 이론적 근거를 제시해 준다는 점에 있다고 생각된다.

롤즈의 이론이 갖는 한계만큼[88] 본고의 논지에도 분명 한계가 있을 것이다. 하지만 다원화된 자유주의 사회에서 법공동체 구성원이 공동으로 지향해야 할 가치와 제도를 모색하는 방법론에 있어서 롤즈의 절차적 구상은 올바른 방향에 있다고 믿는다. 향후 우리 학계에서 더욱 심도있고 풍부한 논의가 전개될 수 있기를 기대한다.

---

87) 한국윤리학회 편, 앞의 책, 서문 참조.

88) 롤즈의 정의론 구상에 대한 다양한 갈래의 비판에 대한 소개로는 한국윤리학회 편, 앞의 책, 제1부의 “롤즈의 정의론에서 자기 교정의 여로(박정순)”, 제2부의 “롤즈의 정의론과 여성주의(김은희)” 및 “롤즈의 정의론이 우리에게 남긴 문제들(김현섭)”을 참조. 롤즈의 이론에 대한 비판적인 관점을 함께 다루는 것이 논의의 공정성을 위해 필요할 수 있을 것이지만 이는 본고의 목적에서 벗어나므로 향후 후속 연구과제로 남겨두기로 한다.

§2. 형법 제16조에 대한 유기천 교수의 해석론 연구

Ⅰ. 서론

형법 제16조(법률의 착오)는 매우 흥미로운 조문이다. 이 규범은 형벌법규 스스로 자신의 규범력과 실효성을 높이기 위해 마련한 장치로 볼 수 있기 때문이다. 법계를 막론하고 매우 오래 전부터 "법률의 부지는 용서받지 못한다"는 법리가 다양한 형태로 명맥을 유지해 오고 있다는 사실도 이 조문의 성격을 더욱 흥미롭게 만든다. 여기서 "형벌법규가 자신의 효력을 유지하기 위해 스스로 마련한 장치다"라는 표현이 낯설 수 있을 것이다. 법규정의 입안은 엄연히 그 제정자의 몫이기 때문이다. 하지만 관점을 바꾸어 보면, 다시 말해 우리가 인간 중심적 관점에서 조금만 벗어나 법규의 관점에서 보면, 법이 효력을 유지하기 위해 자신의 제정자로 하여금 '법률의 착오'와 같은 조문을 두게끔 유도하였다고 '재기술할 수'도 있을 것이다. 그리고 실제로 문화적 현상을 연구하는 현대의 많은 이론가들은 이러한 관점전환적 표현이 필요하고, 이론적으로도 충분히 타당한 근거가 있다고 주장한다. 그 대표적인 예가 바로 '밈이론(memetics)'이다. 동 이론에 의하면 모든 문화적 전파현상은 문화유전자라고 볼 수 있는 밈(meme)의 성공적 자기복제행위에 다름아니며, 특정한 법의 제정과 전수과정도 이와 마찬가지로 설명된다. 법은 대표적인 문화적 구성물로서 여러 문화유전자가 뒤섞인 밈컴플렉스(meme-complex)의 일종이기 때문이다. 문화유전자인 밈은 모든 유기생명체의 '이기적 유전자(selfish gene)'가 그러하듯이 자신의 맹목적 복제와 전파에만 관심이 있으며 이를 위한 다양한 전략을 구사한다. 이러한 관점, 즉 지향복제자(intentional replicator)의 관점에서 보면 우리가 다루고자 하는 법률의 착오 조문은 특정한 법률-밈이 자신의 성공적 복제와 확산을 위해 사용하는 전략의 하나라고 볼 수 있다. 일반적으로 널리 인용되는 "Error juris nocet, error facti non nocet"[1]라는 법언(法諺)은 로마법대전에서 유래한 것으로[2] 주로 민사법 영역에 적용된 법리로 보이지만, 오늘날 그 전형적 형태는 오히려 각국의 형법전에 잘 남아있다.[3] 이를 밈학적 관점에서 보자면, 법률의 착오 조문을 명문화하는 방식은 주로 형법-밈에 특유한 전략으로 판단된다. 그 덕분이었는지 오늘날 주요 형벌법규의 골자는 동서양을 막론하고 고대사회의 그것과 별다른 차이점이 없이 잘 전승되어 오고 있음은 주지의 사실이다.

　본고는 이 흥미로운 조문의 해석론적 의미를 유기천 교수의 견해를 중심으로 검토해 보고 나아가 유기천 교수의 주장이 지니는 밈이론적 의의를 지적해 보고자 한다. 유기천 교수는 1957년 Journal of Criminal Law, Criminology and Police Science에 게재한 논문과[4] 1960년 발간된

---

1) 법률의 착오는 해가 되지만 사실의 착오는 해가 되지 않는다는 뜻이다.
2) Paulus, Digesta 22.6.9.
3) 금지착오에 대한 각국 입법례 및 판례태도의 소개로는, Jescheck & Weigend, Lehrbuch des Strafrechts, AT, 1996, 467-468면 참조. 동 문헌에 의하면 오스트리아, 스위스, 스페인, 포르투갈, 그리고 네덜란드의 금지착오 조문은 회피불가능한 금지착오에 빠진 경우는 책임을 조각한다는 점에 있어서 독일형법 제17조와 실질적으로 유사하다. 그런 반면, 프랑스는 독일과 유사한 명시적 조문이 있음에도 불구하고 최근까지도 판례가 'error juris nocet'이라는 전통적 법원칙을 고수하여 기껏해야 비형벌법규의 착오만을 형벌감경사유로 인정하는 태도를 취하고 있고, 이탈리아는 명문상으로는 금지착오가 고려되지 않는 것으로 규정하였으나 헌법재판소의 판결에 의해 회피불가능한 금지착오는 책임을 조각하는 것으로 보게 되었다. 나아가 영미법계의 사법실무(anglo-amerikanische Judikatur)는 일반적으로 금지착오를 그다지 고려하지 않는 태도를 보이고 있다는 점에서 독일과 차이점이 있다고 한다.
4) Paul Kichyun Ryu, New Korean Criminal Code, Journal of Criminal Law, Criminology and Police Science, Vol.48, 1957, 281면 참조.

자신의 저서, 형법학 초판, 그리고 1976년 미국비교법잡지에 게재한 논문5) 등의 일련의 문헌에서 형법 제16조는 Mayer의 '가능성설(Möglich-keitstheorie)'을 조문화한 것이라고 주장한 바 있다. 유기천 교수는 특히 형법학 초판에서 다음과 같이 조문의 유래를 설명해 주고 있다.

> "형법 제16조의 규정은 일본형법가안 제11조 2항에 약간 수정을 가한 것이다. 일본형법가안 제11조 2항은 1927년 스위스 군형법 제17조와 1938년 동 형법 제20조의 영향을 받아 "법률을 알지 못하는 경우에 자기의 행위가 법률상 허용되는 것이라고 믿은데 대하여 상당한 이유가 있을 때에는 그 형을 면제한다"고 규정하였었다. 이에 대하여 일본의 학자들은 이를 "벌하지 아니한다"라고 개정할 것을 주장하였고, 현행법이 이를 받아들인 것이다. 학설상으로는 소위 M.E. Mayer의 가능성설에서 오는 결론이다. 이 학설에 의하면, 마치 위법성의 개념이 문화에 대한 국가의 관계에서 오는 바와 같이, 책임은 의무위반이란 위법한 행위와 범인과의 관계에서부터 오는 개념이다. 따라서 책임의 가장 낮은 한계는 '의무위반의 인식의 가능성'에 있다고 본다. 그러므로 이러한 위법성의 인식의 가능성이 없으면 (책임이 조각되어)6) 고의범으로 벌할 수 없으나, 위법성의 인식의 가능성이 있는 때에는, 행위자에게 과실이 있는 경우에도 고의범으로 처벌받아야 한다. 형법 제16조가 바로 이 가능성설을 입법화하였던 것이다".7)

부연하자면, 신형법이 제정되기 이전까지 판례는 법률의 부지나 착오는 고의를 조각하지 않는다는 이른바 위법성인식불요설을 견지하고 있었고, 이 법리에 따를 경우 그 부지나 착오에 정당한 이유가 있는 경

---

5) Ryu & Silving, Error Juris, The American Journal of Comparative Law, 1976, 692면 참조.

6) '책임이 조각되어'는 유기천 교수의 명확한 입장에 대한 독자의 이해를 돕기 위해 필자가 부연한 것이다.

7) 유기천, 형법학(총론강의), 법문사, 2011, 226~227면 참조. 유기천 교수의 형법학(총론강의)는 1960년 박영사에서 발간된 이후 26판까지 나왔으며, 본고에서는 유기천교수기념사업출판재단이 법문사를 통해 2011년 출간한 영인본을 참고했음을 밝혀둔다.

우 - 예컨대 변호사의 조언을 따른 경우 - 에도 고의범으로서 책임을 지우게 되는 결과는 가져오는데, 이는 곧 위법성의 인식가능성조차 없는 경우에도 고의범이 성립된다는 뜻이므로, "책임의 본질이 '비난가능성'에 있는 이상 더 이상 철저히 유지할 수 없게 되었던 바, 이러한 배경 하에서 가능성설이 출현하게 되었다."[8]는 것이다. 나아가 유기천 교수는 "(신)형법 제16조의 해석에 관하여 국내학자들은 고의설과 책임설의 입장을 그대로 주장하고 있(는데), 이것은 형법 제16조의 해석을 법규정이 없는 독일형법에 있어서의 입법론상의 논쟁과 혼동한 결과"이며, "형법 제16조는 마이어(Mayer)의 가능성설을 입법한 것이므로 그에 따라 해석하는 것이 타당하다"고 재차 강조한다.

본고는 위 인용구에 드러난 유기천 교수의 주장, 즉 "형법 제16조는 가능성설을 입법화한 것이며 이에 따라 해석하는 것이 타당하다"는 견해에 주목하고자 한다. 그 이유는 오늘날 대부분의 교과서에서 가능성설은 형법 제16조의 해석과 관련해 별로 비중있게 다루어지지 못하고 있거나 아예 언급조차 되지 않는 경우도 많기 때문이다. 그러나 가능성설은 형법전 제정 직후에는 위법성인식필요설(엄격고의설)과 함께 해석론의 양대 주류를 형성하고 있던 중요한 학설이다.[9] 비록 책임설에 입각해서 형법 제16조를 해석하고 현대의 주류적 견해에 비추어 볼 때에는 소수설로 분류되겠지만, 여기에는 그 학설의 의미와 가치에 대해서 다소 오해되고 있는 측면도 있다고 보인다. 이에 본고에서는 어떠한 근거에서 가능성설이 형법 제16조의 입법론적 토대로 타당하며, 유기천 교수가 주장한 바와 같이 동 조문의 해석에도 다른 학설에 비해 적실성이 두드러진 학설인지 구명해 보고자 한다.

이를 위해 우선 형법 제16조의 입법취지와 이론적 토대를 몇 가지 입법사료를 통해 검토해 보고(II), 동 조문의 이론적 토대에 대한 대립

---

8) 유기천, 앞의 책, 228면.
9) 이 점에 대해서는 김종원, 형법 제16조 해석의 검토, 경희법학 제4권 제1호, 1961, 24면.

하는 두 견해를 엄상섭 의원과 김용진 판사의 주장을 대비시키며 비판적으로 검토해 본 후(Ⅲ), 형법 제16조의 취지를 적실히 해석해 낼 수 있는 학설로는 유기천 교수의 견해가 가장 타당하다는 점을 입론한 후(Ⅳ), 그럼에도 불구하고 책임설이 현대의 주류적 견해로 자리매김하게 된 배경을 밈이론적으로 논급하며 결론을 맺고자 한다(Ⅴ).

Ⅱ. 형법 제16조의 입법취지

1. 형법 제16조에 대한 법제편찬위원회 형법요강

해방 이후 미군정하 법제편찬위원회의 형법기초위원으로, 건국 후 법전편찬위원회에서는 역시 형법기초위원으로서, 그리고 제2대 국회에서는 법제사법위원장 및 위원으로서 형법의 기초 및 제정에 있어서 중추적 역할을 지속적으로 담당해 왔던 엄상섭은[1) 1947년 7월호 '법정(法政)'지에 법제편찬위원회의 형법요강이 발표된 이후, 동년 9월 '법정'지에 형법요강해설(1)을 게재하면서 '법률의 착오'에 대한 다음과 같은 촌평을 하고 있다.[11)

> "『귀책조건』에서는 고의, 과실, 부작위, 책임능력 등에 관하여 규정할 것인바 … "자기의 행위가 법률상 허용된 것이라고 믿음에 대하여 상당한 이유가 있는 때에는 그 형을 면제한다"는 규정을 두어서 해석론상으로 문제 많았던 것을 입법적으로 해결할 예정이며 …".

법제편찬위원회의 형법요강에는 총칙편은 각 항목의 표제어만 나열되어 있을 뿐, 각 조문의 구체적 형태가 드러나 있지 않다.[12) 그럼에도

---

10) 엄상섭의 활약상에 대한 소개로는, 신동운, 제정형법의 성립경위, 형사법연구 제20호, 2003, 9면 이하 참조.
11) 엄상섭, 형법요강해설(1), 법정 제3권 제9호, 1948, 19면 참조.

엄상섭이 위와 같이 비교적 완성된 조문을 적시하고 있는 것으로 미루어 보건대, 비록 형법요강에는 실리지 않았지만, 이미 법제편찬위원회에서는 내부적으로 일정한 정도로 조문형태에 대해 합의가 이루어져 있음을 추측해 볼 수 있다. 엄상섭의 위 촌평은 형법 제16조의 제정경위를 재구성하는데 있어서 몇 가지 단초들을 제시해 주고 있다.

첫째, 구형법(의용형법) 제38조 제3항[13])과 달리, 형면제의 효과를 부여하고 있다.[14])

둘째, 현행 형법 제16조의 '정당한 이유'가 아닌 '상당한 이유'라는 법문이 채택되고 있다.

셋째, 위 규정은 당시의 해석론상의 논란을 입법론적으로 해결하기 위해 입안한 것임을 밝히고 있다.

이하 본고에서는 형법요강해설(1)에서 찾아낸 단초들을 토대로 하여 형법 제16조의 제정 배경과 관련된 여러 전거들을 검토해 봄으로써 동 조문의 이론적 배경이 무엇이었는지 논구해 보기로 한다.

2. 신형법 제16조의 제정 이전 구형법 제38조 3항에 대한 학설개관

우선 형법요강해설(1)을 보면 법률의 착오 규정은 당대의 해석론상의 학설대립을 입법론적으로 해결하려는 취지에서 입안한 것이라고 하는데, 당대의 학설대립은 분명 현행 형법 제16조가 제정되기 이전의 조문에 대한 학설대립, 즉 구형법(의용형법) 제33조 제3항에 대한 학설대립이었음에 유의할 필요가 있다. 그리고 구형법 제38조 제3항은 일본형법 제33조 제3항과 동일하기 때문에 당대의 학설대립은 그 실질에 있어서는 일본형법 제33조 제3항에 대한 일본 내의 학설대립 양상과 동일하

---

12) 신동운, 앞의 논문, 15면.

13) 제38조(고의) 제3항 : 법률을 알지 못하였다 하더라도 그것으로써 고의가 없었다고 할 수 없다. 단, 정상에 따라 그 형을 경감할 수 있다.

14) 이러한 분석으로는 신동운, 앞의 논문, 16면 참조.

였을 것이다.

1950년 법전편찬위원회 형법초안이 나온 직후 발간된 장승두 판사의 '형법요강(刑法要綱)'은 바로 이러한 학설대립의 양상을 적실히 전달해 주고 있다.

> 제38조(고의) 제3항 : 법을 알지 못하였다 하더라도 그것으로써 고의가 없었다고 할 수 없다. 단, 정상에 따라 그 형을 경감할 수 있다.

동 문헌에 따르면 구형법 38조 제3항에 대한 학설대립은 다음과 같다.

제1설에 의하면 형벌법규의 착오는 범의의 성립을 조각하지 않으며 이 점에 있어서 자연범(自然犯)과 법정범(法定犯)을 구별할 필요가 없다고 한다(통설, 판례).

제2설은 법률의 착오는 비형벌법규에 관한 경우에 있어서도 범의를 조각하지 않는다고 한다(勝本).

제3설은 법률의 착오로 인하여 자기의 행위를 조리에 반하지 않는다고 믿고 있었던 경우에는 범의의 성립이 없다고 한다. 따라서 제38조 제3항의 취지는 다만 개별 형벌[규정]은 이를 알 필요가 없다는 것을 의미하는데 불과하다고 한다(瀧川·小野·Mayer·Liszt·Schmidt).

제4설은 위법의 인식이 없는 경우에는 이론상 범의의 성립은 없는 것이나 이것을 인식하지 못한 점에 있어서 과실이 있는 경우에는 이것을 범의 있는 경우와 동일시한다(宮本·Hippel).

제5설은 자기의 행위를 법률상 허용되어 있는 것이라고 오신한 경우에 있어서도 범죄사실을 인식한 이상 범의가 없다고 할 수 없으며, 이 원칙은 자연범에만 타당한 것이므로 법정범에 있어서는 사물의 성질상 법규위반의 인식이 있는 경우에 한하여 범의가 있다고 보아야 한다고 주장한다(牧野, 本村).[15]

이상의 학설대립을 김종원 교수의 분류법에 따라 정리해 보면, 제1

---

15) 이상의 내용은 장승두, 형법요강, 1950, 117-118면 참조

설과 제2설은 고의의 성립에 위법성의 인식을 필요로 하지 않는다는 위법성인식불요설의 범주에 해당될 것이며(19세기 말엽의 독일과, 일본에 있어서 옛 통설이라고 함)[16], 제3설은 "자기의 행위를 조리에 반하지 않는다고 믿은 경우"라고 하여 동 문구가 정확히 위법성의 현실적인 불인식을 지칭하는 것인지, 아니면 위법성의 인식가능성의 결여상태를 지칭하는 것인지가 불명료한 점은 있으나, 엄격고의설을 주장한 瀧川·小野 및 Liszt를 인용한 것으로 볼 때 동 학설은 고의의 성립에 위법성의 인식이 필요하다는 위법성인식필요설에 해당한다고도 볼 수 있고,[17] '반조리성'의 불인식을 언급하면서 위법성인식가능성설을 주장한 M.E. Mayer 등을 인용한 점으로 미루어 보건대, 고의의 성립에는 위법성의 인식은 반드시 필요치 않고 그 가능성만 있으면 된다는 위법성인식가능성설에 해당된다고도 볼 수도 있을 것이다.[18]

요약하면 장승두 판사가 논급한 제3설은 위법성인식필요설(엄격고의설)과 위법성인식가능성설을 모두 지칭하고 있는 것으로 보인다. 아울러 木村 및 福田 교수는 자신들의 저서에서[19] 위법성인식가능성설을 제한고의설로 분류하고 있는 것으로 보면[20] 학설의 분류방식에 따라서 제3설은 제한고의설도 지칭하고 있는 것으로 해석할 수 있을 것이다. 이처럼 가능성설을 제한고의설로 분류하는 입장은 백남억 교수에게서도 찾아볼 수 있다.[21]

---

16) 이에 대해서는 김종원, 김종원, 금지착오, 형사법강좌 Ⅱ 형법총론(下), 한국형사법학회편, 1984, 503-504면.

17) Binding, Nagler, Allfeld, Finger, Olshausen, Beling, Haelschner, Baumann, Schröder, Lang-Hinrichen, Liszt, 瀧川·小野, 植松 등이 주장했다. 김종원, 앞의 논문(각주 16), 505면 참조.

18) 반조리성의 불인식과 위법성인식가능성설을 결합시키고 있는 견해로는 백남억, 형법총론, 1958, 231면 참조.

19) 木村龜二, 형법총론, 1959, 309면 ; 福田 平, 형법총론, 1965, 156면.

20) 위법성인식가능성설을 제한고의설의 한 범주로 보는 견해에 대해 이러한 분류법은 타당하지 않으며 책임설의 일종으로 보아야 한다는 견해로는 김종원, 위법의식가능성설과 책임설, Fides(서울법대) 제12권 제3호, 1966, 30면 이하 참조.

한편 제4설은 고의의 성립에 위법성의 인식을 필요로 하지만 위법성의 인식이 없는 데에 과실이 있는 경우(법과실)에는 고의와 동일하게 처벌하자는 이른바 법과실준고의설(法過失準故意說)로 볼 수 있을 것이고,[22] 제5설은 자연범은 고의의 성립에 위법성의 인식이 필요없으나 법정범은 필요하다는 자연범·법정범 이분설(二分說)로 분류할 수 있을 것이다.[23]

이러한 학설대립 양상은 団藤重光이 편역한 '주석형법(註釋刑法)'[24]의 일본형법 제38조 3항에 대한 학설소개나 아니면 비교적 최신 문헌인 前田雅英의 '형법총론강의'[25]의 학설을 보더라도 대동소이하기 때문에 엄상섭이 말한 구형법 제38조 3항에 대한 해석론상의 논란이란 장승두 판사가 소개한 제1설에서 제5설까지의 학설대립으로 보아도 큰 무리는 없다고 판단된다.

이다만 장승두 판사가 소개한 학설 중에는 団藤重光 및 前田雅英 등과는 달리 위법성의 인식은 고의와는 독립된 책임의 요소라고 보는 책임설에 대한 소개가 없다는 점이 이채롭다. 그러나 책임설은 본래 고의를 책임으로부터 분리시키는 목적적 행위론과 깊이 결부되어 있다는 사실을 고려하면[26] 인과적 행위론이 지배적이었던 1940년대나 1950년대 초반에 있어서는 구형법 제38조 3항과 관련해 책임설이 소개되지 않은 이유가 충분히 해명될 수 있다고 본다. 이러한 추론은 1959년 황산덕 교수가 서울대 법학지에 기고한 글에서 목적적 행위론에 입각해 책임설을 취할 때에만 형법 제16조의 정당한 이유를 올바르게 해석할 수

---

21) 백남억, 형법총론, 1962, 237면 참조. 이외에도 오늘날 이러한 입장을 취하는 이재상, 형법총론, 2011, 324면 참조.

22) 宮本, 草野, 佐伯 등이 주장했다. 김종원, 앞의 논문(각주 7), 505면 참조. 한편 법과실준고의설도 제한고의설의 일종으로 분류하는 입장으로는 김성돈, 형법총론, 2009, 372-373면 참조.

23) 김종원, 앞의 논문(각주 16), 504면 참조.

24) 団藤重光, 주석형법(2)-Ⅱ 총칙(3), 1969, 366면 이하 참조.

25) 前田雅英의 형법총론강의[제3판], 1998, 291면 이하 참조.

26) 김종원, 앞의 논문(각주 16), 5088면.

있다고 주장하면서 "신형법 제정 당시까지 우리나라에 도입된 외국의 저명한 형법 학설 중에 그것을 해석해낼 만한 이론이 없었다"고 지적한 점으로부터 지지받는다.[27] 물론 당대의 통설적 범죄론체계, 즉 인과적 행위론 하에서도 위법성의 인식을 고의와 병존하는 독립된 책임요소로 파악함으로써 책임설을 주장하는 견해도 있기는 했지만(Bockelmann, Dohna, Hartung, Eb. Schmidt 등)[28] 이러한 견해가 우리 형법 제정 이전 당대의 구형법 및 일본형법 제38조 3항의 해석론과 관련하여 소개된 문헌은 찾아보기 힘들다.[29]

III. 형법 제16조의 이론적 토대: 엄격고의설과 가능성설의 견해의 대립

형법 제16조의 이론적 토대에 대해서는 크게 두 가지 견해가 대립되고 있다. 하나는 규범적 책임론에 입각한 위법성인식필요설(엄격고의설)이라는 엄상섭 의원의 견해고, 다른 하나는 법전편찬위원이었던 김용진 판사가 피력한 바 있고 유기천 교수도 지지하고 있는 위법성인식가능성설이다.

1. 규범적 책임론과 위법성인식필요설(엄격고의설)

형법 제16조의 이론적 토대에 대해 엄상섭은 1957년 '법정(法政)' 8월호에서 다음과 같이 자신의 견해를 밝히고 있다.[30]

---

27) 황산덕, 형법 제16조에 있어서의 정당한 이유, 서울대학교 법학 제1권 제1호, 1959, 99면 참조

28) 이에 대해서는 Baumann, Strafrecht, AT, 5. Aufl., 1968, 425면.

29) 1951년 출간된 牧野英一의 형법총론과 1952년에 출간된 이건호 교수의 형법총론에도 책임설에 대한 언급은 보이지 않는다. 牧野英一, 형법총론, 1951, 321면 이하; 이건호, 형법총론, 1952, 179면 이하 참조

"이 조문은 형법이론으로서는 규범적 책임론에서 도출되는 것이라고 필자는 단정하고 있거니와, 즉 규범적 책임론에서는 고의의 내용으로서 '인과관계를 포함한 구성요건 해당의 사실'에 대한 인식 이외에 '위법성'의 인식까지를 요한다는 것이다. 그러나 이에 대하여서는 규범적 책임론 자체에 대한 논란 및 주저(躊躇)와 동일할 정도로의 신중을 기하는 학자, 특히 실무가들이 많다는 것이 사실이다. 그러므로 우리 형법에서도 이에 대하여는 대단히 신중한 태도로 임하여 "자기의 행위가 법령에 죄가 되지 아니하는 것으로 오인한 행위는 그 오인에 정당한 이유가 있는 때에 한하여 벌하지 아니한다"라고 규정하였다. 즉, 고의는 위법성의 인식까지를 포함한다는 형법이론을 일관한다면 '위법성에 대한 착오가 있어서 이 착오 때문에 그 행위 이외의 반대동기를 설정할 길이 막혔다'면 결국 고의범이 성립될 수 없다고 해야 할 것이다"

"형법 제16조는 규범적 책임론에서 보면 당연한 규정이기는 하나 '정당한 이유 있음'이라는 것은 '위법성을 오인함에 있어서 과실도 없음'을 말하는 것이고, 과실이라도 있었다면 '정당한 이유가 없다'고 하여 결국 고의범이 성립된다는 것인즉, '구성요건해당의 사실에 대하여는 고의, 위법성에 대하여는 과실'이라는 이질적인 요소의 혼합이 고의범으로 비약한다는 이론적 결함을 청산치 못하고 있는 것으로 봐야 할 것이다. 그러나 어쨌든 형법 제16조의 명문이 있는 이상 이론의 혼잡성에도 불구하고 이에 따라서 재판할 수밖에 없을 것이다"

일반적으로 규범적 책임론이란 책임의 본질이 결과의 인식이라는 심리적 사실에 있다고 보지 않고 그러한 심리상태의 '비난가능성'에 있다고 보는 견해이다. 이 비난가능성에 있어서는 책임능력이나 고의·과실 등 소위 책임조건 이외에 행위당시의 행위자를 둘러싸고 있던 부수사정이 책임요소로서 중요한 역할을 한다고 보는 이론으로서[31] 책임의 본질을 결과에 대한 행위자의 심리적 관계인 고의와 과실에 있다고 보는 심리적 책임론이 지닌 문제점을 극복하기 위해 등장한 책임이론이

---

30) 엄상섭, 형법이론과 재판의 타당성, 법정 제12권 제8호, 1957, 5-6면.
31) 유기천, 앞의 책, 212면.

다. 규범적 책임론이라 하더라도 위 인용구에서 엄상섭이 지적하는 바와 같이 반드시 고의의 내용에 위법성의 인식까지 포함된다고 주장하는 것은 아니다. 예컨대 순수한 규범적 책임론에서는 고의나 과실은 책임요소가 아니지만 위법성의 인식은 책임의 구성적 요소가 된다고 본다.[32] 따라서 엄상섭이 논급하는 규범적 책임론이란 고의에는 규범적 요소로서 위법성의 인식이 필요하다고 보는 Hippel과 Frank 등이 주장한 이론을 지칭하는 것으로[33] 제한적으로 해석할 필요가 있음에 유의해야 할 것이다. 이러한 입장에 따르면 심리적 책임론이 고의개념을 순수한 심리적 사실로서 결과에 대한 인식과 의사로서 규정지었던데 반해 규범적 책임론은 고의에 범죄사실의 인식 이외에 위법성의 인식까지도 요구된다고 본다. 이에 엄상섭은 형법 제16조를 입안함에 있어서 규범적 책임론에 입각해 위법성인식필요설을 수용했다는 점을 밝히고 있는 것이다.[34]

그런데 위법성인식필요설, 즉 엄격고의설에 대해서는 상습범이나 확신범, 격정범 등에게는 범행 시에 위법성의 인식이 결여되어 있기 마련인데 이들이 위법성의 인식이 없었다고 주장하게 되면 대부분의 범죄에 있어서 고의범 처벌을 면하게 될 것이고, 만일 당해 범죄에 대한 과실범 처벌규정도 미비되어 있다면 행위자는 완전한 면책에 이르게 되

---

32) 같은 맥락에서 엄상섭이 말하는 규범적 책임론에 대해 특별한 이해가 필요하다고 지적하는 견해로는 허일태, 엄상섭 선생의 형법사상과 형법이론, 효당 엄상섭 형법논집(신동운·허일태 편), 서울대학교출판부, 2003, 292면 참조.

33) Hippel, Deutsches Strafrecht, Bd. II, 1930, 348면과 Frank, Kommentar zum StGB. 18. Aufl., 1931, 185면 이하 참조. 한편 Hippel의 책임론은 규범적 책임론이 아닌 심리적 책임론으로 분류하는 학자도 있음에 유의할 필요가 있을 것이다. 이러한 입장으로는 Goldschmidt, Notstand, ein Schuldproblem, 1913, 135면.

34) 주지하다시피 규범적 책임론에 대한 이러한 이해방식은 Welzel에 의하여 목적적 행위론이 주창되어 고의를 책임에서 분리시켜 구성요건 요소로 체계화한 이후에는 위법성의 인식은 고의와는 별개의 책임요소로 새롭게 자리매김되면서 다소 변화하게 된다. 우리나라에 목적적 행위론이 소개된 때는 1957년이다. 이에 대해서는 황산덕, 형법총론, 1982, 5면 참조

어 이는 결국 형사처벌의 부당한 축소를 가져올 위험이 있다는 비판이 제기된다.[35] 바로 이와 같은 문제점 때문에 엄상섭은 위법성인식필요설에 대해 신중을 기하는 학자, 특히 실무가들이 많다고 언급하고 있는 것이다.

결론적으로 엄상섭은 이와 같은 이론구성의 어려움 즉, 규범적 책임론을 취해야 하면서도 규범적 책임론의 이론적 귀결인 위법성인식필요설이 지닌 결함, 즉 형사처벌의 부당한 축소라는 난점을 극복하기 위해 형법 제16조를 통해 입법론적으로 이러한 문제를 해결하였다고 밝히고 있는 것이다. 규범적 책임론에 입각하여 위법성인식필요설을 철저하게 밀고 나가면 행위자가 착오를 이유로 위법성에 대한 인식이 없었다고 주장하면 그 행위자를 고의범으로 처벌할 수 없게 되는 문제가 생기게 되지만, 형법 제16조를 두어 그 오인(착오)에 ‘정당한 이유가’ 있는 경우에만 행위자를 처벌하지 않도록 하여 형사처벌의 부당한 축소를 회피할 수 있게 되었다는 것이다.

요컨대 당대의 우리 입법자들은 규범적 책임론을 긍인하였지만 위법성인식필요설이 가져오게 되는 논리필연적인 귀결인, 형사처벌의 부당한 축소라는 문제점을 이론적으로 벗어날 수 없었기 때문에 형법 제16조를 두어 입법론적 해결을 보게 되었다는 것이다.

2. 위법성인식가능성설

엄상섭과 마찬가지로 법전편찬위원회의 일원이었던 김용진 판사는 엄상섭과 다른 견해를 가지고 있었던 것으로 보인다. 김용진 판사는 형법 제정 직후 발간된 그의 저서 ‘신형법 해의(解義) 총론·각론’에서 “형법 제16조의 취지는 법령의 오인은 원칙적으로 고의가 성립되나 예

---

35) 이에 대해서는 김종원, 앞의 논문(각주 16), 505면 ; 황산덕, 형법 제16조에 있어서의 정당한 이유, 서울대학교 법학 제1권 제1호, 1959, 86-87면 ; 前田雅英, 앞의 책, 293-294면; BGHSt, 2, 194 참조.

외적으로 그 오인이 정당한 이유가 있는 때에 한하여 고의가 없는 것으로 하는 것이다. 이것은 1927년 독일형법초안을 모방한 것이다. 이 독일초안은 고의의 요소로서 위법의 의식 그 자체는 필요치 않으나 행위의 위법성을 의식함이 가능하였다는 것, 즉 위법을 의식하지 않는 것이 행위자의 과실이었다는 것을 필요로 한다는 Mayer, Hippel 등의 학설적 견해를 채용한 것이다"라고 주장하였다.36) 김용진 판사에 의하면 형법 제16조는 한 마디로 M.E. Mayer 등의 가능성설을 입법화 한 것이라는 것이다. 그리고 그 모델이 되었던 입법례는 1927년 독일형법초안 제20조라고 한다. 동 초안은 다음과 같다.

> 1927년 초안 제20조 : 행위자가 고의로 행위하지만 용서할 수 있는 법률의 착오에 의하여 자기 행위의 불법성을 인식하지 못한 때에는 벌하지 아니하고, 그 착오가 용서할 수 있는 것이 아닌 때에는 형을 감경할 수 있다.

김용진 판사는 계속해서 다음과 같이 말한다. "일본의 학설과 판례도 가능성설을 따른 것이 많았다. 이것은 일종의 절충적 견해로서 위법의 의식이 없는 경우를 즉시 무책임으로 하지 않고 과실이 있으면 고의범으로 처벌할 것이라는 점에서 보안(保安)의 요구에 적합한 것이었다 할 것이다. 그러나 고의범과 과실범의 본질적 분기점(分岐點)은 마치 위법의 의식을 가졌는가, 아닌가에 있는 것이고 위법성에 관한 과실을 고의로 하고 또는 고의와 동일하게 취급하여야 된다 하는 것은 사물의 본질에 반하는 것이라 할 수 있는 것이다"

형법 제16조의 형법이론적 토대에 대한 김용진 판사의 해의(解義)는 엄상섭 의원의 설명과도 많은 부분 일치하고 있다. 예를 들어 '절충적 견해'라든지 '과실이 고의로 된다는 문제점' 등이 바로 그것이다. 이는 엄상섭 의원이 '입법적 해결', '과실이 고의로 비약하는 이론적 결함'

---

36) 이에 대해서는 김용진, 신형법 해의(解義) 총론·각론, 1953, 91면 참조.

등을 언급한 것[37]과 거의 동일한 맥락의 표현들이다.

　김용진 판사 외에도 박정규 검사는 Mayer나 Hippel 등의 가능성설을 조문화한 입법례로서는 독일의 1919년 초안 제12조와 1927년 초안 제20조, 1930년 초안 제20조 및 1937년 스위스 형법 제20조, 그리고 일본 개정형법가안 제11조 등을 들 수 있다고 하면서, 우리 형법 제16조도 1937년 스위스 형법 제20조 및 일본 개정형법가안 제11조에 유래된 것으로 보고 있다.[38] 김용호 검사와 김남일 교수도 이와 거의 동일한 주장을 한 바 있다.[39] 그리고 바로 유기천 교수도 이러한 입장에 있다.

　그렇다면 형법 제16조의 이론적 배경으로서 '가능성설'도 입론될 수 있다고 본다. 가능성설에 의해서도 엄상섭 의원이 짚어낸 형법 제16조 제정의 이론사적 맥락을 구성해 낼 수 있기 때문이다. 다만 엄상섭은 규범적 책임론에 수반하는 위법성인식필요설(엄격고의설)을 염두에 두고 있었던 반면, 김용진은 엄격고의설과는 명백히 구분되는 가능성설을 내세우고 있었다는 점에서 차이가 있을 뿐인 것이다.

3. 소결

　형법 제16조의 형법이론적 배경에 대하여 신동운 교수는, "엄상섭은 우리 형법 제16조가 형법이론적으로 규범적 책임론에서 도출되는 것이라고 단정하고 있다. 그가 이해하는 바에 따른 규범적 책임론에 의하면 고의의 내용으로서 '위법성의 인식'까지 요하는 엄격고의설을 취하게 되는바, 이러한 형법이론을 일관한다면 '위법성에 대한 착오가 있어서 이 착오 때문에 그 행위 이외의 반대동기를 설정할 길이 막혔다'면, 즉 '착오 때문에 규범의식(의무의식)이 차단되었다면, 결국 고의범이 성립할 수 없다는 결론에 이른다. 이와 같은 자신의 범죄론체계를 전제로

---

37) 엄상섭, 앞의 논문(각주 30), 6면 참조.
38) 박정규, 법률의 착오, 검찰(통권 제55호), 1970, 92면, 103면 참조.
39) 김용호, 법률의 착오와 현행형법, 검찰(통권 제44호), 1971, 204, 217면 ; 김남일, 법률의 착오에 관한 연구(1), 법조, 1974, 62～63면 참조.

하면서, 고의의 엄격해석을 통하여 범죄불성립의 범위를 넓히려는 시도에 대하여 우려를 표하는 실무가나 형법학자들이 존재하고 있다는 현실을 부인하지 않았고, 그 때문에 형법 제16조를 통해 입법적 타협을 보게 되었다"고 해제를 붙여주고 있다.[40]

하지만 여기서 주목해야 할 부분은 이러한 해제와 별개로 형법 제16조의 이론적 토대에 대해 신동운 교수는 "형법 제16조가 책임설을 취한 것인지 고의설을 취한 것인지 분명하게 말할 수는 없다. 시간적 선후관계에 비추어 볼 때 우리 형법의 역사적 입법자가 독일 형법의 모델에 따라서 책임설을 취했다고 단정하기는 곤란하다. 그러나 역사적 입법자가 설정해 놓은 조문들을 형법이론의 발전에 따라 새로운 의미를 부여받게 된다."고 지적하면서 결론적으로 형법 제16조는 책임설에 근거하여 제정된 조문이라는 결론을 추론해 낼 수 있다고 한다.[41] 엄상섭과는 달리 형법 제16조의 이론적 근거로 책임설을 제안하고 있는 것이다.

엄상섭의 형법논집에 대한 해제와는 다소 모순된 것처럼 보이는 이러한 입장은 필자가 보기에 형법 제16조의 이론적 토대에 대한 매우 흥미로운 연구 소재를 제공해 주고 있다. 즉 "우리 형법의 제정에 중추적 역할을 했던 엄상섭의 견해에 기초해 볼 때, 규범적 책임설에 입각하여 엄격고의설을 토대로 입안된 것으로 추정되는 조문이 왜 오늘날 책임설에 의해서 해석하는 것이 더 타당한 결과를 가져오는가?"라는 질문에 답할 필요가 있다는 것이다. 사실 오늘날 형법 제16조를 책임설에 입각해 해석하는 것이 통설적 견해이기도 하다. 하지만 "설령 형법이론의 발전에 따라서" 동 조문에 대해서 '새로운 의미'를 부여할 필요가 있다는 점을 수긍할 수 있다고 하더라도 그 전에 동 조문의 '본래적 의미'에

---

40) 신동운, 효당 엄상섭 형법논집 해제, 효당 엄상섭 형법논집(신동운·허일태 편), 서울대학교출판부, 2003, 353-355면 참조.

41) 그 근거에 대해서 신동운 교수는 "우리 형법은 제13조 및 제15조 제1항에서 구성요건적 착오를 규정하고 제16조에서 금지착오를 규정하고 있다. (중략) 이러한 구조는 (중략) 1975년 독일 신형법의 태도와 결과적으로 매우 유사한 것이라고 하지 않을 수 없다."고 한다. 신동운, 형법총론, 법문사, 2015, 412-413면.

대해서 보다 면밀히 검토하고 넘어갈 필요도 분명 있다고 판단된다. 본고는 바로 이 문제에 대해서 중점적으로 고찰해 보고자 한다. 신형법 제정 직후 당대에 전개된 형법 제16조의 이론적 토대에 대한 두 개의 대립되는 견해 중 하나인 위법성인식가능성설에 대해서 엄상섭 의원도 신동운 교수도 특별히 논급하지 않고 있는바, 동 학설의 의미를 재검토해 봄으로써 위 질문에 적실한 해답이 구해질 수 있다고 본다.

이하에서는 위법성인식가능성설(이하 '가능성설'로 약칭함)의 의미를 다른 학설과의 비교 검토를 통해 명확히 해보고, 가능성설이 과연 형법 제16조의 해석에 얼마나 가치가 있으며 고의설과 책임설의 범주 중 어디에 속하는지에 대한 김종원 교수의 견해를 통해 분석해 봄으로써 위 질문에 답해 보고자 한다.

IV. 형법 제16조의 해석론과 가능성설

1. 다른 학설과 가능성설의 비교

김종원 교수가 면밀히 논증한 바와 같이[42] 형법 제16조를 적실히 해석해낼 수 있는 학설은 법과실준고의설과 가능성설, 그리고 책임설이다.[43] 오늘날 위법성의 불인식, 금지착오의 문제를 통상 고의설과 책임

---

42) 김종원, 금지착오와 형법 제16조, 경희법학 제9권 제1호, 1971, 67면 참조.
43) 드물게 형법 제16조를 위법성인식불요설에 의해 해석하는 것이 타당하다고 주장하는 견해도 있으나(이근상, 형법총론, 1958, 154면 이하), 오늘날 동 학설을 지지하는 견해는 없으므로 논외로 하기로 한다. 이근상 교수는 그 근거로서 "위법성의 인식에 착오가 있더라도 원칙적으로 처벌을 면할 수 없지만, 형법 제16조에 의해 정당한 이유가 있는 경우에 한하여 처벌을 면할 수 있도록 규정하고 있기 때문"이라고 한다. 하지만 동 학설에 의하면 착오에 정당한 이유가 있는 경우든 없는 경우든 착오와 무관하게 처벌되어야 하므로 형법 제16조의 취지에 맞게 해석할 수 없다고 보아야 한다. 김종원, 앞의 논문(각주 42), 65면.

설의 대립구도 하에 다루는 것이 대다수 문헌들의 주된 태도지만 원래 이 문제는 종래 고의론의 문제로서 고의의 성립에 위법성의 인식이 필요한지 여부의 형태로 다루어졌음에 유의할 필요가 있을 것이다.[44] 이에 따라 위법성인식불요설, 필요설, 가능성설 및 이분설(자연범과 법정범 구분설)과 준고의설 등이 대립하고 있었던 것이다.[45] 따라서 법과실준고의설과 가능성설 및 책임설을 동일 평면상에 병렬적으로 놓고 평가하는 것은 다소 오해의 소지가 발생할 수 있으므로 이하에서는 우선 법과실준고의설과 가능성설을 비교한 후, 가능성설과 책임설의 비교를, 가능성설이 태동한 배경과 함께 다루어 보고자 한다.

(1) 법과실준고의설과 가능성설

법과실준고의설은 고의의 성립에 위법성의 인식을 필요로 하나 위법성의 인식이 없는 데 과실이 있는 경우(즉, 법과실이 있는 경우)에는 이를 고의와 동일하게 취급하는 학설이다. 따라서 위법성의 인식에 착오가 있으면 고의가 조각되나, 그 착오가 과실에 기하는 경우에는 고의에 準하게 된다. 이 학설에 대해서는 결론적으로 전술한 엄상섭 의원과 김용진 판사가 비판한 내용이 그대로 적용될 수 있다. 즉 법과실이 어떻게 고의와 동일하게 취급될 수 있는지, 즉 어떻게 '고의로 비약하는지' 그 이론적 근거가 부족하여 '사물의 본질에 반한다'는 것이다.[46] 그리고 법과실이 있는 경우 과실범 처벌규정이 있다면 과실범으로 처벌해야 하는지, 아니면 고의범으로 처벌해야 하는지 불분명하다는 지적이

---

44) 이 점에 대한 지적으로는 김종원, 앞의 논문(각주 42), 59면.

45) 위법성의 인식에 관한 학설의 변천사에 대한 소개로는 손해목, 위법성의 의식(불법의식), 행정논집 제20권, 1992, 2-3면 참조.

46) 이러한 비판에 대해 동 학설의 지지자는 구성요건적 사실의 인식에 과실에 있어서 그로 인하여 행위를 한 경우보다는 구성요건적 사실의 인식은 갖고 있으나 다만 위법성의 인식에 과실이 있는 경우에는 행위자에게 적법행위의 기대가능성이 더 크기 때문에 법과실은 고의와 동일하게 취급하여도 무방하다고 주장한다. 이러한 입장에 대해서는 김용식, 신형법, 1957, 116-117면 참조.

있다.[47]

　이에 비해 가능성설은 고의의 성립에 위법성의 인식이 반드시 필요하지는 않고 그 가능성만 있으면 된다고 하는 학설로서 이 점에서 법과실준고의설(이하 '준고의설'로 약칭함)과 뚜렷하게 구분된다. 따라서 위법성의 착오가 있어도 곧바로 고의가 조각되지 않고, 위법성 인식의 가능성이 없을 때에 비난가능성이 없으므로 비로소 고의의 책임이 조각된다고 본다. 이 학설의 대표자인 M. E. Mayer에 의하면 책임은 행위자와 구성요건적 결과에 대한 관계에서의 책임과 행위자의 위법성에 대한 관계에서의 책임으로 나눌 수 있으며, 전자는 심리적 책임요소로서 고의와 과실을 뜻하며, 후자는 윤리적 책임요소(ethisches Shuldelement)로서 의무위반성의 의식가능성을 말한다고 한다. 그리고 이 책임의 규범적 요소는 고의와 과실에 공통되는 기본적 책임요소라고 한다.[48]

　가능성설에 대해서는 앞서 김용진 판사가 지적한 바와 같이 "위법성에 관한 과실을 고의로 하고 또는 고의와 동일하게 취급하여야 된다 하는 것은" 부당하다는 비판이 유력한바, 다시 말해 고의의 성부문제에 과실의 요소를 혼합하였다는 것이다. 즉 가능성설은 고의와 과실의 분기점에 관하여 사실에 대해서는 현실의 인식을 고의로 보고, 그 인식의 가능성을 과실로 보면서, 위법성에 대해서는 그 인식의 가능성만으로 고의가 성립한다고 보는 것은 개념의 혼동이고 이론적 모순이라는 지적이 제기된다.[49] 이러한 비판에 대해 김종원 교수는 고의에 과실적 요소를 도입한다는 비판이 있으나 "의문이다"고 반박한 뒤,[50] 가능성설은 위법성의 인식의 가능성이 없을 때에는 '비난가능성이 없어' 고의의 책임이 완전히 조각되는 것이지, 고의범 성립이 부정된다고 해서 과실범의 존부문제로 귀결되지 않는다고 한다.[51] 다시 말해 위법성인식필요설

---

47) 손해목, 앞의 논문, 4면 참조.

48) Mayer, Der Allgemeine Teil des Deutschen Strafrecht: Lehrbuch, 1923, 231면 이하.

49) 이에 대해서 Mangakis, Das Unrechtsbewusstsein in der strafrechtlichen Schuldlehre nach deutschem und griechischem Recht, 1954, 46면.

50) 김종원, 앞의 논문(각주 42), 61면.

이나 법과실준고의설의 경우 고의책임이 부정될 경우, 과실범 성립여부를 검토할 여지가 남게 되지만, 가능성설은 그러할 여지가 없다는 것이다. 마이어의 구분법처럼 고의와 과실을 책임의 심리적 요소로 보고, 위법성의 인식가능성은 윤리적·규범적 요소로 본다면, 양자는 책임판단에서 영역을 달리하는바, 위법성의 인식가능성이 있는 고의 행위에 대해서 책임을 인정할 수 있다는 것은 심리적 요소와 규범적 요소의 결합이 가능함을 뜻하는 것이고, 이와 마찬가지로 위법성의 인식가능성이 없는 고의행위는 책임이 조각된다는 것은 책임의 규범적 요소가 인정되지 못하여 비록 심리적 요소가 있더라도 책임이 조각된다는 뜻으로 해석할 수 있으므로, 이러한 책임이론에서 보면 가능성설은 고의라는 심리적 요소에 과실이라는 또 다른 심리적 요소가 혼입되고 있지 않다는 견해로 보인다.[52] 즉 비판의 요지는 위법성의 인식가능성이라는 과실적 요소가 심리적 책임요소로서의 고의와 결합해 '고의책임'이 인정되는 것은 모순이라는 것인데, 이 두 요소는 층위를 달리하는 요소이므로 충분히 결합될 수 있고, 이는 결코 심리적 책임요소로서의 고의와 과실이 혼합되는 것이 아니라는 것이다.

(2) 책임설과 가능성설

잘 알려져 있듯이 책임설은 위법성의 인식은 고의의 요소가 아니라 고의와 분리된 독립된 책임요소라는 설이다. 이 학설에 의하면 위법성의 인식이 없는 경우, 즉 금지착오의 경우에 그것이 회피가능한 때에는 책임이 조각되지만, 회피불가능한 때에는 책임이 감경될 뿐이다. 학설사적으로 보면 이미 Merkel 등에 의해 고의와는 별개의 독립된 책임요소로 인식되기 시작한 이래[53] 일반적으로 고의가 책임요소임을 부정하는 목적적 행위론자들은 모두 필연적으로 책임설을 취하지만, 고의를

---

51) 김종원, 앞의 논문(각주 20), 30면.
52) 이러한 해석으로는 손해목, 앞의 논문, 4면 참조.
53) Merkel, Die Lehre von Verbrechen und Strafe, 1912, 82면.

책임요소로 인정하면서도 위법성의 인식을 책임형식으로서의 고의와는 별개의 독립된 책임요소라고 파악하는 전통적인 범죄체계론을 견지하는 입장에서도 주장된다.54)

가능성설과 책임설의 연관성에 대해 살펴보면, 독일의 경우 가능성설이 대체로 책임설에 편입되고 있지만55) 일본이나 우리나라의 경우 고의설, 그 중에서 제한고의설의 한 범주로 분류되는 경우가 많다. 이에 김종원 교수와 유기천 교수는 가능성설을 책임설로 편입시켜 이해하고 있다는 점에 주목하여 양자의 관계를 살펴보고자 한다.

우선 김종원 교수는 고의설이란 위법성의 의식이 고의의 성립요건이 되고 그 의식이 없으면 바로 고의가 조각된다는 학설이고, 이에 비해 가능성설은 위법성의 의식이 없어도 바로 고의가 조각되지 않으므로 "그러한 한에 있어서 가능성설은 일종의 '고의설'이라도 될 자격을 상실한다고 보아야 옳[다]"고 주장한다.56) 다만 가능성설이 고의설이 될 자격이 없다고 해서 곧바로 책임설에 편입된다고 말할 수는 없는바, 가능성설에서 말하는 '고의'가 과연 어떤 의미를 가진 고의인지를 밝힘으로써 결론적으로 책임설에 편입되는 것이 옳다고 한다. 즉 가능성설에서 말하는 고의는 과실과의 한계로서 문제되는 고의가 아니라 책임요소로서의 고의, 더 정확하게 말하면 '위법성의 의식과의 관련 하에서의 고의책임'이라는 의미에서의 고의라고 이해해야 하므로57) 그렇다면 위법성의 의식의 가능성의 유무는 고의의 '책임(비난가능성)'의 유무를 결정짓는 것이 되어 결론적으로 가능성설은 책임설에 편입시키는 것이 타당하다고 한다. 부연하자면 전술한 M. E. Mayer의 구분법대로 책임을 심리적 요소(고의와 과실)와 규범적 요소(위법성의 인식가능성)로 나누어 후자는 전자(고의와 과실)에 공통되는 책임요소라고 할 때, 위법성의 인식가능성이 없어서 고의책임이 조각된다는 의미는 심리적 책임요

---

54) 김종원, 앞의 논문(각주 16), 508면.
55) 이 점에 대해서는 김종원, 앞의 논문(각주 20), 28면.
56) 김종원, 앞의 논문(각주 20), 30면.
57) 김종원 앞의 논문(각주 16), 515면.

소로서의 고의나 과실의 성립여부에 기여하는 별개의 규범적 책임요소가 부정된다는 것이므로 이것은 책임설의 입장과 '통한다'는 것이다.[58]

유기천 교수도 가능성설과 책임설의 연관성에 관해 논급한 바 있다. 이에 대하여 김종원 교수는 유기천 교수의 그 논급에 대해 "자기의 입장을 책임설이라고 보지 않는 것 같다"고 촌평한 바 있다.[59] 하지만 필자가 보기에 유기천 교수는 자신의 저서에서 책임설과 가능성설의 유사성을 누누이 강조하고 있다. 유교수는 "벨첼이 지지하는 책임설은 독일학계에 한때 큰 파문을 주었고, 독일연방재판소에도 영향을 주었다. 그러나, 이는 마이어의 가능성설과 그 결론에 있어서 거의 동일하다."[60]고 지적한다. 또한 과거 판례의 입장인 위법성인식불요설은 책임의 본질이 비난가능성에 있는 이상 더 이상 유지될 수 없게 된 배경 하에서 가능성설이 출현하게 되었다고 보면서 책임, 곧 비난가능성의 지적 요소로서 고의와 위법성의 인식가능성을 별개의 요소로 다루고 있는바,[61] 이는 곧 위법성의 인식(가능성)을 별개의 독립된 책임요소로 보는 책임설의 입장과도 통하는 것이라 해석하지 않을 수 없다고 본다.

이처럼 가능성설은 그 핵심 논지에 있어서 책임설과 상통하는 입장이나, 일본과 우리나라의 경우 주로 고의설(제한고의설)의 한 범주로 분류된 이유는 추측컨대 위법성의 불인식이 종래 고의론의 문제로서 고의의 성립에 위법성의 인식이 필요한지 여부의 형태로 다루어져 왔고 그 과정에서 가능성설이 출현하게 되었다는 점에서 찾을 수 있다고 본다. 가능성설은 책임요소로서의 고의의 성립에 위법성의 인식은 불필요하고, 그 인식가능성만 있으면 된다는 학설이므로 일견 고의설처럼 보이지만, 여기서 말하는 '고의'는 김종원 교수가 잘 지적한 바와 같이 심리적 책임요소로서의 고의가 아니라, 그와 구별되는 규범적 책임요소인 위법성의 인식가능성에 따라 그 성립여부가 결정되는 '고의책임'을 뜻

---

58) 김종원, 앞의 논문(각주 42), 63면.
59) 김종원, 앞의 논문(각주 9), 30면 참조.
60) 유기천, 앞의 책, 92면.
61) 유기천, 앞의 책, 228-229면.

하는 것으로 보아야 하므로 이러한 입장은 어디까지나 책임설의 한 범주로 편입해야 마땅하다고 본다. 유기천 교수도 바로 이와 같은 맥락에서 '책임의 가장 낮은 한계'로서의 '위법성의 인식가능성'을 고의와 더불어 비난가능성의 지적 요소의 하나로 파악하고 있는 것이다. 전술한 바와 같이 책임설의 입장은 고의를 책임에서 완전히 분리시키는 목적적 행위론자들 외에 고의를 책임요소로 파악하는 전통적 견해에서도 채택할 수 있으므로, 비록 가능성설이 '고의론'의 전개과정에서 태동한 학설이라 하더라도 그 핵심 논지는 결과적으로 "고의로부터 위법성의 인식(가능성)을 분리한다"는 책임설의 입장과 상통한다는 점을 혼동해서는 안 될 것이다.

2. 형법 제16조의 해석과 가능성설

그렇다면 이번에는 과연 가능성설과 법과실준고의설, 그리고 책임설 중에서 어느 학설이 형법 제16조를 가장 적확하게 해석해 낼 수 있는지를 검토해 보기로 한다.

(1) 형법 제16조의 '가능한 의미' 내에서의 문리해석

죄형법정주의 원칙상 형법조문은 '문언의 가능한 의미' 내에서 엄격하게 해석되어야 한다.

형법 제16조는 "자기의 행위가 법령에 의하여 죄가 되지 아니하는 것으로 오인한 행위는 그 오인에 정당한 이유가 있는 때에 한하여 벌하지 아니한다."고 규정하고 있다. 동 조문의 구조상 상기 언급한 각 학설에 따르는 해석상 차이점을 두드러지게 보여주는 부분은 바로 '정당한 이유가 있는 때에 한하여'라는 법문이다. 동 법문의 적확한 해석을 위해서는 유사한 법문형태를 취하고 있는 입법례를 검토해 볼 필요가 있을 것이다.

'정당한 이유'란 법문은 1935년의 중화민국형법 제16조에서도 채택된 바 있지만 '정당한 이유가 있는 때에 한하여'란 법문은 비교법적으로도 드문 사례이다. 동 조문의 입안 당시 고려되었을 만한 입법례를 보아도 이와 같은 법문형식은 찾아볼 수 없다. 예를 들면 다음과 같다.

1930년 독일형법 초안 제20조 제2항 : 행위자가 고의로 행위하지만 용서할 수 있는 법률의 착오에 의하여 자기 행위의 불법성을 인식하지 못한 때에는 벌하지 아니하고, 그 착오가 용서할 수 있는 것이 아닌 때에는 행위자를 처벌하되 그 형을 감경한다.

1938년 스위스 신형법 제20조 : 범인이 충분한 이유로 자기는 당해의 범행을 행하는 권리를 가질 것이라고 사유한 경우에는 재판관은 자유재량에 따라서 형을 감경하며(제66조) 또는 처벌을 하지 아니할 수 있다(Hat der Täter aus zureichenden Gründen angenommen, er sei zurTat berechtigt, so kann der Richter die Strafe nach freiem Ermessen mildern (Art.66) oder von einer Bestrafung Umgang nehmen).

1935년 중화민국형법 제16조 : 법률을 알지 못했다고 하여 형사책임이 면제될 수 없다. 단, 그 정상에 따라서 그 형을 감경할 수 있다. 만약 그 행위가 법률에 의해서 허가되는 것으로 믿은 데에 정당한 이유가 있는 경우에는 그 형을 면제할 수 있다(不得因不知法律而免除刑事責任但按其情節得減輕其刑如自信其行爲爲法律所許可而有正當理由者得免除其刑).[62]

1940년 일본개정형법가안 제11조 [법률의 착오] :
① 법률을 알지 못하였다 하더라도 그것으로써 고의가 없었다고 할 수 없다. 단, 정상에 따라 그 형을 경감할 수 있다.
② 자기의 행위가 법률상 허용되지 아니하는 것임을 알지 못하고 범한 자는 그 점에 대하여 상당한 이유가 있는 때에는 그 형을 면제한다.[63]

소개한 초안 및 입법례들은 모두 "정당한(상당한, 충분한, 용서할 수

---

62) 동 조문의 해석으로는 김종원, 1969년의 새로운 독일형법총칙을 중심으로, 경희법학 제8권 1호, 1970, 119-120면; 법무부조사국, 법무자료, 제5집, 1948, 4면 참조
63) 법무부조사국, 앞의 자료, 3면 참조

있는) 이유가 있는 '경우에는(때에는)''''이라는 법문을 채택하고 있음을 쉽게 확인할 수 있다. 즉 우리 형법 제16조처럼 '한하여'라는 극히 제한적인 법문을 취하고 있는 초안 및 조문은 찾아볼 수 없다. 이러한 비교법적 사례를 토대로 동 조문에 대한 문리적 해석을 하자면, '정당한 이유가 있는 때에 한하여'라는 법문은 '정당한 이유가 있는 경우에만' 법률의 착오를 고려하여 벌하지 않는 것으로 법적 효과를 부여하되, 반면에 정당한 이유가 없는 경우에는 원칙적으로 처벌하겠다는 취지로 새겨진다. 바꾸어 말하면 동 조문의 취지는 원칙적으로 정당한 이유가 없는 때에는 벌하면서, 예외적으로 정당한 이유가 있는 때에 한하여 벌하지 아니한다는 것으로 해석된다. 이 점은 특히 만일 '정당한 이유가 있는 경우에는(때에는)'이라는 법문형식을 취할 경우 법률의 착오에 정당한 이유가 있는 경우에는 벌하지 않는 법적 효과가 부여되는 것은 동일하지만 만일 정당한 이유가 없는 경우에는 그 법적 효과에 대한 해석이, '정당한 이유가 있는 때에 한하여'라는 법문형식을 취할 경우와 비교해 볼 때 상대적으로 '문리해석상' 분명하지 않아 학설과 판례에 맡겨질 것이고, 결과적으로 처벌하거나 형을 감경하는 법적 효과를 부여하겠다는 취지로 해석될 수 있다는 점에서 명확해 진다.[64] 위에 소개한 1930년 독일형법 초안 제20조 2항이 바로 그러한 조문형태이다.

요컨대 '한하여'라는 법문형식은 정당한 이유의 유무에 따라 '처벌' 또는 '불처벌'의 법적 효과가 가능한 양자택일 방식의 조문구조를 갖게 되는데 비해,[65] '경우에(때에는)'라는 법문형식은 정당한 이유가 없을 때에는 '처벌' 내지 '감경'이라는 법적 효과를 부여할 수 있는 보다 신축적인 조문구조를 지니게 된다고 볼 수 있다.

그런데 여기서 한 가지 의문이 들 수 있다. 형법 제16조가 비록 '정당한 이유가 있는 때에 한하여'라는 법문을 채택하고 있다고 하더라도 그 법적 효과에 있어서 정당한 이유가 없는 때에는 반드시 양자택일적

---

64) 이러한 해석으로는 김종원, 앞의 논문(각주 42), 65면.
65) 이 점에 대해서는 신동운, 앞의 책, 411면.

해석에 의해 '처벌'만 하는 것이 아니라 형의 '임의적 감경'이라는 법적 효과도 부여할 수 있다고 보는 것은 '문언의 가능한 범위'를 벗어나는 것일까? 순전히 문리해석에만 기초해서는 이에 답하기 어렵다고 본다. 이하에서는 동 조문의 입법사적 유래를 검토해 봄으로써 보다 이 점에 대한 보다 명확한 해석론을 제시해 보고자 한다.

(2) 입법사적 고찰을 통한 문리해석의 보완

우리의 입법자는 형법 제16조를 기초하는데 있어서 일본의 개정형법가안을 주된 모델로 삼았던 것으로 보인다.[66] 그러므로 일본 개정형법가안 및 동 가안과 거의 유사한 조문구조를 갖고 있는 1961년 개정형법준비초안 및 1974년 개정형법초안과 우리나라 법전편찬위원회 형법초안 및 형법 제16조를 비교해 봄으로써 '정당한 이유가 있는 때에 한하여'의 의미를 구명해 보기로 한다.

1940년 일본개정형법가안 제11조 [법률의 착오] :
① 법률을 알지 못하였다 하더라도 그것으로써 고의가 없었다고 할 수 없다. 단, 정상에 따라 그 형을 경감할 수 있다.
② 자기의 행위가 법률상 허용되지 아니하는 것임을 알지 못하고 범한 자는 그 점에 대하여 상당한 이유가 있는 때에는 그 형을 면제한다.[67]
1950년 법전편찬위원회 형법초안 : 자기의 행위가 법령에 의하여 죄 되지 아니하는 것으로 오인한 행위는 그 오인이 정당한 이유가 있는 때에 한하여 형을 감경 또는 면제할 수 있다.
1953년 형법 제16조 : 자기의 행위가 법령에 의하여 죄가 되지 아니하는 것으로 오인한 행위는 그 오인에 정당한 이유가 있는 때에 한하여 벌하지 아니한다.

위 법전편찬위원회 형법초안 역시 동 가안을 토대로 성안되었다고

---

66) 이러한 견해의 소개로는 신동운, 앞의 논문(각주 10), 18면, 20면 참조
67) 법무부조사국, 앞의 자료, 3면 참조

보아도 큰 무리는 없을 것이다. 위의 두 가지 안을 비교해 보면, 눈에 띄는 차이점을 쉽게 발견할 수 있다. 일본개정형법가안의 제11조 제2항이 법전편찬위원회의 형법초안과 유사함은 누누이 지적된 사실이지만, 분명히 우리 입법자는 개정형법가안 제11조 제1항의 규정은 우리 조문에 도입하지 않았다. 여기서 두 가지의 의문점이 떠오른다.

첫째, 일본의 경우 개정형법가안을 기초함에 있어서 어째서 일본의 현행형법 제38조 제3항의 규정을 가안 제11조 제1항에 그대로 존치시킨 것일까?

둘째, 우리 입법자는 일본개정형법가안을 참조했음에도 불구하고 어째서 일본과는 다른 입법형식을 취한 것인가?68) 이에 대해 검토해 보기로 한다.

牧野英一에 따르면 스위스 신형법 제20조는 '충분한 이유'가 있는 법률의 착오만을 형법적으로 고려하고 있으며, 그러한 점에서 동 조문은 다분히 전통적인 사고방식, 즉 "법률의 부지는 용서받지 못한다"는 로마법상의 법원칙을 따르고 있다고 한다. 그리고 스위스 형법 제20조의 이러한 취지를 개정형법가안은 (법적 효과에 있어서는 차이가 있지만) 그대로 전승하고 있다고 한다. 그렇기 때문에 동 가안의 제1항은 "법률을 알지 못하였다 하더라도 그것으로써 고의가 없었다고 할 수 없다. 단, 정상에 따라 그 형을 경감할 수 있다"는 현행 조문을 존치시킴으로써 전통적인 법원칙을 승인하면서도, 제2항에 "자기의 행위가 법률상 허용되지 아니하는 것임을 알지 못하고 범한 자는 그 점에 대하여 상당한 이유가 있는 때에는 이를 벌하지 아니한다"는 조문을 둠으로써 '상당한 이유'가 있는 법률의 착오만을 고려하는 태도를 취하게 되었다는 것이다.69)

---

68) 그러나 형법 제16조에 관한 한 이러한 차이점에 주목한 연구는 아직까지 보이지 않는다. 오영근 교수의 "일본개정형법가안이 제정형법에 미친 영향과 현행 형법 해석론의 문제점"(형사법연구 제20호, 109면 이하 참조)에도 특별히 이러한 문제의식은 표출되지 않는다.

69) 牧野英一, 법률의 착오(형법연구 제12권), 1951, 106-109면 참조.

요컨대 일본개정형법가안 제11조 1항은, 비록 정상에 따른 형의 임의적 감경의 여지는 남아 있지만, 법률의 부지는 용서받지 못한다는 전통적 법원칙을 승인하는 규정이고, 2항은 상당한 이유가 있는 법률의 착오에 한하여 이를 형법적으로 고려하겠다는 규정인 것이다.[70]

그렇다면 우리 입법자도 역시 형법 제16조를 입안함에 있어서 일본개정형법가안 제11조의 이와 같은 취지를 고려해 동 가안 제11조와 유사한 규정형식을 취하는 것이 전통적인 법원칙과의 조화 측면에서 바람직하다고 판단했을 것임은 쉽게 추측해 볼 수 있다. 이에 대해서 엄상섭은 다음과 같이 말하고 있다.

> "제16조에 "자기의 행위가 법령에 의하여 죄가 되지 아니하는 것으로 오인한 행위는 그 오인에 정당한 이유가 있는 때에 한하여 벌하지 아니한다"라고 되어 있거니와 이 조문도 형벌조문을 완화한 것이다. "법을 모른다고 하여 처벌을 면할 수 없다"는 것이 형법상의 원칙이거니와 이 원칙의 절대적인 적용만으로는 심히 가혹하여 해위자로서는 억울키 한량없는 경우가 있는 것이다. … 그러므로 우리 형법제정에서는 "자기의 행위에 죄가 안 되는 것으로 오인함에 있어서 그 오인을 책(責)할만한 아무런 이유도 없을 때"에는 벌하지 말자는 이 조문을 설치한 것이다. 이 조문에서의 '정당한 이유가 있음'이라 함은 "만연히 죄가 안 되는 것으로 오인한 것이 아니고 적어도 법률전문가나 당로자에게 문의를 하여 죄가 안 된다는 요지의 확답을 얻었다든가 이에 준할 만한 노력을 한 연후에 죄가 되지 아니한다는 인식을 하게 되었음"을 의미하는 것으로 본다".[71]

엄상섭의 말을 풀이하자면 형법 제16조는 "법을 모른다고 하여 처벌

---

70) 일본개정형법가안의 이유서도 이와 거의 동일한 취지로 설명하고 있다. 즉 본조 제1항은 전통적 법원칙을 도저히 변경할 수 없다는 점을 승인하는 것이고 다만 제2항은 제1항의 엄격성을 완화하기 위해 상당한 이유가 있는 경우에는 그 형을 '면제'까지도 할 수 있도록 입안된 것이라고 한다. 이에 대해서 刑法改正案理由書, 小野幹事提出, 7-8면 참조.

71) 엄상섭, 우리 형법전에 나타난 형법민주화의 조항, 법정, 제10권 제11호, 1955, 3-4면 참조.

을 면할 수 없다"는 형법상의 전통적 법원칙의 엄격함을 완화하기 위해 입안된 것이기는 하지만 '정당한 이유'란 '만연히 죄가 안 되는 것으로 오인한 것'은 분명 아니라는 것이며 동 조문은 전통적 법원칙과의 긴장을 해소하여 입법적 조화를 도모하고 있는 규정이라는 것이다. 엄상섭을 통해 알 수 있듯이 형법 제16조의 입안자 역시 스위스 형법 제20조나 일본개정형법가안 제11조처럼 형사처벌의 엄격함을 완화시키는 노력을 기울이면서도 다분히 전통적 법원칙을 존중하여 양자의 조화를 모색하고 있다는 점에서 스위스 형법 제20조나 개정형법가안 제11조의 취지를 전승하고 있다고 봐야 할 것이다.

그렇다면 형법 제16조 역시 일본개정형법가안 제11조처럼 두 개의 항을 두는 방식을 채택하는 것이 바람직하였을 것이라고 본다. 그럼에도 불구하고 우리 입법자는 과감히 단일 조문형태로 현행 형법 제16조와 같은 규정형식을 취했다. 과연 어떠한 이유에서 이와 같은 조문형식을 택했는지가 의문시된다. 추측컨대, 바로 이 의문점을 해결하는 실마리가 형법 제16조의 '정당한 이유가 있는 때에 한하여'란 법문에 있다고 본다. 우리 입법자는 일본과 다르게 단일 조문형태로 법률의 착오를 규정하면서 '정당한 이유가 있는 경우에 한하여'란 법문을 들여오고 있다. 여기에는 분명히 당시 입안자의 의도가 담겨 있으리라고 판단된다.

우리 형법 제16조도 분명 일본개정형법가안 제11조처럼 형사처벌에 엄격성을 완화하면서도 전통적인 법원칙을 존중하는 노력 속에 입안된 것임은 분명할 것이다. 그럼에도 불구하고 우리 조문의 입안자가 현재의 조문형태를 취한 것은 '정당한 이유가 있는 때에 한하여'라는 법문이 바로 일본개정형법가안 제11조 제1항 및 제2항의 기능을 대신해 줄 수 있다고 보았기 때문이라고 판단하는 것이 자연스럽다. '정당한 이유가 있는 경우에 한하여'란 법문은 분명 제한적인 수식어구이다. 유기천 교수는 동 조문을 영어로 소개한 문헌에서[72] "only when his mistake is based on reasonable grounds"라고 번역한 바 있다.

---

72) Ryu & Silving, 앞의 논문, 692면 참조.

다시 말해 동 법문은 형법 제16조 역시 스위스 형법 제20조나 일본 개정형법가안 제11조처럼 '정당한 이유'가 있는 경우의 법률의 착오만을 고려한다는 태도를 분명히 하고 있는 것이다. 즉 형법 제16조 하에서도 법률의 착오는 정당한 이유가 있는 경우에만 고려되고, 그 외의 경우에는 처벌된다는 것이 원칙인 것이다.[73) 다만, 일본개정형법가안이 한 조문에 두 개의 항을 둠으로써 이러한 취지를 명확히 하였음에 비해서 우리 조문은 오히려 스위스 형법 제20조와 유사하게 단일 조문방식을 채택하면서도 '한하여'란 제한적 법문을 통해서 그와 같은 취지를 두드러지게 표현하고 있는 것이다. 이러한 결론은 형법 제16조와 같이 '정당한 이유'란 법문을 채택하면서도 규정형식에 있어서는 일본개정형법가안 제11조와 유사한 조문구조를 가진 1935년 중화민국형법 제16조에서 '정당한 이유가 있는 경우에'라는 법문형식을 취하고 있는 점에서도 지지된다고 생각한다.

> **1935년 중화민국형법 제16조** : 법률을 알지 못했다고 하여 형사책임이 면제될 수 없다. 단, 그 정상에 따라서 그 형을 감경할 수 있다. 만약 그 행위가 법률에 의해서 허가되는 것으로 믿은 데에 정당한 이유가 있는 경우에는 그 형을 면제할 수 있다(不得因不知法律而免除刑事責任但按其情節得減輕其刑如自信其行爲爲法律所許可而有正當理由者得免除其刑).[74)

요컨대 형법 제16조는 정당한 이유가 없는 때에는 전통적 법원칙을 존중해 원칙적으로 처벌하겠다는 취지로 해석하는 것이 타당하다고 하겠다. 이에 대해 형의 '임의적 감경'이라는 법적 효과도 부여할 수 있다고 보는 것은 동 법문의 '가능한 의미'를 넘어서는 해석이다. 이와 관련

---

73) 다만 일본개정형법가안 제11조와 차이가 있다면, 정당한 이유가 없는 경우에 정상에 의한 임의적 감경규정을 두고 있지 않다는 점이다. 이로 인해 정당한 이유가 없는 경우의 법적 효과는 '처벌'이라는 점이 더욱 명확해 진다.

74) 동 조문의 해석으로는 김종원, 1969년의 새로운 독일형법총칙을 중심으로, 경희법학 제8권 1호, 1970, 119-120면; 법무부조사국, 앞의 자료, 4면 참조.

해 유기천 교수는 "형법 제16조를 정당하게 해석하려면 위법성의 인식이 불가능하였으면 책임이 조각되고, 위법성의 결여가 과실에 인한 때에는, 고의범으로 처벌한다고 보아야 한다. 다만 양형에 있어서 책임을 감경하려고 할 때에는 그 정상에 참작할 사유가 있음을 이유로 감경하게 되며(제53조), 제16조에 의하여 감경하는 것은 아니다"라고 적확히 지적해 주고 있다.[75]

(3) 가능성설과 형법 제16조의 해석

전술한 형법 제16조의 해석론에 입각해 볼 때, 동 조문의 취지에 맞게 법적 효과를 가장 적실히 해석해 낼 수 있는 학설이 무엇인지 검토해 보고자 한다.

우선 법과실준고의설은 위법성의 착오에 정당한 이유가 없는 경우, 즉 법과실이 있는 때에는 고의범으로 취급하여 처벌하므로 형법 제16조의 취지에 합치된다고 볼 수 있다. 또한 정당한 이유가 있어서 법과실이 부정되는 경우에는 범죄불성립으로 처벌되지 않는다는 점도 형법 제16조의 취지에 부합된다. 하지만 법과실준고의설이 지닌 이론적 결함은 차치하더라도 그 법적 효과에 있어서 법과실이 있는 경우 만일 과실범 처벌규정이 있다면 과실범으로 처벌해야 하는지, 아니면 고의범으로 처벌해야 하는지 불분명하다는 점에서 형법 제16조의 취지에 정확히 부합되지는 않는다고 볼 수 있다. 다시 말해 이 학설은 위법성인식필요설의 형사정책적 결함, 즉 고의범 성립이 부정될 때 과실범 처벌규정도 없어서 형사처벌의 공백이 발생하는 것을 극복하기 위해 주장되었지만, 만일 과실범 처벌규정이 있다면 과연 이를 어떻게 처리할 것인가에 대해서는 불분명한 입장을 취하고 있다는 것이다.

다음으로 책임설은 오늘날 형법 제16조의 해석론적 근거로서 널리 받아들여지고 있는 만큼 동 조문의 취지에 상당부분 부합되는 측면이 있는 것은 사실이다. 즉 위법성의 착오가 회피불가능한 경우, 즉 정당한

---

75) 유기천, 앞의 책, 230면과 237면 참조.

이유가 있는 경우에는 책임(비난가능성)이 조각되어 벌하지 아니하고, 회피가능한 경우, 즉 정당한 이유가 없거나 법과실이 있는 경우에는 처벌되지만 책임이 감경될 수 있으므로 형법 제16조의 취지에 합치될 수 있다는 것이다.[76] 수긍할 수 있는 해석론이지만, 이 지점에서 본래적 의미의 책임설을 재음미해볼 필요가 있다고 본다. 책임설은 원래 회피가능성의 정도에 따라서 책임조각에서부터 책임감경, 완전한 책임의 인정까지 단계적 평가가 가능한 조문을 설정하고 있다. 대표적으로 책임설을 입법화한 것으로 평가받는 독일형법 제17조의 경우 제1문은 행위자에게 착오의 회피가능성이 전혀 없는 경우에 대하여 "책임 없이 행위한 것이다"라고 규정해 책임조각의 효과를 부여하면서, 제2문에서 행위자가 그 착오를 회피할 수 있었던 경우에는 그 "형을 감경할 수 있다"고 하여 회피가능성의 정도에 따라서 형의 감경이 가능하도록 규정하고 있다. 즉 본래적 의미의 책임설 구상에 입각한 독일형법 제17조는 형의 임의적 감경사유가 되지만, 우리형법 제16조는 법률상 형의 감경사유가 아니다. 이 점은 전술한 바, 형법 제16조의 문리적, 입법사적 고찰에 비추어 보더라도 명백하다. 동 조문에 의하면 정당한 이유가 없는 법률의 착오는 단지 작량감경사유에 불과할 뿐이다. 소송법적으로 보면 우리나라 피고인은 형법 제16조를 법률상 범죄의 성립을 조각하는 이유임을 들어 법원에 판단을 요구할 수는 있지만, 법률상 형의 감경을 규정한 조문이라고 주장하여 법원의 판단을 요구할 수는 없다는 것이다.[77] 그럼에도 불구하고 책임설에 입각하여 형법 제16조를 해석하여 회피가능한 금지착오의 경우 작량감경(제53조)은 물론 동 조문에 규정하고 있지 않은 법률상 감경(제55조)까지 가능하다고 보는 것은[78] 동

---

76) 이 경우 책임의 감경은 형법 제53조에 의한 작량감경을 통해서 가능하다고 보는 견해로는 성낙현, 형법총론, 동방문화사, 2011, 364면 참조.

77) 이러한 분석으로는 신동운, 앞의 책, 408-411면 참조.

78) 이러한 해석론으로는 예컨대 김일수, 한국형법 II, 1992, 94-95면과 김일수·서보학, 형법총론, 2003, 430면. 본래적 의미의 책임설에 충실한 해석론이라고 평가할 수 있겠으나, 법문의 가능한 의미범위를 넘어선 것으로 보인다.

조문의 '가능한 의미를 넘는' 해석론임은 전술한 바와 같다.[79]

그렇다면 이제 남는 것은 가능성설이다. 그러면 여기서 유기천 교수의 견해를 다시 살펴 보자.

> "위법성의 인식의 가능성이 없으면 고의범으로 벌할 수 없으나, 위법성의 인식의 가능성이 있는 때에는, 행위자에게 과실이 있는 경우에도 고의범으로 처벌받아야 한다. 형법 제16조가 바로 이 가능성설을 입법화하였던 것이다"

유기천 교수의 주장은 앞서 상론한 바에 의하여 그 의미가 명확하게 된다. '고의범으로 벌할 수 없다'는 것은 책임, 즉 비난가능성이 결여되어 '고의책임'이 조각된다는 뜻이고 이로 인해 과실범의 존부문제는 더 이상 발생하지 않는다. 또한 행위자에게 과실이 있는 경우에도, 위법성의 인식가능성이 있다면 고의가 인정되어 고의범으로 처벌받아야 한다. 이러한 해석론은 전술한 형법 제16조의 취지에 적확하게 부합된다. 정당한 이유가 있는 때에 한하여 벌하지 않고(책임조각), 정당한 이유가 없다면 고의범으로서 처벌되어야 한다는 결론에 도달하기 때문이다. 그러므로 가능성설은 형법 제16조의 해석론으로서 가장 타당한 학설이고 이를 토대로 동 조문이 입법화되었다는 유기천 교수의 주장은 적확하다고 판단된다.

그렇다면 마지막으로 엄상섭 의원의 견해, 즉 규범적 책임론에 입각한 위법성인식필요설은 형법 제16조의 해석론으로 어떠한지 검토해볼 필요가 있을 것이다. 비록 엄상섭은 엄격고의설의 형사정책적 결함을 "입법적으로 해결했다"고 평가하고 있지만, 엄격고의설의 입장에 충실하게 따르자면 위법성의 불인식에 과실이 있는 경우 과실범 처벌규정이 없으면 결국 처벌하지 못하게 되어야 하는바, 형법 제16조의 취지에 부합되지 못하며, 이러한 해석론상 난점을 해결해 줄 수 있는 '가능성

---

79) 물론 그러한 견해가 피고인에게 유리한 해석이라는 점에서는 긍정적으로 평가할 여지가 있지만, 피고인에게 유리하다고 해서 합리적인 근거도 없이 명백히 법문의 가능한 의미를 넘어서는 해석론을 허용할 수는 없다고 할 것이다. 동지의 이상돈, 형법강론, 박영사, 43면 참조

설'이라는 학설이 있음에도 불구하고 굳이 '규범적 책임론에 입각한 엄격고의설'의 입장을 무리하게 고집하면서 '입법적 해결'을 본 것으로 동 조문을 평가하는 것은 우리 형법의 이론적 토대를 다소 자의적으로 해석한 것으로 볼 여지가 있고, 위법성의 인식가능성이 없으면 비난가능성이 없어 책임이 조각된다는 형법상의 기본원칙을 적실히 담아내지 못했다는 비판을 받을 수 있다고 생각된다. 그러므로 형법 제16조의 취지에 맞는 이론적 토대로는 가능성설이 가장 타당하다고 본다.

이상의 논의를 종합하자면, 가능성설을 책임설에 편입될 수 있고, 책임은 곧 비난가능성이라는 원칙에도 충실한 학설이므로 형법 제16조를 굳이 책임설에 입각해 문언의 가능한 범위를 넘어 해석해야 할 당위성은 상당히 줄어들 수 있다고 본다. 이러한 고찰을 통하여 결론적으로 유기천 교수가 "형법 제16조가 바로 이 가능성설을 입법화하였던 것이다."라고 확언에 가까운 주장을 한 것은 지극히 타당한 것이고, 그럼에도 불구하고 가능성설의 의미와 가치를 사장시킨 채 형법 제16조의 해석을 운운하는 태도는 재고될 필요가 있을 것이다.

V. 결론

그럼 이제 다시 앞서 제기한 질문으로 돌아가 보자. 형법 제정에 중추적 역할을 한 인물들이 형법 제16조의 이론적 토대에 대해 피력한 견해를 - 엄격고의설이든 가능성설이든 - 문헌적 전거에 기초해 확인할 수 있음에도 불구하고 오늘날 동 조문의 해석론적 기초로서 책임설이 각광을 받고 있는 이유는 어떻게 해명할 수 있을까? 즉 "역사적 입법자가 설정해 놓은 조문들을 형법이론의 발전에 따라 새로운 의미를 부여받게 된다."는 말을 과연 어떻게 이해하는 것이 바람직한 것일까? 필자는 이에 대해 서론에서 논급한 바 있는 '밈이론'이 어느 정도 적실한 해답을 제시해 줄 수 있다고 믿는다.

학설에 대한 밈이론적 분석에 의하면 반드시 가장 설득력 있는 학설이 다수설이나 통설로 남게 되지는 않는다. 오히려 가장 정치한 논지를 갖춘 소수설이 사장되고, 이론적 결함이 있는 학설이 선택되어 지배적 통설이 되는 것도 충분히 가능하다. 왜냐하면 밈복합체로서의 학설-밈이 다른 학설-밈과의 경쟁에서 승리해 법률전문가들에게 선택되는 과정은 유기체의 특정한 형질이 자연선택을 통해 진화하는 것과 동일한 과정을 거치기 때문에 그것이 단지 해당 학설-밈의 밈적 적응도를 높이는 방향으로, 즉 가장 많이 복제되어 널리 전파될 있는 방향으로 무심히 진행될 뿐 반드시 학설로서의 진리성이나 정당성을 높이는 방향으로 진행되지는 않기 때문이다. 진리성이나 정당성은 해당 학설-밈의 밈적 적응도를 높이는 한 요소일 뿐이다. 그렇다면 학설-밈의 성공적 전파를 보장해 주는 다른 요인에는 무엇이 있을까? 그것은 바로 법률전문가 집단의 선호도이다. 밈이론에 따르면 학설-밈은 법률전문가 집단의 두뇌를 차지하고 판례나 법률문헌에 수록되기 위해 격렬한 투쟁을 벌이는 복제자로 볼 수 있고, 이들 중에서 어떠한 학설이 생존에 성공하여 선택될지 여부는 전적으로 그 선택환경에 달려 있기 때문이다. 법학의 영역세서 그 선택환경은 바로 법률전문가 집단의 선호도인 것이다.

이러한 분석에 의하면 형법 제16조의 해석과 관련해 오늘날 책임설이 어째서 다른 학설에 비해 두각을 나타내며 널리 받아들여지고 있는지 어느 정도 해명이 가능하다고 본다. 잘 알려져 있다시피 1952년 독일 연방대법원이 책임설을 채택한 이후 1975년 독일 신형법은 제17조에 책임설을 명문화 하여 금지착오 조문을 두었고 이러한 영향은 현재 우리나라의 법률전문가들에게도 상당한 영향을 미치고 있다고 판단된다. 독일에서 책임설이 통설적인 지위를 구축하게 된 것은 고의설과의 오랜 대결에서 그 이론적 장점이 판명되고, 책임원칙에 충실한 금지착오조문의 입안을 가능케 해 주며, 행위론 분야의 발전에 수응할 수 있다는 장점 등 다양한 이유에서 설명할 수 있을 것이다. 하지만 본고에서 살펴본 바대로 우리나라 형법 제16조의 해석론적 토대로서는 '가능성설'에 비해 논리적 완결성이 떨어진다고 평가할 수 있다. 그럼에도 불구하고 이론 자체의 완결성이 아닌 형법 제16조의 해석론적 토대로서 책임설이 오늘날 이처럼 주목을 받고 있는 것은 바로 법률전문가들의 선호도 때문이라고 볼 수 있을 것이다. 바꿔 말하면 책임설에 대한 법률전문가들의 선호도가 형법 제16조의 취지를 몰각시키고, 그에 합당한 해석론을 뒤바꾸는 선택을 가져온 것이라고 밈이론적으로 분석할 수 있을 것이다.

비록 정치한 해명은 아니지만, 이러한 대강의 분석만으로도 형법 제16조에 대한 유기천 교수의 해석론을 재평가할 수 있는 계기는 충분히 마련될 수 있다고 생각한다. 상론할 필요 없이 유기천 교수도 책임설의 장점과 그 의의를 명확히 인식하고 있었다. 그럼에도 유기천 교수는 "형법 제16조의 해석에 관하여 국내학자들은 고의설과 책임설의 입장을 그대로 주장하고 있(는데), 이것은 형법 제16조의 해석을 법규정이 없는 독일형법에 있어서의 입법론상의 논쟁과 혼동한 결과"라고 지적하며, "형법 제16조는 마이어의 가능성설을 입법한 것이므로 그에 따라 해석하는 것이 타당하다"고 주장하고 있는 것이다. 그도 독일 연방대법원과 독일 신형법의 영향으로부터 자유롭지 못했을 것이다. 그럼에도 불구하고 가능성설을 옹호하며 형법 제16조의 해석론을 펼친 것은 오늘날 우리에게 시사하는 바가 크다고 생각한다. 밈이론적 관점에서 보면, 그는 남들처럼 특정한 학설-밈이 서식할 수 있는 환경이 되는 데 '의식적으로 저항한' 것이고, 그 저항의 목표는 책임원칙에 충실하면서도 실정법을 모순없이 해석할 수 있는 다른 학설-밈을 전파하고자 함에 있었던 것이다. 이처럼 형법상의 기본원칙과 실정법 조문을 존중하며, 해석론적 완결성을 지향하는 유기천 교수의 태도는 형법학자 유기천과 그의 저서 '형법학'의 identification을 가늠케 해 주는 좋은 전거가 될 수 있다고 생각한다. 형법 제16조에 대한 유기천 교수의 해석론을 검토해 봄으로써 미력이나마 시대를 앞서 간 先學의 정신을 기릴 수 있는 계기가 마련되었다면 필자는 더 바랄 것이 없겠다.

§3. 위법성조각사유의 전제사실의 착오에 대한 대법원 판례의 재검토

Ⅰ. 문제의 제기

위법성조각사유의 전제사실의 착오에 대한 형법적 취급할 것인가의 어려움은 형사법의 영역에서 대표적인 국제규범이라고 할 수 있는 국제형사재판소 로마규정(Rome Statute of the International Criminal Court)에도 이에 관한 명문의 규정[1]이 없다는 점에서도 어느 정도 시사된다고 볼 수 있다.[2] 그 해결책에 대해서는 예쉑 교수의 표현처럼 "의견이 분분하다(umstritten)"는 평이 여전히 타당해 보인다. 이와 관련해 정당방위상황에 대한 "오인에 정당한 이유가 있으면 위법성이 조각된

---

1) ICC 로마규정의 형법의 일반원칙편에는 사실의 착오(제32조 제1항)와 법률의 착오(제32조 제2항)에 관한 규정만 있다. 구 유고 국제형사재판소(ICTY)나 르완다 국제형사재판소(ICTR) 및 국제형사재판소(ICC)등의 법령은 다양한 법체계와 문화의 타협의 산물(the result of compromises between different legal systems and cultures)이라는 지적으로는 M.E. Badar, "Mens rea - Mistake of Law & Mistake of Fact in German Criminal Law: A Survey for International Criminal Tribunals", 5 Int'l Crim. L. Rev. 203 (2005), at 246.

2) 이 경우에는 로마규정상 사실의 착오규정(제32조 제1항)을 유추적용하는 것이 타당하다는 견해로는 Albin Eser, "Mental Elements - Mistake of Fact and Mistake of Law", in: Antonio Cassese, Paola Gaeta & John Jones (eds.), The Rome Statute of the International Criminal Court: A Commentary (Oxford Univ. Press, 2002) vol.I, at 945. "With regard to the mistake about factual elements of justification it appears appropriate to apply Article 32(1) by analogy."

다”는 대법원의 일관된 법리는 오랫동안 학계의 비난의 표적이 되어왔다. 그러한 오인에 의해 고의가 조각된다거나 책임이 조각될 수 있다는 학계의 지배적인 견해들과는 체계론적 이해의 간극이 너무 크다는 것이 비판의 요체이다. 즉, 오상방위 등 위법성조각사유의 전제사실의 착오(이하 ‘위전착’) 사례만큼 판례의 법리와 학계의 도그마틱이 이토록 유리된 경우도 드물다는 것이다. 그렇다면 판례는 왜 그러한 법리를 채택하고 있는 것일까? 학설과 다른 노선을 따르게 된 데에는 어떠한 계기나 합리적인 이유가 있는 것일까? 있다면 그것은 모든 면에서 만족스러운 결과를 산출하고 있는 것일까? 이러한 일련의 문제의식이 떠오를 수밖에 없다. 만일 판례의 입장이 부당하다면 먼저 그 판례의 입장을 정확히 해석해 내는 것이 선결되어야 할 것이다. 그래야만 판례에 대한 비판이 실무에서 받아들여지고 바람직한 방향으로 판례를 변경할 수 있을 것이기 때문이다. 판례의 입장에 대한 명확한 구명이 없으면 ‘허수아비에 대한 비판’에 그치고 만다. 아무리 공격해 보았자 원래의 입장은 전혀 반박되지 않고 고스란이 남아 있다. 어쩌면 판례가 지금까지 학계의 비판에 자유로울 수 있었던 것은 그 때문은 아닐까? 본고는 이러한 문제의식에서 출발하였다.

이처럼 판례와 학설이 갈등인 상황에서 최근에는 대법원의 이해구조가 크게 불합리하지 않고 나름의 방식으로 오상방위사안을 해결해 오고 있는 것이라는 판례평석이 제시되었는데[3] 그 핵심적 주장은 “판례의 입장은 오인에 정당한 이유가 있으면 ‘위법성조각사유의 요건’이 충족되는 것으로 평가하여 위법성을 조각하고, 오인에 정당한 이유가 없는 경우에 한해 이를 ‘단순한 위전착(오상방위)’으로 취급하는 것”이며 아울러 “단순한 오상방위의 경우에는 사실의 착오로 보아 고의조각을 인정한다는 전제에 기초하고 있는 것이 아닌가(예컨대 아래 경찰관

---

3) 이용식, “위법성조각사유의 전제사실의 착오에 대한 대법원판례의 이해구조 - 오상을 이유로 하는 위법성조각과 정당방위상황의 인정 -, - 판례의 시각에 대한 학계의 이해부족 -, 형사판례연구 제24권 (2016), 157면 이하.

총기발사 사건에서 업무상과실치사의 죄책을 문제삼고 있다) 분석된다.”
는 것이다. 요컨대, 판례는 오상방위를 정당한 이유가 인정되는 오상방
위와 그렇지 않은 단순한 오상방위로 구분하여 오상방위 일부, 즉 전자
의 경우만 ‘착오론이 아닌 위법성론으로’ 해결하고 후자의 경우는 단지
고의조각의 문제(사실의 착오문제)로 해결하는 입장이라는 견해이다.

[경찰관 총기발사 사건] 상해사건 지원명령으로 출동한 경찰관 2인 중 1인
이 피해자와 몸싸움이 벌어져 위급한 상황이 되자 피해자가 쓰러진 경찰관
의 권총을 탈취하려는 것으로 오인함과 동시에 피해자가 칼을 소지한 것으
로 오인한 다른 1인의 경찰관이 총기를 발사해 피해자를 사망에 이르게
한 사건(대법원 2004. 3. 25. 선고 2003도3842 판결). 이 사건의 제1심(창원
지방법원 진주지원 2003. 1. 8. 선고 2002고단816 판결)과 제2심(창원지방
법원 2003. 6. 17. 선고 2003노167 판결)은 모두 피고인의 오인에 정당한
이유가 없는 것으로 판단하고 있다고 보인다. 피고인이 현재의 부당한 침
해가 있다고 판단한 근거가 되는 오신, 즉 피해자가 칼을 소지하고 있다거
나(실제로는 소지하지 않은 것으로 판명) 그가 쓰러진 동료 경찰관과 몸위
로 올라타 권총을 탈취하려고 했다는 점(여러 진술에 비추어 볼 때 탈취하
려고 했다고 보이지 않는다고 판시)은 인정하였으나 그러한 오신에 정당한
이유가 있다고 보고 있지 않다. 즉 오신에 정당한 이유가 인정되지 않는
상황이며, “부득이 권총을 발사하여야 할 경우라도 그정도의 가까운 거리
에서는 조금만 침착하게 조준하였다면 충분히 대퇴부 이하를 맞힐 수 있다
고 인정되므로” 업무상과실치사죄가 인정된다고 판시하였다. 대법원은 경
찰관의 권총사용이 허용범위를 벗어난 위법행위로서 정당방위에 해당하지
않는다고 판단한 원심판결을 파기하였고, 파기환송심4)에서는 “상대파출소
근무자인 J으로부터 C이 술집에서 맥주병을 깨 다른 사람의 목을 찌르고
현재 자기 집으로 도주하여 칼로 아들을 위협하고 있다는 상황을 고지받고
현장에 도착한 피고인으로서는, C가 칼을 소지하고 있는 것으로 믿었고 또
그렇게 믿은 데에 정당한 이유가 있었다.”고 오인에 정당한 이유를 인정하
며 원심에서 인정된 과실치사죄에 대해 무죄를 선고하였다.

---

4) 창원지방법원 2004. 9. 8. 선고 2004노575 판결.

그런데 사실상 이 평석과 거의 같은 입장의 하급심판결(검사의 독직폭행사건[1심])5)이 나와서 주목을 끌고 있다. 이 판결은 위전착의 처리방식에 대한 실무의 문제의식을 엿볼 수 있게 해주는데 결과적으로 대법원판례의 입장을 옹호하는 논거를 제시하고 있다는 점에서 관심을 끌며 면밀히 검토할 필요가 있다고 보인다(이에 대한 검토는 II를 참조). 학계에서는 위전착에 빠진 행위자에게 일반적으로 고의범을 인정하되 책임을 감면할 것인가 아니면 오인으로 고의가 조각되어 과실범을 인정할 것인지가 주된 논의사항인데, 동 판결은 오인에 정당한 사유가 인정되지 않을 경우에 위법성은 조각되지 않지만 그렇다면 이 경우 고의범이 인정될 것인지 과실범이 인정될 것인지에 대한 판례의 입장을 가늠케 해준다는 점에서 더욱 주목할 가치가 있다고 보인다. 아울러 검사의 독직폭행사건[1심]을 보면 위전착에 빠진 행위자에 대한 형법적 규율은 적어도 실무에 있어서는 두 경우를 상정해 처리되고 있음을 알 수 있는데, 하나는 오인에 정당한 이유가 있는 경우이고(이 경우 판례는 일반적으로 위법성을 조각함6)), 다른 하나는 바로 검사의 독직폭행사건처럼 오인에 정당한 이유가 없지만 오인이 인정되는 경우이다. 이하에서는 양자를 구분해 논의를 전개하고자 한다.7)

현재까지 위전착이 문제된 주요 대법원판결 및 하급심판결을 종합해 보면 '정당한 이유가 인정되는 경우'에는 대체로 위법성조각의 효과

---

5) 서울중앙지방법원 2021. 8. 12. 선고 2020고합886 판결. 역시 동지의 입장으로 보이는 대구지방법원 2022. 1. 26. 선고 2021고합456 판결. "대법원은 피고인의 행위 시를 기준으로 하여 피고인이 놓인 상황, 법익을 침해하는 것처럼 보이는 행위의 태양, 그러한 행위가 이루어지는 주변의 상황, 법익을 침해하는 것처럼 보이는 행위에 대한 피고인의 인식 등을 규범적·종합적으로 판단하여 피고인의 착오에 정당한 사유가 인정되면 객관적·사후적으로는 피고인에 대한 법익의 침해가 없었다고 판명되었더라도 위법성의 조각을 인정하는 입장인 것으로 분석된다." 동 판결은 오인에 정당한 사유를 인정한 케이스이다.

6) 예외적으로 '책임조각'을 논급한 하급심 판례(불심검문 사건의 파기환송심)도 있다. 이 판례의 의미와 문제점에 대해서는 본문의 [불심검문 사건] 참조

7) 이용식, 앞의 논문, 161면.

를 인정하지만8), '정당한 이유가 부정되는 경우'에 행위자의 고의를 인정할 것인지 과실을 인정할 것인지에 대한 입장은 다음과 같이 정리할 수 있다.

첫째, 사실관계를 심리한 결과 고의가 인정되면 고의범을 인정한다(검사의 독직폭행사건[1심] 및 '불심검문 사건'의 파기환송심)

둘째, 사실관계를 심리한 결과 고의가 부정되면 무죄(형사소송법 제325조 후단)가 되거나 과실범을 인정한다(검사의 독직폭행사건[항소심] 및 '경찰관 총기발사 사건'의 원심9) 및 제1심10)).

[불심검문 사건] 피고인이 적법하게 불심검문을 하려는 경찰관들을 '퍽치기'를 하려는 강도로 오인하여 상해를 가한 사건이다(대법원 2014. 2. 27. 선고 2011도13999 판결). "피고인이 당시 경찰관들을 강도로 오인함으로써 이 사건 공무집행의 자체 또는 적법성이나 자신의 경찰관들에 대한 유형력 행사의 위법성 등에 관하여 착오를 일으켰을 가능성을 배제하기 어려우므로, 원심으로서는 당시 피고인이 자신이 처한 상황을 어떻게 인식하였는지, 피고인에게 착오가 인정된다면 그러한 착오에 정당한 사유가 존재하는지 여부 등에 관하여 면밀히 심리한 다음 범죄성립이 조각될 수 있는지를 신중히 판단하여야 한다." 동 판결에서 피고인의 착오가능성과 그에 대한 정당한 사유의 존재여부를 검토할 것을 요구하고 있다. 결론적으로 오인에 정당한 이유를 인정하기 어렵다는 취지로 보인다.11) 이 사건의 파기환송심

---

8) 대표적으로 초소경비병 사건(대법원 1968. 5. 7. 선고 68도370 판결). [초소경비병 사건] 경비병으로 복무하던 피고인과 피해자가 언쟁과 싸움 후 피해자가 카빙소총을 피고인 등 뒤에 겨누며 발사할 듯이 위협하자 피고인이 지니고 있던 총을 피해자 복부에 발사해 사망케 한 사건.

9) 창원지방법원 2003. 6. 17. 선고 2003노167 판결. "근접한 거리에서 피해자의 몸을 향한 실탄 발사로 나아간 피고인의 행위를 업무상과실치사죄로 의율, 처단한 원심의 조치는 옳다."

10) 창원지방법원 진주지원 2003. 1. 8. 선고 2002고단816 판결. "총기를 사용하더라도 상대방의 대퇴부 이하를 조준하여 발사하여야 할 업무상 주의의무가 있는데, 제대로 조준하지 못하고 권총을 발사한 과실로 인하여 피해자로 하여금 패혈증 등으로 사망하게 하였다."

11) 동 판결에 대해 정당방위는 부정되고 정당화사정에 대한 오신이 인정되는 사례

에서는12) "피고인은 적어도 직무를 집행하는 경찰관에 대한 폭행일 수도 있다는 점을 인식하고 이를 용인하는 미필적 고의를 가지고 행위를 한 것으로 보인다. 피고인이 이 사건 당시 피고인에 대한 현재의 급박하고 부당한 침해가 있었다고 오인할 만한 객관적 상황이 있었다거나 피고인이 그러한 상황이 있다고 믿고서 이를 방위하기 위하여 경찰관에게 상해를 입혔다고 보기는 어려울 뿐만 아니라 피고인이 그와 같이 오인하는 데에 정당한 사유가 있다고 할 수 없으므로 피고인의 행위가 오상방위로서 책임이 조각된다고 볼 수도 없다."고 판시하여 공무집행방해죄와 상해죄의 유죄가 인정, 확정되었다. 동 파기환송심의 결론의 특징은 오상방위로서 '책임이 조각된다'고 볼 수도 없다고 판시한 부분인데, 오인에 정당한 이유가 있을 때 위법성조각의 효과를 부여하는 대법원 판례에 어긋나고 있다. 추측컨대, 환송판결을 내린 대법원에서 경찰관의 공무집행의 적법성을 인정했기 때문에, 적법한 행위에 대한 정당방위를 인정할 수 없기 때문인 것이 아닌가 생각된다. 바로 이 점에서 대법원 판례의 한계가 드러난다고 볼 수도 있는데, 상대방의 적법한 행위에 대해서는 오상에 정당한 이유가 있다고 하여 정당방위를 인정할 수는 없기 때문이다. 다만 이 경우 오상피난을 인정하여 위법성을 조각할 여지는 있을 것이다.

그런데 상기 검사의 독직폭행사건[1심]과 '불심검문 사건'의 파기환송심을 보면 오인에 정당한 이유가 인정되지 않는 경우에 결론적으로 피고인에게 고의범의 성립을 인정하고 있다. 위전착에 대해 구성요건착오를 인정해 고의조각의 효과를 부여하는 학설의 입장에서 보면 명백히 피고인에게 불리한 결과가 초래되는 판결이다. 그렇다면 이러한 문제점에 대해서 대법원은 어떤 대답을 할 수 있을까? 대법원과 달리 헌법재판소는 "위전착에 대해 형법이 명문으로 규정하고 있지 않다. 폭행죄에는 과실범 처벌규정이 없으므로, 그 법률효과에 관하여 고의를 배제하거나 고의의 불법을 배제하는 견해, 또는 책임이 감면된다는 견해 중 어떤 견해에 의하더라도 이 사건 피의사실에서 청구인의 고의 또는 책임이 조각되어 처벌받지 않을 여지가 있다(헌법재판소 2010. 10. 28.

라고 평가하는 견해로는 이용식, 앞의 논문, 180-181면.
12) 대전지방법원 2014. 11. 26. 선고 2014노672 판결.

선고 2008헌마629 전원재판부).”고 하여 위전착에 대한 법적 효과에 대해서 학계의 견해를 수용하고 있는 듯 보인다.[13] 이러한 점을 고려할 때, 검사의 독직폭행사건[1심]처럼 대법원의 입장을 옹호하기 위해서는 논증의 부담이 커질 수밖에 없다. 즉 학계의 입장과 다른 독자적 해결방식이 더 나은 이유는 과연 무엇인지 - 물론 그러한 논증이 법원의 주된 관심사는 아니겠지만 - 그 합당한 근거를 학계는 물론 헌법재판소도 납득할 수 있을 정도로 제시해 주어야만 할 것으로 보인다. 하지만 안타깝게도 현재까지 그러한 논거제시는 찾아볼 수 없다. 다만, 검사의 독직폭행사건[항소심][14]을 보면 피고인의 미필적 고의를 부정함으로써 결과적으로 고의조각의 효과를 부여하는 학설의 입장과 같은 결론에 도달하고 있는데 이러한 판례의 태도는 위전착을 취급하는 판례의 입장을 보다 상세히 엿볼 수 있게 해주고, 더 나아가 대법원이 현재 고수하고 있는 입장 하에서도 피고인에게 유리한 방향의 법리구성이 어떻게 가능할 수 있는지 그 해결방안을 가늠케 해준다는 점에서 흥미로운 분석의 대상이 될 수 있을 것이다.

이에 본고에서는 먼저 검사의 독직폭행사건[1심]을 검토하며 대법원이 취하고 있는 위전착 해결방식이 법리적으로 타당한 결과를 가져올 수 있는지, 아니면 충분한 근거가 결여된 것인지 등 그 의의와 한계를 다각도로 조명해 보고, 검사의 독직폭행사건[항소심]을 다루며 판례의 법리가 학설의 입장과 또 다른 측면은 무엇인지 그 의의와 한계를 살펴보고, 궁극적으로 어떠한 해결책을 강구하는 것이 바람직한 것인지 시

---

13) 물론 대법원의 입장을 그대로 인용해 소개하는 헌재의 입장도 있다(헌법재판소 2021. 12. 23. 선고 2020헌마1620 전원재판부 결정). “객관적으로 법익침해가 발생할 개연성이 높은 상태가 아니었다고 하더라도 행위자가 위난의 발생이 근접한 상태였다고 오인하였고, 그와 같은 오인에 정당한 사유가 있는 경우, 즉 오상피난의 경우에는 위법성조각사유의 전제사실에 대한 착오로서 범죄성립이 조각될 수 있다(대법원 1986. 10. 28. 선고 86도1406판결; 대법원 2014. 2. 27. 선고 2011도13999판결 등).”

14) 서울고등법원 2022. 7. 21. 선고 2021노1520 판결.

론적으로 제언해 보고자 한다.

II. 판례의 위전착 처리방식:
검사의 독직폭행사건[1심]의 검토

1. 사실관계 및 사건의 경과

① 피고인(부장검사)은 피해자(검사)를 기자의 강요미수사건 사건의 공범으로 특정해 수사를 진행하던 중, 피해자의 휴대전화에 저장된 카카오톡 및 텔레그램 대화내용 등에 대한 압수수색영장을 발부받았다.

② 피고인은 압수수색영장 집행을 위해 피해자 소속기관 사무실로 들어가 그곳 소파에 피해자와 함께 앉았다. 피해자는 제시받은 압수수색영장을 열람하다가 변호인의 참여를 요구하며 변호인과의 휴대전화 통화를 요청하였고, 피고인은 이를 허용하였다.

③ 피해자가 휴대전화기 비밀번호를 누르자, 피고인은 갑자기 "이러시면 안 됩니다"라고 말하며 피해자에게 급히 다가가 휴대전화를 뺏으려고 손을 뻗었다. 이에 피해자가 반대편으로 손을 뻗어 휴대전화를 뺏기지 않으려는 동작을 취하자, 피고인은 휴대전화를 잡기 위해 피해자의 몸 위에 자신의 몸을 밀착시킨 채로 계속 팔을 뻗었다.

④ 피고인은 자신의 몸에 눌린 피해자가 "아, 아"하면서 아프다는 소리를 내었음에도 계속 휴대전화를 빼앗으려 하였고 피해자의 몸이 피고인의 몸에 눌린 상태로 두 사람이 함께 소파 옆 바닥으로 떨어졌다.

⑤ 피고인은 검사로서 그 직무를 행함에 당하여 위와 같이 형사피의자인 피해자의 신체에 유형력을 행사하여 피해자를 폭행하여 상

해에 이르게 하였다는 사실[15]로 형법 제125조에 대한 가중처벌 조항인 특정범죄 가중처벌 등에 관한 법률 제4조의2 제1항의 독직폭행죄로 기소되었다.

⑥ 제1심에서 피고인은 폭행의 고의가 없었고, 정당행위로 위법성이 조각될 수 있거나 오상 정당행위로 오인에 정당한 이유가 있다고 주장하였으나 이러한 주장이 모두 배척되자(독직폭행의 유죄인정) 항소하였고, 검사는 폭행으로 인해 발생한 피해자의 상해주장이 인정되지 않자 역시 항소하였다.

⑦ 항소심은 독직폭행의 미필적 고의가 부정된다고 판시하면서 정당한 이유에 대해서 별도의 명확한 판단을 하지 않았으며, 상해의 점에 대해서는 원심의 판단은 정당하다고 판단하였다. 이에 검사는 상고하였으나 대법원에서 상고 기각되어 확정되었다.[16]

2. 1심의 주요 판시사항

[판시사항 1] 독직폭행의 고의가 존재하는지 여부
① 독직폭행죄의 고의의 인식대상은 '검사 등이 직무수행의 기회에 피의자 등의 신체에 대하여 유형력을 행사한다는 사실'로서 위와 같은 사실에 대한 확정적 또는 미필적 인식이 있으면 독직폭행

---

15) 특정범죄 가중처벌 등에 관한 법률 제4조의2(체포·감금 등의 가중처벌) ① 「형법」 제124조·125조에 규정된 죄를 범하여 사람을 상해(傷害)에 이르게 한 경우에는 1년 이상의 유기징역에 처한다.

16) "원심은 판시와 같은 이유로, 피고인에게 독직폭행의 고의가 있었고 피고인의 행위로 인하여 피해자가 상해를 입었음이 합리적 의심의 여지가 없을 정도로 증명되었다고 보기 어렵다고 보아, 이 사건 주위적 공소사실과 예비적 공소사실을 모두 무죄로 판단하였다. 원심판결 이유를 관련 법리와 기록에 비추어 살펴보면, 원심의 판단에 필요한 심리를 다하지 않은 채 논리와 경험의 법칙을 위반하여 자유심증주의의 한계를 벗어나거나 「특정범죄 가중처벌 등에 관한 법률」 위반 (독직폭행)죄에서 독직폭행의 고의와 상해 등에 관한 법리를 오해한 잘못이 없다 (대법원 2022. 11. 30. 선고 2022도10017 판결)."

죄의 고의는 인정된다.

② 위 사실관계에 의하면 ⓐ 피고인이 피해자의 몸을 피고인의 몸으로 눌러 신체에 대한 상당한 유형력의 행사가 있었던 점, 피고인에게 눌린 피해자가 비명을 질렀고, 그 과정에서 부상을 염려한 다른 검사(영장집행을 위해 피고인과 동행)가 소리를 쳤음에도 피고인은 피해자를 계속 누른 채 끝까지 휴대전화를 빼앗으려 하였던 점, ⓑ 피고인이 몸으로 피해자를 누르고 이로 인해 두 사람이 의자에서 미끄러져 바닥에 떨어진 다음 피해자의 몸 위에 피고인이 올라탄 상황에 이르러서도 피고인은 계속 휴대전화를 빼앗으려 하였을 뿐 자세를 바로잡거나 신체접촉을 중단하는 동작을 취하지 않은 점 등의 사정이 인정되고, 이를 종합하면 피고인은 일련의 신체접촉 과정에서 단순히 휴대전화를 빼앗으려는 의사뿐만 아니라 피해자의 신체에 대한 유형력의 행사에 대한 미필적인 고의도 있었다고 봄이 타당하다.

[판시사항 2] 정당행위로 위법성이 조각되는지 여부

① 정당행위 전제사실의 존재 여부

위 사실관계에 따르면 피고인은 페이스 아이디로 휴대전화 잠금을 해제하지 않고 휴대전화를 조작하는 피해자의 행위가 압수수색의 대상이 되는 텔레그램이나 카카오톡 내용을 삭제하는 증거인멸 행위라고 확신하고 공소사실 기재와 같은 유형력 행사에 나아간 사실이 인정된다. 그러나 당시에 피해자가 실제로 압수수색대상이 되는 증거를 인멸하려는 시도를 하였다는 사실을 인정할 만한 객관적 자료는 없다.

또한 피고인의 유형력 행사가 피해자의 적극적인 휴대전화 제출 거부행위에 대한 것이므로 정당한 직무집행으로서 정당행위에 해당한다는 주장을 살펴보면 ⓐ 피고인은 피해자가 휴대전화를 사용하여 변호인에게 연락하는 것을 허용하였던 점, ⓑ 당시 피해자는 압수수색영장을 수사팀으로부터 제시받아 이를 열람하고 있던 도중이므로 아직 본격적인 압수수색의 집행절차에 착수하지 않은 상태에서 피해자가 자신의 휴대전화를 실력으로 확보하려는 피고인에게 이를 곧바로 건네주어야 할 의무가 있다고 보기 어려운 점 등에 비추어 보면, 피해자가 피고인으로부터 휴대전화를 빼앗기지 않기 위해 피하였다고 하더라도 이러한 피해자의 행위가 압수물제출 거부행위로서 정당행위의 전제사실에 해당한다고 볼 수는 없다.

② 정당행위의 요건 충족 여부

어떠한 행위가 위법성조각사유로서의 정당행위가 되는지의 여부는 구체적인 경우에 따라 합목적적, 합리적으로 가려야 하는바, 피고인이 피해자의 신체에 직접적인 유형력을 행사하여 휴대전화를 확보하지 않더라도 피해자에게 동작을 멈추라고 하거나 말로써 제지하는 등 다른 덜 침익적인 수단을 사용할 수 있었던 이상, 피고인의 행위는 보충성의 요건을 갖추지 못하였고, 그러한 점에서 정당행위에 해당한다고 볼 수 없다.

[판시사항 3] 오상정당행위의 문제
① 위법성 조각사유의 전제사실에 관한 착오의 형법적 처리
ⓐ 우리 형법은 사실의 착오와 법률의 착오를 구분하고 있고, 위법성조각사유의 전제사실에 관한 착오의 해결을 위한 명문의 규정을 두고 있지 않다.
ⓑ 이를 둘러싼 학설대립의 본질은 구성요건을 기초지우는 사실의 인식과 위법성조각사유를 기초지우는 사실의 인식을 동질적인 것으로 볼 것인지 여부이다.
ⓒ 현재 우리나라 형법학계에서 다수설의 지위를 점하고 있는 법효과제한적 책임설은 일단 구성요건적 고의가 인정되어 고의범의 구성요건해당성이 긍정됨에도 다시 구성요건의 단계로 되돌아가 과실범의 성립을 인정한다는 점에서 범죄체계론에 정합하지 않는다. 이러한 이론적 난점과 더불어 현행 형법상 위법성조각사유

의 전제사실에 관한 착오의 형법적 처리에 관한 명문규정이 존재하지 않는 상황에서 위와 같은 견해를 해석론으로서 채택하기는 어렵다.

② 대법원 판결의 태도

ⓐ 대법원 판결은 위법성조각사유의 전제사실에 대한 착오를 사실의 착오 혹은 법률의 착오의 관점에서 접근하는 학계와는 독자적인 견해를 취하고 있다.

ⓑ 대법원 판결은 위법성조각사유의 전제사실에 관한 착오에 대하여, 정당화 사정이 존재한다고 오인한 것에 정당한 이유가 있는 경우에는 위법성이 조각된다고 보아 이를 착오의 문제가 아닌 위법성조각사유 요건의 존부 문제로 접근하고 있다.

ⓒ 대법원 판결은 위법성조각사유 전제사실의 존부를 행위시를 기준으로 하여 피침해자가 놓여진 상황, 침해행위가 이루어지는 주변상황, 침해행위의 태양, 침해행위에 대한 피침해자의 인식 등을 종합적으로 고려하여 판단하고 있고, 이에 대한 규범적, 종합적인 평가 결과 오신에 정당한 사유가 인정된다면 설령 사후적, 객관적으로는 법익침해의 위험이 없었다고 판명되더라도 오상을 이유로 한 위법성 조각을 인정한다.

ⓓ 오상을 이유로 한 위법성 조각을 인정할 것인가에서 '정당한 사유'는 형법 제16조의 해석·적용에 따른 법률의 착오에서의 정당한 이유와는 그 의미가 상이하다.

ⓔ 법률의 착오의 정당한 이유는 자신의 행위의 적법성을 심사숙고하거나 조회한다는 점과 관련된 것으로서, 행위자가 이를 회피하기 위한 진지한 노력을 다하였더라면 그 위법성을 인식할 수 있는 가능성이 있었는지 여부에 따라 판단하는 문제이고 위전착에서 정당한 사유는 시간적 여유가 없는 긴급상황에서 행위자가 위법성조각사유를 기초지우는 사실이 실제로는 존재하지 않음에도 이를 존재한다고 오신한 데에 정당한 사유가 있는지의 문제이다.

[판시사항 4] 정당화 사유 존부에 대한 판단

① 피고인이 위의 사실관계와 같이 오인한 것은 피해자가 페이스 아이디를 이용하여 휴대전화의 잠금을 해제하는 것으로 사전보고를 받았던 것에 기인한다.

② 피해자가 비밀번호를 입력하며 휴대전화를 조작하는 데 있어서 피고인이 주관적으로 예상하였던 것에 비해 다소 긴 시간이 소요되었을 것으로 여겨지나 휴대전화 조작이 예상보다 오래 걸리는 까닭에는 다양한 가능성이 있을 수 있고, 따라서 피고인이 주관적으로 생각한 증거인멸 시도 이외의 다른 가능성에 대한 확인이 비교적 용이함에도 피고인은 곧바로 유형력 행사에 나아갔다.

③ 또한 매우 짧은 시간동안 당시 피해자가 한 동작은 손가락으로 휴대전화에 비밀번호를 입력하는 것 뿐이어서 이 사건 현장에 있었던 피고인 이외의 사람들은 피해자의 행위에 대하여 특별히 이상하다거나 증거인멸 시도를 한다고 느끼지 못했다.

④ 따라서 피해자가 페이스 아이디를 사용하여 휴대전화 잠금을 해제한다는 사전지식 하에 피해자가 증거인멸을 하고 있다고 오신하게 된 피고인의 주관적 사정만을 기초로 그러한 오신에 정당한 사유를 인정하기는 어렵다.

⑤ 나아가 이 사건 당시 피해자는 혼자였고 피고인은 검사와 수사관들을 대동한 압수수색영장의 집행을 총괄 지휘하는 책임자의 지위에 있었다는 점, 수사기관이 피압수자가 증거인멸을 하는 것으로 오인하여 유형력을 행사하는 오상 정당행위에서의 정당화 사유 인정은 신체에 대한 급박한 침해행위가 있다고 오인한 오상 정당방위의 경우보다는 한층 더 신중해야 하므로 피고인이 피해자가 증거인멸을 시도한다고 믿은 데 정당한 사유가 있어 폭행의 위법성이 조각된다고 보기 어렵다.

3. 판시사항의 법리적 검토

상기 판시사항[17]을 법리적 측면에서 요약하면 다음과 같다.

법원도 위전착을 형법적으로 어떻게 취급할 것인지에 대해 학계의 논의상황을 주시하고 있으며, 현재 학계의 다수설적 견해로 판단되는 법효과제한적 책임설은 수용하기 힘든 문제점이 있고 위전착의 형법적 처리에 관한 명문규정도 없기 때문에 대법원으로서는 학계의 통설적 도그마틱과는 다른 '독자적인' 방식으로 이 문제를 처리해 오고 있는 것이라는 취지로 보인다. 일반적으로 학계에서는 판례의 태도가 엄격책임설을 채택한 결과라는 평가가 내려지고 있지만[18] 법원은 스스로 독자적인 법리적 해결책을 강구해 왔다는 취지이다.[19] 요컨대, 판례의 입장은 기본적으로 오인에 정당한 이유가 있으면 위법성조각의 법적 효과를 부여하고, 검사의 독직폭행사건[1심]의 결론에 비추어 볼 때 오인에 정당한 이유가 없고 고의가 인정되면 고의범이 성립한다는 것이다.

4. 소결

검사의 독직폭행사건[1심]은 이례적으로 위전착을 어떻게 취급할 것인가에 대한 학설의 대립양상을 소개하면서 그중 다수설인 법효과제한책임설도 만족스럽지 못하다고[20] 평가하는 한편 현행형법은 명문의 관

---

17) 상기 판시사항과 검사의 독직폭행사건[항소심]은 가독성과 이해의 편의를 위해 원문의 주요한 내용을 추출, 요약해 전체원문에서 본고의 논지전개에 필요한 부분만 발췌, 편집한 것임을 밝혀둔다.

18) 예컨대 김종구, "미국 형법상 위법성조각사유의 전제사실의 착오", 형사법연구 제25권 제3호 (2013), 8면.

19) 위전착의 해결방안에 대한 기존의 학설에 대한 비판적 검토를 토대로 독자적인 절충안의 필요성을 논하고 있는 글로는 Justus Krümpelmann/김영환 역, "형법상 착오의 처리", in: 刑法上의 錯誤 (박영사, 1999), 44면 이하 참조.

20) 법효과제한책임설이 이론적 취약점에도 불구하고 현재 학계의 다수설이 된 이유를 밈이론의 관점에서 분석한 글로는 안성조, "법학에서 학설대립은 경쟁하는 밈

련조항을 갖고 있지 못하므로 대법원은 독자적으로 이 문제를 처리하고 있다고 설시하고 있다. 다만, 오상에 정당한 이유가 있을 때 위법성이 조각되는 법리가 지닌 장점이라든지 그와 반대로 초래될 수 있는 불합리한 점이나 부당함은 없는지에 대해서 더 이상 검토하고 있지는 못하다. 그렇다면 학설의 입장에 대해 합리적인 문제제기가 가능한 만큼 그와 비교해 볼 때 판례가 지닌 장점이나 문제점은 무엇인지에 대해서도 검토하고 논의할 필요가 있을 것이다.

이다만 사건의 경과를 보면 독직폭행의 고의가 인정되고 정당행위로서의 전제사실에 대한 착오가 인정되지 않았던 제1심과 달리 항소심에서는 독직폭행의 고의가 부정됨으로써 독직폭행의 죄책이 무죄가 되었던바, 결과적으로는 위전착의 학설로 접근하지 않았으나 재판의 진행 경과에 따라서 고의가 조각되는 결과를 가져왔다는 점은 분명 재음미할 필요가 있다. 그렇다면 판례는 위전착의 문제를 다룸에 있어서 정당한 이유가 부정되면 곧바로 고의범 혹은 과실범의 성립을 인정하는 것이 아니고 고의의 성부를 검토해 고의가 인정되면 고의범으로 처벌하고, 고의가 부정되면 고의조각 효과를 부여하는 방식으로 해결하고 있는 것은 아닐까? 다시 말해 위전착이 인정되면 고의조각의 효과를 부여하는 학설들처럼 행위자가 위전착에 빠지면 곧바로 고의조각의 효과를 부여하는 것이 아니라 위전착 사안이라도 정당한 이유가 인정되지 않는 사례군에 한해 순전히 '사실심리의 결과' 고의가 부정되면 고의조각 효과를 부여한다는 것이다. 후술하겠지만, 판례의 이러한 입장이 크게 불합리하지 않은 것은 여기서 판례가 말하는 고의는 '구성요건고의'이고21) 유추적용제한책임설 등 학설에서 부정하려는 고의는 '불법고의'

들간 대립인가? - 소수설을 위한 밈학적 변론 -", 연세대학교 법학연구 제25권 제1호 (2015), 470면 이하 참조.

21) 판례가 '구성요건고의', 즉 주관적 구성요건으로서의 고의에 대한 명확한 인식을 토대로 이를 법리적으로 수용하고 있는지에 대한 의문이 제기될 수 있을 것이다. 판례는 법률의 착오와 관련해 여전히 위법성의 인식(가능성)을 범의에 포함한 것으로 보이는 판시를 하고 있기 때문이다[고전적 범죄체계]. 고의의 체계론적 지

내지 '책임고의'이기 때문이라고 볼 수 있다. 불법고의나 책임고의는 개념정의상 학설의 입장에 따라서 위전착이 인정되면 일률적으로 부정될 수 있다. 반면, 일반적으로 관련 학설들은 위전착 사안에서 정당한 이유의 유무와 관계없이 구성요건고의는 '당연히' 인정된다고 보지만, 판례는 적어도 정당한 이유가 없는 경우 구체적 사실관계에 따라서 달리 평가될 여지가 있다고 보고 있는 것이다. 그렇다면 이러한 방식은 결과적으로 고의조각('불법 또는 책임'고의 조각)의 효과를 부여하는 학설이 가진 미덕, 즉 정당한 이유의 심사없이 고의를 조각시킴으로써 피고인에게 유리한 결과를 가져올 수 있다는 이점에 맞닿아 있는 것은 아닐까? 이에 대해서는 IV에서 검사의 독직폭행사건[항소심]을 검토하며 논급해 보고자 한다.

III. 오상을 이유로 한 위법성조각은 충분히 합당한 근거에 기초한 것인가?

1. 논의상황

위전착이 사실의 착오와도 법률의 착오와도 질적으로 동일하지 않다는 점은 광범위한 합의를 얻고 있는 일반적인 평가이다.[22) 이러한 점

위에 관한 판례의 태도에 대해서는 더 깊은 논의가 필요할 것이나, 판례는 적어도 (미필적) 고의의 인정방법과 관련된 경우 주관적 구성요건요소로서의 고의를 명확히 논급하고 있다. "피고인이 범죄구성요건의 주관적 요소인 고의를 부인하는 경우(대법원 2019. 3. 28. 선고 2018도16002 전원합의체 판결)" 및 "범죄구성요건의 주관적 요소로서 미필적 고의라 함은(대법원 2004. 5. 14. 선고 2004도74 판결)" 등 참조.

22) Justus Krümpelmann/김영환 역, 앞의 책, 45면. 그렇지만 반대로 위전착과 사실의 착오 및 법률의 착오 사이에는 일정한 유사성이 있음을 적실히 지적하고 있는 문헌으로는 Jescheck/Weigend, Lehrbuch des Strafrechts AT (Duncker &

에서 검사의 독직폭행사건[1심]이 명문의 조문이 없는 이상 특정 해석론을 판결의 근거로 채택하기 어려움을 시인하고 있는 점은 실무의 고민을 시사해 준다는 점에서 큰 의미가 있다. 그렇다면 오상을 이유로 그 오상에 정당한 이유가 있을 경우 위법성조각이라는 제3의 독자적 해법을 제시하고 있는 판례의 법리는 과연 법리적으로 타당한 근거가 있는 것인지 면밀히 검토할 필요가 있을 것이다.23)

위전착의 형법적 처리방식과 관련해 간단히 비교법적으로 보면 독일형법의 총칙편에는 해당 조문이 없지만 각칙편에 공무집행방해죄의 오상방위를 규정(독일형법 제113조 제4항)하고 있고,24) 오스트리아는 형법총칙편에 "범행의 위법성을 배제하게 되는 사실을 착오로 받아들인 자는 고의범으로 처벌될 수는 없다. 그 착오가 과실에 근거하고 있으며, 과실범을 처벌하는 경우 그자는 과실범으로 처벌된다"고 위전착 조문을 두어 고의조각의 효과를 부여하고 있다(오스트리아 형법 제8조).25) 미국의 판례는 착오가 합리적인(reasonable) 것인가 여부에 따라서 만일 합리적이라면 정당방위가 인정되고 비합리적일 경우 고의범의 성립을 인정하고 있다.26)

독일과 영미의 위전착 법리에 대한 비교연구를 보면, 독일형법의 법

Humblot, 1996), S. 462.

23) 이에 대한 학계의 관심을 호소하고 있는 문헌으로는 이용식, 앞의 논문, 193면.

24) 김정환, "적법한 공무집행에 대해 오인한 저항행위에 있어서 오상방위 적용의 전제로서 정당방위상황의 판단기준", 인권과 정의 제500호 (2021), 21면의 각주 51) 참조.

25) 오스트리아의 위전착조항이 유추적용제한책임설을 채택한 것이라는 지적으로는 Jescheck/Weigend, a. a. O., S. 467. 독일도 1962년 형법개정초안 제20조에 오스트리아형법 제8조와 유사한 조항을 두었으나 논의과정에서 삭제되어 현재 위전착의 처리방법은 학설과 판례에 맡겨져 있다. 이에 대해서는 천진호, 형법총론 (준커뮤니케이션즈, 2016), 578면. 독일의 1962년 형법개정초안에 대해서는 Roxin, Strafrecht AT (Verlag C.H. Beck, 2006), S. 622.

26) 김종구, 앞의 논문, 12면 이하 참조. 미국에서의 오상방위의 법적 취급에 대해서는 하민경, "위법성조각사유의 전제사실에 대한 착오", 형사법의 신동향 통권 제68호 (2020), 186면 이하 참조.

리는 단지 개인이 주관적으로 오신했다는 사정만으로는 오상방위를 정당방위로 취급하지는 않기 때문에 더 엄격한 입장으로 볼 수 있다고 한다.[27] 아울러 오늘날 위전착을 법률의 착오보다 사실의 착오로 보는 것이 더 바람직하다는 점에 대해서 합의가 이루어지고 있는데 그 이유는 첫째, 위전착이 법률의 착오보다는 사실의 착오에 더 유사하고 둘째, 만일 위전착에 빠진 자를 그 착오가 회피가능한(avoidable) 경우 고의범으로 처벌하게 되면 과실에 불과한 행위를 고의범으로 처벌하는 격이 되어 책임원칙에 반할 수 있기 때문이다.[28] 아울러 독일형법의 입장이든 영미법상 법리든 피해자에게 불공정한 결과를 초래하게 된다는 점은 공통적이라고 한다.[29]

2. 판례의 태도

판례의 태도는 오상에 정당한 이유 또는 상당한 이유가 있으면 위법성이 조각된다는 입장이다. 다시 말해, 예컨대 사후적으로 보아 정당방위상황이 존재하지 않았는데존재하는 것으로 오신한 경우 그 오신에 정당한 이유가 있으면 정당방위가 인정된다. 즉 행위당시를 기준으로 (사전적 기준) 정당방위상황이 존재하는 상황으로 합리적으로 믿었다면, 그 믿음에 정당한 이유가 있다고 보아서 정당방위를 인정하겠다는 취지로 보인다. 다수설은 현재의 부당한 침해라는 정당방위상황의 존부의 판단기준에 관해 객관적, 사후적으로 판단한다는 것[30]과 과 차이가 있는 부분이다.

---

27) Dubber & Hörnle, Criminal law: A Comparative Approach (Oxford Univ. Press, 2014), at 413.
28) Dubber & Hörnle, *Ibid.*, at 414.
29) Dubber & Hörnle, *Ibid.*, at 414.
30) 이재상·장영민·강동범, 형법총론(박영사, 2019), 245면; 허일태, "오상과잉방위와 형법 제21조 제3항", 형사법연구 제26호 (2006), 579면; 김태명, "경찰관의 무기 사용에 대한 정당방위의 성립여부", 형사판례연구 제15권 (2007), 62면 등.

판례의 이러한 입장은 위법성조각사유의 전제사실에 관한 착오에 대하여, "정당화 사정이 존재한다고 오인한 것에 정당한 이유가 있는 경우에는 위법성이 조각된다고 보고31) 이를 착오의 문제가 아닌 위법성조각사유 요건의 존부문제로 접근"하고 있는 것이다[사실인정문제로 접근]. 검사의 독직폭행 사건[1심]이 예로 든 것처럼 대법원은 피해자가 카빈소총을 초소경비병인 피고인의 등 뒤에 겨누며 발사할 것 같이 위협하자 피고인이 생명이 위험하다고 느껴 뒤로 돌아서면서 총을 발사한 사례에서 피고인의 행위는 현재의 급박하고도 부당한 침해를 방위하기 위한 행위로서 정당방위에 해당한다고 판시하였고, 가사 피해자에게 피고인을 상해할 의사가 없고 객관적으로 급박하고 부당한 침해가 없었다고 가정하더라도 피고인으로서는 현재의 급박하고도 부당한 침해가 있는 것으로 오인하는 데 대한 정당한 사유가 있는 경우에 해당한다고 판시한 바 있다.32) "객관적으로는 정당방위 상황이 존재하지 않는 경우에도 위법성이 조각될 수 있음"을 명시한 것이다. 위 판결은 '행위시'를 기준으로 당사자의 주관과 당시의 객관적 사실을 종합적으로 판단하여 정당방위 상황의 존부 혹은 오상에 정당한 사유가 있는지를 판단하고 있다. 이처럼 대법원 판결은 위법성조각사유 전제사실의 존부를 행위시를 기준으로 하여 피침해자가 놓여진 상황, 침해행위가 이루어지는 주변상황, 침해행위의 태양, 침해행위에 대한 피침해자의 인식 등을 종합적으로 고려하여 판단하고 있고, 오신에 정당한 사유가 인정되면 사후적, 객관적으로는 법익침해의 위험이 없었다고 판명되더라도 오상을 이유로 한 위법성 조각이 인정되는 것으로 보고 있다. 판례는 정당방위상황을 사후적으로 판명된 단순한 사실의 유무가 아니라, 행위자가 처한 상황에 대한 예측이나 평가로서의 의의를 가지고 있는 것으로 보고 있기에 이러한 판단방법이 가능한 것이다.

결론적으로 대법원 판결의 접근방법은 위전착 사안을 착오론으로

---

31) 대법원 1986. 10. 28. 선고 86도1406 판결[소위 여우고개 사건] 등.
32) 대법원 1968. 5. 7. 선고 68도370 판결[초소경비병 사건].

접근하는 학설과는 다른 방식이며 오상을 이유로 한 위법성 조각을 인정할 것인가에서 가장 중요한 기준은 '정당한 사유' 또는 기타 위법성 조각사유의 존부에 대한 판단으로 귀결된다.[33]

다만, 정당한 사유가 인정되지 않는 유형의 위전착을 어떻게 취급할 것인지에 대해서는 현재까지 하급심에 판단을 맡기고 있으며, 전술한 바와 같이 검사의 독직폭행사건 1심과 항소심을 보면 이러한 유형의 위전착에 대해서도 착오론으로 접근하는 학설과 달리 사실관계를 구체적으로 검토해 구성요건고의 유무를 개별적으로 판단해 고의범 또는 과실범을 인정하고 있는 것으로 보인다. 요컨대, 판례는 위전착 사안을 위법성조각사유의 존부판단문제 및 구성요건고의의 존부판단문제로 접근하고 있는 것이다.

3. 판례의 근거

판례의 견해는 위전착을 위법성조각사유 요건의 충족여부 문제로 접근하는 것으로 이해할 수 있다. 그러면 판례가 이러한 태도를 취하는 이유는 무엇일까? 이에 대한 연구는 별도의 방대하고 심층적인 연구를 요하는 문제일 것이다. 관련해 판례의 태도를 비교법적·연혁적으로 추적해 1969년(昭和 44년) 일본 최고재판소 판결과 일본내의 관련 학설 및 "명예훼손적 표현에 대하여 진실한 사실이라는 증명이 없더라도 행위자가 그것을 진실이라고 믿을 상당한 이유가 있으면 명예훼손의 위법성 내지 고의·과실이 조각된다"는 민법상 '상당성이론'과 유사하다고 보는 견해도 있다.[34] 이 견해는 그 전거로서 관련 민사판결(대법원 1988. 10. 11. 선고 85다카29 판결)을 거시하고 있다. 하지만, 오신을 이유로 위법성조각의 효과를 부여하는 형사판결(대법원 1968. 5. 7. 선고

---

33) 이용식, 앞의 논문, 193면.
34) 이창섭, "행위자가 인식한 정당화상황이 실재하지 않는 경우의 형법적 취급", 부산대학교 법학연구 제59권 제1호 (2018), 8면 이하 참조.

68도370 판결)은 적어도 위 민사판결 이전에 이미 등장했다는 점에서 이러한 분석에 대해서 다소 의문의 여지가 있다. 하지만 대법원의 위전착 법리와 상기 전거들 간의 법리적 구조의 유사성에 주목한 점은 분명 의미가 있다고 본다. 유사한 맥락에서 대법원의 위전착 법리는 대법원이 형법 제310조의 적용과 관련해 제시한 법리와 구조적으로 공통된다는 견해도 제시되었는데 이를 포함해 다음의 두 가지 견해가 현재로서는 비교적 타당해 보인다.

첫째, 명예훼손죄의 특수한 위법성조각사유인 형법 제310조의 적용과 관련해 판례가 "진실성에 대한 착오에 상당한 이유가 있으면 위법성이 조각된다"고 오래 전부터 아래와 같이[35) 설시한 유사한 취지의 판결과 법리적으로 같은 맥락이라고 볼 수 있다는 견해이다. 즉, "이러한 판례의 견해는 사후적 객관적으로는 표현내용의 진실성이라는 위법성을 조각하는 사정이 인정되지 않는 경우에도 진실하다고 믿을만한 확실한 근거나 자료가 존재하는 때 즉 표현행위가 이루어지는 시점에 진실이라고 평가될 수 있는 때에는 위법성조각을 인정한다는 것[이며] 이러한 구조는 오상을 이유로 하는 위법성조각과 공통된다."[36)는 것이다. 요컨대, 판례의 위전착 법리는 형법 제310조의 적용에 있어서 행위자가 적시된 사실을 진실한 것으로 믿었고, 그 오인에 상당한 이유가 있으면 '정당행위'가 되어 위법성이 조각된다는 법리와 구조적으로 유사하다는 견해이다.

> "형법 제310조는 제307조 제1항의 행위가 진실한 사실로서 오로지 공공의 이익에 관한 때에는 처벌하지 아니한다고 규정하고 있으므로, 공연히 사실을 적시하여 사람의 명예를 훼손하였다고 하더라도, 그 사실이 공공의 이익에 관한 것으로서 공공의 이익을 위할 목적으로 그 사실을 적시한 경우에는, 그 사실이 진실한 것임이 증명되면 위법성이 조각되어 그 행위를 처벌하지 아니하는 것인바, 위와 같은 형법의 규정은 인격권으로서의 개인의

---

35) 대법원 1993. 6. 22. 선고 92도3160 판결 참조.
36) 이용식, 앞의 논문, 188면.

명예의 보호와 헌법 제21조에 의한 정당한 표현의 자유의 보장이라는 상충
되는 두 법익의 조화를 꾀한 것이라고 보아야 할 것이므로, 이들 두 법익간
의 조화와 균형을 고려한다면, 적시된 사실이 진실한 것이라는 증명이 없더
라도 행위자가 그 사실을 진실한 것으로 믿었고 또 그렇게 믿을 만한 상당
한 이유가 있는 경우에는 위법성이 없다고 보아야 할 것이다(당원 1962.5.17.
선고 4294형상12 판결; 1988.10.11. 선고 85다카29 판결 등 참조)".

상기 분석은 대법원의 다른 법리와의 정합성 측면에서 볼 때 타당한
측면이 있다고 보이는데, 위 판례에서 참조하고 있는 상당히 오래된 아
래의 대법원 판결은 이미 1962년에 명예훼손죄의 진실성에 대한 착오
에 있어서 "그와 같이 믿는 것이 건전한 상식에 비추어 상당하다고 인
정될 정도의 객관적 상황이 있으면" 위법성이 조각된다는 법리를 제시
하고 있기 때문이다. 함께 참조하고 있는 민사판결(1988.10.11. 선고 85
다카29 판결)도 역시 같은 취지의 법리를 제시하고 있다.

"그러나 기록을 자세히 검토하여도 피고인이 적시한 사실이 진실이라는
증명이 있다고는 할 수 없고 또 피고인이 그 적시사실이 진실이라고 확신
하였다 하더라도 그와 같이 믿는 것이 건전한 상식에 비추어 상당하다고
인정될 정도의 객관적 상황이 있음에 대한 증거가 없는 본건에 있어서는
위법성이 조각된다고 할 수 없으므로 논지는 이유 없다(1962.5.17. 선고
4294형상12 판결)."
"형사상이나 민사상으로 타인의 명예를 훼손하는 행위를 한 경우에도 그
것이 공공의 이해에 관한 사항으로서 그 목적이 오로지 공공의 이익을 위
한 것일 때에는 진실한 사실이라는 증명이 있으면 위 행위에 위법성이 없
으며 또한 그 증명이 없더라도 행위자가 그것을 진실이라고 믿을 상당한
이유가 있는 경우에는 위법성이 없다고 보아야 할 것이다(대법원 1988. 10.
11. 선고 85다카29 판결)."

요컨대, 대법원은 일찍이 1962년 형사판결에서 "그 오인에 상당한
이유가 있으면 명예훼손죄의 위법성이 조각된다"는 법리를 제시한 것
이고, 그와 구조적으로 유사한 법리가 명예훼손죄와 관련된 민사판결과

대법원의 위전착 법리에서도 등장하고 있는 것으로 분석할 수 있을 것이다.

둘째, 주관적 정당화요소가 있다는 사정만으로 위법성조각의 효과를 인정하는 것은 정당방위의 행사범위를 확장하려는 의도에서 비롯된 것이라는 견해가 있다. 즉 현재의 부당한 침해에 직면해 방위행위에 나아가는 시민을 위축시키지 않으려는 의도에서 비롯된 것으로서 일반인에게 불가능한 것을 행위규범이 행위자에게 요구할 수는 없기 때문이라고 한다.[37]

4. 판례의 문제점

판례가 어떠한 근거에서 상기 법리를 형성하게 되었는지에 대해서는 보다 면밀히 검토, 논구될 필요가 있을 것이다. 하지만 여기서는 판례의 문제점을 중점적으로 검토해 보고자 한다. 판례의 입장에 대해서 크게 세 가지 다음과 같은 비판이 가능하다.

첫째, 위법성조각의 효과를 부여함으로써 오상방위의 상대방에게 정당방위가 허용되지 않게 된다. 객관적으로는 현재의 부당한 침해를 하지 않은 甲의 행동에 대하여 이를 현재의 부당한 침해로 오인하여 乙이 오상으로 반격행위로 나아간 경우, 만약 乙의 오상방위에 대하여 판례와 같이 위법성조각을 인정하면 甲은 정당방위로 대항할 수 없게 되어 버리며 이는 피해자에게 가혹한 결과를 가져올 수 있다. 이러한 사정은 특히 경찰관총기발사 사건처럼 행위자가 사법경찰관일 경우에 공무집행의 상대방, 즉 시민의 입장에서 보면 정당방위를 하지 못하게 되어 시민의 저항권을 지나치게 축소시키는 문제가 있다는 지적도 제기된다.[38] 즉 오상방위를 적법하다고 하는 것은 결국 정당한 상대방의 법익

---

37) 이용식, 앞의 논문, 172면. 동지의 입장으로 보이는 신동운, 형법각론 (법문사, 2018), 761면. 특히 명예훼손죄의 진실성에 대한 착오에 대한 판례의 입장을 긍정하며 제310조의 적용범위를 확대할 것을 제안하고 있다.
38) 김재봉, "경찰관의 적법성 착오에 의한 직무행위와 정당화 여부", 경찰법연구 제

을 침해한 사실을 경시하는 결과를 가져온다는 것이다.[39]

둘째, 정당방위 성립여부를 사전적, 규범적으로 판단하면 오상방위라는 개념자체가 성립하기 어렵다는 비판이 있다. 오상방위라는 개념이 존재하는 의의는 사후적으로 정당방위 상황이 존재하지 않는 것으로 판명되지만 행위시점에서는 정당방위 상황이 존재하는 것으로 판단할 수 있었던 경우를 형법적으로 어떻게 처리해야 할 것인지를 고찰해 보는 것인데, 판례의 입장을 따를 경우, 사후적으로 정당방위 상황이 존재하지 않는 것으로 판명되었지만, 만일 방위행위 시점에 오인에 정당한 이유가 인정된다면 정당방위가 성립할 것이고, 만일 같은 조건에서 방위행위 시점에 오인에 정당한 사유가 부정되어 정당방위 상황이 존재하는 것으로 볼 수 없다면 이때는 굳이 오상방위 개념으로 포섭하지 않더라도 간단하게 유죄로 판단할 수 있기 때문이라는 지적이다. 어떤 경우든 오상방위를 검토할 실익이 없어진다는 것이다.[40]

셋째, 통설적인 불법의 구조에 비추어 볼 때, 오인에 정당한 이유가 있다고 하여 '위법성조각'의 효과를 부여하는 것은 도그마틱적으로 감내하기 힘든 '독단적' 입장이 아닌가 하는 비판이 가해질 수 있을 것이다. 일반적으로 불법은 결과불법과 행위불법으로 이루어지며, 이렇게 성립된 불법이 조각되려면, 즉 위법성조각의 효과를 부여하기 위해서는 결과불법과 행위불법이 모두 상쇄되어야 한다. 그런데 위전착 사례에서 분명한 사실의 하나는 '위법성조각사유의 전제사실' 자체가 실제로는 존재하지 않는다는 점이다. 바꾸어 말하면 행위자의 결과반가치가 전혀 상쇄되지 못하고 온전히 남아 있다는 것이다. 오상방위를 예로 든다면 비록 주관적 정당화요소로서의 방위의사가 있더라도 상대방에게 가한 법익침해라는 결과반가치가 객관적인 정당방위요건에 의해 상쇄되지 않는 관계로 정당방위의 결과가 발생하지 않아서 '정당방위의 미수' 정

20권 제2호 (2022), 22면.

39) 유사한 맥락에서 판례는 행위자에게 유리한 입장이라는 평가로는 한상훈·안성조, 형법개론 (정독, 2022), 190면.

40) 김정환, 앞의 논문, 24면 이하 참조.

도에 그친 것이기 때문에[41] 이를 두고 위법성조각의 효과를 부여하는 것은 도그마틱적으로 심히 부당하다는 것이다.[42]

5. 검토

(1) 문제제기에 대한 검토

생각건대, 결론적으로 상기 앞의 두 가지 문제점은 충분히 의미가 있지만 판례의 입장에 대한 결정적인 비판논거가 되기는 힘들 것으로 보인다.

우선 첫 번째 비판에 대해서는 갑은 비록 을의 행위가 적법하기 때문에 정당방위로 대항할 수는 없지만 그 대신 긴급피난 및 정당행위를 할 수 있다는 반론이 가능하다고 볼 수 있다.[43] 이러한 결과는 오히려 더 바람직한 것일 수 있는데 만일 행위자 을이 사법경찰관이라면 그에 대응하는 시민이 정당방위가 아니라 긴급피난을 하는 것이 반격의 측면에서 정당방위를 하는 때보다 신중하게 되고, 따라서 그에 대한 경찰관의 재대응의 수위도 낮아질 수 있어서 양자에게 회복할 수 없는 피해가 발생하는 결과를 방지할 수 있다는 견해도 제시된다.[44] 전술한 바와 같이 영미법의 방식으로 위전착을 다루든 - 판례의 입장과 유사하게 정당방위를 인정 - 독일의 판례처럼 고의조각의 효과를 부여하든 피해자의 입장에서는 불공평한 결과라는 것은 공통적이기 때문에[45] 이점에

---

41) 이러한 평가로는 이용식, 앞의 논문, 174-175면.

42) 유사한 맥락의 지적으로는 홍영기, "불법평가에서 주관적 정당화요소의 의의", 형사법연구 제27권 제4호 (2015), 37면과 42면 이하 참조.

43) 동지의 김재봉, 앞의 논문, 26면.

44) 김재봉, 앞의 논문, 29면. 이에 대해 피해자 시민에게 정당방위를 인정할 수 있도록 법리구성하는 것이 국가기관과 시민의 힘의 불균형을 고려할 때 시민의 자유와 권리를 위해서 바람직하다는 견해로 임상규, "착오적 경찰작용에 대한 저항행위와 그 허용한계", 성균관법학 제27권 제2호 (2015), 91면.

45) Ⅲ-1 참조.

대한 근본적인 해결책은 별론으로 하고46), 단지 판례가 취하는 위법성
조각설이 피해자에게 가혹하다는 비판은 적절해 보이지 않는다.

두 번째 비판에 대해서는 정당방위상황을 사전적, 규범적으로 판단
할 때에 정당한 이유가 있는 오신의 경우에는 오상방위 개념이 설 자리
가 없다는 지적은 타당하지만, 정당한 이유가 없는 오신의 경우 정당방
위가 성립하지 않아 여전히 오신은 인정할 수 있기 때문에 이 경우에는
- 판례의 구분법에 따라서 - '단순한 오상방위'로서 형법의 착오이론을
적용할 여지가 생겨난다. 비록 판례는 이 경우에도 착오론적 접근을 하
지 않고 고의 인정여부만 검토하고 있지만 만일 엄격책임설을 따를 경
우 정당방위상황의 인정에 필요한 오신의 정당한 이유는 이미 부정되
었어도 책임조각에 필요한 정당한 이유는 별도로 검토될 수 있을 것이
고, 제한책임설을 따를 경우에는 고의조각의 효과를 가져올 수 있다는
점에서 형법상 착오이론은 여전히 적용가능하다. 아울러 대법원 판례의
이해구조처럼 정당방위상황은 단순한 사실의 유무로서가 아니라, 상황
에 대한 예측이나 평가로서의 의의를 가지고 있다고 본다면 정당방위
상황 유무에 대해서 사전적, 규범적으로 판단하는 것도 그 나름 타당한
측면이 있다고 말할 수 있을 것이다. 즉 사전적, 규범적 판단기준을 따
르더라도 오상방위 개념이 전혀 무의미해진다고만 볼 수는 없고 그 의
의를 지닐 수 있다. 물론 판례에 따르면 오상방위의 외연이 학설이 상
정하는 것보다 한층 축소된다는 점에서는 두 번째 비판이 타당하다고
생각된다.

생각건대 세 번째 비판은 판례가 풀어내야 할 난제로 보인다. 결과
불법이 엄존함에도 불구하고 주관적 정당화요소가 있다는 이유로 행위
불법을 상쇄시켜 위법성조각의 효과를 부여하는 것은 불법도그마틱의

---

46) 예컨대, 엄격책임설에 따라서 위전착을 취급하는 견해는 상대적으로 피해자에게
유리하고 피고인에게 불리할 것이다. 정당한 이유의 심사가 엄격하기 때문이다.
형법 제16조의 법문해석을 근거로 하여 엄격책임설을 지지하는 견해로는 김정
환, 앞의 논문, 19-20면 참조.

구조를 심하게 변형시키는 것이기 때문이다.[47] 검사의 독직폭행사건[1심]은 판례가 위전착에 대한 학계의 논의상황에 무지한 것이 아님을 분명히 하면서 학설의 채택에 어려움이 있어서 스스로 독자적 법리를 구축하고 있다고 선언하고 있는데, 그렇다면 판례가 단순히 제3의 길로 '위법성조각'의 효과를 택했다는 변론에 그칠 것이 아니라 그러한 효과가 도그마틱적으로 '어떻게' 가능할 수 있는지 논증해야 할 필요가 있을 것이다. 그렇지만 판례는 독자적 법리가 어떠한 선례와 배경이론에 근거하고 있는지 명확한 해명이 없다. 헌법과 형법상의 대원칙인 죄형법정주의를 통해 국가형벌권의 확장을 경계하고 피고인의 권리보장을 중시하는 형사법의 특성상 피고인에게 불리해지는 법리라면 향후 법원은 기존에 논의되어 온 여러 학설 및 통설적인 불법도그마틱과 유리된 방향으로 구축한 위법성조각설이라는 해석론이 지닌 장점이 무엇이고 그 한계는 무엇인가에 대해서도 명백하게 밝힐 필요가 있다고 생각한다.

(2) 대법원의 위전착 법리를 위한 변론(Plädoyer)?

여기서 대법원 판례가 자신의 법리를 옹호하기 위해 제시할 수 있는 하나의 논거를 생각해 볼 수 있다. 만일 전술한 바와 같이 판례의 위전착 법리의 근거가 명예훼손죄의 진실성 착오를 처리하는 법리와 구조적으로 유사하다는 점에서 유래한다는 분석이 옳다면, 판례입장의 정당화 근거를 바로 명예훼손죄의 진실성 착오가 상당한 이유가 있으면 위법성이 조각된다는 법리의 근거에서 찾아볼 수 있을 것이기 때문이다. 이와 관련해 진실성의 착오에 대해 상당한 이유가 있으면 위법성 조각의 효과를 부여하는 법리적 근거로서 '의무합치적 심사이론(pflichtmäßige Prüfung)'을 제시하는 견해가 있다. "위법성조각사유 중에는 형법 제310조처럼 허용된 위험(erlaubtes Risiko)의 법리를 내포하고 있는 것

---

47) 동지의 김일수·서보학, 새로쓴 형법총론 (박영사, 2018), 195면. "위법성을 조각하기 위한 객관적 요건이 결여되어 있음에도 불구하고 오인의 정당한 이유만을 들어 위법성 조각을 인정한다는 점에서 범죄체계론적 관점에서 수긍하기 어렵다."

들이 있으며, 이러한 허용구성요건의 경우 위법성 조각의 요건이 되는 상황에 대한 검토의무가 인정되어야 하는데 이러한 의무에 위반하면 위법한 행위로 처벌되고, 상황을 성실히 검토한 경우에는 위법성조각의 객관적인 요건이 존재하지 않더라도 위법성이 조각된다"는 것이다. 언론매체의 보도행위는 사회생활에 필수적인 것이지만 불가피하게 타인의 명예를 훼손하게 되는 허용된 위험의 영역에 놓여 있고 따라서 이러한 보도행위에 대하여 위법성을 조각시키기 위하여 언론매체의 종사자는 엄격한 심사의무를 부담한다는 것이다. 요컨대, 허용된 위험의 법리에 기초하고 있는 위법성조각사유의 경우는 상황판단에 대한 오인에 정당한 이유가 있으면, 결과불법의 상쇄되지 못하더라도 위법성조각의 효과를 부여할 수 있다고 한다.[48] 이와 관련해 명예훼손죄와 관련된 대법원 판례 중에도 의무합치적 심사이론에 부합되는 것으로 보이는 것도 있다.

> "일정한 입장에 있는 인물에 관한 행위가 공적 비판의 대상이 된다고 하더라도 신문에 비하여 신속성의 요청이 덜한 잡지에 인신공격의 표현으로 비난하는 내용의 기사를 게재함에 있어서는 기사내용의 진실여부에 대하여 미리 충분한 조사활동을 거쳐야 할 것인바, 잡지발행인이 수기를 잡지에 게재함에 있어 그 내용의 진실성에 대하여는 전혀 검토하지 아니한 채 원문의 뜻이 왜곡되지 않는 범위내에서 문장의 일부만을 수정하여 피해자가 변호사로서의 본분을 망각한 악덕변호사인 것처럼 비방하는 내용의 글을 그대로 잡지에 게재하였다면 잡지발행인으로서는 위 수기의 내용이 진실한 것으로 믿는데 상당한 이유가 있었다고 할 수 없고, 잡지에 이 수기를 게재하여 반포하였다면 위 피해자의 사회적 평가가 저하되었다 할 것이므로 위 잡지발행인은 위 피해자에 대한 명예훼손의 책임을 면할 수 없다(대법원 1988. 10. 11. 선고 85다카29 판결)."

---

48) 이진국, 언론의 범죄보도와 형사법적 문제점 (한국형사정책연구원, 2002), 87면 이하. 의무합치적 심사이론이 경찰관의 공무집행의 적법성에 대한 착오에 대해서도 적용될 수 있다는 견해로는 김재봉, 앞의 논문, 20면 이하 참조

의무합치적 심사이론이란 행위자가 정당행위 등 위법성조각사유의 요건이 충족된 것으로 오인하고 행위하였더라도 그것이 행위자에게 요구되는 의무에 합당한 노력을 다하여 이루어진 신중한 판단의 결과라면 그 착오를 무시하고 위법성조각의 효과를 부여하지만 그 착오가 경솔한 판단의 결과라면 고의범으로 처벌하려는 이론이다.[49] 동 이론은 행위자에게 불리하게 작용하기도, 유리하게 작용하기도 하는데, 예를 들어 독일연방대법원은 위전착에 대해 고의조각의 효과를 부여함으로써 과실범으로도 처벌 못하여 무죄방면의 형사정책적 결함이 발생하는 것을 방지하기 위해 착오에 기인한 의사의 낙태행위에 대해 동 이론을 적용함으로써 임신중절 사유에 대한 주의깊은 심사의무를 다하지 못한 의사에게 고의배제를 회피하고 경솔한 낙태를 방지하려는 의도에서 동 이론을 도입한 바 있다.[50] 반대로 사법경찰관 등의 공무집행시 심사의무를 다하였음에도 공무집행의 적법성에 착오가 발생한 경우 '허용된 위험의 이론'에 기초해 행위자가 추구하는 목적이나 행위시 상황판단의 불확실성 등을 고려해 그 당시에 의무에 합당한 노력을 다했다면 착오가 발생했더라도 위법성조각을 인정해 행위자에게 처벌을 면하게 해주는 기능을 하기도 한다.

허용된 위험에 기초한 사례일 경우 반드시 착오가 발생한 경우뿐만 아니라 일반적으로 위법성조각의 요건(주관적 정당화요소[51])으로서 의무합치적 심사를 요구하기도 하는데, 이처럼 정당화 요건으로서 의무합치적 심사가 요구되는 사례로는 공무집행, 추정적 승낙, 명예훼손죄의 위법성 조각사유(제310조, 독일형법 제193조) 등이 주로 논급된다.[52]

---

49) 김재봉, 앞의 논문, 20면.

50) Justus Krümpelmann/김영환 역, 앞의 책, 43면.

51) 예컨대 양심에 따른 심사는 추정적 승낙에서 주관적 정당화요소가 된다. 이재상·장영민·강동범, 앞의 책, 296면.

52) Jescheck/Weigend, a. a. O., S. 401 ff. 추정적 승낙의 법리는 '추정이 언제나 법익주체의 의사와 일치하지 않을 수 있다는 위험'의 부담을 수반하며, 이를 일종의 허용된 위험으로 전제하면서 인정되는 위법성조각사유이고, 따라서 행위자는 이

그렇다면 전술한 바처럼 형법 제310조가 허용된 위험에 기초해 있다면 의무합치적 심사이론에 따라서 행위자가 적시될 사실의 진실성 여부에 대해 주의깊게 검토의무를 다했을 경우, 이후 진실하지 않은 것으로 밝혀졌다고 하더라도 위법성조각의 효과를 부여할 수 있게 된다는 대법원 판례의 입장을 이론적으로도 이해할 수 있다. 허용된 위험이 적용되는 정당화사유의 영역에서는 결과불법이 인정되더라도 해당 직무행위가 추구하는 목적이나 그에 의해 보전되는 이익의 중요성을 반영하여 정당화를 인정할 필요성 내지 사회적 효용에 의해 위법성이 조각되는 것이기 때문에 결과불법과 행위불법이 모두 상쇄되지 않아도 위법성조각의 효과를 부여할 수 있다는 것이다.[53]

그러나 이러한 근거에 대해서도 다음과 같은 재비판이 충분히 가능할 것이다.

첫째, 의무합치적 심사이론은 전술한 몇몇 제한된 정당화사유에 대해서만 인정되는 것으로 보이는바, 의무합치적 심사이론을 위전착 사례 일반에 적용할 수 있는 것인지에 대해서는 의문이다.[54] 먼저 동 이론이 적용되기 위해서는 해당 사례가 허용된 위험에 기초하고 있어야 한다. 허용된 위험이란 도로교통, 항공교통, 採鑛業, 의료업, 경찰관 업무 등 그 직무의 수행이 타인의 법익침해에 대한 위험을 필연적으로 수반하고 있지만 그 직무행위가 지닌 사회적 효용이 없이는 사회생활이 정상적으로 영위될 수 없기 때문에 행위자가 해당 직무에 요구되는 주의의무를 다하였다면 법익침해의 결과가 발생하였더라도 가벌성을 부정하

러한 위험을 최소화하기 위해 양심적 심사의무를 다해야 한다는 견해로는 신동운, 형법총론(법문사, 2020), 357면.

53) 김재봉, 앞의 논문, 22면.

54) 동지의 Justus Krümpelmann/김영환 역, 앞의 책, 44면. 특히 정당방위처럼 우월적 이익의 원칙에 기초하는 위법성조각사유는 객관적 요건과 결과반가치에 중점을 두고 그 존재여부를 정당화 요건으로 파악하고, 허용된 위험의 법리에 기초하는 위법성조각사유는 결과불법이 존재하더라도 정당화를 인정할 필요가 있다고 구분하는 견해로는 김재봉, 앞의 논문, 22면.

는 이론을 말한다.55) 이에 따르면 언론보도행위 역시 타인의 명예에 대한 침해의 위험을 수반하는 점에서 허용된 위험의 영역에 놓여 있음은 어렵지 않게 이해할 수 있다. 하지만 모든 정당방위나 정당행위, 긴급피난 등의 상황에서 행위자에게 정당화상황에 대한 오인이 발생한 경우 허용된 위험의 법리에 기초한 의무합치적 심사이론을 적용하기는 어려워 보인다. 앞서 검토한 검사의 독직폭행사건[1심]에서도 법원은 오인에 정당한 이유를 부정하면서 "수사기관이 피압수자가 증거인멸을 하는 것으로 오인하여 유형력을 행사하는 오상 정당행위에서의 정당화사유 인정은 신체에 대한 급박한 침해행위가 있다고 오인한 오상 정당방위의 경우보다는 한층 더 신중해야 [하므로] 피고인이 증거인멸의 의심을 하였다 하더라도 피해자의 행동을 좀 더 주의깊게 관찰하거나 확인할 의무를 소홀히 하였다고 볼 수밖에 없다"고 설시하였던 바, 판례도 위전착의 유형을 구분해 각기 다른 심사의무를 부여하고 있는 것으로 보인다.

둘째, 허용된 위험의 이론이 우리에게 잘 알려진 바대로 과실범의 객관적 주의의무를 제한하는 원리로만 적용될 수 있는지, 아니면 (착오에 빠진) 고의범으로까지 적용될 수 있는지 여부56)는 차치하더라도 설령 위전착에 빠진 자에게도 이를 일반적으로 적용할 수 있다고 할 때, 그에게 정당한 이유가 있으면 대체 어떠한 근거에서 허용된 위험의 이론에 의해 '구성요건'이나 '책임'이 아닌 바로 '위법성'이 조각되어야 하는지 불분명하다는 비판이 가능하다.57) 즉 허용된 위험의 이론을 적용할 범죄체계론상의 위치가 분명하지 않다는 것이다.

이러한 문제들의 해결이야말로 판례의 입장에서 가장 극복하기 힘든 어려운 과제라고 생각한다.

---

55) 최청식, "허용된 위험과 일반조항", 서울대학교 법학 제16권 제1호 (1974), 79-80면.
56) 이에 대한 논의의 소개로는 최청식, 앞의 논문, 87면 이하 참조.
57) 이 점에 대한 다양한 반론의 소개로는 최청식, 앞의 논문, 97면.

(3) 판례 입장의 재평가: 위법성조각설의 실천적 의의와 한계

그런데 판례는 어떠한 이유에서 정당한 이유가 있으면 위법성이 조각된다는 해석론[위법성조각설]을 일관된 법리로 채택하게 된 것일까? 이 점에 대해서는 현재로서는 전술한 다음과 같은 답변이 가장 설득력이 있다고 생각된다.

정당방위(및 기타 위법성조각사유)는 권리로서의 성질을 가지고 있으며, 이러한 권리행사의 요건이 사후적으로 부정될 우려가 있으면, 정당방위의 행사를 과도하게 위축시킬 수 있기 때문에 이를 보장하기 위해서는 사전적, 규범적 판단에 따라서 위법성을 조각시키는 법리를 형성하게 되었다는 것이다. 이러한 취지는 제310조의 명예훼손죄의 특별한 위법성조각사유의 해석에 있어서 판례가 판례는 진실하다고 믿은 것에 상당한 이유가 있는 경우에는 위법성을 조각시키는 것과 같은 맥락이라고 하는데 즉,

이때 진실성에 대한 착오에 대해 위법성조각의 효과를 부여하는 근거는 확실한 정보에 기초해 진실이라고 신뢰한 언론이 사후에 처벌될 수 있다는 우려 때문에 위축되지 않도록 보장하려는 것과 같은 취지라고 의미를 부여할 수 있다는 것이다.[58]

생각건대, 긴급한 상황에 처한 행위자의 권리를 보장하기 위한 측면이라는 점에서 판례가 위법성조각설을 취한 것이라면 일응 수긍할 수 있을 것이다. 이에 대해 만일 행위자가 사법경찰관 등 공무집행을 하는 자라면 오인을 이유로 위법성을 조각하게 되면 상대방 시민의 저항권(정당방위권)이 제한된다는 문제점이 제기되기도 하지만 이에 대해서는 긴급피난이나 정당행위 등을 통해 대응할 수 있기 때문에 크게 문제되

---

[58] 이용식, 앞의 논문, 188면. "특히 정당방위가 문제되는 사안에서는 피침해자의 생명 신체에 위험이 있어서 반격행위가 이루어지는 경우가 많은데 이러한 경우는 방위행위에 의하여 보전되는 이익이 ―표현의 자유보다도― 중요하고 따라서 방위행위를 함에 있어서 위축되는 효과를 피할 필요성은 언론활동에 대한 위축효과를 회피할 필요성보다도 높다고 할 수 있다."

지는 않는다는 점은 앞서 살펴본 바와 같다. 피고인의 권리보장 측면에 비추어 보면, 엄격책임설보다는 위법성조각설이 더 유리한 측면이 있다. 검사의 독직폭행사건[1심]에서 금지착오의 정당한 이유판단과 위전착에서 오인의 정당한 이유판단은 상이하다고 판시한 바 있고, 금지착오의 정당한 이유판단이 매우 엄격한 심사기준을 설정하고 있음에 비추어 볼 때, 엄격책임설보다는 위법성조각설이 더 유리한 법리라고 말할 수 있기 때문이다. 하지만 위법성조각설보다는 제한책임설이 더 유리하다. 정당한 이유 심사 없이 곧바로 고의를 조각시키며, 비록 과실범 성립여부가 남지만 형법상 과실범 처벌규정은 그 숫자가 매우 제한적이라는 점에서 대부분 무죄가 될 가능성이 크기 때문이다. 예컨대 피고인에게 명예훼손죄 성립여부나 (독직)폭행죄 성립여부가 문제되는 사례가 그러하다.

그렇다면 판례가 피고인의 권리보장을 위해 위법성조각설을 취하고 있다는 평가는 부분적으로만 타당성을 지닐 수 있을 것이다. 제한책임설에 의해 고의조각의 효과를 부여하는 방식이 피고인 권리보호에 더 충실한 해석론이 될 수 있기 때문이다. 따라서 대법원이 위전착을 착오론이 아니라 위법성론과 사실인정론의 관점에서 처리하는 방식은 여전히 학계의 비판으로부터 자유로울 수 없다고 본다.

하지만 위전착을 처리하는 판례의 입장에 대해서 아직 속단하기는 어렵다. 아래의 검사의 독직폭행사건[항소심]은 앞서 논급한 검사의 독직폭행사건[1심]에 대한 항소심판결로서 제1심에서는 독직폭행의 고의가 인정됨을 전제로 하여 피고인의 위전착이 문제되었던 반면, 제2심에서는 독직폭행의 고의가 부정되어 무죄판결을 선고하고 있는데, 이는 결과적으로 위전착이 문제되는 사안에서 고의조각의 효과를 부여하는 제한책임설과 법적 효과의 측면에서 동일한 결론에 이르고 있기 때문이다.

아래의 장에서는 검사의 독직폭행사건[항소심]의 판시사항을 살펴보면서 위전착과 관련된 판례입장을 보다 심층적으로 구명해 보고자 한다.

IV. 고의가 부정된 위전착 사례:
검사의 독직폭행사건[항소심]의 검토

1. 항소심의 주요 판시사항

[판시사항]

① 검사가 제출한 증거만으로는 이 사건 당시 피고인에게 독직폭행의 고의가 있었음이 합리적 의심의 여지가 없을 정도로 증명되었다고 보기 어려운바, 위와 같은 원심의 판단은 수긍하기 어렵다.

② 이 사건 당시의 상황, 피고인의 행동 등을 기초로 하여 객관적·합리적으로 판단하여 볼 때, 피고인에게 휴대전화를 확보하는 과정에서 피해자의 신체에 유형력을 행사하게 되는 결과발생 가능성에 대한 인식 및 그 결과발생의 위험성을 용인하는 내심의 의사까지 있었다고 단정하기는 어렵다. 그 구체적인 이유는 다음과 같다.

ⓐ-1 피고인은 휴대전화 조작을 통해 위 압수대상과 같은 전자정보가 삭제될 수도 있다는 고려에서 이를 제지하여야만 압수수색의 목적을 달성할 수 있다고 생각하였으므로 최초 행위를 시작할 당시 피고인에게는 '이 사건 휴대전화를 확보하겠다'는 의도만 있었다고 봄이 타당하다.

ⓐ-2 피고인과 피해자가 소파에서 미끄러져 바닥으로 떨어져 피해자의 몸이 피고인의 몸에 눌리게 된 상황에서도 피고인에게는 계속하여 이 사건 휴대전화를 확보하고자 하는 의도만 있었다.

ⓐ-3 여러 정황상 피해자의 몸 위로 쓰러져 누르게 된 것은 폭행의 고의가 있어서가 아니라 피고인이 소파에 앉아 있던 피해자가 피하는 방향으로 계속하여 이동하면서 이 사건 휴대전화를 확보하고자 하는 의도 하에 의도치 않게 중심을

　　잃고 피해자의 몸 위로 쓰러졌을 가능성을 쉽게 배제하기
　　는 어렵다.
　ⓑ-1 그렇다면, 피고인이 쓰러지면서 수반되는 힘과 피고인의 반
　　대편으로 손을 뻗고 있던 피해자의 자세가 결합하여 피고
　　인과 피해자가 소파에서 미끄러져 바닥으로 떨어졌을 가능
　　성이 배제되지 않는다.
　ⓑ-2 바닥에 쓰러진 피해자의 팔과 어깨 부위가 피고인의 몸에
　　의해 눌리게 되었다 하더라도 이는 피고인과 피해자가 함
　　께 바닥에 쓰러지게 된 결과에 연속하거나 이에 포함된 일
　　련의 결과로 평가될 수 있어 보이는 점,
　ⓑ-3 피고인이 이 사건 휴대전화를 확보한 직후 곧바로 몸을 일
　　으키면서 피해자와 분리되었던 점 등을 종합할 때, 바닥에
　　떨어진 직후 피고인에게 새롭게 '이 사건 휴대전화를 확보
　　하는 과정에서 피해자의 신체에 유형력을 행사하게 되는
　　결과의 발생 가능성에 대한 인식 및 그 결과 발생의 위험성
　　을 용인하는 내심의 의사'가 별도로 생겼다고 보는 것은 자
　　연스럽지 않다.
③ 그렇다면 피해자의 신체에 유형력을 행사하게 된 결과의 발생에
　있어서 피고인의 과실이 있었는지 여부는 별론으로 하고(이 사건
　직후 이루어진 객관적인 확인절차에 의하면 피해자의 증거인멸
　시도 등은 없었다고 보이는바, 피고인의 위와 같은 행동이 적절
　하였다고 볼 수는 없다), 그러한 결과의 발생가능성에 대한 인식
　및 그 결과 발생의 위험성을 용인하는 내심의 의사'까지 있었다
　고 단정하기는 어렵다.

2. 검사의 독직폭행사건[항소심]의 주요 판시사항 정리

(1) 사실관계의 측면 – 독직폭행의 고의 인정유무 판단과정

독직폭행 사건에서 있어서 제1심과 항소심 판결이 두드러지게 차이를 보이는 부분은 바로 폭행의 고의에 대한 인정여부이다. 간단히 요약하면 1심에서는 피고인이 피해자의 몸을 피고인의 몸으로 눌러 신체에 대한 상당한 유형력의 행사가 있었던 점[ⓐ], 두 사람이 의자에서 미끄러져 바닥에 떨어진 다음에도 피고인이 피해자의 몸 위에 올라탄 상황에서도 피고인은 계속 휴대전화를 빼앗으려 하였을 뿐 자세를 바로잡거나 신체접촉을 중단하는 동작을 취하지 않은 점[ⓑ] 등을 근거로 폭행의 고의를 인정하였다. 그러나 항소심에서는 피고인이 피해자의 몸을 누르게 된 것은 처음부터 그 행위시까지 폭행의 고의는 없이 오로지 휴대전화를 확보하려는 목적으로[ⓐ-1, ⓐ-2] 이를 빼앗으려다가 의도치 않게 몸의 중심을 잃고 쓰러진 결과이고[ⓐ-3], 바닥으로 미끌어 떨어져 몸을 다시 누르게 된 경위도 선행하는 물리적 신체거동의 연속된 결과일 뿐이므로[ⓑ-1, ⓑ-2], 바닥에 떨어진 직후 피고인에게 새롭게 폭행의 고의가 생겼다고 보는 것은 부자연스럽다는 것이다[ⓑ-3].

결론적으로 1심에서 고의인정에 원용되었던 사실인정요소인 [ⓐ, ⓑ]는 고의를 부정하는 사실인정요소인 [ⓐ-1, ⓐ-2, ⓐ-3]과 [ⓑ-1, ⓑ-2, ⓑ-3]에 의해 각각 상쇄되어 '의심스러울 때는 피고인의 이익으로' 원칙에 따라 독직폭행의 고의가 부정되고 있는 것으로 평가할 수 있을 것이다.

(2) 법리적 측면

항소심은 제1심에서 독직폭행의 고의가 인정되고 정당행위나 위전착으로서 위법성조각은 인정되지 않았던 것과 달리 독직폭행의 미필적 고의가 부정된다고 설시하고 있다는 특징이 있다. 구성요건심사단계에서 고의가 부정되었기 때문에 정당행위여부나 위전착 해당여부는 별도로 검토하고 있지 않은 듯 보인다. 다만, 오상정당행위와 관련하여 피고인은 휴대전화 조작을 통해 위 압수대상과 같은 전자정보가 삭제될 수도 있다는 고려에서 이를 제지하여야만 압수수색의 목적을 달성할 수 있다고 생각하여 저지른 (오상에서 비롯된) "피고인의 위와 같은 행동이 적절하였다고 볼 수는 없다"고 판시하고 있는 것으로 미루어 짐작컨대 항소심 역시 원심처럼 오인에 정당한 이유는 인정되지 않는다고 판단하고 있는 것으로 보인다.

그렇다면 검사의 독직폭행사건[항소심]은 위전착과 관련해 오인에 정당한 이유가 없는 경우라도 반드시 고의범이 성립하는 것은 아니고, (미필적) 고의가 부인될 수 있다는 가능성 내지 법리를 제시해주는 것으로 해석할 수 있다. 명료한 이해를 위해 학설과 비교해 보면 유추적용설과 법효과제한적 책임설 등의 제한적 책임설이 위전착의 법적 효과로서 불법고의나 책임고의가 조각되는 것으로59) 이론구성하는 것과 달리 구성요건고의가 부정된다는 점에서 차이가 있기는 하지만 결과적으로 과실범 내지 무죄가 인정되어 피고인에게 유리한 결과를 가져온다는 점에서 공통적이다. 검사의 독직폭행사건[항소심]의 취지에 따르면 동 사안은 오인에 정당한 이유가 인정되지 않아서 위법성조각의 효과를 부여하기 힘든 사안으로 분류될 수 있을 것이다. 이러한 사례군에 대해 제한적 책임설로 분류되는 학설들은 사실의 착오규정을 유추적용하거나[유추적용설], 구성요건고의는 인정하되 책임고의를 부정하여[법효과제한적 책임설] 과실범으로 취급하는 이론구성을 제시하지만, 대법원 판결에 의하면 검사의 독직폭행사건[1심]의 경우처럼 결국 고의범으로 처벌될 가능성이 열려 있어 피고인에게 불리한 법리로 평가받을 수밖에 없다. 하지만 검사의 독직폭행사건[항소심]은 대법원 판결이 지닌 이와 같은 한계를 사실심리를 통해 구성요건고의의 존재를 부정함으로

---

59) 이 점에 대한 도해식 설명으로는 이주원, 형법총론(박영사, 2022), 249면. 제한책임설 중 유추적용설을 '불법고의탈락설'이라고 명명할 수 있다는 견해로는 허일태, 앞의 논문, 582면.

써 부분적으로 극복할 수 있는 가능성을 제시해 주는 것으로 보인다. '부분적으로'라고 한 것은 미필적 고의의 인정여부는 위 판결이 판시한 바대로 객관적·합리적으로 판단되어야 하기 때문에 구체적 사실관계에 따라서 고의가 인정될 수도 있기 때문이다.

검사의 독직폭행사건[항소심]은 학설의 기본입장에 대해서도 시사하는 바가 크다. 왜냐하면 관련 학설들은 대부분 위전착 사례에서 구성요건고의는 존재한다고 보기 때문이다.[60] 엄격책임설이든 제한책임설이든 소극적구성요건표지이론이든 마찬가지이다. 그럼에도 불구하고 유추적용제한책임설이나 소극적구성요건표지이론에서 고의조각의 효과를 부여한다는 것은 '불법고의(Unrechtsvorsatz)'를 조각한다는 의미이다.[61] 위전착에 빠진 행위자에게 주관적 정당화요소로서 정당화사정에 대한 인식[소위 정당화고의(Rechtfertigungsvorsatz)]이 있기 때문에 위법성조각사유의 부존재에 대한 인식은 배제되고 따라서 불법고의는 조각된다. 다만 그러한 인식이 잘못된 상황판단, 즉 오인에 의해서 비롯된 것이므로 행위불법의 주요소인 구성요건고의를 완전히 '상쇄'시키지 못하고 '과실'정도의 행위불법이 남는 것으로 평가될 수 있다.[62] 그런데

---

60) Eduard Dreher/안경옥 역, 위법성조각사유의 전제사실에 대한 착오, in: 刑法上의 錯誤 (박영사, 1999), 421-422면; 문채규, "소극적 구성요건표지이론을 위한 변론", 형사법연구 제12권 (1999), 75면 이하; 이창섭, "행위자가 인식한 정당화상황이 실재하지 않는 경우의 형법적 취급", 부산대학교 법학연구 제59권 제1호 (2018), 6면; 양화식, "위법성조각사유의 전제사실의 착오", 성균관법학 제24권 제4호 (2008), 410-411면.

61) '불법고의'란 구성요건의 '존재'와 위법성조각사유(정당화사정)의 '부존재'를 모두 인식하는 것을 내용으로 한다. 김일수·서보학, 앞의 책, 192면; Hans-Ulrich Paeffgen/원혜욱 역, 허용구성요건의 착오, in: 刑法上의 錯誤 (박영사, 1999), 283면; 양화식, 앞의 논문, 410면; 이주원, 앞의 책, 359면. 위전착의 법적 효과로서 불법고의 배제되는 학설(유추적용제한책임설, 소극적구성요건표지이론)과 책임고의가 배제되는 학설(법효과제한책임설)을 각각 범주화해 전자를 'Die Lehre vom Mangel am Vorsatzunrecht'로 후자를 'Die Lehre vom Mangel an der Vorsatzschuld'로 소개하기도 한다. Kindhäuser/Neumann/Paeffgen(Hrsg.), Strafgesetzbuch, Band1 (Nomos, 2010), S. 686 f.

검사의 독직폭행사건[항소심]은 오상정당행위63)에 있어서 구성요건고의가 부정되는 사안도 가능함을 보여주고 있다. 그렇다면 동 판결은 다음과 같은 의의를 지닌다고 평가할 수 있다. 대법원은 지금까지 오인에 정당한 이유가 있는 경우에 한해 위법성이 조각된다는 법리만 강조해 왔지만, 오인에 정당한 이유가 없는 경우라 하더라도 반드시 고의범이 성립하는 것은 아니고 학설의 입장과 달리 판례는 구성요건고의가 부인될 가능성을 열어놓음으로써 피고인에게 과실범 내지 무죄가 인정될 수 있는 여지를 남겨두고 있는 것이다. 검사의 독직폭행사건[항소심]에서 판례는 미필적 고의의 유무를 판단함에 있어서 피고인의 행위가 오상에서 기인한 점을 중요한 요소로 고려하고 있다. 즉, "피고인은 휴대전화 조작을 통해 위 압수대상과 같은 전자정보가 삭제될 수도 있다는 고려에서 이를 제지하여야만 압수수색의 목적을 달성할 수 있다고 생각하여, '이러시면 안 됩니다.'라고 말하며 피해자에게 다가갔[다]. 그렇다면, 최초 위와 같은 행위를 시작할 당시 피고인에게는 '이 사건 압수수색영장의 집행을 위해 이 사건 휴대전화를 확보하겠다'는 의도만이 있었다고 봄이 타당하다."고 설시한다. 즉, 오상에 비롯된 행위이기 때문에 최초의 손을 뻗는 행위당시에 상대방으로부터 긴급하게 핸드폰을 확보할 의도만 있는 것으로 평가되어야 하고 '그로부터 상대방과 몸이 포개지고 넘어져서 어깨를 짓누르게 되고 핸드폰을 확보하는' 일련의 과정이 매우 짧은 시간에 이루어진 점에 비추어 볼 때 "피고인이 '이 사건 압수수색영장의 집행을 위해 이 사건 휴대전화를 확보하겠다'는 의도 하에 행동하던 중 예상과 달리 바닥에 떨어진 것이라면, 바닥에 떨어진 직후 피고인에게 새롭게 '이 사건 휴대전화를 확보하는 과정에

---

62) 신동운, 앞의 책, 288면; 이재상·장영민·강동범, 앞의 책, 239면; 이주원, 앞의 책, 146면; 홍영기, 형법총론(박영사, 2022), 141면.

63) 검사의 독직폭행사건[항소심]도 동 사안이 오상에 기인한 것임을 인정하고 있는 것으로 보인다. "이 사건 직후 이루어진 객관적인 확인절차에 의하면 피해자의 증거인멸시도 등은 없었다고 보이는바, 피고인의 위와 같은 행동이 적절하였다고 볼 수는 없다[밑줄 참조]"고 설시하고 있기 때문이다.

서 피해자의 신체에 유형력을 행사하게 되는 결과의 발생 가능성에 대한 인식 및 그 결과 발생의 위험성을 용인하는 내심의 의사'가 별도로 생겼다고 보는 것은 자연스럽지 않다"는 것이다. 요컨대, 오상에서 비롯된 정당행위지만 독직폭행의 고의를 상쇄하기에 충분하다고 평가할 수 있다는 것이다.

유의할 점은, 판례는 오상에서 비롯된 행위가 언제나 고의를 상쇄한다거나 그 반대라고 일률적으로 판단하고 있지는 않다는 점이다. 검사의 독직폭행사건[항소심]에서 미필적 고의가 부인된 결정적인 이유는 크게 두 가지인데, 첫째는 (오상에서 비롯되었지만) 정당화사정을 인식했다는 점이고 둘째는 "그 과정에서 피고인이 추가적으로 이 사건 공소사실 기재와 같이 손으로 피해자의 팔과 어깨 부위를 잡고 피해자의 몸 위로 올라타고자 하는 행동을 하였음을 인정하기에 충분한 객관적인 증거는 확인되지 않는 점 등에 비추어 볼 때"라고 설시하는바, '폭행을 통해 휴대전화를 확보하려는 의도'가 있다고는 보기 어렵다는 점이다. 즉 "피고인에게 독직폭행의 고의(미필적 고의 포함)가 있었음이 합리적 의심의 여지가 없을 정도로 증명되었다고 보기 어[렵다]"는 것이다. 따라서 증거가 충분했다면 독직폭행의 고의가 인정될 수 있었던 사안으로 볼 수 있다.

3. 소결론

검사의 독직폭행사건[항소심]은 다음과 같은 의의를 지닌다. 첫째, 위전착 사례에서 오인에 정당한 이유가 있으면 위법성조각의 효과를 부여하는 판례의 입장을 더욱 구체화 해준다. 즉 오인에 정당한 이유가 없더라도 반드시 고의범이 성립하는 것은 아니고, 고의 존부에 대한 심리를 거쳐 고의가 부정되어 과실범[64]이나 무죄가 성립할 수도 있다는

---

64) 드물겠지만 위전착은 고의범은 물론 과실범에게서도 성립할 수 있다는 적확한 지적으로는 이용식, "과실범의 위법성조각사유의 전제사실에 관한 착오", 교정연

것이다. 이때 부정되는 것은 불법고의나 책임고의가 아니라 구성요건고의이다. 판례는 분명 구성요건적 사실에 대한 인식과 의욕의 측면을 심리하고 있다. 위법성조각사유의 부존재에 대한 인식여부(불법고의의 구성요소)나 법질서에 반하는 의사결정을 한 심정반가치(책임고의)[65]가 있었는지 여부를 비중있게 고려하거나 심리하고 있지 않다.[66] 이 점은 학설과 다른 부분이다. 둘째, 그렇게 고의부인의 효과를 '부분적으로' 인정할 여지를 남겨둠으로써 판례가 학설과 달리 위법성조각의 효과를 부여함으로써 결과적으로 피고인에게 불리한 법리가 된다는 부담을 덜어낼 수 있게 된다. 제한책임설 등과 완전히 동일한 결론은 아니지만, 판례도 구체적 사안에 따라서는 위전착에 대해 곧바로 고의부인의 효과를 부여함으로써 피고인의 권리보호에 충실한 결과를 제공해 줄 수 있다는 것이다. 결과적으로 검사의 독직폭행사건[항소심]에서 피고인 부장검사는 증거를 확보해야 할 긴급한 상황에서 한 행위가 무죄로 평가되어 정당한 권리행사가 위축되지 않고 있다.

구 제28권 제4호 (2018), 103면 이하.

65) 책임고의의 상세한 구조에 대해서는 천진호, 앞의 책, 211면 참조. '의식적인 구성요건의 실현과 정형적으로 결합된 법적대적이거나 법무관심적인 심정의 표현'이라고 책임고의를 정의하는 견해로는 Eduard Dreher/안경옥 역, 앞의 글, 421면.
66) 구성요건고의, 불법고의, 책임고의 등의 개념구분에 대해서는 윤동호, "구성요건고의와 불법고의 및 책임고의의 의미와 기능", 비교형사법연구 제14권 제2호 (2012), 1면 이하 참조.

V. 오상을 이유로 위법성을 조각하는 법리의
의의와 한계

1. 독일의 판례입장과 비교 시사점: 피고인 권리보호의 관점에서 실천적 의의와 한계

독일의 판례는 위전착을 근본적으로 구성요건착오와 같이 취급해 고의를 배제하고 과실범은 개별 구성요건이 있는 경우에만 고려하는 입장으로서[67] 고의를 배제하는 법적 효과를 부여하는 입장이다.[68] 그런데 위전착을 구성요건착오로 취급함으로써 발생하는 형사정책적 결함, 즉 과실범 처벌규정이 없으면 무죄가 되는 '형사처벌의 흠결'을 특수사례에서 예외적으로 의무합치적 심사의무의 도입으로 보완한 경우가 있다.[69] 예를 들어 판례는 의학적 적응사유로 인한 임신중절행위의

---

67) Justus Krümpelmann/김영환 역, 앞의 책, 41면.

68) 독일연방대법원의 판례가 유추적용제한책임설(eingeschränkte Schuldtheorie) 의 입장이라는 견해로는 Roxin, a. a. O., S. 625; 김성룡, "현행법체계에서 위법성조각사유의 전제조건에 관한 착오의 해석론", 비교형사법연구 제15권 제1호 (2013), 329면. 반면 법효과제한적책임설의 입장이라는 견해로는 홍영기, "위법성조각사유의 전제사실에 관한 착오", 고려법학 제81호(2016), 304면. 한편, 독일연방대법원의 입장은 논리적으로 소극적구성요건표지이론의 토대하에서만 가능하다는 평가도 있다. Eduard Dreher/안경옥 역, 앞의 글, 419면. 예쉑과 바이겐트는 제한책임설을 취한 판례(BGH 3, 105 등)와 법효과제한책임설과 내용적으로 같은 개념인 법효과전환책임설(rechtsfolgenverweiende Schuldtheorie)을 취한 판례(BGH 31, 264)를 구분해 소개하고 있다. Jescheck/Weigend, a. a. O., S. 464. 법효과제한책임설을 과실책임의제설로 소개하며 지지하는 견해로는 박상기·전지연, 형법학 (집현재, 2021), 174-175면. Kindhäuser/Neumann/Paeffgen(Hrsg.), a. a. O., S. 682에서는 유추적용제한책임설이 독일 다수설이며 판례의 입장이라고 한다.

69) Jescheck/Weigend, a. a. O., S. 466 f; Justus Krümpelmann/김영환 역, 앞의 책, 43-44면; Eduard Dreher/안경옥 역, 424면. 이러한 의무합치적 심사의무이론에 대해서는 김재봉, 앞의 논문, 20면 이하 참조

경우 과실범 처벌규정이 없기 때문에(독일형법 제218조) 고의조각의 효과를 회피해 경솔한 낙태를 방지하기 위해 전술한 바와 같이 위법성조각의 요건으로서 의무에 합당한 심사의무를 다할 것을 요구하며, 따라서 만일 이러한 심사를 하지 않았다면 고의가 배제되지 않고 위법하게 (rechtswidrig) 된다.

독일판례의 입장은 위법성인식의 체계적 지위에 관한 고의설의 입장에 대해 종래에 제기된 바 있는 동일한 문제점에 대한 해결방안인 것으로 보인다. 고의설은 고의의 성립에 위법성의 현실적 인식을 요하기 때문에 그러한 위법성인식이 결여된 경우에는 고의가 성립하지 않고 과실범으로만 처벌할 수 있는데, 과실범처벌규정이 없을 경우에는 무죄가 되는 형사정책적 결함이 있다고 평가되기 때문이다.[70] 요컨대, 제한책임설은 피고인에게는 분명 유리한 이론구성이지만, 그것이 지니는 형사정책적 결함이라는 문제점도 독일판례는 일부 특수한 경우에 고려하고 있다는 것이다.[71]

대법원판례는 위전착에 대해 오인에 정당한 이유가 있을 경우 위법성조각의 효과를 부여하고, 정당한 이유가 없으면 고의범 성립여지를 남겨둔다는 점에서 고의조각의 효과를 부여하는 독일판례와 다르고, 따라서 피고인의 권리보호의 측면에 있어서 상대적으로 불리한 입장으로 평가할 수 있다. 그런데 판례는 위전착에 사례에 있어서 정당한 이유가 없을 경우 고의가 인정되면 고의범 성립을 인정하지만, 애당초 고의가 인정되지 않는 경우에는 고의범 성립을 부정하고 있다. 이는 독일의 판례와는 반대의 방향으로 형사정책적 결함을 법리적으로 극복하고 있는 해결방식으로 의미를 부여할 수 있다. 즉, 위전착을 착오론으로 접근하지 않고 위법성론과 사실인정론으로 접근함으로써 발생하는 '피고인 권

---

70) Eduard Dreher/안경옥 역, 앞의 글, 424면. 드레어에 의하면 "고의를 부정하는 모든 이론의 약점은 여기(처벌의 흠결)에 있다"고 한다.

71) 비슷한 맥락에서 경찰관의 적법성 착오에 의한 직무행위를 위전착으로 포섭할 경우 처벌의 흠결이라는 문제가 발생하므로 이 영역에 한해서는 의무합치적 심사이론을 적용하는 것이 바람직하다는 견해로는 김재봉, 앞의 논문, 23면.

리보호의 흠결'72)을 개별 특수한 사례들에서 구성요건고의를 부정함으로써 결과적으로 판례가 스스로 자신의 법리가 안고 있는 문제를 일정 부분 극복해내고 있다는 것이다.73)

그러나 판례의 입장을 위와 같이 선해할 수 있다고 해도 여전히 남아있는 '이론적' 문제가 있다. 그것은 위전착을 착오론이 아니라 위법성론 및 사실인정론으로 접근하는 합당한 근거가 무엇인가라는 의문이다. 위전착이라는 법형상은 착오론으로도 접근가능하지만 위법성조각사유의 존부문제나 고의인정문제로도 접근할 수 있는 양면적 성격을 지닌다. 하나의 법률사안에서 위법성조각사유가 경합할 수 있는 것과 마찬가지로 각기 다른 관점의 형법도그마틱의 적용이 경합 내지 중첩될 수 있다.74) 그런데 사정이 그러하다면 판례는 어떠한 이유에서 일관되게 후자의 문제로만 접근하고 있는 것인지 충분히 납득할 만한 해명이 필요하다. 검사의 독직폭행사건[1심]이 언급하고 있듯이 착오론 학설들이 지니고 있는 이론적 결함만 갖고는 충분한 해명이라고 보기 어렵다. 예컨대, 위법성조각사유의 존부문제로 접근해 정당한 이유가 인정되지 않아서 위법성이 조각되지 않고 고의범이 성립한다고 할 때, 그 고의행위자 역시 착오에 빠진 것은 명백하다. 그럼에도 불구하고 착오와 관련된 도그마틱 적용을 배제하고 위법성조각사유의 존부나 고의의 존부와 같이 오로지 사실인정론만으로 위전착 문제를 해결하고 있는 것은 구체적 타당성을 제고하기 위한 실무의 접근방법인지 모르겠으나 공정하지

---

72) 이와 반대로 고의를 조각하는 독일판례의 입장은 피고인에 대한 '형사처벌의 흠결'을 가져온다.

73) 물론 판례가 이러한 실천적 의미를 '인식'하고 있고 따라서 '의도적으로' 결함을 시정하려는 방책을 강구한 것인지는 불명확하다. 본고에서는 단지 그렇게 '선해'될 수 있음을 전제로 하고 있다.

74) 판례와 마찬가지로 위법성론으로 접근해 오인에 정당한 이유가 없는 것으로 판명된 때에만, 즉 행위에 위법성조각의 효과가 차단된 경우에만 비로소 위전착 사안이 된다는 견해도 있지만(이창섭, 앞의 논문, 2면), 본고에서 묻고 있는 것은 왜 그와 같이 위법성 도그마틱을 '우선'적용하는 것이 정당화될 수 있느냐는 것이다.

못한 해법이다. 다시 말하면 위전착 관련 착오론의 복잡성과 난해성으로 인해 이를 의도적으로 외면하고 있는 듯한 인상을 지우기 힘들다는 것이다.[75] 도그마틱적으로 하나의 법형상에 착오론과 위법성론이 경합하는 경우에 과연 어떻게 처리하는 것이 바람직한 것인지에 대한 법리적 고민과 성찰이 부족해 보인다.[76] 이 문제는 판례의 한계이자 과제로 남아있을 것이다.

2. 도그마틱과 사실인정의 간극에 대한 성찰점 제공

한편 검사의 독직폭행사건[항소심]은 위전착과 관련해 또 하나의 성찰점을 제공해 준다. 일반적으로 고의조각의 효과를 인정하는 제한책임설이나 소극적구성요건표지이론은 구성요건고의는 인정됨을 전제로 한다. 이를 전제로 두 학설에 의하면 위전착에 빠진 행위자에게 일률적으로 고의조각의 효과를 부여한다. 물론 이때의 고의는 불법고의나 책임고의를 지칭하는 것이고, 그 개념상 위전착이 인정되면 일률적으로 조각될 수 있다는 점은 주지의 사실이다.[77] 그런데 이러한 도그마틱적 설명은 구체적인 실제의 사례에 대한 판례의 '고의의 인정방법'이라는 관점에서 보면 다소 '관념적이고 추상적인 설명방식'이 아닌가라는 의구심을 떨쳐버릴 수 없게 만든다. 상기 두 학설은 구성요건고의가 언제나 존재함을 전제로 고의범 성립을 부정하기 위해 불법고의나 책임고의의

---

75) 법효과제한책임설이 상대적으로 단점이 적기는 하지만 복잡한 체계론적 이해가 요구되기 때문에 실무와 유리된 도그마틱이 될 수 있다는 지적으로 홍영기, 앞의 논문, 315면 이하.

76) 관련해 이와 유사한 사례로서 착오론과 과실범론이 경합하는 사안에 대한 해결책을 논하는 글로는 이용식, 앞의 논문(각주 64), 103면 이하 참조.

77) 이러한 고의조각의 효과에 대해 "위법성조각사유의 전제사실에 관한 착오에 관하여 고의조각을 인정하는 사실의 착오설과 고의조각을 부정하는 법률의 착오설의 대립은 본질적으로 「고의의 인식대상으로서 구성요건에 해당하는 사실을 인식하면 충분한가?」 이와 관련된 논의이다."라고 규정하는 견해로는 이용식, 앞의 논문(각주 3), 162면.

조각이라는 법적 효과를 도그마틱적으로 고안해 내지만 검사의 독직폭행사건[항소심]은 위전착 사안이라도 반드시 구성요건고의가 성립하는 것은 아니라는 사실을 일깨워주기 때문이다.[78] 즉 동 판결은 미필적 고의의 개념정의로부터 시작해 구체적 사실관계를 면밀하게 검토하며 폭행의 구성요건고의가 있었는지 여부를 판단하고 있다. 그에 의하면 개별 사안에 따라서 위전착 사안이라도 구성요건고의가 인정되는 경우도, 부정되는 경우도 있음을 알게 된다.[79] 물론 판례의 이러한 접근방법은 결론의 일관성이나 체계논리의 측면에서 학설의 이론구성에는 비할 바가 못 되어 보장적 기능을 중시하는 형사법리로는 적절하다고 보기 어렵겠지만, 구체적 타당성의 측면에서는 오히려 누구나 수긍할 수 있는 판결이라고 보이기 때문에 분명 그 가치와 미덕을 음미해볼 필요가 있을 것이다. 이러한 성찰은 향후 위전착의 처리방법을 강구함에 있어서 특정한 학설의 옳고 그름의 학리논쟁에 치중해 해결하려는 자세[80]를

---

78) 이 점은 전술한 바와 같이 아래의 경찰관 총기발사 사건의 원심에서도 마찬가지로 확인된다. 이처럼 불법고의나 책임고의가 부정되는 위전착 사례에서 구성요건고의는 그와 무관하게 긍정되거나 부정될 수 있다는 사실은 어쩌면 가치중립적이고 자연주의적인 '구성요건의 본질'로부터 필연적인 결과라고 볼 수도 있을 것이다. 가치로부터 완전히 자유롭고 기술적인 구성요건요소의 존재를 긍정하는 벨링(Beling)의 구성요건이론에 대한 소개와 비판으로는 심재우, "構成要件의 本質", 연세대학교 법학연구 제2호 (1982), 61면 이하와 84면 이하 참조.

79) 판례가 위법성조각이 인정되지 않는 단순한 오상방위의 사례에는(경찰관 총기발사 사건의 원심) 고의조각의 효과를 인정하고 있는 것으로 볼 여지가 있다는 견해로는 이용식, 앞의 논문, 161면. 다만, 이 경우에 판례가 일률적으로 이를 사실의 착오로 취급해 고의를 '조각'하는 것이 아니라 구체적으로 고의·과실의 사실인정과정을 통해 고의를 '부정'하는 결론에 이르고 있다고 보는 것이 타당할 것이다. 이 사안의 제1심은 "부득이 권총을 발사하여야 할 경우라도 위와 같은 정도의 가까운 거리에서는 조금만 침착하게 조준하였다면 충분히 대퇴부 이하를 맞힐 수 있다고 인정되므로" 업무상과실치사죄가 성립된다고 판시하고 있는데(창원지방법원 진주지원 2003. 1. 8. 선고 2002고단816 판결), 이는 분명 과실유무에 대한 사실심리의 판단결과이지 사실의 착오로 고의가 조각된 결과가 아니다.

80) 이를 '형법도그마틱의 과잉'이라고 표현하는 견해로는 홍영기, 앞의 논문(각주 42), 38면.

반성적으로 재점검해 입법론적 해결책[81]을 모색해 보는 것이 보다 나은 해법이 아닌가 하는 전망을 품게 하기에 좋은 계기를 제공해 준다고 본다.

3. 맺음말

검사의 독직폭행 사건[1심]은 법원실무가 위전착에 대한 학계의 논의상황에 무지한 것이 아님을 분명히 하고 있음은 물론 스스로의 독자적 법리를 구축하고 있다고 선언하고 있다는 점에서 주목할 필요가 있다.[82] 그렇지만 그러한 독자적 법리가 어떠한 선례와 배경이론에 근거하고 있는지 여전히 명확한 해명이 없고, 형사법리의 특성상 피고인에게 불리해지는 법리라면 학설을 배제하고 구축한 위법성조각설이 지닌 장점이 무엇이고 그 한계는 무엇인가에 대해서도 명백하게 밝힐 필요가 있다고 생각한다. 이에 본고에서는 최대한 판례의 입장을 선해하는 관점에서 위전착에 대한 판례입장을 새롭게 정립해 보고, 그 의의와 한계를 검토해 보고자 하였다.

요컨대, 판례는 위전착을 착오의 문제가 아닌 위법성조각사유 요건의 존부문제로, 고의의 인정문제로 접근하고 있으며, 오인에 정당한 이유가 인정되면 위법성조각의 효과를 부여하고, 정당한 이유가 부정되면 고의의 유무를 심사해서 구성요건고의가 인정될 경우 고의범으로 처벌하고 고의가 부정될 경우 고의범 처벌을 포기함으로써 결과적으로 볼

---

81) 독일내에서의 제 학설의 한계를 지적하면서 입법적 해결책을 제시하고 있는 견해로는 Eduard Dreher/안경옥 역, 앞의 글, 425면. 간단히 말하면 고의로 구성요건을 실현하였으나 위전착에 빠진 행위자를 고의범으로 처벌하지 않으면서, 그 착오를 회피할 수 있었던 경우에는 과실범 처벌규정을 두지 않은 경우에도 과실범으로 처벌하자는 입법안이다.

82) 이러한 이례적인 판시에 대해서 사법연수원의 어느 판사는 그것이 법원의 중론은 아닐 수도 있음을 염두에 둘 필요가 있을 것이라고 조언해 주셨다. 진지한 도움말씀에 감사드린다.

때, 고의조각의 효과를 곧바로 부여하는 학설에 비해 피고인 보호에 불리해지는 위법성조각설이 지닌 형사정책적 결함을 개별 특수한 사례에서 구성요건고의를 부정해 부분적으로 시정하고 있는 입장이라고 의미를 부여할 수 있을 것이다.

하지만, 주관적 정당화요소의 충족으로 위법성을 조각시키는 판례의 독자적 법리는 결과불법과 행위불법을 모두 고려하는 불법도그마틱에 비추어 볼 때 이론적으로 쉽게 납득하기 힘든 취약점이 있는 것으로 보이며,[83] 아울러 위법성조각사유의 전제사실의 착오와 같이 착오론의 접근과 위법성론 및 사실인정론의 접근이 경합 내지 중첩되는 영역에서 착오론적 접근을 배제하는 이유에 대해서 합당한 근거제시가 없다는 점에서도 역시 한계를 지닌다고 사료된다. 어떤 법리가 학설이나 통설적 도그마틱과 크게 유리되어 있는 상황이라면 그에 상응하는 실익이나 정당화 사유가 입증되어야 한다고 볼 때, 현재 위전착과 관련된 판례의 입장은 여전히 비판으로부터 자유로울 수 없을 것이다.[84] 이는 향후 대법원 판례의 태도에 어떠한 변화가 있을지 기대되는 이유이기도 하다.

---

83) [불심검문사건]에서 논급한 것처럼 판례의 입장은 경찰관 등 상대방의 적법한 행위에 대해 오상방위를 한 경우에 행위자에게 정당방위를 인정해 위법성을 조각시키는데, 그 자체로 정당방위 도그마틱에 모순된 결과를 가져올 수 있다는 한계점도 지니고 있다.

84) 판례와 학설의 각각의 입장은 각자의 '인식관심(Erkenntnisinteresse)'과 밀접하게 연관되어 있다고 할 수 있겠으나 "법학이 단순한 공리공론이 아니라 실천과학인 이상, 이 문제에 대한 해법은 형법도그마틱상의 '이론적 일관성' 내지 '체계적 논리성'을 크게 희생시키지 않으면서 아울러 '실천적 타당성'을 갖추어야 한다."는 통찰은 위전착과 관련된 판례의 태도에도 적확한 지적이 되리라고 생각한다. 이 점에 대해서는 양화식, 앞의 논문, 412면 참조.

§4. 위법성조각사유의 전제사실의 착오에 관한 유기천 교수의 견해 연구

Ⅰ. 연구의 배경 및 문제의 제기

그동안 유기천 교수의 형법이론과 사상에 대한 다양한 세부주제가 다루어져 왔으나 형법이론학에서 가장 어렵고 중요한 주제라고 할 수 있는 위법성조각사유의 전제사실의 착오(이하 '위전착')에 관한 유 교수님의 견해는 무엇이었는지에 대한 구명은 아직 없는 형편인 것으로 사료된다. 추측컨대 그러한 연구가 더디거나 없었던 이유는 무엇보다도 유 교수님의 대표저작인 '형법학'에 위전착에 대한 상세한 설명이 없고, 단편적인 설명들이 산재해 있어 통합적인 이해를 어렵게 만들며, 또한 이후 강구진 교수와의 공저인 '형법 케이스의 연구(이하 '연구')'에서는 위전착[1])에 대해 '형법학'에서의 입장과는 다른 견해를 취하고 있어 유기천 교수의 견해에 대한 명확한 이해가 상당히 어렵기 때문일 것이다. 게다가 '전기'저작이라고 볼 수 있는 '형법학'에서 당대는 물론 현재 우리나라 학계의 지배적 관점에서 볼 때에도 상당히 독자적인 견해라고 볼 수 있는 '형법 제21조 제3항 적용설'을 취하고 있어서 이를 어떻게 해석하고 이론적으로 해명할 수 있을 것인지에 대한 해답이 난망해 보

---

1) '형법학'에서는 '위법성조각사유에 대한 착오'라고 명명하고 있는데 반해 '형법 케이스의 연구'에서는 '위법성조각사유의 내용인 사실에 관한 착오'라고 명명하고 있음에 유의할 필요가 있다. 유기천, 개정 형법학[총론강의] (일조각, 1980), 185면과 237면; 유기천/강구진, 형법 케이스의 연구 (법문사, 2015, 1973년 초판 발행), 59면.

이기 때문이라고 볼 수 있을 것이다.

간단히 일별하면 '형법학'에서는 오상방위를 '사실의 착오'로 보는 견해를 취하면서도 그 법적 효과에 대해서는 '고의조각'이 아닌 제21조 제3항을 적용해 '완전한 면책'의 효과를 부여하는 입장을 취하고 있다는 점에서 상당히 이색적인 견해로 보이고, 그런데 '후기' 저작이라고 말할 수 있는 '연구'에서는 오상방위의 형법적 취급방식에 대해 '형법학'에서와 달리 이를 법률의 착오로 보는 '금지착오설'을 명시적으로 지지하고 있어서 과연 '금지착오설'이 유기천 교수의 변경된 견해인지, 만일 그렇다면 왜 견해를 변경한 것인지 명확히 확인할 길이 없다는 점이 연구에 어려움을 가중시키고 있는 것이다.

이에 본고에서는 가급적 문헌을 통해 객관적으로 확인할 수 있는 사실들을 토대로 다음과 같은 문제의식과 전제 하에 유기천 교수의 견해를 재구성해 보고자 한다.

첫째, 왜 유 교수님은 전기 저작인 '형법학'에서 형법 제21조 제3항을 오상방위에 관한 규정으로 보아야 한다는 입장을 취한 것일까?

둘째, 오상방위와 관련된 '연구'의 입장은 비록 공저이기는 하지만 유기천 교수의 견해라기보다는 강구진 교수의 견해인 것으로 전제하기로 한다. 그 이유에 대해서는 상세히 후술하기로 한다.

논의의 전반적인 구도는 다음과 같다. 우선 첫째 질문과 관련해 유 교수님이 오상방위를 제21조 제3항을 적용해 해결하고자 하는 취지는 커먼로상의 주관적 심사기준 법리(subjective test rule)를 수용한 것이라는 가정에 입각해서만 정합적으로 이해될 수 있다는 점을 입론할 것이다. 즉, 사실의 착오와 관련해 그러한 믿음이 진정하다면 행위자가 믿은 바대로 법적 효과를 발생시키는 것이 커먼로상의 주관적 심사기준 법리의 입장인바, 제21조 제3항은 바로 이와 같은 맥락에서 행위자가 야간이나 그 밖의 불안한 상태에서 공포를 느끼거나 경악하거나 흥분하거나 당황하여 주관적으로 정당방위의 요건에 오인이 있었다면 그에게 완전한 면책의 효과를 인정하는 것으로 이해할 수 있다는 것이 유기천 교수의 생각인 것이다. 다시 말해 여기서 '야간 기타 불안한 상태'는 통설의 해석론처럼 단지 적법행위의 기대가능성이 불가능한 상태를 지칭하는 것이 아니라 '사실의 착오'가 발생하는 전형적인 상황을 '예시'하고 있는 것으로 해석할 수 있다는 것이다. 행위자가 실제로는 존재하지 않는 정당화사정(justifying circumstance)이 있다고 믿었더라면 정당방위의 효과를 인정해 무죄의 항변을 인정하는 것이 커먼로의 주관적 심사기준 법리의 입장이며 이러한 관점에서 해석해야만 유기천 교수의 견해에 대한 정합적 이해가 가능해진다는 점을 입론해 보고자 한다.

II. 오상방위에 대한 유기천 교수의 입장의 법리적 재구성

1. 견해 재구성의 전거 및 '형법학'과 '연구'의 모순점에 대한 구명

오상방위 등 위법성조각사유의 전제사실의 착오에 대한 유기천 교수의 생각을 엿볼 수 있는 개소는 그리 많지는 않지만 그의 저서에 있는 다음과 같은 내용들을 토대로 다음과 같이 재구성해 볼 수 있다.

(1) 형법학의 입장[2]

"긴박 부정한 침해가 없는 데도 불구하고 이것이 있는 것이라고 오인하여 방위행위를 한 때에는, 이를 오상방위(또는 착각방위)라고 부른다. 이는 정당방위의 요건 중 제1요건[3]을 객관적으로 결여하였지만, 방위자의 주관으로 이를 있다고 믿고 방위한 때를 말한다."

---

2) 유기천, 앞의 책, 185-186면과 191면.
3) 여기서 제1요건은 '현재의 부당한 침해'를 지칭한다.

“이는 위법성조각사유에 대한 착오가 있는 경우에 해당하고, 이런 때에 이를 구성요건적 사실에 관한 착오라고 볼 것이냐 혹은 위법성의 착오라고 볼 것이냐에 관하여 책임설은 위법성의 착오라고 주장하나, 독일연방재판소는 전술한 소극적 행위정황론과 동일한 결론을 내렸다.”

“형법 제21조 제3항은 제2항의 경우에 국한하는 것같이 규정하였으나, 이론상 제1요건을 결한 때가 원칙적으로 오상방위의 경우이고 역시 독법과 동일한 입장을 입법화한 것이라고 봄이 타당하다.”4)

요컨대, 법문상으로는 제21조 제3항은 제2항(과잉방위)의 경우에 국한하는 것같이 규정하였으나, 동 조항은 방어행위의 상당성에 오인이 있는 경우만을 규율하는 것이 아니라 원칙적으로 제1요건(현재의 부당한 침해)을 결한 때가 오상방위의 경우이므로 행위자가 실재하지 않는 정당화사정을 존재한다고 오인해 방위행위를 한 경우에도 제21조 제3항이 적용되어야 한다는 것이다. 다시 말해 제21조 제3항은 정당방위의 요건에 대해 일체의 착오가 있는 경우를 규율하는 ‘넓은 의미의’ 오상방위 규정이라는 것이다. 제21조 제3항을 오상방위 규정이라고 보는 것은 현재의 관점에서는 상당히 낯선 해석론인데, 유기천 교수는 긴급피난의 과잉피난 및 면책적 과잉피난 조문에 대해서도 역시 일관된 입장을 견지하며 다음과 같이 말한다.

“제22조 제2항과 제3항은 정당방위에 있어서의 과잉방위, 착각방위(또는

---

4) 1960년에 나온 ‘형법학’ 초판에는 동 개소가 등장하지 않는다. 그러나 면책적 긴급피난에 대한 설명은 1980년의 개정판과 동일한 것으로 미루어 초판의 입장은 이후 개정판으로 그대로 유지되고 있다고 보는 것이 정합적인 해석론이라고 생각된다. 유기천, 형법학 (박영사, 1960), 201-202면. 아울러 1971년에 나온 ‘형법학’ 개정판 초판에는 “독법과 동일한 입장을 입법화한 것이라고 봄이 타당하다”는 문구가 등장하지 않는다. 형법 제21조 제3항이 독일법과 동일한 입장(소극적 행위정황론과 동일한 결론)을 입법화한 것이라는 견해는 후일 개정판에서 추록된 것임에 유의할 필요가 있다. 유기천, 개정 형법학 (박영사, 1971), 174면 참조

오상방위)와 아주 동일하다. 즉, 제3의 요건이 결여한 때를 과잉피난이라고 하여 규정하였고, 제1의 요건이 없었음에도 불구하고 있다고 믿고 행동한 경우에 착각피난(또는 오상피난)이라고 하여, 제22조 제3항이 규정한 것이다.”

상기 개소들을 종합적으로 해석하자면 유기천 교수의 관점에서는 제21조 제3항과 제22조 제3항 모두 제3요건, 즉 상당성에 오인이 있는 경우뿐만 아니라 제1요건, 즉 현재의 부당한 침해라는 정당화사정이 결여되었음에도 불구하고 있다고 믿고 행동한 경우까지 포함해 규율하는 넓은 의미의 오상방위 및 오상피난 규정으로 해석된다는 것이다.

이와 함께 위법성조각사유의 전제사실의 착오에 관한 유기천 교수의 주요 생각은 다음과 같은 명제로 제시되어 있다.[5]

“현행형법 제16조에 관한 견해를 종합해 보면 다음과 같다. (i) 형벌법규의 착오는 구체적인 조문의 착오를 의미하는 것이 아니라 위법성의 착오를 의미하고, 여기에 대한 오인에 정당한 이유가 있을 때에는 고의범의 성립을 조각한다. (ii) 과실에 의하여 위법성의 인식을 못하였을 때에는 책임은 조각되지 않고, 고의범으로서 처벌을 받을 뿐이다. (iii) 위법성조각사유에 대한 착오는 고의범의 성립이 조각된다.”

상기 개소들 중 유기천 교수는 (iii)에서 위전착은 정당한 이유의 유무와 관계없이“고의범의 성립이 조각된다”고 밝힘으로써 법률의 착오가 아닌 ‘사실의 착오’로 보고 있음을 명확히 하고 있다. 다만 여기서 상기 개소들을 해석할 때 유의할 점이 있다. 우선 형법 제16조의 해석과 관련해서 그 법적 효과로서 정당한 이유가 있을 때에는 “고의범의 성립을 조각한다”고 설명하고 그와 함께 위법성조각사유에 대한 착오는 정당한 이유를 묻지 않고 “고의범의 성립이 조각된다”고 설명하고 있어서 “고의범의 성립이 조각된다”는 법적 효과가 무엇을 의미하는지 분명히 밝힐 필요가 있을 것이다. 우선 분명한 점은 전자의 경우 “고의

---

5) 유기천, 앞의 책, 237면.

범의 성립이 조각된다”는 뜻은 형법 제16조의 법적 효과인 “벌하지 아니한다”는 뜻임은 명백하다. 그런데 어째서 유기천 교수는 이와 달리 과실범의 존부문제를 남겨둘 여지가 있는 “고의범의 성립이 조각된다”는 표현을 사용하고 있는 것일까? 이를 이해하기 위해서는 형법 제16조의 이론적 토대로 유기천 교수가 일관되게 제시하고 있는 가능성설에 대한 이해가 필요하다.

가능성설은 위법성의 인식의 가능성이 없을 때에는 ‘비난가능성이 없어’ 고의의 책임이 완전히 조각된다고 보는 학설로서, 이때 고의범 성립이 부정된다고 해서 과실범의 존부문제로 귀결되지 않는다. 다시 말해 위법성인식필요설이나 법과실준고의설의 경우 고의책임이 부정될 경우, 과실범 성립여부를 검토할 여지가 남게 되지만, 가능성설은 그리할 여지가 없다는 의미이다.[6]

그렇다면, 후자의 법적 효과, 즉 위법성조각사유에 대한 착오도 동일한 표현으로 “고의범의 성립이 조각된다”고 하고 있으므로 이 역시 “벌하지 아니한다(책임조각)”의 효과를 의도하고 있다고 해석하는 것은 별 무리가 없다고 생각된다.

(2) ‘연구’의 입장

강구진 교수님과의 공저인 ‘연구’에서는 오상방위와 관련해 다음과 같은 개소들을 확인할 수 있다.

> “다시 오상방위의 문제를 생각해 보건대, 이를 좀 더 자세히 논하면 사실의 착오라는 설과 구성요건적 착오라는 설 및 금지의 착오라는 설이 있는데, 사실의 착오설과 구성요건적 착오설은 그 주장근거가 상이하므로 별개로 고찰할 필요가 있게 된다.”

> “(1) 사실의 착오설 - 오상방위란 정당방위의 전제조건인 현재이 부당한 침

---

6) 이 점에 대해서 김종원, “위법의식가능성설과 책임설”, Fides(서울법대) 제12권 제3호(1966), 30면.

해라는 사실이 없는데도 불구하고 그것이 있다고 오인한 경우이므로, 이는 어디까지나 사실의 착오이지 법률의 착오는 아니라고 한다. 따라서 이 때는 사실의 착오로 인하여 고의가 조각되므로 고의범은 성립되지 않으며, 만일 오상방위를 한 자가 그렇게 오인한 데 있어서 과실이 있으면 과실범이 성립한다고 한다.”[7]

“(2) 구성요건적 착오설 - 이 견해는 소극적 행위정황론(Lehre von dem negativen Tatumständen)자들(Frank, Merkel)의 주장이다. 이 견해에 의하면 위법성이란 단순히 부정적·소극적 개념에 불과한 것으로, 바꾸어 말하면 위법성조각사유가 없는 것을 의미한다. 그리고 위법성조각사유(행위정당화사유)를 소극적 구성요건요소 내지 소극적 행위정황이라고 이해하고, 그 존재는 구성요건해당성을 조각하므로, 예컨대 착오로 정당방위를 행한 경우에 구성요건고의를 조각한다고 한다.”[8]

“(3) 금지착오설 - 오상방위란 위법성조각사유가 없음에도 불구하고 착오에 의하여 이것이 있다고 오신한 경우이므로 객관적으로 위법성조각사유가 없는 한 그 행위는 위법임을 면치 못하고, 그 착오는 객관적으로 행위가

---

7) 유기천/강구진, 앞의 책, 46면. 사실의 착오설에 대한 반론으로서 “오상방위로 사람을 살해한 경우에 이것이 정당방위의 전제조건인 ‘현재의 부당한 침해’라는 사실에 관한 착오인 점은 틀림없으나, 이것은 살인죄의 구성요건인 ‘사람의 살해’라는 사실에 관한 착오가 아니며(이 때 사람을 살해한다는 의사가 있다는 것은 부인할 수 없다), 따라서 구성요건적 착오가 아니다.”라는 비판을 제시한다.
8) 유기천/강구진, 앞의 책, 47면. 구성요건적 착오설에 대한 반론으로서 “이 견해는 구성요건해당성과 위법성을 혼동한 것으로 타당하지 못한 것이다. 왜냐하면, 구성요건이란 금지의 소재 - 예컨대, 사람의 살해, 타인의 재물의 절취 등 - 을 말함, 구성요건에 해당한다는 것은 그 행위가 이러한 금지의 소재를 실현함을 말하는 것이고, 이에 대하여 위법성이란 구성요건의 실현과 객관적인 법질서와의 모순·부조화를 의미한다. 따라서 위법성조각사유는 금지─이 소재의 실현(예컨대, 사람의 피살) 자체를 배제하는 것이 아니라 그 소재의 피금지성(예컨대, 사람의 살해가 금지되어 있다는 것)만을 배제하는 것이다. 이와 같이 위법성조각사유는 구성요건해당성을 조각하는 것이 아니므로 그것을 소극적 구성요건요소로 파악하여 그에 관한 착오를 구성요건적 착오라고 주장하는 것은 타당하지 못한 것이다.”라는 비판을 제시한다.

위법임에도 불구하고 허용되는 것으로 오인한 금지의 착오인 것이다. 따라서 그 오인에 정당한 이유가 있으면 책임이 조각되고(형법 16조), 그것에 정당한 이유가 없으면 위법성을 인식할 수 있었을 정도에 따라 책임이 감경된다. 이상에서 논한 바에 의하여 금지착오설이 타당한 견해임을 알 수 있다.'[9]

상기 소개한 '연구'의 개소들을 종합적으로 검토해 보면, 사실의 착오설과 구성요건적 착오설은 모두 이론적 결함이 있으므로 금지착오설이 타당하다는 점을 분명하게 밝히고 있으며, 형법 제16조의 해석과 관련해서도 책임설의 입장을 지지하고 있음이 선명하게 드러나고 있다.[10]

---

9) 유기천/강구진, 앞의 책, 48면.

10) 2010년대 이후 위법성조각사유의 전제사실의 착오와 관련된 연구로는 강철하, "위법성조각사유의 전제사실에 관한 착오", 동아법학 제52호(2011); "김종구, "미국 형법상 위법성조각사유의 전제사실의 착오", 형사법연구 제25권 제3호(2013); 김성룡, "현행법체계에서 위법성 조각사유의 전제조건에 관한 착오의 해석론", 비교형사법연구 제15권 제1호(2013); 임상규, "착오적 경찰작용에 대한 저항행위와 그 허용한계", 성균관법학 제27권 제2호(2015); 윤상민, "위법성조각사유의 전제사실의 착오'의 해결과 관련한 학설과 판례의 경향", 조선대 법학논총 제22권 제3호(2015); 안성조, "법학에서 학설대립은 경쟁하는 밈들간 대립인가?" 연세대 법학연구 제25권 제1호(2015); 홍영기, "위법성조각사유의 전제사실에 관한 착오", 고려법학 제81호(2016); 정승환, "독일의 형법 및 형법학과 한국의 형법이론", 형사법연구 제28권 제4호(2016); 송시섭, "책임고의의 인식대상과 정당화상황에 대한 착오", 동아법학 제75호(2017); 이창섭, "행위자가 인식한 정당화상황이 실재하지 않는 경우의 형법적 취급", 부산대학교 법학연구 제59권 제1호(2018); 하태인, "판례분석을 통한 오상방위의 해석" 형사법연구 제31권 제4호(2019); 하민경, "위법성조각사유의 전제사실에 대한 착오", 형사법의 신동향 통권 제68호(2020); 김정환, "적법한 공무집행에 대해 오인한 저항행위에 있어서 오상방위 적용의 전제로서 정당방위상황의 판단기준", 인권과 정의 제500호(2021); 김재봉, "경찰관의 적법성 착오에 의한 직무행위와 정당화 여부", 경찰법연구 제20권 제2호(2022); 안성조, "위법성조각사유의 전제사실의 착오에 대한 대법원 판례의 재검토", 형사정책 제34권 제4호 (2023); 홍영기, "2023년 형사법분야 대법원 주요판례와 평석" 안암법학 제68호(2024) 등이 있으며, 금지착오설을 취하고 있는 대표적인 입장으로는 오영근, 형법총론(박영사, 2021), 305면; 김

(3) 소결론 : '형법학'과 '연구'의 모순과 그에 대한 본고의 입장

두 저작을 통해 재구성해 본 상기 입장들 간에는 명백한 모순이 있다. '형법학'은 '사실의 착오설'과 '제21조 제3항 적용설'을 취하고 있는 반면에 '연구'는 금지착오설을 취하고 있기 때문이다. 그렇다면 양자의 부조화는 어떻게 이해하는 것이 타당한 것일까?

생각건대, 결론적으로 '연구'의 입장은 유기천 교수의 입장이 아닌 강구진 교수의 견해로 보는 것이 타당하다고 생각된다. 그 이유는 다음과 같다.

첫째, '형법학'은 1960년 초판부터 1980년대에 이르기까지 기존의 입장을 일관되게 견지하고 있어서 1973년 출간된 '연구'의 입장이 이와 다르다는 사실은 오상방위와 관련된 '연구'의 입장은 유기천 교수의 견해가 아니라 공저자인 강구진 교수의 입장인 것으로 보는 것이 타당하다고 생각된다.

둘째, 만일 유기천 교수가 금지착오설로 견해를 변경한 것으로 가정해 보더라도 또 다른 난점에 직면하게 되는데, 유기천 교수는 형법 제16조의 배경이론과 관련해 국내외를 막론하고[11] 자신의 모든 저작을 통해 '가능성설'을 일관되게 입론하고 있으므로 '책임설'에 입각해 형법 제16조를 해석하고 있는 '연구'의 입장은 유기천 교수 자신의 입장으로 보기에 무리가 있다고 사료되기 때문이다.

요컨대, 오상방위에 대한 유기천 교수의 입장은 '사실의 착오설'을 취하면서도 그 법적 효과에 있어서는 '제21조 제3항'을 적용해 완전한 면책의 효과를 부여하려는 것으로 보는 것이 타당하다고 생각되며, 이를 전제로 본고의 논의를 전개하기로 한다.

성돈, 형법총론(성균관대학교출판부, 2021), 422면; 정승환, 형법학 입문(박영사, 2024), 259-260면.

11) 예컨대, 외국에서 출간된 저작으로 형법 제16조가 가능성설에 입각해 있다고 밝히고 있는 문헌으로 Paul K. Ryu/Helen Silving, Comment on Error Juris, *24 American Journal of Comparative Law 689* (1976), at 692.

2. 논의의 전제12)

전술한 바대로 오상방위에 대한 유기천 교수의 입장을 적절히 구명해 내기 위해서는 다음과 같은 가정 및 전제가 필요하다고 생각된다.

첫째, 형법 제21조 제3항의 적용을 주장한 견해를 기존의 정당방위 도그마틱 내지 법리와 모순없이 정합적으로 해석해 내기 위해서는 오상방위와 관련해 유기천 교수는 당대의 독일이나 일본의 학설이나 국내의 학설들을 그대로 답습하지 않고 독자적인 해결책을 생각하고 있었던 것으로 보는 것이 타당하다. 다소 과감해 보이겠지만 이러한 가정 및 전제가 없이는 유기천 교수의 견해를 일정한 이론적 틀 내에서 모순없이 설명하기 어려워 보이기 때문이다.13)

둘째, 그 독자적인 이론적 해결책이란 독일법학이 제시하고 있던 諸學說이 아니라 그가 학부 재학시절과 미국유학시절에 접했을 것으로 추정되는 영미의 오상방위법리를 말한다. 유기천은 동경대 영법과(英法科)14)를 1943년에 졸업했고 1950년대에 미국의 하버드와 예일 등에서

---

12) 아래의 전제들은 일정한 가정에 기초해 있다는 점에서 '가정된 전제'라고도 말할 수 있을 것이다.

13) 물론 본고는 다른 대안적 해결책이 존재할 가능성을 배제하지 않으며 이에 대해서는 향후 더 많은 논의의 장이 펼쳐지기를 기대한다. 유기천 교수가 예를 들어 형법 제16조(법률의 착오)와 관련해서는 자신의 입장을 명확하게 밝히고 있는 것과 다르게 위전착에 대해서는 포괄적인 설명을 제시하지 않고 있기 때문에 여러 저작에 담긴 사고의 편린들을 정합적으로 재구성하는 과정을 통해 역으로 전체 형상을 탐구해 나아갈 수밖에 없으며, 그것이 바로 본 연구의 의의이자 한계이기도 할 것이다.

14) 동경제대 영법과에 대해서는 김종구, 한국 형사법의 역사 속 영미법 (마인드탭, 2016), 47면 참조. "이 무렵 동경대학은 법학사 학위를 취득하기 위해서 영국법, 프랑스법 또는 독일법 코스를 이수하고, 필요한 일본법과목도 이수하도록 했다. 외국법을 필수로 공부해야 하는 이러한 시스템은 1887년부터 시작되었다. 이때 동경대 법대는 4개과로 재편되었는데, '영법과', '프랑스법과', '독일법과' 및 '정치학과'가 그것이다. 이 당시는 법학공부가 사실상 서유럽법의 공부를 의미하는 시기였다."

영미법을 공부할 기회를 얻었으며, 예일대학에서 법학박사학위를 받기도 하였으므로 영미형법의 법리, 특히 오상방위법리에 대해서도 상당한 이해가 있었다고 보는 것은 무리가 아니라고 생각한다.[15]

셋째, 그럼에도 불구하고 영미법의 법리를 직접 소개하거나 주장하지 않고 제21조 제3항 (유추)적용설을 주장한 것은 우리나라의 현행법이 대륙법계시스템을 채택하고 있고, 후술하듯 영미법의 오상방위 법리는 대륙법계의 그것과 일정한 차이가 있으며따라서 당대에 통용되던 기존의 법리와 다른 커먼로의 정당방위 법리나 착오법리가 누구나 충분히 이해될 수 있도록 설득력 있게 설명되고 그것이 현행법의 법리와 모순없이 양립할 수 있다는 사실이 논증되지 않고서는 현행법하에서 법리적으로 이해되기 힘든 관계로 이를 별도의 학설의 형태로 제시하기보다는 간명하게 관련된 법조문의 유추적용을 주장함으로써 오상방위에 대한 핵심적인 생각 - 영미법적 처리방식 - 을 드러낸 것으로 의미를 부여할 수 있을 것이다.[16]

본고는 이러한 전제 하에 유기천 교수의 주장이 어떻게 내적으로는 정합성 있게, 외적으로는 현행법의 태도와 조화롭게 해석될 수 있는지 논증해 보고자 한다.

---

15) 유기천 교수의 미국유학과 그 학문적 영향에 대해서는 오병두, "유기천의 생애와 형법학 - '과학적 형법관'의 이해를 위한 시론 -" 형사법연구 제31권 제3호 (2019), 7-11면. 유기천의 형법학에 대한 영미형법의 영향에 관한 포괄적인 연구로는 김종구, "유기천 교수의 형법학에 수용된 영미법 이론", 형사법의 신동향 제48호 (2015) 참조.

16) 예컨대, 커먼로에서는 정당방위가 인정되기 위해서 '정당화사정(justifying circumstance)'이 반드시 존재해야만 하는 것이 아니라 그에 대한 '진정한(genuine)' 믿음 또는 '합리적(reasonable)' 믿음이 있으면 족한데, 이러한 법리는 현행법의 정당방위 도그마틱과 조화롭게 설명하기 어려운 점이 있다. 다만, 이렇게 가정하더라도 어째서 유기천 교수는 영미법의 (사실의) 착오법리나 정당방위법리를 적극적으로 소개하고 이를 설명해 보려는 시도를 하지 않았는지에 대해서는 여전히 의문이 남는다.

3. 면책적 정당방위조항을 '오상방위'에 적용한다는 견해의 취지

(1) 제21조 제3항의 해석론

현행법상 정당방위 조문은 다음과 같이 구성되어 있다.

> 제21조(정당방위) ① 현재의 부당한 침해로부터 자기 또는 타인의 법익(法益)을 방위하기 위하여 한 행위는 상당한 이유가 있는 경우에는 벌하지 아니한다.
> ② 방위행위가 그 정도를 초과한 경우에는 정황(情況)에 따라 그 형을 감경하거나 면제할 수 있다.
> ③ 제2항의 경우에 야간이나 그 밖의 불안한 상태에서 공포를 느끼거나 경악(驚愕)하거나 흥분하거나 당황하였기 때문에 그 행위를 하였을 때에는 벌하지 아니한다.

주지하다시피, 오늘날 지배적 학설은 정당방위를 위법성조각사유로 이해하고 있고, 다만 과잉방위(제2항)는 책임이 감경되어 임의적으로 형이 감면될 수 있으며, 이른바 면책적 과잉방위에 해당하는 야간 등 과잉방위(제3항)는 적법행위의 기대가 불가능해 책임이 완전히 조각되어서 범죄가 불성립하게 된다. 그리고 야간 등 과잉방위 조항은 야간이나 그 밖의 불안한 상태에서 공포를 느끼거나 경악하거나 흥분을 해 과잉방위로 나아간 경우를 상정한 것이기 때문에 이는 정당방위사정이 실제로 존재함을 전제로 다만 그 허용된 방어의 정도에 착오가 있는 경우라는 점에서 일반적으로 오상방위가 성립되는 전제조건과는 다르다고 해석된다.[17]

그럼에도 불구하고 유기천 교수는 다음과 같이 말한다.

---

17) 신동운, 형법총론 (법문사, 2014), 289면; 이상돈, 형법강론(박영사, 2023), 146-147면; 이주원, 형법총론(박영사, 2022), 159면.

"형법 제21조 제3항은 제2항의 경우에 국한하는 것같이 규정하였으나, 이론상 제1요건을 결한 때가 원칙적으로 오상방위의 경우이고 역시 獨法과 동일한 입장을 입법화한 것이라고 봄이 타당하다."

요컨대, 제21조 제3항은 제2항(과잉방위)의 경우에 국한하는 것같이 규정하였으나 원칙적으로 제1요건(현재의 부당한 침해)을 결한 때가 오상방위이고, 제21조 제3항은 바로 이러한 사례를 해결하기 위해 독일법과 동일한 입장을 입법화한 것이므로 행위자가 실재하지 않는 정당화사정을 존재한다고 오인하고 방위행위를 한 경우에는 제21조 제3항이 적용되어야 한다는 것이다. 다시 말해 제21조 제3항은 그 법문의 태도와 달리 과잉방위뿐만 아니라 '전형적' 오상방위까지 규율하기 위한 규정이라는 것이다. 제21조 제3항을 오상방위 규정이라고 보는 것은 현재의 관점에서는 퍽 낯선 해석론인데, 유기천 교수는 긴급피난에 있어 과잉피난 및 면책적 과잉피난 조문에 대해서도 역시 일관된 입장을 견지하고 있음은 전술한 바와 같다. 즉 유기천 교수의 관점에서는 제21조 제3항이나 제22조 제3항 모두 제1요건, 즉 정당화사정이 결여되었음에도 불구하고 있다고 믿고 행동한 경우를 규율하는 오상방위와 오상피난 규정으로 이해되고 있는 것이다.

이러한 견해는 현재의 통설과는 사뭇 다른 해석론인데, 이에 대한 적절한 이해를 위해서는 오상방위의 개념범위에 대한 다음과 같은 설명을 검토해 보는 것이 도움이 될 것이다.

"광의의 오상방위에는 두 개의 유형이 있다. 하나는 현재의 부당한 침해가 없는 데도 그것이 있다고 오신하고 방위행위를 한 경우이며, 다른 하나는 현재의 부당한 침해에 대하여 상당한 방위행위를 하려고 했는데 잘못하여 상당성의 범위를 초과해서 방위행위를 한 경우이다. 전자가 전형적인 오상방위이고, 후자는 준오상방위라고 부를 수 있을 것이다. 후자도 정당방위의 요건의 존재를 오인했다는 점에서는 전자나 다름이 없고, 따라서 오상방위로 취급되어야 할 것이다. 이것을 객관적으로는 방위의 정도를 초과했다고 해서 과잉방위로 다루자는 논의도 있다는 것은 후술하겠다."18)

"오상과잉방위를 포함하여 그와 유사한 사례를 유형화해보면 다음과 같다. 1) 현재의 부당한 침해에 대해서는 아무런 오인없이 방위행위의 상당성을 초월한 경우인데, 이것이 '전형적인 과잉방위'이다. 물론 행위자가 방위행위의 과잉성을 인식한 경우이다. 2) 현재의 부당한 침해의 존재를 오인하여 그 침해가 있었다고 가정할 때 할 수 있었던 객관적으로 상당한 범위내에서의 방위행위를 한 경우이다. 이것이 '전형적인 오상방위'이다. 3) 현재의 부당한 침해에 대해서 상당한 방위행위를 할 작정이었는데 착오에 의해서 상당성의 범위를 초월한 경우이다. 이것이 '과잉방위에 있어서의 오상방위'이다. 앞서 필자가 준오상방위라고 부른 것이다. 종래 과잉방위로 보느냐 오상방위로 보느냐가 문제로 되어 있었다. 4) 현재의 부당한 침해가 없는 데도 존재한다고 오신하여 상당한 방위행위를 할 작정이었는데 착오로 그 정도를 초월한 경우인데, 이것이 오상방위와 준오상방위가 경합한 것으로 광의로는 오상과잉방위에 포함된다. 5) 현재의 부당한 침해가 없는 데도 존재한다고 오신하여 방위행위를 했는데 아무런 오인없이 그 정도를 초월한 경우인데(과잉성을 인식한 경우), 이것이 '오상방위에 있어서의 과잉방위'이다. 소위 협의의 오상과잉방위는 바로 이것이다."[19]

상기 견해에 따르면 광의의 오상방위에는 현재의 부당한 침해에 대해 오인한 경우(전형적 오상방위)를 포함해 상당성에 대한 오인이 있는 경우가 모두 해당된다는 것이다. 따라서 상당성을 벗어난 과잉방위는 두 유형으로 나뉘는데, 방위행위의 과잉성을 인식한 경우(전형적 과잉방위)와 과잉성을 인식하지 못하고 오인한 경우(과잉방위에 있어서의 오상방위)로 구별된다고 한다. 즉 오상방위는 '전형적 오상방위'와 '과잉방위에 있어서의 오상방위'라는 두 유형이 있다는 것이다. 그리고 형법 제21조 제2항은 전형적 과잉방위에 관한 규정으로 보는 것이 타당하고, 제21조 제3항은 위 개소에서 제시된 오상과잉방위의 모든 유사사례가 적용될 수 있는 조항이라고 한다. 이는 그러한 특수상황 하에서는 적법행위를 기대할 수 없고 따라서 책임이 조각되기 때문이라고 한

---

18) 차용석, 오상과잉방위, in: 형사법강좌 I - 형법총론(상) (박영사, 1981), 239면.
19) 차용석, 앞의 글, 240-241면.

다.[20] 오상방위에 대해서 이처럼 '상당성'에 오인이 있는 경우와 '현재의 부당한 침해'에 오인이 있는 경우를 모두 다 포괄하는 개념으로 이해하는 견해는 당대에 적지 않았던 것으로 보인다.[21]

　정리하자면, 유기천 교수가 제21조 제3항을 오상방위 조문이라고 명명한 것은 두 가지 이유가 있다고 생각되는데, 하나는 상당성에 오인이 있는 과잉방위(과잉방위에 있어서의 오상방위)가 여기에 포섭되기 때문이고, 다른 하나는 전형적 오상방위도 '당연히' 여기에 포섭해서 규율하는 것이 타당하다는 신념을 전제하고 있기 때문인 것으로 보인다. 다만 차용석 교수의 견해와 다른 점은 차용석 교수는 제21조 제3항이 그 특수한 사정 때문에 방위행위의 과잉성에 오인이 있는 경우에는 기대가능성이 없어서 제21조 제2항의 효과와 달리 완전한 면책의 효과를 부여하게 됨은 당연하다고 보지만, 유기천 교수는 전형적 오상방위에 대해서는 언제나 제21조 제3항에 의해 면책의 효과를 부여해야 한다는 취지로 보인다.

　여기서 한 가지 유의할 점이 있는데, 유기천 교수는 제21조 제3항이 독일법과 동일한 입장을 입법화한 것으로 보고 있는데, 독일법의 입장은 그가 관련부분에서 논급한 바대로라면, 소위 소극적 구성요건표지론(소극적 행위정황론)의 결론과 같은 입장, 즉 구성요건적 착오설의 입장으로 오상방위를 한 자에게 구성요건적 '고의조각'의 효과를 부여하는 것이므로 완전한 면책의 효과를 부여하는 동 조항의 취지와는 다소 차이점이 있다는 사실을 덧붙여 두고자 한다.

---

20) 차용석, 앞의 글, 255-257면.
21) 남흥우 외 7인, 형법총론 (한국사법행정회, 1978), 181면. "오상방위는 현재의 부당한 침해사실에 대한 오인 외에 방위행위에 대한 오인도 생각하여야 한다. 제1로 방위행위 자체에 대하여 방위를 위하여 상당한 행위를 하려고 하였으나 잘못되어 상당하지 못한 행위, 특히 방위의 정도를 넘은 행위를 한 경우이다."

(2) 오상방위와 제21조 제3항의 유추적용

현재의 통설을 기준으로 유기천 교수의 견해를 이해하자면, 오늘날 일반적으로 면책적 정당방위조항으로 해석되는 제21조 제3항을 오상방위의 경우에 적용하자는 취지는, 이를 모순없이 선해하면 오상방위에 대해서 동 조항을 '유추적용'하자는 견해로 이해할 수 있을 것이다. 직접적용이 아닌 이유는 제21조 제3항은 명문으로 '전항의 경우에'라고 규정해 동조 제2항(과잉방위)의 경우에 국한하는 것같이 규정하고 있기 때문이다. 법문의 표준적 의미를 넘어서 유추적용을 제안하는 유기천 교수의 견해에 대해서 다시 두 가지 해석이 가능하다.

첫째, 위 견해는 오상방위가 "야간이나 그 밖의 불안한 상태에서 공포를 느끼거나 경악(驚愕)하거나 흥분하거나 당황하였기 때문에" 행위자가 그러한 긴급성으로 인해 실제로는 존재하지 않는 정당화사정이 존재한다고 오인하였을 때"에만 그러한 오인이 바로 그와 같이 특수한 긴급상황으로부터 기인한 것이기 때문에 정당한 이유가 있어서(착오의 합리성이 인정되어서) 책임을 물을 수 없고, 따라서 완전한 항변으로서의 효과를 부여하자는 취지로 선해할 수 있다[객관주의][22].

둘째, 오상방위가 커먼로에서는 정당화사정에 대한 착오(mistake about justifying circumstance)로 이해되고 이는 일반적으로 넓은 의미에서 사실의 착오(mistake of fact)로 취급되므로, 커먼로상의 주관적 심사기준 법리에 의하면 그 믿음이 진정한(genuine; honest) 것일 경우에는 사실의 착오에 대한 법적 효과로서 정당한 이유의 유무(착오의 합리성 유무)와 관계없이 언제나 항변(defence)이 인정되어 오상방위자는 무죄

---

[22] 여기서 사용하는 '객관주의'는 흔히 우리나라 형법학 범죄이론에서 말하는 객관주의와 주관주의의 대립구도에서 주장되는 이론을 지칭하는 것이 아니라 영미형법상 오상방위가 항변으로 인정되기 위해서는 착오의 진정성뿐만 아니라 합리성도 요구된다는 '객관적 심사기준 법리(objective test rule)'를 지칭하는 것임에 유의할 필요가 있다. 아래에서 사용하는 '주관주의'도 역시 같은 맥락에서 '주관적 심사기준 법리(subjective test rule)', 즉 착오의 진정성만 인정되면 항변으로 인정하는 입장을 지칭한다.

가 되므로, 오상방위자에게 발생한 현재의 부당한 침해유무에 대한 착오는 단지 그것이 사실의 착오이기 때문에 착오의 합리성 여부를 불문하고 이는 제21조 제3항을 적용하여 범죄성립이 조각되는 것으로 보아야 한다는 취지로도 해석할 수 있다. 이러한 법리구성은 통상적으로 고의조각의 효과를 가져오는 사실의 착오법리와 다른 것이지만, 제21조 제3항의 효과를 부여하고 있는 유기천 교수의 견해에 가장 잘 부합되는 설명이다. 요컨대 진정한 믿음에 기초한 오상방위는 착오의 합리성 유무와 관계없이 범죄불성립의 효과를 가져온다[주관주의].

이상 두 가지 해석이 모두 가능하다고 할 때 과연 어느 해석이 유기천 교수의 견해에 부합된다고 볼 수 있을 것인지 의문이 제기된다. 커먼로계통 국가에서 오상방위에 대한 법적 효과 내지 더 넓게는 사실의 착오의 효과와 관련해 착오의 합리성이 인정될 때에만, 즉 그 잘못된 믿음에 정당한 근거가 있을 때에만 항변이 성립한다는 객관주의와 착오의 합리성과 무관하게 그 믿음이 진정한 경우일 경우 항변이 성립한다는 주관주의는 학설은 물론 실무에서도 오랜 대립의 역사를 지니고 있고 따라서 유기천 교수가 그 중에 과연 어떤 입장을 지지하고 채택한 것인지 논구되어야만 유기천 교수의 입장을 더 명확히 이해할 수 있기 때문이다.

생각건대, 결론적으로 유기천 교수의 견해는 상기 둘째 해석에 입각해 주관주의를 채택한 것으로 보는 것이 타당하다고 생각한다. 그 이유는 크게 두 가지이다.

첫째, 유기천 교수가 객관주의를 지지하고 채택했다면 착오의 합리성 유무에 따라 항변의 성립여부가 달라질 것이므로 오로지 완전한 면책의 효과만을 부여하고 있는 제21조 제3항을 유추적용할 이유가 불분명해진다. 따라서 착오의 합리성 유무 내지 정당한 이유의 유무에 따라서 그 법적 효과를 달리 본다면 제21조 제3항을 유추적용할 것이 아니라 형법 제16조(법률의 착오)를 (유추)적용해 정당한 이유의 유무에 따라 그 법적 효과를 다르게 판단하는 것이 타당했을 것이기 때문이다.

실제로 당대 학설들 중에는 오상방위를 법률의 착오로 보는 전제하에
서 형법 제16조에 따라서 사안을 해결할 것으로 제안하는 학설이 있
다.23) 정당한 이유 유무에 따라 완전한 면책(항변)을 인정하거나 아니
면 고의범으로서의 범죄성립을 인정하는 형법의 태도는 그 법적 효과
면에서 객관주의 법리와 거의 동일하다. 객관주의 법리를 채택하는 커
먼로 국가에서는 착오의 합리성이 인정되면 정당방위의 항변이 성립되
어 무죄가 되고, 합리성이 부인되면 해당 범죄의 고의범의 죄책이 성립
하기 때문이다.24)

그러므로 유기천 교수는 오상방위의 법적 효과에 있어서 주관주의
에 입각해 착오의 합리성 유무와 관계없이 범죄불성립의 효과를 가져
오는 제21조 제3항을 유추적용의 근거조항으로 제시한 것으로 보는 것
이 타당하다고 생각한다.

둘째, 영미권 형법학자들 중에도 유기천 교수와 동일하게 면책적 과
잉방위조문은 오상방위와 관련된 조문이고 주관주의의 입장을 입법화
한 것으로 보는 견해가 있다. 예를 들어 미국의 Richard Singer 교수에
따르면, 면책적 과잉방위(excessive self defence)를 규정한 노르웨이 형
법전, 독일형법전, 그리이스형법전 등은 모두 순 주관주의 심사기준
(totally subjective test)을 입법화한 것이라고 평가한다. 그의 논문은 사
실의 착오가 항변이 되기 위해서 합리성(reasonableness)을 요구하는 커
먼로상 법리의 타당성을 비판적으로 검토하고 있는 연구인데, 오상방위
역시 사실의 착오라는 전제하에 그 믿음의 합리성과 무관하게 책임이
조각되어야 한다고(exculpate) 주장하면서, 상기 거시한 각국의 면책적
과잉방위조문들을 오상방위와 연관시키며 순 주관주의 심사기준을 채
택한 것이라고 평가하고 있어서25) 유기천 교수의 견해를 이해하는 데

---

23) 대표적 문헌으로는 황산덕, 개정 형법총론 (법문사, 1963), 176면; 유기천/강구진,
  앞의 책, 47-48면.
24) 커먼로의 주관주의법리와 객관주의법리의 대립의 역사와 풍부한 사례의 소개로
  는 Fiona Leverick, Killing in Self-Defence (Oxford University Press, 2007), at
  162.

있어서 매우 유의미한 단서를 제공해 주고 있다.

Singer 교수가 논급한 입법례들 중에서 독일형법의 입장을 간단히 살펴보면, 우리나라 과잉방위 조문과는 달리 독일 형법전 제33조는 "행위자가 당황, 공포 또는 경악으로 인하여 정당방위의 한계를 초과한 때에는 처벌하지 아니한다."고 하여 면책적(불가벌적) 과잉방위조문만을 두고 있는데, 이 조문에 대한 해석론을 보면 방위자가 방위행위의 초과성 여부에 해대 인식이 있는 과잉방위와 인식이 없는 과잉방위로 나누어 볼 수 있으며 독일의 다수설과 판례26)는 후자뿐만 아니라 전자도 이때의 과잉방위에 포함시키고 있음은27) 잘 알려진 사실이지만, 과연 동 조항이 '전형적 오상방위'의 사례까지 포섭할 수 있는가에 대해서는 의문이 들 수밖에 없다. 그러나 Singer 교수는 물론 유기천 교수도 동 조문이 바로 오상방위를 '실정법'에 근거해 처리할 수 있도록 '입법화'한 것이라는 입장을 취하고 있는 것이다. 앞서 제시한 유형화에 따르면 광의의 오상방위 유형들 중에서 '준오상방위'는 상기 조항이 상정하고 있는 유형임은 분명하지만, 기타 전형적 오상방위나 오상과잉방위 유형까지도 동 조항에 의해 규율할 수 있는지는 불분명하며 만일 이 경우에 가능하다고 보더라도 그것은 유추적용에 해당할 것인데, 공통적으로 유기천 교수와 Singer 교수는 그것이 가능하다는 견해를 밝히고 있는 것이다.28)

---

25) Richard Singer, "THE RESURGENCE OF MENS REA: II-HONEST BUT UNREASONABLE MISTAKE OF FACT IN SELF DEFENCE", 28 B.C. L. Rev. 459 (1987), at 517-518.

26) 이에 대해서는 Albin Eser/최우찬 역, 판례형법총론 - 불법과 정당화에 관한 일반 원칙 - (법문사, 2007), 176면.

27) 김태명, "정당방위의 요건으로서 정당성에 관한 연구: 서울대학교 법학박사학위 논문 (2000), 253면.

28) 차용석 교수도 제21조 제3항에 대해 "오상과잉방위와 그 유사사례로 든 모든 경우가 동조 동항의 직접 또는 유추의 적용 아래에 있다고 하겠다."는 견해를 취하며, 전형적 오상방위도 제21조 제3항의 유추적용이 가능하다는 입장이다. 차용석, 앞의 글, 256면.

III. 커먼로에서 오상방위의 형법적 취급

1. 객관주의와 주관주의의 대립

상기 고찰해본 바와 같이 위법성조각사유의 전제사실의 착오에 대한 유기천 교수의 견해가 커먼로의 주관주의 법리를 수용한 것이라고 입론할 수 있다면 과연 주관주의는 어떤 규범적 맥락을 지닌 법리인지 구명해볼 필요가 있을 것이다. 이하 본고에서는 착오론에 있어서 객관주의와 주관주의의 대립, 그리고 각각의 근거를 간단히 조망해 보고자 한다.

주지하다시피 오상방위 등 위전착은 형법학에서 착오와 관련된 문제이다. 착오를 어떻게 처리할 것인가는 법률의 역사에서 로마법과 교회법까지 거슬러 올라갈 정도로 오랫동안 다루어져 온 주제이므로 형법상 착오론의 관점에서 이 문제에 접근하는 것은 적절한 방향이라고 본다. 일반적으로 형법상 착오를 처리하는 방식은 객관주의와 주관주의로 대별할 수 있으며 이에 대해 개괄적으로 살펴보기로 한다.

2. 형법상 착오론 일반

형법상의 착오는 크게 법률의 착오와 사실의 착오로 대별할 수 있으며 양자를 규율하는 법리는 크게 두 가지 방식으로 대별된다.

그 하나는 객관주의적인 법리라고 할 수 있고, 다른 하나는 주관주의적인 법리라고 말할 수 있다.

전자에 따르면 행위자의 주관적인 믿음 또는 표상은 처벌 여부를 결정하는 데 중요하지 않다고 한다. 그 대신 사회방위라는 정책적 목표가 다른 근거보다 우선시된다. 즉, 착오에 의한 법익침해를 억지하기 위한 법리적 대응이 없이 착오를 언제나 항변으로 인정해 주게 되면 그로 인해 법질서 및 형법의 실효성 내지 억지력이 약화될 수 있다는 우려감 때문에 착오의 발생을 억지하기 위한 법정책이 가장 중요하고 우선적으로 고려된다. 개인의 심적 상태(state of mind)에 대한 법적 고려보다는 사회전체의 이익을 중시한다는 점에서 이러한 견해를 공리주의적(utilitarian) 입장이라고 부를 수 있고,[29] 범행당시의 행위자의 주관적 표상보다는 합리적인 행위자라면 그와 같은 상황에서 어떻게 행동했을 것인가라는 점이 중요하기 때문에 객관주의적 관점이라고 부를 수 있다.[30]

반대로 주관주의적 관점에 따르면 착오를 항변으로 인정할 수 있는지 여부를 결정할 때에는 주관적 믿음과 심적 상태가 가장 중요하게 고려된다. 모든 개인은 자율성을 갖고 책임을 질 수 있는 존엄한 존재이므로 따라서 행위 당시 자신이 법률을 위반하고 있음을 알지 못했거나 범죄구성요건 내지 항변구성요건이 되는 사실의 일부를 실제로 알지 못한 채 범행에 이르게 되었다면 행위자를 처벌해서는 안 된다고 한다. 즉 행위자와 동일한 상황에서 합리적인 사람이라면 믿었을 사실이 아니라 실제로 그가 믿었던 바에 따라서 판단해야 한다는 것이다.[31]

동 원칙의 근거는 첫째, 자신이 금지된 행위를 하고 있다는 것을 인식한 경우에만 형사책임이 있고 둘째, 그러한 주관적 인식이 없으면 책임을 회피할 기회를 가질 수 없기 때문이다. 즉, 법률이나 사실에 대한 주관적 인식은 행위자에게 주어진 상황에서 유죄판결 및 처벌을 받을 수 있는 위험에 대해 공정한 경고(fair warning)[32]를 하는 기능을 한다.

---

29) 이와 관련하여 중요한 점은 동 견해가 설득력을 가지려면 법률의 착오이든 사실의 착오이든 관련된 착오에 대한 억지효과가 작동해야 한다는 것이다. 그러한 전제 없이는 이 견해는 지지받을 수 없다.

30) 이러한 객관주의적 견해에 대해서는 Andrew Ashworth/Jeremy Horder, The Principles of Criminal Law, 7th Edition (Oxford University Press, 2013), at 155-156. 객관주의의 논거와 이에 대한 다양한 형태의 비판에 대해서는 Richard Singer, *Ibid.*, at 510-513.

31) Andrew Ashworth는 주관주의원칙 대신 '믿음우선원칙(belief principle)'이라는 용어를 사용한다. Andrew Ashworth/Jeremy Horder, *Ibid.*, at 74,

32) '공정한 경고(fair warning)'에 대해서는 Andrew Ashworth/Jeremy Horder, *Ibid.*,

이러한 맥락에서 이 관점을 자유주의적 관점이라고 부를 수 있는데, 이 관점은 숙고하고 자유롭게 선택하는 능력을 지닌 존재로서 개인의 자율성(autonomy)에 초점을 맞추고 있고 그러한 자율성을 존중하기 때문에 그러한 자율성이 온전하게 작동하지 않는 상황에서, 즉 착오에 의해 저지른 행위는 원칙적으로 범죄로 평가되어서는 안 된다고 본다.

비교법적 관점에서 보면 법률의 착오에 관해서는 오랫동안 상기 두 가지의 상반된 법리가 존재해 왔다. 객관주의 법리는 법률의 착오가 항변(defence)이 될 수 없다는 견해를 지지해 왔고, 주관주의는 법률의 착오가 합리적인 근거에 의거한 경우 항변[33]이 될 수 있다는 입장을 지지해 왔다. 법률의 착오에 관해서는 일반적으로 객관주의가 비교적 더 유구한 역사를 지녔고 현재까지도 커먼로 법계에서는 여전히 존중받고 있는데 잘 알려진 로마법상 격언인 "법률의 부지는 해가 되지만 사실의 부지는 해가 되지 않는다"는 원칙은 상당수 커먼로 관할지역에서 "법률의 부지는 항변의 여지가 없다"는 원칙으로 재현된다. 반면 주관주의는 상대적으로 근대적인 법적 사고의 산물로 평가되며 대체로 20세기 이후에 널리 수용되었다고 말할 수 있을 것이다. 독일법을 비롯한 상당수 대륙법계 국가들의 입법례와 판례가 이를 채택하고 있고 우리나라도 역시 이 입장을 형법전에 명문화하고 있다.

"법률의 부지는 해가 되지만 사실의 부지는 해가 되지 않는다"는 법원칙은 사실의 착오와 관련해서는 기본적으로 착오의 합리성이나 정당한 이유를 묻지 않고 착오가 인정되면 곧바로 행위자의 고의를 조각시키거나(대륙법계) 항변으로 인정해 주는 법리(영미법계)를 형성해 왔다고 말할 수 있다. 법률의 부지와 달리 "사실의 부지는 해가 되지 않는다"는 원칙의 근거에 대해서 "법률은 명확할 수 있고 또 명확해야 하지만 사실에 대한 이해는 심지어 주의 깊은 자에게 있어서도 대부분 어긋

---

at 54-55.

33) 일반적으로 영미권법계에서 범죄성립을 조각시키는 사유, 즉 정당방위, 긴급피난, 명정상태, 강요된 행위 등을 항변(defence)이라고 부른다.

나기 때문"34)이라는 근거가 제시되어 있는데, 이러한 법리의 배후에는 사실의 착오는 아무리 신중하게 행동하는 자에게서도 회피하기 힘든 성격의 것이므로 "형벌의 위협이 효과가 없다"35)는 판단이 자리잡고 있다고 생각된다. 그것은 인간의 유약함에서 기인하는 것으로서 법률의 착오와 달리 형벌의 억지효과가 작동할 여지가 별로 없다는 것이다.36)

대륙법계의 경우 독일법은 사실의 착오는 그 합리성 유무와 관계없이 고의를 조각시킨다는 입장이고37) 17-18세기의 초창기 커먼로에서도 사실의 착오가 항변이 되기 위한 요건으로서 합리성은 고려되지 않았으며, 사실상 착오가 인정되면 합리성 여부와 관계없이 범죄가 성립하지 않는다고 보았다. 즉, 사실의 착오는 언제나 항변으로 인정되었던 것이다. 그러다가 19세기 이후 이러한 법리에 변화가 생기기 시작했는데 사실의 착오도 합리적인 경우에만 항변으로 인정되어야 한다는 입장이 커먼로 관할권지역에 널리 받아들여지다가 현재도 영국(England and Wales) 등 일부 관할지역을 제외하고 사실의 착오에 대해서 객관주의가 다수의 지역에서 승인된 법리로 통용되고 있다. 정리하자면, 사실의 착오와 관련해서는 전통적으로 주관주의가 기본적인 입장이었고 현재까지도 많은 국가에서 주관주의적 입장을 취하고 있지만, 커먼로 국가들은 이와 달리 영국 등 일부 관할권을 제외한 대다수 국가들은 착오의 합리성을 요구하는 객관주의를 법리적으로 채택하고 있는 형국이라고 분석할 수 있을 것이다.38)

---

34) NERATIUS, Digesta 22.6.2.
35) "the threat of punishment would have no effect on her". Glanville Williams, The Criminal Law: The General Part (Stevens & Sons, 1953), at 205.
36) 이 점에 대해서는 Richard Singer, *Ibid.*, at 510-511.
37) 사실의 착오에 대한 독일법의 입장에 대해서는 Gunther Arzt, The Problem of Mistake of Law, 3 BYU L.Rev. 711 (1986), at 716. "Under the German criminal law, factual mistakes, insofar as they are relevant under the definition of the crime charged, always fall into the category of standard mistakes. They exclude intent regardless of whether they are reasonable".
38) 객관주의를 취하고 있는 관할권 중에는 때때로 (넓은 의미의) 사실의 착오, 정당

3. 커먼로상 오상방위(putative defence)의 취급방식의 변화

커먼로 국가에서도 우리나라와 마찬가지로 정당화사정(justifying circumstance)에 대한 착오로 정당방위를 했을 때 이를 '추정된(putative) 정당방위'라고 하여 특수한 문제로 취급하고 있다. 다만 그 법적 효과와 관련해서 고의 또는 책임의 조각여부에 주목하는 우리나라와 달리 착오가 정당방위의 성립에 어떤 영향을 주는가에 논의의 초점이 맞추어져 있기 때문에 주로 책임파트에서 이 문제를 다루는 우리나라와 달리 정당방위파트에서 다루고 있다.[39]

정당화사정에 대한 착오를 사실의 착오로 파악하는 커먼로에서는 초기에는 전술한 바와 같이 그러한 착오가 항변(defence)[40]으로 인정되기 위해서는 행위자의 믿음이 진정한 것이면 된다는 태도를 취하고 있었던 것으로 보이나 영국은 19세기부터 1980년대까지 그것이 항변으로 인정되기 위해서는 합리성이 요구된다는 입장을 취하고 있었고, 미국의 대다수 주와 기타 상당수 커먼로 국가들은 현재까지도 객관주의를 취하고 있다.[41] 객관주의에 따르면 오상방위가 정당방위로 인정되어 무죄가 인정되기 위해서는 착오가 '합리적인 사람'의 관점에서 보더라도 회피할 수 없는 것이어야 한다. 즉, 합리적인 믿음에 기초한 방어행위는 실제로 그 정당화사정이 존재하지 않더라도 정당방위의 항변으로 취급될 수 있었다.[42]

화사정에 대한 착오를 합리성이 인정되는 경우에도 항변으로 인정하지 않는 극단적인 객관주의를 취하기도 한다. 이러한 사례로는 뉴욕항소법원(New York Court of Appeal)의 People v Young 183 NE 2d 319 (1962)가 있다. 동 사례의 소개로는 Fiona Leverick, *Ibid.*, at 160.

39) Andrew Ashworth, Principles of Criminal Law (Oxford Univ. Press, 2009), at 216.

40) 여기서 항변(defence)은 죄의 성립을 조각시키는 일체의 사유, 예컨대 정당방위, 긴급피난 등 정당화 사유(justification)나 명정상태(intoxication), 강요된 행위 (duress) 등의 면책사유(excuse)를 말한다.

41) Andrew Ashworth, *Ibid.*, at 215.

그러나 영국의 경우 R v Gladstone Williams[43])를 기점으로 Beckford v R[44]) 등을 통해 오상방위에 있어 그 착오가 진정한(genuine) 것이면 착오의 합리성 여부에 관계없이 이를 정당방위의 항변으로 인정하는 입장으로 다시 전회하게 되었고, 이러한 착오법리가 현재에 이르고 있다.[45])

그렇다면 '영미법의 세례[46)를 받은' 유기천 교수는 오상방위의 형법적 취급에 있어서 이러한 주관주의 법리와 객관주의 법리의 대립상황을 분명 인지하고 있었을 것이고 그 당부에 대한 나름의 입장을 지니고 있었으리라고 추측하는 것은 무리가 아니라고 생각한다. 그렇다면 과연 결과적으로 유기천 교수가 긍정적으로 평가한 것으로 추정되는 주관주의 법리는 과연 어떠한 법리적 근거를 지니고 있었던 것인지 영국의 리딩케이스를 통해 살펴보기로 한다.

Ⅳ. 주관주의 법리의 근거와 유기천의 형법이론

1. 영국법의 주관주의

초기 영국법에서 사실의 착오는 합리성 유무와 관계없이 항변으로 인정하는 입장이었으나 19세기 이후 일정한 변화가 있었던 것으로 보

---

42) 이것은 우리나라의 논의와 비교하자면 정당방위의 성립요건의 하나인 부당한 침해라는 정당화사정의 존부판단과 관련해 학계의 다수견해가 객관적·사후적 판단설을 취하고 있는 것과 대조적으로 주관적· 사전적 판단기준을 채택하고 있는 입장이라고도 평가할 수 있을 것이다. 객관적·사후적 판단설을 취하고 있는 견해로는 이재상·장영민·강동범, 형법총론(박영사, 2019), 245면; 허일태, "오상과잉방위와 형법 제21조 제3항", 형사법연구 제26호 (2006), 579면; 김태명, "경찰관의 무기사용에 대한 정당방위의 성립여부", 형사판례연구 제15권 (2007), 62면.

43) [1983] EWCA Crim 4.

44) [1988] AC 130.

45) 물론 영국에서도 스코틀랜드는 객관주의 법리를 취하고 있다.

46) 오병두, 앞의 논문, 6면.

인다. Matthew Hale, William Blackstone, William Hawkins 등 저명한 주석가들이 활동하던 17-18세기의 초기 커먼로에서는 사실의 착오가 항변이 되기 위한 요건으로서 착오의 합리성을 중요하게 생각하지 않았다고 한다. 즉 사실상 착오가 인정되면 합리성 여부와 관계없이 죄가 성립하지 않는다고 보았던 것이다. 예컨대, Blackstone에 따르면47) 착오는 '의지의 결함(defect of will)'에 해당하며 따라서 범죄가 성립하기 위해서 요구되는 '행위와 의지의 결합(conjunction)'이라는 요건의 결함을 가져온다고 한다. 그의 논의는 Matthew Hale의 견해를 재구성한 것인데, 즉 참된 사실을 모르고 한 행위(act done in ignorance of the true facts) "도덕적으로 비자발적(morally involuntary)"인 행위라고 한다. 요컨대 블랙스톤은 사실의 착오는 합리성 유무와 무관하게 항변이 된다고 보았던 것이다.48) 당대의 판례 역시 사실의 착오를 항변으로 인정함에 있어서 합리성은 무관계한(irrelevant) 것으로 보거나 전혀 고려하지 않았다고 한다.49)

그런데 초기 커먼로의 입장과 달리 1980년대의 Williams 판결과 Beckford 판결 이전까지 영국법도 사실의 착오라 하더라도 그것이 합리적인 경우에만 항변이 된다는 입장(객관주의)을 취하고 있었고 그러한 법리는 정당화사정에 대한 착오에도 마찬가지로 적용되었던 것으로 보인다.50) 그리고 영국에서도 스코틀랜드는 이와 같은 입장을 견지하고

---

47) William Blackstone, Commentaries on the Laws of England 27 (1776).

48) 이러한 해석으로는 Richard Singer, *Ibid.*, at 461.

49) 이 점에 대해서는 Richard Singer, *Ibid.*, at 460-465. 특히 at 465.

50) Beckford 케이스를 다룬 Privy Council도 역시 이와 같은 견해이다. Beckford v R [1987] 3 All ER 425 Privy Council; Andrew Simester, Mistakes in Defence, Oxford Journal of Legal Studies Vol.12, No.2 (1992), at 295. 이와 달리 영국법은 R v Williams (Gladstone) 이전까지는 범죄구성요건(offence elements)에 대한 착오는 비합리적인 것이라도 무죄를 인정하는 효과를 가져오는 것으로 보았지만, 항변구성요건(defence elements)에 대한 착오에 대해서는 그와 다른 입장을 보였다는 분석도 있다. Fiona Leverick, Killing in Self-Defence (Oxford University Press, 2007), at 162. Leverick에 의하면 다음과 같은 판례들이 이에 해당한다고

있다.51)

그렇다면 영국법이 어떤 계기로 착오의 합리성을 요구하는 입장을 취하게 되었는지 의문이 들 수밖에 없는데 흥미롭게도 뒤에서 상세히 다룰 Beckford 판결은 다음과 같이 그 원인을 분석하고 있다. 즉 영국법상 1898년 이전까지는 피고인은 소송법상 제약으로 자신을 변호하기 위해 범행시의 심적 상태에 대한 진술을 할 수 없었는데, 따라서 법관들은 주변정황(surrounding circumstance)으로부터 도출해낼 수 있는 추론에 주목할 수밖에 없었고52) 바로 이러한 절차법상 제약이 법원으로 하여금 객관적 심사기준을 채택하도록 만들었다고 한다. 객관주의가 태동하게 된 배경에 대해서 법원이 직접 논평하고 있다는 점에서 주목할 만하다.

그러나 영국법은 다시 R. v Williams (Gladstone) 판결 이후 착오의 합리성 여부와 무관하게 정당화사정에 대한 착오는 그것이 진정한 믿음에 기초한 것이면 정당방위의 항변이 된다는 입장으로 바뀌었던 바, 동 판결은 다음과 같이 설시하고 있다.

"If the belief was in fact held, its unreasonableness, so far as guilt or innocence is concerned, is neither here nor there. It is irrelevant(만일 실제로 어떠한 믿음을 품고 있다면, 그 믿음의 비합리성은, 그것이 유죄 혹은 무죄와 관계되는 한, 그 어느 쪽의 근거도 되지 않으며, 무관한 것이다)"

Williams 판결에 뒤이어 이러한 법리를 공고히 한 것으로 평가받고

한다. R v Smith (1837) 8 Car & P 158 160; 173 ER 441; R v Weston (1879) 14 Cox CC 346; R v Rose (1884) 15 Cox CC 540; R v Chisam (1963) 47 Cr App R 130; R v Fennell [1971] 1 QB 428.

51) Fiona Leverick, *Ibid.*, at 161.

52) "it was not until 1898 that an accused was able to give evidence in his own defence and it is natural that the judges in the absence of any direct statement of his belief from the accused should have focused attention upon the inference that could be drawn from the surrounding circumstances."

있는 Beckford v Queen 판결은 동 법리를 보다 명확하게 표현하며 다음
과 같이 밝힌다.

> "A genuine belief, however unreasonable, entitles a defendant to be acquitted
> on the ground of self-defence(진정한 믿음은, 그것이 불합리하더라도, 피고
> 인으로 하여금 정당방위에 근거해 무죄가 될 자격을 부여한다).

이처럼 현행 영국법의 입장은 착오의 합리성 여부와 관계없이 그것
이 진정한 것이라면 정당방위의 항변이 된다는 입장으로서 이를 객관
주의와 대비시켜 주관주의라고 한다. 즉, 영국법은 오상방위와 관련해
항변이 되기 위해서 착오의 합리성이 요구되는지 여부에 대해 1980년
대 이전까지 객관주의 심사기준(objectivist test)을 따르다가 그 이후 주
관주의 심사기준(subjectivist test)으로 전회하는 법리적 변화를 겪었으
며, 이러한 영국법의 입장은 대다수 커먼로 관할(common law
jurisdiction)의 법리와는 차별화되는 것으로서 영국법의 특색이라고 평
가할 수 있을 것이다.53)

영국법원이 채택한 이러한 주관적 심사기준에 대해 피고인의 거짓
된 정당방위 주장(spurious claims of self-defence)이 너무 많이 인정될
수 있다는 비판과 우려가 제기될 수 있지만 앞서 논급한 Beckford 판결
은 영국법원의 경험상 실제로 그러한 문제는 발생하지 않았다고 밝히
고 있어서 주목할 만한다.54)

---

53) 물론 모범형법전이나 미국의 일부 주들도 역시 주관주의 심사기준을 채택하고
있음에 유의할 필요가 있다.

54) "There may be a fear that the abandonment of the objective standard demanded
by the existence of reasonable grounds for belief will result in the success of
too many spurious claims of self-defence. The English experience has not shown
this to be the case."

2. 리딩케이스의 법리와 근거

(1) R v Williams(Gladstone)[55]

가. 사실관계

Mason이라는 한 남성(피해자)은 사건 당일 한 흑인 청년이 어느 여성의 핸드백을 붙잡는 것을 목격하고 그를 따라가 체포하여 경찰서로 데려가던 중(장면1) 그 청년이 붙잡힌 상태에서 풀려나자 다시 붙잡아 가격해 땅에 쓰러지게 하였고 더 이상 저항하지 못하게 하기 위해 두 팔을 등 뒤로 비틀었다. 그러자 그 청년은 저항하며 도와달라고 소리쳤다(장면2). 퇴근길에 이러한 장면2를 본 William(피고인)은 Mason이 흑인 청년을 공격하는 것으로 오인하고 이를 저지하기 위해 다가가 Mason에게 무슨 상황인지 물었고, 이에 Mason은 자신은 핸드백 절도범을 체포하려고 하던 것이었고 자신은 경찰관이라고 답하였다. 경찰관이라는 답변은 거짓말이었다. 경찰관 신분증을 요구하는 피고인에게 피해자가 이를 제시하지 못하자 피고인은 피해자를 가격하여 상해를 입히게 되었다.

나. 근거

첫째, 거증책임은 검찰에 있다(burden of proof being upon the prosecution).

둘째, 폭행(assault)이란 타인에게 위법한 힘을 가하는 것이며 따라서 폭행과 관련된 책임(guilt)을 구성하는데 필요한 주관적 요소(mental elements)는 위법한 힘(unlawful force)을 피해자에게 가하려는 고의(intention)이다[법리I].

셋째, 그렇다면 단순히 어떠한 힘을 가하려고 했다는 점만을 보여주는 것만으로는 범의가 입증되었다고 보기 어렵다.[56]

---

55) R v Williams (Gladstone) [1987] 3 All ER 411.

56) "The mental element necessary to constitute guilt is the intent to apply unlawful

넷째, 따라서 만일 피고인이 정당화사정에 대해 착오가 있다면, 그는 자신이 믿은 바에 따라 판단되어야 하는데, 그렇게 될 경우 검찰은 범의를 입증하는데 실패할 것이고 따라서 피고인은 무죄에 이를 것이다.[57]

다섯째,[58] 만일 피고인이 실제로 어떠한 믿음을 품고 있다면, 유죄 또는 무죄 여부와 관계되는 한, 그 믿음의 비합리성은 유죄나 무죄의 판단근거가 되지 않는다. 그것은 무관한 것이다. 그렇지 않다면 단지 정당화사정이 없다는 점을 인식하는데 있어서 과실이 있다는 점만으로 피고인은 고의범으로 유죄의 판결을 받을 것인데 이는 명백히 부당한 결론이 된다.

(2) Beckford v Queen[59]

가. 사실관계

피고인은 경찰관이었는데 모살죄(murder)로 기소되었다. 피고인은 다른 무장 경찰관과 함께 무장을 하지 않은 피해자를 추적했는데, 그러던 과정에서 손을 들고 총을 쏘지 말라고 부탁하는 피해자에게 총격을 가해 사망에 이르게 하였다. 피고인은 다른 경찰관과 함께 피해자가 총을 지닌 채 누군가에게 테러를 가하려고 하는 위험한 자인지 조사하기 위해 어느 집에 도착했을 때, 피해자가 도주하기 시작하였고 자신에게 총을 쏘려는 것으로 오인하고 총격을 가해 사망에 이르게 하였다.

---

force to the victim. We do not believe that the mental element can be substantiated by simply showing an intent to apply force and no more".

57) "He must then be judged against the mistaken facts as he believes them to be. If judged against those facts or circumstances the prosecution fail to establish his guilt, then he is entitled to be acquitted".

58) "If the belief was in fact held, its unreasonableness, so far as guilt or innocence is concerned, is neither here nor there. It is irrelevant. Where it otherwise, the defender, would be convicted because he was negligent in failing to recognise that the victim was not consenting or that a crime was not being committed and so on".

59) Beckford v R [1987] 3 All ER 425 Privy Council.

나. 근거

첫째, 카먼로에 의하면 자신이 그러하다고 믿은 정당화사정(in the circumstances as he believes them to be)에 따라서 합리적인 수준의 힘을 사용해 타인을 공격한 행위자는 정당방위가 성립한다[법리Ⅱ].

둘째, 모살(murder) 사건에서 검찰은 타인을 살해하려거나 중대한 해악(serious harm)을 가하려는 고의(intention)를 입증해야 한다.

셋째, 만일 행위자가 정당방위를 위해 타인을 살해했다면, 그는 정당화사정이 존재한다고 (심지어 불합리하더라도) 믿었던 것이고 따라서 정당방위를 통해 자신의 행위가 정당화될 수 있다고 믿고 행위한 것이기 때문에 그에게는 위법한 힘(unlawful force)를 사용하려는 범의가 없다고 보아야 한다([법리Ⅰ]).

넷째, 그러한 상황에서라면 범죄가 성립한다고 주장할 수 없다. 왜냐하면 착오에 의한 믿음으로 범의(mens rea)가 부정된다는 점은 착오가 합리적이든 불합리적이든 마찬가지이고, 따라서 이 경우 정당방위가 성립하거나, 아니면 정당방위가 부정되지는 않는다고 보아야 한다.

다섯째, 다시 말해 폭력(violence)과 관련된 모든 범죄는 그러한 폭력이 위법해야 한다는 점이 핵심적인 요소이기 때문에 만일 행위자가 착오로 인해 자신이 정당방위를 한다고 믿고 폭력을 가한 경우라면 그 착오가 합리적이든 합리적이지 않든 행위자의 범의는 부정될 것이고, 따라서 검찰이 범의를 입증하지 못하는 이상 위법하다고 평가할 수 없고, 따라서 행위자가 믿은 바대로 정당방위의 항변이 인정되어야 한다([법리Ⅱ]).

여섯째, 이상의 논리로부터 다음과 같이 말할 수 있다. 오상방위자의 진정한 믿음은, 그것이 합리적이든 합리적이지 않든 그로 하여금 정당방위에 근거해 무죄가 될 수 있는 자격을 부여한다([법리Ⅰ]+[법리Ⅱ]).

3. 주관주의의 근거

상기 검토한 Williams와 Beckford 판결의 취지는 간단히 말하면 다음과 같다. 행위자는 자신이 착오로 그러하다고 믿은 사실에 따라서 판단되어야 하고, 그렇게 되면 오상방위자는 정당방위에 근거해 무죄가될 자격을 갖추게 되며 이때 착오가 진정한 것이라면 착오의 합리성 여부는 무관하다는 것이다. 이 원칙을 '주관주의 원칙(The subjective principle)'[60]이라고 한다. 그런데 여기서 "그러하다고 믿은 사실에 따라 판단되어야 한다"는 것은 어떤 의미일까? 예컨대, 타인의 재물을 자신의 것으로 오인하고 취거한 행위는 절도죄의 범의를 조각시키며 결국 범죄가 불성립하는 법적 효과를 가져온다(범죄구성요건에 대한 착오). 이와 달리 타인이 나를 부당하게 공격한다고 믿고 정당방위를 위해 가격을 했다면 나는 그 믿음에 따라서 정당방위의 법적 효과를 얻게 된다(항변구성요건에 대한 착오)는 것이다. 주관주의 원칙은 '믿음우선 원칙(belief principle)'[61]이라고도 일컬어지며, 말 그대로 행위자가 믿은 바대로 피고인은 판단되어야 한다는 것이다.

관점에 따라서는 행위자의 주관적 표상만을 근거로 범죄의 성립여부를 판단한다는 비판을 받을 수도 있는 이 믿음우선 원칙 혹은 주관주의 원칙의 근거는 무엇일까? 이에 대해 옥스퍼드대학의 Ashworth 교수에 따르면 믿음우선 원칙은 '범의의 원칙(Principle of mens rea)'의 다른 표현인데, 범의의 원칙이란 행위자는 자신의 의도하거나(intended) 혹은 알면서 위험을 감수한(knowingly risked) 결과에 대해서만 형사책임을 진다는 원칙을 말한다. 즉, 행위자는 행위의 발생가능한 결과를 '주관적

---

60) 동 원칙에 대해서는 Grant Lamond, Core Principles of English Criminal Law, in: The Limits of Criminal Law (intersentia, 2018, coedited by Matthew Dyson/ Benjamin Vogel), at 25-27. 영국법에서 동 원칙은 범죄구성요건에 대한 착오(협의의 사실의 착오)나 항변구성요건에 대한 착오(광의의 사실의 착오) 모두 일관되게 적용된다.

61) Andrew Ashworth/Jeremy Horder, *Ibid.*, at 74, 156.

으로' 인식하고 있을 때에만 책임을 져야 한다는 것이다.[62] 그리고 믿음우선 원칙 내지 범의의 원칙이 요구되는 근거는 '자율성의 원칙(Principle of Autonomy)'에서 찾을 수 있다고 한다. 자율성의 원칙이란 모든 개인은 자신의 행위에 대해서 책임을 지는 자율적 존재로 취급해야 한다는 원칙을 말한다. 즉 모든 개인은 자유로운 선택을 할 수 있는 도덕적인 존재로 존중되고 취급되어야 하며, 따라서 행위자가 저지른 행위가 범죄라고 하더라도 그것을 스스로 선택한 것이 입증되지 않을 경우에는 공적인 비난(official censure), 즉 형벌을 부과해서는 안 된다는 원칙을 말한다.[63] 우리와 비교해 바꾸어 말하면 '책임원칙(Schuldprinzip)'에 해당한다고 말할 수 있을 것이다. 이와 관련해 커먼로에서 일반적으로 정당방위는 정당화(justification)의 법적 효과를 가져오는 항변으로 분류되지만, 오상방위의 법적 효과에 대해서는 대체로 면책(excuse)으로 보고 있다는 점[64]도 참고가 될 수 있을 것이다.

요컨대, 주관주의 원칙 내지 믿음우선 원칙의 배경에는 자율성의 원칙(책임원칙)이 자리잡고 있는 것이다. 영국에서는 이러한 믿음우선의 원칙을 범죄구성요건의 착오는 물론 항변구성요건의 착오에 대해서도 일관되게 적용하고 있으며[65], 더 나아가 불완전 범죄(inchoate offence)로 취급되는 미수범, 그중에서도 착오와 관련된 미수범유형인 불능미수의 가벌성 판단에 있어서도 바로 이 믿음우선 원칙이 적용되고 있다.[66]

---

62) Andrew Ashworth/Jeremy Horder, *Ibid.*, at 74.

63) Andrew Ashworth/Jeremy Horder, *Ibid.*, at 23-24.

64) Andrew Ashworth, *Ibid.*, at 216; Janet Loveless, Criminal Law (Oxford Univ. Press, 2008), at 40.

65) 단, 믿음우선 원칙이 모든 항변구성요건에 적용되는 것은 아니다. 예외적으로 강요된 행위(duress)의 경우 피고인의 믿음은 진정할 뿐만 아니라 합리적일 것(not only be genuine, but reasonable)이 요구된다. 이 점에 대한 적절한 지적으로는 Grant Lamond, *Ibid.*, at 27.

66) Andrew Ashworth/Jeremy Horder, *Ibid.*, at 465-467. 따라서 행위자가 '사실에 대한 착오로' 주관적으로 어떤 범죄를 저지른다고 믿었다면, 발생한 사실은 범죄를 구성하지 않는다고 하더라도 그는 해당 범죄의 불능미수범이 된다.

이상 고찰한 바에 따르면 영국법에서 협의와 광의를 불문하고 사실의 착오 전반에 걸쳐서 적용되는 주관주의 원칙 내지 믿음우선 원칙은 개인의 자율성 원칙에 근거를 두고 있으며, 이는 착오의 합리성 유무와 관계없이 법적 효과를 가져온다는 점에서 기존에 국내에서 통용되어 온 범죄구성요건에 대한 착오의 법리와 충돌하지 않으며, 그것이 단지 항변구성요건, 즉 위법성조각사유의 전제사실에 대한 착오로까지 확장된 법리라고 의미를 부여할 수 있다.[67] 그리고 이는 사실의 착오의 법적 효과라는 측면에서 범죄구성요건과 항변구성요건을 아우르는 정합적이고 일관된 입장이라고 볼 수 있을 것이다. 이는 우리나라의 형법학 이론과 기존의 판례에서는 다소 낯선 법리지만 이해하기 어렵지 않다.

4. 관련 개소의 정합적 해석과 유기천 교수의 견해

(1) 사실의 착오설

유기천 교수가 위법성조각사유의 전제사실의 착오(위법성조각사유에 대한 착오)를 법률의 착오가 아닌 사실의 착오로 보고 있다고 해석된다는 점은 전술한 바와 같다. 다음의 개소가 대표적이다.

"위법성조각사유에 대한 착오는 고의범의 성립이 조각된다."[68]

위 개소에 대해서 다시 부연하자면 전술한 바와 같이 고의범의 성립이 조각된다는 의미는 고의책임이 조각되어 벌하지 아니한다는 의미이다. 즉 위법성조각사유에 대한 착오는 법률의 착오와 달리 정당한 이유를 묻지 않고 곧바로 고의책임이 조각되어 벌하지 않는다. 유기천 교수

---

67) Beckford 판결의 취지는 주관주의 원칙이 범죄구성요건과 항변구성요건에 모두 적용된다(The same subjective test applies to both)는 것이라고 보는 문헌으로는 David Ormerod/Karl Laird, Smith, Hogan, & Ormerod's Criminal Law, 16th Edition (Oxford University Press, 2021), at 354.

68) 유기천, 앞의 책, 237면.

가 취하는 이론(가능성설) 하에서 "고의범 성립이 조각된다"는 의미는 "위법성의 인식의 가능성이 없기 때문에 '비난가능성이 없어' 고의의 책임이 완전히 조각된다"는 뜻이지 고의범 성립이 부정된다고 해서 과실범의 존부문제로 귀결되지 않는다.

　이를 뒷받침하는 다음의 개소도 역시 사실의 착오설을 지지해 준다.

　　"위법성조각사유가 있을 때에 이를 오인한 경우에 관하여 고의설의 입장에서는 소극적 행위정황론의 적용상 당연히 그 구성요건 자체가 불성립한다고 보나, 책임설의 입장에서는 오직 위법성이 조각된다는 주장한다. 그러나, 현행법의 해석상 가능성설의 입장에서도 전자와 동일한 결론이 됨을 상술하였다."69)

　위 개소에 대해 부연하기 전에 동 개소에는 두 가지 '오기'가 있다고 생각된다.

　첫째, "고의설의 입장에서는 소극적 행위정황론의 적용상 당연히 그 구성요건 자체가 불성립한다고 보나"라는 문장은 "고의설의 입장에서는 소극적 행위정황론의 적용상 당연히 그 고의가 조각된다고 보나"가 더 일반적인 명제라고 사료되며70),

둘째, "책임설의 입장에서는 오직 위법성이 조각된다는 주장한다."는 문장은 "책임설의 입장에서는 오직 책임이 조각된다는 주장한다."는 명제가 책임설에 대한 적절한 기술이라고 사료된다.71)

　그렇다면 위 개소는 다음과 같이 재기술해 이해할 필요가 있을 것이다.

---

69) 유기천, 앞의 책, 230면.

70) 소극적 구성요건표지이론에 대해서는 신동운, 앞의 책, 433면; 이상돈, 앞의 책, 209면; 천진호, 형법총론(준커뮤니케이션즈, 2016), 579면. 물론 고의가 조각된 상황에서 만일 과실도 인정되지 않거나 과실은 있지만 과실범 처벌규정이 없는 경우 결과적으로 구성요건 자체가 불성립하는 경우도 존재할 수 있다.

71) 책임설에 대해서는 신동운, 앞의 책, 402면 이하; 이상돈, 앞의 책, 208면; 천진호, 앞의 책, 580-581면.

> "위법성조각사유가 있을 때에 이를 오인한 경우에 관하여 고의설의 입장
> 에서는 소극적 행위정황론의 적용상 당연히 그 고의가 조각된다고 보나,
> 책임설의 입장에서는 오직 책임이 조각된다는 주장한다. 그러나, 현행법의
> 해석상 가능성설의 입장에서도 전자와 동일한 결론이 됨을 상술하였다."72)

위와 같이 재기술된 명제로 해석하는 것이 타당하다고 할 때, 위 개
소에서 "현행법의 해석상 가능성설의 입장에서도 전자와 동일한 결론
이 됨을 상술하였다."는 의미는 무엇인가? 우선 상술하였다는 개소를
살펴보면 다음과 같다.

> "이는 위법성조각사유에 대한 착오가 있는 경우에 해당하고, 이런 때에 이
> 를 구성요건적 사실에 관한 착오라고 볼 것이냐 혹은 위법성의 착오라고
> 볼 것이냐에 관하여 책임설은 위법성의 착오라고 주장하나, 독일연방재판
> 소는 전술한 소극적 행위정황론과 동일한 결론을 내렸다. 형법 제21조 제3
> 항은 제2항의 경우에 국한하는 것같이 규정하였으나, 이론상 제1요건을 결
> 한 때가 원칙적으로 오상방위의 경우이고 역시 독법과 동일한 입장을 입법
> 화한 것이라고 봄이 타당하다."73)

바로 앞의 개소와 위 개소를 종합적으로 해석하자면 유기천 교수는
위법성조각사유에 대한 착오를 위법성의 착오(법률의 착오)라고 주장하
는 책임설의 입장에 의구심을 드러내고 있으며, 형법 제16조의 배경이
론으로서 유기천 교수가 일관되게 주장해 온 '가능성설'에 의해서도

---

72) 유기천, 앞의 책, 230면.
73) 1960년에 나온 '형법학' 초판에는 동 개소가 등장하지 않는다. 그러나 면책적 긴
   급피난에 대한 설명은 1980년의 개정판과 동일한 것으로 미루어 초판의 입장은
   이후 개정판으로 그대로 유지되고 있다고 보는 것이 정합적인 해석론이라고 생
   각된다. 유기천, 형법학 (박영사, 1960), 201-202면. 아울러 1971년에 나온 '형법
   학' 개정판 초판에는 "독법과 동일한 입장을 입법화한 것이라고 봄이 타당하다"
   는 문구가 등장하지 않는다. 형법 제21조 제3항이 독일법과 동일한 입장(소극적
   행위정황론과 동일한 결론)을 입법화한 것이라는 견해는 후일 개정판에서 추록
   된 것임에 유의할 필요가 있다. 유기천, 개정 형법학 (박영사, 1971), 174면 참조

소극적 행위정황론과 동일한 결론, 즉 고의조각의 결론을 가져올 수 있다고 주장하고 있음을 확인하게 된다. 물론 앞서 강조한 바와 같이 유기천 교수는 단순한 고의조각의 효과를 넘어 궁극적으로 제21조 제3항에 의해 완전한 면책의 효과를 의도하고 있음에 유의할 필요가 있을 것이다.

잘 알려진 바와 같이 가능성설은 마이어(M. E. Mayer)가 주창한 견해로서 간단히 말해 책임의 가장 낮은 한계는 '의무위반의 인식의 가능성'에 있다고 보는 입장이고, 그러므로 위법성의 인식의 가능성이 없으면 고의범으로 벌할 수 없으나, 위법성의 인식의 가능성이 있는 때에는 행위자에게 과실이 있는 경우에도 고의범으로서 처벌받아야 한다는 입장이다. 유기천 교수에 따르면 형법 제16조는 이 가능성설을 입법화한 것이다.[74]

상기 가능성설의 논리대로라면 '위법성의 인식가능성이 없으면' 고의범으로 벌할 수 없어서 소극적 행위정황론과 동일한 결론에 도달하게 됨을 알 수 있고, 그렇다면 위법성조각사유에 대한 착오는 '위법성의 인식가능성이 없는' 경우에 해당한다는 가정을 전제로 할 때 소극적 행위정황론과 동일한 결론을 얻을 수 있다.[75]

어쨌든, 여기서 중요한 논점은 가능성설에 의해서도 소극적 행위정황론과 동일한 결론에 이를 수 있다고 밝히고 있다는 점인데, 과연 어떤 근거에 의해서 그러한 결론에 도달할 수 있는지 명확히 적시하고 있지 않다. 다만 오상방위의 경우 제21조 제3항을 적용해야 한다는 것이 근거의 전부인데, 그렇다면 다음과 같은 의미로 해석될 수 있을 것이다.

---

74) Paul K. Ryu/Helen Silving, *Ibid.*, at 692; 유기천, 앞의 책, 226-227면. 가능성설에 대해서는 M. E. Mayer, Der Allgemeine Teil des Deutschen Strafrecht: Lehrbuch, 1923, 231면 이하; 김용진, 신형법 해의(解義) (지구당, 1953), 91면; 김종원, 금지착오와 형법 제16조, 경희법학 제9권 제1호(1971), 61면.

75) 물론 소극적 행위정황론은 단순히 '고의조각'의 효과를, 가능성설은 '책임조각'의 효과를 가져온다는 점에서 약간의 착이는 있지만 정당한 이유를 묻지 않고 곧바로 그러한 효과를 발생시킨다는 점에서는 대동소이하다.

> "야간 등 기타 불안스러운 상황하에서 오상방위를 한 자는 그 착오로 인해 자신의 행위가 적법하다고 생각하고 있는 관계로 '위법성인식의 가능성이 없기 때문에' 고의책임이 조각된다."

그렇다면 어떻게 위와 같은 결론이 도출될 수 있는 것일까? 다시 말해 "착오로 인해 자신의 행위가 적법하다고 생각하고 있는 경우"는 어떻게 "위법성인식의 가능성이 없는 경우"라고 평가될 수 있을까?

이에 대한 해결의 단초가 될 만한 다음의 개소를 음미해볼 필요가 있다.

> "구판에서는 위법성에 대한 착오와 위법성조각사유에 대한 착오를 구별 취급함은 이론과 일관성이 없다는 이유에서 모두 위법성 문제(법률의 착오)[76]라고 보았으나, 위법성 인식의 가능성을 비난가능성의 지적 요소라고 보는 이상 이런 모순은 해결됨으로써 구판의 입장을 변경한다."[77]

위 개소는 많은 것을 시사하고 있다. 구판에서는 위법성의 착오와 위법성조각사유에 대한 착오를 하나의 범주(위법성의 문제, 법률의 착오)로 취급하였으나 신판에서는 양자를 달리 취급하고 있다고 밝히고 있으며 이는 역시 위법성조각사유에 대한 착오를 위법성의 착오가 아닌 사실의 착오로 분류하고 있음을 말해준다.

위법성조각사유에 대한 착오를 사실의 착오로 분류한다는 것은 바꾸어 말하면 위전착에 빠진 자에게 법률의 착오는 발생하지 않은 것이며 오로지 사실의 착오로 인해 자신의 행위가 적법하다는 오인에 빠진 자로 볼 수 있다는 것이다. 예컨대 오상방위로 장난감 총으로 자신을 위협하는 친구를 살해한 자는 살인이 금지된 행위라는 점에 대한 착오(법률의 착오)는 발생하지 않았지만, 정당화사정에 대한 착오로 인해 자

---

76) '법률의 착오'는 필자가 이해를 돕기 위해 부연한 것이다. 유기천 교수에 따르면, 위법성의 착오는 법률의 착오와 동일한 문제가 된다. 유기천, 앞의 책, 244면. 하지만 위법성조각사유의에 대한 착오는 이와 다른 층위의 문제가 된다는 것이다.
77) 유기천, 앞의 책, 각주 504)

신의 행위가 정당방위가 되어 적법하다고 믿고 있을 뿐인 것이다. 그런데 구판과 다르게 이러한 입장의 전환을 가져온 계기는 바로 "위법성인식의 가능성을 비난가능성의 지적 요소라고 보는" 것 때문이라고 한다. 이 말은 어떤 의미일까?

(2) 책임요소와 사실의 착오

유기천 교수에 따르면 책임은 법률상의 비난이다. 이러한 법률상의 비난이 성립하려면, 행위자가 책임요소를 구비하여야 한다. 이 요소 중에서 하나라도 결할 때에는 이에 대하여 법률상의 비난을 가할 수 없고, 책임은 조각된다고 한다.

유기천 교수의 견해에 따르면 그와 같은 책임요소(비난가능성의 요소)로는 다음과 같은 것들이 있다.

첫째, 비난가능성의 지적 요소로서 '고의'와 '위법성 인식의 가능성'이 있다.

먼저, 여기서의 고의는 구성요건고의를 지칭하는 것이 아니라 책임판단의 대상이 되는 고의를 말한다고 한다. 즉, 이때의 고의는 책임판단의 대상으로 나타나기 때문에 '비난가능성의 지적 요소'로서의 의미를 갖는다는 것이다. 따라서 고의는 '구성요건 실현의 인식'을 필요로 하는데, 책임판단의 대상으로서의 고의의 인식대상에는 특정한 시간 및 장소에 있어서 행위자의 내적, 외적 행위상황이 포함되며, 이러한 행위자의 심적 상태는 책임 자체와 혼동되어서는 안 되지만, 책임판단의 대상을 형성하게 된다고 한다. 현대적 개념으로 말하면 책임고의를 지칭하는 것을 보인다.

다음으로 위법성의 인식가능성도 비난가능성의 지적 요소를 구성하는데, 형법 제16조가 법률의 착오에 정당한 이유가 있을 때에는 벌하지 않는다고 규정한 것은 행위자에게 위법성의 인식이 불가능하였음을 의미하는 것이고(가능성설의 결론), 다시 말해 행위자가 위법성의 인식이 불가능한 상태하에서 그 인식을 못하였을 때에는 비난을 가할 수 없다

고 한다.[78)]

둘째, 비난가능성의 규범적 요소에는 '적법행위의 기대가능성'이 있다. 주지하다시피 책임의 본질은 비난가능성이므로, 행위자가 구성요건에 해당하는 범죄사실 및 그 위법성을 인식하였다고 하여도 적법행위를 기대하기 곤란할 때에는 행위자에게 책임이 있다고 할 수 없다. 일반적으로 말해 기대가능성은 고의나 과실과는 달리 행위자의 의사결정에 영향을 줄 수 있는 부수사정에 대한 가치판단으로서 객관적이고 외부적인 세계의 문제이며, 적법행위에 대한 기대가 불가능할 때에는 비난가능성의 지적 요소가 갖추어져 있어도 책임이 조각된다.[79)]

그렇다면 상기 설명한 책임요소의 개념에 비추어 볼 때, 유기천 교수가 형법학의 구판과 다르게 위법성조각사유에 대한 착오를 법률의 착오가 아니라 사실의 착오로 보게 되는 근거가 "위법성 인식의 가능성을 비난가능성의 지적 요소라고 이해하기" 때문이라는 점이 어떻게 논리적으로 설명될 수 있는 것일까?

우선, 비난가능성의 요소는 그것이 하나라도 결여되면 책임이 조각된다는 유기천 교수의 설명에 주목하면, 위법성 인식의 가능성은 그것이 결여되면 "정당한 이유"를 묻지 않고 곧바로 책임이 조각된다는 점에서, 사실의 착오가 고의를 조각하는 법리와 유사한 구조를 지닌다는 점을 알 수 있다. 그렇다면 위전착을 사실의 착오로 본다는 것은 곧 위전착이 발생하면 위법성 인식의 가능성이 결여되어 고의가 조각된다는 점과 구조적으로 일맥상통하게 된다. 그러면 이러한 설명방식이 위전착을 법률의 착오로 보는 입장과 어떤 점에서 차이가 있는 것일까? 위전착을 법률의 착오로 보는 입장(엄격책임설)의 입장에 의하면 위전착은 어디까지나 위법성의 인식문제(법률의 착오)에 입각해서 해결될 것이므로, 그 합리성 유무 또는 정당한 이유를 검토하여 정당한 이유가 있는 경우에 한하여 책임을 조각시키는 법리구성을 하게 된다. 그러나 만일

---

78) 유기천, 앞의 책, 229-230면.
79) 유기천, 앞의 책, 230-231면.

위전착은 단지 '위법성의 인식가능성'과 연관된 문제라면, 그러한 가능성이 결여되면 곧바로 고의조각의 효과를 가져올 것이므로 이는 위전착을 사실의 착오로 보는 입장과 연결될 수밖에 없다는 점을 이해할 수 있게 된다.[80]

이다만 그렇다고 하더라도 위전착이 있으면 그것이 위법성의 인식가능성을 부정하게 된다는 점이 더 설명되어야 한다. 즉 정당화사정에 대한 착오(사실의 착오)가 있으면 그것은 어째서 위법성의 인식가능성을 부정하여 곧바로 책임조각의 효과를 발생시킬 수 있는가? 이에 대해 유기천 교수는 다음과 같은 간명한 답변을 마련해 놓고 있다.

> "현행법상 착오의 문제는 다음과 같이 해석된다. (i) 행위자가 구성요건에 해당하는 사실을 인식하지 못한 때에는 위법성의 인식이 없고, 적법행위를 기대할 수도 없으므로 이러한 행위에는 형법상의 책임을 지울 수 없다."[81]

여기서 "행위자가 구성요건에 해당하는 사실을 인식하지 못한 때에는 위법성의 인식이 없다"는 말의 의미는 사실의 착오에 빠진 자에게 단순히 위법성의 인식이 없음을 말하는 취지가 아니라고 생각된다. 예컨대, 타인의 재물을 자신의 것으로 오인하여 취거하여 간 행위자에게는 자신의 행위에 대한 위법성의 인식이 없음은 너무나 당연한 것이며, 여기서 실제로 말하고자 하는 바는 사실의 착오에 빠진 자는 "위법성의 인식이 불가능한 상태하에서 그 인식을 못하였을 때"[82]에 해당하므로 비난을 가할 수 없다는 취지를 분명히 하고 있는 것이라고 생각된다. 이 점은 특히 위 개소가 착오로 인한 책임조각의 법리를 설명하고 있는 부분이므로 사실의 착오가 발생하면 어떠한 책임요소가 결여되어 책임이 조각되는지 설명하고 있는 것이 분명해 보이므로, 여기서 단지 위법

---

80) 위전착을 사실의 착오로 보는 학설과 법률의 착오로 보는 학설에 대한 상세한 분석과 평가로는 유기천/강구진, 앞의 책, 56-59면; 차용석, 앞의 글, 246-251면.
81) 유기천, 앞의 책, 245면.
82) 유기천, 앞의 책, 230면.

성의 인식이 없음이 중요한 것이 아니라, 위법성의 인식가능성이 없다는 점이 전제되어 있다고 보는 것이 위 개소에 대한 정합적인 해석이라고 사료된다. 이는 특히 유기천 교수가 "고의범의 경우에 있어서는 위법성 인식가능성은 구성요건적 인식과의 관련하에서 검토됨으로써 지적 요소가 된다"[83]고 밝히고 있는 것으로 미루어 보더라도 구성요건적 인식이 결여된 자는 위법성인식의 인식가능성이 없다는 의미로 해석하는 것이 타당한 해석이라고 보인다. 바로 이 지점에서 유기천 교수가 커먼로상의 주관주의 법리를 수용하고 있음이 잘 드러난다고 생각되는데, 사실의 착오에 빠져 자신을 방어하기 위해 타인을 공격한 경우 '공정한 경고(fair warning)' 기능이 제대로 작동하지 않는 상황에서 그러한 공격을 가한 것이므로 이에 대해 공적인 비난을 가할 수 없다는, 앞서 논급한 범의의 원칙 내지 자율성의 원칙은 "구성요건적 인식이 결여된 자는 위법성인식의 인식가능성이 없다"는 명제를 도출해낼 수 있는 중요한 근거로 기능하고 있다고 볼 수 있기 때문이다. 착오의 법적 효과를 책임조각으로 보고 있다는 점도 그러하다.

그렇다면, 위 개소는 사실의 착오에 빠진 자에게 완전한 책임조각의 법적 효과가 발생하는 근거를 설명하고 있는 중요한 부분이 된다. 사실의 착오에 빠진 자에게는 위법성의 인식가능성도 없고, 나아가 적법행위의 기대가능성도 없으므로 책임이 조각된다는 것이다. 이를 오상방위와 연결시켜 보면, 정당화사정에 대한 착오에 빠진 자는 비록 행위의 금지성은 인식하고 있어서 법률의 착오는 발생하지 않지만 정당한 근거에 의해 적법한 행위를 한다고 믿고 있기 때문에 위법성의 인식가능성이 없고[84] 따라서 형법 제21조 제3항을 유추적용해 책임을 조각시키는 것이 타당하다는 유기천 교수의 견해를 정합적으로 이해할 수 있다고 믿는다.

---

83) 유기천, 앞의 책, 233면 각주 495) 참조.
84) 이러한 맥락에서 '위법성의 인식가능성'은 '행위의 금지성' 자체와 '금지되는 행위가 특수한 사정에 의해 법적으로 허용되는지 여부'라는 두 가지 층위에서 모두 관념할 수 있는 개념이라고 사료된다.

V. 맺음말

"형법학의 난제만큼 지난한, 유기천 교수의 사고의 편린(片鱗) 재구성작업" 위법성조각사유의 전제사실의 착오라는 형법학의 오랜 난제에 대해 유기천 교수는 그 어느 저작에도 포괄적인 설명을 남겨두지 않았다. 결과적으로 그 자신의 견해를 파악하는 작업조차 '難題'로 남겨둔 것이다. 따라서 그 견해를 재구성하는 작업은 실로 지난한 일이 되었다. 모두에서 언급한 바와 같이 유기천 교수는 위전착에 대해 종합적이고 상세한 설명을 해놓지 않았고 관련된 견해들이 곳곳에서 산견될 뿐이며, 심지어 일부 저작들 간에는 입장의 상위도 발견된다. 따라서 이를 구명하는 과정은 일종의 scientific puzzle에 비유될 수 있다. 전체적인 배경그림을 그려놓고, 유기천 교수의 생각이 담긴 여러 개소(個所)들을 이에 맞도록 정합적으로 재배치하여 견해를 재구성하는 작업이 필요했기 때문이다. 이러한 근본적인 한계로 인해 본고의 결론은 엄밀히 말하면 유기천 교수의 견해로 추정되는 입장으로 보는 것이 온당할 것이다. 따라서 또 다른 대안적 해석의 가능성을 배제하지는 않겠지만, 본고의 입론이 옳다면 다음과 같은 결론을 제시해볼 수 있다.

첫째, 유기천 교수는 위법성조각사유의 전제사실의 착오를 사실의 착오로 이해하는 입장을 취하고 있다.

둘째, 위전착의 법적 효과로서 오상방위의 경우 형법 제21조 제3항을 '유추'적용할 것을 제안하고 있다.

셋째, 따라서 위전착의 법적 효과는 단순한 고의조각에 머물지 않으며 완전한 면책의 결과를 가져온다.

넷째, 이러한 견해는 당대는 물론 현대의 국내의 통설과 판례는 물론 현대적 학설의 관점에 비추어 보아도 낯선 이론이며, 이는 유기천 교수가 커먼로상의 주관주의 심사기준 법리를 수용해, 현행법의 유추적용을 통해 해결하려고 시도한 결과로 이해하는 것이 가장 정합적인 해석이다.

§5. 영국형법에서 오상방위의 취급에 관한 연구

Ⅰ. 서언

오늘날 법계(法系)를 막론하고 형법학에서 여전히 만족스럽게 해결되지 못한 문제영역이 있다면 그것은 아마도 오상방위라고 해도 과언이 아닐 것이다. 좀 더 넓게는 위법성조각사유의 객관적 전제사실에 대한 착오의 문제라고 말할 수 있겠으나 비교법적으로 볼 때 커먼로계통의 형법에서는 주로 오상방위와 관련해서만 이 문제가 논급되므로 본고에서는 이를 오상방위에만 국한시켜 다루어 보고자 한다.

국내외를 막론하고 오상방위의 형법적 취급문제와 관련된 선행연구는 그 수를 헤아리기 힘들 정도인데 견해대립의 양상은 크게 두 유형으로 대별할 수 있다. 그 하나는 우리나라와 일본, 독일 등의 논의로서 고의를 조각시키는 견해와 책임을 조각시키는 견해들 간의 도그마틱적 해결방식의 논쟁이며, 다른 하나는 영국과 미국 등 커먼로 국가의 논의로서 정당화사정(justifying circumstance)에 대한 착오가 어떠한 조건 하에서 정당방위의 항변(defence)으로 인정될 수 있는지와 관련된 논쟁이라고 정리해볼 수 있을 것이다.

대법원 판례는 오래전부터 "그 오인에 상당한(정당한) 이유가 있을 경우에 위법성을 조각시킨다"는 '위법성조각설'을 취함으로써[1] 외견상 오상방위를 일정한 조건 하에서 정당방위로 취급하는 영미법계의 오상방위 법리와 상당히 유사한 태도를 취하고 있다. 이에 대해서 학계는

---

1) 대법원 1968. 5. 7. 선고 68도370 판결; 대법원 1986.10.28. 선고 86도1406 판결; 대법원 2004. 3. 25. 선고 2003도3842 판결 등.

대체로 대법원 판례의 입장에 대해 비판적이고[2] 반대로 법원도 역시 기존 학계의 견해에 대해 불만족스러움[3]을 표출하고 있는 형국이다.[4]

　이와 같은 상황에서 문제해결의 출발점으로서 상호이해를 위한 관점의 폭을 넓히기 위해서 그동안 우리에게 익숙치 않았던 외국판례나 입법례가 취하고 있는 해결방식에 눈을 돌려보는 것은 자연스러운 접

---

2) 판례의 입장을 선해하려는 시도를 하고 있는 글로는 이용식, "위법성조각사유의 전제사실의 착오에 대한 대법원판례의 이해구조", 형사판례연구 제24권 (2016), 157면 이하; 안성조, "위법성조각사유의 전제사실의 착오에 대한 대법원 판례의 재검토", 형사정책 제34권 제4호 (2023). 이와 달리 대법원 판례가 위법성조각사유의 요건사실의 착오를 인정하고 그에 대한 효과를 다룬 것으로 보기 어렵다는 견해로는 오영근/노수환, 형법총론 제7판 (2024), 351면.

3) 학계 스스로도 기존의 학설에 대해 비판적인 입장을 견지하고 있으며 나름의 대안을 제시하려고 노력하고 있음은 주지의 사실이다. 관련된 최근의 연구문헌으로는 강철하, "위법성조각사유의 전제사실에 관한 착오", 동아법학 제52호 (2011); 김종구, "미국 형법상 위법성조각사유의 전제사실의 착오", 형사법연구 제25권 제3호(2013); 김성룡, "현행법체계에서 위법성 조각사유의 전제조건에 관한 착오의 해석론", 비교형사법연구 제15권 제1호(2013); 임상규, "착오적 경찰작용에 대한 저항행위와 그 허용한계", 성균관법학 제27권 제2호(2015); 홍영기, "위법성조각사유의 전제사실에 관한 착오", 고려법학 제81호(2016); 정승환, "독일의 형법 및 형법학과 한국의 형법이론", 형사법연구 제28권 제4호(2016); 송시섭, "책임고의의 인식대상과 정당화상황에 대한 착오", 동아법학 제75호(2017); 이창섭, "행위자가 인식한 정당화상황이 실재하지 않는 경우의 형법적 취급", 부산대학교 법학연구 제59권 제1호(2018); 하태인, "판례분석을 통한 오상방위의 해석" 형사법연구 제31권 제4호 (2019); 하민경, "위법성조각사유의 전제사실에 대한 착오", 형사법의 신동향 통권 제68호(2020); 김정환, "적법한 공무집행에 대해 오인한 저항행위에 있어서 오상방위 적용의 전제로서 정당방위상황의 판단기준", 인권과 정의 제500호(2021); 김재봉, "경찰관의 적법성 착오에 의한 직무행위와 정당화 여부", 경찰법연구 제20권 제2호(2022); 안성조, "위법성조각사유의 전제사실의 착오에 대한 대법원 판례의 재검토", 형사정책 제34권 제4호 (2023); 홍영기, "2023년 형사법분야 대법원 주요판례와 평석" 안암법학 제68호(2024).

4) 서울중앙지방법원 2021. 8. 12. 선고 2020고합886 판결. 독일 내에서의 학설대립의 양상에 대해서는 Kindhäuser/Neumann/Paeffgen(Hrsg.), Strafgesetzbuch, Band1 (Nomos, 2010), S. 686 f.

근법이라고 말할 수 있을 것이다. 본고는 이러한 취지에서 커먼로, 그 중에서도 영국형법5)의 입장에 주목해 보고자 한다. 최근 국내에도 오상 방위의 형법적 취급방법에 대한 미국내의 논의가 국내에도 소개된 바 있으나 정작 커먼로의 종주국(宗主國)이라고 말할 수 있는 영국의 논의 상황에 대해서는 거의 알려진 바가 없다. 그런데 결론적으로 영국형법 의 입장은 대법원 판례의 태도를 이해하고 그에 대한 개선방향을 제시 하는 데 있어서 매우 유용한 시사점을 제공해 주고 있다고 판단된다. 이에 본고는 커먼로의 착오론과 오상방위에 대한 영국형법의 현재 입 장을 검토하고(Ⅱ), 현재의 입장에 이르게 된 리딩케이스의 사실관계와 법리적 근거를 확인해 본 후(Ⅲ), 주관적 심사기준(subjective test rule)을 따르고 있는 영국법의 오상방위 법리에 대한 여러 비판논거를 형법학 자 Andrew Simester가 제기한 문제점을 중심으로 면밀히 검토해 봄으로 써 우리가 지향해야 할 준거점을 입론한 후 (Ⅳ) 대법원 판례가 향후 나아가야 할 방향을 모색해 보기로 한다(Ⅴ).

Ⅱ. 커먼로의 착오론과 오상방위에 대한 영국법의 입장

1. 영국법상 오상방위(putative defence)의 취급방식의 변화

영국도 우리나라와 마찬가지로 정당화사정에 대한 착오로 정당방위

---

5) 여기서 '영국형법'이라 함은 관할(jurisdiction)상 잉글랜드와 웨일즈(England and Wales) 지역에 적용되는 법리를 지칭하는 것으로 한다. 영국(United Kingdom) 내에서도 스코틀랜드 형법은 오상방위와 관련해 다른 입장을 채택하고 있기 때 문이다. 즉, 오상방위가 항변으로 인정되기 위해서 '합리성'을 요구한다. 이러한 스코틀랜드 판례의 입장에 대한 날카로운 평석으로는 Fiona Leverick, "Unreasonable mistake in self-defence: Lieser v HM Advocate", *Edinburgh Law Review, Vol.13, No.1* (2009), at 100-104.

를 했을 때 이를 '추정된(putative) 정당방위'라고 명명하여 특수한 문제로 취급하고 있다. 다만 그 법적 효과와 관련해서 고의 또는 책임의 조각여부에 주목하는 우리나라와 달리 착오가 정당방위의 성립에 어떤 영향을 주는가에 논의의 초점이 맞추어져 있기 때문에, 주로 책임파트에서 이 문제를 논급하는 우리나라와 달리 정당방위 파트에서 다루고 있다.[6)]

정당화사정에 대한 착오를 형법적으로 취급함에 있어서 초기 커먼로에서는 그것이 항변(defence)[7)]으로 인정되기 위해서는 행위자의 믿음이 진정한 것이면 된다는 태도를 취하고 있었던 것으로 보이나 19세기 어느 시점부터 1980년대까지 그것이 항변으로 인정되기 위해서는 합리성이 요구된다는 입장을 취하고 있었다.[8)] 다시 말해 오상방위가 정당방위로 인정되어 무죄가 인정되기 위해서는 착오가 '합리적인 사람(reasonable man)'의 관점에서 보더라도 회피할 수 없는 것이어야 한다는 것이다. 즉, 합리적인 믿음(reasonable belief)에 기초한 방어행위는 실제로 그 정당화사정이 실제로는 존재하지 않더라도 정당방위로 취급될 수 있었다.

그러나 R v Williams (Gladstone)[9)]를 기점으로 Beckford v Queen[10)] 등을 통해 영국법은 오상방위의 경우 그 착오가 진정한(genuine) 것이면 착오의 합리성 여부에 관계없이 이를 정당방위의 항변으로 인정하는

---

6) 예를 들어 Andrew Ashworth, Principles of Criminal Law (Oxford Univ. Press, 2009), at 216.

7) 여기서 항변(defence)은 죄의 성립을 조각시키는 일체의 실체법상의 사유, 예컨대 정당방위, 긴급피난 등 정당화 사유(justification)나 명정상태(intoxication), 강요된 행위(duress) 등의 면책사유(excuse)를 의미하며 이는 이중위험금지(double jeopardy)와 같은 절차적 항변(procedural defence)과 구별된다. 이에 대해서는 Erick Colvin, "Exculpatory Defences in Criminal Law", *Oxford J ournal of Legal Studies, Vol.10, No.3* (1990), at 382.

8) Andrew Ashworth, *Ibid.*, at 215.

9) R v Williams (Gladstone) [1987] 3 All ER 411.

10) Beckford v R [1987] 3 All ER 425 Privy Council.

입장으로 다시 전회하게 되었고, 이러한 착오법리가 일부 제정법을 제외하고[11] 현재까지 적용되고 있다. 영국법의 입장을 이해함에 있어서 유의할 점은 판례는 착오가 진정한 것이면 정당방위를 인정함으로써 정당화(justification)의 법적 효과를 부여하고 있지만,[12] 정당화와 면책의 구별을 지지하는 학설은 오상방위의 법적 효과를 면책(excuse)으로 분류하고 있다는 점이다.[13] 이 점에 대해서는 맺음말 부분에서 상론하기로 한다.

그런데 행위자의 정당화사정에 대한 착오가 진정한 믿음에 기초한 것이면 정당방위로서 항변이 인정된다는 영국법의 입장은 우리에게는 다소 낯선 법리구성이다. 우리나라의 경우 오상방위를 법률의 착오로 파악하는 입장에 의하면 정당한 이유가 있는 경우, 달리 말하면 착오가 합리적인 경우에 한해 책임을 조각시키고, 오상방위를 사실의 착오로 이해하는 입장에서는 착오의 합리성과 무관하게 고의를 조각시키는 입장을 취하고 있기 때문에 영국법의 입장은 우리에게 익숙한 도그마틱적 관점에 비추어 볼 때 다소 이질적이며 이해하기 힘든 법리구성으로 보이기 때문이다. 이에 대한 적절한 이해를 위해서는 전통적으로 커먼로가 형법상의 착오를 어떻게 취급해 왔는지를 검토할 필요가 있다.

---

11) Sexual Offence Act 2003은 합의에 의한 성관계에 요구되는 승낙연령에 대한 착오는 합리적 근거(reasonable grounds)가 있을 것을 요구하고 있다. 이 점에 대한 논평으로는 Andrew Ashworth, *Ibid.*, at 218.

12) 참고로 모범형법전(Model Penal Code) 역시 이러한 입장이다.

13) 이 점에 대해서는 Erick Colvin, *Ibid.*, at 390. 전통적으로 커먼로 관할권의 형사실무에서 정당화(justification)와 면책(excuse)의 구분법은 별다른 기능을 하지 못했고, 때로는 혼용되어 사용되기도 했지만, 적어도 이론적으로는 양자의 구분이 가능하다는 점에 대해서는 Erick Colvin, Ibid., at 383-386. 동 문헌에 따르면 '정당화'는 어떤 행위가 해악을 초래하기는 하지만 특수한 사정에 의해 불법(wrong)으로 간주되지 않는 경우이며, 반면 '면책'은 행위가 불법에 해당하지만, 특수한 사정에 의하여 그 행위에 대한 비난가능성이 감소되거나 소멸되는 경우를 말한다. 이러한 맥락에서 오상방위의 법적 효과는 정당화가 아닌 면책이 되어야 한다고 주장하는 대표적인 견해로는 Paul Robinson, "Criminal Law Defenses: A Systematic Analysis", Columbia Law Review, Vol.82, No.2 (1982), at 239-240.

2. 오상방위와 사실의 착오(mistake of fact)

영국은 물론 커먼로 계통 국가에서 오상방위를 사실의 착오로 보는 점에는 별다른 이견이 없는 듯 보인다. 우리나라에서는 법률의 착오설과 사실의 착오설이 대립하고 있는 것과는 사뭇 다른 양상이라고 생각된다.[14] 다만 주의해야 할 점은 여기서 사실의 착오로 본다는 것은 정당화사정에 대한 착오가 '사실적 상황'에 대한 착오라는 점에서 사실의 착오라는 것이다. 즉 오상방위가 곧 '구성요건적 사실의 착오'라는 뜻이 아니라 순전히 일상적 의미에서 사실적인 상황에 대한 착오라고 이해되고 있는 것이다. 부연하자면' 엄밀히 말해 오상방위는 '항변구성요건(defence elements)'[15]에 대한 착오인 것이고, 따라서 일반적으로 '사실의 착오(협의의 사실의 착오)'라는 표현으로 지칭되는 '범죄구성요건(offence elements)'에 대한 착오는 아니지만 오상방위 사안에서 발생하는 정당화사정에 대한 착오는 문자 그대로 '사실적 요소에 대한 착오'라는 점에서 '사실의 착오(광의의 사실의 착오)'로 볼 수 있다는 것이다.

광의의 사실의 착오라고 하더라도 영국법에서는 협의의 사실의 착오와 마찬가지로 하나의 일관된 원칙, 즉 '주관주의 원칙(The subjective principle)'[16]에 입각해 취급되고 있으므로 광의와 협의를 막론하고 과

---

14) 위법성조각사유의 전제사실에 대한 착오를 사실의 착오로 보는 학설과 법률의 착오로 보는 학설에 대한 상세한 분석과 평가로는 유기천/강구진, 형법 케이스의 연구 (법문사, 2015, 1973년 초판발행), 56-59면; 차용석, 오상과잉방위, in: 형사법강좌 I - 형법총론(상) - (박영사, 1981), 246-251면 참조.

15) 여기서 '항변구성요건'은 정당방위의 성립요건을 구성하는 요건, 그중에서도 '정당화사정(justifying circumstance)'을 지칭하는 것으로 한다.

16) 주관주의 원칙이란 피고인에게 항변(defence)이 인정되는지 여부를 판단할 때, "피고인이 그러하다고 믿었던 사실에 따라서 평가되어야 한다(they are to be assessed on the fact as they believed them to be)"는 원칙을 말한다. 즉 합리적인 (reasonable) 사람이라면 그렇게 믿지 않았을 것이라고 하더라도(믿음의 합리성과 무관하게) 그에게는 항변이 인정할 수 있다는 것이다. 이 원칙에 대해서는 Grant Lamond, "Core Principles of English Criminal Law", in: The Limits of Criminal

거로부터 현재에 이르기까지 영국형법에서 사실의 착오가 어떻게 취급
되어왔는지 살펴보는 것은 매우 중요한 논의의 출발점이 된다. 아울러
커먼로상 착오론의 전개과정을 검토함으로써 착오의 합리성을 요구하
는 법리는 선례에 대한 충분한 검토와 이해가 부족해서 형성되었다는
사실도 확인할 수 있으므로 주관주의 원칙을 지지하고 수용하고자 하
는 본고의 논지에 중요한 역할을 한다는 점에서도 간략하게나마 일별
해 볼 필요가 있을 것이다.

3. 커먼로에서 사실의 착오의 취급방식

그렇다면 커먼로에서 사실의 착오는 어떻게 취급되었을까? 일반적
으로 로마법상의 격률인 "error juris nocet, error facti non nocet(법률의
착오는 해가 되고 사실의 착오는 해가 되지 않는다)"는 법률의 착오는
합리적 사유가 인정된다고 하더라도 항변이 되지 못하는 반면, 사실의
착오는 그것이 진정한 것이면 착오의 합리성 유무와 관계없이 언제나
항변으로 인정된다는 의미로 것으로 해석되며, 우리나라는 물론 독일에
있어서 사실의 착오법리도 역시 합리성 유무에 대한 검토 없이 진정한
사실의 착오는 행위자의 고의를 조각하는 것으로 이해된다.[17) 이처럼

Law (intersentia, 2018, edited by Matthew Dyson/Benjamin Vogel), at 27. 이러한
주관주의 원칙은 항변구성요건에 대한 착오에 있어서뿐만 아니라 범죄구성요건
에 대한 착오(협의의 사실의 착오)에 대해서도 일관되게 적용된다고 한다. Grant
Lamond, *Ibid.*, at 25. "Mens rea is constituted by the defendant's own intentions,
awareness or beliefs, rather than those of a 'reasonable person' in the defendant's
position". Andrew Ashworth는 주관주의 원칙 대신 '믿음우선 원칙(belief
principle)'이라는 용어를 사용한다. Andrew Ashworth/Jeremy Horder, The
Principles of Criminal Law, 7th Edition (Oxford University Press, 2013), at 74,
156. 본고에서는 양자를 혼용하기로 한다.

17) 이 점에 대해서는 Gunther Arzt, "The Problem of Mistake of Law", *3 BYU
L.Rev. 711 (1986)*, at 716. "Under the German criminal law, factual mistakes,
insofar as they are relevant under the definition of the crime charged, always

사실의 착오를 법률의 착오와 다르게 취급한 로마법상 착오법리의 배후에는 "법률은 명확할 수 있고 또 명확해야 하지만 사실에 대한 이해는 심지어 주의 깊은 자에게 있어서도 대부분 어긋나기 때문이다"[18]라는 로마법률가들의 사고방식이 자리잡고 있었다. 즉 사실의 착오는 법의 위하력에 의해 억지될 수 있는 유형의 착오가 아니라는 생각이 자리잡고 있었던 것이다.

그런데 영국을 비롯한 커먼로 국가에서 사실의 착오법리는 다소 복잡한 변천과정을 거쳐서 현재에 이르고 있는 것으로 보인다. 무엇보다도 20세기까지 커먼로에서 사실의 착오는 합리성을 요구하는 사례와 이를 요구하지 않았던 사례가 혼재되어 있었던 것으로 보인다. 그러나 이러한 판례의 입장에는 일정한 경향성을 찾아볼 수 있으며 이하에서는 사실의 착오에 대한 판례의 변천과정을 폭넓게 역사적으로 검토하고 있는 Richard Singer 교수의 견해를 중심으로 간략히 살펴보기로 한다.[19]

(1) 초기 커먼로의 입장

초기 영국법에서 사실의 착오는 합리성 유무와 관계없이 항변으로서 인정하는 입장이었으나 19세기 이후 일정한 변화가 있었던 것으로 보인다. Hale, Blackstone, Hawkins 등이 활동하던 17-18세기의 초기 커먼로에서는 사실의 착오가 항변이 되기 위한 요건으로서 합리성에 대

---

fall into the category of standard mistakes. They exclude intent regardless of whether they are reasonable".

18) NERATIUS, Digesta 22.6.2.

19) 카먼로에서 사실의 착오론의 전개에 대해서는 Richard Singer 교수의 "THE RESURGENCE OF MENS REA: II-HONEST BUT UNREASONABLE MISTAKE OF FACT IN SELF DEFENCE", 28 B.C. L. Rev. 459 (1987)"을 주로 참고했음을 밝혀둔다. Singer 교수의 판례분석은 미국법의 판례까지 모두 망라하고 있지만, 여기에는 미국법에서 객관적 심사기준이 태동하게 된 배경과 그 정당성에 대한 비판적 평가가 들어있기 때문에 본고의 논지전개와 밀접한 연관이 있으므로 본고에서는 미국의 판례변천사도 간략히 논급하기로 한다.

해서 당시의 주석가들은 이 요건을 중요하게 생각하지 않았다고 한다. 즉 사실상 착오가 인정되면 합리성 여부와 관계없이 죄가 성립하지 않는다고 보았던 것이다. 예컨대, Blackstone에 따르면[20] 착오는 '의지의 결함(defect of will)'에 해당하며 따라서 범죄가 성립하기 위해서 요구되는 '행위와 의지의 결합(conjunction)'이라는 요건의 결함을 가져온다고 한다. 그의 논의는 Matthew Hale의 견해를 재구성한 것인데, 즉 실제의 사실을 모르고 한 행위(act done in ignorance of the true facts)는 "도덕적으로 비자발적(morally involuntary)"인 행위라고 한다. 요컨대 블랙스톤은 사실의 착오는 합리성 유무와 무관하게 항변이 된다고 보았던 것이다.[21] 당대의 판례 역시 사실의 착오를 항변으로 인정함에 있어서 합리성은 무관계한(irrelevant) 것으로 보거나 전혀 고려하지 않았다고 한다.[22]

Singer 교수가 분석한 사실의 착오에 대한 초기 커먼로의 입장은 착오론과 관련된 서양의 오랜 지적 전통에 비추어 보면 그 근거를 이해하기 쉽다. 아리스토텔레스는 이와 관련해 행위자가 개별적인 행위정황을 인식하지 못한 경우에는 그의 행위는 자의(自意)에 반하는(involuntary) 것이 된다고 한다.[23] 행위자가 부지로 인하여(from ignorance) 행위한 경우라면 그러한 부지는 용서되어야 하지만, 그의 행위가 부지가 아닌 음주나 격정(passion)으로 인해 초래된 것으로서 그것이 부지로 인해 수행된 것이 아니라 단지 부지의 상태(in ignorance)에서 수행된 것이라면 그러한 착오는 용서될 수 없다고 한다.[24]

---

20) William Blackstone, Commentaries on the Laws of England 27 (1776).

21) 이러한 해석으로는 Richard Singer, "THE RESURGENCE OF MENS REA: II-HONEST BUT UNREASONABLE MISTAKE OF FACT IN SELF DEFENCE", *28 B.C. L. Rev. 459* (1987), at 461.

22) 이 점에 대해서는 Richard Singer, *Ibid.*, at 460-465. 특히 at 465.

23) Aristotle/William David Ross 역, The Nicomachean Ethics (Oxford Univ. Press, 1987), at 51, 1111a 참조.

24) Aristotle/William David Ross 역, *Ibid.*, at 128, 1136a 참조.

중세의 철학자인 토마스 아퀴나스는 사실의 착오에 대한 아리스토텔레스의 입장에 대해 "일정한 행위와 관련되어 있거나 그러한 행위가 기초하고 있는 특수한 조건들에 대한 무지는 자비와 용서를 받을 만하다. 왜냐하면 그러한 상황에 대한 부지자는 자의에 반하여 행동하고 있기 때문이다."[25]라는 주석을 남겼는데, "이러한 종류의 무지(즉 법률의 부지)와 다른 것으로서 인간의 행위가 기초하고 있는 조건에 대한 부지가 있다. 이러한 조건들 중 하나라도 모르고 있는 자는 자의에 반하여 행동하고 있는 것이며 따라서 개별적 행위정황(particular circumstances)에 대한 부지는 행위를 자의에 반하게 만드는 원인이 된다"[26]고 설명하였다.

옥스퍼드의 도덕철학자인 J. A. Stewart는 아리스토텔레스의 착오이론을 정리하여 행위의 원인이 되는 부지, 즉 음주나 격노 등의 부주의가 개입되지 않은 부지, 그리고 개별적 행위정황에 대한 부지는 그러한 부지의 결과에 대해 후회하는 행위자에 의해 소송에서 면책의 항변이 될 수 있다고 설명하며 항변이 될 수 있는 착오의 유형을 명확하게 제시해 주고 있는데[27] 상기 주석가들의 아리스토텔레스에 대한 해석론으로부터 사실의 착오에 대한 거의 일관된 입장을 확인할 수 있다.

요컨대 블랙스톤 등 초기 커먼로 주석가들의 사실의 착오에 대한 생각은 고대 그리이스 이래 오랜 기간 서구사회에서 전승되어 온 착오론의 입장과 맞닿아 있는 것으로 이해할 수 있을 것이다. 덧붙여 로마법에서 사실의 착오가 법률의 착오와 달리 항변으로 인정되었던 근거, "사실에 대한 이해는 심지어 주의 깊은 자에게 있어서도 대부분 어긋나기 때문"이라는 통찰도 이 경우 착오의 합리성을 요구하는 것이 불합리하다는 점을 일깨워 준다는 점에서 커먼로상의 주관주의 원칙을 지지

---

25) Thomas Aquinas/C.I. Litzinger, O.P. 역, Commentary on Aristotle's Nicomachean Ethics (Dumb Ox Books, 1993), at 135.

26) Thomas Aquinas/C.I. Litzinger, O.P. 역, *Ibid.*, at 136-137.

27) J.A. Stewart, Notes on the Nicomachean Ethics of Aristotle, Vol.1 (Thoemmes Press, 1999), at 234-235.

해 준다고 생각된다.

(2) 블랙스톤 이후의 착오법리

이처럼 진정한 착오는 합리성 유무와 관계없이 항변이 된다는 '주관적 심사기준 법리(subjective test rule)'는 19세기까지 엄격책임(strict liability) 범죄나 성적 난교(sexual promiscuity)와 관련된 일부 범죄 등에 대한 예외를 제외하고 미국의 여러 법원에서 채택되었다고 한다.[28]

예컨대 미성년자에게 주류판매를 금지하는 법규 등 엄격책임범죄의 위반에 대해서 상당수 법원은 최소한 합리적 사실의 착오(reasonable mistake of fact)는 항변이 된다고 판시하였고, 일부 법원은 진정한 사실의 착오도 항변이 된다고 판시하였는데[29] 이러한 판례들이 쌓이면서 결국 점차 많은 법원은 합리성을 범죄성립을 조각시키는 요소로 수용했다고(accepted reasonableness as an exculpating factor of) 한다. 따라서 엄격책임범죄로 기소된 경우 피고인은 착오항변을 주장하기 위해서는 착오의 합리성을 입증해야만 한다.

성범죄와 관련해 엄격책임을 부과한 대표적 케이스로서 1875년 영국 항소법원의 Regina v. Prince[30]가 있다. 이 사안에서 배심원은 피해자의 연령에 대한 피고인의 착오는 합리적이라고 판단했지만, 법원은 연령에 대한 사실의 착오는, 합리적이더라도 항변을 구성하지 못한다고 판시하였다. 이러한 엄격한 법리에 대해 의회는 1885년의 입법을 통해[31] 제정법(statute)상 성범죄 요건의 연령에 대한 착오는 항변이 되도록 하여 앞의 판결을 파기했지만, 1889년의 Regina v. Tolson[32] 판결 이전까지 법원은 Prince 판결의 법리를 유지했다. 그러다가 Regina v.

---

28) Richard Singer, *Ibid.*, at 466-467. "most courts appeared to allow any mistake of fact to exculpate."
29) 관련 판례의 소개로는 Richard Singer, *Ibid.*, at 468-469.
30) R v Prince (1875) LR 2 CCR 154.
31) Crim. Law Amendment Act, 1885, 48 & 49 Vict. ch. 69, § 7
32) The Queen v. Tolson (1889) 23 Q.B.D. 168.

Tolson 판결에 이르러 법원은 합리적인 사실의 착오는 중혼죄 기소에 대한 항변이 된다고 판시하였는데 이는 비합리적인 착오는 항변이 되지 못함을 함축한다. 이처럼 엄격한 입장의 Prince 판결과 이보다 다소 온건한 입장의 Tolson 판결이 제시한 각각 상이한 법리가 후속판결에 영향을 미치게 됨으로써 원래 사실의 착오와 관련해서 원래 비합리적인 사실의 착오도 항변이 될 수 있는가의 문제가 1차적이고 본질적인 것인데, 영국법원은 그와 달리 착오가 합리적이어야만 항변으로 인정될 수 있는지 여부를 문제의 중심에 두고 착오문제에 접근하게 되었는데, 이는 착오에 매우 엄격한 입장을 취했던 Prince 판결의 법리를 영국법원이 '자유주의화(liberalizing)'하려는 취지에서 그 엄격성을 완화해 합리적인 착오는 항변이 될 수 있다는 법리를 수용하게 된 것으로 이해할 수 있다고 한다.33)

한편 영국법원이 착오의 합리성을 요구하게 된 주된 원인으로서 Beckford 판결은 다음과 같은 점을 논급하고 있다. 즉 영국법상 1898년 이전까지는 피고인은 소송법상 자신을 변호하기 위해 범행시의 심적 상태에 대한 진술을 할 수 없었는데, 따라서 법관들은 주변정황(surrounding circumstance)으로부터 도출해낼 수 있는 추론에 주목할 수밖에 없었고34) 바로 이러한 절차법상 제약이 객관적 심사기준을 채택하도록 만들었다고 한다. 후술하겠지만, 결론적으로 Beckford 판결은 그 이전의 Williams 판결에서 제시된 주관적 심사기준을 지지하고 채택했는데, 이러한 주관적 심사기준에 대해 피고인의 거짓된 정당방위 주장(spurious claims of self-defence)이 너무나 많이 인정될 수 있다는 우려가 제기될 수 있지만 영국법원의 경험상 실제로 그러한 문제는 발생하지 않았다고 밝히고 있어서 주목할 만한다.35) 주관주의에 대한 중요

---

33) 이러한 평가로는 Richard Singer, *Ibid.*, at 469.

34) "it was not until 1898 that an accused was able to give evidence in his own defence and it is natural that the judges in the absence of any direct statement of his belief from the accused should have focused attention upon the inference that could be drawn from the surrounding circumstances."

한 비판에 대한 실증적 답변을 제시하고 있는 것이다.

미국에서는 Prince 판결을 영국과 다르게 답습하였는데, 제정법상 강간죄의 케이스에서 법원은 일반적으로 피해여성의 연령에 대한 피고인의 인식은 범죄의 본질적인 요소가 아니며, 따라서 피고인이 피해자의 승낙연령(age of consent)에 대해 합리적인 착오를 일으켰다고 하더라도 이는 항변이 되지 않는다는 입장을 취하였다. 예컨대, 1895년의 Commonwealth v. Murphy 판결이 이러한 노선의 연장선상에 있었고, 비록 1964년의 People v. Hernandez 판결에 의해 동 법리는 도전을 받기도 했지만, 대다수 주는 여전히 제정법상 강간죄 케이스에서 합리적인 착오를 항변으로 인정하지 않고 있다. 중혼죄와 관련해서도 일부 주는 위와 같은 법리를 채택하고 있지만 다수의 주는 강간죄에 적용되는 착오법리와 다르게 합리적인 착오는 항변이 된다는 Tolson의 법리를 따르고 있다고 한다. 그렇지만 이 시기 미국의 이와 같은 판례경향도 영국과 같은 문제점을 안고 있었는데 원래 비합리적인 착오도 항변이 될 수 있는지가 사안해결의 쟁점이 되어야 하는데 이를 합리적인 착오만 항변이 될 수 있는가의 문제로 뒤바꿔놓은 격이 되어 버렸기 때문이다.36)

(3) 착오법리의 대변화

가. Bishop의 영향력

미국에서 주관적 심사기준으로부터 객관적 심사기준으로 판례입장의 변화는 무엇보다도 당대의 영향력 있는 법률가인 Joel Bishop의 잘못된 판례해석으로부터 유래된 것이라는 평가가 있다. 그는 19세기에 나온 13개의 판례에 대해 논평하면서 당사자가 "책임이나 부주의 없이 사

---

35) "There may be a fear that the abandonment of the objective standard demanded by the existence of reasonable grounds for belief will result in the success of too many spurious claims of self-defence. The English experience has not shown this to be the case."

36) Richard Singer, *Ibid.*, at 470.

실에 대해 오인한 경우에 그는 법적으로나 도덕적으로 무고하다”고 당대의 판례입장을 해석하였는데, 사실 그중 어떠한 판례도 그와 같은 객관적 심사기준을 채택한 것은 없었고, 대다수 판례들은 전술한 바처럼 주관적 심사기준을 채택하고 있었다고 한다. 그러나 당대에 비숍은 하버드의 랑델에 비견될 정도로 매우 영향력 있는 법률가였기 때문에 그의 영향으로 법원은 기꺼이 객관적 심사기준을 수용하게 되었던 것으로 보인다는 것이다.[37]

나. 19세기 정당방위 법리의 혼동

(가) 19세기 이전의 착오법리

정당방위와 관련된 착오법리의 중대한 변화는 후술하듯이 19세기에 생겨났는데, 그것은 19세기 이전의 문헌에 대한 오독(mis-reading)에서 기인하고, 당대의 커먼로가 정당방위에 대해서 두 개의 다른 관점을 갖고 있었다는 점을 파악하지 못한 데에서 전적으로 기인한다고 한다.[38]

19세기 이전 커먼로에 의하면 ‘정당방위에 의한 살인(homicide se defendendo)’을 주장하기 위해서는 방위자가 치명적인 무력을 사용하기 전에 가능한 모든 회피수단을 동원했을 것[39]이 요구되었다.[40] 그러나 주의할 점은 ‘se defendendo’ 법리는 매우 특정한 상황에서만 적용되는 것으로 해석되었다. 즉 당사자 양방이 다투는 상황에서[41] 어느 일방이

---

37) “Bishop's influence was so great, however, that courts readily accepted his implicit position that unreasonable mistake could not exonerate”. Richard Singer, *Ibid.*, at 470-471.

38) Richard Singer, *Ibid.*, at 472.

39) “the party must avail himself of any apparent and reasonable avenues of escape by which his danger might be averted, and the necessity of slaying his assailant avoided.”

40) Hale, Hawkins, Foster, Blackstone 등 저명한 주석가들이 모두 이 법리를 승인했다고 한다.

41) “it applied only where A and B, during a quarrel, became engaged in mutual combat and one of them escalated the level of the fight by beginning to use

치명적 힘을 사용하기 위해 공격의 수위를 높였을 때에만 적용되는 법리인 것이다. 이때 양방 누구든 치명적 힘을 사용할 수 있는 상황에서 살인이 일어났을 경우 그 살인은 흥분에 의한 살인(homicide chance-medley)으로 취급되지만, 만일 그 일방이 치명력을 사용하기 전에 회피의무를 다했다면, 그에게는 정당방위에 의한 살인(se defendendo)이 인정되고, 그는 재산이 몰수되는 처분(forfeiture of goods)을 받게 된다.

그러나 궁극적으로 살인자가 된 방위자가 싸움에 관여되지 않았고, 무고했으며 피해자의 폭력적 공격행위를 도발하지 않은 경우에는 다른 법리가 적용되었다. 즉 이때에는 '정당방위에 의한 살인의 법리(The rules of se defendendo)'가 적용되지 않았고, 대신 '중죄의 예방을 위한 (prevention of felony) 정당한 살인'이라는 법리가 적용되었다. 이때는 방위자에게 회피의무가 요구되지 않았는데 중범죄의 예방은 일종의 공적인 의무(public duty)로 간주되었기 때문이다. 즉, 이때는 오히려 회피하지 않을 의무가 부여되었던 것이다. 이러한 측면에서 살인을 한 방위자에게 부분적으로 책임이 있었기 때문에 단지 면책(excuse)의 효력이 부여된 전자와 달리 이 경우에 방위자는 칭찬받을 만했으며 따라서 정당화(justification)의 효력이 부여되었다. 정당화의 효력을 부여받지 못하는 자, 즉 싸움에서의 방위자는 단지 면책되었기 때문에 동산의 몰수 (forfeiture of all chattels)를 당하게 되었다. 1800년 이전까지 이러한 구분법은 확고하게 자리잡고 있었으나 19세기에 이르러 몇몇 오해와 오독으로 사라지게 되었다고 한다. 이처럼 커먼로 초기의 정당방위법리는 정당화와 면책의 구분을 생생하게 보여주고 있었던 것인데[42], 후술하겠지만 정당방위에도 면책(excuse)의 효력이 부여될 수 있다는 'se defendendo' 법리는 본고의 결론과 관련해 시사하는 바가 크다는 점을 미리 논급해 두고자 한다.

그러나 19세기에 들어서면서 이러한 구분방식이 일부 사라지게 되

---

deadly force."
42) Richard Singer, *Ibid.*, at 473.

었는데. 영국법원은 1828년에 위 몰수제도를 공식적으로 폐지했으며, 미국법원도 역시 몰수를 집행한 사례가 보이지 않는다고 한다. 그럼에도 불구하고 여전히 두 유형의 정당방위는 존속할 수 있었을 테지만, Singer에 의하면 법원과 주석가들은 면책적 정방방위와 정당화적 정당방위의 구분법을 폐기하고 하나의 정당방위 이론으로 통합되었다고 한다.[43]

이러한 배경지식 하에서 19세기 이전에 두 유형의 정당방위에서 정당화사정에 대한 착오의 효과는 무엇이었는지에 관한 커먼로의 입장을 평가하는 것이 가능할 것인데, 일반적으로 주석가들은 사실의 착오의 효과가 면책인지 정당화인지는 물론, 항변이 되기 위해서 합리성이 요구되는지에 대해서 논하지 않았다고 한다. Singer에 의하면 그 이유는 다음과 같다.

우선 싸움 사례에서는 전술한 바와 같이 방어자에게 일정부분 책임이 있다. 다른 한 편으로 최초의 싸움과 최종적인 살인 사이에는 시간적 간극이 있기 때문에 행위자에게는 상대방의 의도를 평가할 기회가 있었다. 또한 행위자에게는 회피의무가 있었기 때문에, 일단 회피했던 행위자는 계속 자신을 공격해 오는(pursuing) 피해자가 적어도 치명적인 무기로 자신에 대한 위협을 계속하고 있다는 사실은 확신할 수 있다. 일단 방위자가 회피했기 때문에, 피해자가 계속적인 공격을 멈추었다면 사망의 결과는 발생하지 않았을 것이다. 그러므로 싸움사례의 정당방위 상황에서 행위자가 일단 회피한 직후에 위험한 무기를 들고 자신을 공격하려 시도하는 피해자를 살해한 사건이 발생한 경우라면 그 피해자의 의도에 대하여 방어자의 오신이 발생했을 가능성은 극히 적을 것이다. 적어도 그러한 사실적 배경에서라면 피고인이 된 모든 방어자는 합리적이었을 뿐만 아니라 그 피해자가 자신을 죽이려고 의도했다고 결론을 내리는 데 있어서 정확했던 것으로 볼 수 있다. 따라서 착오의 유무는 물론 착오의 합리성은 논의될 여지가 극히 적었던 것이다.[44]

---

43) Richard Singer, *Ibid.*, at 473.
44) Richard Singer, *Ibid.*, at 474.

다른 한 편, 중죄의 예방을 위한 정당방위 사례에서는 부분적인 책임이 없어 무고한 피고인에게 회피의무는 없다. 여기에는 적어도 무고했던 피고인이 공격자(피해자)의 공격의 강도(intensity of aggressor)를 착오했을 가능성은 있다. 그러나 이 점은 주석가들을 성가시게 만들지 않는데, 그것은 아마도 공격자(피해자)에게 자신이 잘못 해석될 수 있게 만든 책임이 있기 때문이다. 게다가 이러한 법리가 태동했던 당시에는 주된 공격무기가 단검이나 장검, 작대기 등이었는데, 따라서 이와 같은 사례유형의 사실관계 패턴(fact-pattern)에 따르면 공격자(피해자)는 바로 그러한 무기를 사용할 의도를 갖고 있어야 했다. 그와 같이 방어자와 공격자가 근접해 있는 사실관계에서는, 비록 공격자의 미래의 의도에 대한 착오는 언제든지 가능하겠지만, 적어도 그와 같은 근거리가 아니더라도 공격이 가능한 총을 사용할 수 있었던 시기에 비해서는 사실의 착오가 발생하기 어렵다고 보아야 할 것이다. 다시 말해 칼을 들고 공격하는 태도를 취하는 자에 대해서 착오가 발생할 여지는 없었던 것이다. 이로부터 17세기나 18세기 주석가들이 정당방위의 맥락에서 착오를 논급하지 않았던 이유를 이해할 수 있다.[45]

요컨대, 19세기 이전에는 두 가지 유형의 정당방위와 그에 따른 각각의 법적 효과가 존재했음에도 불구하고, 이와 반대로 정당방위와 관련된 사실의 착오논의는 찾아보기 힘든데, 이후 19세기에 등장한 오상방위 논의는 이러한 배경과 선례를 충분히 이해하고 반영하지 못한 채 그 이전의 법리와 유리된 방향으로 전개되었다는 것이다. 그 좋은 사례가 아래의 East의 견해이다.

(나) 19세기의 대변화

A. East의 견해

19세기에 정당방위와 관련된 착오에 대한 최초의 논의는 이스트(East)의 저서인 Pleas of Crown(1803)에서 찾아볼 수 있다. 그에 따르면

---

45) Richard Singer, *Ibid.*, at 474.

긴급성(necessity)에 대한 착오가 합리적일 경우, 그 살인은 면책되고 (nonculpable) 만일 비합리적일 경우 그 살인은 고살(manslaughter)이 된다고 한다.

이스트가 논거로 제시한 사례는 다음과 같다. 피고인은 법원집행관 (bailiff)이 찾아와 아침에 잠에서 깼는데, 그 집행관이 자신의 신원을 확인시키는 데 실패하자 다툼 끝에 그를 살해하였다. 즉 싸움과정에서 발생한 '정당방위에 의한 살인(homicide se defendendo)'을 주장한 사례인 것이다. 그러나 정당방위 상황에서 모든 비합리적인 살인은 고살이 된다는 이스트의 견해는 '정당방위에 의한 살인' 케이스에서 회피의무를 다했다면 피고인은 착오의 합리성 여부와 관계없이 완전한 면책이 된다는 종래의 정당방위 법리에 부합되지 않는다는 결함이 있었다.[46]

B. Selfridge 사례

선례에 대한 이스트의 해석은 다툼의 여지가 있지만 그의 영향력은 두드러졌다고 한다. 이와 관련해 셀프리지 케이스[47]에서 판사는 이스트를 원용하면서 오로지 합리적 착오만 정당방위에서 항변이 된다고 설시한 바 있다. 파커(Parker) 판사는 "상대방이 탄알 없는 총으로 단지 위협하려는 것을 오인하여 정당방위로 살해한 자는 상대방이 실제 총을 쏘려고 해서 정당방위로 살해한 자보다 더 죄책이 큰 것인가(more criminal)?"라고 의문을 제기하며 만일 그렇다면, 총을 든 상대방의 공격을 받는 자는 항상 그 총의 탄환이 실제로 있는 것인지 여부를 확인해야 할 것이므로 그러한 법리는 불합리하다고 지적하였다. 이 사례는 당대의 정당방위 관련 대표적인 리딩케이스라고 한다.

---

46) 이에 대한 적확한 지적로는 Richard Singer, *Ibid.*, at 475-476.

47) Commonwealth v. Selfridge, 2 Am. St. Trials 544 (1806). 살인의 피해자인 오스틴이 변호사이자 정치인이었던 셀프리지에 대해 명예훼손을 하고 이를 구두로만 철회하고 공표하지 않았다는 이유로 분쟁이 생겼는데 오스틴을 거리에 만난 셀프리지가 권총으로 살해한 사건으로서 셀프리지는 오스틴이 자신을 공격하면서 죽이려는 의도까지 가진 것으로 오인하여 권총으로 살해한 사건.

그러나 셀프리지 케이스는 엄밀히 말하면 단순히 오상방위케이스가 아니라 "상대방이 단순히 공격하려는 의도를 넘어서 자신을 살해하려는 의도까지 가진 것으로 오인한 것이므로" 상대방의 공격의 정도에 대한 착오가 문제되는 케이스이다. 피해자는 명백히 피고인을 공격하려는 의도가 있었기 때문이다. 따라서 파커 판사가 예를 든 권총사례는 논점을 벗어난 것이라고 말할 수 있다. 그리고 Singer 교수의 예리한 지적에 의하면 셀프리지 판결은 합리적인 착오는 무죄가 된다고 설시했지만, 그렇다고 비합리적인 착오는 유죄가 된다는 함의가 논리필연적으로 도출되지는 않는다고 한다. 그보다 중요한 것은 셀프리지 케이스는 피고인이 단지 '정당방위에 의한 살인(se defendendo)'을 주장하여 면책의 항변을 하였던 것이 아니라 '중죄의 예방을 위한(prevention of felony) 정당한 살인'을 주장하여 정당화의 항변을 하려던 사례였다. 따라서 파커 판사가 면책의 효과를 가져오는 'se defedendo' 케이스인 이스트 케이스를 원용해 셀프리지 케이스를 판단하려고 시도했던 것은 결정적인 오류로 보인다고 한다.

Singer 교수에 의하면 셀프리지 케이스에 대한 올바른 이해는 다음과 같다. 검사는 정당방위 사안에서는 실제로 긴급성(actual necessity)이 존재해야만 정당방위가 성립한다고 주장했으나 셀프리지는 설령 긴급성에 대한 오인이 있더라도 그것은 정당화될 수 있고, 따라서 중죄의 예방을 위한 정당한 살인의 항변이 성립할 수 있다고 주장했다. 이에 대해 파커 판사는 비록 셀프리지의 주장보다는 일보 후퇴한 입장이기는 하지만, 면책적 정당방위 판결인 이스트 케이스를 원용하면서 셀프리지의 착오는 합리적인 것이었고, 그러므로 면책된다고 보았던 것이다.

이처럼 후대의 판례들은 셀프리지 케이스와 그 이전의 판례들의 입장을 오해했고, 이로 인해 그 어떤 판례도 완전한 주관적 심사기준을 채택하지 못했다. 즉 "정당화사정과 면책사정에 대한 착오는 그것이 진정하다면 설령 불합리하더라도 무죄가 된다"는 커먼로 초기의 법리가 간과되었던 것이다. 그 이유는 당대 저술가들이 정당방위 법리가 적용되는, 앞서 논급한 사실관계의 패턴(fact pattern)의 중요성에 주목하지 못했기 때문이라는 것이 Singer 교수의 주장이다.[48]

C. 19세기 전반 미국의 정당방위법리

이 시기에 착오와 직접적으로 관련된 판례는 극히 적은 편인데 그 대다수 케이스는 합리성의 문제를 단지 방론(dictum)으로 취급할 뿐 이를 쟁점화하고 있지 않았다고 한다. 일부 판례를 소개하면 다음과 같다.

첫째, State v. Wells[49] 케이스인데 전형적인 '정당방위에 의한 살인'의 케이스로서 다툼의 과정에서 피고인이 피해자를 살해한 사건이다. 이 사안에 대해서 법원은 방론(dictum)으로서, 자신의 사망이나 중대한 상해를 회피하려는 수단으로서, 치명적인 힘(deadly force)을 사용해야 할 명백한 긴급성이 존재하지 않으면 그 누구도 면책이나 정당화의 항변을 주장할 수 없다고 판시하면서 이 사안은 그러한 사망과 상해의 발생에 대한 피고인의 우려가 합리적인 믿음에 기초해 있지 않다고 하면서 피고인에 대해 유죄를 인정하였다.

둘째, 그로부터 40년 후에 내려진 Grainger v. State[50]이다. 법원은 피해자인 Broach에게 단지 상해(battery)의 고의가 있었지만 피고인 Grainger가 생명에 대한 위협을 느끼고 정당방위로 그를 살해한 경우라면 그의 믿음이 비합리적인 것이더라도 살인은 정당방위가 된다고 판시하였다. 판단되어야 할 것은 피고인 자신의 심적 상태(mental state)이지 합리적인 사람의 그것이 아니라고 판단한 것으로 즉 착오나 위협에 대한 두려움 유무는 주관적 판단의 대상이 되어야 한다는 판결이었다. 동 판결은 아래의 Shorter v. People 판결에서도 논급된다는 점에서 주목할 필요가 있다.

셋째, In Monroe v. State[51]가 있다. 이것은 최초의 예방적 정당방위

---

48) Richard Singer, *Ibid.*, at 476-478.
49) State v. Wells, 1 N.J.L. 424 (Sup. Ct. 1790).
50) Grainger v. State, 13 Tenn. 459 (1830).
51) Monroe v. State, 5 Ga. 85, 136-37 (1848).

(preemptive defence)를 인정한 사안으로서 주관적 심사기준을 채택한 판결인데 피고인은 두려움을 느끼고 피해자를 공격하기 위해 잠복했었는데 법원은 정당방위를 인정하였다.[52]

요컨대, 이 시기에 판례는 착오의 합리성을 요구하는 입장과 그렇지 않은 입장이 혼재되어 병존하고 있었던 것으로 보인다.

D. Shorter v. People

이 사건은 15세의 흑인 소년인 피고인이 인종차별발언에 흥분하여, 실제로는 그를 향한 것도 아니고, 모욕의 의사도 없었음에도 불구하고 피해자를 주먹으로 가격하고 수차례 칼로 찌른 사건이다. 증거에 의하면 피해자에게는 어떤 무기도 없었고, 피고인이 지녔던 생명과 신체에 대한 두려움이 합리적이지 않았다.

뉴욕주 항소법원(New York Court of Appeals)이 내린 쇼터판결 (Shorter v. People)[53]에서 사실심법관은 배심원들에게 실제의 위험 (actual danger)이 있어야만 정당방위가 되어 책임을 면하게 된다고 설시하였으나, 변호인은 위험에 대한 합리적 우려(reasonable apprehension)만 있으면 된다고 주장하였다. 당대의 다른 판례들 또한 피해자에게 피고인을 향한 가해의 의사가 실제로 존재했을 것을 요구하지 않고 있었다.

동 판결에서 피고인측의 변론과 법정의견의 주된 취지는 사실심법관의 설시가 틀렸다는 것이다. 그 이유는 브론슨(Bronson) 판사가 적절히 지적한 바대로 착오의 효력이 인정되기 위해 "실제의 위험을 요구하는 것은 인간의 유약함에 대해 지나친 부담을 지우는 것이기" 때문이다.

Singer 교수는 쇼터판결에 대해 정당방위가 성립하기 위해서 실제의 위협이 존재해야 한다는 사실심법관의 설시와 다르게 합리적인 착오는 무죄가 된다는 점만 명확히 하였다면 커먼로의 입장 및 뉴욕주 제정법의 입장을 벗어나지 않을 수 있었다고 논평한다. 왜냐하면 당대의 커먼

---

52) 이상의 내용에 대해서는 Richard Singer, *Ibid.*, at 478-480.
53) Shorter v. People, 2 N.Y. 193 (1849).

로에서도 합리적인 진정한 착오는 항변이 되기 때문이다. 그러나 쇼터 판결은 부당하게 여기서 더 나아갔다고 지적한다. 동 판결은 변호인이 실제로 제기하지도 않은 다음과 같은 주장을 기각했는데 그 주장은 "긴박한 위험에 대한 피고인의 착오는, 비합리적이더라도 정당화된다"는 논지이다. 다시 말해 쇼터 판결은 가상의 허수아비를 만들어서 앞서 논급한 바 있는 Graigner 판결이 채택한 주관적 심사기준을 "너무 나아간" 것이라고 혹평했다고 한다. 즉, 단지 행위자가 어떠한 믿음을 지닌 것만으로는 부족하고, 그 믿음이 합리적 근거를 지니고 있어야 한다는 것이 그 주된 의견이다. 이러한 논리에 따라 쇼터판결은 원심판결을 파기하면서도 피고인의 유죄를 확정했는데, 그 이유는 배심원들이 설시한 바 대로 피고인의 믿음이 비합리적이고 진정한 것이었기 때문이라고 한다. 쇼터판결은 많은 선판례를 분석했다는 점에서 대단한 것이었지만 Grainger 판결의 입장, 즉 비합리적인 착오도 면책이 된다는 입장을 부정하고자 하는 자신의 의견을 지지하는 그 어떠한 선례도 인용하지 못했다고 Singer는 지적한다. 결론적으로, 쇼터 판결은 여러 이유에서 볼 때 커먼로가 착오에 합리성을 요구한다고 판시하고 있는 선례는 아니라고 보는 것이 타당하다고 한다. 그럼에도 불구하고 동 판결은, 권위있는 뉴욕주 항소법원의 판결이었기 때문에 이후 판례들에 상당한 영향을 준 것으로 평가된다.54)

E. 법리 변천사의 정리

19세기 전반부에는 정당방위 법리에 대한 발전이나 분석이 거의 없었으나 19세기 후반부에는 판례, 제정법, 논문 등의 급격한 증가가 있었다고 한다. 19세기 전반부에 확립된 법리에 의하면 오로지 합리적인 착오만 항변이 되며, 비합리적인 착오에 의한 살인은 모살(murder)이 성립되었다. 물론 착오가 비합리적일 경우 그 살인은 모살이 아니라 고살이 된다는 이스트(East)의 견해도 있었지만 대부분의 관할권에서는 이후

---

54) Richard Singer, *Ibid.*, at 480-482.

불완전정당방위(imperfect defence)55) 법리가 탄생하기 전까지 위와 같은 객관주의 법리가 통용되었다고 한다. 쇼터 이후 20년간 착오의 합리성을 요구하는 법리는 확고하게 자리를 잡았고, 거의 변화가 없었다는 것이다.56)

이에 덧붙여 Singer 교수는 당대에 인기를 끌고 있던 공리주의(utilitarianism)도 객관주의 법리의 탄생과 전파에 영향을 끼쳤을 것이라고 분석한다. 홈즈(Holmes)와 제러미 벤담(Jeremy Bentham) 등의 공리주의자들은 객관주의를 옹호했고, 최대다수의 이익을 위해서는 과실에 의하거나 그보다 더 비난가능한 행위를 억지(deterrence)할 필요가 있다고 주장했다. 비록 당대의 판결들 중에서 공리주의 문헌을 원용한 것은 하나도 없었지만, 당대의 판사들도 공리주의 사조의 영향으로부터 자유로울 수 없었을 것이라고 추측한다.57) 현대의 커먼로 문헌들도 피고인의 범의 유무보다는 범죄예방의 측면을 강조하는 객관주의와 공리주의의 밀접한 연관성을 논급하고 있는 점58)에 미루어 볼 때 Singer 교수의 분석은 타당한 측면이 있다고 사료된다.

(4) 20세기의 새로운 변화: 주관적 심사기준으로의 회귀

가. 미국법에서의 변화

오상방위에서 착오의 합리성 유무와 관련해 객관주의가 미국의 커먼로에 뿌리내리기는 했지만 Singer 교수의 평가에 의하면 20세기 중반부터 일련의 판례들에 의해 객관주의는 상당한 정도로 약해지기 시작했으며 이처럼 범죄의 주관적 요소(mens rea)로의 회귀는 첫째는 도덕

---

55) 불완전정당방위란 착오로 인한 방어행위로 살인(murder)을 한 경우 착오가 합리적일 경우에는 항변이 성립되지만, 착오가 비합리적이지만 진정한(honest) 경우에는 모살죄(murder) 고의범이 성립하지 않고 그보다 경한 살인죄인 고살죄(manslaghter)를 인정하는 법리를 말한다.

56) Richard Singer, *Ibid.*, at 486.

57) Richard Singer, *Ibid.*, at 489.

58) 예컨대 Andrew Ashworth/Jeremy Horder, *Ibid.*, at 155-156.

적으로 볼 때 책임없는 자를 처벌하는 것에 대한 불편함과, 둘째는 과
실에 의한 행위자를 고의범으로 처벌하게 되는 모순에 대한 불편함을
반영한 결과로 보인다고 한다.59)

(가) ‘합리적 인간’ 개념의 주관화: 합리적 인간을 재정의하기

순객관주의는 합리적 인간이라면 과연 피고인에게 발생한 착오를
일으켰겠느냐를 묻는 반면, 순주관주의는 피고인이 실제로 착오에 빠졌
는지를 문제삼을 뿐, 그 착오가 어떠한 의미에서도 객관적으로 합리적
인 것이었는지 묻지 않는다. 그 중간의 절충적 입장에서는 준객관주의
또는 준주관주의를 취하는데, 이는 “피고인과 같은 특징을 지닌 합리적
인 사람이라면” 과연 그렇게 행동했을 것인지 여부를 문제삼는다. 그리
고 20세기 전반에는 이러한 절충적 입장이 많은 법원에서 원용되었다
고 한다.

20세기 초반에 미국법원은 순객관주의 기준을 적용하지 않고 행위
자의 주관적 특성을 합리적 인간기준에 투영하기 시작했다. 그 대표적
예가 바로 피해자와 피고인 간의 신장의 차이다. 또한 신장이나 체중의
차이 이외에도 장애여부 역시 한 고려요소로 간주되었다. 법원은 또한
합리적 인간의 판단에 장애와 같은 핸디캡적 요소를 더고려했다. State
v Bartlett case60)에서 미주리 법원은 1902년에 “신체의 훼손상태나 낮
은 시력, 병약한 건강상태, 질병 등이 고려되어야 한다.”고 판시했고,
1943년 Cook v. State61) 판결은 배심원이 피해자에 비해서 현저히 작은
신장 이외에 잘린 세 개의 손가락 등도 고려하는 것을 허용했다.

---

59) 객관주의를 취하게 되면, 과실로 인한 행위자를 고의범으로 처벌하는 부당함이
초래된다. 이와 같은 문제점은 독일의 다수학설이 정당화사정에 대한 착오를 ‘고
의를 조각시키는 사실의 착오’로 취급하는 이유이기도 하다는 견해로는 Gunter
Stratenwerth, The Problem of Mistake in Self-Defense, *BYU L. Rev. 733 (1986),*
at 745.

60) State v Bartlett, 170 Mo. 658, 71 S.W. 148 (1902).

61) Cook v. State, 194 Miss. 467, 473, 12 So. 2d 137, 139 (1943).

신체적 특성을 고려해 합리성을 재조정하는 것에 더해서, 법원은 합리적 인간이라는 기준을 판단할 때 일정한 인식(knowledge)도 고려하였다. 즉 피해자의 폭력적 성격이라든지, 피해자가 과거에 폭력을 휘둘렀거나 폭력을 휘두를 것처럼 위협했었던 점에 대한 인식 등이 그것이다. 관련된 어느 판례에서 피고인은 특정한 장소에 대한 인식의 영향을 증거로 내세웠는데, 그에 따르면 높은 범죄율로 유명한 곳에 있음을 알게 됨으로써 그 사실을 몰랐을 때의 행동보다 피해자에게 더 예민하게 반응하게 된 것이라고 한다.62)

(나) 버나드 괴츠(Bernhard Goetz) 판결

Singer 교수에 의하면 합리적인 인간을 주관화하는 경로는 저 유명한 괴츠판결에 의해 만들어졌다고 한다. 당시 뉴욕주법에 따르면 정당화사정에 대한 믿음이 합리적인 것이 아니면 정당방위를 주장할 수 없었다. 그리고 그 당시에 '합리성'은 특별히 정의되어 있지는 않았다고 한다.

동 사안에서 대배심은 "배심원이 괴츠의 마음을 어디까지 조사해 보아야 하는가?"라는 핵심적인 질문을 던졌고 이에 담당검사는 "피고인의 행동이, 합리적인 사람이라면 그 피고인의 상황에서 했을 행동인지 여부를 따져봐야 하는 것"이라고 답했는데, 이것은 순전히 객관적인 기준(totally objective standard)을 합리성 유무의 판단에 투영한 것이다.

검사의 설시는 이전의 뉴욕주법(prior New York law)에 명백히 부합되는 것인데, 전술한 바와 같이 쇼터(shorter) 케이스에서 순전히 객관적인 기준을 적용한 법원이 바로 뉴욕주 법원이었고, 그 기준은 대부분의 후속판결에서 채택되었으며, 정당방위와 관련된 여러 제정법의 성문화 과정에서 객관주의 기준은 재확인되었다. 가장 최근의 뉴욕주 형법전도 그러한 입장을 채택하고 있다고 한다.

그럼에도 불구하고 뉴욕주 항소법원은 순객관적 기준과 순주관적

---

62) Richard Singer, *Ibid.*, at 492.

기준을 모두 거부하고 '준객관적(quasi-objective), 준주관적(quasisub-jective)' 접근법을 채택하였다. 그것은[63] 피고인과 같은 특성을 지닌 사람이(a person with the defendant's characteristics) 무력의 사용이 필요하다고 '합리적으로' 믿었는지 여부를 기준으로 삼는 것이다. 흥미롭게도 괴츠 판결을 내린 재판부의 그 어느 판사도, 심지어 반대의견을 낸 판사들조차 순객관적 기준을 지지하지 않았다고 한다.

괴츠 판결이 제시한 기준에 따르면 사실판단을 내리는 자는 행위자의 배경, 신체적 특성, 지식, 그리고 경험은 물론 그 위험이 발생한 특수한 상황 등과 같은 행위자의 주관적 특성(subjective characteristics)을 '합리성' 판단에 고려해야 한다. 요컨대, 배심원은 합리성 유무를 판단할 때, 괴츠가 합리적인 사람에 비해 덜 합리적으로 행동했는지가 아니라 수차례 강도를 경험한 합리적인 사람이라면 그러한 경험이 없는 합리적인 사람보다 '덜 합리적으로(less reasonably)' 행동할 수밖에 없었을 것인지를 고려해야 한다는 것이다.[64]

나. 영국법에서의 변화

(가) DDP v. Morgan case의 사실관계와 법리

영국에서 사실의 착오에 대한 믿음의 합리성 및 비합리성과 관련된 리딩케이스는 DDP v. Morgan[65]이다.

이 사안에서 세 명의 피고인이 강간죄로 기소되었는데, 그들은 피해 여성의 남편으로부터 그녀가 진심으로 성관계를 원하고 있다는 말을 들었다고 주장하였다. 그녀가 저항하기는 했지만, 이 역시 피해자가 그 행위를 즐기는 방식이라고 들어서 그렇게 믿고 있었다고 주장하였다. 물론 이는 모두 실제의 사실과 달랐다. 피고인들은 피해자가 동의했다

---

63) "whether a person with the defendant's characteristics would have "reasonably" believed that the use of force was necessary."

64) Richard Singer, *Ibid.*, at 490-497.

65) Director of Public Prosecutions v. Morgan, (1975) 2 All E.R. 347

고 실제로 믿었다면, 그것이 합리적이든 합리적이지 않든 강간죄를 구성하지 않는다고 주장했다.

사실심 법원은 배심원들에게 착오는 어떤 것이든 책임을 조각한다고(any mistakes negate culpability) 설시했지만 설시를 마무리하며 그 착오가 합리적인 것으로 판명된 경우에만 피고인에게 무죄를 선고해야 한다고 설시했다.

이에 대해 Morgan 재판부는 3대 2로 피고인의 주장에 동의하면서 여성의 동의에 대한 착오는 그것이 진정할 경우 불합리하더라도 책임을 조각시킨다고 판시하였다.

(나) Morgan 법리의 적용범위

문제는 이 판결에서 제시된 법리의 적용범위이다. 다수의견을 제시한 3인의 법관은 착오는 고의를 조각하며(mistake negates intention), 강간죄는 명백히 고의를 요구하는 범죄라는 점에 대해서는 동의했지만 동 법리가 다른 범죄에도 적용되는지 여부에 대해서는 상당한 이견을 보였다. 실제 Morgan 이후의 일부 판례들은 모건의 법리가 강간죄에만 적용된다고 보거나, 다른 범죄에 확대적용할 수 없다고 판시하는 경향을 보였다고 한다. 예컨대 R. v. Phekoohe[66] 판결은 어떤 사람들이 무단점유자이고 자격이 없다고 합리적으로 믿은 경우에만 그들을 괴롭혀서 고의적으로 내쫓은 것에 대한 항변이 된다고 판시하였는데, 이는 분명 모건의 법리와는 다른 것이었다.[67]

특히 영국에서 정당방위 법리와 관련해 Morgan 판결이 어떤 영향을 주었는지가 중요한데, 이 점에 대해서는 아래에서 후술하기로 한다.

---

66) R. v. Phekooh, (1981) 3 All E.R. 84 (Court of Appeals, Crim. Div.).
67) Richard Singer, *Ibid.*, at 507-510.

4. 오상방위에 대한 영국법의 입장

앞서 살펴본 바와 같이 영국법에서 광의의 사실의 착오를 취급하는 법리는 일의적으로 설명하기는 어렵다고 생각되며, 이하에서는 본고의 관심사인 항변 구성요소에 대한 착오, 즉 정당화사정에 대한 착오에 국한시켜서 논의를 진행해 보기로 한다.

앞서 커먼로의 착오론의 전개과정을 통해 살펴본 바와 같이 초기 커먼로의 입장과 달리 1980년대 이전까지는 영국법의 입장도 사실의 착오라 하더라도 그것이 합리적인 경우에만 항변이 된다는 입장이었고(객관주의) 그러한 법리는 정당화사정에 대한 착오에도 마찬가지로 적용되었던 것으로 보인다.68) 그리고 이러한 입장은 현재 대다수 커먼로 관할권의 판례가 채택하고 있으며 영국에서도 스코틀랜드는 이와 같은 입장을 견지하고 있다.69) 하지만 영국법은 1987년 항소법원의 R. v Williams (Gladstone) 판결 이후 착오의 합리성과 무관하게 정당화사정에 대한 착오는 그것인 진정한 믿음에 기초한 것이면 정당방위의 항변이 된다는 입장으로 바뀌었던 바, 동 판결은 다음과 같이 설시하고 있다.

"If the belief was in fact held, its unreasonableness, so far as guilt or

---

68) Beckford 케이스를 다룬 Privy Council도 역시 이와 같은 견해이다. Beckford v R [1987] 3 All ER 425 Privy Council; Andrew Simester, "Mistakes in Defence", Oxford Journal of Legal Studies Vol.12, No.2 (1992), at 295. 이와 달리 영국법은 R v Williams (Gladstone) 이전까지는 범죄구성요건(offence elements)에 대한 착오는 비합리적인 것이라도 무죄를 인정하는 효과를 가져오는 것으로 보았지만, 항변구성요건(defence elements)에 대한 착오에 대해서는 그와 다른 입장을 보였다는 분석도 있다. Fiona Leverick, Killing in Self-Defence (Oxford Univ. Press, 2007), at 162. Leverick에 의하면 다음과 같은 판례들이 이에 해당한다고 한다. R v Smith (1837) 8 Car & P 158 160; 173 ER 441; R v Weston (1879) 14 Cox CC 346; R v Rose (1884) 15 Cox CC 540; R v Chisam (1963) 47 Cr App R 130; R v Fennell [1971] 1 QB 428.

69) Fiona Leverick, *Ibid.*, at 161.

innocence is concerned, is neither here nor there. It is irrelevant(만일 실제로 어떠한 믿음을 품고 있다면, 그 믿음의 비합리성은, 그것이 유죄 혹은 무죄와 관계되는 한, 그 어느 쪽의 근거도 되지 않으며, 무관한 것이다)"

Williams 판결에 뒤이어 이러한 법리를 공고히 한 것으로 평가받고 있는 Beckford v Queen 판결은 동 법리를 보다 명확하게 표현하며 다음과 같이 밝힌다.

"A genuine belief, however unreasonable, entitles a defendant to be acquitted on the ground of self-defence(진정한 믿음은, 그것이 불합리하더라도, 피고인으로 하여금 정당방위에 근거해 무죄가 될 자격을 부여한다)."

이처럼 현행 영국법의 입장은 착오의 합리성 여부와 관계없이 그것인 진정한 것이라면 정당방위의 항변이 된다는 입장으로서 이를 객관주의와 대비시켜 주관주의라고 한다. 즉, 영국법은 오상방위와 관련해 항변이 되기 위해서 착오의 합리성이 요구되는지 여부에 대해서 1980년대 이전까지 객관주의 심사기준을 따르다가 그 이후 주관주의 심사기준으로 전회하는 법리적 변화를 겪었으며, 이러한 영국법의 입장은 대다수 커먼로 관할권의 법리와는 차별화되는 것으로서 영국법의 특색이라고 평가할 수 있을 것이다.[70]

Ⅲ. 리딩케이스의 사실관계와 법리적 근거

앞서 논급한 바와 같이 영국법이 주관주의 심사기준으로 바뀌게 된 대표적인 판례로 논급되는 것으로 영국 항소법원(Court of Appeal)의 Williams 판결과 참심원(Privy Council)의 Beckford 판결이 있으며 사실

---

[70] 물론 모범형법전이나 미국의 일부 주들도 역시 주관주의 심사기준을 채택하고 있음에 유의할 필요가 있다.

관계와 판결의 법리적 근거는 다음과 같다.

1. R v Williams(Gladstone)[71]

(1) 사실관계

Mason이라는 한 남성(피해자)은 사건 당일 한 흑인 청년이 어느 여성의 핸드백을 붙잡는 것을 목격하고 그를 따라가 체포하여 경찰서로 데려가던 중(장면1) 그 청년이 붙잡힌 상태에서 풀려나자 다시 붙잡아 가격해 땅에 쓰러지게 하였고 더 이상 저항하지 못하게 하기 위해 두 팔을 등 뒤로 비틀었다. 그러자 그 청년은 저항하며 도와달라고 소리쳤다(장면2). 퇴근 길에 이러한 장면2를 본 Williams(피고인)는 Mason이 흑인 청년을 공격하는 것으로 오인하고 이를 저지하기 위해 다가가 Mason에게 무슨 상황인지 물었고, 이에 Mason은 자신은 핸드백 절도범을 체포하려고 하던 것이었고 자신은 경찰관이라고 답하였다. 경찰관이라는 답변은 거짓말이었다. 경찰관 신분증을 요구하는 피고인에게 피해자가 이를 제시하지 못하자 피고인은 피해자를 가격하여 상해를 입히게 되었다.

(2) 근거

첫째, 거증책임은 검찰에 있다(burden of proof being upon the prosecution).

둘째, 폭행(assault)이란 타인에게 위법한 힘을 가하는 것이며 따라서 폭행과 관련된 책임(guilt)을 구성하는데 필요한 주관적 요소(mental elements)는 위법한 힘(unlawful force)을 피해자에게 가하려는 고의(intention)이다.

셋째, 그렇다면 단순히 어떠한 힘을 가하려고 했다는 점만을 보여주

---

71) R v. Williams (Gladstone) [1987] 3 All ER 411.

는 것만으로는 범의가 입증되었다고 보기 어렵다.

넷째, 따라서 만일 피고인이 정당화사정에 대해 착오가 있다면, 그는 자신이 믿은 바에 따라 판단되어야 하는데, 그렇게 될 경우 검찰은 범의를 입증하는데 실패할 것이고 따라서 피고인은 무죄에 이를 것이다.

다섯째, 만일 피고인이 실제로 어떠한 믿음을 품고 있다면, 유죄 또는 무죄 여부와 관계되는 한, 그 믿음의 비합리성은 유죄나 무죄의 판단근거가 되지 않는다. 그것은 무관한 것이다. 그렇지 않다면 단지 정당화사정이 없다는 점을 인식하는데 있어서 과실이 있다는 점만으로 피고인은 고의범으로 유죄의 판결을 받을 것인데 이는 명백히 부당한 결론이 된다.

2. Beckford v. Queen[72]

(1) 사실관계

피고인은 경찰관이었는데 모살죄(murder)로 기소되었다. 피고인은 다른 무장 경찰관과 함께 무장을 하지 않은 피해자를 추적했는데, 그러던 과정에서 손을 들고 총을 쏘지 말라고 부탁하는 피고인에게 총격을 가해 사망에 이르게 하였다. 피고인은 다른 경찰관과 함께 피해자가 총을 지닌 채 누군가에게 테러를 가하려고 하는 위험한 자인지 조사하기 위해 어느 집에 도착했을 때, 피해자가 도주하기 시작하였고 자신에게 총을 쏘려는 것으로 보고 총격을 가해 사망에 이르게 하였다.

(2) 근거

첫째, 카먼로에 의하면 자신이 그러하다고 믿은 정당화사정(in the circumstances as he believes them to be)에 따라서 합리적인 수준의 힘을 사용해 타인을 공격한 행위자는 정당방위가 성립한다.

---

72) Beckford v. R [1987] 3 All ER 425 Privy Council.

둘째, 모살(murder) 사건에서 검찰은 타인을 살해하려거나 중대한 해악(serious harm)을 가하려는 고의(intention)를 입증해야 한다.

셋째, 만일 행위자가 정당방위를 위해 타인을 살해했다면, 그는 정당화사정이 존재한다고 (심지어 불합리하더라도) 믿었던 것이고 따라서 정당방위를 통해 자신의 행위가 정당화될 수 있다고 믿고 행위한 것이기 때문에 그에게는 위법한 힘(unlawful force)을 사용하려는 범의가 없다고 보아야 한다.

넷째, 그러한 상황에서라면 범죄가 성립한다고 주장할 수 없다. 왜냐하면 착오에 의한 믿음으로 범의(mens rea)가 부정된다는 점은 착오가 합리적이든 불합리적이든 마찬가지이고, 따라서 이 경우 정당방위가 성립하거나, 아니면 정당방위가 부정되지는 않는다고 보아야 한다.

다섯째, 다시 말해 폭력(violence)과 관련된 모든 범죄는 그러한 폭력이 위법해야 한다는 점이 핵심적인 요소이기 때문에 만일 행위자가 착오로 인해 자신이 정당방위를 한다고 믿고 폭력을 가한 경우라면 그 착오가 합리적이든 합리적이지 않든 행위자의 범의는 부정될 것이고, 따라서 검찰이 범의를 입증하지 못하는 이상 위법하다고 평가할 수 없고, 따라서 행위자가 믿은 바대로 정당방위의 항변이 인정되어야 한다.

여섯째, 이상의 논리로부터 다음과 같이 말할 수 있다. 오상방위자의 진정한 믿음은, 그것이 합리적이든 합리적이지 않든 그로 하여금 정당방위에 근거해 무죄가 될 수 있는 자격을 부여한다.

3. 리딩케이스의 법리에 대한 논평

상기 두 케이스는 모두 폭력적 범죄의 구성요건에 행위의 위법성이 포함된다는 점점을 근거로 하여 정당화사정에 착오가 있는 경우에는 범의의 입증에 실패할 것이기 때문에 무죄가 된다는 논리를 제시하고 있는데, 현재의 지배적인 평석에 의하면 이는 주관적 심사기준의 타당성을 설명하기 위한 논리의 하나일 뿐 그 자체가 법리의 핵심을 이루는 것은 아닌 것으로 이해된다. 무엇보다 모든 범죄가 이러한 방식으로 정의될 수는 없기 때문이다.[73] 따라서 상기 두 리딩케이스에서 핵심법리는 "오상방위자의 진정한 믿음은, 그것이 합리적이든 합리적이지 않든 그로 하여금 정당방위에 근거해 무죄가 될 수 있는 자격을 부여한다"는 주관주의원칙에 있다는 점에 유의할 필요가 있다. 이러한 측면에서 볼 때 이하에서 검토할 시메스터 교수의 반론의 상당부분이 위의 부차적인 논리에 집중되어 있다는 점은 다소 아쉬움을 남긴다.

IV. 영국의 오상방위법리에 대한 반론과 그에 대한 비판적 검토

Williams 판결과 Beckford 판결이 나온 지 몇 년 후 영미권의 저명한 형법학자인 앤드루 시메스터(Andrew Simester)는 오상방위에 대한 영국 법원의 입장에 대해 다층적이고 심층적인 비판을 가하고 있는데, 그의 반론에는 사실상 가장 의미있는 비판논거가 거의 모두 망라되어 있다고 판단되는바, 이를 소개하고 비판적으로 검토해 보기로 한다.

1. 시메스터(Simester) 교수의 비판

시메스터 교수는 상기 두 판례가 채택한 주관주의 심사기준에 대해 다음과 같은 반론을 차례로 제기한다.

(1) Beckford의 법리는 Morgan case와 정합적인가?

Williams 판결과 Beckford 판결 이전에 나온, 앞서 논급한 바 있는 Morgan 판결에 의하면 상대방의 동의가 없음에도 불구하고 있다고 믿

---

73) Andrew Ashworth/Jeremy Horder, *Ibid.*, at 216-218.

고 간음을 한 경우에는 그 믿음이 합리적인지 여부를 불문하고 항변이 인정되어 강간죄는 성립하지 않는다. Beckford 판결의 논지에 따르면 Williams 판결은 폭행(assault)을 다음과 같이 재정의함으로써 Morgan 판결의 취지를 반영했는데, 이를 통해 정당방위가 성립하기 위해서는 긴박한 위험에 대한 합리적 믿음이 요구된다는 기존의 법리로부터 결별했다고 한다. 즉 폭행을 "위법한 힘(unlawful force)을 고의적으로(intentionally) 또는 무모하게(recklessly) 가하는 행위"라고 정의하는 것이다. 다시 말해 Morgan 판결에 의하면 강간죄 성립의 객관적 요건(actus reus)으로 상대방의 부동의 상황(circumstance of non-consent)이 요구되는 것과 마찬가지로 폭행죄의 성립요건에는 위법한 상황(circumstance of unlawfulness)이 요구된다는 것이다. 이렇게 폭행의 의미를 새롭게 재정의하면 위법하지 않게 폭행을 한다는 믿음이 있기만 하면 그 믿음의 합리성 여부와 무관하게 항변이 인정될 수 있는 것이다.

그러나 시메스터의 지적에 의하면 정작 Morgan 판결은, 강간죄의 경우는 부동의 상황에 대한 진정한 믿음이 있으면 그 착오는 항변이 되지만, 정당방위 상황에 대한 착오는, 즉 오상방위의 경우는 합리적 믿음이 있어야 항변이 된다는 기존의 법리를 그대로 승인하고 있었다는 점을 Beckford 판결이 간과했다고 한다. Morgan은 오상방위와 관련해서는 여전히 착오의 합리성을 요구하는 기존 법리를 승인하고 있었는데 Williams 판결은 뚜렷한 근거 없이 강간죄에 관한 Morgan의 법리를 폭행죄로까지 확대적용함으로써 종래의 오상방위 법리에 변화를 가져왔던바, Beckford 판결은 이 점을 간과했다는 것이다.[74]

(2) 객관적 요건(actus reus)에 위법성(unlawfulness)을 포함시키는 법리의 문제점

Williams는 물론 Beckford도 모두 폭력적 범죄의 구성요건으로 행위의 '위법성'을 포함시키고 있다. 다시 말해 Morgan 판결에 따르면 강간

---

74) Andrew Simester, *Ibid.*, at 300.

죄의 성립에 간음을 적법하게 만들어 주는 동의가 부재했을 것이 요구
되고, Beckford 판결에 따르면 정당화사정(lawfulness)[75]의 부재가 요구
된다. 영국의 저명한 형법학자인 Glanville Williams도 이와 같은 법리구
성을 지지한다.

하지만 이러한 법리는 형법의 성격에 부합되지 않는다고 시메스터
는 지적한다. 형법은 물리적 행위와 주관적 상태의 일정한 조합에 특정
한 법적 지위를 부여한다. 다시 말해 형법은 객관적·주관적 요건의 조
합의 짝을 적법과 위법이라는 두 그룹으로 분류해 선언한다. 요컨대, 위
법성은 특정 객관적·주관적 요건의 짝을 선별해 내기 위해 형법을 적용
한 결과인 것이다. 그렇기 때문에 위법성을 그러한 금지된 조합들속에
포함시키는 것은 주객이 전도된 것이라는 비판이다. 즉 그렇게 보면 어
떤 행위가 형법에 의해 위법하다고 판정되기 전에 이미 그 행위가 위법
하다고 보는 셈이 된다는 것이다.

위법성을 이처럼 구성요건(definitional elements)에 포함시키는 것은
부당한 결과를 가져올 수 있다고 시메스터는 주장한다. 예를 들어
Beckford 판결을 따르면 만일 내가 어떤 범죄로 유죄판결을 받기 위해
서 피해자를 고의적으로 공격하는 것만으로는 불충분하고, 공격이 위법
할 것을 의도해야만 한다. Barrett 판결[76]에 따르면 민사법률의 착오는
합리적인 근거가 없다면 이것을 근거로 재산을 지키기 위한 방위의 항
변(defence of property)을 주장할 수 없다. Barrett 사안에서 피고인
Barrett은 자신의 집에 찾아온 집행관을 폭력을 사용해 쫓아냈는데 그
이유는 집행관을 보낸 법원의 명령이 기망에 의해서 내려진 것이라고
생각했기 때문이다. 이에 대해 법원은 민사법률의 착오는 그것이 합리
적인 근거가 있을 경우에만 원용가능하다고 판시하였다. 그런데 만일
Beckford의 법리를 일관되게 적용하면, 동 법리와 충돌하게 된다. 왜냐
하면 행위자의 민사법률의 착오는 "위법하게 행위하려는 범의를 조각

---

75) 여기서는 '적법성'보다는 '정당화사정'이 맥락에 부합되는 번역어로 보인다.
76) R v. Arthur Barrett (1981) 72 Cr App Rep 272.

시키게 될 것"이기 때문이다. 다시 말해 Beckford가 제시한 새로운 법리
에 따르면 법률의 착오를 항변으로 인정하지 않는 전통적인 커먼로 법
리와 달리 심지어 불합리한 법률의 착오라도 명백히 항변이 된다. 왜냐
하면 그것은 범죄구성요건에 대한 착오와 동일하게 취급될 것이기 때
문이다.[77]

(3) 다른 법리와의 충돌: 단편적인 접근법
(A Piecemeal Approach)

만일 Beckford의 법리가 모든 항변에 일반적으로 적용되는 것으로
해석될 수 있다면 R v. Tolson[78] 판결은 원칙적으로 틀린 것이 된다고
시메스터는 지적한다. 톨슨은 중혼죄(bigamy)로 기소가 되었는데, 제정
법에 따르면 중혼죄는 부부 중 일방이 생존해 있는 동안 단지 그 타방
과 결혼하는 행위로 정의된다. 피고인은 그녀의 첫 남편이 사망했다는
진정하고 합리적인 믿음으로 재혼을 했는데, 항소심은 중혼죄가 성립하
기 위해서는 단지 재혼하려는 고의만 있으면 된다고 판시하였다. 즉 남
편의 생존하고 있음을 모른 채 재혼을 했더라도 본죄는 성립한다는 것
이다. 이러한 사정을 고려하면 톨슨은 일응 중혼죄를 저지른 것이 되는
데, 그러나 항소심은 합리적 믿음에 기초한 착오를 항변으로 주장할 수
있다고 보면서 제1심의 유죄판결을 파기하였다.

그런데 Halsbury의 'Laws of England'[79]에 의하면 Tolson 판결이 제
시한 '합리적 착오'라는 요건은 Williams와 Beckford 판결에 의해 이제
파기되었고, 게다가 Beckford와 Williams는 이미 확립되어 있는 강요된
행위(duress) 법리에도 불명확한 영향을 끼치게 되었다고 한다. 강요된

---

77) Andrew Simester, *Ibid.*, at 301. 주지하다시피 커먼로 전통에서 일반적으로 법률
   의 착오는 항변으로 인정되지 않는다.
78) The Queen v. Tolson (1889) 23 Q.B.D. 168.
79) 'Halsbury's Laws of England'는 잉글랜드와 웨일즈의 법(판례와 법령 등)을 주기
   적으로 업데이트해 가며 관련 전문가가 설명해 놓은 백과사전이다.

행위가 항변이 되기 위해서는 그 전제사실에 대한 합리적 믿음이 요구되기 때문이다. 하지만 시메스터에 의하면 Beckford 판결의 결론은 명백히 정당방위와 관련해 제시된 것이다. 게다가 그 논증은 폭력적 범죄(offence of violence)에 국한시키고 있다. 그러나 왜 그렇게 제한되어야만 하는지 근거가 명확하지 않으며, 따라서 참심원이 그 판결의 완전한 함의를 고려하지 못했다는 의문을 제기할 수 있다고 한다. 요컨대, 동 판결은 관련된 법리들과의 전체적 정합성을 고려하지 못한 단편적인 방식의 법리구성이라는 것이다.[80]

(4) 이러한 변화는 바람직한 것인가?

마지막으로 수반적 항변(supervening defences)[81]과 관련된 이러한 법리적 변화가 과연 정당화될 수 있는지 불분명하다고 시메스터는 지적한다.[82]

가. 오상방위 항변에서 공포와 동정의 의의

우선 정당방위가 불합리한 착오에 근거해서도 인정될 수 있다는 견해로서 다음과 같은 호르더(Horder)의 논거가 제시되어 있다.[83]

과실(negligence)은 다음과 같은 상황에서는 비난가능하지 않다. 즉,

---

80) Andrew Simester, *Ibid.*, at 305.

81) '수반적 항변(supervening defence)'은 시메스터 교수가 이 논문에서 일관되게 사용하는 개념이다. 범죄성립조각사유, 즉 '항변(defence)'들 중에는 범의를 조각시키거나 객관적 구성요건(actus reus)를 조각시키는 것들이 있는 반면에, 범죄의 주관적 요건이나 객관적 요건을 조각시키지는 않지만 무죄의 항변으로 인정되는 것들, 예컨대 정당방위나 강요된 행위(duress)와 같은 유형의 항변을 수반적 항변이라고 지칭하고 있다. Andrew Simester, *Ibid.*, at 296. 논자마다 그 표현에 차이를 보이는 듯하며 이를 '무죄의 항변(exculpatory defence)'라고 칭하는 견해로는 Erick Colvin, *Ibid.*, at 381.

82) 이하의 내용은 Andrew Simester, *Ibid.*, at 305-309.

83) Jeremy Horder, "Cognition, Emotion and Criminal Responsibility", *106 L.Q.Rev. 469* (1990), at 482.

윤리적으로 잘 정향된 행위자라도 겪을 수밖에 없는, 긴급한 욕구(urgent desire)로 인한 행동과 같은 종류의 것일 때에는 비난가능하지 않다. 그러한 종류의 욕구는 이성적인 고려에 기초한 행위가 아니라 피고인이 갖고있는 욕구를 충족시키는 행위에 긴급한 우선권(immediate priority)이 부여될 것을 명령한다고 한다. 호르더는 공포나 동정과 같은 감정이 객관주의에 의해서 적절하게 고려되지 못한다고 생각하며 그러한 감정들이 행위자의 이성적 고려를 대체해야 할 상황에서는 허용되어야 한다고 주장한다.

이에 대해 시메스터는 다음과 같은 반론을 제기한다.

첫째, 호르더의 이론은 Morgan과 Beckford 이후 법의 태도와 정합적이지 않다. 우선 법은 감정을 '행위에 있어서 자유로운 영역(free rein in conduct)'으로 허용하지 않는다. 예컨대, 행위자가 겪었던 긴급한 욕구에 대해서 동정(compassion)할 수 있다고 하더라도 그것만으로 그가 타인을 살해할 수 있는 자격을 부여하지 않는다. 게다가, 호르더의 견해에 따르면 Morgan 케이스의 피고인은 설령 그의 착오가 진정한 것이었다고 하더라도 (그것이 긴급한 감정적 작용에 의한 것이 아니었으므로) 유죄판결을 받았어야 하지만[84] House of Lords의 다수의견에 따르면 피고인이 실제로 피해자가 동의한다고 믿었다면, 그것이 불합리하더라도 그에게 무죄가 인정되어야 한다. Williams와 Beckford도 이를 지지하고 있다.

나. '합리적 인간'의 의미에 대한 오해

둘째, 호르더는 과실의 개념을 적절하게 다루지 못하고 있다고 시메스터는 말한다. 호르더는 '합리성'을 중시하는 객관주의를 다음과 같은 질문을 던지는 문제로 본다고 한다.

---

84) 피고인이 Morgan case에서는 긴급한 욕구에 좌우되지 않았기 때문에 이 경우에는 이성적인 판단을 따라야 했으므로 유죄의 판결이 내려져야 한다는 취지임.

"설령 피고인이 자신의 행위의 결과로서 발생하는 위법한 행위(wrong-doing)의 위험을 몰랐다고 하더라도, 피고인이 그러한 위험이 현존했다고 추론할 만한 사실이 과연 존재했는가?"

그러나 시메스터에 의하면 객관주의자는 호르더와 다른 질문을 제기한다.

"그러한 상황에서 그러한 위험을 감수하는 것은 합리적인가?"

다시 말해 호르더는 '합리적 인간'을 너무 협소하게 규정한다는 것이다. 시메스터에 의하면 우리는 대체로 '과실에 의한' 착오를 용서하는데, 왜냐하면 그것은 그러한 상황에서 불합리하지 않기 때문이다. 합리적 인간을 광의로 규정해 보자면, 과실여부를 테스트함에 있어서 일반적으로 (ⅰ) 어떤 동화된 인식(assimilated perception) (ⅱ) 도덕적 가치 등 기준을 가져와서 피고인의 행위를 평가하게 된다고 한다. 우선 그러한 상황에서 합리적인 사람이라면 어떻게 행동했을지에 관한 일련의 지각을 고려해 본 다음, 공동체의 가치에 해당하는 일련의 도덕적 가치를 고려해 본다고 한다. 여기의 도덕적 가치에는 동정과 자기보존의 가치 등이 포함된다.

합리적 인간이라는 기준에 의한 행위의 평가는 심사숙고를 거치는 과정(cogitative process)이지만, 그 평가는 그러한 가치들과 피고인이 처한 상황을 고려하면서 개별 사안에 따라서 이루어져야 한다고 볼 때 긴박하게 저지른 행위도 때로는 합리적인 것으로 평가된다고 시메스터는 말한다. 심사숙고해 보더라도 누군가 위험을 인지하게 되면 그러한 상황에서 더 이상의 다른 대안을 고려해 보는 것은 불합리하다는 결론에 다다를 수 있다는 것이다. 법은 긴급상황을 인정한다. 일례로 Cordas v Peerless Transportation Co. 케이스[85]에서 피고인은 권총의 위협을 받았

---

85) Cordas v. Peerless Transp. Co., 27 N.Y.S.2d 198 (1941).

기 때문에 자신의 과실로 발생한 결과에 대해 면책되었다.

결론적으로, 호르더가 앞에서 어떤 과실이 '비난가능하지 않다'고 말할 때, 그것은 이미 (합리적 인간의 기준에 비추어 볼 때) 과실이 아니라는 측면을 놓치고 있는 것이라고 시메스터는 비판한다.

다. 항변구성요건의 착오에만 합리성을 요구하는 것은 부당한가?

Glanville Williams는 객관주의에 대해서 다음과 같은 비판을 가한다. 즉, 범죄구성요건(offensive elements)에 대한 착오에는 합리성을 요구하지 않으면서 착오가 항변이 되기 위해서 합리성을 요구하는 것은 비논리적이거나 최소한 지적으로 부조리하다는(intellectually incongruous) 것이다. 윌리엄스는 자신의 처를 토끼로 잘못 오인하고 총을 쏜 A의 케이스와 자신의 처를 강도로 오인하고 총을 쏜 B의 케이스 사이에 유의미한 차이가 없다고 주장한다.

이에 대해 시메스터는 양자 간에는 유의미한 차이가 있으며 바로 그렇기 때문에 '일응 성립하는 범죄(prima-facie offence)'[86]를 논하는 게 의미가 있다고 반박한다. 내가 타인을 살해하는 것은 일응 위법하다. 따라서 나는 그러한 행위의 실행에 착수하기 전에 그렇게 하기 위한 적절한 근거를 갖고 있어야만 한다는 점을 알고 있다. 그러나 내가 하는 행위가 일응 위법하지 않을 경우(토끼에게 총을 쏜다고 생각할 경우)에는 사정이 달라진다. 이때에는 나는 나의 행위에 대한 근거가 불필요하기 때문이다. 그러므로 윌리엄스의 비유는 근거가 약해 보인다고 한다. 요컨대 윌리엄스 사례에서 자신의 처를 강도로 오인한 자는 명백히 누군가를 해친다는 생각을 품고 있었고, 따라서 그 사례는 자신의 처를 토

---

86) 시메스터 교수는 '일응 성립하는 범죄(prima-facie offence)'라는 개념을 일관되게 사용하고 있다. 행위자가 범죄의 주관적 요건(mens rea)을 갖추고 범죄의 객관적 요건(actus reus)을 실현한 경우 '일응(prima-facie)' 범죄가 성립했다고 표현한다. 여기서 '일응' 성립한 것에 불과한 이유는 그러한 요건들을 갖추고 있다고 하더라도 정당방위와 같은 항변이 성립되면, 해당 범죄는 성립하지 않게 되기 때문이다. Andrew Simester, *Ibid.*, at 11-12.

끼로 오인한 자의 사례와는 상당히 다른 성질의 것이라고 보아야 한다는 것이다.

이러한 논변에 대해 윌리엄스는 다음과 같이 반문한다.

"과실로 타인을 살해한 행위는, 과실이 중하더라도 모살이 아니다.87) 그러나 만일 타인에 의해 살해될 것이라고 불합리한 착오로 확신한 자가 타인을 먼저 살해한 경우, 비록 그가 자신이 믿은 바에 따르면 어떠한 범죄도 저지르지 않은 것이 되겠지만, 그는 이론상 모살죄의 유죄판결을 받을 수 있다. 이것은 지나치게 가혹한 규칙이 아닐까?"88)

다시 말해, 윌리엄스는 자신이 제시한 두 가지 사례에 논리적인 차이점이 있음을 인정한다고 하더라도 그러한 구분법에 충분히 도덕적으로 정당화될 만한 근거가 있는지 반문한다. 그는 고의적으로 범죄구성요건을 실행(intentional commission)하는 것과 과실에 의한 착오(negligent mistake)로 인해 범죄구성요건을 고의적으로 실행하게 되는 것 사이에는 도덕적인 차이가 있다고 전제한다. 비록 윌리엄스는 그 차이가 무엇인지 명시적으로 밝히고 있지 않지만 그와 같은 차이점의 존재는 후자에 있어 정당방위와 같은 항변이 합리적으로 지각될 것을 요구하지 않게 되는 명백한 근거가 된다고 한다. 다시 말해 오상방위와 같이 착오에 의해 객관적 구성요건을 실행하는 경우에 그것이 정당방위의 항변으로 인정될 수 있는지 여부를 판단함에 있어 합리성을 요구할 필요가 없다는 것이다.

시메스터는 오상방위에 대한 윌리엄스의 입장에 반대하는데, 그 이유는 부분적으로 피고인의 행위에 대한 다음과 같은 윌리엄스의 관대한 관점 때문이라고 한다.

---

87) 영국에는 과실에 의한 살인의 경우 그것이 중과실인 경우 고살(manslaughter)로 처벌이 가능하다.

88) Glanville Williams, Textbook of Criminal Law (Stevens & Sons, 1983), at 137-138.

"만일 피고인이 긴급하게 정당방위를 해야 한다고 믿고 완전히 무고한 피
해자를 살해하거나 상해를 입혔을 경우, 이러한 사건은 비극적 사건으로
여겨져야 할 것이며, 그에 대한 형사처벌은 무의미한 일이다."[89]

다음의 견해를 보면 확실히 윌리엄스는 오상방위를 단순한 과실범
보다 더 관대하게 생각하는 것으로 보인다.

"설령 과실로 타인을 가격하는 것이 범죄라고 할지라도, 자신이 공격당한
다고 믿는 자는, 그 믿음이 과실에 의한 것이든 아니든, 그 믿음에 따라서
행동할 자격이 있다고 말하는 것은 분명 가능한 것이고, 확실히 이성적이
며 적절한 것이다."[90]

이에 대해 시메스터는 정당방위와 같은 수반적 항변에 의존하는 피
고인은 일응의 범죄구성요건을 알면서(knowingly) 범하는 것이라고 강
조한다. 자신이 객관적 범죄구성요건을 범한다는 점을 전혀 알지 못하
는 케이스와 다르게, 오상방위와 같은 수반적 항변 사례에서는 수범자
로 하여금 금지된 행위를 하는 것을 피하는 것과 관련된 사실을 확인하
도록 합리적 주의의무를 다하도록 요구하는 것에 불합리한 점이 전혀
없다고 한다. 자신의 처를 토끼로 오인한 자처럼 부주의하게 과실이 있
는 경우와 대조적으로, 자신의 처를 강도로 오인해 객관적 구성요건을
주의깊게 실현하는 자는 그가 해악을 가하고 있음을 승인하고 있고, 자
신의 행위에는 정당화가 요구된다는 점을 알고 있기 때문이다.

이러한 차이점은 착오가 합리적이어야 한다는 요건을 전술한 토끼
와 강도 사례에서 A가 아닌 B에게 부과하는 근거가 된다. A와 달리 B
는 상황에 기초해서 알면서 해악을 가하는 데에 있어서 자유를 확고히
향유하고 있다. 따라서 그러한 상황에 대한 합리적인 확인을 요구하는
것은 지나친 것이 아니라고 한다. 관련해 시메스터는 Lord Simon이 한

---

89) Glanville Williams, Textbook of Criminal Law (Stevens & Sons, 1978), at 452.
90) Glanville Williams, "Offences and Defences" 2 *Legal Studies 233* (1982), at 243.

다음과 같은 말을 인용한다.[91]

> "야만적인 공격의 희생자를, 그가 공격자를 가해하려고 했다는 믿음 – 그 믿음이 얼마나 어리석은 것이든지 – 에 의해 야기된 것이라는 사실을 알게 됨으로써 얻게 되는 위안으로 얼렁뚱땅 넘어가려는 것은 공정하지 않아 보인다."

결론적으로 시메스터는 다음과 같이 논의를 마무리한다. Beckford 케이스에서 피해자는 무장하지 않은 사람이었고, 그는 두 손을 위로 향한 채 쏘지 말라고 애원하고 있었다. 그는 용의주도하게 세 번이나 총격을 받았으며 이러한 사건을 그저 '비극적 사고'라고 간주하기는 어렵다고.[92]

2. 시메스터의 비판에 대한 검토

(1) "Beckford의 법리는 Morgan case와 정합적인가?"라는 비판에 대한 검토

Morgan 판결의 영향을 받아서 Williams 판결에서 시도했고, Beckford 판결에서도 승인하고 있는 폭행개념의 새로운 정의방법은 현재 여러 측면에서 비판을 받고 있는 것이 사실이다. 그런 점에서 시메스터의 비판은 분명 경청할 만하다. 또한 강간죄의 범죄구성요건에 대한 착오와 관련해 주관적 심사기준을 채택한 Morgan의 법리를 오상방위로까지 명확한 근거 없이 확대시켰다는 비판으로부터 Williams와 Beckford는 자유롭지 못한 것으로 보인다. 앞서 논급한 바와 같이 동 판결의 적용범위에 대해서는 Morgan 재판부 내에서도 이견이 있었을 만큼 견해의 대립이 있었기 때문이다. 그런데 두 판결이 "강간죄 객관적 성립요건으로

---

91) Andrew Simester, *Ibid.*, at 309.
92) Andrew Simester, *Ibid.*, at 309.

‘상대방의 부동의 상황’이 요구되는 것과 같은 맥락에서 폭행죄의 성립 요건에는 ‘위법한 상황’이 요구된다”고 법리구성한 것은 Morgan의 법리를 폭행과 관련된 범죄에도 확대해 적용하려고 시도했다는 점에 있어서는 분명 ‘정합적’이라고도 말할 수 있을 것이다. 다만, 시메스터가 적절히 지적한 바와 같이 Morgan 판결은 분명 여전히 정당방위에 대해서는 착오의 ‘합리성’이 요구된다는 객관적 기준을 인정하고 있는데,[93] 바로 그렇기 때문에 ‘외견상’으로는 ‘부정합적’으로 보일 수는 있겠으나, Williams와 Beckford가 Morgan의 그러한 입장을 쉽게 간과했을 리 없다고 보는 것이 사리에 더 합당할 것이다. 다시 말해 두 판결은 바로 그와 같이 객관적 심사기준을 따르는 기존의 법리가 잘못되었다고 판단했기 때문에 이를 변경하려는 취지이므로 Morgan 판결이 기존의 법리를 승인하고 있다고 해서 Williams나 Beckford 판결이 그와 ‘부정합’ 적이라고 단언할 수는 없을 것이다. 기존의 법리와 ‘결별해야만’ 새로운 법리가 형성될 수 있는 것이고, 그런 점에서 두 판결이 Morgan이 강간죄의 부동의 상황에 대한 착오와 관련해 제시한 ‘주관적 심사기준’ 법리에 주목하면서도 Morgan이 오상방위와 관련해 승인했던 기존의 객관주의 기준과 다른 법리를 제시한 것은 오히려 ‘자연스러운’ 과정으로 보는 것이 합당하다고 사료된다.[94]

---

93) 이 점에 대해서는 David Ormerod/Karl Laird, Smith, Hogan, & Ormerod's Criminal Law, 16th Edition (Oxford University Press, 2021), at 353. "The House of Lords in Morgan also left untouched the traditional requirement that mistakes as to elements of defence had to be reasonable if they were to be operate to excuse the accused".

94) 동지의 David Ormerod/Karl Laird, Ibid., at 353. 동 문헌에 따르면 Beckford 판결은 Morgan이 범죄구성요건(elements of offence) 채택한 주관적 심사기준을 항변 구성요건으로까지 확대한 것이다.

(2) "객관적 요건(actus reus)에 위법성(unlawfulness)을 포함시키는 법리의 문제점"이라는 비판에 대한 검토

우선 위법성은 일정한 객관적·주관적 요건의 조합의 짝을 이룬 결과물이기 때문에 위법성을 그러한 판단의 전제조건이 되는 객관적 요건에 포함시킬 수는 없다는 지적은 일견 타당해 보인다. 즉 위법성은 일정한 객관적 구성요건과 주관적 구성요건이 결합하여 전체 법질서에 반하는 성질을 뜻하는 개념이라는 것이다. 하지만 범죄의 객관적 구성요건에 행위의 '위법성'을 포함시키는 논리가 논리필연적으로 잘못된 것은 아니다. 왜냐하면 통상적으로 한 행위자가 범죄를 저지를 때 자신의 행위가 위법하다는 점을 인식하고 저지른다는 사실은, 바꾸어 말하면 자신에게 적용될 만한 특별한 정당화사유, 예컨대 정당방위 등이 존재하지 않음에도 불구하고 그 행위를 감행한다는 뜻을 지니게 되므로 이는 위법성의 개념과 충분히 양립가능한 논리인 것으로 판단된다. 즉 Williams와 Beckford가 모두 폭력적 범죄(violent offence)의 구성요건으로 행위의 '위법성(unlawfulness)'을 포함시키고 있는 취지는 강간죄의 구성요건에 '상대방의 부동의 상황(피해자의 동의가 없어서 위법한 상황)'이 요구되는 것과 마찬가지로 폭력적 범죄의 구성요건에 해당 폭력행위를 정당화할 만한 사유가 없는 '위법한 상황'이 요구된다"는 취지이므로, 범죄의 객관적 구성요건에 이러한 의미의 위법성을 포함시킨다고 해서 그것이 체계론적인 문제점을 발생시키지는 않는다. 다시 말해 이러한 의미의 위법성이 객관적 구성요건에 포함된다고 하더라도 결과적으로 위법성 판단은 행위의 객관적 요건과 주관적 요건을 모두 고려하여 그에 따라 개별적으로 내려지는 것이기 때문에 시메스터가 우려하듯이 "어떤 행위가 형법에 의해 위법하다고 판정되기 전에 이미 그 행위가 위법하다고 보는 셈"이 되지는 않는다. 예를 들어 폭력적 행위를 정당화할 만한 사유가 없어서 '위법성'이 인정되어 객관적 구성요건이 충족된다고 하더라도 그에 상응한 적절한 주관적 구성요건이 갖추어지지 않으면 결과적으로 위법성이 부정되고 만다. 요컨대, 주객이 전도되는 상황은 발생하지 않는다는 것이다.

　다음으로 Barrett 판결과 Beckford 법리가 상충된다는 지적에 대해서 살펴보건대, 법률의 착오가 있다고 해서 반드시 그것이 "위법하게 행위하려는 범의를 조각시키게" 되지는 않는다는 점을 지적할 수 있을 것이다. 주지하다시피 오상방위란 정당화 사정에 대한 착오, 즉 '사실의 착오'로 인해 타인이 현재 자신을 부당하게 공격하고 있다고 믿고 이에 대해 반격하는 행위이다. 오상방위의 기본구조는 '사실의 착오'로 인해 방어행위로 나아가는 과정을 거치는 것이고, 바로 그러한 경우에 범의를 조각시키게 되는 것이기 때문에 이와 다르게 일정한 방어행위의 계기로서 법률의 착오가 개입되어 있더라도 이때 필연적으로 정당화 사정에 대한 착오, 즉 사실의 착오가 수반되는 것은 아니며, 따라서 양자는 '범의조각여부'에 있어서 각각 효과를 달리하는 것으로서 항상 동일한 결과에 이른다고 단언하기 어렵다. 따라서 법률의 착오가 있다고 하여도 반드시 범의가 조각되는 상황이 발생하지는 않는다. 예컨대 오상방위자의 경우에 자신은 정당화사정에 대한 착오로 인해 현재의 부당한 침해가 있다고 생각하고 행위를 하고 있지만 대체로 자신이 어떤 금지되는 행위를 한다는 점에 대해서는 명확히 인식하고 있기 때문에 그에게 법률의 착오는 발생하지 않는다. 이와 반대로 Barrett 사례와 같이 피고인이 (민사)법률의 착오로 재물을 지키기 위해서 정당방위를 하였던 경우 피해자가 집행관(bailiff)이라는 사실에 대한 오인이 있었던 것은 결코 아니었고 그의 공무집행이 위법하다고 여기지 않았을 것이며 단지 법원이 기망에 의해 그를 보냈다고 오인한 것에 불과하므로 정당화사정 자체에 대한 착오가 개입되지 않았기 때문에, 집행관에 대해 위법한 폭력을 사용하고 있음이 명백해 보이므로 이 경우 시메스터의 생각과 다르게 행위자에게 범의가 존재한다고 평가하는 것이 타당해 보인다.

(3) "다른 법리와의 충돌: 단편적인 접근법
(A Piecemeal Approach)"이라는 비판에 대한 검토

Beckford 판결의 법리의 적용범위가 어디까지인지 혼란스럽다는 시메스터의 견해는 일응 수긍할 만하다. Morgan 판결 역시 동일한 문제점을 갖고 있었기 때문이다. 그러나 제시된 법리의 적정한 적용범위는 후속판결의 법리에 의해서 비로소 정립될 수 있는 것이므로 이를 두고 '단편적인(piecemeal)' 접근방법이라고 폄하하는 것은 다소 무리가 있다고 보인다. 모든 판결은 그 적용범위의 문제를 안고 있다고 보아도 과언이 아닐 것이기 때문이다.

실제로 현재 영국의 상당수 주석서는 '합리적 착오'를 요건으로 하는 Tolson 판결의 법리나 역시 '착오의 합리성'을 요구하는 강요된 행위(duress)의 법리는 오상방위 법리와 충돌하지 않고 병존하는 것으로 해석하고 있다는 점에 주목할 필요가 있을 것이다.95)

(4) "이러한 변화는 바람직한 것인가?"라는 비판에 대한 검토

Beckford의 법리에 대한 시메스터 교수의 비판적 논평은 바로 이 마지막 주장이 가장 주목할 만하다고 생각된다.

우선 시메스터의 입장은 Williams의 견해와 여러 면에서 대조되므로 이 둘을 비교하며 검토해 보고자 한다.

Williams는 범죄구성요건(offensive elements)에 대한 착오에는 합리성을 요구하지 않으면서 착오가 항변이 되기 위해서 합리성을 요구하는 것은 비논리적이거나 최소한 지적으로 부조리하다고 주장한다. 이는 사실의 착오에 관한 로마법의 입장이나 초기 커먼로의 태도, 그리고 오늘날 우리나라에서 받아들이고 있는 사실의 착오론에 비추어 볼 때 충분히 수긍할 만한 견해라고 생각된다. 이러한 관점에서 보면 윌리엄스

---

95) Tolson 법리의 적용범위에 대해서는 Andrew Ashworth/Jeremy Horder, *Ibid.*, at 215-216.

가 적절히 지적한 바와 같이 처를 토끼로 잘못 오인하고 총을 쏜 케이스와 처를 강도로 오인하고 총을 쏜 케이스는 둘 다 (광의의) 사실의 착오라는 점에서 유의미한 차이가 없다고 보아야 하기 때문이다.

그러나 시메스터는 바로 이 지점에 대한 상당히 다른 견해를 피력하고 있다. 양자 간에는 유의미한 차이가 있다는 것이다. 내가 동물이 아니라 다른 사람을 살해하는 것은 일응 위법하며 따라서 나는 그러한 행위의 실행에 착수하기 전에 그렇게 하기 위한 적절한 근거를 갖고 있어야만 한다는 점을 알고 있기 때문이라고 한다. 자신의 처를 토끼로 오인한 경우와 대조적으로, 자신의 처를 강도로 오인해 객관적 구성요건을 주의깊게 실현하는 자는 그가 해악을 가하고 있음을 승인하고 있고, 자신의 행위에는 정당화(justification)가 요구된다는 점을 알고 있다는 것이다. 그러나 내가 하는 행위가 일응 위법하지 않을 경우, 즉 토끼에게 총을 쏜다고 생각할 경우에는 사정이 달라진다. 이때에는 나는 나의 행위에 대한 근거가 불필요하므로 결론적으로 윌리엄스의 비유는 근거가 약하다고 시메스터는 비판하고 있는 것이다.

더 나아가 시메스터는 윌리엄스가 오상방위에 대해 지나치게 관대한 관점을 취하고 있다고 하면서 "만일 피고인이 긴급하게 정당방위를 해야 한다고 믿고 완전히 무고한 피해자를 살해하거나 상해를 입혔을 경우, 이러한 사건은 비극적 사건으로 여겨져야 할 것이며, 그에 대한 형사처벌은 무의미한 일"이라고 보는 윌리엄스의 견해에 대해 반대한다. 그렇게 되면 오상방위자는 완전한 무죄가 되어 단순한 과실범 케이스보다 더 관대하게 처리될 것이기 때문이다.

그렇다면 어느 견해가 더 타당한 것인가? 결론적으로 윌리엄스의 견해가 타당하다고 생각된다. 그 이유는 다음과 같다.

첫째, 시메스터는 오상방위의 경우 행위자는 그가 해악을 가하고 있음을 잘 알고 있기 때문에 그러한 행위를 하기 위해서는 자신의 행위를 정당화할 수 있는 근거가 요구된다는 점을 알고 있다고 주장한다. 그리고 바로 이 점이 사람을 토끼로 오인한 케이스와 다르다고 지적한다.

시메스터의 이러한 주장은 일견 타당해 보이지만 매우 중요한 진실을 간과하고 있다. 오상방위를 도그마틱적으로 분석하면 구성요건고의를 가진 자가 자신에게 특정한 정당화 사정(예컨대 위법성조각사유)이 있다고 오인하고 그 근거에 의해서 자신의 방어를 위해 타인을 공격하는 행위로 규정할 수 있고, 바로 이와 같은 분석에 입각하면 시메스터처럼 생각할 소지도 없지 않다고 생각한다. 그러나 이러한 분석은 오상방위라는 사태의 진실을 적확히 반영하지 못하고 외형상으로 드러난 면모만을 그린 그림에 불과하다. 주지하다시피 오상방위자는 어떤 긴급함으로 인해 혹은 사려깊은 사람도 쉽게 벗어나기 힘든 순간적인 착오로 인해 자신이 긴박한 위험에 처해 있다고 생각하고 이를 벗어나기 위해 방어행위를 하는 자이다. 여기에는 시메스터가 기대한 것처럼 자신의 행위에 대해 심사숙고를 거치는 과정(cogitative process)이 작동할 여지가 전혀 없다고 보아도 무리가 아닐 것이다. 과연 그 어떠한 오상방위자가 자신의 행위는 타인에게 해악을 가하는 것이므로 지금 정당방위에 의해 자신의 공격행위가 정당화될 수 있어야 한다는 점을 인식하면서 그 행위를 한다고 볼 수 있을까? 오히려 오상방위를 하게 되는 사고과정속에는 현재의 급박하고 부당한 위험을 회피하려는 생각밖에는 없다고 보는 것이 사태의 진실에 부합될 것이다. 바로 그렇기 때문에 Williams나 Beckford 판결에서 언급하듯이 '범의(mens rea)'의 입증이 실패할 수밖에 없는 것이다.

아울러 정당화사정에 대한 착오가 범죄구성요건에 대한 착오와 유의미한 차이점이 없다는 점에 동의하더라도, 과연 어떤 이유에서 Williams의 견해처럼 양 착오의 효과 측면에서 오상방위자가 더 관대하게 취급되어야 하는 것일까? 시메스터는 윌리엄스에 반대하며 오상방위자는 단순한 과실범보다 더 중하게 다루어져야 한다고 보는 듯하나 오상방위자는 행위 당시에 타인에게 해악을 가하려는 의도보다는 자신을 방어하려는 의도로 행위하는 자이다. 이에 비해서 단순한 과실범, 즉 자신이 쏜 총이 타인에게 맞지 않을 것이라고 부주의하게 생각했던 자는 타인의 생명보호에 대한 중대한 주의의무를 위반했다는 점에서 비난가능성이 남아 있다. 물론 오상방위자에게도 일정부분 그러한 주의의무의 위반을 인정할 수 있다고 하더라도 양자의 중요한 차이점은 거듭 말하지만 오상방위자는 자신의 생명과 신체를 지키기 위한 방어행위를 한다는 생각에 압도되어 있는 자라는 사실이다. 만연히 타인의 생명에 대한 주의의무를 다하지 못한 것이 아니라, 부당한 현재의 침해로부터 자신의 생명을 지켜야 한다는 긴급한 욕구(urgent desire) 내지 일념에 경도되어서 그러한 행위를 했다는 점에서 비난가능성이 없거나 현저히 감소되어야 할 자라는 점을 시메스터는 간과하고 있는 것이다. 이러한 결론은 오상방위와 관련해 영국법원이 취하고 있는 주관적 심사기준 법리의 이론적 배경이 되는 후술하는 '자율성 원칙'에 비추어 보더라도 지지될 수 있다고 생각한다.

V. 맺음말: 대법원 판례에 대한 몇 가지 함의

1. 오상방위에 대한 대법원의 입장과 커먼로 법리의 구조적 유사성

주지하다시피 대법원 판례는 오래전부터 "그 오인에 상당한 (또는 정당한) 이유가 있을 경우에 위법성을 조각시킨다"는 소위 '위법성조각설'을 취함으로써[96] 오상방위를 일정한 조건 하에서 정당방위로 취급하는 법리를 제시하고 있는데[97] 이는 영미법계의 오상방위 법리와 상

---

96) 대법원 1968. 5. 7. 선고 68도370 판결; 대법원 1986.10.28. 선고 86도1406 판결 등.
97) 이러한 평가로는 이용식, 앞의 논문, 170면 이하. "결국 판례의 견해는 실질적으로는 정당방위의 요건인 정당방위상황의 인정방법에 관한 학설로 자리매김되어야 한다." 물론 동 논문은 판례가 "현재의 부당한 침해라는 정당방위상황의 오신에 정당한 사유가 있는 경우에 정당방위와 마찬가지로 취급하는지 (정당방위의

당히 유사한 입장이라고 평가할 수 있을 것이다. 물론 영미법계는 대륙법계의 소위 삼단계범죄체계론(tripartite system)이 아니라 객관적 요건(actus reus)와 주관적 요건(mens rea)이 충족되면 범죄성립을 인정하는 이단계범죄체계론(bipartite system)을 채택하고 있다는 점에서 우리나라 형법에서 위법성(Rechtswidrigkeit; unlawfulness)을 조각시킨다는 의미가 영미의 그것과는 의미의 차이가 전혀 없다고는 말할 수 없겠지만, 영미에서도 적어도 강학상으로 항변을 우리의 위법성조각사유에 상응하는 정당화(justification)와 책임조각사유에 상응하는 면책(excuse)으로 구분하고 있고, 바로 그 정당화에 해당하는 항변의 대표사례가 정당방위라는 점에 비추어 볼 때, 양 체계의 구조적 차이점을 고려하더라도 일정한 법리적인 유사성이 있다는 점을 충분히 입론할 수 있다고 사료된다. 그렇다면 영국의 오상방위 법리는 대법원의 입장에 대해 어떠한 함의를 지닌다고 평가할 수 있을까?

2. '항변구성요건에 대한 착오의 법적 효과의 측면에서 논증'의 보완 필요성

우선 대법원의 법리가 단순히 착오론이 아닌 위법성조각사유의 요건의 충족면에서 접근한 것이라는 평가[98)]에 주목할 필요가 있을 것이다. 다시 말해 대법원은 오상방위의 문제를 착오론 법리를 중심에 놓고

성립은 부정하지만) 위법성조각을 인정하는지는 애매한 면이 없지 않다."고 적확하게 지적하고 있다. 그렇지만 사견으로는 현재의 부당한 침해라는 정당방위 상황에 대한 오신에 정당한 사유가 있는 경우에는 위법성이 조각된다고 판례가 설시할 때 그 취지는 그러한 때에 '오상방위'가 '정당방위'로 인정된다고 보아야 한다는 것으로 해석하지 않을 수 없다고 생각한다. 만일 '정당행위'의 전제사실에 오인이 있을 경우 정당한 이유가 있다면 '오상정당행위'를 '정당행위'로 인정해야 한다는 것과 같은 맥락이다(서울중앙지방법원 2021. 8. 12. 선고 2020고합 886 판결). 다시 말해 재판실무는 각각의 사안에서 다투어진 위법성조각사유의 성립요건을 검토하고 있는 것으로 보인다.

98) 이용식, 앞의 논문, 170면.

해결하고 있지 않으며 정당방위의 한 요건으로서 '착오의 정당성'을 요구하고 있을 뿐이다. 이러한 입장은 결과적으로 커먼로 국가의 정당방위법리와 유사점이 있다. 영국의 경우 정당방위의 한 요건으로서 "정당화사정의 존재 또는 그 사정에 대한 진정한 믿음"을 요구하고 있는 것처럼[99] 정당화사정이 반드시 존재해야만 하는 것은 아니고, 그러한 사정에 대한 진정한 믿음이 있으면 정당방위의 요건이 충족되는 것으로 보고 있기 때문이다[주관주의]. 대법원 판례의 경우 정당방위의 한 요건으로 '착오의 정당성' 또는 '착오의 합리성'을 요구하고 있다고 말할 수 있으며, 이는 영국과 달리 착오의 합리성을 요구하고 있는 다른 커먼로 국가의 정당방위 요건[100]과 매우 유사하다고 말할 수 있다[객관주의]. 즉 정당화사정이 실제로 존재하거나 정당화사정에 대한 '합리적 믿음'이 있으면 정당방위가 인정된다는 것이 대법원의 입장이라고 평가할 수 있을 것이다. 이와 관련해 재판실무는 "위법성조각사유 전제사실의 존부를 행위시를 기준으로 하여 피침해자가 놓여진 상황, 침해행위가 이루어지는 주변상황, 침해행위의 태양, 침해행위에 대한 피침해자의 인식 등을 종합적으로 고려하여 판단하고 있고, 이에 대한 규범적, 종합적인 평가 결과 오신에 정당한 사유가 인정된다면 설령 사후적, 객관적으로는 법익침해의 위험이 없었다고 판명되더라도 오상을 이유로 한 위법성조각을 인정"하는 입장이다.[101] 결과적으로 대법원은 정당방위 상황이 객관적, 사실적으로 결정되는 것이 아니라, 행위시의 사정을 종합적으로 고려해 규범적으로 결정된다고 보고 있으며, 따라서 객관적으

---

99) Beckford v R [1987] 3 All ER 425 Privy Council.

100) 예컨대 뉴욕주법원의 Shorter v. People, 2 N.Y. 193 (1849).

101) 서울중앙지방법원 2021. 8. 12. 선고 2020고합886 판결; 대구지방법원 2022. 1. 26. 선고 2021고합456 판결. 이용식, 앞의 논문, 183면. 동 문헌에 따르면 대법원 1968. 5. 7. 선고 68도370 판결[소위 초소경비병 사건]도 이러한 입장에서 이해될 수 있다. 조금 더 포괄적으로 말하자면 판례는 오상방위를 유형화하여 정당한 이유가 인정되는 오상방위와 그렇지 않은 단순한 오상방위로 구분해 전자의 경우만 '위법성조각사유의 요건충족'의 관점에서 해결하고 후자의 경우는 '고의의 성부' 관점에서 해결하는 입장으로 보인다.

로 현재의 부당한 침해가 존재하지 아니하는 경우에도 정당방위상황이 인정될 수 있다고 본다.[102] 하지만, 문제는 어째서 객관적으로 현재의 부당한 침해가 없어도 정당방위가 인정될 수 있는 것인지에 대한 '법리적 근거지음'이 여전히 구체적으로 납득할 만하게 제시되지 않고 있다는 점이다. 단순히 '규범적으로 판단해 결정을 내리기 때문'이라는 것만으로는 충분하지 않다. 바로 이러한 법리상 약점 때문에 비판론자들은 여전히 판례의 태도에 문제를 제기한다. 학계에 널리 수용되고 있는 권위있는 학설들의 설명, 즉 착오의 효과로 인해 고의가 조각되거나 책임이 조각된다는 도그마틱적 설명방식과 상당히 유리된 입장이라는 것이다. 생각건대, 오인(착오)에 정당한 사유가 인정되면 위법성이 조각된다는 법리는 커먼로의 사실의 착오법리에 비추어 보면 항변구성요건의 착오에 대한 법적 효과로 충분히 설명이 가능할 것으로 보인다.[103] 그러나 대법원은 이에 대해서 적극적인 논증을 전개하고 있지 못하며, 침묵으로 일관함으로써 비판을 자초하고 있다고 사료된다. 만일 대법원이 정당화사정에 대한 착오를 사실의 착오로 전제하고 현재와 같은 법리를 구축하고 있는 것이라면 이를 명확히 밝힘으로써 학계의 형법이론들과 대화의 통로를 마련할 수 있으리라고 생각한다.[104] 향후 이 부분에 대한 대법원의 명확한 해명이 있기를 기대해 본다.

한편 대법원이 직접적으로 논급하고 있지는 않지만, 착오론에 입각해 전술한 법리를 설시하고 있는 것이라면 그것이 앞서 검토한 객관주의와 주관주의 심사기준 중에 과연 어느 입장에 맞닿아 있는지 살펴볼

---

102) 동지의 이용식, 앞의 논문, 176면.

103) 다만 후술하듯이 항변구성요건에 대한 착오의 법적 효과는 책임조각(면책)으로 구성하는 것이 타당하다는 점에서 위법성을 조각시키는 대법원의 현재 입장과는 일정한 차이가 있다.

104) 물론 이에 대해서는 각기 다른 관점을 취하고 있는 논자들로부터 긍정적인 반향도, 부정적인 비판도 모두 예상해볼 수 있을 것이다. 그것은 자연스러운 일로서 법적 공론의 장에서 숙의의 과정이며 보다 나은 대안을 모색할 수 있는 토대가 될 것이다.

필요가 있다.

　보기에 따라서는 대법원도 객관적으로 존재하는 사정이 아니라 피침해자의 인식 등을 종합적으로 고려해 규범적으로 판단하기 때문에 '주관주의'적 요소를 지닌 것으로 해석할 여지도 있을 것이다. 실제로 최근 한 판례의 입장을 보면 "그와 같은 일련의 경위를 알고 있었던 사정까지 종합하면, 피고인의 입장에서는 피해자가 움켜진 물건을 육안으로 확인하기 전까지는 그것이 공소외인에게 치명적인 손상을 가할 수 있는 위험한 물건에 해당할지도 모른다고 생각할 만한 합리적인 이유가 있었던 것으로 보인다."고 하여 '합리적인 이유(정당한 이유)'는 곧 피고인의 입장에서 '실제로' 오인이 발생했는지 여부를 판단하는 근거로 사용되고 있으며,105) 이어 "이 사건 당시 피고인의 행위는 적어도 주관적으로는 그 정당성에 대한 인식하에 이루어진 것이라고 보기에 충분하다."106)고 설시함으로써 실질적으로 영국의 판례와 유사하게 주관주의 기준을 채택하고 있는 것으로 해석할 여지도 있다고 본다. 앞서 논급한 Beckford 판결도 영국에서 주관주의 심사기준을 채택한 결과로 인해 정당방위가 너무 많이 받아들여져 무죄판결이 급증할 것이라는 우려에 대해 영국법원의 경험상 타당하지 않다는 반론을 제시하며 배심원들은 모든 주변 정황을 고려하여 착오의 진정성 여부를 테스트하고 있으며 따라서 피고인이 그러한 믿음을 갖게 된 합리적인 근거

---

105) 주관주의 법리를 채택하고 있는 영국에서도 착오의 합리성이 착오의 진정성 판단에 영향을 준다는 점을 인정한다. 다만, 그것만으로는 항변의 성립여부에 영향을 줄 수는 없을 뿐이다(The reasonableness of the belief bears on the claimed genuineness of the belief, but not on the availability of the defence itself). Grant Lamond, *Ibid.*, at 27.

106) 대법원 2023. 11. 2. 선고 2023도10768 판결. 특히 동 판결은 "피해자도 복싱클럽에 다닌 경험이 있는 등 상당한 정도의 물리력을 행사할 수 있는 능력이 있었고"라고 설시하는 등 피고인의 배경지식과 경험도 고려하고 있다는 점에서 준주관주의적 관점을 채택한, 전술한 바 있는 괴츠판결(People v. Goetz)을 연상시키고 있다. 이전의 다른 대법원 판결에서는 이와 같은 주관주의적 성격이 잘 드러나 있지 않은 것으로 생각된다.

(reasonable ground)가 없이 배심원들이 착오의 진정성을 인정하지 않을 것이라고 설시한 부분도 대법원의 입장과 일맥상통한다.[107) 다시 말해 대법원 판례가 말하는 '정당한 이유'는 '착오의 진정성을 인정할 만한 합리적 근거'를 지칭하는 것으로 해석할 여지도 있다는 것이다. 하지만, 대법원의 법리를 따르는 하급심 판례는 '합리성'의 의미를 보다 넓게 해석해서 단지 착오의 '진정성' 여부를 가늠하는 기준으로 보지 않고 "합리적인 사람이라면 피고인과 같은 판단을 내렸을 것인지"라는 관점 [객관주의]까지 포함하는 것으로 해석하고 있다. 예컨대, "이 사건 현장 에 있었던 피고인 이외의 사람들은 피해자의 행위에 대하여 특별히 이 상하다거나 증거인멸 시도를 한다고 느끼지 못했다고 진술하는 점을 고려하면, 피해자가 페이스 아이디를 사용하여 휴대전화 잠금을 해제한 다는 사전지식 하에 피해자가 증거인멸을 하고 있다고 오신하게 된 피 고인의 주관적 사정만을 기초로 그러한 오신에 정당한 사유를 인정하 기는 어렵다."[108) 소위 검사의 독직폭행사건으로 알려진 동 판례의 입 장은 재판실무가 명백하게 '정당한 이유'를 해석함에 있어서 커먼로의 객관주의 기준과 맞닿아 있음을 시사한다. 생각건대, 영국 판례처럼 명 확히 '진정한' 착오만으로도 오상방위자에게 항변이 성립될 수 있다고 설시하지 않는 이상, 대법원이 제시하고 있는 '정당한 이유'라는 기준은 '합리적인 사람의 관점'을 요구하는 '객관적 심사기준'으로 해석될 가 능성이 크다고 본다.

요컨대, 대법원이 제시하고 있는 정당한 이유, 즉 착오의 합리성은 착오의 진정성 여부를 판단하는 기준으로도 활용되는 듯 보이지만, 그 문언이 지니는 의미의 폭이 넓은 관계로 사용맥락에 따라서 '합리적인 사람의 관점'에 의해 착오를 평가하는 기준으로도 활용될 수 있는 가능 성을 열어놓고 있기 때문에 주관주의보다는 객관주의에 가까운 법리라 고 평가하는 것이 타당하다고 본다.

---

107) Beckford v R [1987] 3 All ER 425 Privy Council.
108) 서울중앙지방법원 2021. 8. 12. 선고 2020고합886 판결.

이와 같이 설령 대법원이, 주관주의든 객관주의든 커먼로의 법리와 유사한 입장을 취하고 있는 것으로 선해하더라도 현재 우리나라의 지배적인 통설은 정당방위 법리의 기본요건으로 '정당화사정의 존재'만을 요구하고 있지, 커먼로의 정당방위 요건처럼 그러한 사정에 대한 합리적 또는 진정한 믿음이라는 요건을 선택적으로 정당방위의 요건으로 보고 있지 않다는 점에서 대법원의 법리는 여전히 비판으로부터 자유로울 수 없다. 영국의 오상방위 법리처럼 '착오론에 근거한 합당한 근거제시'가 없이는 오상방위가 어떻게 정당방위로 취급될 수 있는지 법리적으로 납득할 수 없기 때문이다.

3. 사실의 착오의 효과

그렇다면 대법원의 법리가 현행 형법도그마틱체계 내에서 의미를 지닐 수 있으려면 위법성조각사유의 요건의 충족이라는 측면에서 접근하는 방식을 보완할 필요가 있을 것이다. 다시 말해 본고에서 논급한 커먼로상의 사실의 착오론 논지를 수용할 필요가 있다는 것이다. 사실의 착오를 어떻게 다룰 것인지에 대해서는 영미법이나 대륙법계나 기본적으로 큰 차이는 없다고 생각된다. 다만 법리구성에 있어서 영미법계 일부 국가는 사실의 착오가 항변으로 인정되기 위해서는 '착오의 합리성'을 요구한다는 점에 차이가 있을 뿐이다. 그러나 앞서 길게 검토해 본 바와 같이 사실의 착오는 그것이 협의의 것이든 광의의 것이든, 진정한 믿음에 기초한 것이면 항변으로서의 효과를 부여하는 것이 법리적으로 타당하다고 생각된다. 그것이 로마법 이래 전통적인 사실의 착오법리에도 부합되고, 초기 커먼로의 입장과도 일치하며, 결국 책임원칙에도 더 충실한 입장이라고 판단된다. 도그마틱적으로 볼 때 객관주의를 취하면 과실에 불과한 행위가 고의범으로 처벌되는 불합리가 노정될 수밖에 없다는 문제는 앞서 커먼로에서 사실의 착오론의 전개과정을 살펴보면서 이미 논급한 바 있다.[109]

　물론 이러한 법리구성은 국내의 기존학설과 다른 점이 있다. 국내 학설은 정당화사정에 대한 착오는 그것을 사실의 착오로 보더라도 단지 불법고의를 조각하거나 책임고의를 조각하는 것으로 설명하고 있기 때문이다. 따라서 기존의 학설에 따르면 오상방위자에게는 과실범으로 처벌될 가능성이 여전히 남게 된다.

　하지만 오상방위는 엄연히 항변구성요건(defence elements)에 대한 착오이지 범죄구성요건(offence elements)에 대한 착오가 아니다. 후자의 경우라면 당연히 고의가 조각된다고 평가할 수 있겠지만 전자의 경우는 반드시 그런 결론을 따를 필요는 없다고 생각한다. 바로 이 지점에서 커먼로 법리는 매우 유의미한 시사점을 제공한다. 물론 학설은 이 경우에도 소위 '불법고의'라든지 '소극적구성요건표지론' 등을 통해서 고의가 조각된다고 이론구성하고 있지만 이에 따른 체계적 부정합성이 노정될 위험이라는 대가를 치러야 한다.[110] 그렇다면 커먼로에서 이러한 항변구성요건의 착오를 취급하는 방식에 주목해 볼 필요가 있을 것이다. 그것은 간명하면서도 논리적 호소력이 있다.

"A genuine belief, however unreasonable, entitles a defendant to be acquitted on the ground of self-defence(진정한 믿음은, 그것이 불합리하더라도, 피고인으로 하여금 정당방위에 근거해 무죄가 될 자격을 부여한다)."

　이러한 법리의 근거는 무엇인가? 그것은 다음과 같다.

"He must then be judged against the mistaken facts as he believes them to

---

109) 이 점에 대한 지적으로는 Gunter Stratenwerth, *Ibid.*, at 745; Richard Singer, *Ibid.*, at 491. 이러한 문제점에 대한 지적은 앞서 논급한 R. v Williams (Gladstone) 판결에서도 제시되고 있다.

110) 체계론적 모순점에 대한 법원의 논평으로는 서울중앙지방법원 2021.8.12. 선고 2020고합886 판결. 물론 해당 논평은 다수설로 인정되는 법효과제한책임설에 대한 이론적 결함을 지적하고 있는 것이나 동 학설 외의 다른 학설도 모두 이론적 정합성에 있어서 한계를 지니고 있음은 주지의 사실이다.

be. If judged against those facts or circumstances the prosecution fail to establish his guilt, then he is entitled to be acquitted(행위자는 자신이 착오로 그러하다고 믿었던 사실에 따라 판단되어야 한다. 만일 그러한 사실이나 상황에 따라서 판단을 받게 되며, 기소측은 그의 범의를 입증하는데 실패하게 될 것이고 따라서 그 행위자는 무죄가 된다).”

간단히 정리하면 다음과 같다. 행위자는 자신이 착오로 존재한다고 믿은 사실에 따라서 판단되어야 하고, 그렇게 되면 오상방위자는 정당방위에 근거해 무죄가 될 자격을 갖추게 되며 이때 착오의 합리성 여부는 무관하다는 것이다. 전술한 바와 같이 이 원칙을 영국법에서는 ‘주관주의 원칙(The subjective principle)’111)이라고 한다. 여기서 “그러하다고 믿은 사실에 따라 판단되어야 한다”는 것은 어떤 의미일까? 예컨대, 타인의 재물을 자신의 것으로 오인하고 취거한 행위는 절도죄의 범의를 조각시키고 결과적으로 무죄가 되는 법적 효과를 가져온다(범죄구성요건에 대한 착오). 이와 달리 타인이 나를 부당하게 공격한다고 믿고 정당방위를 위해 가격을 했다면 나는 그 믿음에 따라서 정당방위의 법적 효과를 얻게 된다(항변구성요건에 대한 착오)는 것이다. 주관주의 원칙은 다른 표현으로 ‘믿음우선 원칙(belief principle)’112)이라고도 일컬어지며, 말 그대로 행위자가 믿은 바대로 피고인은 판단되어야 한다는 것이다.

관점에 따라서는 행위자의 주관적 표상만을 근거로 범죄의 성립여부를 판단한다는 비판을 받을 수도 있는113) 이 믿음우선 원칙 혹은 주관주의 원칙의 근거는 무엇일까? Ashworth 교수에 따르면 믿음우선 원칙은 ‘범의의 원칙(Principle of mens rea)’의 다른 표현인데, 범의의 원

---

111) 동 원칙에 대해서는 Grant Lamond, *Ibid.*, at 25-27. 영국법에서 동 원칙은 범죄구성요건에 대한 착오(협의의 사실의 착오)나 항변구성요건에 대한 착오(광의의 사실의 착오) 모두 일관되게 적용된다. 동지의 Erick Colvin, *Ibid.*, at 397.

112) Andrew Ashworth/Jeremy Horder, *Ibid.*, at 74, 156.

113) 이러한 비판에 대한 반론으로는 전술한 Beckford 판결의 입장을 참조.

칙이란 행위자는 자신의 의도하거나(intended) 혹은 알면서 위험을 감수한(knowingly risked) 결과에 대해서만 형사책임을 진다는 원칙을 말한다. 즉, 행위자는 행위의 발생가능한 결과를 '주관적으로' 인식하고 있을 때에만 책임을 진다는 원칙인 것이다.[114] 그리고 믿음우선 원칙 내지 범의의 원칙이 요구되는 근거는 '자율성의 원칙(Principle of autonomy)'에서 찾을 수 있다고 한다. 자율성의 원칙이란 모든 개인은 스스로의 행위에 대해서 책임을 지는 자율적 존재로 취급해야 한다는 원칙을 말한다. 즉 모든 개인은 자유로운 선택을 할 수 있는 도덕적인 존재로 존중되고 취급되어야 하며, 따라서 행위자가 저지른 행위가 범죄라고 하더라도 그것을 스스로 선택한 것이 입증되지 않을 경우에는 공적인 비난(official censure), 즉 형벌을 부과해서는 안 된다는 원칙을 말한다.[115] 우리법과 비교해 간단히 말하면 소위 '책임원칙(Schuldprinzip)'에 해당한다고 말할 수 있을 것이다.

요컨대, 주관주의 원칙 내지 믿음우선 원칙의 배경에는 자율성의 원칙(책임원칙)이 자리잡고 있는 것이다. 영국에서는 이러한 믿음우선의 원칙을 범죄구성요건의 착오는 물론 항변구성요건의 착오에 대해서도 일관되게 적용하고 있으며[116], 더 나아가 불완전 범죄(inchoate offence)로 취급되는 미수범, 그중에서도 착오와 관련된 미수범유형인 불능미수의 가벌성 판단에 있어서도 바로 이 믿음우선 원칙이 적용되고 있다.[117]

이상 고찰한 바에 따르면 영국법에서 협의와 광의를 불문하고 사실의 착오 전반에 걸쳐서 적용되는 주관주의 원칙 내지 믿음우선 원칙은

---

114) Andrew Ashworth/Jeremy Horder, *Ibid.*, at 74.

115) Andrew Ashworth/Jeremy Horder, *Ibid.*, at 23-24.

116) 단, 믿음우선 원칙이 모든 항변구성요건에 적용되는 것은 아니다. 예외적으로 강요된 행위(duress)의 경우 피고인의 믿음은 진정할 뿐만 아니라 합리적일 것 (not only be genuine, but reasonable)이 요구된다. 이 점에 대한 적절한 지적으로는 Grant Lamond, *Ibid.*, at 27.

117) Andrew Ashworth/Jeremy Horder, *Ibid.*, at 465-467. 따라서 행위자가 '사실에 대한 착오로' 주관적으로 어떤 범죄를 저지른다고 믿었다면, 발생한 사실은 범죄를 구성하지 않는다고 하더라도 그는 해당 범죄의 불능미수범이 된다.

개인의 자율성 원칙에 근거를 두고 있으며, 이는 착오의 합리성 유무와 관계없이 법적 효과를 가져온다는 점에서 기존에 국내에서 통용되어 온 범죄구성요건에 대한 착오의 법리와 충돌하지 않으며, 그것이 항변구성요건에 대한 착오로까지 확장된 법리라고 의미를 부여할 수 있다.[118] 그리고 이는 사실의 착오의 법적 효과라는 측면에서 범죄구성요건과 항변구성요건을 아우르는 정합적이고 일관된 입장이라고 볼 수 있을 것이다. 이는 우리나라의 형법학 이론과 기존의 판례의 관점에서는 새로운 법리이지만 이해하기 어렵지 않다. 영국법이 채택한 이러한 법리가 우리의 법체계 내에서 모순을 일으키지 않는다면, 즉원칙은 물론 착오론의 기초법리와 정합적이면서 다른 법리와의 충돌 없이 오상방위를 명료하게 해결할 수 있는 일정한 장점을 갖고 있다면 우리도 이러한 법리적 장점을 참고해 우리 법체계에 맞도록 조탁해 이를 수용하려는 노력을 기울어 볼 필요도 있을 것이다.[119]

---

118) Beckford 판결의 취지는 주관주의 원칙이 범죄구성요건과 항변구성요건에 모두 적용된다(The same subjective test applies to both)는 것이라고 보는 문헌으로는 David Ormerod/Karl Laird, *Ibid.*, at 354.

119) 여기서 주관적 심사기준 법리와 책임원칙과의 관련성에 대해 한 가지 논급해 두고자 한다. 커먼로의 주관적 심사기준 법리가 책임원칙에 부합된다는 것은 이 법리에 따르면 '진정한 (사실의) 착오'에 빠진 자에게는 공적 비난, 즉 형벌을 가할 수 없다는 점에서 원론적으로 책임원칙에 가장 충실한 법리라고 평가할 수 있기 때문이다. 객관적 심사기준 법리는 설령 진정한 착오에 빠진 자라도 합리성이 결여되면 처벌한다는 점에서 책임원칙의 본지(本旨)에 철저하지 못한 측면이 있다. 우리나라와 독일의 다른 입장들, 예컨대 고의를 조각시키는 학설이나 판례(BGH, 21.11.2019-4 StR 166/19; BGH, 2.11.2011 -2 StR 375/11)와 비교해 보면, 법효과제한책임설의 경우 책임고의를 부정하고 다만 과실범이 성립될 수 있다는 점에서 이도 역시 책임원칙에 부합된다고 말할 수 있을 것이다. 이를 주관적 심사기준 법리와 비교해 보면, 전자는 과실범 성립여부가 여전히 남아 있지만, 후자는 착오가 진정한 믿음에 기초한 것이면 완전한 항변을 인정한다는 점에서 차이가 있다. 생각건대, 앞서 검토한 로마법상 법언에 담긴 의미나 커먼로 초기의 착오법리에 비추어 보더라도 원칙적으로 볼 때 사실의 착오는 아무리 주의를 기울여도 발생할 수 있는 성격의 것이고, 따라서 착오가 진정

만일 우리가 영국법의 입장을 체계내로 수용할 수 있다면 결론적으로 오상방위에 대한 대법원의 기존 판례입장에 대해서 영국법은 다음과 같은 함의를 가질 수 있다. 오상방위는 정당화사정에 대한 착오와 관련된 문제이며, 대법원은 그 오인에 정당한 이유가 있는 경우에 한해서 위법성이 조각된다고 판시하고 있지만, 이때의 정당한 이유는, 만일 그것이 '합리적인 사람의 관점'에 대한 고려를 요구하는 것이라면 앞서 고찰한 주관주의 원칙에 비추어 볼 때 부당하고 불필요하다.120) 따라서 대법원 판례는 다음과 같이 변경되는 것이 바람직할 것이라고 생각한다.

> 행위자가 오상방위를 했을 때, "그 오인이 진정한 믿음에 기초해 있을 경우에는 벌하지 아니한다."

필자는 여기서 착오의 효과로서 '책임조각(벌하지 아니한다)'을 제안하고자 한다. 그 이유는 판례가 인정하는 기존의 효과인 '위법성이 조각된다'는 뜻은 전술한 바와 같이 '정당방위가 인정된다'는 것인데, 만일 그러한 법적 효과를 부여하면, 예컨대 적법한 공무집행을 하는 경찰관에 대해 오상방위를 한 경우에 피고인의 정당방위가 인정되어, 법리적으로 볼 때 '적법한 행위에 대한 정당방위'가 인정된다는 모순이

한 것이면 행위자를 비난할 여지가 거의 없다는 점에서 주관적 심사기준 법리가 책임원칙에 보다 더 충실한 법리라고 평가할 수 있다고 생각한다. 다만, 사실의 착오라 하더라도 발생의 맥락에 따라서 행위자가 자신의 행위의 적법성을 심사할 시간적 여유가 있는 경우라면 그 착오의 합리성을 고려해 면책여부를 판단하는 것이 책임원칙에 보다 부합될 수 있다고 본다. 이러한 맥락특수적 접근법(context-sensitive approach)을 제안하는 견해로는 Andrew Ashworth, *Ibid.*, at 217-218.

120) 판례의 정당한 이유가 유의미한 존재의의를 지니려면 그것이 '착오의 진정성'을 가늠하는 요건으로 활용되어야 한다. 따라서 재판실무가 제시하고 있는, 정당성 유무를 판단하는 데 사용되는 여러 기준들을 재정립, 일부 선별하여 착오의 진정성을 테스트하는 기준으로 활용할 것을 제안한다.

발생하기 때문이다. 판례 중에는 이러한 난점을 피하기 위해 오상방위의 효과로서 '책임이 조각된다'고 판시한 것도 있다.[121] "피고인이 그와 같이 오인하는 데에 정당한 사유가 있다고 할 수 없으므로 피고인의 행위가 오상방위로서 책임이 조각된다고 볼 수도 없다."는 판시가 그러하다. 이러한 제안에 대해 필자가 앞에서는 오상방위 사안에서 그 오인이 진정한 것이라면 '정당방위'가 인정된다고 하면서, 그 법적 효과로서 '책임이 조각된다'고 하는 것은 불합리하다는 비판이 제기될 수 있을 것이다. 하지만, 이에 대해서 앞에서 논급한 바(Ⅱ-1)와 같이 영국판례도 착오가 진정하면 정당방위를 인정함으로써 정당화의 법적 효과를 부여하고 있지만, 상당수 학설은 오상방위의 법적 효과를 면책으로 규정하고 있다는 사실을 상기할 필요가 있을 것이다. 커먼로 법리에서 정당화와 면책의 구분이 우리형법의 위법성조각과 책임조각의 구분과 정확하게 일치한다고 말하기는 어렵겠지만, 본고의 논의맥락에서 대체로 각각 조응하는 것으로 보아도 큰 무리는 없다고 생각된다. 이 문제 에 대한 연구의 선구자인 Paul Robinson의 인상적인 구분법에 의하면 정당화(justification)는 행위(act)와 관련된 것으로서 정당화된 행위는 올바른 행위이며 따라서 장려되거나 최소한 용인되는(encouraged or at least tolerated) 경우를 의미한다. 반면에 면책(excuse)은 행위자(actor)와 관련된 것으로서, 그 행위는 잘못된 것이고 바람직하지 않은 것이지만 (wrong and undesirable), 행위자의 어떤 특성으로 인해 형사처벌이 적절하지 않은 경우를 말한다.[122] 이 구분법에 따르면 정당화는 위법성조각에, 면책은 책임조각에 각각 밀접하게 상응한다고 말할 수 있을 것이다. 그리고 오상방위는 그 착오가 진정한 것이라 하더라도, 법적으로 장려되거나 용인되어야 하는 성질의 행위라 보기는 어렵다는 점에서 단지 그 행위자에게 면책의 효과를 부여할 수 있는 행위라고 보는 것이 타당

---

121) 대전지방법원 2014. 11. 26. 선고 2014노672 판결. 소위 '불심검문사건(대법원 2014. 2. 27. 선고 2011도13999 판결'의 파기환송심.

122) Paul Robinson, *Ibid.*, at 229.

하다고 생각된다. 그렇다면 오상방위의 법적 효과로서 행위자에게 책임 조각을 인정하는 것은 커먼로와 우리법의 체계론적 차이점을 고려하더라도 가능한 법리라고 사료된다. 아울러 영국법의 주관주의 법리의 이론적 배경은 책임원칙에 상응하는 '자율성의 원칙'에 있음은 전술한 바와 같다. 그렇다면, 착오의 진정성이 인정된 오상방위의 효과를 '책임조각(excuse)'으로 보는 것은 불합리하다기보다는 오히려 당연한 귀결이다. 다만 형식적으로 볼 때 정당방위로 인정된 오상방위의 법적 효과를 '책임조각'으로 보는 것이 현행 정당방위 도그마틱에 비추어 보면 낯설다고 볼 수 있겠지만, 영국에서도 정당방위의 법적 효과는 일반적으로 정당화로 보지만, 정당방위로 인정된 오상방위의 법적 효과에 대해서는 대체로 면책으로 보고 있다는 점123)도 참고가 될 수 있을 것이다. 다만, 대법원이 이러한 비교법적이고 도그마틱적인 논의에 대해 아직 확고한 입장이 아직 없다면 일단 과도기적으로 오상방위의 법적 효과를, 착오가 진정한 것이라면 '벌하지 아니한다'로 판시하는 것이 법리적 모순을 지양할 수 있어서 합당하다고 본다.124)

---

123) Andrew Ashworth, *Ibid.*, at 216; Janet Loveless, Criminal Law (Oxford Univ. Press, 2008), at 40. 참고로 커먼로상 정당방위의 역사를 살펴보면 그 법적 효과가 단일했던 것이 아니라 사실관계 패턴(fact pattern)에 따라서 정당화(justification)와 면책(excuse)이 모두 가능했던 사실도 이해에 도움이 되리라 생각한다. 19세기 이전 커먼로에는 'se defendendo'라는 정당방위 법리가 확립되어 있었는데, 이는 당사자 양방이 다투는 상황에서 어느 일방이 치명적 힘을 사용하기 위해 공격의 수위를 높여 살인을 했을 경우에 적용되는 법리로서, 만일 그 일방이 치명력을 사용하기 전에 회피의무를 다했다면, 그에게는 '정당방위에 의한 살인(se defendendo)'의 법리가 적용되어 단지 면책(excuse)의 효과가 인정었는데, 방위자가 싸움의 상대방인 피해자의 공격을 도발했다는 점에서 완전한 정당화의 효과를 부여받지는 못했기 때문이라고 한다. Richard Singer, *Ibid.*, at 472-473. 요컨대, 커먼로의 정당방위는 과거에 면책적 정당방위와 정당화적 정당방위로 구분되었다는 것이다.

124) 오상방위를 사실의 착오로 보면서 그 법적 효과로서 책임조각을 주장하는 견해로는 유기천, 형법학[총론강의] (일조각, 1980), 185-186면과 191면, 237면 참조. 이 점에 대한 상세한 논의로는 안성조, "위법성조각사유의 전제사실의 착오에

덧붙이자면 이것은 피고인에게는 가장 유리한 법리구성이다. 과실범 처벌의 여지를 남겨두지 않고 피고인의 착오가 진정한 믿음에 기초한 것이면 무죄가 되기 때문이다. 이로 인한 피해자 보호의 필요성 문제가 영국을 비롯한 커먼로 국가에서 제기되기는 하지만,[125] 법리적 타당성의 문제와 그 법리로 인한 의도하지 않은 결과의 발생문제는 별개로 취급하는 것이 타당할 것이라는 소견[126]을 남기고자 한다.

관한 유기천 교수의 견해 연구 - 오상방위를 중심으로 -", 연세법학 제45호 (2024) 참조. 참조 "벌하지 아니한다"로 법리구성하는 장점은 오상방위의 효과를 곧바로 책임조각으로 해석할 수 있다는 점이다. 그렇게 보면 일정한 요건을 갖추어 정당방위로 인정된 오상방위의 법적 효과가 책임조각이 된다는 식의 일견 모순적인 설명도 불필요해진다.

125) 관련 문헌으로는 Dubber & Hörnle, Criminal law: A Comparative Approach (Oxford Univ. Press, 2014), at 414; Clemency Wang, "The Police Are Innocent As Long As They Honestly Believe: The Human Rights Problems with English Self-Defence Law", *Columbia Human Rights Law Review, Vol.49, No.3* (2017).

126) 동지의 견해로는 Jonathan Herring, Criminal Law (Oxford University Press, 2014), at 660.

§6. 합동범의 공동정범

Ⅰ. 문제의 제기

합동범의 공동정범이 성립가능한가에 대해서 그동안 상당히 많은 선행연구가 축적되어 왔다. 하나의 쟁점에 대해 이렇게 많은 분량의 논문이 쏟아져 나올 수 있는 것은 분명 이례적인 일이다. 주지하다시피 대법원은 과거 합동범의 공동정범을 부정한 바 있으나 소위 '삐끼주점 사건'에 대한 전원합의체판결[1] 이후 합동범의 공동정범을 인정해 오고 있다. 하지만 대다수 선행연구는 이 대법원 판례에 대해 비판적이다.

부정론의 논지와 근거는 다양하지만, 핵심적인 틀은 다음과 같이 요약될 수 있다. 합동범의 공동정범이 성립되려면 우선 공동정범이 성립하기 위한 일반적 요건으로서 기능적 행위지배라는 정범표지를 갖추어야 하고, 더 나아가 합동범의 성립요건으로서 현장성, 즉 시간적·장소적 협력관계라는 정범표지를 모두 갖추어야만 하는데, 현장에서 직접 협력하지 않고 배후에서 가담한 자에게는 설령 기능적 행위지배가 인정된다고 해도 현장성이라는 정범표지가 결여되어 있기 때문에 정범적격이 인정될 수 없고, 따라서 공동 '정범'이 성립할 수 없다는 것이다.

다시 말해 공동정범도 정범인 이상 정범으로서의 자격을 갖춘 자만이 정범적격이 인정되는데, 일반적인 범죄들과는 달리 합동범의 경우에는 공동정범으로서의 자격에 두 가지 요건이 필요하다는 것이다. 신분범의 경우 공동정범이 되기 위해서는 원칙적으로 관여자 모두에게 신

---

1) 대법원 1998. 5. 21. 선고 98도321 전원합의체 판결.

분이라는 별도의 정범표지가 요구되는 것과 유사한 논리인 것이다.[2] 부정론의 일견 타당해 보이는 논거에도 불구하고 대법원은 어떠한 이유로 합동범의 공동정범을 인정하는 것인지 의문이 제기될 수밖에 없다. 본고는 이러한 문제의식 하에 대법원의 판결에서 충분히 설시되지 못하고 있는 부분은 무엇인지, 그리고 기존의 여러 선행연구에서 지적하고 있는 판례의 문제점은 과연 도그마틱적으로 타당한 것인지 면밀히 검토해 보고자 한다.

II. 합동범의 본질 및 공동정범과의 관계

1. 합동범의 개념

2인 이상이 합동하여 죄를 범하도록 규정된 범죄가 합동범이다. 형법전에는 특수절도죄(제331조 제2항), 특수강도죄(제334조 제2항), 특수도주죄(제146조) 등 세 가지 구성요건만 있다. 「성폭력범죄의 처벌 등에 관한 특례법」상의 특수강간 등죄(제4조)까지 포함하면 네 가지 유형의 합동범이 존재한다.

합동범은 집단범죄에 대한 형사정책적 대응의 일환으로 등장한 구성요건이다. 이를 통해 처벌해야 할 집단범죄의 유형이 왜 굳이 네 가지 유형에만 국한되어야 하는가에 대해 합리적인 근거를 찾을 수 없다는 비판도 제기되고 있지만[3] 「폭력행위 등 처벌에 관한 법률」(이하 폭처법)에도 2인 이상이 공동으로 저지르는 공갈, 폭행, 협박, 상해, 체포,

---

2) 물론 형법은 공범과 신분에 관한 제33조에 의해 비신분자도 신분자와 공동정범이 될 수 있다고 규정하고 있다.

3) 박찬걸, "형법각칙의 합동범 개념 폐지에 관한 시론", 『홍익법학』 제19권 제1호, 2018, 301면. 동 문헌은 오늘날 동 조문을 유지할 실익은 존재하지 않는다고 한다. 왜냐하면 현장에서 합동 내지 공동하는 경우에 위험성이 가중되는 범죄는 현재 합동범으로 분류되는 구성요건에만 국한되지 않기 때문이다.

감금, 주거침입, 퇴거불응, 재물손괴 등의 구성요건이 합동범과 유사한 형태로 규정되어 있음을 고려하면 형법과 형사특별법이 '합동하여' 거의 모든 유형의 집단범죄에 대처하고 있다고 볼 수 있을 것이다.4)

　합동범은 기본범죄나 그 공동정범에 비해 가중처벌된다. 형벌이 가중되는 근거에 대해 다양한 설명이 제시되고 있다. 독일에서는 집단절도죄의 가중처벌 근거에 대해 행위방법의 위험성으로 인해 불법이 가중되기 때문이라고 보는데, 여기서 행위방법의 위험성이란 피해자에 대한 '행위위험(Aktionsgefahr)'의 가중과 '범죄실현효과의 증대 위험'을 의미한다고 한다.5) 일반적으로 현장에서 2인 이상이 합동하는 경우 범행주체들이 심리적으로 보다 안정된 상태에서 범죄를 저지를 수 있고 따라서 범죄의 성공가능성이 높아지며, 더 중한 범죄로 발전할 가능성도 커져서 그 결과 피해자에 대한 법익침해의 위험성이 높아지기 때문에 합동범을 가중처벌한다고 말할 수 있을 것이다. 합동범은 2인 이상의 합동을 요한다는 점에서 '필요적 공범'으로 보는 견해도 있고 긴밀한 상호협력을 요한다는 점에서는 공동정범의 특수한 형태로 이해되기도 한다. '합동범의 공동정범'이라는 법형상을 검토하기 위해서는 먼저 합동범의 법적 성격에 대해서 논구해 볼 필요가 있을 것이다. 이하에서 합동범의 본질에 대한 제 학설을 살펴보고 각 학설이 합동범의 공동정범 성립여부에 대해 시사하는 바가 무엇인지 검토해 보기로 한다.

---

4) '합동범'과 폭처법상의 '공동범'이 '2인 이상이 공동하여'라는 표현에 대해 사실상 동일한 법리에 기초해 있다고 보는 견해로는 심희기/전지연/한상훈/김정환/안성조/김슬기/윤지영/박정난, 『형사특별법 판례50선』, 집현재, 2020, 3-4면 참조

5) 반면에 절도죄의 경우에는 특수강도죄와 달리 피해자와의 대면을 전제로 하지 않기 때문에 행위위험은 특별한 의미가 없다는 견해도 있다. 이와 관련된 독일 학계의 논의상황에 대한 소개로는 이재상, "합동범의 공동정범", 『이화여자대학교 법학논집』 제11권 제1호, 2006, 64면.

2. 합동범의 본질 및 공동정범과의 관계

(1) 공모공동정범설

이 학설은 합동범 규정이 판례가 인정하는 공모공동정범의 법적 근거를 입법적으로 해결한 것으로 합동범 개념에는 총칙상의 공동정범과 공모공동정범이 모두 포함된다는 견해이다. 그 근거로는 형법상의 특수폭행죄(제261조)나 특수주거침입죄(제320조) 등도 분명 집단범죄에 속함에도 불구하고 '합동'이라 하지 않고 "단체 또는 다중의 위력을 보이거나 위험한 물건을 휴대하여"라고 하여 다르게 규정하고 있다는 점에 있다고 한다. 특히 합동범으로 규정된 절도, 강도, 도주 등의 죄는 다른 집단범죄와 달리 형사정책적으로 수괴나 배후거물과 같은 무형적 공동가공자를 모두 공모공동정범으로 처벌할 필요성이 크다고 하는데 그 이유는 부하의 개별 범행에 대한 교사, 방조행위를 입증하는 것은 실무상 매우 어렵고 부하가 이미 범죄결심을 하고 있을 경우 수괴 등은 종범으로 처벌할 수밖에 없으므로 이렇게 되면 가장 책임이 무거운 자를 가장 가볍게 처벌하는 불합리한 결과가 발생하기 때문이라고 한다. '합동'이란 용어를 도입한 이유에 대해서도 단순히 형을 가중하기 위해서라면 '공동'으로도 충분한데 '합동'이란 용어를 도입한 것은, 공모공동정범에 반대하는 통설의 입장을 감안하여 적극적으로 이를 포함시켜 "실행에 참가하지 않은 막후 거물"을 엄중하게 벌하기 위한 것이라고 주장한다.[6] 이 견해에 의하면 현장에 나타나지 않은 배후거물 갑이 부하인 을과 함께 공모하여 타인의 재물을 훔친 경우에도 갑과 을은 합동범이 된다는 결론에 도달하여 합동범의 성립범위가 다른 학설들과 비교할 때 가장 넓어진다는 특징이 있다.

동 학설은 특별한 도그마틱적 근거나 입법연혁에 대한 고찰도 없이 합동범이 공동정범과 공모공동정범의 상위개념이라고 파악한다는 점에서 심히 '자의적'인 해석론에 도달하고 있다고 평가하지 않을 수 없을

---

6) 김종수, "공모공동정범", 『법조』 제14권 제2호, 1965, 21-23면.

것이다. 유일한 근거로 제시하고 있는 '합동'이란 용어의 도입배경을 통해 그러한 주장을 전개하고 있지만, 형사특별법에서 '공동'이란 용어를 통해 폭처법상의 8개 유형의 폭력공동정범을 규정하여 집단범죄에 대처하고 있다는 점에 비추어 보면 설득력이 떨어진다. 폭처법상 '공동범'의 의미는 판례를 통해 합동범과 거의 유사한 것으로 파악되고 있지만, 일반적으로 그 의미에 대해 공모공동정범을 포함하는 것으로 보지는 않는다. '합동'이란 용어의 도입배경이 심히 자의적으로 이해됨으로써 합동범의 성립범위가 지나치게 확대되고 있는 것이다.[7]

오늘날 이 견해를 지지하는 문헌은 없으나, 학설로서 의의가 있다면 교사나 방조의 입증이 실무상 어렵다는 점, 특히 부하가 이미 범행결의를 하고 있을 경우 배후거물이 종범으로 처벌되어 실제로 가장 책임이 무거운 자가 가장 가볍게 처벌되는 불합리가 발생할 수 있다는 점을 적실히 잘 지적해 준다는 점에 있을 것이다. 후술하듯이 이러한 문제의식은 합동범의 공동정범을 긍정하고 있는 대상판결에서도 거의 유사한 형태로 제시되고 있다.

(2) 가중적 공동정범설

이 학설에 따르면 합동범은 그 본질상 공동정범이지만 집단적 형태로 범해지는 절도, 강도, 도주 등의 범죄에 강력히 대처하기 위해 형을 가중한 것이고, 그러한 의미에서 '가중적 공동정범'을 규정한 것이며, 이를 총칙상의 공동정범과 구별하기 위해 '공동' 대신 '합동'이라는 말을 사용한 것이라고 이해한다. 따라서 현장에서 공동하는 경우뿐만 아니라 현장에서의 공동행위가 없더라도 공동실행의 사실이 공동정범에 이를 정도이면 이를 합동범으로 하여 형을 가중할 수 있다고 한다. 이때의 공동실행의 사실은 반드시 구성요건적 실행행위만을 지칭하는 것은 아니고 공모와 함께 일정한 역할을 분담하여 목적적 행위지배에 이를 정도이면 인정될 수 있다고 한다. 요컨대, 합동범은 현장성 여부와는

---

7) 배종대, "합동범에 관한 연구", 『안암법학』 제11권, 2000, 90면.

상관없이 단지 형벌이 가중된 공동정범의 일종일 뿐이라는 것이다.[8] 합동범의 성립범위 측면에서 공모공동정범설과 현장설의 중간에 위치한다.

이 학설의 특징은 합동범을 필요적 공범으로 보지 않는다는 점에 있다. 합동범은 단순절도나 강도처럼 1인에 의해서도 범죄의 성립이 가능하지만 2인 이상이 합동하여 특별히 형이 가중되는 경우에 지나지 않기 때문에 범죄의 성립에 반드시 2인 이상의 관여가 필요한 필요적 공범으로 볼 수 없으며, 따라서 합동범에 대해서도 총칙상의 임의적 공범규정이 적용될 수 있다고 함으로써 결국 합동범의 공동정범을 긍정하는 이론적인 근거를 마련해 준다.

동 학설에 대해서는 공동정범은 총칙에서 규정하고 있는 임의적 공범의 하나이고 합동범은 각칙에서 개별적으로 규정하고 있는 구성요건인데 양자의 차이를 간과하고 있다는 점과, 법률이 명시적으로 인정하고 있는 절도, 강도, 도주 등 합동범에 대해서만 집단범죄의 대책이 필요하다는 것은 설득력이 약하다[9]는 비판이 제기되어 있다.

(3) 현장설

통설과 판례의 입장인 현장설은 공모공동정범설과 현저한 차이가 있는데, 합동범이 공동정범 및 공모공동정범의 상위개념인 것이 아니라, 반대로 공동정범의 하위개념이합동범이라고 이해하는 학설이다. ‘시간적·장소적으로 긴밀한 협동관계만’을 합동으로 이해하며, 현장성이 강조된 공동정범의 특수형태로 보는 입장이다. 현장설에 의하면 합동범이 되기 위해서는 시간적·장소적 협동관계가 요구되므로 합동범의 공모공동정범은 물론 현장에서 공동하지 아니한 공동정범도 합동범이 될 수 없다.[10] 그리고 합동범은 필요적 공범이 되므로 임의적 공범에

---

 8) 김종원, "필요적 공범", 『고시계』, 1968.2, 72면; 황산덕, 『형법각론』, 법문사, 1978, 284면.
 9) 배종대, 앞의 논문, 91면.
10) 이재상, 앞의 논문, 58-59면.

관한 규정인 형법 제30조의 공동정범규정은 여기에 적용될 수 없다고 한다.

현장설은 입법연혁을 그 근거로 한다. 독일형법 제244조 제1항 3호의 집단절도죄(Banddiebstahl)[11]를 모델로 한 구법시대의 盜犯등의防止및處分에관한法律 제2조 제2호가 '2인 이상이 현장에서 공동하여 범한 때'라고 규정한 것을 현행 특수절도죄에서 "2인 이상이 합동하여"로 변형, 입법화했다는 것이다. 독일형법상의 집단절도죄에서 "집단의 다른 구성원과 '협동하여(unter Mitwirkung)' 절도한 자"라는 법문에서 협동의 의미도 일반적으로 "2인 이상의 시간적·장소적 협력이라는 요건(Erfordernis eines zeitlichen und örtlichen Zusammenwirkens)"으로 해석된다는 것이다.[12] 이러한 입법연혁에 비추어 합동범의 합동은 "2인 이상이 현장에서 공동하여 범한 자"로 해석하는 것이 타당하다고 하며, 바로 그로 인해 특별한 범죄위험성이 발생하여 합동절도가 단순절도보다 가중처벌되는 근거가 된다고 한다.

요컨대, 합동범은 공동정범의 요건과 현장성의 요건을 모두 갖추어야 하며 따라서 공동정범보다 좁은 개념이 되고, 결과적으로 전술한 공모공동정범설이나 가중적 공동정범설보다 합동범의 성립범위는 축소된다.

현장설에 대해서는 역사적 해석의 근거로 제시하고 있는 盜犯등의防止및處分에관한法律에는 명백히 '현장'요건이 명문화되어 있지만 합동범 규정에는 그러하지 않다는 점, 역사적 해석은 집단절도죄 규정의 전승과정에 주목하고 있지만 현행 합동범 규정은 특수절도에만 국한되어 있지 않는 점 등이 지적되고 있으나 이러한 비판은 역사적 해석에

---

11) 현행 독일형법 제 244조 제1항 제2호에 해당한다. 현행 조문은 다음과 같다.
    제244조【흉기휴대절도, 집단절도, 주거침입절도】 ① 다음 각호의 1에 해당하는 자는 6월 이상 10년 이하의 자유형에 처한다.
    2. 강도 또는 절도의 계속적 수행을 목적으로 조직된 집단의 구성원으로서(als Mitglied einer Bande) 다른 집단구성원의 협력 하에(unter Mitwirkung eines anderen Bandenmitglieds) 절도한 경우.
12) Schönke/Schröder, Strafgesetzbuch, 29.Aufl.(2014), §244, Rn. 26.

대해 크게 유의미한 반론으로 여겨지지 않으며, 다른 학설들과 달리 합동범의 가중처벌의 근거를 잘 해명해 준다는 점에서 통설과 판례는 현장설을 택하고 있다. 후술하듯이 합동범의 공동정범을 인정한 대법원 전원합의체판결은 현장설을 취하면서 그러한 결론에 도달하고 있기 때문에, 합동범의 공동정범의 성립을 부정하는 현장설의 본래적 의미는 판례에 제한적으로만 수용되고 있다고 평가할 수 있을 것이다.

(4) 현장적 공동정범설

이 학설은 현장설보다는 넓게, 가중적 공동정범설보다 좁게 합동범의 성립범위를 설정하려는 견해이다.[13] 합동범은 주관적 요건으로서 공모 외에 객관적 요건으로서 현장에서 실행행위의 분담을 요하는데, 이때의 실행행위의 분담은 시간적·장소적 근접활동 내지 협동을 지칭하는 것으로서 이 점에서 현장설이 결론과 일치한다. 하지만 합동범도 어디까지나 공동정범의 일형태이며, 아무리 현장성을 갖춘다고 해도 정범표지를 결여한 자는, 만일 그가 현장에서 다른 1인과 범행을 실현해도 공범이 될 뿐이고 두 사람은 합동범이 될 수 없으며, 만일 그가 2인 이상의 합동범이 성립한 경우에 제3의 행위자로 범행에 가담을 하더라도 역시 교사범 또는 방조범밖에 될 수 없다고 한다. 이러한 맥락에서 합동범의 성격을 기본적으로 '공동정범'으로 이해하는 가중적 공동정범설의 결론과 일맥상통한다. 다만, 현장적 공동정범설이 가중적 공동정범설과 차이를 보이는 부분은 후자가 현장에서 공동하지 않더라도 '합동범'이 성립가능하다고 보는 반면, 전자는 합동범은 어디까지나 현장성을 갖춘 경우에만 성립할 수 있고, 현장에 없지만 합동범에 기능적 범행지배를 한 배후거물이나 두목은 공동정범의 일반이론, 즉 '기능적 행위지배(funktionelle Tatherrschaft)'에 따라서 '합동범의 공동정범'으로 규율될 수 있다고 보는 점이다.

이해의 편의를 위해 정리해 보면, 현장성이 결여된 제3자가 2인의

---

13) 김일수/서보학, 『새로 쓴 형법각론』, 박영사, 2002, 300면.

합동절도에 역할분담을 통해 기여해 기능적 행위지배가 인정될 경우, 현장설은 제3자에게 단순절도의 공동정범이 되거나 합동절도의 교사나 방조범이 성립할 수 있다고 보지만, 가중적 공동정범설은 이 경우에도 '합동절도'가 성립된다고 보며, 현장적 공동정범설은 '합동범의 공동정범'이 성립한다고 보는 점에서 법리구성 및 결론에 있어서 차이를 보이고 있다.

현장적 공동정범설은 절도범 갑과 을이 함께 절도를 하였는데 갑은 정범으로, 을은 방조범으로 가담한 경우 갑과 을은 모두 합동절도는 성립하지 않고 을에게는 절도죄의 방조범만 성립하며 이것이 현장설과 다른 점이라고 강조하는 입장인데 이에 대해 현장설을 취하는 경우에도 합동범은 시간적·장소적으로 협동에 의해 정범으로 기여하는 때에 성립하며 단순히 현장에 있거나 현장에서 방조범의 역할만 하는 것으로는 족하지 않다고 보고 있고[14] 독일의 경우 1999년 이후 현장설과 결별한[15] 연방대법원은 현장에서의 협동은 반드시 정범적 기여에 한하지 않고 방조범으로 가담한 경우를 포함한다고 해석하고 있는 점에서 현장적 공동정범설의 입장은 오히려 현장설의 입장과 일맥상통한다는 지적이 있다.[16] 아울러 동 학설은 합동범의 본질을 '기능적 행위지배'의 문제로 환원하고 있기 때문에 현장성의 고유한 의미를 간과하고 있다는 비판도 제기되고 있다.[17] 현장적 공동정범설은 이하에서 검토할 대상판결의 입장과 그 실질에 있어서 유사하며 대법원이 합동범의 공동정범을 긍정하는 법리적, 도그마틱적 토대가 무엇인지 일정부분 해명해 줄 수 있다는 점에서 그 의의를 찾아볼 수 있을 것이다.

---

14) 문채규, "합동범의 공동정범", 『형사법연구』 제22호, 2004, 26면. 동 문헌에 의하면 현장설도 현장에서의 '공동정범적 협력'을 요구한다.
15) 관련된 일련의 판시사항으로는 BGH Beschl. von 22. 12. 1999, NStZ 2000, 255; BGH Beschl. von 14. 3. 2000, NStZ 2000, 474; BGH Beschl. von 22. 3. 2001, NStZ 2001, 421 등 참조.
16) 이재상, 앞의 논문, 60면.
17) 정영일, "합동범에 관한 판례연구", 『형사판례연구』 제7권, 1999, 188면.

III. 합동범의 공동정범을 긍정하는 판례의
입장에 대한 검토

1. 사건의 개요

(1) 사실관계

A주점(속칭 삐끼주점)의 지배인 갑은 삐기인 을, 정 및 삐끼주점 업주인 병과 함께 손님 K로부터 신용카드를 빼앗고 신용카드 비밀번호를 알아낸 뒤 ATM기에서 현금을 인출한 다음 이를 분배하기로 하였다.

이러한 범행계획에 의거해 갑은 A주점 내에서 손님 K를 계속 붙잡아 두면서 감시를 하였고, 그 사이에 을, 병, 정은 B편의점에서 설치되어 있는 ATM기에서 현금을 인출하였다.

(2) 사건의 경과

검사는 갑 등을 강도상해, 특수절도, 사기 등의 죄명으로 기소하였는데, 갑 등의 여러 범행 가운데 B편의점의 ATM기에서 현금을 인출한 행위에 대하여 을과 병을 특수절도(합동절도)죄로, 갑을 특수절도죄의 (공모)공동정범으로 기소하였다.

제1심법원은 갑 등에게 유죄를 선고하였고, 이에 갑 등은 불복 항소하였는데 항소심법원이 이를 기각하자 피고인 중 갑은 항소심판결에 불복 상고하였다. 갑은 상고이유로서 자신은 합동절도의 실행행위에 가담한 바가 없으므로 자신에게 합동범인 특수절도죄의 공동정범을 인정하는 것은 법리오해의 위법이 있다고 주장하였다.

2. 대법원 1998.5.21. 선고 98도321 전원합의체 판결의 법리 분석

(1) 합동범의 공동정범 성립을 가능케 한 법리구조

상기 삐끼 주점사건에서 대법원은 합동범의 공동정범이 성립되는 근거를 다음과 같이 설시한다. 논의 편의상 세 개의 법리로 분설하면 다음과 같다.[18]

가. 합동절도의 가중처벌 근거와 합동범의 성립요건

"법리I: 형법 제331조 제2항 후단의 '2인 이상이 합동하여 타인의 재물을 절취한 자'(이하 '합동절도'라고 한다)에 관한 규정은 2인 이상의 범인이 범행현장에서 합동하여 절도의 범행을 하는 경우는 범인이 단독으로 절도 범행을 하는 경우에 비하여 그 범행이 조직적이고 집단적이며 대규모적으로 행하여져 그로 인한 피해도 더욱 커지기 쉬운 반면 그 단속이나 검거는 어려워지고, 범인들의 악성도 더욱 강하다고 보아야 할 것이기 때문에 그와 같은 행위를 통상의 단독 절도범행에 비하여 특히 무겁게 처벌하기 위한 것이다. 합동절도가 성립하기 위하여는 주관적 요건으로 2인 이상의 범인의 공모가 있어야 하고, 객관적 요건으로 2인 이상의 범인이 현장에서 절도의 실행행위를 분담하여야 하며, 그 실행 행위는 시간적, 장소적으로 협동관계가 있음을 요한다."

첫 번째 법리I에서는 일반절도에 비해서 합동절도를 가중처벌하는 근거(현장설)를 제시하고, 이로부터 합동범의 성립요건으로서 주관적으로는 2인 이상의 공모, 그리고 객관적으로 '시간적, 장소적 협동관계'라는 '현장성' 요건을 제시하고 있다. 독일형법과 일본형법의 관련 조항과 비교했을 때 그 가중처벌의 근거를 찾기 어려워 합동범 조문의 폐지론도 제시되어 있는 바,[19] 이에 대해 대법원은 합동절도의 가중처벌 근거

---

18) 대법원 1998. 5.21. 선고 98도321 전원합의체 판결.
19) 박찬걸, 앞의 논문, 296면 이하 참조.

(현장설)를 명확히 하고, 그 요건도 함께 설시해 주고 있는 것이다.

나. 합동범의 공동정범 성립근거(1): 공동정범의 일반요건 충족

"법리Ⅱ: 한편 2인 이상이 공동의 의사로서 특정한 범죄행위를 하기 위하여 일체가 되어 서로가 다른 사람의 행위를 이용하여 각자 자기의 의사를 실행에 옮기는 내용의 공모를 하고, 그에 따라 범죄를 실행한 사실이 인정되면 그 공모에 참여한 사람은 직접 실행행위에 관여하지 아니하였더라도 다른 사람의 행위를 자기 의사의 수단으로 하여 범죄를 하였다는 점에서 자기가 직접 실행행위를 분담한 경우와 형사책임의 성립에 차이를 둘 이유가 없는 것인바(형법 제30조), 이와 같은 공동정범 이론을 형법 제331조 제2항 후단의 합동절도와 관련하여 살펴보면, 2인 이상의 범인이 합동절도의 범행을 공모한 후 1인의 범인만이 단독으로 절도의 실행행위를 한 경우에는 합동절도의 객관적 요건을 갖추지 못하여 합동절도가 성립할 여지가 없는 것이지만, 3인 이상의 범인이 합동절도의 범행을 공모한 후 적어도 2인 이상의 범인이 범행 현장에서 시간적, 장소적으로 협동관계를 이루어 절도의 실행행위를 분담하여 절도 범행을 한 경우에는 위와 같은 공동정범의 일반이론에 비추어 그 공모에는 참여하였으나 현장에서 절도의 실행행위를 직접 분담하지 아니한 다른 범인에 대하여도 그가 현장에서 절도 범행을 실행한 위 2인 이상의 범인의 행위를 자기 의사의 수단으로 하여 합동절도의 범행을 하였다고 평가할 수 있는 정범성의 표지를 갖추고 있다고 보여지는 한 그 다른 범인에 대하여 합동절도의 공동정범의 성립을 부정할 이유가 없다고 할 것이다."

두 번째 법리Ⅱ에서는 특수절도의 한 형태인 합동절도의 공동정범이 성립하기 위한 요건으로서 '공동정범의 일반이론'을 제시하고 있다. 이를 위해 "3인 이상의 범인이 합동절도의 범행을 공모한 후 적어도 2인 이상의 범인이 범행 현장에서 시간적, 장소적으로 협동관계를 이루어 절도의 실행행위를 분담하여 절도범행을 한 경우 공동정범의 일반이론에 비추어 그 공모에는 참여하였으나 현장에서 절도의 실행행위를 직접 분담하지 아니한 다른 범인에 대하여도 그가 현장에서 절도 범행을 실행한 위 2인 이상의 범인의 행위를 자기 의사의 수단으로 하여 합동절도의 범행을 하였다고 평가할 수 있는 정범성의 표지를 갖추고 있다고 보여지는 한” (공모)공동정범이 성립한다고 설시하고 있다. 여기서 현장에서 실행행위를 분담하지 않은 자는 ‘실행공동정범’은 될 수 없는 것이 분명하므로, 판례가 설시하는 공동정범이란 ‘공모공동정범’을 의미하는 것으로 보아야 할 것인바, 그동안 다양한 논거로 공모공동정범을 인정해 온 대법원이 동 사안에서는 특히 ‘간접정범유사설’[20]에 입각해 공동정범의 성립을 긍정하는 입장을 표명하고 있는 것으로 보인다. 최근 일부 판례는 공모공동정범의 성립에도 실행공동정범의 경우와 마찬가지로 ‘기능적 행위지배’를 요건으로 제시하고 있는데,[21] 이 점에 대해서는 후술하기로 한다.

　결론적으로 현장적 공동정범설과 유사한 논거를 제시해 주고 있다고 평가할 수 있을 것인데, 다시 말해 현장에 없지만 합동범에 기능적 범행지배를 한 배후거물이나 두목은 공동정범의 일반이론, 즉 ‘기능적 행위지배’이 따라서 ‘합동범의 공동정범’으로 규율될 수 있다고 설시하

---

20) 대법원 판례는 그동안 공모공동정범에 관해 ‘공동의사주체설’ 또는 ‘간접정범유사설’에 가까운 관점을 취해온 것으로 평가되고 있었으나, 근자에는 기능적 행위지배의 존재를 공모공동정범의 요건으로 파악하기 시작하였다. 이 점에 대해서는 김성규, “판례에 나타난 공모공동정범의 형상과 문제점”,『성균관법학』제24권 제2호, 2012, 277면 이하 참조. “수인 간에 공동의사주체가 형성되어 범죄의 실행행위가 있으면 실행행위를 분담하지 않았다고 하더라도 공동의사주체로서 정범의 죄책을 면할 수 없다”는 판례(대법원 1983.3.8. 선고 82도3248 판결)는 ‘공동의사주체설’을 취한 것으로, “서로 다른 사람의 행위를 이용하여 각자 자기의 의사를 실행에 옮기는 것을 내용으로 하는 모의를 하여 그러한 공모사실이 인정되는 이상 직접 실행행위에 관여하지 않았더라도 다른 사람의 행위를 자기 의사의 수단으로 하여 범죄를 하였다는 점에서 자기가 직접 실행행위를 분담한 경우와 형사책임의 성립에 차이를 둘 이유가 없다”는 판례(대법원 19884.12 선고 87도2368 판결)는 ‘간접정범유사설’을 원용한 것으로 각각 평가되고 있다.
21) 대법원 2011.9.29. 선고 2009도2821 판결 등. 이러한 판례의 입장에 대한 긍정적 평석으로 천진호, “‘공모’ 공동정범에 있어서 공모의 정범성”,『형사판례연구』제9호, 2001, 198면 이하 참조.

고 있는 것이다.

다. 합동범의 공동정범 성립근거(2): 합동절도 규정의 해석과
형사정책적 목표

"법리Ⅲ: 형법 제331조 제2항 후단의 규정이 위와 같이 3인 이상이 공모하고 적어도 2인 이상이 합동절도의 범행을 실행한 경우에 대하여 공동정범의 성립을 부정하는 취지라고 해석할 이유가 없을 뿐만 아니라, 만일 공동정범의 성립가능성을 제한한다면 직접 실행행위에 참여하지 아니하면서 배후에서 합동절도의 범행을 조종하는 수괴는 그 행위의 기여도가 강력함에도 불구하고 공동정범으로 처벌받지 아니하는 불합리한 현상이 나타날 수 있다. 그러므로 합동절도에서도 공동정범과 교사범·종범의 구별기준은 일반원칙에 따라야 하고, 그 결과 범행현장에 존재하지 아니한 범인도 공동정범이 될 수 있으며, 반대로 상황에 따라서는 장소적으로 협동한 범인도 방조만 한 경우에는 종범으로 처벌될 수도 있다. 이와 다른 견해를 표명하였던 대법원 1976. 7. 27. 선고 75도2720 판결 등은 이를 변경하기로 한다."

법리Ⅰ과 법리Ⅱ를 통해 합동범의 공동정범의 성립에 있어서 두 가지 요건, 즉 첫째, 합동절도의 가중처벌의 취지상 3인 이상의 범인이 합동절도의 범행을 공모한 후 적어도 2인 이상의 범인이 시간적, 장소적 협동관계 하에 절도범행을 하여 현장성 요건을 충족시킬 것, 둘째, 현장에 있지 아니한 나머지 1인의 경우에 (공모)공동정범의 일반요건을 충족시킬 것을 제시한 다음, 대법원은 추가적으로 중요한 법리Ⅲ을 덧붙인다. 추측컨대 아마도 전술한 바 있는 합동범의 공동정범에 대한 부정설의 논지를 의식한 법리의 제시로 보인다. 그 하나는 "형법 제331조 제2항 후단의 규정이 위와 같이 3인 이상이 공모하고 적어도 2인 이상이 합동절도의 범행을 실행한 경우에 대하여 공동정범의 성립을 부정하는 취지라고 해석할 이유가 없[다]"는 것인데, 현장성 요건을 결한 다른 1인의 경우에도 정범성이 인정될 수 있다는 취지로 보인다. 다시 말해 부정설이 지적하는 바에 따르면 합동범의 공동정범이 성립하기 위해서는 공동정범의 일반요건과 더불어 현장성이라는 이중의 정범표지가 갖추어져야 하는데, 대법원의 법리Ⅲ은 현장성은 합동범의 정범표지가 아니라는 취지이거나[22] 정범표지라 하더라도 합동범의 공동정범의 성립에 장애가 되지 않는다는 취지로 보는 것이 타당할 것이다. 이렇게 해석하는 것이 "3인 이상이 공모하고 적어도 2인 이상이 합동절도의 범행을 실행한 경우에 대하여 공동정범의 성립을 부정하는 취지라고 해석할 이유가 없다"는 취지에 잘 부합된다. 그렇지 않다면 굳이 대법원이 이러한 근거를 추가적으로 제시할 이유가 없을 것이다.

다른 하나의 부연논거는 만일 이때 직접 실행행위를 분담하지 않은 자에 대한 공동정범의 성립을 제한하면, 배후에서 범행을 조종한 수괴를 공동정범으로 처벌하지 못하는 불합리한 현상이 나타날 수 있다는 것인데, 이 논거 역시 정범으로 처벌할 수 없는 배후자라 하더라도 합동범의 교사범이나 방조범으로 처벌하면 족하다는 부정설의 비판을 의식한 보강논거라고 생각된다. 주지하다시피 정범과 공범의 구별은 형법 도그마틱에 있어서 매우 중요한 문제이다. 그런데 여기서 불합리한 현상이라는 것은 보다 구체적으로 무엇을 지칭하는 것일까? 추측컨대 공모공동정범설이 주장하는 바와 같이 "부하의 개별 범행에 대한 교사, 방조행위를 입증하는 것은 실무상 매우 어렵고 부하가 이미 범죄결심을 하고 있을 경우 수괴 등은 종범으로 처벌할 수밖에 없는데, 이렇게 되면 가장 책임이 무거운 자를 가장 가볍게 처벌하게 되는" 불합리한 결과를 말한다면 방조범은 정범에 비해 필요적으로 감경되므로 정범으로 처벌되어야 마땅한 자를 방조범으로 의율하는 것은 분명 불합리한 측면이 있을 것이다. 하지만 "배후에서 조종한 수괴"라는 표현으로 볼 때 방조범보다는 교사범을 상정한 논거로 보인다. 그렇지만 교사범의 경우 법정형은 정범과 동일하므로 처벌의 불합리가 발생하지 않는다는 것이 그동안 상당수 문헌들의 공통된 지적사항이기도 했다.[23] 그런데

---

22) 가중적 공동정범설의 관점에서는 이러한 입장을 취할 수 있을 것이다.
23) 예컨대 배종대, 앞의 논문, 104면.

과연 대법원은 이러한 점을 간과하고 방조범에 비해 불합리한 측면만을 논급한 것일까? 그렇지는 않다고 본다. 정범과 공범은 비단 형량에 있어서만 차이점 내지 유사점이 있는 것이 아니다. 공범은 정범에 종속해서만 성립한다(공범의 종속성). 따라서 만일 정범의 행위가 범죄성립요건을 결하게 된다면 - 제한적 종속형식 하에서 책임이 조각되는 경우를 논외로 한다면 - 공범의 성립은 제한될 수밖에 없다. 그래서 공범의 성부를 논하기 위해서는 먼저 정범의 성립여부를 밝혀야 한다(정범개념의 우위성). 이처럼 정범은 공범과 비교해 볼 때, 전체범행과정의 '주인공'으로 평가되며 비록 공범도 범행에 가담하여 협력하기는 했으나 결국 범행결과는 정범의 '작품'으로 평가된다. 그렇다면 정범과 교사범의 법정형이 동일하다고 하더라도 정범으로 평가되어야 할 피고인이 공범으로 판결을 받게 된다면 정범으로 처벌되는 다른 피고인의 입장을 고려해 볼 때, 비록 법정형은 동일하다고 하더라도 '처벌의 불합리'를 전혀 관념하지 못할 바는 아니라고 본다. 즉 이때의 '처벌'은 형량만을 뜻하는 것이 아니라 '정당한 법령의 적용'을 의미한다고 보아야 할 것이다.24)

IV. 판례에 대한 비판적 견해 및
각 견해의 논거에 대한 검토

1. 판례에 대한 다양한 갈래의 비판과 그 논거들

합동범의 공동정범을 긍정하는 대법원 판례의 입장에 대해서 일부 문헌을 제외하고 대부분 비판적이다. 즉 판례의 입장은 법리적으로 잘

---

24) 동지의 서보학, "합동범의 공동정범", 『지송 이재상교수 화갑기념논문집』, 2002, 646면. 동 문헌에 의하면 "범행의 계획 및 실행에 있어서 주도적인 위치에 있던 자가 형사처벌의 단계에 들어와 돌연 종적인 위치로 돌아선다는 것은 납득하기 어려운 점이 없지 않다."

못되었다는 것이다. 이하에서는 그동안 상당히 많은 선행연구에서 제기되어 온 판례의 문제점을 논의의 편의를 위해 몇 가지 범주로 유형화하여 그 당부를 검토해 보기로 한다.

(1) 합동범 조문의 입법취지에 반한다는 견해

이 견해는 합동범(폭처법상의 공동범 포함)[25] 조문은 집단범죄로 인한 법익침해의 위험성에 대처하기 위해 입법자가 독립한 구성요건으로 설정한 범죄유형이라는 입법적 의의의 중요성에 주목한다. 따라서 처벌의 강도가 높은 만큼 이를 신중히 적용해야 하며 입법자가 설정해 놓은 '현장성'이라는 정범표지의 임의적 확대해석은 경계해야 한다고 한다. 즉, 합동범을 단지 공동정범의 특수한 형태로 간주하는 가중적 공동정범설이나 현장적 공동정범설에 입각해 합동범을 그 기본범죄와의 관계에 있어서 단순히 형사정책적 필요성에 의한 양형상의 가중사유로 보아 기능적 행위지배라는 정범표지만 인정되면 현장성이라는 - 입법자가 가중처벌을 위해 특별히 설정해 놓은 - 또 다른 정범표지를 결하고 있더라도 마치 그것이 인정되는 것처럼 '확대해석하여' 합동범의 공동정범을 인정하는 판례의 태도는 동 조문의 입법취지를 충분히 고려하지 못한 잘못된 법리라는 것이다.[26] 다시 말해, 현장설에 의해 확보된

---

25) 엄밀히 말하면 합동범과 폭처법상의 공동범은 구분되는 측면이 없지 않다. 이러한 맥락에서 개념적인 구분을 시도하여 형법 제30조의 공동정범에서의 '공동'은 역할분담에 따른 '분업'으로, 합동범에서의 '합동'은 범죄현장에서의 '협업'으로, 폭처법 제2조 제2항의 폭력공동정범에서의 '공동'은 폭력행위현장에서의 '동업'을 의미하는 것으로 규정하는 견해로는 이주원, 『특별형법』, 홍문사, 2020, 525면. 단, 본고에서는 논의 편의상 합동범과 공동범을 구분하지 않고 공동범도 일단 합동범의 범주에 포함되는 것으로 보기로 한다. 판례의 입장도 이와 크게 다르지 않다. 이러한 맥락에서 공동범이나 합동범은 공동이나 합동이라는 용어상 차이만 있을 뿐 가중처벌 근거가 같고, 실제 범죄현장에서 무엇인 공동이고 무엇인 합동인지 명확히 구분할 기준도 부재하므로 양자는 모두 유사하게 해석될 가능성이 높다고 보는 견해로는 윤상민, "「폭력행위 등 처벌에 관한 법률」상 공동범의 공동정범", 『원광법학』 제36권 제3호, 2020, 33면 이하 참조.

합동범의 정범성의 표지를 현장성 외의 기능적 행위지배만으로 확장하는 것은 특수한 불법유형을 설정하여 제한적으로 가중처벌하려는 입법자의 의도와 배치된다는 것이다.[27] 입법자가 설정한 '현장성'이라는 정범표지는 소홀히 취급되어서는 안 되며, 동 조문의 해석에 있어서 최대한 존중되어야 한다는 취지로 보인다. 이러한 근거에서 현장성이 결여된 합동범의 공동정범은 성립이 불가능하다는 것이다.

(2) 정범표지의 공동정범 성립범위 제한기능에 주목하는 견해

외견상 전술한 견해와 유사해 보이지만 세부적 논거제시에 있어서 분명한 차이점을 보여주는 견해로서 정범표지의 도그마틱적 기능에 주목하는 입장이 있다. 정범표지란 정범으로서 어떤 범행의 주체가 되기 위하여 갖추어야 할 요건이나 요소를 뜻한다.[28]

이 견해에 따르면 현장성을 결한 자에 대한 합동범의 공동정범의 성립이 불가능한 이유는 "공동정범도 정범인 이상 정범으로서의 요소를 갖추어야 하는 것은 당연한" 것이므로 설령 그에게 '기능적 행위지배'라는 공동정범으로서 정범표지가 충족되었다 하더라도 합동범에게 요구되는 '현장성'이라는 정범표지가 갖추어지지 못하면 합동범의 공동정범은 성립될 수 없기 때문이라고 한다. 즉, 합동범의 공동정범이 인정되기 위해서는 '기능적 행위지배'와 '현장성'이라는 '이중의' 정범표지가 모두 충족되어야 한다는 것이다. 그 이유는 공동정범의 본질이 기능적 행위지배에 있다고 하여 모든 범죄에 있어서 기능적 행위지배만 인정

---

26) 신동운, "합동범의 공동정범", 『서울대학교 법학』 제35권 제3호, 1994, 236-237면.

27) 강동범, "합동범의 공동정범", 『형사법연구』 제13호, 2000, 92면. 동지의 손지영, "형사특별법상 다수가담자의 형사책임", 『성균관법학』 제24권 제2호, 2012, 393면.

28) 권봉호, "행위관련요소와 행위자관련요소, 정범표지", 『형사법연구』 제26호, 2006, 290면. 예컨대 고의는 고의범의 정범표지이고, 과실은 과실범의 정범표지이며, 목적범에서 목적과 같은 초과주관적 구성요건요소도 정범표지가 된다. 잘 알려진 바와 같이 실행지배는 단독정범의 정범표지이고 의사지배는 간접정범의 정범표이며 기능적 행위지배는 공동정범의 정범표지이다.

되면 공동정범이 되는 것은 아닌데, 예를 들어 자수범의 경우 자수에 의하여 범죄를 실행한 자만 정범이 될 수 있고, 의무범에 있어서는 '특별한 형법외적인 의무를 부담하는 자'만이 정범이 될 수 있는 것과 마찬가지 이론이 적용되기 때문이라고 한다.[29]

동지의 견해로서 행위지배는 정범이 되기 위하여 이론상 요구되는 최소한의 표지일 뿐 충분한 표지는 아니므로 현장에서 실행행위를 분담하지 아니한 배후인물에게 기능적 행위지배가 인정된다고 하여 그를 언제나 정범으로 보아야 하는 것은 아니라는 견해도 있다. 행위지배를 정범의 유일한 표지로 파악하게 되면, 입법자가 설정해 놓은 다른 정범표지(신분 등)를 오히려 무의미하게 만들어 죄형법정주의에 반하는 유추적용의 위험에 빠질 수 있다는 것이다.[30]

이러한 입장의 견해가 전술한 '입법취지'를 중시하는 입장과 비교해 볼 때 합동범의 정범표지로서 '현장성'이라는 요소를 해석론적으로 중요하게 취급해야 한다는 점에 있어서는 동일하지만, 전자가 현장성을 결한 배후자에게 합동범의 공동정범이 성립할 수 없는 근거는 합동범의 본질에서 유래하는, 그리하여 도그마틱적으로 '당연한' 결론이라는 논지임에 비하여 후자는 가중처벌의 근거로 입법자가 특별히 구성요건에 설정해 놓은 '현장성'이라는 정범표지의 중요성을 몰각한 채 이를 엄격히 적용하지 않고 '기능적 행위지배'가 인정되면 '현장성'까지 자연히 인정되는 방식으로 합동범의 공동정범을 인정해서는 안 된다는 취지인 것이다. 동일한 결론이지만 '현장성'이라는 정범표지의 도그마틱적 의의에 대해 미묘한 입장 차이를 보이고 있는 것으로 판단된다. 다시 말해 전자는 정범표지를 어느 하나라도 갖추지 못하면 (공동)정범이 성립할 수 없다는 것은 도그마틱적으로 명백한 논리라고 보는 반면[31], 후자는 이중의 정범표지 중에서 '현장성'은 판례의 입장대로라면

---

29) 이재상, 앞의 논문, 70면.
30) 강동범, 앞의 논문, 86면.
31) 이처럼 정범표지가 가벌성을 제한하는 기능을 갖는다는 견해로는 김일수, "공모합동범에 관한 비판적 고찰", 『고려대학교 법학논집』 제34집, 1998, 356-357면.

'기능적 행위지배'라는 정범표지만 인정되면 자연히 수반해 인정될 수 있는 여지가 있지만, 합동범 조문의 입법취지에 비추어 볼 때 이러한 해석론은 잘못된 입장이라는 견해인 것이다.

(3) '시간적·장소적 협동관계'를 '신분'으로 볼 수 없다는 견해

만일 대법원이 합동범의 현장성 표지를 신분범의 '신분'처럼 새겨서 형법 제33조에 의해 현장에 있지 않은 공모자에 대해서도 신분이 확장되어 합동범 조문이 적용될 수 있다는 논리로 합동범의 공동정범을 긍정하는 것이라고 가정한다면,[32] 이러한 법리는 타당한 것인지에 대해서도 비판적 견해가 제시되어 있다.

이러한 논리구성에 대해서는 우선 형법 제33조가 예정하고 있는 신분은 사회적으로 의미 있는 '일신전속적 성질'을 뜻하는 것인바, 제33조에 의한 처벌범위의 확장은 원래는 '당해 구성요건의 적용대상이 아니었던 사람들에게' 가벌성이 확대되는 것이므로 신분개념은 가능한 한 엄격해야 해석해야 하기 때문에 그 타당성에 의문이 제기될 수밖에 없고, 더 정확히 말하면 '현장성'이란 표지는 '신분'이라기보다는 '행위태양'의 하나이기 때문에 제33조의 적용은 불가능하다는 비판이 제시되어 있다.[33] 간단히 말해 제33조는 '신분'이라는 정범표지를 결한 사람에게 공동정범을 인정할 수 있게 해주는 가벌성 확장조항이므로 최대한 엄격하게 해석해야 하고 '시간적·장소적 협동관계'를 뜻하는 '현장성'을 신분으로 보기는 어려울 뿐 아니라, 그보다는 행위태양으로 보아야 하기 때문에 제33조의 적용은 어렵다는 지적인 것이다.[34]

유사한 맥락에서, 합동범의 구성요건으로서 현장에서의 시간적·장소적 협동관계는 행위위험을 증가시키고 행위실행의 위험성을 징표하

---

32) 물론 대법원은 이러한 취지를 명시적으로 밝힌 바 없다.

33) 신동운, 앞의 평석, 236면.

34) 후술하겠지만, 이 점에 대해서는 행위태양이라는 정범표지는 '행위요소'이기 때문에 제33조의 적용이 없이도 공동정범의 성립이 가능하다는 재비판이 가능하다.

는 행위요소임이 명백하므로 '현장성'은 '행위자요소'인 신분에 해당하지 않는 것으로 보아야 한다는 견해도 있다.[35]

상기 두 입장을 종합하면 '현장성'이란 표지는 행위자요소인 '신분'이라기보다는 오히려 행위요소에 해당하며 특수한 위험성을 징표하는 '행위태양'의 하나이기 때문에 제33조의 적용은 불가능하다는 것이 비판논거의 요체이다.

(4) 합동범의 현장성은 '행위자관련' 정범표지로 보아야 한다는 견해

이 견해의 논지는 크게 두 가지 방향으로 나누어 볼 수 있다.

우선 합동범의 현장성은 입법자가 특별히 설정해 놓은 정범성의 표지이고 따라서 현장에서 협력하지 아니한 자는 전체범행의 실현에 대하여 기능적 행위지배가 인정된다고 하더라도 합동범이 될 수 없으며, 이러한 의미에서 합동범은 "현장에서의 범행실현"이라는 일종의 '자수범적 성질'을 가진 범죄라고 보아야 한다는 견해가 있다.[36]자수범은 자수적 요소를 결한 자가 공동정범이나 간접정범의 형태로 저지를 수 없는 특징을 지닌 범죄유형이므로 따라서 합동범의 공동정범은 부정되어야 한다는 논리를 제시한다.[37]

다음으로 합동범의 현장성은 행위불법을 가중시키는 '가담형태의 특수한 유형'이 아니라 2인 이상이 시간적·장소적 공유를 통해 현장에서 협동관계를 형성함으로써 합동범만의 고유한 행위주체성을 만들어 낸다는 점에서 '행위자관련 정범표지'로 이해해야 하고 그렇게 보게 되면, 의무범과 같은 행위자관련 범죄에 있어서는 단순히 기능적 행위지배만으로는 정범이 될 수 없는 것과 마찬가지로 합동범에 있어서도 행위지배만으로는 정범성을 인정할 수 없다는 견해가 있다. 소위 의무범

---

35) 이재상, 앞의 논문, 같은 면.
36) 강동범, 앞의 논문, 92-93면.
37) 동지의 문채규, 앞의 논문, 31-32면.

이론을 합동범에 원용하려는 시도인 것이다.[38]

상기 두 견해는 모두 합동범의 현장성을 일종의 행위자관련적 정범표지로 파악하여 자수범이나 의무범에 있어서 공동정범의 성립에 제한되는 법리와 마찬가지로 합동범의 공동정범은 도그마틱적으로 성립이 불가능하다는 결론을 도출해 내고 있다는 점에 공통점이 있다.

(5) 합동범의 공동정범은 기능적 행위지배를 조직적 범행지배로 변질시킨다는 견해

이 견해는 다음과 같은 문제의식을 출발점으로 삼고 있다. 전술한 대상판결에서 대법원은 "공동정범의 일반이론에 비추어 그 공모에는 참여하였으나 현장에서 절도의 실행행위를 직접 분담하지 아니한 다른 범인에 대하여도 그가 현장에서 절도 범행을 실행한 위 2인 이상의 범인의 행위를 자기 의사의 수단으로 하여 합동절도의 범행을 하였다고 평가할 수 있는 정범성의 표지를 갖추고 있다고 보여지는 한" 공모공동정범을 인정할 수 있다고 설시하고 있다. 여기서 대법원이 이해하는 합동범의 정범표지는 "공모와 더불어 합동절도로 평가될 수 있는 기능적 행위지배"로 보인다.[39] 공동정범의 일반적 성립요건은 주관적으로는 공동가공의 의사가 있어야 하고, 객관적으로는 실행행위의 공동이 있어야 한다. 이때의 실행행위의 공동은 공동의 범행계획에 기초해서 구성요건의 전부 또는 일부를 실현하는 객관적인 행위기여를 말한다. 그런데 대법원이 합동범의 공동정범을 인정하기 위해 원용하고 있는 공모공동정범이론은 이와 같은 객관적 행위기여 없이 주관적 공모만으로 공동정범이 성립한다고 보는 견해로서 이에 대한 비판이 지속적으로 제기되어 왔고, 이에 대법원은 "공모자 중 구성요건에 해당하는 행위 일부를 직접 분담하여 실행하지 않은 사람도 전체 범죄에서 그가 차지

---

38) 김봉수, "합동범의 공동정범에 관한 비판적 고찰", 『형사정책』 제29권 제2호, 2017, 169면.

39) 배종대, 앞의 논문, 101면.

하는 지위, 역할이나 범죄 경과에 대한 지배나 장악력 등을 종합해 볼
때, 단순한 공모자에 그치는 것이 아니라 범죄에 대한 본질적 기여를
통한 기능적 행위지배가 존재하는 것으로 인정되는 경우 이른바 공모
공동정범으로서의 죄책을 질 수 있다."[40]고 판시함으로써 공모공동정
범의 성립에 있어서도 '본질적 기여를 통한 기능적 행위지배'가 요구된
다고 보고 있는바, 종합해 보면 대상판결에서 제시하고 있는 합동범의
정범표지는 "공모 및 합동절도로 평가될 수 있는 기능적 행위지배"로
볼 수 있다.

　그렇다면 객관적으로 실행행위를 분담하지 않은, 즉 객관적 행위기
여가 없는 자를 합동범으로 볼 수 있는 '본질적 기여'란 무엇인가? 이에
대한 구체적인 설시가 없는 점에 비추어 보면, 그것은 법관의 재량에
맡겨져 있는 '규범적 평가'의 문제이다.[41] 본질적 기여와 관련해 대법
원은 "전체범죄에서 그가 차지하는 지위, 역할이나 범죄 경과에 대한
지배나 장악력 등"[42]을 뜻한다고 설시하는바, 그렇다면 대상판결이 말
하는 "합동절도로 평가될 수 있는 기능적 행위지배"라는 것도 이러한
맥락에서 파악될 수 있을 것이며, 다만 '실행'공동정범의 경우처럼 객관
적 실행행위 차원에서 본질적인 기여가 있다는 취지가 아니라 그러한
정도로 평가할 수 있을 만큼의 기여도가 있는 일체의 관여를 지칭한다고
보아야 할 것이다. 여기에는 범행의 예비음모, 실행의 착수 및 그 완성에
이른 '전과정의 차원'에서 판단되는 일체의 행위가 해당될 수 있다.[43]

---

40) 대법원 2017.1.12. 선고 2016도15470 판결.
41) 배종대, 앞의 논문, 101면.
42) "형법 제30조의 공동정범은 공동가공의 의사와 그 공동의사에 기한 기능적 행위
　　지배를 통한 범죄실행이라는 주관적·객관적 요건을 충족함으로써 성립하는바,
　　공모자 중 일부가 구성요건적 행위 중 일부를 직접 분담하여 실행하지 않은 경우
　　라 할지라도 전체 범죄에 있어서 그가 차지하는 지위, 역할이나 범죄 경과에 대
　　한 지배 내지 장악력 등을 종합해 볼 때, 단순한 공모자에 그치는 것이 아니라
　　범죄에 대한 본질적 기여를 통한 기능적 행위지배가 존재하는 것으로 인정된다
　　면, 이른바 공모공동정범으로서의 죄책을 면할 수 없다(대법원 2007.4.26. 선고
　　2007도235 판결)."

이처럼 구성요건적 실행행위의 분담이 아니라 '규범적·평가적 요소'에 의해 본질적 기여도를 판단하는 것은 '기능적 행위지배'라는 공동정범의 정범표지를 '조직적 범행지배(organisatorische Tatherrschaft)'로 변질시키는 것이라는 비판이 제기된다.44) 조직적 범행지배란 공동정범의 범행지배형태인 기능적 행위지배를 확장시킨 것인데, 기능적 행위지배와 간접정범의 범행지배형태인 의사지배를 절충한 형태의 정범표지를 의미한다. 예를 들어 소비자의 건강을 해하는 제조물을 가공한 종업원뿐만이 아니라 그 생산을 결정한 경영진도 정범이 되고, 분식회계를 한 회사법인의 경우 회계사만이 아니라 분식회계를 결정하고 지시한 대표이사도 정범이 될 수 있다는 것이다. 이러한 조직형 범죄에서 의사결정을 내리는 경영진이나 수괴 등 중요인물은 기업과 같은 조직 내에서, 그 조직의 기능메커니즘을 이용하고 있고, 그런 점에서 그들의 정범성을 조직적 범행지배라고 표현할 수 있다는 것이다. 여기서 직접적인 실행행위를 분담하지 않은 배후자들이 정범이 되는 이유는 그가 '관할'하는 업무의 범위와 그에게 주어진 '조종권한'의 크기 때문이라고 한다. 조직적 범행지배라는 법형상 하에서는 기능적 행위지배와 달리 법익의 침해에 인과적으로 가장 가까운 행위를 한 자가 정범이 되는 것이 아니라 법익침해를 막는 관리체계 내에서 더 많은 조종권한을 갖고 있는 자가 정범이 되며, 범행을 조종하는 수괴를 처벌하기 위해 합동범의 공동정범을 인정하는 대법원의 태도가 바로 이와 유사하다는 취지의 비판이 제기된다.

(6) 입법연혁에 주목하는 견해

일반적으로 합동범의 본질에 관한 학설 중 현장설의 입장에 의하면 합동범의 공동정범은 성립이 불가능하다. 현장설에 따르면 합동이란 '시간적·장소적 협동(zeitliches und räumliches Zusammenwirken)'을 뜻

---

43) 이상돈, 합동범과 공동범의 해석정책,『저스티스』통권 제73호, 2003, 113면.
44) 이상돈, 앞의 논문, 113-116면.

하고 따라서 합동범은 모두 때와 장소를 같이하여 상호 협력할 것을 요건으로 하므로 공모공동정범은 물론 현장에서 공동하지 아니한 공동정범도 합동범이 될 수 없기 때문이다.[45]

이 견해에 따르면 현행 합동범 조문은 입법연혁적으로 볼 때 현장설에 입각해 해석하는 것이 합당하다고 한다. 현행 합동절도 규정은 독일형법 제244조의 집단절도죄(Banddiebstahl)에서 유래하는 조항인데, 일본의 도범 등의 방지 및 처분에 관한 법률(1930) 제2조에서 '2인 이상이 현장에서 공동하여 범한 때'라고 규정하고 있었고, 日本刑法假案(1940) 제421조 제2항에서는 "2인 이상이 통모하여"로 규정되었던 것을 형법이 도입한 것이므로 합동을 '시간적·장소적 협동'을 의미하는 것으로 보아야 한다는 것이다.[46] 이러한 역사적 해석은 형법제정 당시 조선법제편찬위원회형법기초요강에서도 도범방지법 조문을 정비하여 형법에 규정하도록 밝히고 있는 점에 보더라도 상당히 설득력이 있는 논거라고 평가한다.[47]

요컨대, 입법연혁적으로 볼 때 현행법의 합동범 규정에서 합동의 의미는 현장설에 따라서 해석해야 함이 명백하다고 한다.

2. 비판논거에 대한 재검토

(1) 합동범 조문취지가 그 공동정범의 성립을 부정하는가?

첫 번째 비판논거에 대해서는 우선 합동범을 가중처벌하고자 하는 조문의 취지에 주목한다는 점에 있어서는 분명 올바른 방향설정이라고

---

45) 이재상, 앞의 논문, 58면

46) 입법연혁에 대해서는 유기천, 『형법학[각론강의 上]』, 일조각, 1967, 234면을 비롯해 김일수, 앞의 논문, 348-349면과 이재상, 앞의 논문, 59면, 그리고 이창섭, "합동범과 공동정범의 관계에 대한 고찰", 『형사정책연구』 제72권, 2007, 65면; 안동준, "합동범과 현장성 - 指鹿爲馬 혹은 아리아드네의 실타래?", 『전남대학교 법학논총』 제25집, 2005, 165면 이하를 참조

47) 이호중, "합동절도의 공동정범", 『형사판례연구』 제7권, 1999, 136면.

평가할 수 있을 것이다. 다만 설령 입법자가 2인 이상의 합동에 의한 특별한 불법유형을 가중처벌하려는 의도에서 합동범 구성요건을 마련한 것이라고 하더라도 그러한 사실로부터 합동범의 공동정범이 성립할 수 없다는 논리적 귀결이 과연 필연적인 것인가라는 '합리적 의문' 제기될 수 있을 것이다. 2인 이상이 합동하여 절도죄를 저지른 경우에 절도의 공동정범보다 가중처벌된다는 점이 '합동'은 공동정범의 '공동'보다 엄격하게 해석할 것을 요청함은 명백하다. 하지만, 이때의 '엄격해석'이 어느 정도인지에 대해서는 명백한 기준점이 설정되어 있지 않고 따라서 이에 대해서는 해석에 일임되어 있다고[48] 보는 것이 타당할 것이다. 예컨대 '공동'보다 '엄격하게' 해석한다는 점에서 현장설은 물론, 가중적 공동정범설, 현장적 공동정범설도 모두 가능한 해석의 범주 내에 있다고 볼 수 있다. 주지하다시피 가중적 공동정범설과 현장적 공동정범설은 모두 합동범의 공동정범을 긍정한다. 또한 현장설에 의하더라도 대법원 판례의 입장을 보면 합동범의 공동정범이 논리필연적으로 부정되는 것은 아니다. 즉, 현장설을 긍정하면서도 합동범의 공동정범을 긍정할 수 있는 법리구성도 가능하다는 것이다. 그렇다면 '가장 엄격히' 해석하여 '현장설'을 채택한다고 하더라도 합동범의 공동정범이 성립할 수 있는지 여부는 '현장성'이라는 정범표지가 공동정범의 성립에 있어서 어떤 의의를 지니고 있는지, 즉 정범표지의 도그마틱적 분석에 달려 있는 것이지, 단순히 입법취지라는 추상적이고 불명료한 - 물론 일정한 방향설정을 해주는 중요한 실천적 기능을 하지만 - 기준에 의거해 결정할 수 있는 성격의 문제가 아니라는 점을 알 수 있다.

(2) 공동정범의 성립에 있어서 행위지배가 유일한 정범표지인가, 아니면 이중의 정범표지를 모두 충족시켜야 하는가?

두 번째 비판논거에 대해서는 대상판결의 대법원의 입장을 다시 정

---

48) 이호중, 앞의 논문, 148면.

리해볼 필요가 있다. 대법원의 입장은 전술한 바와 같이 현장성은 합동범의 정범표지가 아니라거나 정범표지라 하더라도 합동범의 공동정범의 성립에 장애가 되지 않는다는 취지이다. 그렇기 때문에 "형법 제331조 제2항 후단의 규정이 위와 같이 3인 이상이 공모하고 적어도 2인 이상이 합동절도의 범행을 실행한 경우에 대하여 공동정범의 성립을 부정하는 취지라고 해석할 이유가 없[다]"고 설시하고 있는 것이다. 두 번째 비판논거의 핵심은 '현장성'도 엄연히 합동범의 정범표지이고 따라서 합동범의 공동정범이 성립하기 위해서는 '현장성'과 함께 '기능적 행위지배'라는 이중의 정범표지가 충족되어야 한다는 것인데, 판례의 입장은 여기에 찬동하고 있지 않는 것으로 보인다.

그렇다면 우선 대법원의 입장을 '현장성'은 합동범의 정범표지가 아니라고 보는 것으로 추측한다면, 이 추측은 타당한 것일까? 정범표지란 정범이 될 수 있는 자격이나 요소를 말하며, 합동범의 경우 '2인 이상의 합동'이라는 요소가 바로 그러한 표지임은 주지의 사실이다. 통설도 '현장성'은 합동범의 정범표지로 이해한다. 독일의 학설도 견해의 대립은 있지만 이와 마찬가지로 보인다.[49] 이러한 사정에 비추어 보면 대법원이 현장성을 정범표지가 아니라고 판단한 것으로 보기는 어려울 것이다.[50] 이는 특히 대상판결에서 "공모에는 참여하였으나 현장에서 절도의 실행행위를 직접 분담하지 아니한 다른 범인에 대하여도 그가 현장에서 절도 범행을 실행한 위 2인 이상의 범인의 행위를 자기 의사의 수단으로 하여 합동절도의 범행을 하였다고 평가할 수 있는 정범성의 표지를 갖추고 있다고 보여지는 한"이라고 설시하며, 비록 공동정범에 관한 것이지만 '정범성의 표지'에 대한 인식을 갖고 있는 점에 비추어 보

---

49) Lackner/Kühl, Strafgestzbuch, 29.Aufl.(2018), §244, Rn.8; Rengier, Strafrecht, Besonderer Teil 1(1999), S. 69; Engländer, "Täterschaft beim Bandendiebstahl", GA(2000), S. 582.

50) 실무적으로도 대법원은 재판연구관 등을 통해 국내외의 통설적 견해를 판결에 반영하려고 노력하고 있으므로 대법원이 '현장성'의 정범표지로서의 성격을 간과한 것으로 보기에는 무리가 있을 것이다.

더라도 그러하다고 판단된다.

그러면 대법원의 입장은 '현장성'은 정범표지이기는 하지만, 합동범의 공동정범의 성립에 장애가 되지 않는다는 취지로 이해하는 것이 가장 적확하다고 볼 수 있을 것이다. 다만, 대법원은 어떠한 이유에서 현장성이란 정범표지가 반드시 충족되어야 할 필요는 없는 것인지 명시적으로 설시해 주고 있지 못하다. 추측컨대, 공동정범의 성립에는 '기능적 행위지배'가 요구된다는 일반원리가 법리적으로 확고하게 자리잡은 것과 달리 '정범표지'의 공동정범 성립범위 제한기능에 관한 법리가 아직 확고하게 뿌리내리지 못한 것도 무관하지는 않을 것이다. 예컨대, 바로 그러한 이유에서 현재 우리나라에는 소위 의무범 이론에 의해 공동정범의 성립을 제한하려는 주장이 실무에서는 물론 학설에서도 그다지 큰 영향력을 발휘하지 못하고 있다. 그렇기 때문에 대법원은 대상판결에서 공동정범의 일반원리에만 부합되면, 즉 기능적 행위지배만 인정된다면 합동범의 공동정범의 성립에 지장이 없다고 보는 것이다. 또 한편으로는 '2인 이상의 합동'이라는 정범표지는 '의무범'에서 요구되는 '형법 외적 특별의무'라는 정범표지와는 달리 공동정범의 성립을 방해하지 않는다는 논리에 기초해 있는 것으로도 '선해'할 수 있을 것이다. 즉, 정범표지도 그 법적 성격이 상이한 것들이 있다는 것이다. 이 점에 대해서는 아래에서 세 번째와 네 번째 비판논거를 검토하면서 후술하기로 한다.

(3) 현장성이라는 정범표지는 행위자요소인가, 행위요소인가?

세 번째 비판논거는 '시간적·장소적 협동관계'를 '신분'으로 볼 수 없다는 것인데, 사실 대상판결도 명확히 '현장성'을 신분으로 보아 제33조가 적용되어야 한다고 보고 있는 것은 아니기 때문에 다른 비판논거들 만큼 판례의 입장에 대한 적확한 비판이라고 보기는 어려울 것이다. 다만, 이 견해는 판례를 비판하면서 정범표지가 지닐 수 있는 두 가지 법적 성격에 대해 도그마틱적으로 해명해 주고 있어서 주목할 필요가 있다. 비판논거의 핵심은 합동범의 요건으로서 현장에서의 시간적·장소적 협동관계는 행위위험을 증가시키고 행위실행의 위험성을 징표하는 행위요소임이 명백하므로 '현장성'은 '행위자요소'인 신분에 해당하지 않으며, 따라서 제33조를 적용해 공동정범을 인정할 수 없다는 것인데, 다시 정리하면 현장성이라는 정범표지는 '행위요소'이므로 '공범과 신분(제33조)' 조항을 적용하기 위해 요구되는 '행위자요소'인 신분과는 구별되어야 한다는 것이다.[51] 즉, 정범표지는 '행위요소'의 성격을 지닌 것과 '행위자요소'의 성격을 지닌 것으로 대별되며, 이 중에서 제33조의 적용대상이 되는 것은 후자라는 것이다.

그렇다면 이제 검토되어야 할 논점은 '시간적·장소적 협력관계'라는 정범표지가 과연 행위자요소인지 행위요소인지 여부이다. 독일의 학설도 이에 대해서는 견해대립이 있는 것으로 보이지만, 본고에서는 '현장성'은 명백히 '행위요소'이지 '행위자요소'가 아니라는 점을 밝히고자 한다. 이 점에 대한 논의는 아래에서 함께 다루고자 한다.

(4) 행위관련 정범표지로서의 현장성: 합동범은 자수범 또는 의무범인가?

네 번째 비판논거의 핵심은 시간적·장소적 협력관계라는 정범표지는 행위자관련적 표지(Täterbezogene Merkmal)이기 때문에 이러한 요소를 구비하지 못한 자는 정범적격이 결여되어 공동정범이 되지 못한다는 것이다. 이러한 논리는 그 실질에 있어서 지배범(Herrschaftdelikte)은 행위지배만으로도 공동정범이 되지만 형법외적 특별의무 위반을 핵심형상으로 하는 의무범은 의무의 침해라는 정범표지까지 갖추어 져야만 공동정범이 성립할 수 있다는 소위 '의무범의 논리'와 유사하다. 그런데 과연 이러한 이해방식은 정당한 것일까?

우선 합동범의 시간적·장소적 협력관계는 자수적 성격을 지니므로 행위지배만으로는 공동정범이 성립할 수 있다는 견해에 대해 살펴보자.

---

51) 신동운, 앞의 평석, 236면.

자수범이란 범죄의 주체와 실행행위가 매우 밀접하게 연관되어 있어서 그 실현에 있어서 반드시 행위자 자신이 직접 실행해야만 범할 수 있는 범죄로서 구성요건의 자수에 의한 직접적 실현에 의해서만 범죄의 특수한 행위반가치가 실현될 수 있는 범죄로 정의된다.[52] 형법상 위증죄(제152조)와 피구금자간음죄(제303조 2항), 업무상 비밀누설죄(제317조), 위증죄(제152조), 그리고 군형법상 군무이탈죄(제30조 1항) 등이 이에 해당한다. 자수범에 있어서 직접 실행행위를 하지 않은 자는 정범적격이 없으므로 단독정범은 물론 간접정범과 공동정범이 될 수 없다.

그렇다면 합동범, 다시 말해 특수절도범은 어떤 근거에서 자수범이 될 수 있을까? 자수범의 판단기준에 대해서는 여러 학설이 있지만 오늘날 널리 받아들여지고 있는 삼유형설에 따르면 ① 폐지된 간통죄, 군형법상 계간죄, 피구금자간음죄 등과 같이 범죄의 실행행위가 직접 행위자의 신체를 통해서 행하여질 것을 요구하는 범죄, ② 업무상비밀누설죄, 윤락행위매개죄와 같이 신체가 아니라 행위자의 인격적인 태도가 표출될 것을 요구하는 범죄 ③ 위증죄와 같이 소송법 기타의 법률이 행위자 스스로의 실행행위를 요구하는 범죄 등으로 구분될 수 있다.[53]

전술한 바와 같이 합동범을 자수범으로 보는 견해는 "현장에서의 직접적 범행실현"이라는 일종의 '자수범적 성질'을 지녔기 때문이라고 한다.[54] 삼유형설에 비추어 보면 외견상 현장성이 자수범의 정범표지로 보이기도 하지만 이에 찬동하는 견해는 드물다.[55] 이를 피구금자 간음죄와 비교해 보면 동죄는 피구금자를 감호하는 자가 스스로 간음함으

---

[52] 이재상·장영민·강동범, 『형법총론』, 박영사, 2019, 84면; 임웅, 『형법총론』, 법문사, 2002, 440면.

[53] 임웅, 앞의 책, 442면.

[54] 강동범, 앞의 논문, 92-93면.

[55] 명백히 반대하는 입장으로는 정준섭, "합동범의 공동정범, 『성균관법학』 제18권 제3호, 2006, 622면 동 문헌에 따르면 자수적 성질을 갖는 범죄들은 대체로 행위자관련요소를 요구하는 범죄인데 현장성은 명백히 특수한 행위태양으로서 행위불법을 가중시키는 행위관련요소이기 때문이라고 한다. 동지의 서보학, 앞의 논문, 645면.

로써 성립하는 범죄이므로 자수범이고 간접정범의 형태로는 범할 수 없다. 그러나 특수절도죄의 경우는 다르다. 예를 들어 갑과 을이 합동하여 병의 집앞에서 같이 망을 보면서, 마침 병이 집을 비운 틈을 타서 병의 8살 아들에게 안방에 있는 도자기는 원래 자신들의 것이니 꺼내서 가져오라고 시켜 절도를 한 경우 병의 아들은 형사미성년자이고 절도의 범의도 없어 어느 행위로 처벌되지 않는 자임에 분명하여 간접정범의 피이용자가 될 수 있지만, 그가 갑, 을과 함께 시간적·장소적 협력관계가 있었다고 보기는 어려울 것이다. 비록 현장에 있었다는 사실은 인정되지만 합동범의 현장성은 시간적·장소적 '동시성' 외에 '공모하여 긴밀히 범죄에 협력한다는 인식과 협력행위'를 모두 요구하는 것이기 때문이다. 즉 합동범의 정범표지는 시간적·장소적 동시성과 협동관계성 모두를 뜻한다. 요컨대, 특수절도범 갑과 을은 현장성이 결여된 병의 아들을 이용한 합동절도의 간접정범이 될 수 있다고 보아야 한다. 따라서 상기 사례에 비추어 볼 때 합동범의 간접정범은 분명 성립가능하고 따라서 합동범은 자수범이 아니다.56) 현장성이라는 정범표지를 갖추지 못한 피이용자를 이용한 간접정범이 성립가능한 것이다. 이러한 결론에 도달하게 되는 이유는 '협력하여 현장에서의 범행실현'이라는 요건은 갑이든 을이든 그렇게 함으로써 절도실현의 위험을 증대시키는 '행위요소'일 뿐이지, 갑 또는 을 자신만이 스스로 저지를 수 있는 자수범적 성격의 '행위자요소'가 아니기 때문이다. 위 사례에서 갑과 을은 시간적·장소적 협동관계로 법익침해의 위험을 증대시키고 있으면서도 그러한 협동관계가 없는 병의 아들을 이용해 합동절도죄를 범하고 있다.

다음으로 '의무범 논리'를 살펴보기로 한다. 의무범 이론에 의하면 정범과 공범이 행위지배에 의해서 구별되는 범죄를 '支配犯(Herrschaftdelikte)'이라고 하고 정범성 여부가 행위지배가 아니라 형법외적인 특별의무침해에 의해 결정되는 범죄를 '의무범(Pflichtdelikte)'이라고 표현

---

56) 합동절도의 간접정범이 가능하다는 동일한 결론에 도달하고 있는 견해로는 이창섭, 앞의 논문, 80면.

한다.57) 의무범을 인정하게 되면 의무 없는 자는 의무범의 신분주체와 공동했더라도 의무범의 공동정범이 될 수 없고, 따라서 이 범위에서 의무범은 제33조 본문 중 공동정범의 적용범위를 제한하게 된다.58)

합동범에 의무범 논리를 적용하는 견해는 다음과 같이 말한다. 합동범의 본질 내지 핵심은 범죄에 참가한 다수관여자들 간의 '관계적 특성'을 뜻하는 '협동관계'에 있고, 이 협동관계는 '시간적·장소적 동시성(현장)'이라는 물리적 제약조건 하에서 인정되는 '행위자들 간의 특수한 관계성'을 의미하는바, 이것은 '행위자관련적' 정범표지이고 동시에 합동범의 가중처벌의 근거가 된다고 한다. 이처럼 (가중)처벌의 근거를 행위자의 특수성(행위자가 부담하는 사회적 역할이나 의무자로서의 지위)에서 찾는 '행위자범죄'의 경우에는 행위지배가 정범표지로서 적합하지 않은데, 그 이유는 전술한 의무범 논리와 같다.

그런데 과연 합동범의 현장성이란 정범표지가 지니는 관계적 특성이 행위자가 부담하는 사회적 역할이나 의무자로서의 지위라고 볼 수 있을까? 일반적으로 의무범 이론에서 말하는 형법외적 특별의무라는 것은 언제나 '형법규범에 논리적으로 선행하고' 일반적으로 다른 법영역에서 생겨나는 의무라고 한다. 공법상의 공무원의 의무, 신분법상의 비밀엄수명령, 민법상의 부양의무 내지 신의성실의무가 바로 이러한 형법외적 특별의무이다. 의무범은 '구성요건에 앞서 존재하는' 이러한 특별의무를 침해할 수 있는 자만이 정범이 될 수 있는 범죄를 말한다.59) Roxin에 의하면 이러한 의무는 의무범의 정범성 인정에 결정적인 요소가 되며 모든 범죄관여자가 반드시 부담하는 것은 아니지만 구성요건의 충족을 위해서는 필요하다고 한다. 형법규범에서 나오는 의무는 교

---

57) Roxin, Täterschaft und Tatherrschaft, 7.Aufl,(2000), S.354 f.

58) 이용식, "의무범 이론에 대한 소고", 『서울대학교 법학』 제43권 제1호, 2002, 336면; 동지의 김정환, "공동정범과 방조범의 구별을 전제로 한 공동정범의 방조범으로 공소장 변경의 필요성", 『법조』 제61권 제9호, 2012, 222면.

59) 박상기, 『형법총론』(박영사, 2002), 83면; 김일수, 『새로 쓴 형법총론』, 박영사, 2000, 463면; 손해목, 『형법총론』, 법문사, 1996, 938면.

사범이나 방조범에게도 미치지만, 형법외적인 특별의무는 의무범의 정범만이 부담한다고 한다.[60]

　　그렇다면 시간적·장소적 협동관계에서는 어떠한 '형법외적 특별의무'를 관념할 수 있을까? 특별한 일을 공동으로 수행하는 자들 사이에는 상호 간에 모종의 '의무'가 생기는 것은 당연하다. 상호 간의 역할에 대한 기대가 있고, 절도의 성공이라는 공동의 목표가 있기 때문에 상호 일정한 의무를 부담하게 되기 때문이다. 하지만 이러한 범죄의 실현을 위한 의무를 형법외적 특별의무라고 말할 수 있을까? 형법외적 특별의무는 바로 의무를 부담하는 자를 (가중)처벌할 수 있게 만들어 주는 근거가 된다. 그런데, 절도범행의 성공을 위해 상호 협력의무를 부담한다고 하여서 가중처벌할 근거가 되는 것일까? 예컨대 공무원의 직무범죄의 경우 행위자가 공법상의 특별의무에 반하여 행위하였기 때문에 정범으로 처벌된다. 반면 합동범은 상호 절도범행에 협력할 의무를 이행하지 못하여 처벌하는 것이 결코 아니다. 그보다는 그러한 협력관계로 인해 발생한 절도의 법익침해 위험성의 증가 때문에 가중처벌하는 것이다. 즉, 행위자가 특별히 부담하는 의무와 같은 행위자관련요소 때문에 가중처벌되는 것이 아니라, 행위자가 합동하여 시간적·장소적 협력을 하게 됨으로써 그러한 '행위관련특성'이 법익침해의 위험성을 증대시켜 이를 가중처벌하는 것이다. 따라서 의무범 이론의 원용은 합동범의 공동정범을 부정하는 적실한 논거가 되지 못한다.

　　물론 범행에 관여한 '행위자들 간의 특수한 관계성'에 주목하고 있는 상기 주장을 "합동범은 필요적 공범이기 때문에 임의적 공범에 관한 규정인 형법 제30조의 공동정범 규정이 적용될 수 없다"는 논지[61]로 이해할 수도 있을 것이다. 합동범의 법적 성격을 어떻게 볼 것인가, 즉 집합범의 한 유형으로서 필요적 공범으로 이해할 것인지, 공동정범의 특수한 형태로 파악할 것인지에 대해서는 견해대립이 있음은 주지의 사

---

60) Roxin, a.a.O., S.354.
61) 유기천, 앞의 책, 233면.

실이다. 하지만 전형적 형태의 필요적 공범은 2인 이상의 관여가 있어
야만 범죄가 성립하는 구성요건을 뜻하는 바, 합동범은, 예컨대 특수절
도의 경우 1인에 의해서도 단순절도가 성립하지만 2인 이상이 관여하
면 합동절도로 가중처벌되는 범죄이므로 반드시 필요적 공범이라고 규
정할 근거는 찾아보기 어려울 것이다.[62] 굳이 찾는다면 합동범의 본질
에 대한 학설개관을 통해 확인한 것처럼 '현장설'만큼은 합동범을 필요
적 공범으로 이해하고 있는데, 그와 같이 합동범의 성립범위를 축소시
키고자 하는 의도 외에 도그마틱적으로 정당한 근거는 보이지 않는
다.[63] 또한 합동범을 필요적 공범으로 볼 수 있다고 하더라도 그에 대
한 공동정범의 성립이 필연적으로 부정되는 것은 아니다. 필요적 공범
이란 개념은 단순히 공범의 한 유형에 불과한 것이 아니고 그 내부자들
사이에는 총칙상의 임의적 공범규정이 적용되지 않는 법형상이라는 점
에서 그 실익이 있으므로,[64] 필요적 공범에 외부에서 관여했을 경우 총
칙상의 공범규정의 적용여부는 개별 구성요건의 해석에 따라 달라지는
것이지[65] 외부관여자에 대해 필연적으로 혹은 전적으로 공동정범 규정

---

62) 박상기, 『형법각론』, 박영사, 2005, 269면; 정성근/박광민, 『형법총론』, 삼지원,
    2006, 555면; 윤상민, "합동범의 공동정범", 『학당 명형식 교수 화갑기념논문집』,
    1998, 98면 이하. 견해에 따라서는 필요적 공범을 진정필요적 공범과 부진정필요
    적 공범으로 구분하여 후자는 1인에 의해서도 범죄가 성립하나 2인 이상의 관여
    에 의해 형이 가중되는 경우(특수절도, 특수강도 등)을 지칭한다고 설명하기도 하
    지만 이러한 구분법은 일반화되어 있지 못하고 합동범을 공동정범의 일형태로 이
    해하는 한 그렇게 구분할 필요도 없다는 지적으로는 이형국, 『형법총론연구 Ⅱ』,
    법문사, 1986, 559면 참조.
63) 동지의 견해로 보이는 김일수, 앞의 논문, 349면.
64) 대법원 1985.3.12. 선고 84도2427 판결; 대법원 1998.4.25. 선고 87도2451 판결
    참조.
65) 필요적 공범의 외부가담자에게 공동정범이 성립할 수 있는가에 대해서 집합범이
    든 대향범인든 관계없이 공동정범의 성립이 가능하다는 전면적 긍정설과 대향범
    의 경우에만 가능하다는 제한적 긍정설, 필요적 공범은 어떤 형태이든 공동정범
    이 성립불가능하다는 전면적 부정설 등이 있으나, 이 중에서 전면적 부정설은 소
    수에 속한다. 전면적 부정설에 속한 견해로는 박상기/전지연, 『형법학』, 집현재,

을 배제시킨다는 의미로 이해될 이유는 없기 때문이다.[66]

현장성이 행위관련요소이지 행위자 관련 요소가 아니라는 점을 보다 분명히 하기 위해 행위자관련요소에 대해 상론할 필요가 있을 것이다. 신분이나 형법외적 특수의무 등의 행위자 관련 요소는 해당 구성요건의 실현 '이전'에 이미 행위자가 득하거나 부담하고 있어야 한다.[67] 공무원이라는 신분과 그로부터 발생하는 공법상의 의무가 대표적이다. 그런데 과연 '시간적·장소적 협동관계', 즉 현장성도 그처럼 구성요건에 앞선 요소로 볼 수 있을까? 그렇지 않음은 명백하다. 현장성은 단순절도와 구별되는 특수절도의 실현방법에 불과하며, 따라서 합동절도의 구성요건의 실현과정에서 각 행위자가 득하게 되는 관계이지, 구성요건의 실현 이전에 행위자가 미리 득하고 있는 인적 요소가 아니다.[68]

2021, 244면; 신동운, 『형법총론』, 법문사, 2017, 724면 참조. 전면적 부정설 이외의 학설은 대체로 대향범에 대해서는 외부가담자의 공동정범 성립을 긍정하고 있으며(박재윤 대표편집, 『주석형법』, 한국사법행정학회, 2011, 141면) 일부 집합범에 대해서도 공동정범의 성립을 긍정하는 견해도 있다. 집합범에 대한 공동정범의 성립을 긍정하는 견해로는, 배종대, 『형법총론』, 홍문사, 2020, 408면; 오영근, 『형법총론』, 박영사, 2009, 550-551면; 김성돈, 『형법총론』, 성균관대학교 출판부, 2017, 570면; 김혜경/박미숙/안경옥/원혜욱/이인영, 『형법총론』, 정독, 2020, 326-327면. 생각건대, 합동범을 필요적 공범개념으로 보게 된다면 집합범의 일 유형으로 분류할 수 있을 것이고, '필요적 공범'이라는 성질이 특별한 인적 표지(신분관계)에 해당하는 것이 아닌 이상(신동운, 같은 책, 724면), 외부가담자의 공동정범 성립여부는 개별구성요건의 해석의 문제로 귀착된다고 보는 것이 타당할 것이다.

66) 적확한 지적으로 오영근, 앞의 책, 550면 이하; 김일수/서보학, 『새로 쓴 형법총론』, 박영사, 2006, 636면; 이호중, 앞의 논문, 148면; 서보학, 앞의 논문, 645면; 정준섭, 앞의 논문, 622면.

67) 이용식, 앞의 논문, 337면.

68) 동지의 신동운, 『판례백선 형법총론』, 경세원, 2009, 767면. "합동범에 있어서 현장성의 표지는 일신전속적인 신분이라기보다 오히려 객관적인 행위태양의 하나라고 보는 것이 더욱 정확[하다]."고 한다. 유사한 맥락에서 독일형법상 집단절도죄의 구성요건에 있어서 '집단의 구성원이라는 성질(Die Qualität der Mitgliedschaft)'이 지니는 특별한 인적 표지(besonderes personliches Merkmal)로

(5) 합동범의 공동정범은 기능적 행위지배를 조직적 범행지배로 변질시키는가?

다섯 번째 비판논거는 다음과 같이 지적한다. 조직적 범행지배로 정범성을 인정해 합동범의 공동정범을 인정하는 것은 형법의 도덕적 카테고리인 책임원칙을 파괴한다고. 이것은 집단책임이라는 전근대적 형법패러다임이 우리 형법에 전승되고 있음을 말해주며, 조직범죄라는 현대적 범죄현상에 대응한 집단주의적 책임패러다임의 형성이 근대형법의 개인주의적 책임패러다임을 무너뜨리는 탈근대적 시대정신의 표현이기도 하다고 진단한다.69)

구성요건적 실행행위 분담이라는 객관적인 요소가 아니라 전체범행의 실현에 대한 조종권한 유무라는 규범적·평가적 요소에 기초해 공동정범을 인정하는 법리를 조직적 범행지배로 개념화한 것은 상당히 적절한 평가라고 사료된다. 전자가 법익의 침해에 인과적으로 가장 가까운 행위를 한 자를 정범으로 보는 입장이라면, 후자는 법익침해를 막는 관리체계 내에서 더 많은 조종권한을 갖고 있는 자를 정범으로 본다는 점에서 이를 조직적 범행지배라는 표지로 해명할 수 있다고 본다. 그런데 과연 이를 두고 집단주의적 책임패러다임이라고 단언할 수 있을까? 이러한 책임귀속이 근대형법의 개인주의적 책임원칙에서 크게 벗어나는 것일까? 그렇지 않다고 생각한다. 예를 들어 전술한 사례와 같이 소비자의 건강을 해하는 제조물을 가공한 종업원뿐만이 아니라 그 생산을 결정한 경영진도 정범이 된다는 평가는 오히려 '정당한' 것이지 집단주의적 책임패러다임의 귀결로 보기는 어렵다. 일반적으로 이해되는 기능적 행위지배는 실행행위의 분담을 한 경우에만 공동정범이 인정된다고 하는데, 이러한 책임귀속방법이 언제나 정당하다고 평가할 수 없는 경우도 있다. 예컨대, 어느 건축가가 어떤 건축물을 설계하여 짓는다

서 행위자적 성격에 대해 의문을 제기하는 견해에 대해서는 Lackner/Kühl, a.a.O., §244, Rn.7.

69) 이상돈, 앞의 논문, 95-97면.

고 할 때, 지속적으로 벽돌과 모레를 운반해 외형의 축조에 기여한 인부들과 그 건물을 치밀하게 디자인하고 건축과정을 지휘감독한 건축가 중에서, 최종 완성된 건축물은 누구의 작품으로 보는 것이 정당한가?[70) 누가 보더라도 당연히 건축가일 것이다.

이처럼 다수인이 공동으로 어떤 일에 참여하는 경우 법적 평가 이전에 그들 각자의 책임과 공적에 대한 판단이 곧 형법적 의미의 책임판단과 거의 일치하는 경우도 많을 것이다. 이때 우리 모두의 공통된 삶의 경험이 일치된 판단을 내려줄 수 있으며, 이러한 생각에 뿌리를 둔 정범론을 '존재론적 정범론(Ontologische Täterlehre)'이라고 개념화할 수 있다.[71) 이러한 존재론적 정범론 하에서는 정범이냐 공범이냐 판단은 '사물의 본질에 대한 직관적 관찰'과 '전체적이고 구체적인 관찰방식'에 의해 내려질 수 있다고 한다. 이러한 사고에 의하면 두목이 현장에 나타나지 않았다고 해서 그 범죄의 주인이 아니라고 단정할 수 없다. 범죄현장에 모두 나타나는 것보다 각자 역할을 분담해 분산된 장소에 범죄를 수행하는 것이 보다 합리적인 경우였다면, 현장에 나타나지 않은 자를 그 이유만으로 그를 '공동으로 범한 자의 범위'에서 배제하는 것은 납득하기 어렵기 때문이다.

이러한 존재론적 사고방식에는 다분히 규범적이고 평가적인 요소가 개입될 수밖에 없다. 그리고 이러한 생각을 받아들일 수 있다면, 다수관여자의 정범성을 판별해 내는 기준으로서 기능적 행위지배는, 하나의 척도에 불과한 제한적 기준일 수밖에 없음을 깨닫게 된다. 구성요건적 실행행위 단계에서 기능적 역할분담을 하지 않았다고 하여 언제나 필연적으로 정범으로 평가되지 못하는 것은 부당하기 때문이다. 개인주의적 책임원칙의 미덕은 각자 부담해야 할 책임범위를 벗어난 형사책임을 제한해야 한다는 점에서 찾을 수 있다는 점에서 주로 논해지지만,

---

70) 이러한 문제제기로는 김성룡, "존재론적 공동정범 표지", 『비교형사법연구』 제17권 제2호, 2015, 78-79면.
71) 김성룡, 앞의 논문, 78-79면.

책임원칙도 정의원칙의 하나라고 볼 수 있다면, 과도한 책임은 회피되어야 하지만 '각자에게 각자의 몫'이 돌아가도록 하는 것이 정의의 가장 간명한 논리라면, 응당 귀속되어야 할 책임이 부당하게 줄거나 면제되는 것도 분명 회피되어야 할 것임은 자명할 것이다. 규범적이고 평가적인 요소를 도입하더라도 그것이 정당한 응분의 몫을 논정하기 위한 것이라면 결코 책임주의에 반하지 않는다고 본다.

다음으로 합동범의 공동정범 성립문제는 '집단주의 책임패러다임'과 '개인주의적 책임패러다임'이라는 추상적으로 대립하는 원리적 차원의 문제가 아니라는 점을 지적할 수 있다. 지금까지 논증해온 바와 같이 현장성이라는 요소는 행위관련 정범표지이며, 이러한 입론이 옳다면, 행위관련 정범표지는 공동정범의 경우에도 '연대적으로' 적용될 수 있고, 따라서 합동범의 공동정범은 근대형법이 오랜 세월에 걸쳐서 정치하게 구축해 놓은 개인주의적 책임도그마틱에 오히려 정확하게 부합되는 법형상이라 할 수 있을 것이다.

(6) 합동범 조문의 입법연혁은 합동점의 공동정범 성립을 부정하는가?

끝으로 합동범 조문의 입법연혁에 비추어 보았을 때, 합동의 의미는 현장설에 따라 해석하는 것이 타당하므로 그렇게 이해하는 한 합동범의 공동정범은 성립불가능하다는 비판논거에 대해 살펴보기로 한다.

우선 입법연혁적으로 독일형법의 집단절도죄에서 유래하는 조문이라는 점은 대체로 널리 인정되고 있음은 사실이다. 하지만 집단절도와 형법의 합동범은 엄연히 규정에 차이가 있는데, 독일의 집단절도죄는 단순히 시간적·장소적 협동만 존재하면 성립하는 것이 아니고, "계속적 실행을 위해 결합된 집단의 구성원이 다른 집단구성원과 공동협력하여 절도를 범한 경우"에 성립한다. 즉 집단구성원이라는 별도의 구성요건까지 충족되어야 한다는 점에서 형법의 합동범과는 차이가 있다.72) 독

---

72) 독일형법상 집단절도죄의 가중처벌의 근거는 다수인에 의해 범죄를 목적으로 하

일의 판례입장도 처음에는 현장설에 입각하고 있었으나 이후 입장을 변경하여 범행현장에 있지 않은 집단구성원도 공동정범의 일반적 기준에 따라서 집단절도죄의 공동정범이 될 수 있다고 판시하고 있음에[73] 유의할 필요가 있을 것이다. 아울러 현장설을 입장을 취하더라도 시간적·장소적 협력관계에서 '장소적'의 의미를 시대변화에 수응해 탄력적으로 해석해 "시간적 동시성이 있으면서 현장에서 공동하여 실행행위를 한 경우라고 평가될 수 있는 경우라면" 합동하여 범죄를 실행한 것으로 볼 수 있다는 견해도 제시되어 있다.[74]

그런데 사실 이러한 논지는 입법연혁을 제시하는 비판논거에 대한 반론으로 직접적인 것은 아니다. 본고에서 논급하고자 하는 바는 설령 입법연혁에 비추어 현장설이 옳다고 전제한다고 하더라도 대상판결의 입장처럼 합동범의 공동정범을 인정하는 데에는 정당한 도그마틱적 논거가 있다는 점이다.

전술한 여러 선행연구에서 현장성을 행위자관련 정범표지 내지 행위자요소나 신분에 가까운 표지로 보아 이를 결여한 경우에는 형법 제33조와 같은 특별한 법적 장치 없이는 공동정범의 성립은 불가능하다고 주장하고 있다. 신분범의 '신분', 자수범의 '자수성', 의무범의 '형법외적 특별의무'는 모두 행위자요소인데 이 요소의 도그마틱적 특징은 바로 비신분자(그 요소를 갖추지 못한 자)는 "가공행위 기타 어떤 방법으로도 결코 그 신분을 '공유'한 것으로 평가될 수 없다"는 점에 있다.[75] 반면 '행위태양', 고의나 목적과 같은 행위요소는 공범자가 정범

는 집단을 구성하여 범행의 개연성을 증가시키게 된다는 '범죄조직의 위험(Organisationsgefahr)'에서도 찾을 수 있다는 점에서 형법상 합동절도죄와 차이가 있다. Schönke/Schröder, a.a.O., §244, Rn.23. 참조.

73) 김종구, "합동범에 관한 연구", 『비교형사법연구』 제5권 제1호, 2002, 182-183면. 독일의 판례변경의 배경으로 '집단개념의 요건을 강화'하면서 '현장성 요건을 완화'한 것으로 평가하는 견해로는 문채규, 앞의 논문, 35면.

74) 김종구, 앞의 논문, 189면 이하. 동 문헌은 이를 '해석학적 현장설'이라고 명명하고 있다.

75) 권봉호, 앞의 논문, 283면.

행위에 가공함으로써, 그리고 정범자가 갖추고 있는 행위태양이나 고의나 목적을 공범자가 인식함으로써 결국 공범자에게도 그러한 요소가 존재하는(공유되는) 것으로 인정될 수 있다.

요컨대, 행위관련적 요소, 즉 행위불법적 요소는 '공범종속성'과 '행위지배설'에 입각하여 공범 및 공동정범에게도 '연대적으로' 작용한다. 예를 들어 갑과 을이 흉기를 휴대해 절도범행을 공동으로 수행하는 경우 위험한 물건을 휴대하지 않은 갑이 을이 이를 휴대하고 있음을 인식하고 실행행위를 기능적으로 분담하였다면 제331조 제2항 전단의 특수절도의 공동정범이 성립한다.[76] 이는 갑이 위험한 물건을 휴대하지 않았어도 이를 휴대하는 것은 행위불법을 가중시키는 행위요소이기 때문에 을이 위험한 물건을 휴대하였으므로 공동정범의 일반이론에 따라서 기능적 범행지배만 인정된다면 전체범죄에 대해 연대책임을 지게 되는 것이다. 행위불법적 요소는 공동정범에 대해서는 연대적으로, 또는 협의 공범에게는 종속적으로 작용하기 때문이다.[77]

따라서 대상판결과 관련해 결론을 내리자면, 합동범의 성립요건으로서 '현장성'이란 표지는 행위의 위험성, 즉 가중된 행위불법을 구성하는 '행위태양'으로서 행위관련적 요소이고, 이는 형법총칙상 공동정범 규정의 적용을 배제하지 못하며, 그리하여 현장에 있지 않았던 자라 하더라도 다른 2인이 합동하여 절도범행을 수행함에 대한 인식이 있었다면

---

76) 이호중, 앞의 논문, 147면. 동 문헌에 의하면 흉기휴대절도의 공동정범이 가능한 논리와 마찬가지로 합동절도의 공동정범도 가능하다고 주장한다. 반면 합동절도에 가담하는 개별 범인의 합동은 흉기 휴대에 버금가는 행위불법성을 보여야 할 것인데도 불구하고 단지 전체 범행의 위험성을 근거로 합동성을 현장에 있지 않았던 자에게까지 확장하는 것은 부당하다는 지적으로는 박상기/전지연, 앞의 책, 271면.

77) 김일수, 『형법학원론[총칙강의]』, 박영사, 1991, 914면; 한상훈/안성조, 『형법개론』, 정독, 2020, 284면; 김종구, 앞의 논문, 178면. 다만, 독일에서도 행위관련표지와 행위자관련표지의 구별방법에 대한 보편적인 기준은 아직 없는 보인다. 해당 표지가 구성요건 내에서 어떠한 기능을 하느냐에 따라서 개별적으로 판단될 문제라고 한다. 이 점에 대한 논급으로는 임웅, 앞의 책, 468면.

공동정범으로 규율할 수 있고,[78] 이는 도그마틱적으로 정당하다고 볼 것이다.

V. 맺음말

합동범 내지 그 공동정범의 성립범위를 가급적 제한하려는 시도는 법치국가적 형법의 전통에 부합되는 것으로서 바람직한 견해이고 형법해석에 있어서 장려되어야 할 태도임은 분명하다고 할 수 있다. 과거 합동범의 공동정범의 성립을 부정해 오다가 합동범의 공동정범 성립을 긍정하는 입장으로 판례를 변경하면서, 그 이유에 대해서 충분히 법리적으로 납득할 만한 근거제시를 하고 있지 않은 대법원의 태도와 법리를 비판하는 대다수 선행연구의 문제의식은 그러한 맥락에서 매우 중요하고 그 자체로 존중되어야 함은 명백하다. 그러나 피고인에게 불리한 유추해석이 죄형법정주의에 반하여 금지되듯이 법문의 가능한 의미를 넘어서는 축소해석도 금지되는 유추에 해당할 수 있음을 고려하면 도그마틱적으로 명백히 허용되는 법리구성을 단지 가벌성이 확장된다는 이유로 제한하는 것도 지양되어야 마땅할 할 것이라고 생각한다. 이러한 취지에서 본고는 합동범의 공동정범이 도그마틱적으로 어떻게 성립가능한가를 밝혀보고자 하였으며, 개인주의적 책임형법의 산물인 형법도그마틱에 충실히 따르더라도 합동범의 공동정범은 성립이 가능하다는 점을 입론해 보았다. 도그마틱적으로 허용되는 한, 합동범의 공동정범을 인정하는 것은 책임원칙에 반하는 것이 아니라 오히려 충실한 해석론이 된다고 생각된다.[79]

---

78) 동지의 Rudolphi/Horn/Günther/Samson, SK-StGB(1994), §244, Rn.28. "Das Merkel ist daher tatbezogen und wird nach Akzessorietätsregeln zugerechnet. Mittäter nach §244 kann also auch das Bandenmitglied sein, das die Tat zweier anderer Mitglieder von fern steuert."

상기 고찰한 바와 결론에 대한 이해를 보다 명료하게 하기 위해 다음과 같은 사례를 들어 보자.

> 첫째, 범죄단체의 두목이 조직원 갑과 공모하여 갑이 병의 집에 가서 물건을 훔쳐오도록 지시한 경우(단순절도의 공동정범).
> 둘째, 범죄단체의 두목이 조직원 갑과 공모하여 갑이 흉기를 들고 병의 집에 가서 물건을 훔쳐오도록 지시한 경우(흉기휴대절도의 공동정범).
> 셋째, 범죄단체의 두목이 조직원 갑 및 을과 공모하여 갑과 을이 병의 집에 가서 물건을 훔쳐 오도록 지시한 경우(합동절도의 공동정범).

위 세 가지 사례에서 첫 번째는 범죄단체의 두목에게 단순절도의 공동정범이 성립하고, 두 번째와 세 번째는 특수절도죄의 공동정범이 성립하게 되는데, 두 번째와 세 번째 사례 모두 두목은 피해자의 법익에 대한 침해의 가능성을 높이고, 범죄실현의 위험을 증대시키는 방법을 사용하도록 하였으므로 충분히 가중처벌의 근거가 있고, 따라서 단순절도가 아닌 특수절도의 공동정범으로 의율하는 것은 법리적으로 정당한 것으로 평가될 수 있을 것이다.

하나의 형사법리에 대해서 그토록 많은 선행연구[79]와 평석이 나왔다는 것은 서두에서 밝힌 바 있듯이 분명 이례적이며, 여기에는 많은 의미가 담겨 있을 것이다. 본고를 통해 우리에게 익숙하고 비교적 자명한 것으로 여겨져 오던 합동범과 공동정범 도그마틱이 수많은 학계와

---

79) 동지의 서보학, 앞의 논문, 644-646면. 한편 직접 절취의 실행행위를 하지 않았더라도 기능적으로 역할분담을 한 자(망보는 자)도 절도의 공동정범이 될 수 있듯이, 현장에 없는 자도 현장에 있는 자들의 절도행위에 대해 기능적 행위지배가 인정되는 한 합동절도의 공동정범이 될 수 있다는 견해로는, 김성돈, 『형법각론』, 성균관대학교 출판부, 2013, 296면 참조.

80) 한 선행연구의 조사결과에 의하면 2003년도에 이미 무려 84편의 논문이 있다고 한다. 이상돈, 앞의 논문, 97면. 합동범에 관한 논문이 모두 합동범의 공동정범을 다루지는 않겠지만, 학술연구정보서비스(RISS)를 통해 현 시점에서 합동범을 키워드로 검색되는 학술지 논문은 97편, 학위논문은 70편에 이른다.

실무의 연구자들에게 얼마나 다양하게 이해되고 해석되어 왔는지, 새삼
실감하게 되는 계기를 마련해 줄 수 있기를 바라며, 합동범과 공동정범
도그마틱 조탁에 작으나마 생산적인 기여를 할 수 있다면 더 바랄 것이
없을 것이다.

§7. 준강간죄의 불능미수

Ⅰ. 판결개요 및 쟁점의 정리

1. 사실관계

군인신분의 피고인은 자신의 집에서 피고인의 처, 그리고 피해자(여, 22세)와 함께 술을 마시다가 다음 날 새벽 1시 경 피고인의 처가 먼저 잠이 들고 2시 경 피해자도 안방으로 들어가자 피고인은 피해자를 따라 방에 들어갔다. 그 후 피해자가 실제로는 반항이 불가능할 정도로 술에 취하지 아니하여 준강간의 대상이 될 수 없음에도, 만취되어 항거불능 상태에 있는 것으로 오인하고 피해자의 옆에서 그의 가슴을 만지고 팬티 속으로 손을 넣어 음부를 만지다가 팬티를 벗긴 후 피해자를 1회 간음하였다.

2. 소송경과

처음에 군검찰은 피고인을 강간혐의로 기소하였다. 이후 제1심 공판 과정에서 공소장을 변경하여 준강간혐의를 추가하였으며, 보통군사법원은 피고인의 강간죄를 인정하지 않고 준강간혐의만 유죄로 판단하여 징역 3년을 선고하였다. 이에 피고인은 피해자가 술에 취하지 않았었다는 사정 등을 이유로 항소하였고, 곧이어 고등군사법원은 피해자가 사건 전후에 휴대폰 동영상을 보았고, 다른 친구와 문자메시지를 주고받았다는 사실 등으로 미루어 술에 취하지 않은 상태였다는 점을 확인하였다. 군검사는 다시 한 번 공소장을 변경해 준강간죄를 주위적 공소사실로, 준강간미수죄를 예비적 공소사실로 추가하였다. 고등군사법원은 준강간혐의를 무죄로 판단하는 대신 준강간미수를 유죄로 인정하여 징역 2년을 선고하면서 아동청소년 관련기관 취업제한 5년을 명령하였다. 피고인은 피해자가 실제로 심신상실 또는 항거불능 상태에 있지 않았으므로 성적 자기결정권을 침해하지 않았다는 이유에서 무죄를 주장하며 상고하였다.

대법원 전원합의체판결에서 다수의견은 피고인이 피해자가 심신상실 또는 항거불능의 상태에 있다고 인식하고 그러한 상태를 이용하여 간음할 의사로 피해자를 간음하였지만 피해자가 실제로는 심신상실 또는 항거불능의 상태에 있지 않은 경우, 실행의 수단 또는 대상의 착오로 인하여 준강간죄에서 규정하고 있는 구성요건 결과의 발생이 처음부터 불가능하였던 것으로 판단하면서 동시에 행위 당시 인식한 사정을 놓고 일반인이 객관적으로 판단하여 보았을 때 준강간의 결과가 발생할 위험성은 있었으므로 준강간죄의 불능미수가 성립한다고 판시하였다.

3. 쟁점의 정리 및 논의구도

대상판결은 피해자가 술에 취해 의식을 잃고 잠이 들어 있어서 그러한 심신상실 또는 항거불능의 상태를 이용하여 간음을 하였는데 피해자가 실제로는 그러한 상태에 있지 않았을 경우 행위자에게 준강간의 불능미수가 성립한다는 것이다. 형법 제299조에 의하면 "사람의 심신상실 또는 항거불능의 상태를 이용하여 간음 또는 추행을 한 자는 제297조, 제297조의2 및 제298조의 예에 의한다." 만일 실제로 피해자가 심신상실 또는 항거불능의 상태에 있었고 행위자에게 준강간의 고의가 있었다면 원래 준강간죄의 죄책이 성립하게 되지만, 여기서 문제되는 것은 실제로 그러한 상태에 있지 않았던 점이다. 이와 관련해 형법 제27

조는 "실행의 수단 또는 대상의 착오로 인하여 결과의 발생이 불가능하더라도 위험성이 있는 때에는 처벌한다. 단, 형을 감경 또는 면제할 수 있다."고 하여 실행의 수단 또는 대상의 착오로 결과의 발생이 객관적으로 불가능한 경우에도 위험성이 있으면 처벌되는 유형의 미수범 규정을 두고 있는바, 대상판결의 다수의견은 동 조문과 준강간의 불능미수 법리를 원용하여 사안을 해결하고 있는 것이다. 즉, 이 사안은 실행의 수단 또는 대상의 착오로 인해 처음부터 '준강간의 결과발생이 객관적으로 불가능한 경우'인 동시에 '위험성'이 인정되므로 불능미수 조문으로 의율할 수 있는 케이스라는 것이다. 하지만 이에 대해 그동안 제시된 다수의 평석과 연구는 비판적인 입장을 취하고 있다.[1] 그 이유는 아마도 첫째, 전형적인 불능미수 사례들은 애당초 범죄를 절대적으로 실현할 수 없는 상황에서 행위자가 실행의 수단 또는 대상을 착오하여 범죄의 실현이 가능하다고 오인한 경우인 반면, 대상판결의 사실관계는 일반적으로는 혹은 일정한 조건 하에서는 준강간의 결과가 발생할 수 있지만, 우연한 사정이 개입하여(만취해 보였음에도 불구하고 이례적으로 실제로는 항거불능 상태에 있지 않았음) 준강간의 기수에 이르지 못한 상황으로서, 따라서 이는 처음부터 결과발생이 객관적으로 불가능할 것을 요건으로 하는 불능미수가 아니라 장애미수로 의율되어야 할 사안처럼 보이기 때문일 것이다. 둘째, 어쨌든 피해자가 원치 않았던 '간음'이라는 결과 내지 성적 자기결정권의 침해가 분명 발생했다는 점에서 이를 미수범의 한 유형인 불능미수 사안으로 다루는 것은 부적절하다는 직관적 판단이 들었기 때문일 것이다. 물론 이외에 다른 근거도 존재할 수 있는데 이를테면 앞의 반론과는 달리 피해자는 실제로는 심신상실 또는 항거불능의 상태에 있지 않았던바, 따라서 원치 않는 간음 행위에 대해 저항할 수 있었음에도 불구하고 그렇게 하지 않았으므로

---

1) 반면에 유사한 미국 케이스와의 비교를 통해 대법원 다수의견의 결론에 찬성하는 견해로는 김종구, "준강간죄의 불능미수에 관한 비교법적 고찰", 중앙대학교 법학논문집 제44집 제2호, 2020, 34면 이하 참조.

실질적인 의미에서의 성적 자기결정권의 침해가 없었으므로 가벌성이 부정되어 무죄가 된다는 견해도 가능할 것이다.

본 논문은 결론적으로 대상판결의 다수의견이 법리적으로나 도그마틱적으로 볼 때 타당하다는 입장에서 이에 대한 반대의견을 비롯해 비판적 평석의 논거를[2] 재검토해 보고자 한다. 이를 위해 대상판결과 관련해 쟁점을 다음과 같이 크게 세 개로 나누어 고찰해 볼 것인데 이러한 쟁점은 대상판결의 다수의견에 대해 판결문에 수록된 반대의견이 제기하는 의문점을 포함하여 그동안 다수의 판례평석을 통해 제기된 문제점을 종합적으로 고려해 선별한 것들이다.

첫째, 대상사건은 간음이라는 구성요건결과 내지 보호법익의 침해가 발생한 사안이므로 미수범의 영역에서 논의할 문제가 아니라고 보아야 하는가?

둘째, 대상사건은 범죄행위의 성질상 결과발생이 절대적으로 불가능한 사안이 아니므로 불능미수가 아닌 장애미수로 의율되어야 하는가?

셋째, 준강간죄의 보호법익인 성적 자기결정권에는 법익이 침해당하는 상황에 대항할 수 있는 권리도 포함되는 것으로 해석해야 하는가?

---

2) 이용식, "2019년 분야별 중요판례분석(형법총칙 편) -준강간죄의 불능미수에 관한 사례-", 법률신문(2020.3.12.); 김태명, "술에 취해 항거가 곤란한 사람에 대한 준강간죄의 불능미수", 전북대학교 법학연구 통권 제59집, 2019, 37-68면; 홍영기, "준강간의 미수 : 장애미수와 불능미수의 구별", 법조 제68권 제3호, 2019, 659-677면 등 참조.

II. 미수범 성립에 있어서 구성요건적 결과의 의미

1. 미수범 규정에서 구성요건적 결과의 의미

(1) 기수와 미수의 의미

대상판결에 대한 비판적 평석의 주된 논거의 하나로서 미수범이 성립하기 위해서는 실행행위를 종료하지 못하거나(착수미수), 실행행위를 종료했으나 결과가 발생하지 않아야 하는데(실행미수), 위 사례는 이중 어느 경우에도 해당하지 않는다는 주장이 있다. 실행행위(간음)도 종료되었고, 그로 인하여 결과(성적 자기결정권의 침해)도 발생했다는 것이다. 대법원 반대의견도 기본적으로 이러한 입장에 있다. 대법원 반대의견은 다음과 같이 역설한다. "강간죄나 준강간죄는 구성요건결과의 발생을 요건으로 하는 결과범이자 보호법익의 현실적 침해를 요하는 침해범이다. 그러므로 강간죄나 준강간죄에서 구성요건결과가 발생하였는지 여부는 간음이 이루어졌는지, 즉 그 보호법익인 개인의 성적 자기결정권이 침해되었는지 여부를 기준으로 판단하여야 한다." 요컨대, (준)강간죄는 보호법익의 현실적 침해를 요하는 침해범이므로 구성요건적 결과의 발생 여부는 간음이 이루어졌는지를 기준으로 판단해야 한다는 것이다. 그 취지를 명확히 이해하기 위해서는 과연 형법의 미수범 규정에서 말하는 구성요건적 결과란 어떤 의미인지 되짚고 넘어갈 필요가 있을 것이다.

형법은 기수범뿐만 아니라 미수범을 처벌하기도 한다. 기수란 고의로 실행에 착수하여 범죄의 객관적 구성요건요소를 모두 충족시킨 경우를 말한다. 객관적 구성요건요소에는 행위주체, 실행행위, 행위객체, 인과관계, 결과 등이 있으며, 이러한 요소들을 총칭하여 '구성요건적 결과'라고 한다.[3] 실행에 착수하였으나 객관적 구성요건요소를 모두 충족

---

3) 신동운, 형법총론 (법문사, 2017), 523면.

시키지 못해 기수에 이르지 못할 경우, 미수범 성립여부를 검토할 수 있으며,4) 형법 각 본조에 처벌규정이 존재하는 때에는, 이를 처벌한다. 형법상 미수범이 성립하는 경우는 범죄의 실행에 착수하여 행위를 종료하지 못하였거나 결과가 발생하지 아니한 때이다. 이때의 결과는 '구성요건적 결과'를 뜻한다. 따라서 객관적 구성요건요소로서 결과의 발생이 있어도 실행행위와 발생한 결과 사이에 인과관계가 인정되지 않으면, 미수범에 그친다.5)

(2) '구성요건적 결과'와 '객관적 구성요건요소로서의 결과'

형법의 미수범 규정을 보면, 장애미수(제25조)와 중지미수(제26조), 불능미수(제27조)의 세 유형으로 나뉘어 있는데 "범죄의 실행에 착수하여 행위를 종료하지 못하였거나 결과가 발생하지 아니한 때에는 미수범으로 처벌한다. 미수범의 형은 기수범보다 감경할 수 있다(제25조)."고 하면서 "범인이 자의로 실행에 착수한 행위를 중지하거나 그 행위로 인한 결과의 발생을 방지한 때에는 형을 감경 또는 면제한다(제26조)."

---

4) 이처럼 미수란 "객관적으로는 구성요건적 요소의 전부를 실현하지 못한 경우이다." 유기천, 형법학 [총론강의] (법문사, 2011), 252면 참조. 이러한 맥락에서 기수범이 되려면 "구성요건이 '충족'되어야 한다."는 견해로는 김재현, "형법도그마틱에 의한 위험범의 제한적 해석", 서울대학교 법학 제53권 제4호, 2012, 49면.

5) 결과가 발생해도 그것이 행위와 인과관계가 부정되면 구성요건적 결과가 되지 못하여 미수에 그친다. 박재윤 대표편집, 주석형법 총칙(2) (한국사법행정학회, 2011), 48면 참조. 단, 객관적 구성요건요소 중 모든 요소가 다 그것이 흠결되었다고 하여 미수범이 되는 것은 아니다. '결과나 인과관계의 부존재' 및 '실행의 수단 또는 대상의 착오'는 장애미수나 불능미수의 요건이지만 주체의 착오, 예컨대 사인이 공무원만 저지를 수 있는 진정신분범죄의 구성요건을 실현한 경우에는 통설에 의하면 구성요건이 흠결된 것으로 보아 미수범 성립여부를 검토할 필요가 없이 범죄가 불성립하게 된다. 마찬가지로 구성요건이 예정하고 있는 특별한 행위태양, 예를 들어 강간죄의 '폭행 또는 협박'이나 준강간죄의 '심신상실 또는 항거불능의 상태를 이용함'이라는 요소가 결여돼 범죄가 불성립하거나 그러한 사실의 증명이 없으면 강간죄나 준강간죄는 무죄가 된다(형사소송법 제325조).

고 하여 자의적 중지로 인한 형의 감면규정을 두고 있으며, 아울러 "실행의 수단 또는 대상의 착오로 인하여 결과의 발생이 불가능하더라도 위험성이 있는 때에는 처벌한다. 단, 형을 감경 또는 면제할 수 있다(제27조)."고 하여 실행의 수단 또는 대상의 착오로 결과의 발생이 객관적으로 불가능한 경우에도 위험성이 있으면 처벌되는 유형의 미수범 규정을 두고 있다.

형법 제25조, 제26조, 제27조 각각의 미수범의 성립요건에서 결과의 의미는 객관적 구성요건요소의 일부로서의 결과나 결과범에서 말하는 결과가 아니다. 예컨대 살인죄의 경우에 결과는 살인행위로부터 인과적으로 연결되는 외부적인 변화로서의 사망이라는 객관적 구성요건요소의 일부로서의 특정한 사태를 뜻하는 것이 아니라 살인죄의 객관적 구성요건요소의 총체를 말한다. 전술한 바와 같이 여기서 말하는 결과는 '구성요건적 결과'를 뜻하는 것이다.6) 사기죄에서는 기망행위와 그로부터 인과적으로 연결되는 착오 및 그로 인한 재산적 처분행위와 재산상 손해 등 사기죄의 모든 객관적 구성요건요소가 충족되어야 '구성요건적 결과'가 발생했다고 말한다. 그러므로 비록 피해자가 사망했거나 재산적 처분행위로 손해가 발생했다고 하더라도 그러한 사태가 살인죄나 사기죄의 구성요건이 예정하고 있는 살해행위나 기망행위로 인한 것이 아니라면, '구성요건적 결과'가 발생하지 않은 것으로 평가된다. 마찬가지로 피해자를 폭행 또는 협박하여 그의 재산상의 처분행위로 재물을 영득하였다고 하더라도, 만일 피해자가 의사의 자유가 침해되어 재산상 처분행위를 한 것이 아니라 행위자를 불쌍하게 여겨 재물을 교부한 것이라면, 비록 폭행 또는 협박이 있었고, 재물의 교부가 이루어졌어도 공갈죄는 미수에 그친다.7)

---

6) 동지의 이창섭, "준강간죄의 불능미수에 대한 고찰", 형사정책 제31권 제4호, 2020, 105면 참조.

7) 이는 금년도 제9회 변호사시험 사례형 2문에 출제된 쟁점의 하나이다. 이 경우 협박죄도 성립할 수 있으나, 공갈미수에 흡수된다.

2. 침해범과 위험범에서 구성요건적 결과의 의미는 달라지는가?

(1) 침해범과 위험범에서 기수의 의미

이상의 고찰을 토대로 반대의견의 주장을 검토해 보면, 법리적으로 침해범과 위험범의 차이점에 주목하고자 하는 반대의견의 관점은 존중할 만하다. 하지만 침해범과 위험범의 구별은 범죄의 성질이 법익침해를 본질적 요건으로 하는가에 따른 것에 불과하므로 현주건조물방화죄처럼 보호법익의 보호 내지 침해의 정도라는 측면에서는 위험범이지만 '일정한' 결과의 발생을 요하는 구성요건도 존재하며 따라서 준강간이 위험범이 아닌 침해범이기 때문에 반드시 구성요건적 결과의 발생여부를 간음이 이루어졌는지 여부를 기준으로 판단하여야 한다는 논증은 타당성이 떨어진다. 침해범이라는 준강간죄의 특성이 '구성요건적 결과의 발생'을 달리 해석해야 할 합리적이고 합당한 근거가 되지는 못한다는 것이다.

미수범은 결과범뿐만 아니라 일정한 거동범에서도 성립할 수 있으며[8] 이와 같이 미수범 도그마틱에서 '구성요건적 결과의 발생'은 침해범이나 위험범은 물론 결과범과 거동범에서도 동일한 의미로 해석되는 것이다. 요컨대 미수범 도그마틱에 비추어 보면 미수범이란 범죄의 주관적 구성요건요소는 모두 갖추어져 있으나 객관적 구성요건요소가 전부 다 충족되지 못한 경우를 뜻하며, 모든 객관적 구성요건요소가 충족되었을 때 비로소 '구성요건적 결과'가 발생했다고 보아야 한다. 침해범의 경우는 대체로 행위자가 '의욕한 바', 예컨대 사망이나 간음이 곧 '구성요건적 결과'인 것으로 인식되기 쉽지만, 법리적으로나 도그마틱적으로[9] 보면 그러한 생각은 타당하지 않다. 대상사건의 경우 대법원

---

8) 주거침입죄의 미수가 그 대표적 사례이다. 따라서 형법 제27조에서 말하는 결과발생은 결과범이나 인과관계에서 말하는 결과와 구별해야 한다는 지적으로는 김태명, 앞의 논문, 49-50면.

보충의견이 적실하게 지적하고 있듯이 준강간의 고의로 실행에 착수했으나 간음에 이르지 못한 때에만 불능미수가 성립되는 것은 아니며, 간음이 실현된 경우에도 성립될 수 있다. 강간죄나 준강간죄는 '간음' 자체를 처벌하는 것이 아니라 폭행이나 협박에 의하여 또는 피해자의 심신상실이나 항거불능의 상태를 이용하여 성적 자기결정권을 침해하는 방법으로 간음이 실행된 경우에 이를 범죄로 처벌하는 것이고, 이처럼 피고인이 의욕한 바, 결과로서의 '간음'은 구성요건적 결과가 아니라 객관적 구성요건의 한 요소일 뿐이기 때문이다.[10]

---

9) '법리(法理)'와 법도그마틱 간에는 유사성도 있지만 전자가 어디까지나 실정법 또는 판례에 의해 승인되어 실정법질서의 확고한 일부가 된 것을 지칭하는 반면, 후자는 이를 포함해 순수한 '학리(學理)'로서 학계에서 폭넓은 지지를 받는 것까지 포함한다는 점에서 다소 차이가 있다. 법리와 학리에 대한 설명으로는 이상덕, "대법원 판례는 절대적 진리인가, 아니면 남의 의견일 뿐인가?", in: 법학에서 위험한 생각들(법문사, 2018), 388면 이하 참조. 법리(doctrine)의 개념을 보다 넓게, 즉 '법의 해석과 적용과정에 필요한, 실정법과 판례 또는 학설을 토대로 만들어진 구체적 법명제들의 집합'으로 규정하며 법리와 법도그마틱을 거의 유사한 개념으로 보는 견해로는 권영준, "민사재판에 있어서 이론, 법리, 실무", 서울대학교 법학 제49권 제3호, 2008, 314면. 법도그마틱은 법적 분쟁의 해결에 필요한 여러 가치판단의 문제를 순수한 '사유의 문제'로 환원시킴으로써 '논증부담을 경감'하는 기능을 한다. 이에 대해서는 김영환, "법도그마틱의 개념과 그 실천적 기능", in: 자유주의적 법치국가 (세창출판사, 2018), 33-49면 참조.

10) 최근 대법원은 직권남용권리행사방해죄의 해석과 관련해 "'사람으로 하여금 의무 없는 일을 하게 한 것'과 '사람의 권리행사를 방해한 것'은 형법 제123조가 규정하고 있는 객관적 구성요건요소인 '결과'로서 둘 중 어느 하나가 충족되면 직권남용권리행사방해죄가 성립한다. 이는 '공무원이 직권을 남용하여'와 구별되는 별개의 범죄성립요건이다."라고 판시함으로써, '객관적 구성요건요소의 일부로서의 결과'를 명시적으로 구별해 언급하고 있다. 대법원 2020. 1. 30. 선고 2018도2236 전원합의체 판결.

(2) "법익침해=기수범"이라는 등식은 왜 부당한가?

이러한 맥락에서 보충의견은 "공갈의 경우 갈취의 고의로 폭행이나 협박을 하였으나 실제로 피해자가 외포되지는 않은 채 다른 이유로 처분행위를 했다면 피고인은 재물의 취득이라는 의욕한 결과를 얻었으나 공갈죄는 기수로 평가되지 않는다."라고 부연하며, "강간죄와 준강간죄에서도 피고인이 목적 내지 의욕한 결과가 발생했더라도 인과관계의 결여로 미수범은 성립할 수 있다. 범죄의 미완성은 구성요건적 결과가 발생하지 않은 것을 의미하며, 행위자가 그 목적을 달성했느냐에 의하여 결정되는 것이 아니다."라고 적실히 지적한다. 이는 치사량에 현저히 미달하는 독약으로 살해를 시도했는데, 실제로 사망이라는 결과가 발생하였다 하더라도 객관적으로 결과발생이 불가능하다고 본다면 불능미수가 성립되는 것과 같다.

요컨대, 대법원 다수의견과 반대의견이 대상사건을 미수범으로 의율할 사안으로 보아야 하는지, 그렇지 않은지에 대해 견해의 대립을 보이는 것은 법조문에 명시된 '결과발생'에 대한 각기 다른 해석에서 출발하였기 때문에 발생한 것으로 판단된다. 이 점은 다수의견과 반대의견이 불능미수를 각기 상이하게 정의하는 데에서도 간취할 수 있다. 불능미수에서 결과발생의 의미를 설명하며 다수의견은 '구성요건의 충족'이란 용어를 사용하지만, 반대의견은 '법익침해'나 '의욕한 결과 발생' 등을 제시한다.[11] 이러한 용어법의 차이는 결국 불능미수 조문을 적용하는 데 있어서 결론의 차이를 가져오게 된다.[12]

---

11) "기수범=법익침해"라는 반대의견의 인식은 "형법은 원칙적으로 침해범을 처벌한다"는 '침해형법'의 관점에서 유래한 것으로 보인다. 이 점에 대해서는 김재현, 앞의 논문, 50면과 70면 참조.
12) 동지의 견해로는 김종구, 앞의 논문, 42면.

Ⅲ. 불능미수 성립요건인 결과발생의 불가능성 판단기준

1. 대법원 반대의견의 입장

(1) '결과발생의 객관적 불가능성'의 의미

다음으로 "전형적인 불능미수 사례들은 애당초 범죄를 절대적으로 실현할 수 없는 상황에서 행위자가 실행의 수단 또는 대상을 착오하여 범죄의 실현이 가능하다고 오인한 경우인 반면, 대상판결의 사실관계는 일반적으로는 혹은 일정한 조건 하에서는 결과가 발생할 수 있지만, 우연한 사정이 개입하여(만취했음에도 불구하고 실제로는 항거불능 상태에 있지 않음) 준강간의 기수에 이르지 못한 상황으로서, 따라서 이는 처음부터 결과발생이 객관적으로 불가능할 것을 요건으로 하는 '불능'미수가 아니라 '가능'미수인 장애미수로 의율되어야 할 사안"인 것은 아닌가라는[13) 문제제기에 대해 검토해 보기로 하자.

대법원 반대의견은 "불능미수란 행위의 성질상 어떠한 경우에도 구성요건이 실현될 가능성이 없지만 '위험성' 때문에 미수범으로 처벌하는 경우를 말한다. 따라서 일정한 조건 하에서는 결과발생의 개연성이 존재하지만 특별히 그 행위 당시의 사정으로 인해 결과발생이 이루어지지 못한 경우는 불능미수가 아니라 장애미수가 될 뿐이다."라며, 대상

---

13) 불능미수가 다른 유형의 미수범에 비해 특별한 이유는 다른 유형의 미수범은 장애미수이든 중지미수이든 결과발생이 가능함을 전제로 하고 있음에 비해 결과발생이 불가능함을 전제하고 있기 때문이다. 즉 실행의 수단이나 대상의 착오로 결과발생이 애당초 불가능함에도 불구하고 행위의 위험성이 있기 때문에 처벌되는 미수범 유형인 것이다. '불능'미수란 명칭은 이로부터 유래하며, 이에 비해 장애미수와 중지미수는 '가능'미수라고 부르기도 한다. 처음부터 결과의 발생이 불가능한 사안임에도 불구하고 행위자가 진지한 중지행위를 한 경우에 성립하는 '불능미수의 중지범' 사안에서는 중지범이라고 하여 반드시 결과발생이 가능한 것은 아님에 유의할 필요가 있을 것이다.

사건은 불능미수로 의율할 사안이 아니라고 단정한다.[14)]

(2) '범죄기수의 불가능'과 '범죄실현의 불가능'의 구별 필요성

더 나아가 반대의견은 "형법 제27조에서 '결과발생이 불가능'하다는 것은 '범죄기수의 불가능'뿐만 아니라 '범죄실현의 불가능'을 포함하는 개념이다. 행위가 종료된 사후적 시점에서 판단하게 되면 형법에 규정된 모든 형태의 미수범은 결과가 발생하지 않은 사태라고 볼 수 있으므로, 만약 '결과불발생', 즉 결과가 현실적으로 발생하지 않았다는 것과 '결과발생불가능', 즉 범죄실현이 불가능하다는 것을 구분하지 않는다면 장애미수범과 불능미수범은 구별되지 않는다. 다시 말하면, 형법 제27조의 '결과발생의 불가능'은 사실관계의 확정단계에서 밝혀지는 '결과불발생'과는 엄격히 구별되는 개념이다."고 덧붙인다. 즉 행위가 종료된 사후적 시점에서 판단하면 형법상의 모든 미수범은 결과가 발생하지 않은 사태라고 볼 수 있으므로 이 중에서 처음부터 결과발생이 불가능한 불능미수와 처음에는 결과발생이 가능했으나 우연한 사정의 개입으로 결과발생이 불가능해진 장애미수를 구별하기 위해서는 '결과발생의 불가능'은 사후적으로 판단해서는 안 되고, 이를 행위가 종료되기 전에 사전적으로 판단해야 한다는 지적이다. 그렇기 때문에 '결과발생의 불가능'은 사전적 판단으로 '범죄실현의 가능성' 여부에 관한 것이고, 사실관계의 확정단계에서 밝혀지는 '결과불발생' 여부에 의해 좌우되는 것은 아니라는 것이다. 그러므로 사후적으로 공판심리절차에서 사실관계의 확정을 통해 밝혀보니 실제로 결과가 불발생하였고 이를 통해 결과발생이 불가능한 것으로 밝혀졌다고 하더라도 사전적 관점에서

---

14) 그렇다고 반대의견이 대상사건을 장애미수로 의율해야 한다고 역설하고 있는 것은 아니다. 그보다는 불능미수로 의율할 사안이 아님을 강조하는 데 그치고 있으며, 반대의견의 전반적인 논지는 피해자의 '심신상실이나 항거불능의 상태를 이용'함에 대한 사실의 증명이 없으므로 무죄를 인정해야 한다는 취지로 보인다. 이 점에 대해서는 동 판결의 보충의견 참조.

보면 결과발생이 가능한 것으로 보아야 하는 경우도 있으며, 그리고 대상사건이 바로 그러한 사안이라는 것이다.

　요컨대, 대법원 반대의견을 종합해 보면 일반적으로 혹은 일정한 조건 하에서 만취한 상태의 피해자에 대한 간음은 실행행위가 종료되기 전에 사전적 관점에서 판단하면 준강간의 실현가능성에 있어서 결과발생이 가능한 경우에 해당하지만, 사안의 경우 사후적으로 밝혀보니 피해자가 항거불능의 상태에 있지 않아서 준강간의 결과가 발생하지 않았다고는 보지만, 이것은 우연한 사정의 개입에 의해 그렇게 된 것일 뿐 규범적으로 판단할 때에는 '결과발생이 가능한' 사안으로 보아야 한다는 취지로 보인다. 이를 뒷받침하기 위해 반대의견은 "제1심은 준강간죄를 유죄로 인정하였다. 원심은 준강간죄를 유죄로 인정할 증거가 부족하다고 보았다. 군검사는 준강간죄가 무죄로 판단될 경우에 대비하여 적어도 준강간의 불능미수죄는 된다고 예비적으로 적용법조를 추가하였다. 형법 제27조의 입법취지가 이런 경우를 위한 것이 아님은 이미 살펴보았다."고 역설한다. 다시 말해 이 사건은 제1심의 판결이나 원심에서 군검사의 주위적 공소사실이 준강간이었음에 비추어 볼 때, 사전적 관점에서 보면 일반적으로는 준강간의 실현가능성이 있었던 사안이므로 사후적으로 밝혀진 결과 피해자가 항거불능의 상태에 있지 않았던 사실은 '우연한 사정'이 되어 장애미수로 의율할 사안으로 보아야 한다는 것이다. 더구나 반대의견은 준강간죄의 행위객체를 '사람'으로 보고 있는바, 이렇게 보면 피고인이 피해자를 간음의 대상으로 삼은 데에 있어 대상의 착오도 발생하지 않았다는 점에서 더욱 그러하다.[15)]

---

15) 통설과 대법원 다수의견은 준강간의 객체를 '심신상실 또는 항거불능의 상태에 있는 사람'으로 본다.

2. 사전적 판단의 문제점

(1) '엄격한 증명'의 대상으로서 '결과발생의 불가능성'

사후적으로 밝혀진 결과에 따라서 '결과발생의 불가능' 여부가 판단되어서는 안 된다는 반대의견의 지적은 일면으로는 분명 타당하다. 그렇게 되면 결과가 발생하지 않은 모든 미수범 사안은 애당초 결과발생이 불가능한 미수유형으로 분류되어 불능미수범으로 의율될 것이기 때문이다. 하지만 행위자의 실행행위 당시에 결과발생이 불가능했는지 여부는 불능미수 조문과 구성요건의 적용을 위해 선결되어야 하는 사실관계이고,16) 형법조문 적용의 전제가 되는 사실은 소송을 통해 밝혀져야 하는 실체진실의 일부라는 점도 의심의 여지가 없다. 형사소송의 '실체적 진실'은 '절대적 진실'이 아니라 민사소송의 '형식적 진실'에 비해서 상대적인 개념일 뿐이며, 그러므로 적법한 절차를 통해 '사후적으로' 확정된 결과에 의존할 수밖에 없다. 결과가 발생할 수 있었는지, 즉 살인의 대상이 살아있는 사람이었는지, 사체였는지 여부, 금고에 절취하려는 돈이 있었는지, 비어 있었는지 여부 혹은 독약이 치사량에 현저히 미달하였는지 여부 등은 실행행위 당시 행위자의 예측이나 인식과는 무관하게 적법한 절차적 과정에 의해 입증해야 하는 사실판단의 문제이므로 사후적으로 형사소송을 통해 증거에 의해 밝혀질 수밖에 없다. 소송법적 측면에서 보더라도 불능미수는 법률상 형의 가중·감면의 이유되는 사실로서 이는 범죄사실 자체는 아니지만 범죄사실의 존부만큼 피고인의 이익에 중대한 영향을 미치는 사유이므로 '엄격한 증

---

16) 대법원은 "피고인이 피해자를 독살하려 하였으나 동인이 토함으로써 그 목적을 이루지 못한 경우에는 피고인이 사용한 독의 양이 치사량 미달이어서 결과발생이 불가능한 경우도 있을 것이고, 한편 형법은 장애미수와 불능미수를 구별하여 처벌하고 있으므로 원심으로서는 이 사건 독약의 치사량을 좀 더 심리하여 피고인의 소위가 위 미수 중 어느 경우에 해당하는지 가렸어야 할 것"이라고 판시하여(대법원 1984. 2. 14. 선고 83도2967 판결), 미수범 조문의 적용에 있어서 결과발생의 불가능성 여부를 우선적으로 판단해야 함을 밝히고 있다.

명'의 대상이라는 점17)에서도 사후적인 판단의 대상이 된다.

(2) 불능미수 성립가능 사안의 부당한 축소

여기서 한 번 되물어 보자. 불능미수 사안은 어떤 경우에 발생하는가? 행위 당시 행위자는 결과발생이 가능하다고 생각했으나 실제로는 그것이 불가능한 때에 불능미수가 성립한다면, 일반적으로 행위자(또는 통찰력 있는 일반인)의 행위시점에서의 결과발생에 대한 인식 내지 예측과 실제로 밝혀진 사실 간에 착오가 발생한 경우가 될 것이다. 다시 말하면 행위시점에는 결과발생이 가능하다고 생각했기 때문에 범행을 저지른 것이고, 그러한 생각이 '착오'로 판정을 받는 것은 사후적으로 확인된 사실에 의해서이다. 바로 그렇기 때문에 실행행위 당시에 실행의 수단 또는 대상에 대한 인식과 사실의 불일치, 즉 착오가 발생하여 불능미수로 의율할 사안이 되는 것이다. 대상사건에서도 원심에서는 검사의 주위적 공소사실과는 다르게 피해자의 항거불능상태가 부정되어 준강간의 결과발생이 불가능한 것으로 판명되었으나, 제1심에서는 항거불능상태가 긍정되었다. 물론 반대의견의 논지는 바로 그렇기 때문에 '사전적으로 볼 때' 준강간의 실현가능성이 있었던 사안인 것으로 보아야 한다는 것이지만, 제1심에서 군검사는 애당초 강간죄로 기소를 하였다가 이후 공소장변경을 통해 예비적으로 준강간죄를 추가하였음에 주목한다면,18) 대상사건이 반드시 사전적 관점에서는 준강간의 실현가능

---

17) 신동운, 신형사소송법 (법문사, 2011), 940면; 이재상, 형사소송법 (박영사, 2012), 528면; 심희기·양동철, 쟁점강의 형사소송법 (삼영사, 2009), 487면; 이창현, 형사소송법 (정독, 2020), 807면; 정웅석·백승민, 형사소송법 (대명출판사, 2014), 578면; 노명선·이완규, 형사소송법 (SKKUP, 2013), 574면.

18) 혹자는 군검사가 항소심에서 제1심에서 유죄로 인정된 준강간죄로만 공소장변경 허가신청을 하여도 축소사실로 미수범이 인정될 사안인데 왜 군이 준강간미수의 점을 예비적 공소사실로 추가하였는지 의문을 품을 수도 있을 것이다. 하지만 판례에 의하면 축소사실이라 하더라도 '현저히 정의와 형평에 반하는 것'으로 인정되지 않으면 법원에게 유죄판결의 의무가 없기 때문에(대법원 2010.1.14. 선고

성이 있었던 사안이라고 보기도 어렵다. 즉 '결과발생의 가능성'을 사전
적으로 판단할 경우 이 사건은 오히려 일반적으로 준강간이 실현가능
했는지 여부에 대해 판별하기 어려운 사안이 되고 만다. 반대의견의 당
초 의도와는 달리 '사전적 관점'이 지니는 한계를 노정하게 된다는 것
이다.[19] 아울러 반대의견의 논지대로 사전적 관점에 의해서만 결과의
실현가능성 여부를 판단해야 한다면, 즉 실행행위 당시 일반적으로 결
과의 실현이 가능하다고 볼 수 있는지 여부에 따라 결과발생의 불가능
성 여부를 결정한다면, 실제로 불능미수가 될 수 있는 사안은 매우 축
소되어 발생하기가 어려울 것이다. 소위 통찰력 있는 평균인의 관점에
서 일반적으로 결과발생이 불가능한 상황인데도 행위자가 범죄를 저지
른다는 것은, 그에게 '현저한 착오'가 없는 이상 관념하기 힘들다.

(3) '결과발생의 불가능성'≠'결과가 불발생한 사태'

반대의견은 "사후적으로 결과가 발생하지 않은 것으로 밝혀진 모든
미수범 사안은 불능미수로 의율될 것이다."라고 지적하지만 이 논지의
부당함은 사후적으로 결과가 발생하지 않은 것으로 밝혀진 경우라 하
더라도 장애미수가 성립되는 사안도 분명 존재한다는 점에서 찾을 수
있다. 다시 말해 사후적으로 단순히 "결과가 불발생한 사태"와 "심신상
실이나 항거불능상태가 부정되어 준강간의 결과발생이 실현불가능한
경우"는 구별되어야 한다는 점에 주목하면 반대의견의 우려는 해소될
수 있다. 전자는 모든 미수범 사안에 공통되는 사태이고 반면 후자의
경우가 바로 불능미수로 의율할 사안이 되는 것이다. 부언하자면 사후
적으로 단지 결과가 불발생했다는 점만으로 불능미수의 '결과발생의 불

2009도11601 판결) 이 사안이 과연 그러한 경우에 해당하는지 쉽게 단정지어 판
단하기는 어렵다는 점을 고려할 필요가 있을 것이다. 배종대·홍영기, 형사소송법
(홍문사, 2017), 241면; 이은모·김정환, 형사소송법(박영사, 2019), 446면; 이주원,
형사소송법(박영사, 2019), 247면 참조.
19) 유사한 논지의 문제제기로는 김종구, 앞의 논문, 46면 참조.

가능성'이 인정되는 것은 아니며, 행위자가 '실행의 수단 또는 대상을 착오하여' 결과의 발생이 가능하다고 오인한 경우에만 '결과발생의 불가능성'이 인정되는 것이다. 반대의견은 이를 특별히 '범죄실현의 불가능'이라고 명명하고 있는 듯 보인다. 다수의견의 보충의견은 이와 관련해 다음과 같이 반대의견을 적확히 반박한다. "다수의견은 모든 구성요건 불충족 행위에 대해 불능미수가 성립한다는 것이 아니라 처음부터 실행의 수단 또는 대상의 착오로 구성요건을 충족할 수 없는 경우에 한하여 형법 제27조에 의한 불능미수의 가벌여부를 판단하여야 한다는 것이다. 다수의견은 이러한 불능미수의 성립요건이 충족된 사안에서만 불능미수가 성립될 수 있다는 것일 뿐, 실행의 수단 또는 대상의 착오가 아닌 다른 이유로 결과발생이 불가능한 경우이거나 위험성이 없는 경우 등의 사안에까지 불능미수를 확대하여 인정하자는 취지가 아니다."

이상의 논의를 정리하자면, 반대의견은 불능미수 도그마틱이 요구하는 '결과발생의 불가능성'을 사후적(또는 사실적)으로 판단해서는 안 되고 사전적(또는 규범적)으로 판단해야 함을 역설하고 있지만, '실행의 수단 또는 대상의 착오'가 있었는지 여부는 공판심리절차를 통해 사후적으로 확정될 수밖에 없으며, 그렇다고 하여 대법원 반대의견이 우려하듯이 모든 미수범이 불능미수가 되는 것은 아니다. 왜냐하면 사후적으로 결과가 불발생한 사태 중에서 실행의 수단이나 대상을 착오하여 객관적으로 범죄실현이 불가능한 경우에만 불능미수로 의율될 것이기 때문이다.

(4) '결과발생의 불가능성'의 중의적 의미

이다만 사후적으로 판단해 결과발생이 불가능한 경우라 하더라도 반대의견의 지적처럼 장애미수와 불능미수가 준별되어야 함을 전제로 한다면, 불능미수범의 성립에 요구되는 '결과발생의 불가능성'은 모든 미수범에 공통되는 요건인 '범죄기수의 불가능(결과의 불발생)'뿐만 아니라 그것이 실행의 수단 또는 대상의 착오로 인해 객관적으로 범죄를

실현할 수 없음을 뜻하는 '범죄실현의 불가능'을 모두 지칭하는 중의적
개념이어야 할 것이다. 그렇다면 사실관계의 확정을 통해 결과발생이
불가능한 것으로, 즉 결과가 발생하지 않은 것으로 판명된 경우라 하더
라도 범죄실현은 가능한 경우에 해당할 수 있으며, 이때에는 응당 불능
미수가 아니라 장애미수의 성립여부가 검토되어야 한다. 이렇게 본다면
'범죄기수의 불가능'과 '범죄실현의 불가능'을 구별할 필요성을 역설하
며 형법 제27조가 요구하는 '결과발생의 불가능'은 사후적으로 판단해
서는 안 되며, 사전적으로 판단되어야 한다고 입론하고 있는 반대의견
의 논지는 설득력을 잃게 된다. 결과발생의 불가능은, 두 가지 의미 중
어떤 의미로 해석하든 사실적인 판단이므로 행위가 종료된 이후 사후
적으로 판단되어야 하고, 절차적으로도 그럴 수밖에 없지만, 결과발생
의 불가능성이 일면 긍정된다고 하여도 '범죄실현의 불가능성'이 항상
긍정되는 것은 아니기 때문이다. 실행의 수단 또는 대상의 착오가 있는
지 여부는 공판심리과정에서 모든 미수범에 공통되는 요건인 결과발생
의 불가능성, 즉 결과의 불발생과는 별도로 확인되며, 때로는 대상사건
처럼 제1심과 제2심에서 달라질 수도 있는 것이다. 형사소송에서 실체
진실은 객관적으로 관찰가능한 형태로 존재하여 '발견'되는 것이라기보
다는 과거의 사실에 대한 단편적 정보와 증거들을 토대로 법관의 선별
과 판단 및 종합에 의해 사실상 절차적으로 '구성'된다는 측면에서 보
면[20] 이러한 결과는 당연한 것이며, 결과발생의 불가능성 여부가 사후
적으로 밝혀진 결과에 따라서 결정되어서는 안 된다는 주장은 형사소
송제도의 존재의의를 몰각시키는 결과를 가져온다고 말할 수 있다.

(5) 소결론

요컨대, 불능미수 도그마틱에서 요구되는 결과발생의 불가능성은 사
후적으로 판단되는 사실관계의 확정에 관한 문제로 보는 것이 타당하
며,[21] 그렇게 보더라도 모든 미수범이 불능미수로 의율되는 상황은 발

---

20) 정승환, 형사소송법 (박영사, 2018), 21면 참조.

생하지 않는다. 오히려 이를 사전적으로 일반인의 관점에서 판단할 경우 행위자에게 '현저한 착오'가 없는 이상 불능미수로 의율할 사례가 매우 축소되어 미수범 도그마틱의 적용에 있어서 피고인에게 불리해지는 결과를 초래하게 되는 바, 이처럼 불능미수 조문에서 착오의 의미를 '현저한 착오'로 제한해 축소해석하는 것은 법문의 가능한 범위를 넘어서 유추해석하는 것과 같은 결과를 가져오므로 통설과 판례[22]에 따르면 허용되지 않는 '부당한 축소해석(제한적 유추해석)'에 해당해 죄형법정주의에 반하는 문제를 야기한다.[23] 아울러 결과발생의 불가능성을 사후적으로 판단해야 한다는 취지가 결코 행위가 종료된 사후적 시점에 행위자에게 착오가 있었는지 여부를 판단한다는 것이 아님은 전술한 바와 같다. 즉 이 입장에 따르더라도 결과발생의 불가능성은 실행의 착수 시점이나 실행행위가 종료되기 이전의 시점을 기준으로 판단해야 한다는 점에서는 사전적 관점을 내세우는 견해와 차이가 없음에 유념할 필요가 있을 것이다. 다시 말해 실제로 결과발생이 불가능한 사안이었는지 여부는 사후적으로 밝히되, 만일 불가능하다면 그렇기 때문에 실행의 착수 당시 이미 결과발생이 불가능한 것으로 평가되어 불능미수로 의율할 사안이 된다는 취지이지, 단지 사후적으로 결과가 발생하지 않았다거나 범죄실현이 불가능했다는 점으로 인해, 행위가 종료된 시점을 기준에서 판단할 때 결과발생이 불가능한 것으로 보아 장애미수로 의율되어야 할 사안이 불능미수 사안으로 평가되지는 않는다는 것이다.[24]

---

21) 논거는 다르지만 동지의 견해로는 이창섭, 앞의 논문, 106면.

22) 대법원 1997.3.20, 96도1167 전원합의체판결. 제한적 유추에 대해서는 이상돈, 형법강론 제3판 (박영사, 2020), 29면 참조.

23) 동지의 신동운, 앞의 책, 538면 참조.

24) 예컨대, 피해자를 독살하려고 치사량의 독약을 먹였으나, 피해자가 구토를 하여 사망하지 않은 경우 사전적으로 판단하든 사후적으로 판단하든 실행행위 당시 결과발생이 가능한 장애미수 사안이 된다.

3. 결과발생의 불가능성을 사전적으로 판단할 경우
불능미수 조문의 해석상 어떠한 문제점이 발생하는가?

물론 '사전적 관점'을 중시하는 입장에서는 다음과 같은 논지를 내세울 수도 있을 것이다. 빈 주머니안에 손을 넣어 돈을 훔치려 했으나 주머니가 비어있는 경우와 같이 사전적으로 통찰력 있는 일반인의 관점에서 행위 당시 행위 자체의 속성에 비추어 볼 때, 일반적으로 범죄실현이 가능한 경우로 평가할 수 있고, 대상사건도 이와 같은 맥락에서 준강간이 실현가능한 경우로 보아야 할 것이므로 이들 사례 모두는 우연한 외부적 사정에 의해 결과발생이 불가능했거나 소송의 경과에 따라 그렇게 평가되었을 뿐이므로 장애미수로 보아야 한다고. 한 마디로 일반적으로 통찰력 있는 사람을 기준으로 했을 때 결과발생이 가능한 경우라면 이는 장애미수로 보아야 하고, 그렇지 않은 경우에만 장애미수보다 불법성이 경한 불능미수로 의율해야 한다는 견해이다. 외부적 사정, 즉 입수할 수 있는 정보량의 차이에 따라 가변적일 수 있는 사후적 관점보다는 행위당시 행위자의 행위속성을 중심으로 일관성 있게 불법의 정도를 결정해야 한다는 견해[25]라는 점에서 경청할 만한 주장이기는 하나, 이러한 주장은 결과적으로 '현저한 오인'으로 인해 일반적으로 결과발생이 불가능함에도 가능할 것으로 착오를 일으킨 경우에만 불능미수를 인정해야 한다는 논지로 귀결되며, 전술한 바와 같이 현행 형법조문의 해석상 부당하다. 아울러 그러한 경우라고 하더라도 사후적으로 판단했을 때에는 실행의 수단 또는 대상의 착오로 결과발생이 불가능한 경우라는 점에 있어서는 동일한데도 불구하고 단지 '착오의 경중'에 따라서 불능미수가 인정되기도 하고 부인되기도 하는 것은 모든 사례에 일관되고 통일성 있게 적용되어야만 하는 도그마틱의 특성상 합당해 보이지 않는다. '현저한 부지(aus großem Unverstand)'를 불능미수의 요건으로 하고 있는 독일형법의 해석이라면[26] 가능하겠지만 형법

---

25) 이러한 입장으로는 홍영기, 앞의 논문, 671면 이하 참조.

제27조의 해석론으로는 적합하지 않다. 또 다른 측면에서 논박하자면 착오가 현저하지 않은 사례라 하더라도 객관적으로 범죄실현이 불가능함은 명백하므로 법익침해의 '잠재적 위험성' 정도의 결과불법만 인정할 수 있는데, 그럼에도 불구하고 법익침해의 '현실적 위험성'이라는 결과불법을 전제로 하는 장애미수로 의율하는 것은, 불능미수와 장애미수 도그마틱을 구분해 적용하게 만드는 주요근거로서 '결과불법의 경중'라는 측면에 비추어 볼 때 수긍하기 어려운 결론이라고 할 것이다. 독일 형법은 조문 자체가 우리와 달리 '위험성'이라는 표지를 요구하지 않는다. 기본적으로 착오가 있다고 하더라도 통상의 미수범인 장애미수범으로 처벌되며, 단 착오의 경중에 따라서 그것이 현저할 경우에만 불능미수가 성립되는 것으로 해석된다. 이러한 태도는 미수범의 처벌근거에 대해 객관설과 주관설을 절충한 '인상설(印象說)'을 채택하고 있기 때문인 것으로 평가되고 있다.[27] 하지만 우리 형법은 기본적으로 주관설

---

26) 독일형법에서 미수범은 결과발생의 가능성 여부와 관계없이 처벌되고, 그 효과는 임의적 감경이다(독일형법 제23조 제1항 및 제2항). 하지만 범행의 객체 또는 실행의 수단에 현저한 부지가 존재하여 결과발생이 불가능한 경우에는 형을 면제하거나 재량에 의해 형을 감경할 수 있다. 그러므로 독일의 경우 미수범 조문체계상 "불능미수는 형벌강화기능을 하는 것이 아니라 형벌완화기능을 하는 것으로서 피고인에게 유리한 규정이다." 이 점에 대해서는 오영근, 형법총론 (대명출판사, 2004), 586-587면 참조. 독일형법의 '현저한 부지'는 바로 그러한 기능을 하는 표지이다. 역시 미수범은 어느 경우나 처벌하되 실행의 수단이나 대상에 '현저한 부지'가 있는 경우에는 벌하지 아니한다(straflos)고 규정하고 있는 스위스 형법 제22조도 독일형법과 마찬가지다. 하지만 형법 제27조는 착오의 현저함 여부에 관계없이 결과발생이 불가능한 경우에는 원칙적으로 처벌되지 않는다는 입장이므로 실행의 수단 또는 객체에 대한 '착오'를 독일형법 조문처럼 '현저한 착오'로 해석하게 되면 전술한 바와 같이 오히려 피고인에게 불리한 결과를 가져오게 된다.

27) Jescheck/Weigend, Lehrbuch des Strafrecht, AT, 1996, S.514f. 인상설 (Eindruckstheorie)은 미수범의 처벌근거를 주관설처럼 법적대적 의사라는 행위반가치에서만 찾거나 객관설처럼 구성요건적 결과발생의 위험성이라는 결과반가치에서만 찾지 않고, 행위자의 주관적인 범죄의사가 객관적인 법적 평화를 깨

과 객관설의 입장을 종합적으로 고려하되 '잠재적 위험성'[28]이라는 결과불법이 충족될 경우에 불능미수가 되는 구조라는 점에서 독일형법 도그마틱을 그대로 가져올 수는 없다. 이것은 앞서 논급한 바와 같이 행위자에게 불리해지는 유추해석이 될 수 있다.[29]

한 마디로 실행의 수단 또는 대상의 착오란 것이 반드시 살아있는 사람인 줄 알았는데 실제로는 사체인 경우처럼 그 착오가 현저한 경우만을 뜻하는 것은 아니라는 것이다.[30] 만일 그런 경우에만 불능미수가 성립한다면, 의식을 잃고 쓰러져 있는 피해자를 보고 심신상실 또는 항거불능의 상태에 있다고 오인하고 그를 간음하였으나, 실제로는 피해자

트림으로써 전체적으로 공동체의 법신뢰를 저해시키는 범죄적 인상 내지 법동요적 인상을 가져왔다는 점에서 찾는다. 따라서 실행의 수단이나 대상의 착오로 결과발생의 불가능성이 불가능한경우라도 법질서를 동요시켰다는 점에서는 미수범으로 처벌되지만, '현저한 부지'가 있는 경우에는 그러한 동요의 인상이 크게 약화된 것으로 평가되기 때문에 형의 임의적 감경을 넘어 임의적 면제까지 인정된다(독일형법 제23조 제3항).

28) 불능미수의 성립요건으로서의 위험성을 '잠재적 위험성'으로 보고 이러한 위험성이 결과불법의 측면을 지닌다는 점에 대해서는 아래(IV)의 설명을 참조.

29) 불능미수와 같은 '해프닝'까지 형벌범위를 확장할 필요는 없다는 점에서 구체적 위험설을 지지하는 견해로는 배종대, 형법총론 (홍문사, 2020), 389면.

30) 착오가 현저한 사례에서 불능미수를 인정한 판결로는 대법원 2013.7.11. 선고 2013도5355 판결. 동 판결의 사실관계에서 피고인은 야간에 갑의 주거에 침입하여 재물을 절취하고 갑의 항거불능 상태를 이용해 추행하였던 바, 대법원은 원심이 이 사건 공소사실 중 야간주거침입절도후준강제추행 미수의 점에 대해서, 이를 유죄로 보려면 야간주거침입절도죄의 성립이 전제되어야 하는데 이 사건에서 피고인이 피해자의 집에 침입할 당시 피해자는 이미 사망한 상태에 있었으므로 피고인이 가지고 나온 물건들은 피해자가 점유하고 있었다고 볼 수 없다고 하여 무죄라는 취지로 판단하고, 그에 대한 예비적 공소사실인 주거침입후준강제추행 미수의 점을 유죄로 인정하고 아울러 함께 공소제기된 점유이탈물횡령의 점을 유죄로 인정한 것을 정당하다고 판시하였다. 요컨대, 동 사안에서는 사망한 피해자의 점유가 인정되지 않아서 성폭법상의 야간주거침입절도후준강제추행 미수의 점에 대해서는 불능미수가 아니라 무죄를 인정하였으나, 그 대신 예비적 공소사실인 주거침입후준강제추행에 대해서는 불능미수를 인정하였다. 원심판결은, 대전고법 2013. 4. 18. 선고 (청주)2013노8 판결 참조

가 이미 사망한 경우에만 불능미수가 성립하고, 피해자가 생존하였으나 실제로는 심신상실 또는 항거불능의 상태에 있지 않은 경우에는 장애미수가 성립된다는 결론에 이르게 되는데, 이는 결과불법의 측면에서 동일한 사례를 다르게 취급한다는 점에서 부당하다.

Ⅳ. 준강간죄의 보호법익과 불능미수의 성립여부

1. (준)강간죄의 보호법익에 대한 제한적 해석론 검토

대상판결에 대해 또 다른 관점에서의 비판이 있다. 한 마디로 말하면 "보호법익은 구성요건요소의 제한원리로 작용하기 때문에 보호법익의 침해가 없다면 범죄가 성립할 수 없다고 보아야 한다."는 것이다.[31] 그 주장의 주된 논지는 강간죄는 의사에 반하는 성관계라는 이유만으로 처벌되는 범죄가 아니며 강간죄가 가벌적인 행위가 되기 위하여는 의사에 반하는 성관계, 즉 성적 자기결정권의 침해뿐만 아니라 그에 더하여 상대방을 제압하려는 행위자의 폭행·협박이 존재하여야 하는바 - 입법자는 상대방의 현실적 내지 잠재적 저항행위를 염두에 두었다고 한다 - 상대방이 자신과의 성관계를 원하지 않는다는 사실을 잘 알았다고 하더라도, 폭행·협박 없이 성관계를 한다면 그러한 행위는 가벌적인 행위가 될 수 없다는 것이다. 요컨대 강간죄의 보호법익에 성적 자기결정권뿐만 아니라 폭행·협박에 의한 간음행위에 대항하려는 의사결정의 자유 및 신체의 건재성과 온전성도 총체적으로 포함되어 있다고 보아야 한다는 것이다. 이러한 논지에 의하면 "형법상의 폭행·협박에 이를 수 없는 유형력 내지 해악이 고지되었는데, 상대방이 자신의 의사에는 반하지만 귀찮아서 성관계에 응하였다면 이와 같이 보호법익 침해가

---

31) 이용식, "2019년 분야별 중요판례분석(형법총칙 편) -준강간죄의 불능미수에 관한 사례-", 법률신문(2020.3.12.)

없어 결과 발생이 불가능한 경우, 행위자가 자신은 폭행·협박을 하였다고 생각하지만, 그 행위가 불능미수에 이를 정도의 위험성이 있다고 평가되지 않는다면, 강간죄의 불능미수는 성립할 수 없을 것”이라고 한다. 같은 맥락에서 “준강간죄의 보호법익 역시, 성적 자기결정권의 침해만이 아니라 자신의 법익이 침해당하는 상황에 대항할 수 있는 권리의 침해 내지 박탈 또한 보호법익이라고 보아야 한다고 주장한다. 따라서 준강간죄도 ‘사람의 심신상실 또는 항거불능의 상태를 이용’하여 단지 상대방의 의사에 반하여 성관계를 하면 성립하는 것이 아니며, 심신상실 또는 항거불능의 상태라서 자신의 법익이 침해당하는 상황에 대항할 수 있는 권리를 사실상 행사할 수 없음에도 불구하고 이러한 상황을 이용하여 간음행위를 하는 행위자에 대한 처벌이라는 점에 비추어 보면 만약 상대방이 그러한 권리를 행사할 수 있는 상황, 즉 대항할 수 있는 상황이라면 준강간죄의 보호법익 침해는 없고 따라서 범죄가 성립할 수 없는 사안으로 평가하여야 할 것”이라고 한다.

　　요컨대, 강간죄든 준강간죄든 단지 상대방의 의사에 반하는 간음이 이루어질 때 곧바로 범죄가 성립하는 것이 아니고, 현실적 내지 잠재적 저항행위가 인정될 수 있을 경우에만 가벌성이 인정될 수 있다는 견해인 것이다. 이러한 논지에 의하면 대상판결의 경우 피해자는 원치않는 간음을 당하였으나 간음행위 당시 저항할 수 있는 상황이었음에도 불구하고 그렇게 하지 않기로 결정했기 때문에 성적 자기결정권의 침해가 없다고 보아야 한다는 것이다. 자신의 성적 자기결정권이 침해받는 상황에 처하여 그에 ‘대항할 수 있는 권리’의 침해가 행위 당시에 결여된 것으로 평가되기 때문이다.

　　성적 자기결정권이라는 보호법익을 보다 넓게 “성적 자기결정권의 침해만이 아니라 자신의 법익이 침해당하는 상황에 대항할 수 있는 권리의 침해”라고 보는 것은 어떤 점에서는 분명 형법이 보호하려는 성적 자기결정권의 실질에 접근한다고 볼 수 있는 여지가 있어 보인다. 다양한 맥락과 형태로 발생할 수 있는 ‘원치 않는 간음’의 사례 중에서 가벌성이 인정되는 사례의 범위를 축소시킬 수 있기 때문이다. 하지만 이러한 방식의 가벌성 제한론은 다른 구성요건의 해석과 비교할 때 공정하지 않은 결과를 가져온다. 예컨대 절도죄의 경우도 피해자는 절취행위에 대해 '대항할 수 있는 권리'는 인정될 수 있고 그럼에도 불구하고 그 권리를 행사하지 않았다고 하여 절도죄의 성립을 부정하는 견해는 매우 낯설다. 예컨대 늦은 밤에 혼자 살고 있는 피해자가 2인조 절도범이 주거에 침입해 재물을 절취하는 것을 자는 척하며 알고 있었지만 '신변에 위협을 느껴' 혹은 '절취된 재물이 경미하여' 그대로 훔쳐가도록 놔두었다고 하자. 이 경우에 절도죄의 성립이 부정되어야 하는가? 만일 이 질문에 대해 흔쾌히 동의하기 어렵다면 강간죄나 준강간죄의 해석에 있어서도 피해자의 '대항할 수 있는 권리'를 보호법익에 포함시켜야 한다는 논지가 특별히 정당성을 갖기는 어려울 것이다. 달리 보면 범행에 대항할 수 있는 권리라는 것은 '정당방위권'에 다름아닌 것이고, 피해자가 정당방위권을 행사했는지 여부에 따라서 범죄의 가벌성이 결정되는 것은 아니다. 만일 그러하다면 정당방위권을 현실적으로든 잠재적으로든 행사하지 않은 경우에는 일체의 범죄가 성립할 수 없다는 결론이 되는데, 이는 피해자가 보호받을 수 있기 위한 별도의 불합리한 구성요건을 추가하는 것으로서 법리적으로 부당하다고 할 것이다.

2. 대상판결에서 피고인 처벌의 정당성

다른 한편에서 설령 성적 자기결정권에는 '대항할 수 있는 권리'도 포함된다는 위 논지가 옳다고 하더라도 대상판결의 결론이 부당해 지지지는 않는다는 점도 논급할 필요가 있을 것이다. 왜냐하면 이 사안에서 만일 실제로 피해자가 그러한 권리를 행사할 수 있었음에도 불구하고 행사하지 않은 상태, 즉 심신상실 또는 항거불능의 상태에 있지 않았다고 하더라도 대상판결에서 피고인에게 준강간의 고의가 인정되고 있음에 주목해야 한다. 다시 말해 피고인은 피해자가 심신상실 또는 항거불능의 상태에 있다고 믿었고, 그러한 상태를 이용하여 간음을 하고자 하였으나 피해자는 실제로 그러한 상태에 있지 않았기 때문에 '실행의 수단 또는 대상의 착오'가 발생한 것으로 평가될 수 있고, 그렇다면 위험성이 인정될 경우 이는 형법 제27조에 규정된 미수범으로 포섭될 수 있기 때문이다. 피고인의 주관적 상태를 고려하지 않은 채, 피해자의 권리침해만을 논의의 중심에 두고 가벌성을 논한다면 상기 주장은 어느 정도 타당성을 지닐 수 있겠지만, 불능미수라는 법형상은 피해자의 법익침해는 물론 피고인의 주관적 상태와 그로 인한 위험성을 종합적으로 고려하여 인정되는 점을 고려하면 성적 자기결정권이라는 법익의 침해가 없기 때문에 무죄가 인정되어야 한다는 논지는 재고될 필요가 있을 것이다. 이 점은 미수범 처벌의 일반적 근거, 특히 불능미수의 불법구조를 검토해보면 더욱 분명해 진다.

일반적으로 미수범을 처벌하는 근거는 결과불법의 측면에서 보면, 범죄실현의 순차적 단계 중에서 실행의 착수에 이르면 구성요건적 결과발생의 가능성이 현저히 높아지기 때문이고(객관설), 행위불법의 측면에서 보면, 미수범이라 하더라도 행위자는 애당초 기수의 고의를 품고 있었던 것이고, 그가 실행의 착수단계에 이르면 내심에 가지고 있는 범죄실현의사, 즉 법질서에 대한 적대적인 태도나 심정이 표출된 것으로 평가되기 때문이기도 하다(주관설). 형법은 이 두 측면의 근거, 즉 결과불법과 행위불법을 모두 고려해 미수범의 적정한 처벌방식을 정한다. 오늘날 확립된 견해에 의하면 모든 범죄형태는 결과범이든 거동범이든 미수범이든 기수범이든 행위불법과 결과불법이 모두 구비되어야만 온전하게 불법구성요건으로서 평가된다.[32] 모든 미수범은 구성요건적 결과가 발생하지 않았다는 측면에서 기수범과 달리 결과불법이 완전히 구비되어 있지는 않다는 공통점이 있다. 반면 법적대적인 태도나 의사로 범죄를 실현하려 하였다는 점에서 주관적 측면의 행위불법은 기수범과 동일하게 충족되고 있다는 특징이 있다(다만, 중지미수는 예

---

32) 김재현, 앞의 논문, 55면 참조.

외). 미수범 중에서 불법이 가장 큰 것으로 평가되는 장애미수의 경우
는 행위불법은 기수범과 같지만 결과불법이 그보다 축소된다. 우선 객
관적 구성요건요소로서의 결과가 발생하지는 않았다. 하지만 실행의 착
수에 이르렀고 결과발생이 가능했다는 점에서 결과발생에 대한 '현실
적' 위험성은 관념할 수 있고 이러한 '법익위태화'는 기수범의 결과불
법인 '법익침해'보다는 '감경된' 결과불법으로 인정된다. 불능미수의 경
우는 실행의 착수단계에 이르렀다고 하여도 이미 결과발생의 가능성이
객관적으로 배제되어 있다는 점 때문에 '가능미수'인 장애미수에 비해
결과불법이 거의 소멸했거나 기껏해야 '법익평온상태의 교란'이라는 가
장 약한 형태의 결과불법만 인정된다.[33] 다만 행위자의 의사를 고려했
을 때 착오가 없는 정상적인 상황에서는 합리적이고 통찰력 있는 일반
인의 관점에서 결과가 발생할 수 있었다는 점에서 법익에 대한 '잠재
적' 위험성은[34] 인정되기 때문에 일정한 결과불법은 관념할 수 있고,[35]

---

33) 이 점에 대해서는 김일수, 한국형법 I[총론 上] (박영사, 1996), 461면 참조.
34) 불능미수 조문에 있어서 '결과발생의 불가능성'은 '현실적 위험성' 여부의 판단
    문제로, '위험성' 표지는 '잠재적 위험성' 여부의 판단문제로 구별할 수 있겠으
    나, 학설에 따라서는 사실적/규범적 위험성, 사후적/사전적 위험성, 구체적/추상
    적 위험성, 현실적/가설적(가상적) 위험성, 결과의/행위의 위험성 등으로 구분하
    기도 한다. 잠재적 위험성이란 표현을 지지하는 견해로는 박상기/전지연, 형법학
    [총론·각론 강의] (집현재, 2018), 237면; 한상훈, "형법 제27조(불능범)에서 '결
    과발생의 불가능'과 '위험성' 표지의 구별기준", 형사법 연구 제20권 제3호,
    2008, 94-97면. 가설적·잠재적 위험성이라는 표현으로는 이창섭, 앞의 논문, 116
    면. 이러한 '잠재적 위험설'과 마찬가지로 형법 제25조의 위험성과 제27조의 위
    험성을 구별하는 입장에서 위험성 판단의 기초를 '행위자의 주관'에 두고, 위험
    성 판단의 주체를 객관적인 일반인에 둠으로써 그 실질에 있어서 잠재적 위험설
    과 유사한 학설인 '주관적 객관설'을 지지하는 견해로 유기천, 앞의 책, 269-270
    면과 273-274면 참조. 마찬가지로 '추상적 위험설'을 지지하지만 내용적으로 잠
    재적 위험설과 동일한 결론에 결론에 이르고 있는 견해로는 조국, "형법 제27조
    불능미수 요건의 구별재정립을 위한 일고", 비교형사법연구 제18권 제2호, 2016,
    58면 이하.
35) 한편 형법 제27조의 불능미수규정은 결과불법이 전혀 인정되지 않는 상황임에도
    불구하고 '행위자의 주관적 위험성(행위불법)'만을 근거로 처벌하는 규정으로서

이러한 결과불법의 구조로 인해 장애미수에 비해 '더 감경된' 결과불법이 인정된다. 그 결과 전술한 바와 같이 미수범의 행위불법은 '중지미수'를 제외하고는 기본적으로 기수범의 그것과 동일하기 때문에 일반적인 미수범의 형태인 장애미수가 형의 임의적 감경에 그치는 데 비해서, 불능미수는 형의 임의적 감면이라는 보다 큰 법적 혜택을 받을 수 있게 되는 것이다. 요컨대, 불능미수는 장애미수와 행위불법은 동일하지만 결과불법이 '더 감경된' 불법구조를 지니고 있기 때문에 장애미수에 비해 가볍게 처벌되는 미수범 유형이라고 도그마틱적으로 규정할 수 있을 것이다.

타당하지 않으므로, 입법론적으로 그 위험성이 인정될 경우에 한해 '예비·음모에 준하여' 처벌하도록 해야 한다는 견해로는 이용식, 형법총론(박영사, 2018), 128-129면 참조. 역시 입법론으로 제25조의 미수범은 '인과관계의 흠결'로 결과발생이 없는 경우이고, 제27조의 미수범은 기타의 사유, 즉 '실행의 착수 또는 대상의 착오'로 인해 결과발생이 없는 경우인바, 구성요건의 제요소 중에서 인과관계에 속하는 행위의 부분과 기타의 부분을 구별하기 어려우므로 제27조의 미수범을 별도로 인정한 것은 입법과오라는 견해로 황산덕, 형법총론(방문사, 1983), 242면. 두 견해 모두 일면 타당하며 입법론적으로는 충분히 의미가 있으나, 제25조와 달리 임의적 감면의 혜택을 부여하고 있는 제27조의 의미와 취지를 양자의 불법구조의 차이점에 비추어 모순없이 해석해 내야하는 도그마틱의 관점에서 고찰해 보면 동 규정의 '위험성'에 행위불법의 측면 외에 결과불법의 측면으로서 '잠재적 위험성'의 의미가 있음을 인정하는 것이 가장 정합적인 해석론이다. 같은 맥락에서 형법 제27조의 입법취지를 제대로 구현하기 위해서 동조의 위험성에 독자적인 의미를 부여해야 함을 역설하고 있는 견해로는 조국, 앞의 논문, 56면 이하; 김성돈, 형법총론 제3판(SKKU, 2014), 435면. 대법원 판례도 "행위 당시에 인식한 사정을 놓고 일반인이 객관적으로 판단하여 보았을 때"(대법원 2005. 12. 8. 선고 2005도8105 판결; 대법원 2019. 3. 28. 선고 2018도16002 전원합의체 판결)라는 위험성 판단의 기준을 설시함으로써 잠재적 위험설을 취하고 있는 것으로 보인다. 한상훈·안성조, 형법개론(정독, 2020), 208면 참조 단, 이때의 일반인은 과학적, 법률적 전문지식을 갖춘 일반인이라는 점에서 판례가 '강화된 구체적 위험설'을 취하고 있다고 보는 견해로는 신동운, 앞의 책, 514면 참조. 대법원 판례의 입장을 구체적 위험설로 분류하는 견해로는 하태훈, "불능미수", 형사법연구 제4권, 1991, 77면.

"실행의 수단 또는 대상의 착오로 인하여 결과의 발생이 불가능하더라도 위험성이 있는 때에는 처벌한다. 단, 형을 감경 또는 면제할 수 있다(제27조)."는 불능미수 조문[36]의 의미는 다음과 같다.

즉, 불능미수의 성립요건으로는 첫째, 주관적 요건으로서 일반적인 미수범의 경우와 마찬가지로 기수의 고의가 있어야 한다. 둘째, 역시 일반적인 미수범의 법리와 동일하게 실행에 착수하여 행위를 종료하지 못하거나 결과가 발생하지 않아야 한다. 셋째, 법조문에 명시된 바와 같이 실행의 수단 또는 대상의 착오로 인한 결과발생의 불가능이 요구되며, 이는 수단 또는 대상의 원시적 불가능성을 의미한다. 넷째, 결과발생이 절대적으로 불가능하더라도 규범적으로 판단할 때 '위험성'이 있으면 처벌하되, 형을 감경 또는 면제할 수 있고, 위험성이 없으면 불가벌적 '불능범'이 되어 처벌할 수 없다.

대상판결의 사실관계를 보면 피고인은 간음의 고의로 실행의 착수를 하였고 그럼에도 불구하고 결과발생의 불가능성이 인정되며, 대법원의 판단에 의하면 "피고인이 행위 당시에 인식한 사정을 놓고 일반인이 객관적으로 판단하여 보았을 때 준강간의 결과가 발생할 위험성이 있었으므로" 준강간의 불능미수가 성립될 요건을 충족시키고 있다.

이상 논급한 불능미수의 불법구조와 조문에 비추어 보면 피고인을 준강간의 미수범으로 의율한 대법원의 판단은 타당하고 할 것이며, 그 처벌은 법리적인 근거가 충분하다고 보아야 한다.

V. 맺음말

이상의 고찰을 토대로 결론을 내리자면 대상판결의 논지는 합당한 논거와 논증을 통해 자신이 내린 결론의 정당화에 성공하고 있는 것으로 평가할 수 있다고 본다. 대법원은 대상판결을 통해 해당사안이 형법

---

36) 주지하다시피, 형법전에는 '불능범'이라는 표제로 되어있다.

제27조의 불능미수 조문에 의해 포섭될 수 있는가에 대해 법리적 측면에서 다각적인 검토를 하고 있으며, 그 방식은 먼저 반대의견을 통해 다수의견의 결론에 반론을 제기하고 다음으로 두 개의 보충의견을 제시함으로써 재반박 논거를 제시하는 것이다. 그동안 불능미수와 관련해 학계에서도 심층적으로 다루어지지 못하고 있었던 법리적인 측면을 대법원이 정면으로 논급함으로써 여러 생산적인 비판적 평석이 산출될 수 있는 계기를 마련하고 불능미수와 관련된 도그마틱적인 쟁점을 보다 선명하게 드러내 보여주었다는 점에서 대상판결의 의의를 찾을 수 있을 것이다.[37]

이에 본고에서는 대상판결의 논지를 지지하는 입장에서 판례에서 엄밀하게 논급되지 못한 법리적인 논거를 보충적으로 제시해 보고자 하였고, 반대의견이 제기하지 못했던 문제의식에 대해서도 추가적으로 다루어 보고자 하였다. 이를 통해 보다 정치한 불능미수 도그마틱의 조탁에 생산적인 기여를 할 수 있기를 바라는 바이다.[38]

---

37) 동지의 김한균, "준강간 불능미수", 형사판례연구 제28권, 2020, 127면 참조.
38) 다수설이 지지하는 도그마틱이라도 그에 따른 결론이 그것이 과연 누구의 이익을 위한 것인지, 다시 말해 자기목적적인 형식적 결론인지 아니면 내용적 정당성까지 보증되는 것인지 항상 열린 태도로 되물을 필요가 있음을 논증하고 있는 문헌으로는 안성조, "법학에서 학설대립은 경쟁하는 밈들 간 대립인가? - 소수설을 위한 밈학적 변론 -", 연세대학교 법학연구 제25권 제1호, 2015.

§8. 재산범죄의 객체로서 재물과 재산상 이익

Ⅰ. 머리말

형법상 재물과 재산상 이익의 구분법 내지 양자의 관계에 대한 선행 연구는 현재까지 상당히 많이 축적된 편이다. 그만큼 이 논점이 형법의 이론과 실무에서 중요하다는 의미일 것이다.[1] 이에 대한 기존의 선행연구는 대체로 재산범죄의 객체로서 재물과 재산상 이익의 구별실익을 한편으로는 긍정하면서도[2] 다른 한편으로는 양자의 엄격한 구분법에 의거하여 적용법조를 결정하게 되면 불법의 실질을 제대로 반영하지

---

1) 흥미로운 점은 재물과 재산상 이익의 구별이라는 주제는 민법학에서는 거의 문제되지 않는다는 사실이다. 민법에서는 재물과 재산상 이익의 구별이 쟁점으로 부각되는 사례가 존재하지 않는다고 한다. 이 사실은 양자의 구별문제가 형법해석에 특유한 문제의식 내지 지도원리인 '죄형법정주의'와 밀접한 연관이 있음을 시사한다. 긴 지면을 통해 본 논문의 개선방향을 친절하면서도 날카롭게 지적해 주신 익명의 심사위원님들께 진심으로 깊이 감사드린다.

2) 예컨대 해석상 재물 개념에 재산상의 이익이 포함된다면 절도죄로 처벌되는 범위에 대한 예측가능성이 무너져서 죄형법정주의의 명확성원칙이 훼손되는 결과를 가져온다고 한다. 이에 대해서는 임웅, "재산범죄에 있어서 '재물'과 재산상 이익'의 개념에 대한 비판적 고찰", 형사법연구 제21권 제4호 (2009), 360-361면 참조. 이와 달리 양자의 구별실익에 의문을 제기하는 견해로는 김선복, "재산상의 이익은 재산죄의 객체인가?", 비교형사법연구 제6권 제1호 (2004), 93면. 전통적 형법상 재물 개념을 수정하여 재물에 정보를 포함시킬 것을 제안하는 견해로는 하태영, "한국형법에 있어서 '재물개념'의 논쟁사", 비교형사법연구 제5권 제2호 (2003), 318면. 형법상 재물과 재산상 이익의 구별실익에 대해서는 별도의 후속연구를 기약해 두기로 한다.

못하는 결과를 가져올 수 있으므로 양자의 관계를 택일관계가 아닌 특별관계, 즉 재산상 이익에 재물이 포함되는 관계 - 단, 그 역은 성립하지 않음 - 로 이해할 것을 제안하고 있다.3) 흥미로운 사실은 선행연구들이 이러한 해석론에 도달하게 되는 근거가 유사하다는 점인데, 만약에 엄격한 구분법을 따르게 되면 판례의 태도를 이해하는 데 있어서 비일관성과 모순이 생기기 때문이라고 한다. 만일 이러한 평가와 분석이 타당하다면 재물과 재산상 이익의 관계를 택일관계가 아닌 특별관계로 볼 것을 제안하는 견해는 분명 설득력이 있을 것이다. 그러나 이러한 견해는 법문상으로 재물과 재산상 이익을 명확히 구분하여 개별 규성요건을 규정하고 있는 형법의 태도 및 판례의 입장과 상충하게 되므로 그와 같은 주장이 폭넓게 수용될 수 있으려면 과연 판례의 태도에 법리적으로 감내하기 힘들 정도의 현저한 모순이 발생하는지, 선행연구와 다른 관점에서도 엄밀하게 재검토해볼 필요가 있을 것이다. 이에 본 논문에서는 기존에 비판의 대상이 되어왔던 판례의 입장을 '원칙과 예외(단, 근거의 제시)'라는 범주에 따라서 정합적으로 해석해 보려는 시도에 입각해 새롭게 조명해 보면서 선행연구들이 이루어 낸 성과를 수용하는 한편, 판례들의 논지를 상호 충돌하지 않는 일관된 입장에서 이해할 수 있는 해석론을 제시해 보고자 한다. 아울러 본고에서는 그동안 선행연구에서 주로 "재물을 재산상 이익에 포함시킴으로써 해석상의 난점을 극복"하려고 시도해 왔다는 점을 염두에 두고, 이처럼 기존의 이분법을 수정하는 방식보다 양자의 이분법 내지 택일관계를 유지하면서, 주로 논란이 되는 금전의 성격에 대하여, 그것이 "일정한 조건 하에서는 재물로도 재산상 이익으로도 평가될 수 있는 '양가적(兩價的)' 성

---

3) 대표적으로 오영근, "재물과 재산상 이익에 대한 합리적 해석론", 한양대 법학논총 제31권 제4호 (2014); 권오걸, "장물의 성립요건과 범위", 비교형사법연구 제8권 제2호 (2006), 426면 참조. 이와 달리 재물과 재산상 이익의 관계는 택일관계도 특별관계도 아니며, 상호 중복될 수도 있고 서로 분리될 수도 있는 관계라는 견해로는 문채규, "재산범죄 일반의 기본쟁점", 비교형사법연구 제15권 제2호 (2013), 321-322면.

질[4])을 지닐 수 있음"을 대법원이 고려하고 있다는 논지를 통해 판례입장의 일관적 이해에 장애를 초래하는 문제점들을 해결할 수 있음을 입론해 보고자 한다.

II. 판례의 기본입장

1. '재물과 재산상 이익-이분법'의 원칙적 유지

지배적인 해석론은 물론 판례 역시 재물과 재산상 이익을 엄격히 구분하는 원칙론을 표방하고 있다. 대표적으로 신동운 교수는 "우리 입법자는 재산범죄를 규율함에 있어서 '재물'과 '재산상 이익'이라는 이분법을 철저하게 유지하고 있다."고 단언한다.[5] 대법원 판례도 이와 같다.[6] "형법은 재산범죄의 객체가 재물인지 재산상의 이익인지에 따라 이를 재물죄와 이득죄로 명시하여 규정하고 있는데, 형법 제347조가 일반 사기죄를 재물죄 겸 이득죄로 규정한 것과 달리 형법 제347조의2는 컴퓨터등사용사기죄의 객체를 재물이 아닌 재산상의 이익으로만 한정하여 규정하고 있으므로, 절취한 타인의 신용카드로 현금자동지급기에서 현금을 인출하는 행위가 재물에 관한 범죄임이 분명한 이상 이를 위 컴퓨터등사용사기죄로 처벌할 수는 없다고 할 것이고, 입법자의 의도가 이와 달리 이를 위 죄로 처벌하고자 하는 데 있었다거나 유사한 사례와 비교하여 처벌상의 불균형이 발생할 우려가 있다는 이유만으로 그와 달리 볼 수는 없다."고 한다.[7]

---

4) '이중적 성격' 내지 '이중적 지위'라고도 칭할 수 있을 것이다.

5) 신동운, "횡령죄와 배임죄의 관계", 한국형사법학의 새로운 지평(유일당 오선주 교수 정년기념논문집), 2001, 330면.

6) 동지의 안경옥, "형법상 재산상 이익의 개념과 '이익을 얻을 가능성'의 범위", 비교형사법연구 제12권 제2호 (2010), 82면.

7) 대법원 2003.5.13. 선고 2003도1178 판결.

그렇다면 재물과 재산상 이익은 어떻게 개념적으로 구별되는가? 일반적으로 재물과 재산상 이익의 양자가 합해져서 '전체로서의 재산'[8]을 구성하며, 재산상 이익은 재물을 제외한 나머지 재산적 가치나 이익을 의미하는 것으로 이해되고 있다.[9] 즉, 공통점은 양자가 모두 전체재산을 구성한다는 점이고, 반면 차이점은 재산적 가치나 이익 중에서 재물을 제외한 부분이 재산상 이익이 된다는 점이라고 말할 수 있다. 다시 말해 '재산상 이익'은 일상적 의미와 달리 '재물'을 제외한 개념이라는 점에 차이점이 있는 것이다. 다음으로 재물과 재산상 이익은 그것이 각각 재산범죄의 객체가 되었을 때 보호법익의 차이를 가져온다. 재물을 객체로 하는 범죄는 소위 '소유권침해범죄'로서 재물에 대한 지배라는 형식적·법적 지위가 보호법익이 되지만, 재산상 이익을 객체로 하는 범죄는 '이득죄'로서 전체로서의 재산 및 그에 대한 소유권 이외의 재산권이 보호법익이 된다. 따라서 재산상 이익, 즉 재물을 제외한 전체재산의 구성부분은 소유권 외의 기타 재산권의 객체가 될 뿐 소유권의 객체는 되지 않는다.[10] 요컨대, 재물만을 객체로 하는 절도죄나 횡령죄 등은 타인의 소유권을 침해하는 범죄인 반면에, 재산상 이익만을 객체로 하는 배임죄나 컴퓨터등사용사기죄 등은 타인의 전체로서의 재산에 손해를 초래하거나 그에 대한 (소유권 외의) 재산권을 침해하는 범죄인 것이다.[11]

판례에 의하면 기망행위나 배임행위에 의하여 재산상 이익을 취득한 사례로는 노무나 담보의 제공을 받는 것[12], 채무의 면제를 받는

---

8) 전체로서의 재산(전체재산)은 한 개인이 보유한 경제적 가치의 총체로서 유형적, 무형적 가치를 총칭하는 개념이다. 이에 대해 전체로서의 재산이 감소되는 것을 손해라고 한다. 여기서 손해는 변동 전과 변동 후의 줄어든 만큼의 재산의 차이를 말한다. 신동운, 형법각론 (법문사, 2017), 827면.

9) 이재상·장영민·강동범, 형법각론(박영사, 2017), 330면; 신동운, 앞의 논문, 334면.

10) 김일수·서보학, 형법각론 (박영사, 2002), 254면; 손동권, 형법각론 (율곡출판사, 2005), 260면; 이재상·장영민·강동범, 앞의 책, 255면.

11) 한편 '재산상 이익'은 재산범죄의 행위객체라기보다는 보호법익으로 보아야 한다는 견해로는 김선복, 앞의 논문, 102면.

것[13]), 주식계좌의 사용권한을 부여받은 것[14]), 채무변제의 유예를 받는 것[15]), 자금운용의 권한 내지 지위를 획득하는 것[16]), 외형상 임차인으로서의 권리를 취득하는 것[17]), 부동산의 가압류를 해제하게 하는 것[18]), 소송을 통해 보존등기를 말소하여 그 소유명의를 얻을 수 있는 지위를 취득한 것[19]), 배당소송에서 상대방의 항소취하로 배당금을 수령할 수 있게 된 것,[20]) 위임금액을 초과한 현금을 인출하는 것[21]) 등이 있으며, 이와 같이 판례의 입장에 따르면 재산상 이익에는 적극적 이익뿐만 아니라 필요비용의 지급을 면하는 소극적 이익도 포함되고, 영구적 이익뿐만 아니라 채무이행을 일시적으로 연기받는 이익도 해당되며[22]), 금액으로 산출할 수 없어도 무방하다[23])고 본다.[24])

형법적으로 재물이란 유체물 및 관리가능한 동력을 의미한다.[25]) 이러한 정의로부터 재산상 이익은 전체재산에서 유체물 및 관리가능한 동력을 제외한 부분이라고 소극적으로 정의할 수도 있다.[26]) 여기서 유

---

12) 대법원 2006.11.24. 선고 2005도5667 판결.
13) 대법원 2012.4.13. 선고 2012도1101 판결.
14) 대법원 2012.9.27. 선고 2011도282 판결.
15) 대법원 1983.11.8. 선고 83도1723 판결.
16) 대법원 2012.9.27. 선고 2011도282 판결.
17) 대법원 2012.5.24. 선고 2010도12732 판결.
18) 대법원 2007.9.20. 선고 2007도5507 판결.
19) 대법원 2006.4.7. 선고 2005도9858 전원합의체판결.
20) 대법원 2002.11.22. 선고 2000도4419 판결.
21) 대법원 2006.3.24. 선고 2005도3516 판결.
22) 대법원 1998.12.9. 선고 98도3282 판결.
23) 대법원 1997.7.25. 선고 97도1095 판결.
24) 오영근, 앞의 논문, 200면. 일정기간 동안 일정금액의 한도를 정하여 대출약정을 한 후 그 한도 안에서 자유롭게 대출이 이루어지는 거래형태인 '기간부신용공여'도 재산상 이익에 포함될 수 있다는 견해로는 이완규, "기간부신용공여와 재산상 이익", 형사판례연구 제13호 (2005), 269면 이하 참조.
25) 이재상·장영민·강동범, 앞의 책, 253면. 재물은 물건을 대상으로 하는 개별재산이며, 소유권의 대상이 된다. 형법은 특히 타인의 소유에 속하는 물건을 '재물'이라고 표현하고 있다. 이 점에 대해서는 신동운, 앞의 책, 828면.

체물이란 일정한 공간을 차지하고 있는 물체를 뜻하므로 이러한 맥락에서 "재물이란 '시각과 촉각에 의하여 특정화될 수 있는 개개의 재화'라고 볼 수 있고, 반면 재산상의 이익이란 '전체적으로 고찰할 때 재산상태의 증가를 가져오는 일체의 이익 내지 가치로서 재물을 제외한 것'을 의미한다고"[27] 규정할 수 있을 것이다.[28] 이와 같은 방식으로 재물과 재산상 이익을 엄격히 구분하는 이해방식에 따르면 상기 해석론과 판례의 태도를 충분히 납득할 수 있다.

(1) 타인의 신용카드 현금인출시 컴퓨터등사용사기죄 부정사례

이러한 엄격한 이분법을 따르는 판례는 바로 앞서 언급한 컴퓨터등사용사기죄 사례이다. 즉 피고인이 절취한 신용카드들을 정보처리장치인 현금자동인출기에 투입하고 그 단말기에 미리 알아둔 정보인 위 신용카드들의 비밀번호를 권한 없이 입력하여 정보처리를 하게 함으로써 현금서비스를 받은 점들에 대하여 컴퓨터등사용사기죄의 구성요건을 충족시키지 못하여 무죄라는 취지인데, 그 근거는 "현금을 인출하는 행위가 재물에 관한 범죄임이 분명한 이상 이를 위 컴퓨터등사용사기죄로 처벌할 수는 없다고 할 것이고, 입법자의 의도가 이와 달리 이를 위 죄로 처벌하고자 하는 데 있었다거나 유사한 사례와 비교하여 처벌상의 불균형이 발생할 우려가 있다는 이유만으로 그와 달리 볼 수는 없다."는 것이다. 부연하자면, 컴퓨터등사용사기죄의 객체가 재산상의 이익으로만 규정되어 있어서 이 경우 동 죄책을 물을 수 없다는 결론에 대해서 이는 컴퓨터 관련범죄를 명시적으로 도입한 입법자의 역사적

---

26) 이러한 맥락에서 '온라인 게임아이템'이 재산상 이익에 해당한다는 견해로는 최호진, "온라인 아이템에 대한 형법적 해석방향", 형사정책연구 제22권 제4호 (2011), 50면.

27) 임웅, 앞의 논문, 360면.

28) 재물은 '재산상의 가치가 있는 물건'으로 정의할 수 있다는 입장으로는 박찬걸, "절도죄의 객체로서 재물의 '재산적 가치'에 대한 검토", 형사판례연구 제19호 (2011), 301면 이하.

의지에 부합되지 않는다는 견해와 직접 현금을 인출한 경우는 절도죄
가 되어 6년 이하의 징역이나 1천만원 이하의 벌금으로 처벌되는 반면
이를 다른 계좌로 이체한 경우는 본죄가 성립하여 10년 이하의 징역이
나 2천만원 이하의 벌금으로 처벌된다면 처벌에 불균형이 발생한다는
비판이 있지만[29] 판례의 입장은 이러한 사정만으로는 해석에 의해 본
조문의 적용범위를 확대할 수 없다는, 즉 본 조문의 객체인 재산상 이
익에 재물을 포함시킬 수 없다는 기존의 이분법을 유지하겠다는 취지
이다. 물론 이 사안에서 "신용카드들의 비밀번호를 권한 없이 입력하여
정보처리를 하게 한 행위"를 별도로 어떻게 평가해야 할지 논란이 될
수 있으나, 판례의 입장에 부합되도록 해석해 보면, 피고인은 현금지급
기관리자의 의사에 반하여 현금지급기 내부의 현금을 절취한 것으로
평가될 수 있고 이 경우 "신용카드들의 비밀번호를 권한 없이 입력하여
정보처리를 하게 한 행위"는 절취의 한 방법에 불과하다는 취지로 이해
할 수 있을 것이다.

(2) 위임금액을 초과한 현금인출시 컴퓨터등사용사기죄 인정사례

많은 선행연구에서 기존의 이분법을 개선해야 한다는 중요한 계기
를 제공해 주는 판례로서 소위 '위임금액 초과인출 사건'이 있다. 예금
주인 현금카드 소유자로부터 일정한 금액의 현금을 인출해 오라는 부
탁을 받으면서 이와 함께 현금카드를 건네받은 것을 기화로 그 위임을
받은 금액을 초과하여 현금을 인출하는 방법으로 그 차액 상당을 위법
하게 이득할 의사로 현금자동지급기에 초과된 금액이 인출되도록 입력
하여 그 초과된 금액의 현금을 인출한 경우에는 그 인출된 현금에 대한
점유를 취득함으로써 이때에 그 인출한 현금 총액 중 인출을 위임받은
금액을 넘는 부분의 비율에 상당하는 재산상 이익을 취득한 것으로 볼
수 있으므로 이러한 행위는 그 차액 상당액에 관하여 형법 제347조의2

---

29) 이 점에 대해서는 정대관, "컴퓨터등사용사기죄에 대한 고찰", 한국형사법학의
    새로운 지평(유일당 오선주교수 정년기념논문집), 2001, 309면

(컴퓨터등사용사기)에 규정된 '컴퓨터 등 정보처리장치에 권한 없이 정보를 입력하여 정보처리를 하게 함으로써 재산상의 이익을 취득'하는 행위로서 컴퓨터 등 사용사기죄에 해당된다는 것이 판례의 요지이다.[30) 그런데 대다수의 평석자들[31)에 의하면 이 경우 인출된 현금은 명백히 '재물'이므로 동 판결은 타인의 신용카드로 현금을 인출한 행위는 재물에 관한 범죄임이 분명한 이상 컴퓨터등사용사기죄가 성립할 수 없다고 판시한 앞의 판결과 명백히 모순된다고 한다.

하지만 동 판결은 그러한 해석과는 반대로 오히려 기존의 이분법을 충실히 유지하고자 한 판결로 보아야 한다. 그 이유는 다음과 같다.

우선 대상사건의 소송의 경과를 살펴보면, 변경 전 검사의 공소사실은 피해자 공소외인으로부터 그 소유의 농협현금카드로 20,000원을 인출해 오라는 부탁과 함께 현금카드를 건네받게 되된 피고인은 이를 기화로, 위 지점에 설치되어 있는 현금자동인출기에 위 현금카드를 넣고 권한 없이 인출금액을 50,000원으로 입력하여 그 금액을 인출한 후 그 중 20,000원만 피해자에게 건네주어 30,000원 상당의 재산상 이익을 취득하였다는 것이다. 이에 대해 제1심법원은 형법은 재산범죄의 객체가 재물인지 재산상의 이익인지에 따라 이를 재물죄와 이득죄로 명시하여 규정하고 있는데, 형법 제347조의2는 컴퓨터 등 사용사기죄의 객체를 재물이 아닌 재산상의 이익으로만 한정하여 규정하고 있으므로 타인의 신용카드로 현금자동지급기에서 현금을 인출하는 행위가 재물에 관한 범죄임이 분명한 이상 이를 위 컴퓨터 등 사용사기죄로 처벌할 수는 없다고 판단하여 무죄를 선고하였다. 그러자 검사는 원심에서 이 부분 공소사실을, 피고인은 공소외인으로부터 그 소유의 농협현금카드로 20,000원을 인출하여 오라는 부탁과 함께 현금카드를 건네받게 된 것을 기화로, 위 지점에 설치되어 있는 피해자 협동조합이 관리하는 현금자

---

30) 대법원 2006.3.24. 선고 2005도3516 판결.
31) 임상규, "은행거래금전의 재물성과 장물성에 관한 이의", 비교형사법연구 제13권 제1호 (2011), 52면; 권오걸, 앞의 논문, 408면; 임웅, 앞의 논문, 363-364면 참조.

동지급기에 위 현금카드를 넣고 인출금액을 50,000원으로 입력하여 이를 인출한 후 그 중 20,000원만을 공소외인에게 건네주는 방법으로 30,000원을 절취하였다는 것으로 공소장변경 허가신청을 하였고, 원심법원도 이를 허가하였다. 그렇지만 원심은 위 변경된 공소사실에 대하여 "절도죄에 있어서 절취란 재물의 점유자의 의사에 반하여 그 점유자의 지배를 배제하고 자신의 지배로 옮겨놓는 행위를 의미한다. 그런데 현금카드를 절취한 때와 같이 현금카드 자체를 사용할 권한이 없는 경우와 달리 피고인이 예금명의인인 공소외인으로부터 그 현금카드를 사용할 권한을 일단 부여받은 이상 이를 기화로 그 위임 범위를 벗어나 추가로 금원을 인출하였다고 하더라도 현금자동지급기 관리자로서는 예금명의인의 계산으로 인출자에게 적법하게 현금을 지급할 수밖에 없다. 따라서 이러한 경우 현금자동지급기 관리자에게 예금명의인과 그로부터 현금인출을 위임받은 자 사이의 내부적인 위임관계까지 관여하여 그 위임받은 범위를 초과하는 금액에 대하여는 그 인출행위를 승낙하지 않겠다는 의사까지 있다고 보기는 어렵다. 그러므로 위 현금인출 행위가 현금자동지급기 관리자의 의사에 반하여 그가 점유하고 있는 현금을 절취한 경우에 해당한다고 볼 수 없다."면서 무죄로 판단하였다.

상기 소송의 경과와 대법원의 판시사항을 일별해 보면, 대법원의 입장은 제1심이 "타인의 신용카드로 현금자동지급기에서 현금을 인출하는 행위가 재물에 관한 범죄임이 분명한 이상 이를 위 컴퓨터 등 사용사기죄로 처벌할 수는 없다."고 결론을 내린 것에 대해서는 명백히 잘못된 것이라고 판단하고 있지만 항소심에 대해서는 "그렇다면 원심으로서는 검사의 앞에서 본 바와 같은 공소장변경 허가신청을 불허하고 이 부분 공소사실에 대하여 컴퓨터 등 사용사기죄로 유죄를 인정하든가, 일단 절도죄로의 공소장변경을 허가한 경우라고 하더라도 그 변경 후 공소사실로는 유죄가 인정되지 않고, 오히려 변경 전 공소사실이 컴퓨터 등 사용사기죄로 유죄가 인정되는 반면에 이 점에 관한 피고인의 방어권 행사가 필요하기도 한 특별한 사정이 있는 등 이 사건에서의 구체적인 소송진행 경과를 감안하여 그 법률상의 사항에 관한 소송관계를 명료하게 하는 의미에서 검사에게 이러한 법적 관점을 지적하여 주고, 피고인에게도 이러한 법적 관점에 관하여 방어권 행사의 기회를 주는 등의 조치를 취하였어야 할 것이다.”고 설시함으로써 절도죄가 불성립한다는 점에 있어서는 항소심과 같은 입장을 취하고 있는 것으로 판단되는바, 그렇다면 상기 사안에서 절도죄가 불성립하는 이유는 “위 현금인출 행위가 현금자동지급기 관리자의 의사에 반하여 그가 점유하고 있는 현금을 절취한 경우에 해당한다고 볼 수 없[기]” 때문이라는 취지로 보는 것이 합당할 것이다. 다시 말해, 위임금액을 초과한 현금인출은 타인의 신용카드로 현금을 인출하는 경우와 다르게 현금지급기 관리자의 의사에 반하는 점유의 침해가 없다는 것이다. 요컨대 판례의 취지를 종합해 보면, 위임범위를 초과해 현금을 인출하는 것은 재물에 관한 범죄여서 컴퓨터등사용사기죄로 의율할 수 없다는 판단은 잘못된 것이고, 설령 재물에 관한 범죄로 볼 수 있더라도 현금지급기 관리자의 의사에 반하지 않으므로 절도죄로 의율할 수는 없다는 것이다.

이러한 판단을 전제로 하여 대법원은 “그 초과된 금액의 현금을 인출한 경우에는 그 인출된 현금에 대한 점유를 취득함으로써 이때에 그 인출한 현금 총액 중 인출을 위임받은 금액을 넘는 부분의 비율에 상당하는 재산상 이익을 취득한 것으로 볼 수 있으므로” 절도죄가 아니라 컴퓨터등사용사기죄가 성립한다는 논지를 제시한다. 전술한 바와 같이 다수의 평석자들은 이를 두고 대법원 판례가 인출된 현금을 때로는 재물로 때로는 재산상 이익으로 비일관적으로 임의적 해석을 하고 있다는 비판을 가하고 있다. 하지만 동 판례의 취지를 주의깊게 음미해 보면 다른 이해방식도 가능하다. 즉 대법원은 대상사건의 인출된 현금 중 위임받은 금액을 넘는 부분의 성격이 재물인지 재산상 이익인지에 대하여 다소 애매모호한 태도를 취하고 있다고 볼 수 있는데, 판례의 논지를 보면 대상사건을 절도죄로 의율할 수 없는 이유가 피고인이 취득한 현금의 재물성이 부정되어서가 아니라 ‘현금지급기 관리자의 의사에 반하지 않기 때문'이라고 하면서 그 현금의 성격을 재산상 이익으로 볼 수 있어서 컴퓨터등사용사기죄가 성립하는 범죄라고 판단하고 있기 때문이다. 이러한 맥락에서 대상판례의 태도는 인출된 현금 중 위임금액을 넘는 부분의 성격에 대해 재물로도, 재산상 이익으로도 볼 수 있는 여지를 남겨두고 있는 것으로 보인다. 그 이유는 위임금액을 넘는 현금의 성격이, 금전의 특성상 불특정되어 있다는 점에서 찾을 수 있을 것이다. 상기 대상판결의 30,000원은 현금으로서 재물임이 분명하지만,[32] 인출된 시점에서 보면 피해자에게 돌려줄 나머지 20,000원과 혼화되어 있어서 그 인출한 현금 총액 중 인출을 위임받은 금액을 넘는 부분의 비율에 상당하는 재산상 이익으로도 평가될 수 있기 때문이다. 즉 위임금액을 넘는 현금은 '재물'의 성격과 '재산상 이익'의 성격을 모두 지니기 때문이라는 것이다. 요컨대 금전은 일정한 조건 하에서 재물과 재산상 이익으로 양가성(兩價性)을 지닌다는 점을 대상판결을 고려하고 있는 것이다.

대상판결의 취지를 부연하자면 컴퓨터등사용사기죄의 기수시기가 '재산상의 이익을 취득한 때'[33]라는 점에 주목해 보면 인출된 현금에 대한 점유를 취득할 당시 피고인이 실제 영득한 것은 인출된 현금총액 50,000원 중 혼화되어 있는 불특정 30,000원인 바 이것은 현금으로서 '재물'이기도 하지만 인출 당시에 '현금총액 중 인출을 위임받은 금액을 넘는 부분의 비율'의 상태로 존재하므로 이것은 유체물이 아니라 관념적·가치적 대상인 '재산상 이익'으로 보아야 한다는 것이다.[34] 따라

---

32) 오영근, 앞의 논문, 206면; 임웅, 앞의 논문, 363면. 결과적으로 동지의 견해로는 조국, "위임범위를 초과한 타인의 현금카드 사용 현금인출의 형사적 죄책", 법률신문 (2007.4.30.) 참조.

33) 정대관, 앞의 논문, 310면.

34) 위임금액의 초과인출은 카드명의인의 은행에 대한 예금(지급)청구권의 감소를 초래하여 재산상 손해가 발생한 것으로 평가하면서, 이 시점은 초과된 금액의 인출을 위한 버튼조작을 완료한 시점이므로 이러한 기수시기 이후에 인출된 현금은 피고인이 취득한 재산상 이익이 현금이라는 형태로 현실화된 것으로 보아야 한다는 견해로는, 김성룡, "위임을 초과한 현금인출행위의 형사법적 죄책", 형사판

서 재물에 대한 죄인 절도죄와 재산상 이익에 대한 죄인 컴퓨터등사용
죄가 모두 성립가능해 상상적 경합이 될 수 있지만 현금지급기관리자
의 의사에 반하지 않아서 절도죄는 불성립하므로 컴퓨터등사용사기죄
만 성립하게 된다는 취지로 보아야 할 것이다.

오영근 교수의 적실한 지적처럼 재물은 가시적·감각적 개념이고 재
산상 이익은 관념적·계산적 개념이라는 점[35]을 고려하면 이러한 분석
은 충분한 설득력이 있다. 대상판결에서 피고인이 취득한 금액은 현금
이라는 점에서 가시적·감각적 대상인 동시에, 일정한 비율의 상태로 존
재한다는 점에서는 '가치로서의 금전', 즉 관념적·계산적 대상으로도
볼 수 있기 때문이다.[36]

덧붙여 이 사건 실행행위당시 피고인의 의사, 즉 고의는 어떤 고의
였을까? 위임금액을 초과한 금액에 대한 절취의 고의였을까, 아니면 컴
퓨터등사용사기죄의 고의였을까? 피고인은 이미 일정금액의 인출을 위
임받았기 때문에 이에 기하여 일정 금액을 초과인출한다고 해서 그것
이 현금지급기관리자의 의사에 반한다고 생각하지는 않았을 것이다.[37]

레연구 제16호 (2006), 206면. 즉 이때의 현금취득은 재산상 이익의 취득방법으
로 볼 수 있다고 한다. 동 논문, 188면의 각주 24) 참조

35) 오영근, 앞의 논문, 206면.

36) 대상판결에서 50,000원 중 공소외인에게 돌려 줄 20,000원이 구체적으로 분할되
어 특정되기 전까지는 30,000원은 여전히 특정되지 않아 재물로 볼 수 없고, 따
라서 이는 현실적으로 피고인의 소유가 아니라 그것을 취득할 수 있는 '잠재적
이익'이 피고인에게 귀속되는 것으로 볼 수 있다는 견해로는 안성조, 현대 형법
학 제1권 - 이론과 방법 - (경인문화사, 2011), 285면. 유사한 맥락에서 "피고인
이 취득한 50,000원은 구체적인 분할이 다시 이루어지기 전까지는 공소외인과
피고인의 공유관계로 보아야 하고, 따라서 피고인이 취득한 소유권은 적어도 이
단계에서는 50,000원 전체에 대한 30,000원 상당의 공유지분권으로 이해하여야
하지, 아직 구체적으로 특정, 분할되지 아니한 10,000원권 낱장 3장 자체에 대한
소유권이라고 할 수 없다."는 견해로는 이동신, "예금주인 현금카드 소유자로부
터 일정액의 현금을 인출해 오라는 부탁과 함께 현금카드를 건네받아 그 위임받
은 금액을 초과한 현금을 인출한 행위가 컴퓨터등사용사기죄를 구성하는지 여
부", 대법원판례해설 통권 제62호 (2006 상반기), 410-411면 참조.

그렇다면 재물에 대한 점유의 이전을 요건으로 하는 절취의 고의가 있었다고 보기는 어렵다. 컴퓨터등사용사기죄의 고의는 컴퓨터등 정보처리장치에 허위의 정보 또는 부정한 명령을 입력하여 정보를 처리하게 하고 이로 인해 재산상 이익을 취득하거나 제3자로 하여금 취득하게 한다는 인식과 의욕이다.[38] 피고인에게는 현금인출기에 부정한 명령을 입력하여 위임된 범위를 초과한 현금을 인출해 그 중 위임자에게 돌려줄 현금을 제한 나머지 금액을 취득하려는 의사가 있었다고 보는 것이 자연스러울 것이다. 그렇다면 그것은 관념적·계산적 대상으로서의 금전의 취득이라 할 수 있으므로 객체를 재산상 이익으로 하고 있는 컴퓨터등사용사기죄의 고의가 있었다고 보아야 한다. 판례는 이와 관련해 위임을 받은 금액을 초과하여 "현금을 인출하는 방법으로 그 차액 상당을 위법하게 이득할 의사"로 현금자동지급기에 그 초과된 금액이 인출되도록 입력하여 그 초과된 금액의 현금을 인출한 경우라고 설시하고 있다.

III. 판례의 예외법리: 이분법의 예외적 수정

1. 장물죄 및 사기죄

장물죄의 객체는 재물에 국한된다는 점에 대해서는 판례와 학설이 일치하고 있다. 예컨대 대법원 판례는 형법 제41장의 장물에 관한 죄에 있어서의 '장물'이라 함은 재산범죄로 인하여 취득한 물건 그 자체를 말하므로, 재산범죄를 저지른 이후에 별도의 재산범죄의 구성요건에 해

---

37) 역으로 현금지급지 관리자의 입장에서 볼 때 일단 카드소지인이 위임을 받은 이상 위임범위를 초과하여 현금을 인출하더라도 이는 의사에 반하지 아니하는 것으로 대상판결의 원심은 판단하고 있다. 이는 민법상 '표현대리'(表見代理)의 원리가 적용된 것으로 분석하는 견해로는 조국, "위임범위를 초과한 타인의 현금카드 사용 현금인출의 형사적 죄책", 형사판례연구 제16호 (2008), 168-169면 참조
38) 한상훈·안성조, 형법개론 제2판 (정독, 2020), 530면; 정대관, 앞의 논문, 311면.

당하는 사후행위가 있었다면 비록 그 행위가 불가벌적 사후행위로서 처벌의 대상이 되지 않는다 할지라도 그 사후행위로 인하여 취득한 물건은 재산범죄로 인하여 취득한 물건으로서 장물이 될 수 있다는 전제 하에, 갑이 권한 없이 타인의 아이디와 패스워드를 입력하여 인터넷뱅킹에 접속한 다음 타인의 예금계좌로부터 자신의 예금계좌로 돈을 이체하는 내용의 정보를 입력하여 자신의 예금액을 증액시킴으로써 컴퓨터등사용사기죄의 범행을 저지른 다음 자신의 현금카드를 사용하여 현금자동지급기에서 현금을 인출한 경우 이처럼 자기의 현금카드를 사용하여 현금자동지급기에서 현금을 인출한 경우에는 그것이 비록 컴퓨터등사용사기죄의 범행으로 취득한 예금채권을 인출한 것이라 할지라도 현금카드 사용권한 있는 자의 정당한 사용에 의한 것으로서 현금자동지급기 관리자의 의사에 반하거나 기망행위 및 그에 따른 처분행위도 없었으므로, 별도로 절도죄나 사기죄의 구성요건에 해당하지 않는다 할 것이고, 그 결과 그 인출된 현금은 재산범죄에 의하여 취득한 재물이 아니므로 장물이 될 수 없다는 법리를 제시하고 있다.39) 요컨대, 갑이 컴퓨터등사용사기죄에 의하여 취득한 예금채권은 재물이 아니라 재산상 이익이므로, 그가 자신의 예금구좌에서 현금을 인출하였더라도 장물을 금융기관에 예치하였다가 인출한 것으로 볼 수 없다는 취지인 것이다.

　하지만 이러한 법리는 대법원의 다음의 설시와 상충하는 듯 보인다. "장물이라 함은 재산범죄로 인하여 취득한 물건 그 자체를 말하고, 그 장물의 처분대가는 장물성을 상실하는 것이지만, 금전은 고도의 대체성을 가지고 있어 다른 종류의 통화와 쉽게 교환할 수 있고, 그 금전 자체는 별다른 의미가 없고 금액에 의하여 표시되는 금전적 가치가 거래상 의미를 가지고 유통되고 있는 점에 비추어 볼 때, 장물인 현금을 금융기관에 예금의 형태로 보관하였다가 이를 반환받기 위하여 동일한 액

---

39) 대법원 2004.4.16. 선고 2004도353 판결. 동 판결에 대한 평석으로는 천진호, "타인명의예금 인출행위의 형사책임과 장물죄", 형사판례연구 제13호 (2005), 360면 이하 참조.

수의 현금을 인출한 경우에 예금계약의 성질상 인출된 현금은 당초의 현금과 물리적인 동일성은 상실되었지만 액수에 의하여 표시되는 금전적 가치에는 아무런 변동이 없으므로 장물로서의 성질은 그대로 유지된다고 봄이 상당하고, 자기앞수표도 그 액면금을 즉시 지급받을 수 있는 등 현금에 대신하는 기능을 가지고 거래상 현금과 동일하게 취급되고 있는 점에서 금전의 경우와 동일하게 보아야 한다.”40)는 판례의 취지는 예금계좌에 입금해 두었다가 인출한 현금은 장물로서의 재물성이 유지된다는 것인데, 이는 전술한 판례에서 “예금채권은 재물이 아니라 재산상 이익이므로, 그가 자신의 예금구좌에서 현금을 인출하였더라도 장물을 금융기관에 예치하였다가 인출한 것으로 볼 수 없다.”는 취지에 정면으로 반하는 것처럼 보이기 때문이다.

두 사례의 공통점은 예금채권으로 존재하던 현금을 인출한 경우라는 점에서 찾을 수 있고, 바로 이 점에 주목하면 그 인출되기 전에 예금채권으로 존재하던 현금의 재물성을 한편으로는 부정하고, 한편으로는 긍정하는 판례의 태도가 모순적으로 보이는 것은 명백하다. 일부 평석자는 바로 이 점에 주목하여 판례의 태도를 비판하며 재물과 재산상 이익이라는 이분법의 한계를 지적하는 것으로 보인다.41) 하지만 전후 사례의 차이점에 주목하면 판례가 비일관된 결론을 내리고 있다고 단정하기 어렵다. 전자의 경우 처음부터 예금채권의 형태로 존재하던 재산상의 이익이므로 그 재물성을 인정하기 어려우나, 후자의 경우 처음에 현금이던 장물을 ‘예금채권의 형태로 보관하다가’ 인출하였던바, 판례에 의하면 애당초 재물이던 현금의 장물성은 중간에 예금채권의 형태로 보관하는 과정을 거쳤다고 하더라도, “금전은 고도의 대체성을 가지고 있어 다른 종류의 통화와 쉽게 교환할 수 있고, 그 금전 자체는 별다른 의미가 없고 금액에 의하여 표시되는 금전적 가치가 거래상 의미를

---

40) 대법원 2000.3.10. 선고 98도2579 판결.
41) 김태명, “재물과 재산상 이익의 개념과 양자의 교착”, 형사법연구 제26권 제2호 (2014), 83-84면.

가지고 유통되고 있는 점에 비추어 볼 때, 동일한 액수의 현금을 인출한 경우에 예금계약의 성질상 인출된 현금은 당초의 현금과 물리적인 동일성은 상실되었지만 액수에 의하여 표시되는 금전적 가치에는 아무런 변동이 없으므로" 인출된 이후에도 장물로서 성질은 그대로 유지된다고 봄이 상당하다는 취지인 것이다.

그렇다면 판례의 입장은 이렇게 정리할 수 있을 것이다.

예금채권으로서 존재하는 금전의 성질에 대하여, 처음부터 예금채권으로 존재하다가 인출되었다면 재물과 재산상 이익의 이분법을 그대로 견지하여 재산상 이익으로 평가되지만, 처음에 현금이던 장물을 중간에 '예금의 형태로 보관하다가' 이를 인출한 때에는 '고도의 대체성을 지닌 금전의 성질을 고려하면' 그 인출된 금액은 '예외적으로' 재물로서의 성질을 유지하게 된다는 것이다(예외법리 I).[42]

그런데 장물죄와 관련해 또 하나의 사례가 문제시된다. 판례는 본범이 피해자를 기망하여 피고인의 계좌로 돈을 이체하게 하고 그 피고인이 자신의 계좌에 입금된 돈이 사기범행으로 이체된 사정을 알면서도 예금을 인출한 사건에서[43] "이 사건과 같이 피해자가 본범의 기망행위에 속아 현금을 피고인 명의의 은행 예금계좌로 송금하였다면, 이는 재물에 해당하는 현금을 교부하는 방법이 예금계좌로 송금하는 형식으로 이루어진 것에 불과하여" 그 인출된 현금의 장물성을 긍정하였던바,[44]

---

42) 이처럼 현금이 등장하는 송금의 경우에는 대법원이 그 현금의 장물성을 유지시키려는 의도에서 이득죄보다는 재물죄를 선호하고 있다는 분석으로는 임상규, 앞의 논문, 55면.

43) 사기 범행에 이용되리라는 사정을 알고서도 피고인 자신의 명의로 새마을금고 예금계좌를 개설하여 본범인 갑에게 이를 양도함으로써 갑이 피해자 을을 속여 을로 하여금 1,000만 원을 위 계좌로 송금하게 한 사기 범행을 방조한 피고인이 위 계좌로 송금된 돈 중 140만 원을 인출하여 갑이 편취한 장물을 취득하였다는 공소사실에 대하여, 갑이 사기 범행으로 취득한 것은 재산상 이익이어서 장물에 해당하지 않는다는 원심판단은 적절하지 아니하지만, 피고인의 위와 같은 인출행위를 장물취득죄로 벌할 수는 없으므로, 위 '장물취득' 부분을 무죄로 선고한 원심의 결론을 정당하다고 한 사례.

이에 대해 본범이 사기죄로 취득한 금전이라도 그것이 예금계좌로 송금받는 형식을 취했다면 은행계좌로 입금된 돈은 입금과 동시에 유체성 및 특정성을 상실해 재물로서의 성질이 사라지고 단지 예금주의 예금채권으로서 재산상 이익으로 보아야 한다는 비판적 견해가 제시되어 있다.[45] 이러한 지적은, 앞의 판례에서처럼 처음에 현금이던 장물을 예금채권의 형태로 보관하다가 인출하였던 경우라면 장물성이 유지된다고 말할 수 있겠지만, 사기로 인해 기망당한 피해자가 재산적 처분행위로써 피고인의 예금계좌로 송금한 현금은 그 자체가 본범이 저지른 재산범죄의 객체이므로, 예금채권의 형태로 존재하는 한 장물로 평가할 수 없고, 따라서 이를 인출한 경우에도 장물죄가 성립할 수 없다는 취지라는 점에서, 이 사례는 "컴퓨터등사용사기죄에 의하여 취득한 예금채권은 재물이 아니라 재산상 이익이므로, 그가 자신의 예금구좌에서 현금을 인출하였더라도 장물을 금융기관에 예치하였다가 인출한 것으로 볼 수 없다"는 법리에 비추어 일응 타당해 보인다. 하지만 판례는 다음과 같이 설시한다. "사기죄의 객체는 타인이 점유하는 '타인의' 재물 또는 재산상의 이익이므로, 피해자와의 관계에서 살펴보아 그것이 피해자 소유의 재물인지 아니면 피해자가 보유하는 재산상의 이익인지에 따라 재물이 객체인지 아니면 재산상의 이익이 객체인지 구별하여야 하는 것으로서, 이 사건과 같이 피해자가 피고인 명의의 새마을금고 예금계좌로 돈을 송금한 경우 피해자의 새마을금고에 대한 예금채권은 당초 발생하지 않는다." 이것은 어떠한 의미인가? 사기죄의 객체로서의 재물과 재산상 이익을 판단할 때 흔히 피고인이 취득한 대상을 기준으로 평가하지만, 판례에 의하면 "피해자와의 관계에서 살펴보아 그것이 피해자 소유의 재물인지 아니면 피해자가 보유하는 재산상의 이익인지에 따라 재물이 객체인지 아니면 재산상의 이익이 객체인지 구별하여

---

44) 대법원 2010.12.9. 선고 2010도6256 판결.
45) 김태명, "재물 및 재산상 이익의 개념과 횡령죄와 배임죄의 관계", 형사법연구 제31권 제4호(2019), 306면.

야 [한다는]" 것이다. 그러면서 덧붙인 바, "피해자의 새마을금고에 대한 예금채권은 당초 발생하지 않는다."고 한다. 만일 이 경우에 사기죄의 객체가 재산상 이익이라면 피해자의 재산적 처분행위로 인해 피해자가 갖고 있던 예금채권이 피고인에게 양도되어야 한다. 즉 사기죄가 성립하기 위해서는 피고인의 기망으로 인한 피해자의 재산적 처분행위가 있어야 하는데, 피해자의 재산적 처분행위 결과 피고인이 취득한 것이 재물이 아닌 재산상 이익으로 평가되기 위해서는 처분행위의 대상이 여기서는 '새마을금고에 대한 예금채권'이어야 하는바, 이러한 논리가 성립하려면 그 예금채권은 원래 피해자가 갖고 있던 것이어야 하지만, 피해자는 새마을금고와의 관계에서 그러한 예금채권이 당초 발생하지 않았고, 그러므로 이 사안에서 사기죄의 객체는 재물로 보아야 한다는 것이다. 요컨대, 이 사건에서 피해자가 기망을 당해 재산적 처분행위를 한 것은 자신의 재물이며, 그것을 피고인 명의의 은행계좌로 송금한 것은 그 실질에 있어서 "재물에 해당하는 현금을 교부하는 방법이 예금계좌로 송금하는 형식으로 이루어진 것에 불과"하다는 취지인 것이다. 다시 말해 피해자가 본범의 사기행위에 의해 침해당한 것은 재물이지, 예금채권으로서의 재산상 이익이 아니므로 비록 예금계좌에 송금되어 예치된 형태로 존재하다가 인출되었다고 하더라도 장물성을 인정할 수 있다는 취지로 보인다. 결론적으로 여기서는 장물의 동일성에 관한 법리를 원용하는 대신 "재물에 해당하는 현금을 교부하는 방법이 예금계좌로 송금하는 형식으로 이루어진 것에 불과"하다는 법리적인 근거를 제시함으로써 인출된 현금의 장물성을 인정하고 있다는 점에서 차이가 있다고 볼 수 있을 것이다.

그렇다면, 상기 논급한 판례의 입장은 다음과 같이 정리할 수 있을 것이다. 장물죄의 본범으로서의 사기죄의 객체가 재물로 평가받을 수 있는지 여부는 "피해자와의 관계에서 살펴보아 그것이 피해자 소유의 재물인지 아니면 피해자가 보유하는 재산상의 이익인지 여부에 따라서 재물이 객체인지 아니면 재산상의 이익이 객체인지 구별하여야 한다(예외법리 II)." 이것은 다른 관점에서 보면 사기죄의 객체로서의 재물 또는 재산상 이익의 판단은 사기의 실행행위의 대상과 사기로 인한 취득의 대상을 구분해 결정해야 하며 사기죄의 경우 실행행위의 대상이 무엇인지, 다시 말해 기망행위로 의욕한 바, 즉 기망으로 인한 피해자의 재산적 처분행위의 대상이 무엇인지에 따라서 재물성 여부를 판정해야 한다는 것이다.

2. 횡령죄

횡령죄와 관련해서도 장물죄와 유사한 맥락의 문제점이 지적된다. 예컨대 위탁물을 매매하고 수령한 금전을 자신의 계좌에 입금하였거나 또는 매수인으로부터 위탁물의 매매대금을 자신의 계좌로 입금받았다면 위탁매매대금은 예금계좌의 잔고 형태로 보관이 되어 있을 것인데, 이러한 재산상 이익을 임의로 사용하는 행위를 횡령죄로 의율하는 것이 과연 타당하느냐는 것이다.[46]

이와 관련된 판례는 다음과 같다.

우선 "형법 제356조, 제355조에 있어서의 보관이라 함은 재물이 사실상의 지배아래 있는 경우뿐만 아니라 법률상의 지배, 처분이 가능한 상태를 모두 가리킨다고 할 것이고, 따라서 타인의 금전을 위탁받아 보관하는 자가 보관방법으로서 이를 은행 그 밖의 금융기관에 예금한 경우에도 그 금전보관자의 지위에 영향이 없고, 또 회사와 은행사이의 당좌예금 계약에 기하여 회사로부터 수표를 발행하는 권한을 위임받고 있는 자는 그 수표자금으로서 예치되어 있는 금원에 대하여 이를 보관하는 지위에 있다고 보아야 할 것이며, 이와 같은 수표발행의 권한이 있는 자가 업무상의 임무에 위배하여 자기 또는 제3자의 용도에 충당하기 위하여 수표를 발행하고 그 수표를 이용하여 거래은행으로부터 회사의 예금을 인출하는 행위는 불법영득의 의사를 실현하는 행위로서

---

46) 김태명, 앞의 논문(각주 45), 308면.

업무상횡령죄가 성립한다고 할 것이다.”47)는 판례가 있다.

다음으로 “횡령죄에 있어서 보관이라 함은 재물이 사실상 지배하에 있는 경우뿐만 아니라 법률상의 지배·처분이 가능한 상태를 모두 가리키는 것으로 타인의 금전을 위탁받아 보관하는 자는 보관방법으로 이를 은행 등의 금융기관에 예치한 경우에도 보관자의 지위를 갖는 것이다. 타인의 금전을 위탁받아 보관하는 자가 보관방법으로 금융기관에 자신의 명의로 예치한 경우, 금융실명거래및비밀보장에관한긴급재정경제명령이 시행된 이후 금융기관으로서는 특별한 사정이 없는 한 실명확인을 한 예금명의자만을 예금주로 인정할 수밖에 없으므로 수탁자 명의의 예금에 입금된 금전은 수탁자만이 법률상 지배·처분할 수 있을 뿐이고 위탁자로서는 위 예금의 예금주가 자신이라고 주장할 수는 없으나, 그렇다고 하여 보관을 위탁받은 위 금전이 수탁자 소유로 된다거나 위탁자가 위 금전의 반환을 구할 수 없는 것은 아니므로 수탁자가 이를 함부로 인출하여 소비하거나 또는 위탁자로부터 반환요구를 받았음에도 이를 영득할 의사로 반환을 거부하는 경우에는 횡령죄가 성립한다.”48)는 판례도 있다.

횡령죄란 타인의 재물을 보관하는 자가 그 재물을 횡령하거나 그 반환을 거부함으로써 성립하는 범죄이다. 즉 횡령죄의 객체는 재물이다. 그래서 상기 두 사례는 횡령의 객체가 예치된 금전이므로 이는 횡령죄의 객체로 보기 어렵다는 의문이 들 수밖에 없다. 이와 관련해 판례는 공통적으로 다음과 같은 설시를 하고 있다. “횡령죄에 있어서 보관이라 함은 재물이 사실상 지배하에 있는 경우뿐만 아니라 법률상의 지배·처분이 가능한 상태를 모두 가리키는 것으로 타인의 금전을 위탁받아 보관하는 자는 보관방법으로 이를 은행 등의 금융기관에 예치한 경우에도 보관자의 지위를 갖는 것이다.” 일반적으로 보관은 ‘점유’, ‘간수’, ‘소지’ 등의 개념들과 유사하게 사실상 지배로서의 의미를 지닌다. 하지

---

47) 대법원 1983.9.13. 선고 82도75 판결.
48) 대법원 2000.8.18. 선고 2000도1856 판결.

만 신임관계위반을 본질로 하는 횡령죄의 특성상 이때의 보관은 통상의 점유나 간수 및 소지보다는 더 넓은 의미를 지닌다. 즉 횡령죄의 보관은 사실상의 지배를 넘어 법률상 지배처분이 가능한 상태로까지 확장되며[49] 판례는 바로 이 점을 판단의 전제로 삼고 있다. 그렇다면 그 결과는 무엇인가? 이 점에 대해 판례는 "타인의 금전을 위탁받아 보관하는 자는 보관방법으로 이를 은행 등의 금융기관에 예치한 경우에도 보관자의 지위를 갖는 것이다."라며 타인이 위탁한 금전을 현금의 형태로 보관하다든, 은행에 예치해 보관하든 그것은 '보관방법'의 차이만 있을 뿐 전자의 경우 '사실상 지배'로서 보관이 성립한다면, 후자는 '법률상 지배'로서 보관이 될 수 있다는 것이다. 그런데 문제는 이 경우 예치된 금전이 과연 재물인지 재산상의 이익인지에 대해 판례는 침묵하고 있다. 앞의 장물죄 판례에서는 장물을 금융기관에 예치하였다가 인출한 경우 재물로서의 장물성이 유지된다고 판시했던 것과는 달리 이 경우에는 위탁받아 보관하던 예금을 인출한 경우에 횡령죄의 객체로서 재물성이 인정되는가에 대해 명확한 설시가 없이, 횡령죄의 성립을 인정하고 있다는 것이다. 이러한 맥락에서 "사실상 재산상 이익에 해당하는 예금을 은근슬쩍 재물로 바꾸어 횡령죄를 인정하는 전략을 구사하고 있다."는 비판은 의미가 있다.[50] 그런데 과연 판례의 입장을 그와 같이 해석하는 것이 합당한 것일까? 판례의 입장에 의하면 횡령죄의 객체는 '타인의 재물'이므로 재물이 아닌 재산상 이익은 객체가 될 수 없다. 따라서 광업권을 포함해[51] 사무적으로 관리가 가능한 채권이나 그 밖의 권리 등은 재물에 포함된다고 해석할 수 없다.[52] 그렇다면 판례가 위 사례에서 보관자의 지위를 인정하고 횡령죄의 성립을 긍정한 것은 일응 위탁보관된 예금의 재물성을 인정하고 있는 것으로 해석하는 것이 합당할 것이다. 그런데 과연 어떤 근거에 의해 예금잔고가 재산상 이익

---

49) 신동운, 형법각론(법문사, 2018), 1199면.
50) 김태명, 앞의 논문(각주 41), 82면.
51) 대법원 1994.3.8. 선고 93도2272 판결.
52) 대법원 2014.2.27. 선고 2011도832 판결.

이 아닌 재물로 평가될 수 있는 것일까? 그것은 명시적으로 판례가 논급하고 있지는 않지만 앞의 장물죄 판례에서 "금전은 고도의 대체성을 가지고 있어 다른 종류의 통화와 쉽게 교환할 수 있고, 그 금전 자체는 별다른 의미가 없고 금액에 의하여 표시되는 금전적 가치가 거래상 의미를 가지고 유통되고 있는 점에 비추어 볼 때, 동일한 액수의 현금을 인출한 경우에 예금계약의 성질상 인출된 현금은 당초의 현금과 물리적인 동일성은 상실되었지만 액수에 의하여 표시되는 금전적 가치에는 아무런 변동이 없[다]."는 판단에서 이해의 실마리를 얻을 수 있다고 본다. 일반적으로 특정물이 아니라, 목적과 용도를 정했지만 불특정물로 위탁된 금전의 경우에 이를 횡령죄에서 말하는 타인의 재물로 볼 수 있을 것인가에 대해, 이 경우 물건이 아닌 가치로서 고찰해야 하므로 배임죄의 객체는 될 수 있어도 횡령죄의 객체는 될 수 없다는 배임죄설[53]과 금전 기타 대체물도 재물이라고 보아야 하므로 수탁자가 정해진 용도에 따라 사용할 때까지 소유권이 위탁자에게 유보되므로 이를 임의소비하면 횡령죄가 성립한다는 횡령죄설이 대립하지만 판례[54]는 횡령죄설을 채택하고 있다.[55] 그러므로 일단 위탁보관된 예금에 대해서도 횡령죄가 성립할 수 있다. 다만 그 예금의 성격이 문제가 되는데 "금전은 고도의 대체성을 가지고 있어서 그 자체로는 별다른 의미가 없다"는 관점을 취한다면, "현금이든 예금이든" 목적과 용도를 정해 위탁되어 있다면 법적으로는 횡령죄의 객체로서 재물성이 인정된다고 평가할 수 있을 것이다. 판례는 이 점을 특히 "보관방법으로 이를 은행 등의 금융

---

53) 배임죄설은 금전 기타 대체물의 유통성과 대체성을 강조하면서 이를 물건(재물)으로서가 아니라 가치 또는 가액으로 파악하는 입장이다. 따라서 횡령죄설과 달리 점유이전과 동시에 소유권도 이전하게 된다는 입장에서 수탁자가 이를 임의소비한 경우 소유권침해범죄인 횡령죄가 아니라 전체재산에 대한 죄인 배임죄가 성립한다고 본다.

54) 대법원 2004.3.12. 선고 2004도134 판결.

55) 허일태, "위탁금전의 소비와 형법상 고유한 소유권 개념", 형사판례연구 제12호 (2004), 268-269면; 강수진, "타인의 사무처리자의 횡령죄 성립에 관한 최근 대법원 판례의 태도", 고려법학 제90호(2018), 109면.

기관에 예치"한 것이라고 밝히고 있는 것이다. 요컨대 불법의 실질이 횡령이고, 횡령행위의 대상이 금전일 경우에는 예금이든 현금이든 재물로서 횡령죄의 객체가 될 수 있다고 보는 것이 판례의 취지를 종합적으로 고찰할 때 합당한 해석이라고 생각된다.[56)]

요컨대, 목적과 용도를 정해 위탁보관된 예금은 위탁된 금전의 보관방법으로서 은행 등 금융기관에 예치된 것이므로 횡령행위의 대상이 될 경우에는 재물로서 평가되며 따라서 횡령죄의 객체가 된다(예외법리 III).

3. 배임죄

배임죄는 타인의 사무를 처리하는 자가 그 임무에 위배하는 행위로써 재산상의 이익을 취득하거나 제3자로 하여금 이를 취득하게 하여 본인에게 손해를 가한 때에 성립한다. 일반적으로 배임죄의 객체는 재산상 이익으로서 재물은 제외되는 것으로 해석된다. 그런데 이러한 통설적 견해에 입각해 볼 때, 몇몇 판례는 재물을 배임죄의 객체로 인정함

---

56) 관련 판례로서 "타인으로부터 용도가 엄격히 제한된 자금을 위탁받아 보관하는 자가 그 자금을 제한된 용도 이외의 목적으로 사용하는 것은 횡령죄가 되는 것이고, 이와 같이 용도나 목적이 특정되어 보관된 금전은 그 보관 도중에 특정의 용도나 목적이 소멸되었다고 하더라도 위탁자가 이를 반환받거나 그 임의소비를 승낙하기까지는 횡령죄의 적용에 있어서는 여전히 위탁자의 소유물이라고 할 것이다(대법원 2002.11.22. 선고 2002도4291 판결) 참조 판례는 기본적으로 금전 등 대체물에 대해서는 횡령죄가 성립할 수 없다고 보지만(대법원 1958.12.29. 선고 4291형상471 판결), 판례는 대체로 용도의 특정이라는 법리를 동원하지 않고도 금전과 같은 대체물에 대해서는 위탁자의 소유를 인정하여 보관자가 임의처분하는 경우 횡령죄를 인정한다고 보는 견해로는, 최병천, 판례중심 형법각론(피앤씨미디어, 2016), 388면 이하 참조. 이에 대하여 예금이란 금융기관이 보관과 운용을 위탁받은 자금으로 예금주의 입장에서는 금융기관에 대해 갖고 있는 채권에 불과하므로 타인의 위탁을 받아 예금계좌에 보관하고 있다가 이를 인출하는 행위는 배임죄로 규율하는 것이 타당하다는 견해로는 김태명, 판례형법각론 (피앤씨미디어, 2016), 408-409면 참조.

으로써 순이득죄라는 배임죄의 성격을 벗어난다는 비판이 있다. 예컨대 부동산 이중매매사례에서 매도인이 매수인으로부터 중도금까지 받은 후 매매목적물인 부동산을 제3자에게 이중매도하고 소유권이전등기를 마친 경우에, 배임행위자나 제3자가 취득한 것은 매매대금이거나 부동산 그 자체이므로 어느 경우이거나 재물로 평가되므로 이 경우 배임죄로 처벌한 판례[57]는 순이득죄의 성격에 비추어 잘못되었다는 것이다. 아울러 판례는 금융기관 임직원이 금융기관에 예치된 금전을 부당하게 대출해 주는 행위를 업무상배임죄로 의율하는데[58] 이는 자신이 보관하는 타인의 금전을 재물로 보아 이를 임의로 소비하는 행위를 횡령죄로 의율하는 판례와 모순된다고 한다.[59]

우선 예치된 금전을 부당하게 대출해 준 사례를 보도록 하자. 판례에 의하면 "금융기관의 직원들이 대출을 함에 있어 대출채권의 회수를 확실하게 하기 위하여 충분한 담보를 제공받는 등 상당하고도 합리적

---

57) 대법원 2018.5.17. 선고 2017도4027 전원합의체 판결. "부동산 매매계약에서 계약금만 지급된 단계에서는 어느 당사자나 계약금을 포기하거나 그 배액을 상환함으로써 자유롭게 계약의 구속력에서 벗어날 수 있다. 그러나 중도금이 지급되는 등 계약이 본격적으로 이행되는 단계에 이른 때에는 계약이 취소되거나 해제되지 않는 한 매도인은 매수인에게 부동산의 소유권을 이전해 줄 의무에서 벗어날 수 없다. 따라서 이러한 단계에 이른 때에 매도인은 매수인에 대하여 매수인의 재산보전에 협력하여 재산적 이익을 보호·관리할 신임관계에 있게 된다. 그때부터 매도인은 배임죄에서 말하는 '타인의 사무를 처리하는 자'에 해당한다고 보아야 한다. 그러한 지위에 있는 매도인이 매수인에게 계약 내용에 따라 부동산의 소유권을 이전해 주기 전에 그 부동산을 제3자에게 처분하고 제3자 앞으로 그 처분에 따른 등기를 마쳐 준 행위는 매수인의 부동산 취득 또는 보전에 지장을 초래하는 행위이다. 이는 매수인과의 신임관계를 저버리는 행위로서 배임죄가 성립한다." 배임죄는 타인과 그 재산상 이익을 보호·관리하여야 할 신임관계에 있는 사람이 신뢰를 저버리는 행위를 함으로써 타인의 재산상 이익을 침해할 때 성립하는 범죄이다. 따라서 이 사례에서 피고인은 제1 매수인의 부동산 취득 또는 보전에 지장을 초래하는 행위를 한 것이므로 재산상 이익을 침해하고, 그에 상응하는 재산상 이익을 취득한 것으로 판례는 보고 있다.

58) 대법원 2003.2.11. 선고 2002도5679 판결.

59) 이러한 지적으로 김태명, 앞의 논문(각주 45), 311면.

인 조치를 강구함이 없이 만연히 대출을 해 주었다면 업무위배행위로 제3자로 하여금 재산상 이득을 취득하게 하고 금융기관에 손해를 가한다는 인식이 없었다고 볼 수 없다."고 한다. 이 경우 어째서 횡령죄가 아닌 배임죄가 성립할까? 두 가지 측면에서 살펴볼 수 있다.

첫째, 불법의 실질이 횡령이 아닌 배임행위다. 이 사례는 제공된 담보가 충분하지 않음에도 불구하고 타인에게 금전을 부당하게 대출해 준 행위로서 행위자 오로지 개인의 불법영득의사와 영득행위만으로도 성립가능한 횡령이 아니라 임무에 위반하여 본인에게 손해를 가한다는 인식 하에 제3자로 하여금 재산상 이익을 얻게 한 행위이므로 배임죄로 의율하는 것이 타당할 것이다. 다시 말해 불법의 실질이 가해범죄로서의 성격도 지니는 배임행위인지[60] 재산취득죄로서의 성격만을 지니는 횡령행위인지 먼저 판단을 내린 후에 그에 따라 본인이 횡령하거나 본인 또는 타인이 취득한 금전의 성격을 평가하면 될 것이라고 본다. 즉 행위자 자신의 영득행위로 재물을 횡령한 것으로 평가할 수 있다면 횡령죄가 성립될 것이고, 본인에 대해 손해를 발생시키는 배신행위를 통해 본인 또는 제3자가 재산상 이익을 취득한 것으로 평가할 수 있다면 배임죄가 성립될 것이다.

둘째, 부당하게 대출해 준 금전을 대출을 받은 제3자의 입장에서 순수한 재물로 평가하기는 어렵다. 왜냐하면 대출금액은 제공된 담보에 비해 계산상 관념적으로 이득일 수는 있으나 그 자체가 가시적이고 감각적인 재물 그 자체는 아니다. 이해를 돕기 위해 부연설명을 하자면, 재물은 그것을 취득한 가액만큼의 재산의 증가를 가져오는 대상이고, 재산상 이익은 그것을 취득한 가액에서 계산을 거쳐서 조정된 만큼의 재산의 증가를 가져오는 대상이라고 말할 수 있다. 이것이 바로 재물은 가시적·감각적 개념이고 재산상 이익은 관념적·계산적 개념이라는 구별기준[61]의 또 하나의 함의라고 볼 수 있을 것이다.

---

60) 배임죄의 가해범죄로서의 성격에 대해서는 이재상·장영민·강동범, 앞의 책, 419면.
61) 오영근, 앞의 논문, 206면. 배임의 손해액 산정에 있어서 이른바 '전체계산원칙'

따라서 대출금액이 재물이라면 그 금액만큼의 순수한 재산의 증가가 있어야 한다. 그렇지만 부당하게 대출받은 제3자가 대출금만큼의 전체재산의 증가가 발생했다고 평가할 수 없다. 담보된 가치와 대출금액 사이의 관념적 계산이 필요하기 때문이다.62) 더군다나 대출금은 언젠가 결국 상환해야 한다는 점, 즉 새로운 채무를 부담케 만든다는 점을 고려하면 그것이 재물을 영득한 경우처럼 순수한 재산의 증가를 가져왔다고 평가하기는 어렵다.

요컨대, 부당대출 사례는 금융기관 임직원의 배임행위로 인해 타인으로 하여금 재산상 이익을 취득하게 한 행위로 평가되며, 따라서 배임죄의 죄책을 진다고 보는 것이 합당하다. 이는 명백히 자신이 보관하는 예치금을 영득하여 횡령한 경우 재물에 대한 범죄로서 횡령죄가 성립하는 사례와는 구별되어야 한다.

다음으로 부동산 이중매매 사례를 고찰해 보자. 이와 관련해 배임행위, 즉 배임의 실행행위의 대상과 그로 인한 취득대상을 구별해 배임행위의 대상은 재산상 이익에 국한되지 않아서 재물도 포함될 수 있지만, 배임행위로 인한 취득대상은 구성요건의 해석상 반드시 재산상 이익이

은 처분 전후의 본인의 총체적으로 보아 본인의 재산상태의 감소가 있는지 여부를 기준으로 판단하는 것도 재산상 이익의 관념적·계산적 성격을 반영한 결과라고 말할 수 있다. 대법원은 이와 관련해 "배임죄에 있어서 본인에게 손해를 가한다 함은 총체적으로 보아 본인의 재산상태에 손해를 가하는 경우를 말하는 바 일반경쟁입찰에 의하여 매각할 은닉신고된 국유부동산을 수의계약으로 매각하였다고 하여 바로 국가가 그 부동산 자체를 상실하는 손해를 입었다고 볼 수는 없고, 수의계약에 의한 매각대금이 정당한 객관적 시가가 못되고, 일반경쟁입찰의 방식으로 매각할 경우의 예상대금보다 저렴한 금액인 경우에만 국가에 손해가 발생한 것이다(대법원 1981. 6. 23. 선고 80도2934 판결)"고 판시하였다. 전체계산원칙에 대해서는 박상기·전지연, 형법학 (집현재, 2018), 688-690면; 이용식, 형법각론 (박영사, 2019), 34면; 손동권, 앞의 책, 458면; 김성돈, 형법각론 (SKKUP, 2013), 442면 참조.

62) 부당대출의 배임의 이득액을 '재산의 현실적 이동이 있는 대출금액'과 '제공된 담보가치'의 차액으로 산정되어야 한다는 견해로는(이른바 차액설) 이주원, 특별형법 제6판 (홍문사, 2020), 394-395면.

어야 한다는 견해가 있다. 다시 말해 좀 더 일반화하면 재산범죄에 있어서 '실행행위의 대상'과 그로 인한 '취득의 대상'은 다를 수 있다는 것이다.[63) 예컨대 횡령죄의 경우에도 횡령죄의 객체가 재물이라고 하여 그 횡령행위로 취득한 것이 반드시 그 재물 전체일 필요는 없다는 것이다.[64) 왜냐하면 위탁받아 보관하던 타인의 부동산에 근정당권을 설정하면 횡령죄가 성립하는데[65) 이는 부동산이라는 재물을 객체로 한 실행행위라는 점이 분명하지만, 그로 인해 취득한 대상은 부동한 자체가 아니라 근저당권설정으로 인한 재산상 이익이 되기 때문이다. 그런데 이와 같은 견해에 따르더라도 이중매매 사례에서 이중매매대금(현금)이나 부동산 자체가 행위자와 제3자에게 재산상 이익으로 평가된다는 점은 일견 쉽게 납득이 되지 않는다. 하지만 이 경우도 재산상 이익은 계산적·관념적 개념이라는 점을 상기하면 이해할 수 있는 길이 열리게 된다. 배임행위자의 경우에는 이중매매대금을 받게 되겠지만 그 대금 전체가 곧바로 그만큼의 전체재산의 증가를 가져오는 재물이 되는 것은 아니다. 제1 매수인에게 지급해야 할 위약금도 있고, 매도인에게 양도하는 부동산만큼의 재산의 감소가 발생하기 때문이다. 아울러 판례에 따르면 피고인의 배임행위는 제1 매수인의 '부동산 취득 또는 보전에 지장을 초래해' 그에게 손해를 가한 행위가 되므로 재산상 이익을 침해한 행위로 평가된다. 결론적으로 이 두 사례에서 배임의 실행행위의 대상이란 측면에서든, 배임으로 인해 취득한 대상의 측면에서든 배임행위의 객체는 관념적·계산적 대상으로서 재산상 이익으로 보아야 한다.[66)

---

63) 김태명, 앞의 논문(각주 45), 316면. 동지의 윤동호, "컴퓨터등사용사기죄의 취득객체와 보호법익", 비교형사법연구 제9권 제2호 (2007), 397면.

64) 김대웅, "횡령한 부동산에 대한 횡령죄의 성립여부", 형사판례연구 제18호 (2010), 160면 이하. 동 문헌에 의하면 그렇게 해석하는 것이 횡령죄의 본질이나 구성요건에 배치되지 않는다고 한다.

65) 대법원 2000.2.24. 선고 2000도310 판결; 대법원 1998.2.24. 선고 97도3282 판결; 대법원 1999.4.27. 선고 99도5 판결 등.

66) 이러한 맥락에서 고찰할 때 "금전과 같이 재물이면서도 재물로서의 특성보다는 그 금액 내지 가치로서 결정적 특성을 지닌 경우에는 행위객체에 의한 구별은

요컨대, 배임의 목적물, 즉 배임의 실행행위의 대상이 부동산이나 금전처럼 가시적·감각적 관점에서는 재물로 평가될 수 있는 대상이라 하더라도 그것이 자기 또는 제3자가 취득한 재산의 증가 혹은 본인에게 가한 손해라는 관점에서 볼 때 그것이 일정한 계산이 필요한 관념적 대상이라는 점에서 재산상 이익으로 평가받을 수 있다면 배임죄의 객체가 된다.[67]

4. 부당이득죄

부당이득죄의 객체는 부당한 이익이다. 부당한 이익이란 재산상 이익 중에서 급부와 이익 사이에 상당성이 결여되어 현저한 불균형이 있는 경우를 말한다.[68] 한 마디로 현저히 부당한 재산상 이익이 범죄의 객체이다. 이와 관련해 재물과 재산상 이익이라는 이분법을 고수할 경우 상대방의 궁박한 상태를 이용해 현저히 싼 가격에 부동산을 매수한 경우나 반대로 현저히 비싼 가격에 부동산을 매도한 경우에는 재산상이 이득의 취득이 아니라 재물을 취득한 것이므로 부당이득죄 성부를 논할 수 없음에도 불구하고 학설과 판례는 이 점에 대해 의문을 품지 않는다는 지적이 있다.[69]

하지만 상기 지적은 배임죄와 관련해 검토한 바와 같이 부동산의 취득이 급부와 이익 간의 관념적 계산을 필요로 하는 대상이라는 점에서

의미가 없다."는 견해(허일태, "재산범죄와 형법상 재물의 개념 - 문형섭 교수 정년에 부쳐-", 전남대학교 법학논총 제30권 제1호 (2010), 67면)가 보다 명확한 의미를 가질 수 있을 것이다.

67) 이 점은 2자간 명의신탁에서 수탁자가 부동산을 임의처분할 경우에는 부동산이 중매매의 경우와 달리 수탁자에게 그만큼의 전체재산의 증가를 가져와 횡령죄가 성립하는 법리(대법원 2000.2.22. 선고 99도5227 판결)와 비교해 보면 보다 명확해 진다.

68) 신동운, 앞의 책, 1046면; 이재상·장영민·강동범, 앞의 책, 364면; 배종대, 앞의 책, 395면.

69) 오영근, 앞의 논문, 206면. 관련 판례로는 대법원 2009.1.15. 선고 2008도8577 판결.

재물이 아니라 재산상 이익으로 보는 것이 타당하다. 물론 특별한 담보나 급부의 제공이 없는 경우에는 부동산도 재물로 보아야 하는 경우도 발생할 수 있다. 하지만 부당이득죄 사례의 대부분은 급부에 비해 현저히 부당한지 여부의 판단, 즉 계산이 필요한 것이므로 부동산의 취득을 재산상 이익으로 취급하는 것이 타당하며 기존의 이분법에서 벗어나지 않는다고 평가할 수 있을 것이다.

IV. 이분법의 실익: 횡령죄과 배임죄의 한계사례의 해결에 있어서의 유용성

1. 문제의 제기

전술한 이분법과 구별기준을 잘 유지한다고 하더라도 과연 그 이분법이 문제해결에 있어서 실천적인 기능을 할 수 있을지 검토가 필요할 것이다. 이와 관련하여 논급할 만한 사례들이 여러 유형이 있겠지만 본고에서는 횡령죄와 배임죄 중 어느 죄책을 적용해야 할 지 매우 판단하기 어려운 두 개의 사례를 다루어 보기로 한다.

먼저 검토할 사례는 다음과 같다. 피고인은 대학교 총장으로서 건설회사 대표인 공소외 A와 대학교의 체육관 등 공사계약을 체결하면서 실제 공사대금보다 부풀려 계약을 체결하되 부풀린 금액을 공소외인으로부터 되돌려 받는 방법으로 교비를 빼돌리기로 약정하였다. 이에 따라 합계 59억 9,267만 2,000원 상당을 되돌려받아 횡령하였다. 이에 대해 대법원은 "타인을 위하여 금전 등을 보관·관리하는 자가 개인적 용도로 사용할 자금을 마련하기 위하여, 적정한 금액보다 과다하게 부풀린 금액으로 공사계약을 체결하기로 공사업자 등과 사전에 약정하고 그에 따라 과다 지급된 공사대금 중의 일부(부풀린 금액)를 공사업자로부터 되돌려 받는 행위는 그 타인에 대한 관계에서 과다하게 부풀려 지급된 공사대금 상당액[70]의 횡령이 된다."고 판시하였다.[71] 이 사례를 논의의 편의상 '교비횡령 사례'라고 해 두자.

그런데, 이와 사실관계 및 범행구조가 상당히 유사한 다음의 사례('리베이트 사례')에서는 대법원은 배임죄가 성립한다는 판시를 하고 있다. 사건의 개요는 피고인 갑은 건설업에 종사하는 자이고 피고인 을은 아파트 하자보수추진위원회 총무로서 아파트 보수공사의 시공업자 선정 및 공사대금 지출업무 등 실무를 총괄하였던 자로서 피고인 을은 하자보수추진위원회의 총무로서 아파트 주민들을 위하여 아파트 하자보수공사를 최저가격에 직접 시공할 사람을 선정하여 공사를 하게하고 실제 공사도급금액을 지출하여야 할 업무상 임무가 있는바 그럼에도 불구하고 피고인들은 아파트 하자보수 시공업자를 선정하면서 위 하자보수추진위원회 이름으로 시공업자와 이중의 계약서를 작성하여 리베이트 형식으로 금원을 취득하기로 공모하고, 사실은 건설업면허를 대여받은 공소외 병으로 하여금 공사 도급금액 140,000,000원에 하자보수공사를 하게 하였음에도 300,973,873원에 시공하게 한 것처럼 계약을 작성하도록 하고, 피고인 갑이 개설한 통장으로 입금받거나 갑이 직접 지급받는 방식으로 245,514,037원의 공사대금을 수령한 후 실제 공사대금 140,000,000 원을 제외한 104,514,037원 상당을 피고인들의 개인적인 용도로 사용하였다. 이에 대해 대법원은 "업무상배임죄는 위태범으로서 그 성립을 위하여 현실로 본인에게 재산상 손해가 발생할 것까지 요하는 것은 아니므로, 타인을 위하여 도급계약을 체결할 임무가 있는 자가 부당하게 높은 가격으로 도급계약을 체결하여 타인에게 부당하게 많은 채무를 부담하게 하였다면 그로써 곧바로 업무상배임죄가 성립하고, 그 이후에 타인이 현실로 채무를 이행하였는지 여부는 업무상배임죄의 성립과는 관계가 없다 할 것이고, 그 경우 배임액은 도급계약의 도급금액

---

70) 이때의 '부풀려 지급된 공사대금 상당액'이란 전체 공사대금 중 리베이트로 되돌려 받은 금액, 다시 말해 실제 공사대금보다 부풀려진 부분에 해당하는 금액을 지칭한다. 서울고법 2013.10.24. 선고 2013노269 판결 참조.
71) 대법원 2015.12.10. 선고 2013도13444 판결.

전액에서 정당한 도급금액을 공제한 금액으로 보아야 한다."[72]고 판시
하였다.

강수진 교수는 위 두 사례를 비교해 논급하며 횡령죄와 배임죄를 모
두 배신적 범죄로 볼 수 있다면 양자는 행위주체, 행위태양 등에 있어
서 횡령죄와 배임죄의 구성요건이 중첩적용될 수 있음에도 불구하고,
즉 둘 다 횡령적 요소와 배임적 요소가 혼재되어 있음에도 불구하고 왜
교비횡령 사례는 횡령죄가 성립하는 반면 리베이트 사례는 배임죄가
성립한다고 판단했는지 판례가 근거를 명확히 제시하지 못하고 있음을
적실히 지적한 바 있다.[73]

2. 이분법의 적용: 피고인 또는 제3자가 취득한 금전이
재물인가, 재산상 이익인가?

상기 두 사례는 일견 상호 놀랍도록 유사한 사례임에도 전자는 횡령
죄로 후자는 배임죄로 의율되고 있는데, 이 점에 대해서 임의적이고 비
일관적이라는 비판이 충분히 제기될 수 있다. 하지만 양 사례에서 피고
인이 영득한 대상, 즉 피고인이 취득한 금전의 성격이 무엇인가에 주목
하면 왜 각기 다른 구성요건이 적용되었는지 이해할 수 있다. 횡령죄의
실행행위의 대상은 재물로, 배임죄의 실행행위로 인한 취득의 대상은
재산상 이익으로 명확하게 규정되어 있기 때문이다.

강수진 교수의 지적처럼 양 사례에서 행위주체나 행위태양 측면에
서 횡령죄로도 배임죄로도 모두 의율가능하다는 점에 동의하지만,[74] 이
를 전제로 하더라도 교비횡령 사례에서 왜 배임죄가 아닌 횡령죄가 적

---

72) 대법원 1999.4.7. 선고 99도883 판결.
73) 강수진, 앞의 논문, 84면과 94면 이하 참조.
74) 단, 강수진 교수는 불법의 실질이 횡령인지, 배임인지 여부에 따라서 횡령죄 또는
   배임죄로 의율할 것을 제안하고 있다. 강수진, 앞의 논문, 114면 이하 참조. 유사
   한 논지의 글로는 김재윤, "횡령죄와 배임죄의 관계", 전남대학교 법학논총 제30
   집 제1호(2010), 147면 이하 참조.

용되어야 하는가에 대해서는 피고인이 횡령한 대상과 취득한 대상이
무엇인가에 초점을 맞추어 보면 그 합당한 이유를 제시해 볼 수 있다.
횡령죄의 실행행위 대상은 오로지 재물로만 규정되어 있다. 이 사안은
대학총장인 피고인이 건설회사 대표와 공모하여 실제 공사대금보다 과
다하게 부풀려 계약을 체결하여 지급된 공사대금 중에서 일부, 즉 부풀
린 금액을 되돌려 받은 사안이라고 간단히 기술할 수 있다. 이 경우에
피고인이 교비를 빼돌려 취득한 금전의 성격은 무엇인가? 대법원의 판
단에 의하면 이 사례에서 횡령죄의 이득액은 '과다하게 부풀려 지급된
공사대금 상당액'이고 '부풀려진' 공사대금이 지급된 때 횡령은 기수에
이르며 건설회사 대표가 공사대금 중 '부풀려진' 금액을 피고인에게 반
환한 사실은 공범 사이에서 횡령한 돈을 최종적으로 귀속시키는 행위
에 불과하다고 한다. 그렇다면 공사대금 지급 시 피고인이 취득한 금전
의 성격을 구명해볼 필요가 있을 것이다. 그것은 우선 금전이라는 점에
서 재물로 볼 수도 있겠지만 전체 공사대금 속에 혼화되어 있는 불특정
의 금전이므로 부풀려서 지급된 전체 공사대금 중 나중에 돌려받을 금
액의 비율에 상당하는 재산상 이익으로 볼 수도 있다. 따라서 취득대상
측면에서 평가할 때 일견 횡령죄로도 배임죄로도 모두 의율할 수 있는
것처럼 보인다. 그런데 대법원은 배임죄의 적용여부에 대한 별도의 고
민 없이 횡령죄 성립요건만을 검토하고 있다. 그 이유는 무엇일까? 그
것은 아마도 횡령죄와 배임죄는 법정형도 동일하며 배신적 범죄라는
측면에서 동일한 성격을 지니고 있으므로 어느 죄로 의율하든지 구별
실익은 없다는 실무의 태도[75]에서 비롯된 것으로 볼 수도 있을 것이다.

---

75) 이 점에 대한 지적으로는 강수진, 앞의 논문, 84면; 김태명, 앞의 논문(각주 45),
313면. 대법원 판례의 태도에 따르면 배임죄로 기소된 공소사실에 대하여 공소
장변경 없이 횡령죄를 적용하여 처벌할 수 있고(대법원 1999.11.26. 선고 99도
2651 판결), 업무상배임죄와 업무상횡령죄는 다 같이 신임관계를 기본으로 하고
있는 재산범죄로서 형벌에 있어서도 같은 조문에 규정되어 경중의 차이가 없으
므로 업무상배임죄에 해당하는데도 이를 업무상횡령죄로 처벌하였다 하더라도
그와 같은 법령적용의 잘못은 판결결과에 영향을 미치는 것이 아니다(대법원

그렇지만 횡령죄와 배임죄는 본질적으로 신임관계를 위반하는 범죄라는 성격을 지닌다는 공통점도 있지만 객관적·주관적 구성요건의 측면에서 입증되어야 할 대상이 엄연히 다르며[76] 어느 죄로 의율하느냐에 따라서 특정경제범죄 가중처벌 등에 관한 법률의 적용에 요구되는 이득액의 산정에 있어서 중요한 차이를 가져올 수 있으므로 정당한 법령의 적용이라는 관점에서 이러한 실무의 태도는 지양되어야 마땅할 것이다.[77] 이러한 전제 하에 교비횡령 사례에서 피고인이 취득한 대상의 성격을 살펴보자. 전술한 바와 같이 재물은 가시적·감각적 개념이고 재산상 이익은 관념적·계산적 개념이라는 구별기준을 적용해 보면, 재물은 그것을 취득한 가액만큼의 재산의 증가를 가져오는 대상이고, 재산상 이익은 그것을 취득한 가액에서 계산을 거쳐서 조정된 만큼의 재산의 증감을 가져오는 대상이라고 말할 수 있는바, 교비횡령 사례에서 피고인이 취득한 금전은 별도의 특별한 계산을 거칠 필요없이 이득액 전체가 곧바로 그만큼의 현실적인 재산의 증가를 가져오는 재물로 평가

2006.6.27. 선고 2006도1187 판결).

76) 예컨대 배임죄는 재산상의 이익의 취득뿐만 아니라 본인에 대한 재산상 손해까지 입증되어야 한다. 즉 배임행위가 있더라도 재산상 손해가 인정되지 않으면 배임죄가 성립하지 않고(대법원 2007.6.1. 선고 2006도6439 판결), 본인에게 손해를 가하였어도 행위자 또는 제3자가 재산상 이익을 취득하지 않으면 배임죄가 성립하지 않는다(대법원 2007.7.26. 선고 2005도6439 판결). 이 점에 대해서는 박상기, 앞의 책, 674면 참조. 사기죄의 경우 재산상 이익은 피해자의 재산상 손해와 동일한 자료로부터 발생해야 한다(손해와 이익의 자료동일성). 이용식, 앞의 책, 34면 참조. 한편 이를 '소재동질성 원칙(Grundsatz der Stoffgleichheit)'이라고 명명하며, 재산상 이익과 피해자에게 가해진 재산상 손해가 일치해야 한다는 원칙으로 이해하는 견해로는 김선복, 앞의 논문, 97면. 하지만 배임죄의 경우 손해와 이득의 자료동질성이 요구되지 않는다는 견해로는 이상돈, 형법강론 제2판 (박영사, 2017), 904면. 배임죄에서 '재산상 손해의 발생'이라는 구성요건요소는 배임행위를 제한할 뿐만 아니라 기수와 미수의 경계가 되는 중요한 표지라는 견해로는 류전철, "배임죄와 사기죄의 경합관계", 형사판례연구 제19호 (2011), 219면.

77) 동지의 견해로는 강수진, 앞의 논문, 84면; 김재윤, 앞의 논문, 135면; 김태명, 앞의 논문(각주 45), 313면.

할 수 있을 것이고 따라서 관념적인 계산을 요하는 재산상 이익이 아님은 분명하며, 피고인은 처음부터 그러한 재물에 대한 횡령의사를 지니고 있었던 것으로 평가될 수 있으므로 이와 같이 횡령의 대상인 금전의 성격이라는 관점에서 이를 재물에 대한 범죄인 횡령죄로 의율한 판례의 태도는 정당하다고 말할 수 있을 것이다.

한편 아래의 리베이트 사례에서 제시된 법리와 비교해 보자면, 이 사안도 애당초 배임죄로 접근하여 계약체결 당시 부풀려진 공사대금 중 돌려받은 금액만큼의 부당한 채무를 본인이 부담하게 함으로써 그만큼의 재산상 손해를 가한 배임죄 사안으로 포섭하는 것도 가능할 것이다. 하지만 배임죄가 성립하기 위해서는 피고인이 취득한 대상이 재산상 이익이어야 하는바, 일정 비율의 상태로 존재하는 금전이라는 점에서는 재산상 이익으로 볼 수도 있지만 결국 피고인이 계약체결 당시 의도한 이득(공사업자로부터 돌려받을 금액)이 학교에 초래한 재산상 손해와 일치하며 별도의 관념적 계산이 필요 없이 그만큼의 재산의 증가를 가져온다는 점에서 재산상 이익이 아니라 재물로 평가받을 수 있으므로, 결론적으로 처음부터 재물로서의 금전에 대한 횡령을 의도하였고 이를 영득한 것으로 보아야 하며, 따라서 배임죄가 아니라 횡령죄로 의율하는 것이 합당하다고 본다.[78]

그렇다면 리베이트 사례에서 아파트하자보수추진위원회 총무인 피고인이 범행으로 취득한 금전의 성격은 무엇인가? 우선 공소사실의 요지는 "건설업자인 피고인 갑이 아파트 하자보수추진위원회 총무인 피고인 을은 시공업자와 이중의 계약서를 작성하여 그 리베이트 형식으

---

78) 단, 대상판례는 이 경우 횡령죄의 기수시기를 도급계약체결시가 아니라 "'부풀려진' 공사대금이 지급된 때 횡령이 기수에 이르고, 공소외 2가 공사대금 중 '부풀려진' 금액을 피고인에게 반환한 사실은 공범 사이에서 횡령한 돈을 최종적으로 귀속시키는 행위에 불과하다."는 원심의 판단을 지지하는 것으로 보이며, 따라서 횡령죄의 기수시기와 관련해 이 사안에서는 이른바 표현설보다 실현설에 가까운 결론을 내리고 있는 것으로 생각된다. 표현설과 실현설에 대해서는 배종대, 형법각론 (홍문사, 2020), 426-427면 참조.

로 금원을 취득하기로 공모한 후 피고인 갑은 건설업면허를 대여받은 공소외 병을 하자보수추진위원회 혹은 피고인 을에게 소개하고, 또한 하자보수추진위원회로 하여금 실제로는 공소외 병과 공사 도급금액을 140,000,000원으로 하는 이 사건 아파트 하자보수공사계약을 체결하고도 그 실질과는 달리 이 사건 위원회 명의로 공소외 병과 공사 도급금액을 300,973,873원으로 하는 이 사건 아파트 하자보수공사계약을 체결하게 하고, 합계 245,514,037원을 피고인 갑에게 지급하도록 하여 피고인 갑과 피고인 을은 그 차액 상당인 104,514,037원의 이익을 취득하고, 이 사건 아파트 주민들에게는 같은 금액 상당의 손해를 가하였다는 것"이지만, 대법원은 배임죄는 위태범이므로 도급계약 이후에 타인이 현실로 채무를 이행하였는지 여부는 업무상배임죄의 성립과는 관계가 없고, 그 경우 배임액은 도급계약의 도급금액 전액에서 정당한 도급금액을 공제한 금액으로 보아야 한다고 판시하였다.

간단히 정리해 보면 공소사실은 피고인 갑이 실제 공사대금인 140,000,000원보다 많은 총 245,514,037원을 지급받아 그 차액 상당의 104,514,037원의 '재산상' 이익을 취득했다는 것인 반면 대법원의 판단에 의하면 이 때 배임의 이득액은 현실로 지급받은 245,514,037원과 공사대금인 140,000,000원의 차액이 아니라 '도급계약상 도급금액에서 정당한 도급금액을 공제한 금액'이라고 한다. 따라서 이 사례에서 배임액은 도급계약상 도급금액 300,973,873원과 실제 공사대금인 140,000,000원의 차액 상당의 160,973,873원이 된다. 그렇다면 이 사안에서 피고인들의 이득액 내지 아파트 주민들의 손해액은 도급계약상의 도급금액 300,973,873원과 정당한 도급금액 140,000,000원의 차액에 해당하는 금액인 160,973,873원이 된다. 이렇게 볼 경우 피고인들의 배임의 이득액과 실제로 취득한 금액에 차이가 발생하며 따라서 도급계약상 도급금액 300,973,873원과 실제 공사대금인 140,000,000원의 차액 상당의 160,973,873원에 해당하는 금전은 그 이득액만큼의 현실적인 재산의 증가를 가져오는 재물로 평가할 수는 없는 것이고(전체재산의 증가액 ≠

배임의 이득액) 별도의 계산과정이 필요한 대상으로서 재물이 아니라 재산상 이익으로 보아야 할 것이다. 이러한 취지에서 이 사안을 배임죄로 의율한 판례의 태도는 합당하다고 볼 수 있을 것이다.[79)]

만일 리베이트 사례를 교비횡령 사례처럼 횡령죄로 접근하여 범행의 기수시점을 도급계약 체결 시가 아니라 실제 공사대금이 지급된 때로 본다면 어떨까? 그렇게 볼 경우 피고인들이 취득한 횡령의 이득액은 실제로 지급된 공사대금 중 정당한 공사대금을 제한 금액이 되므로 실제 공사대금인 140,000,000원보다 많은 총 245,514,037원을 지급받아 리베이트로 돌려받은 그 차액 상당의 104,514,037원을 횡령의 이득액으로 보아야 할 것이며, 이 금액은 피고인들이 실제로 취득한 금액과 일치하므로 이때에는 재물로 보아 횡령죄의 성립을 인정할 여지도 있을 것이다. 하지만 그렇게 볼 경우 당초 도급계약상의 부풀려진 공사대금으로 인해 아파트 주민들이 부담하게 되는 채무인 160,973,873원을 불법평가에서 온전히 고려하지 못하게 된다. 따라서 이 사례는 비록 사안의 구성방법에 따라 횡령죄의 성립여지도 있다고 볼 수 있지만 정당한 불법평가를 위한 법령의 적용이라는 측면에서도 배임죄로 의율한 판례의

---

79) 물론 이 사례도 교비횡령 사례처럼 피고인이 취득한 금전이 도급계약상의 도급금액 중 일부의 비율로서 존재한다는 점에서 재물과 재산상 이익 모두의 양가적 성격을 지닌다는 점은 마찬가지이므로 이 점에 관한 논의는 생략하였다. 아울러 횡령행위로 인해 취득한 대상이 재산상 이익이 될 수도 있음은 전술한 바와 같다. 위탁받아 보관받은 부동산에 근저당권을 설정하는 경우 횡령죄가 성립하는데 이때 횡령행위로 취득한 것은 부동산 자체가 아닌 근저당권설정으로 인한 재산상 이익이 되기 때문이다. 하지만 이때의 재산상 이익은 행령행위의 대상인 부동산의 담보가치 일부를 처분함으로써 그 소유권의 일부(가치)를 침해한 결과로서 발생하는 것인데, 상기 사례는 이러한 유형에 해당하지 않는다. 이 점에 대해서는 김대웅, 앞의 논문, 159-160면 참조. 요컨대, 이 사례는 교비횡령 사례처럼 처음부터 의도하였던 재물로서의 금전을 횡령한 것으로 평가할 수 없다는 것이다. 그보다는 판례의 설시처럼 "타인을 위하여 도급계약을 체결할 임무가 있는 자가 부당하게 높은 가격으로 도급계약을 체결하여" 재산상 이익을 취득하고 타인에게 부당하게 많은 채무를 부담하게 하여 손해를 가한 것으로 평가하여 업무상배임죄를 인정하는 것이 합당해 보인다.

태도가 합당하다고 생각된다.

　요컨대, 상기 양 사례의 중요한 차이점은 무엇인가? 우선 교비횡령 사례의 경우는 부풀려 지급된 공사대금 중 되돌려 받은 금액상당의 이득액을 공범자[80]와 피고인이 공동으로 '횡령'한 것으로 평가할 수 있는 반면, 리베이트 사례의 경우는 부풀려 체결한 도급계약상 도급금액 중에서 정당한 도급금액을 제외한 나머지 금액에 해당하는 재산상 이익을 공범자와 피고인이 나누어 가졌다고 볼 수 있다는 점이다. 사실관계와 행위구조가 유사함에도 불구하고 양 사례를 각기 다른 구성요건인 횡령죄와 배임죄로 각각 의율해야 하는 근거는 피고인이 취득한 이득액의 성격, 즉 그만큼 전체재산의 증가를 가져오는 경우와 관념적 계산을 거쳐야 하는 경우로 구별될 수 있다는 점에서 찾을 수 있다.[81] 만일 이러한 입론이 옳다면 대법원 판례는 재물과 재산상 이익이라는 이분법을 통해 횡령죄와 배임죄의 선별적용을 유의미하게 판단하고 있다고

---

80) 단, 이 사안에서 공범자인 건설업자는 입건유예처분을 받았다. 이 사실에 대해서는 서울고등법원 2016.12.22. 선고 2016노3073 판결 참조.

81) 물론 양 사례가 이렇게 다르게 평가된 계기가 우연한 사정, 즉 교비횡령과 달리 리베이트 사례에서는 도급계약 상의 공사대금이 완전히 지급되지 않았다는 점에서 기인한다는 점에 대해 비판의 여지가 있을 것이다. 하지만 판례가 타인 소유의 신용카드로 현금을 직접 인출한 경우에는 절도죄가, 이를 계좌이체한 경우에는 컴퓨터등사용사기죄가 인정됨으로써 유사한 사례임에도 불구하고 다르게 취급되어 처벌상의 불균형이 발생한다고 하더라도 구성요건에 명문화된 재물과 재산상 이익이라는 객체의 종류에 따라서 적용법조를 결정해야 한다고 판시(대법원 2003.5.13. 선고 2003도1178 판결)한 취지에 비추어 보면, 이러한 사정에 따라 적용법조가 달라지는 것은 '죄형법정주의'에 비추어 볼 때 크게 불합리하지는 않다고 평가할 수 있을 것이다. 현금의 직접인출과 계좌이체의 경우 대법원이 적용법조를 달리 보는 것을 두고 "처벌상의 불균형까지 감수하려는 대법원의 이례적인 단호함은 죄형법정주의를 앞세우는 형법에서는 높이 평가되어야 한다."는 견해로 임상규, 앞의 논문, 52면. 생각건대, 판례는 이러한 사정에 대한 고민과 해결책을 "(도급계약) 이후 타인이 현실로 채무를 이행하였는지 여부는 업무상배임죄의 성립과는 관계가 없다"는 설시를 통해 응축적으로 표현하고 있는 것으로 보인다.

평가할 수 있을 것이다.

V. 맺음말

이상의 논의를 정리하면 다음과 같다.

형법상 재물과 재산상 이익의 관계에 대하여, 본고는 양자를 엄격히 구분하는 이분법을 채택하는 통설과 판례의 입장을 기본적으로 지지한다. 형법해석은 기본적으로 법문언에 충실해야 하기 때문이다. 또한 그것이 죄형법정주의의 기본취지를 따르는 것이기도 할 것이다. 다만 금전의 경우, 위임금액을 초과한 현금의 인출과 같이, 불법영득의 대상이 그것이 불특정물로서 일정한 전체금액에 혼화되어 그중 일부에 해당하는 비율로 존재하는 때에는 재물로서의 성질과 재산상 이익으로서의 이중적 성질을 모두 지닐 수 있다는 점을 인정한다. 아울러 재물은 가시적·감각적 개념이고 재산상 이익은 관념적·계산적 개념이라는 전제하에, 금전의 취득이 취득한 가액만큼의 재산의 현실적 증가를 가져온다면 재물로 취급하고, 그것을 취득한 가액에서 계산을 거쳐서 조정된 만큼의 재산의 증감을 가져오는 때에는 재산상 이익으로 본다는 입장을 취하기로 한다. 이러한 관점에서 볼 때 대법원은 원칙적으로는 재물과 재산상 이익의 이분법을 충실히 따르고 유지하면서도 일부 이분법의 수정이 필요한 특수사례의 경우에 있어서는 예외법리를 제시하고 그에 합당한 근거를 제시하고 있는 것으로 평가할 수 있다고 본다. 예외법리는 대부분 예금채권으로 존재하는 금전의 성질에 관한 것으로서 이때의 예금채권이 재산상 이익이 아닌 재물로 평가받을 수 있는 다음과 같은 조건에 대한 것이다.

첫째, 예금채권으로서 존재하는 금전의 성질에 대하여, 처음부터 예금채권으로 존재하다가 인출되었다면 재물과 재산상 이익의 이분법을 그대로 견지하여 재산상 이익으로 평가되지만, 처음에 현금이던 장물을 중간에 '예금의 형태로 보관하다가' 이를 인출한 때에는 '고도의 대체성을 지닌 금전의 성질을 고려하면' 그 인출된 금액은 '예외적으로' 재물로서의 성질을 유지하게 된다(예외법리 I).

둘째, 장물죄의 본범으로서의 사기죄의 객체인 금전이 재물로 평가받을 수 있는지 여부는 "피해자와의 관계에서 살펴보아 그것이 피해자 소유의 재물인지 아니면 피해자가 보유하는 재산상의 이익인지 여부에 따라서, 다시 말해 다시 말해 기망행위로 의욕한 바, 즉 기망으로 인한 피해자의 재산적 처분행위의 대상이 무엇인지에 따라서 재물성 여부를 판정해야 한다. 따라서 피해자가 본범의 기망행위에 속아 현금을 피고인 명의의 은행 예금계좌로 송금하였다면, 이는 "재물에 해당하는 현금을 교부하는 방법이 예금계좌로 송금하는 형식으로 이루어진 것에 불과하여" 그 인출된 현금의 장물성이 긍정된다(예외법리 II).

셋째, 목적과 용도를 정해 위탁보관된 예금은 위탁된 금전의 보관방법으로서 은행 등 금융기관에 예치된 것이므로 횡령행위의 대상이 될 경우에는 재물로서 평가되며 따라서 횡령죄의 객체가 된다(예외법리 III).

이밖에도 재물과 재산상 이익의 구별이 문제되는 대상판례로서 배임죄 관련 사례가 있으며 배임의 목적물, 즉 배임의 실행행위의 대상이 부동산이나 금전처럼 가시적·감각적 관점에서는 재물로 평가될 수 있는 대상이라 하더라도 그것이 본인 또는 제3자가 취득한 재산의 증가라는 관점에서 볼 때 일정한 계산이 필요한 관념적 대상이라는 점에서 재산상 이익으로 평가받을 수 있다면 배임죄의 객체가 된다고 볼 것이며, 이는 부당이득죄의 경우도 마찬가지이다.

물론 이상의 결론은 잠정적인 것이다. 그 이유는 재물과 재산상 이익의 이분법이 적절하지 않은 것처럼 보이는 모든 사례를 검토해서 내린 결론은 아니기 때문이다. 다만 그럼에도 불구하고 지금까지 판례의 입장을 비판적으로 보는 견해는 많았으나 일관되게 이해해 보려는 시도는 상대적으로 드물었다는 점에 비추어 볼 때 재물과 재산상 이익의 엄격한 구분이라는 이분법의 "원칙적 유지-일부 예외적 수정" 법리의 제시라는 관점에서 정합적으로 해석해 보았다는 점에서 기존의 논의에 대하여 보충적으로 유의미한 기여를 할 수 있다고 생각한다. 그러므로 만일 이러한 '정합적 해석'이 충분히 풍부한 사례에서 기존의 법리에서 크게 벗어나지 않는 방향으로 그 타당성이 유지될 수 없다면, 다시 말해 양적으로나 질적으로 정합적 해석이 한계에 다다르는 상황에 이르게 된다면 기존의 논의처럼 이분법의 폐기 내지 수정의 필요성은 더 큰 정당성을 갖게 될 것이다. 그때까지 잠정적으로 판례의 태도를 일관된 관점에서 선해해 보려는 노력도 실무적으로나 도그마틱적으로 중요하다고 생각한다.

§9. 신용카드부정사용죄에서 '기망하거나 공갈하여 취득한 신용카드'의 의미

Ⅰ. 문제의 제기

최근 대법원은 여신전문금융업법 제70조 제1항 제4호에서 정한 '기망하거나 공갈하여 취득한 신용카드'의 의미에 대해 이전과 다른 판시[1]를 내놓아 주목을 끌고 있다. 대법원이 전에는 소위 '유흥주점공갈사건'에서 동 법문의 의미에 대해서 '소유자 또는 점유자의 의사에 기하지 않고, 그의 점유를 이탈하거나 그의 의사에 반하여 점유가 배제된 신용카드'를 가리킨다고 해석했었는데,[2] 대상판결['변호사선임비기망사건']에서는 '기망하거나 공갈하여 취득한 신용카드나 직불카드'는 문언상 '기망이나 공갈을 수단으로 하여 다른 사람으로부터 취득한 신용카드나 직불카드'라는 의미이므로, '신용카드나 직불카드의 소유자 또는 점유자를 기망하거나 공갈하여 그들의 자유로운 의사에 의하지 않고 점유가 배제되어 그들로부터 사실상 처분권을 취득한 신용카드'라고 해석되어야 한다는 해석론을 제시하고 있다. 간단히 말해 '의사에 기하지 않고 그의 점유를 이탈하거나 그의 의사에 반하여 점유가 배제된 신용카드'에서 '자유로운 의사에 의하지 않고 점유가 배제되어 그들로부터 사실상 처분권을 취득한 신용카드'로 그 문언해석의 결과가 달라진 것이다. 유흥주점공갈사건에서 제시된 동 문언의 해석론에 대한 비판은 이

---

1) 대법원 2022. 12. 16. 선고 2022도10629 판결.
2) 대법원 2006. 7. 6. 선고 2006도654 판결.

전부터 제기되어 왔었다.[3] 그런데 대상판결은 학계의 문제제기를 한편으로는 수용하면서도 다른 한편으로는 대법원의 고유한 관점에서 해석방법론적 측면에서의 법리적 근거를 제시함으로써 학계의 문제제기의 맥락과는 사뭇 다른 과정을 거쳐 새로운 해석론에 도달하고 있는 것으로 보인다.

이에 본고에서는 대상판결이 제시한 새로운 해석론의 근거를 면밀히 분석해 보고, 판결의 진정한 취지가 무엇인지 해명해 보고자 한다.

II. 변호사선임비기망사건의 사실관계 및 사건의 경과

[사실관계]

가사도우미로 일하는 피고인은 2019. 2. 19. 춘천교도소에 수용 중인 피해자 공소외인에게 '피해자의 항소심 재판을 위해 변호인을 선임했는데 성공사례비를 먼저 주어야 한다. 며칠 뒤 큰돈이 나오니 영치된 피해자 명의의 신용카드로 성공사례비를 지불한 뒤 카드대금을 금방 갚겠다'며 변호사선임비를 피고인 자신이 부담하겠다는 취지의 편지를 보냈다. 그러나 피고인은 사실 피해자의 신용카드로 성공사례비를 지불하더라도 그 대금을 변제할 의사나 능력이 없었고, 피해자의 신용카드를 생활비 등 개인적인 용도로 사용할 생각이었다. 그런데도 피고인은 위와 같이 피해자를 기망하여 2019. 2. 22. 춘천교도소에서 피해자로부터 신용카드 1장을 교부받은 뒤, 2019. 2. 26.부터 같은 해 3. 25.까지 이 사건 신용카드로 총 23회에 걸쳐 합계 29,997,718원(변호사 선임비

---

3) 이주원, "여신전문금융업법 제70조 제1항 제4호에서의 '기망·공갈하여 취득한 신용카드 사용'의 의미와 판단기준", 고려법학(제72호), (2014), 332면 이하; 김정환·김슬기, 『형사특별법』, 박영사(2021), 449-450면; 윤동호, "타인명의 신용카드 부정사용의 죄수 및 경합", 형사법연구(제29권 제1호), (2017), 81-82면.

2,700만원 포함) 상당을 결제하였다.

[제1심의 판단]

피고인 및 변호인은, 이 사건 공소사실의 피해액이 정확하게 특정되지 않았다고 주장하거나, 피고인이 2019. 2. 26. 피해자의 신용카드로 법무법인(유) 강남에서 2,700만 원을 결제한 부분은 사기죄와 여신전문금융업법위반죄가 성립되지 않는다는 취지로 다투고 있으나, 피고인이 피해자의 신용카드로 변호사 선임비 등을 결제하고 후에 그 카드대금을 줄 것처럼 피해자를 속여 피해자의 신용카드를 교부받았음을 인정할 수 있으므로, 피고인이 피해자의 신용카드로 법무법인(유) 강남에서 2,700만 원을 결제한 부분도 사기죄와 여신전문금융업법위반죄가 성립한다.

이에 대해 피고인은 사기의 점과 관련하여, 피고인이 사용한 돈 중 27,000,000원은 피해자의 변호인 선임비로 지출되었고 피고인이 부족분 6,000,000원을 지급하였으므로 편취의 고의를 인정할 수 없고 여신전문금융업법위반의 점과 관련하여, 신용카드의 소유자 또는 점유자의 의사에 반하여 신용카드의 점유가 배제되었다고 볼 수 없으므로 피고인이 신용카드를 부정사용하였다고 볼 수 없다고 항소하였다.

[항소심의 판단]

사기의 점과 관련하여, 변론에 나타난 증거에 의하면 피고인이 피해자의 변호사 선임비용을 피해자 카드로 결재한 사실은 인정되나 변호사 선임비를 피고인이 부담하기로 하였으므로 피해자의 변호사 선임비용을 결재하였다는 사정이나 변호인 선임비용 부족분과 별건 변호인 선임비용 등을 피고인이 부담하였다는 사정만으로 피고인의 편취의 고의를 부정할 수 없다. 피고인은 피해자에게 마치 자신이 피해자의 변호인 선임비를 부담할 것처럼 피해자를 기망하여 피해자의 신용카드를 교부받아 사용한 다음 사용대금을 갚지 않은 사실이 인정된다.

여신전문금융업법위반의 점과 관련하여 살펴보건대, 여신전문금융업법이 신용카드업 등을 하는 자의 건전하고 창의적인 발전을 지원함으로써 국민의 금융편의를 도모하고 국민경제의 발전에 이바지함을 목적으로 함에 비추어 볼 때 기망으로 취득한 신용카드 부정사용은 신용카드 자체를 기망하여 취득한 후 소유자 또는 점유자의 의사에 기하지 않고 신용카드를 사용한 경우에 인정된다. 피고인이 피해자의 카드를 사용한 동기 및 경위를 보면 피해자가 피고인에게 자신의 신용카드 사용권한을 준 것으로 보인다. 비록 카드 사용대금에 대한 피고인의 편취행위가 인정된다고 하더라도 카드회사나 카드가맹점에 대한 신용카드의 사용이 부정사용이라고 할 수는 없다.

[대법원의 판단]

법률을 해석할 때 입법 취지와 목적, 제·개정 연혁, 법질서 전체와의 조화, 다른 법령과의 관계 등을 고려하는 체계적·논리적 해석방법을 사용할 수 있으나, 문언 자체가 비교적 명확한 개념으로 구성되어 있다면 원칙적으로 이러한 해석방법은 활용할 필요가 없거나 제한되어야 한다.

여신전문금융업법 제70조 제1항 제4호에서는 '강취·횡령하거나, 사람을 기망하거나 공갈하여 취득한 신용카드나 직불카드를 판매하거나 사용한 자'를 처벌하도록 규정하고 있는데, 여기에서 '사용'은 강취·횡령, 기망 또는 공갈로 취득한 신용카드나 직불카드를 진정한 카드로서 본래의 용법에 따라 사용하는 경우를 말한다(대법원 2003. 11. 14. 선고 2003도3977 판결, 대법원 2005. 7. 29. 선고 2005도4233 판결 등 참조). 그리고 '기망하거나 공갈하여 취득한 신용카드나 직불카드'는 문언상 '기망이나 공갈을 수단으로 하여 다른 사람으로부터 취득한 신용카드나 직불카드'라는 의미이므로, '신용카드나 직불카드의 소유자 또는 점유자를 기망하거나 공갈하여 그들의 자유로운 의사에 의하지 않고 점유가 배제되어 그들로부터 사실상 처분권을 취득한 신용카드나 직불카드'라고 해석되어야 한다.

원심판결 이유와 적법하게 채택된 증거에 의하면, 피고인은 교도소에 수용 중인 피해자를 기망하여 2019. 2. 22. 이 사건 신용카드를 교부받은 뒤, 2019. 2. 26.부터 같은 해 3. 25.까지 약 1개월 간 총 23회에 걸쳐 피고인의 의사에 따라 이 사건 신용카드를 사용하였으므로, 피해자는 피고인으로부터 기망당함으로써 피해자의 자유로운 의사에 의하지 않고 이 사건 신용카드에 대한 점유를 상실하였고, 피고인은 이 사건 신용카드에 대한 사실상 처분권을 취득하였다고 보아야 한다. 따라서 이 사건 신용카드는 피고인이 이 사건 신용카드의 소유자인 피해자를 기망하여 취득한 신용카드에 해당하고, 이를 사용한 피고인의 행위는 기망하여 취득한 신용카드 사용으로 인한 여신전문금융업법 위반죄에 해당한다.

Ⅲ. 변호사선임비기망사건에 대한 법리적 검토

1. 해석방법론적 검토

변호사선임비기망사건의 특징이 있다면 대법원이 여전법 제70조 제1항 제4호를 해석함에 있어서 다음과 같은 해석원칙(해석원칙[1])을 전면에 내세우고 있다는 점이다.

> "법률을 해석할 때 입법취지와 목적, 제·개정 연혁, 법질서 전체와의 조화, 다른 법령과의 관계 등을 고려하는 체계적·논리적 해석방법을 사용할 수 있으나, 문언 자체가 비교적 명확한 개념으로 구성되어 있다면 원칙적으로 이러한 해석방법은 활용할 필요가 없거나 제한되어야 한다."

위와 같은 해석원칙에 입각해 여전법 제70조 제1항 제4호의 '기망하거나 공갈하여 취득한 신용카드'의 의미를 '신용카드의 소유자 또는 점유자를 기망하거나 공갈하여 그들의 자유로운 의사에 의하지 않고 점유가 배제되어 그들로부터 사실상 처분권을 취득한 신용카드'로 해석해야 한다고 판시함으로써 이전과 다른 결론을 내린 취지에는 대법원의 이전 해석론(상기 법문의 의미를 '소유자 또는 점유자의 의사에 기하지 않고, 그의 점유를 이탈하거나 그의 의사에 반하여 점유가 배제된 신용카드'로 보는 해석론)과 역시 이전 해석론을 답습하고 있는 것으로 보이는 대상판결의 원심은 이 해석원칙[1]을 따르지 못했다는 뜻이 담겨져 있는 것으로 보인다. 그렇다면 이전의 해석론(대상판결의 원심의 취지 포함)은 문언 자체가 비교적 명확한 개념으로 구성되어 있다는 점을 간과하고 "입법 취지와 목적, 제·개정 연혁, 법질서 전체와의 조화, 다른 법령과의 관계 등을 고려하는 체계적·논리적 해석방법(이하 '목적론적·체계적·논리적 해석방법' 또는 간단히 '목적론적 해석방법'으로 칭하기로 함4))"을 원용한 것이라는 취지로 보인다.

이러한 해석원칙은 소위 '땅콩회항사건'에서 "죄형법정주의는 국가형벌권의 자의적인 행사로부터 개인의 자유와 권리를 보호하기 위하여

---

4) 대법원이 판시한 해석방법론 중 '입법취지와 목적, 제·개정 연혁'이라는 부분은 일반적으로 '목적론적 해석방법'으로, '법질서 전체와의 조화, 다른 법령과의 관계 등을 고려하는'이라는 부분은 일반적으로 '체계적·논리적 해석방법'으로 지칭할 수 있으나, 대법원은 이 둘을 묶어서 '체계적·논리적 해석방법'이라고 지칭하고 있다. 하지만 전자와 후자의 해석방법은 구분되는 것이며 따라서 '목적론적·체계적·논리적 해석방법'이 더 적절한 용어라고 본다. 이에 대해서는 이재상·장영민·강동범, 『형법총론』, 박영사(2019), 32-34면 참조. 본고의 입장에서는 볼 때, 상기 판결에서 대법원이 주목하고 있는 것은 목적론적 해석방법이라고 판단되므로 이하에서는 '목적론적·체계적·논리적 해석방법' 또는 줄여서 '목적론적 해석방법'이라고 칭하기로 한다. 이러한 혼돈은 대법원이 스스로 해석방법론에 대한 명확한 규정이 없는 데에서도 부분적으로 기인하는 것으로 보인다. 문법적 해석(Grammatische Auslegung), 체계적 해석(Systematische Auslegung), 역사적 해석(Historische Auslegung), 그리고 목적론적 해석(Teleologische Auslegung), 헌법합치적 해석(Verfassungskonforme Auslegung), 결과고려적 해석(Folgenberücksichtigende Auslegung) 등 다양한 해석방법론과 해석이론에 대한 설명으로는 Kindhäuser/Neumann/Paeffgen(Hrsg.), Strafgesetzbuch Band I (Nomos, 2010), S.196-202.

범죄와 형벌을 법률로 정할 것을 요구한다. 그러한 취지에 비추어 보면 형벌법규의 해석은 엄격하여야 하고, 문언의 가능한 의미를 벗어나 피고인에게 불리한 방향으로 해석하는 것은 죄형법정주의의 내용인 확장해석금지에 따라 허용되지 아니한다. 법률을 해석할 때 입법취지와 목적, 제·개정 연혁, 법질서 전체와의 조화, 다른 법령과의 관계 등을 고려하는 체계적·논리적 해석 방법을 사용할 수 있으나, 문언 자체가 비교적 명확한 개념으로 구성되어 있다면 원칙적으로 이러한 해석방법은 활용할 필요가 없거나 제한될 수밖에 없다. 죄형법정주의 원칙이 적용되는 형벌법규의 해석에서는 더욱 그러하다"고 판시한 대법원 전원합의체판결5)에서 처음 제시된 해석기준으로서 원래 아래의 민사판결에서 설시된 것이다.

> "요컨대, 법해석의 목표는 어디까지나 법적 안정성을 저해하지 않는 범위 내에서 구체적 타당성을 찾는 데 두어야 한다. 그리고 그 과정에서 가능한 한 법률에 사용된 문언의 통상적인 의미에 충실하게 해석하는 것을 원칙으로 하고, 나아가 법률의 입법 취지와 목적, 그 제·개정 연혁, 법질서 전체와의 조화, 다른 법령과의 관계 등을 고려하는 체계적·논리적 해석방법을 추가적으로 동원함으로써, 앞서 본 법해석의 요청에 부응하는 타당한 해석이 되도록 하여야 한다. 한편, 법률의 문언 자체가 비교적 명확한 개념으로 구성되어 있다면 원칙적으로 더 이상 다른 해석방법은 활용할 필요가 없거나 제한될 수밖에 없고, 어떠한 법률의 규정에서 사용된 용어에 관하여 그 법률 및 규정의 입법 취지와 목적을 중시하여 문언의 통상적 의미와 다르게 해석하려 하더라도 당해 법률 내의 다른 규정들 및 다른 법률과의 체계적 관련성 내지 전체 법체계와의 조화를 무시할 수 없으므로, 거기에는 일정한 한계가 있을 수밖에 없다."6)

---

5) 대법원 2017. 12. 21. 선고 2015도8335 전원합의체 판결.
6) 대법원 2009. 4. 23. 선고 2006다81035 판결. "구 임대주택법(2005. 7. 13. 법률 제7598호로 개정되기 전의 것) 제15조 제1항에서 규정하는 '임차인'이란 어디까지나 그 법률이 정한 요건과 절차에 따라 임대주택에 관하여 임대사업자와 임대차계약을 체결한 당사자 본인으로서의 임차인을 의미하고, 이와 달리 당사자 일방의 계약 목적, 경제적 부담이나 실제 거주 사실 등을 고려한 '실질적 의미의

이 해석원칙의 의미를 명확히 하기 위해서는 다음과 같은 해석원칙(해석원칙[2])을 참조할 필요가 있을 것이다.

"죄형법정주의는 국가형벌권의 자의적인 행사로부터 개인의 자유와 권리를 보호하기 위하여 범죄와 형벌을 법률로 정할 것을 요구한다. 그러한 취지에 비추어 보면 형벌법규의 해석은 엄격하여야 하고, 명문의 형벌법규의 의미를 피고인에게 불리한 방향으로 지나치게 확장해석하거나 유추해석하는 것은 죄형법정주의의 원칙에 어긋나는 것으로서 허용되지 아니하나, 형벌법규의 해석에서도 <u>법률문언의 통상적인 의미를 벗어나지 않는 한</u> 그 법률의 입법취지와 목적, 입법연혁 등을 고려한 목적론적 해석7)이 배제되는

임차인'까지 포함한다고 변경, 확장 해석하는 것은 법률 해석의 원칙과 기준에 어긋나는 것으로서 받아들일 수 없다."는 취지의 판결. 참고로 이 판결의 취지는 형사판결의 법리와는 약간의 차이가 있다. 형사판결에서는 문언자체가 비교적 명확한 개념으로 구성되어 있으면 다른 해석방법은 목적론적이든, 체계적·논리적 해석이든 그에 우선하지 못한다는 점만을 강조하고 있으나, 이 민사판결에서는 그에 더하여 목적론적 해석방법은 체계적·논리적 해석방법에 의해 제한될 수밖에 없다는 점까지 적시하고 있다는 점에 유의할 필요가 있을 것이다.

7) 목적론적 축소해석(teleologische Reduktion)에 의해 가벌성을 축소시킨 판례로는 다음과 같은 것이 있다. "특정범죄가중법 제5조의10 제2항, 제1항은 운행 중인 '자동차'의 운전자를 폭행하여 상해에 이르게 한 경우에 가중처벌을 하도록 정하고 있으면서, 자동차의 정의나 범위에 대하여 명시적인 규정을 두지 않았다. 이 사건에서는 도로교통법상의 원동기장치자전거가 위 법률이 정한 자동차에 포함되는지 여부가 문제되는데, 특정범죄가중법 제5조의10의 입법취지와 목적, 입법연혁 등을 고려하여 목적론적 방법으로 해석하면 특정범죄가중법 제5조의10이 정한 자동차의 범위에 도로교통법상의 원동기장치자전거는 포함되지 않는 것으로 해석하는 것이 타당하고, 그 자동차의 범위에 자동차관리법상의 자동차와 같이 도로교통법상의 원동기장치자전거가 포함되는 것으로 해석하는 것은 죄형법정주의의 원칙에 어긋나는 것으로서 허용되지 않는다(부산고등법원 2022. 1. 13. 선고 2021노393 판결). 동 판결의 상고심도 역시 같은 입장이다. "자동차관리법 제2조 제1호, 제3조 제1항은 '자동차'의 범위에 모든 이륜자동차가 포함되는 것으로 규정하고, 도로교통법 제2조 제18호 (가)목 단서, 제19호는 자동차관리법 제3조에 정한 이륜자동차 중 원동기장치자전거, 즉 '배기량 125cc 이하의 이륜자동차'는 '자동차'의 범위에서 제외한다고 규정하고 있다. 이와 같이 자동차관리

것은 아니다.'[8]

즉, 죄형법정주의 취지에 따른 형벌법규의 해석원칙으로서 대법원은 문언의 통상적 의미를 벗어나지 않는 한 목적론적 해석이 배제되는 것은 아니라는 기준을 제시한 바 있다. 그렇다면 전술한 해석원칙[1]과 해석원칙[2]는 어떠한 관계인지 구명할 필요가 있을 것이다. 일견 두 해석원칙은 상충하는 듯도 보이지만 면밀히 살펴보면 다음과 같이 조화될 수 있다. 즉 우선, "문언의 통상적 의미를 벗어나지 않는 한 목적론적 해석이 배제되지 않는다." 다만, "문언 자체가 비교적 명확한 개념으로 구성되어 있다면 원칙적으로 목적론적 해석방법은 활용할 필요가 없거나 제한되어야 한다."[9]

법과 도로교통법이 '자동차'의 범위를 달리 정한 것은 자동차관리법은 자동차의 등록, 안전기준 등에 관한 사항을 정하여 자동차를 효율적으로 관리하고 자동차의 성능 및 안전을 확보하는 것을 목적으로 하는 데 비하여 도로교통법은 도로에서 일어나는 교통상의 모든 위험과 장해를 방지하고 제거하여 안전하고 원활한 교통을 확보하는 것을 목적으로 하여 입법 목적이 서로 다르기 때문이다. 이 사건 규정의 입법 취지는, 자동차관리법의 입법 취지보다는 도로에서 일어나는 교통상의 모든 위험과 장해를 방지하고 제거하여 안전하고 원활한 교통을 확보하는 것을 목적으로 하는 도로교통법의 입법 취지에 가장 부합한다(대법원 2022. 4. 28. 선고 2022도1013 판결).

8) 대법원 2018. 7. 24. 선고 2018도3443 판결. "형법 제258조의2 특수상해죄의 신설로 형법 제262조, 제261조의 특수폭행치상죄에 대하여 그 문언상 특수상해죄의 예에 의하여 처벌하는 것이 가능하게 되었다는 이유만으로 형법 제258조의2 제1항의 예에 따라 처벌할 수 있다고 한다면, 그 법정형의 차이로 인하여 종래에 벌금형을 선택할 수 있었던 경미한 사안에 대하여도 일률적으로 징역형을 선고해야 하므로 형벌체계상의 정당성과 균형을 갖추기 위함이라는 위 법 개정의 취지와 목적에 맞지 않는다. 또한 형의 경중과 행위자의 책임, 즉 형벌 사이에 비례성을 갖추어야 한다는 형사법상의 책임원칙에 반할 우려도 있으며, 법원이 해석으로 특수폭행치상에 대한 가중규정을 신설한 것과 같은 결과가 되어 죄형법정주의원칙에도 반하는 결과가 된다."

9) 목적론적 해석과 문언에 충실한 해석 사이의 긴장과 갈등은 법률해석 논쟁에서 자주 등장하는 테마의 하나이고 대법원 1998. 4. 23. 선고 95다36466 전원합의체

　　요컨대, 문언 자체가 비교적 명확한 개념으로 구성되어 있다면 목적론적 해석방법은 필요가 없거나 제한되어야 하지만, 그렇지 않은 경우에는 문언의 통상적 의미를 벗어나지 않는 한 목적론적 해석방법이 배제되지 않는다는 것이다. 대법원은 그동안 해석원칙[1]을 몇몇 중요한 판례에서 해석의 전제로서 원용해 왔다. 대표적 판례로는 소위 '동기설'을 폐지한 대법원 2022. 12. 22. 선고 2020도16420 전원합의체 판결[10]

　　판결 등에서의 다수의견과 반대의견에도 잘 드러나 있다. 그런데 해석원칙[1]은 이러한 갈등상황에서 문언중심적 해석과 목적론적 해석의 서열관계가 어떠한 전제조건을 토대로 성립할 수 있는지 명백히 밝히고 있다는 점에서 주목할 만하다고 생각된다. 형법해석에 있어서 이러한 해석방법론상의 논쟁양상을 주관적 해석이론(der subjektiven Auslegungstheorie)과 객관적 해석이론(der objektiven Auslegungstheorie) 사이의 대립양상으로 규정하면서 올바른 해석은 양 이론의 중간지점에 놓여있다(Die richtige Lösung liegt in der Mitte)고 보는 견해로는 Roxin/Greco, Strafrecht AT, Band I (C.H.BECK, 2020), S. 224 참조. 법해석의 한계로서 '법문의 한계(Wortlautsgrenze)'라는 표지가 여전히 타당하다는 점을 입론하고 있는 글로는 안성조, "법문의 가능한 의미의 실재론적 의의", 법철학연구(제12권 제2호), (2009), 74면 이하. 판결을 비롯한 법적 논증은 해석주체가 지닌 규범적 직관이 기존의 법리나 도그마틱, 기타 법원칙 및 관련 배경이론들과 얼마나 정합적인지 비교, 판단하며 조정해 나아가는, 크고 작은 반성적 평형(reflective equilibrium)에 도달하는 논증과정이라는 명제를 제시하는 문헌으로는 안성조, 『형법학』, 경인문화사(2022), 8-9면 참조.

10) "범죄 후 법률이 변경되어 그 행위가 범죄를 구성하지 아니하게 되거나 형이 구법보다 가벼워진 경우에는 신법에 따라야 하고(형법 제1조 제2항), 범죄 후의 법령 개폐로 형이 폐지되었을 때는 판결로써 면소의 선고를 하여야 한다(형사소송법 제326조 제4호). 이러한 형법 제1조 제2항과 형사소송법 제326조 제4호의 규정은 입법자가 법령의 변경 이후에도 종전 법령 위반행위에 대한 형사처벌을 유지한다는 내용의 경과규정을 따로 두지 않는 한 그대로 적용되어야 한다. 따라서 범죄의 성립과 처벌에 관하여 규정한 형벌법규 자체 또는 그로부터 수권 내지 위임을 받은 법령의 변경에 따라 범죄를 구성하지 아니하게 되거나 형이 가벼워진 경우에는, 종전 법령이 범죄로 정하여 처벌한 것이 부당하였다거나 과형이 과중하였다는 반성적 고려에 따라 변경된 것인지 여부를 따지지 않고 원칙적으로 형법 제1조 제2항과 형사소송법 제326조 제4호가 적용된다. 형벌법규가 대통령령, 총리령, 부령과 같은 법규명령이 아닌 고시 등 행정규칙·행정명령, 조례 등

동성인 군인 사이의 항문성교나 그 밖에 이와 유사한 행위가 사적 공간
에서 자발적 의사 합치에 따라 이루어지는 등 군이라는 공동사회의 건
전한 생활과 군기를 직접적, 구체적으로 침해한 것으로 보기 어려운 경
우에는 적용되지 않는다고 보는 것이 타당하다고 본 대법원 2022. 4. 21.
선고 2019도3047 전원합의체 판결[11] 등이 있다. 두 대법원 판결의 다수
의견은 모두 해석원칙[1]을 전제로 각각의 결론에 도달하고 있다. 그만
큼 해석원칙[1]은 형사판례에 관한 한 대법원의 법적 논증에서 확고한
법리로서의 위상을 차지하고 있다고 보아도 과언이 아닐 것이다.[12]

그렇다면, 변호사선임비기망사건에서 대법원이 해석원칙[1]을 전제
로 하여 원심 및유흥주점공갈사건의 입장과 다른 해석론을 전개하고
있는 것은 '기망하거나 공갈하여 취득한 신용카드'라는 문언은 '비교적
명확한 개념'에 해당하여 목적론적 해석방법이 필요없거나 제한되어야
할 것임에도 불구하고 원심 및 이전의 해석론은 이 점을 간과한 채 해

(이하 '고시 등 규정'이라고 한다)에 구성요건의 일부를 수권 내지 위임한 경우에
도 이러한 고시 등 규정이 위임입법의 한계를 벗어나지 않는 한 형벌법규와 결합
하여 법령을 보충하는 기능을 하는 것이므로, 그 변경에 따라 범죄를 구성하지
아니하게 되거나 형이 가벼워졌다면 마찬가지로 형법 제1조 제2항과 형사소송법
제326조 제4호가 적용된다.”

11) “군형법 제92조의6의 문언, 개정 연혁, 보호법익과 헌법 규정을 비롯한 전체 법
질서의 변화를 종합적으로 고려하면, 위 규정은 동성인 군인 사이의 항문성교나
그 밖에 이와 유사한 행위가 사적 공간에서 자발적 의사 합치에 따라 이루어지는
등 군이라는 공동사회의 건전한 생활과 군기를 직접적, 구체적으로 침해한 것으
로 보기 어려운 경우에는 적용되지 않는다고 봄이 타당하다.”

12) 해석원칙[1]처럼 문언중심적 법해석(문리해석)의 우선성을 긍정하는 견해로는 문
채규, “형법 해석의 방법론”, 비교형사법연구(제23권 제3호), (2021), 13면 이하
참조. 문언중심적 법해석에 대한 비판으로는 최봉철, “문언중심적 법해석론 비
판”, 법철학연구(제2권), (1999) 참조. 한편 문언중심적 해석방법의 우선성을 긍
정하면서도 우선성이 인정되기 위한 전제조건으로서 그러한 해석이 정의를 비롯
한 법이념에 명백히 반하지 않는 경우일 것을 제시하고 있는 견해로는 오세혁,
“법해석방법의 우선순위에 대한 시론적 고찰”, 중앙법학(제21권 제4호), (2019)
참조.

석원칙[2]를 적용해 목적론적 해석을 앞세우고 있음을 지적한 것으로 볼 수 있다.

이러한 입론이 옳다면, 과연 어떠한 의미에서 원심 및 유흥주점공갈 사건은 목적론적 해석을 채택하고 있는 것으로 평가될 수 있는 것인지 검토할 필요가 있을 것이다.

2. '기망하거나 공갈하여 취득한 신용카드'에 대한 목적론적 해석방법의 결과

(1) 신용카드업법과 여신전문금융업법의 입법취지 및 신용카드부정사용죄의 보호법익

여신전문금융업법이 제정되기 이전에는 신용카드업법에서 "신용카드 등을 위조 또는 변조한 자, 위조 또는 변조된 신용카드 등을 판매하거나 사용한 자, 분실 또는 도난된 신용카드 또는 직불카드 등을 판매하거나 사용한 자"를 처벌하는 규정을 두고 있었다. 당시 신용카드업법 제1조는 "신용카드업을 건전하게 보호육성하여 신용사회의 기반을 조성하고 소비자의 금융편의를 도모함으로써 국민경제의 발전에 이바지함을 목적으로 한다."고 규정함으로써 신용카드부정사용죄의 보호법익은 단지 카드발행인의 재산보호(개인적 법익)가 아니라 신용카드에 의한 신용거래의 적정한 기능(사회적 법익)인 것으로 평가되고 있었다.13)

여신전문금융업법은 신용카드업, 시설대여업(施設貸與業), 할부금융업(割賦金融業) 및 신기술사업금융업(新技術事業金融業)을 하는 자의 건전하고 창의적인 발전을 지원함으로써 국민의 금융편의를 도모하고 국민경제의 발전에 이바지함을 목적으로 한다(동법 제1조). 이는 국민의 다양한 금융수요를 충족시키고 금융업의 경쟁력을 높임과 동시에 신용질서 유지를 위하여 1997.8.29. 제정된 것이다.14)

---

13) 강동범, "信用카드犯罪에 대한 형사법적·제도적 대책", 서울시립대학교 논문집 (제30권), (1996), 13면.

여전법상 신용카드부정사용죄는 분실, 도난, 강취, 횡령, 기망, 공갈로 취득한 신용카드 및 직불카드의 판매, 사용행위를 처벌하는 규정으로서 그 보호법익에 대해서는 재산적 거래의 진실성 또는 신의성실의 보호라는 견해[15] 신용카드제도 내지 신용카드거래의 적정한 기능[16]이라는 견해 등이 있으며, 판례는 본죄의 보호법익을 '신용카드를 사용한 거래의 안전 및 이에 대한 공중의 신뢰'라고 보고 있다.[17] 이러한 맥락에서 대상판결(변호사선임비기망사건)의 원심이 "여신전문금융업법이 신용카드업 등을 하는 자의 건전하고 창의적인 발전을 지원함으로써 국민의 금융편의를 도모하고 국민경제의 발전에 이바지함을 목적으로 함에 비추어 볼 때 기망으로 취득한 신용카드 부정사용은 신용카드 자체를 기망하여 취득한 후 소유자 또는 점유자의 의사에 기하지 않고 신용카드를 사용한 경우에 인정된다."[18]고 판시한 취지를 이해할 수 있을 것이다. 그처럼 소유자 또는 점유자의 의사에 반하여 신용카드를 사용한 경우에만 거래의 안전 및 이에 대한 공중의 신뢰가 침해되었다고 평가될 수 있을 것이기 때문이다.

---

14) 박상기·전지연, 『형사특별법』, 집현재(2023), 389면.

15) 오경식, "신용카드 부정사용과 사기죄 成否에 대한 연구", 형사법연구(제21권 제4호), (2009), 29면.

16) 이주원, 『특별형법』, 홍문사(2020), 623면.

17) 대법원 1996. 7. 12. 선고 96도1181 판결. 주지하다시피 판례의 이러한 입장에 따르면 분실 또는 도난된 신용카드로 가맹점에서 물품을 구매한 경우 신용카드부정사용죄와 별도로 사기죄가 성립하고 양죄는 보호법익이 다르기 때문에 이를 근거로 실체적 경합관계가 된다는 견해가 제시될 수 있으며 판례의 입장도 이와 같으나, 상상적 경합관계로 보아야 한다는 반대견해도 많이 제시되고 있다. 이에 대해 양죄를 상상적 경합관계로 보면 피고인은 언제나 중한 죄인 사기죄로 처벌되어 여전법상 신용카드부정사용죄가 사문화될 위험성이 있다는 지적으로는 오경식, 앞의 논문, 30면.

18) 서울중앙지방법원 2022. 8. 17. 선고 2022노842 판결.

(2) 신용카드부정사용죄의 보호법익과 '기망하거나 공갈하여 취득한 신용카드'의 해석

전술한 바와 같이 대법원 판례는 '유흥주점공갈사건'에서 위 법문의 의미에 대해서 '소유자 또는 점유자의 의사에 기하지 않고, 그의 점유를 이탈하거나 그의 의사에 반하여 점유가 배제된 신용카드'를 가리킨다고 해석했었다. 이러한 해석론에 대한 평석들 중에서 이를 비판하는 입장은 다음과 같은 문제점들을 지적한다.

첫째, '기망하거나 공갈하여 취득한 신용카드'란 '기망'과 '공갈'의 형법적 개념에 비추어 볼 때, 소유자 또는 점유자의 자유로운 의사에 기하지 아니하고(소위 '하자있는' 의사표시에 의하여) 점유가 배제된 신용카드를 의미하는 것으로 보아야 하는데[19] '유흥주점공갈사건'에서 대법원은 위 법문이 포함된 여전법 제70조 제1항 제4호의 '강취·횡령하거나, 사람을 기망하거나 공갈하여 취득한 신용카드'의 의미를 일률적으로 '소유자 또는 점유자의 의사에 기하지 않고, 그의 점유를 이탈하거나 그의 의사에 반하여 점유가 배제된 신용카드'로 해석하는 잘못을 범했다고 한다.

둘째, 판례가 위와 같은 오류를 범하게 된 것은 여전법 제70조 제1항 제4호가 신설되기 전에는 본죄의 행위객체가 분실·도난당한 카드로 한정되어 있었기 때문에, 위와 같은 해석론이 타당했지만, 판례가 동 조문의 신설된 이후에는 각 재산범죄의 특징과 차이점을 고려하여 그에 상응하는 올바른 해석론을 전개했어야 함에도 불구하고 구법시대의 판결에서의 '분실·도난'에 대한 판시내용[20]을 자구하나 고치지 않은 채

---

19) 이주원, 앞의 논문, 328면.
20) 대법원 1999. 7. 9. 선고 99도857 판결. "여신전문금융업법 제70조 제1항 제3호는 분실 또는 도난된 신용카드를 사용한 자를 처벌하도록 규정하고 있는데, 여기서 분실 또는 도난된 신용카드라 함은 소유자 또는 점유자의 의사에 기하지 않고 그의 점유를 이탈하거나 그의 의사에 반하여 점유가 배제된 신용카드를 가리키는 것으로서, 소유자 또는 점유자의 점유를 이탈한 신용카드를 취득하거나 그 점유를 배제하는 행위를 한 자가 반드시 유죄의 처벌을 받을 것을 요하지 아니한다."

그대로 답습했기 때문이라고 분석한다.[21]

셋째, 만일 판시내용 중 "소유자 또는 점유자의 의사에 기하지 않고 그의 점유를 이탈하거나" 부분이 "기망 또는 공갈"에 대한 판시라고 한다면, "기망하거나 공갈하여 취득한 카드"는 거의 대부분 본죄에서 제외되는 의도치 않은 결과가 야기된다고 한다. 즉, 기망·공갈에 의한 신용카드의 취득은 "카드소유자의 사용승낙이 있는 경우"와 "그 사용승낙이 없는 경우"로 구분되는데, 극히 예외적인 사태에 속하는 후자의 경우에만 본죄가 성립하는 셈이 된다는 것이다. 그러나 이렇게 되면 제4호를 신설한 입법취지가 거의 대부분 몰각되는 부당한 결과가 초래된다고 지적한다.[22]

이와 달리 유흥주점공갈사건의 해석론을 그대로 수용하거나 지지하는 견해도 있다.

예를 들어 피해자를 폭행·협박하여 신용카드를 담보로만 제공하라고 하여 교부받은 후 이를 다른 용도에 사용한 경우에는 신용카드부정사용죄가 성립하지만, 유흥주점공갈사건처럼 "유흥주점업주가 과다한 술값청구에 항의하는 피해자들을 폭행 또는 협박하여 피해자들로부터 일정 금액을 지급받기로 합의한 다음, 피해자들이 결제하라고 건네준 신용카드로 합의에 따라 현금서비스를 받거나 물품을 구입한 경우, 신용카드에 대한 피해자들의 점유가 피해자들의 의사에 기하지 않고 이탈하였거나 배제되었다고 보기 어려워"[23] 신용카드부정사용죄가 성립

---

21) 이주원, 앞의 논문, 333면.
22) 이주원, 앞의 논문, 334-335면.
23) 대법원 2006. 7. 6. 선고 2006도654 판결. "기록에 의하면, 피고인 1은 과다한 술값 청구에 항의하는 피해자들을 폭행 또는 협박하여 피해자들로부터 일정 금액을 지급받기로 합의한 다음 피해자들이 결제하라고 건네준 신용카드로, 합의한 대로 현금서비스를 받거나, 편의점에서 술과 담배를 구입하는 것으로 매출전표를 작성하고 피해자들의 서명을 거쳐 매출전표의 작성을 완료한 후 2-3일 지나 편의점에서 신용카드 결제금액 상당의 술과 담배를 인도받아 술값에 충당한 사실을 알 수 있는바, 이와 같이 합의에 따라 피해자들이 건네준 신용카드로 현금서비스를 받거나 물품을 구입하고 매출전표를 작성하였고, 매출전표에 피해자들

하지 않는다는 취지로 이해할 수 있다는 것이다. 즉 동 견해에 의하면 신용카드의 부정취득행위가 사기죄나 공갈죄의 형태로 이루어져 피해자가 신용카드사용을 허용하는 경우에는 '신용카드에 대한 피해자들의 점유가 피해자들의 의사에 기하지 않고 이탈하였거나 배제되었다고 보기 어려워' 신용카드부정사용죄는 성립하지 않는다고 한다.[24] 즉, 기망·공갈에 의한 신용카드의 취득에 대해서는 그 사용승낙이 없는 예외적인 사태의 경우에만 신용카드부정사용죄가 성립할 수 있다는 견해로 보인다.

한편, 강취·횡령하거나 기망하거나 공갈하여 취득한 신용카드란 강도행위, 횡령행위, 사기행위, 공갈행위에 의해 행위자가 점유를 취득하게 된 타인의 신용카드를 의미한다고 보면서도, 유흥주점공갈사건에서는 신용카드에 대한 피해자의 점유가 피해자의 의사에 기하지 않고 이탈하였거나 배제되었다고 보기 어렵기 때문에 여전법상의 신용카드 부정사용에 해당하지 않는다고 긍정적인 평석을 내리는 견해도 있다.[25]

그런데 여기서 유흥주점공갈사건에 대한 대법원의 판시와 이를 옹호하는 상기 두 견해는 어떠한 의미에서 해당카드에 대해 "신용카드에 대한 피해자의 점유가 피해자의 의사에 기하지 않고 이탈하였거나 배제되었다고 보기 어렵다"고 판단한 것인지 의문이 들 수 있다. 분명 이 경우 신용카드 자체에 대해서는 피해자의 점유가 배제된 것으로 볼 여지도 있기 때문이다. 주지하다시피 형법상 점유는 재물에 대한 사실상의 지배(tatsächliche Sachherrschaft)를 뜻하며[26] 민법상 점유개념보다

본인이 서명까지 한 경우에는 비록 피고인 1이 피해자들을 폭행 또는 협박하여 피해자들로 하여금 술값을 결제하도록 하기에 이르렀다고 하더라도 신용카드에 대한 피해자들의 점유가 피해자들의 의사에 기하지 않고 이탈하였다거나 배제되었다고 보기 어렵다."

24) 오영근, "신용카드 관련 재산범죄에 대한 판례이론의 비판적 검토", 한양대학교 법학논총(제26권 제3호), (2009), 13-14면.

25) 강동범, 앞의 논문, 58면.

26) 신동운, 『형법각론』, 법문사(2018), 909-910면; 이재상·장영민·강동범, 『형법각론』, 박영사(2021), 261면.

구체적, 현실적인 내용을 가진 독자적인 개념이다.[27] 그리고 형법상 점유는 객관적·물리적 요소(사실상 지배상태), 주관적 요소(점유의사), 규범적 요소의 세 가지 요소로 이루어진다. 따라서 재물에 대한 사실상의 지배상태가 인정되더라도 규범적 요소를 고려해 형법상 점유개념이 확대되거나 축소될 수 있다.[28] 따라서 규범적 요소를 고려하면[29] 강간피해자가 도피하면서 현장에 두고 간 물건은 점유이탈물이 아니라 사회통념상 피해자의 지배하에 있는 물건이라고 보아야 할 것이므로 피해자의 점유에 속하고[점유의 확대],[30] 예식장 축의금 접수대에서 접수인인 것처럼 가장해 축의금을 교부받는 자에게는 축의금에 대한 점유가 인정되지 않는다[점유의 축소].[31] 이와 같이 형법상 점유개념이 여러 요소를 종합적으로 고려해 결정된다면, 점유배제 여부도 역시 동일한 방식으로 판단하는 것이 합당할 것이다.

생각건대, 이와 관련해 대상판결이 제70조 제1항 제4호의 법문을 '신용카드나 직불카드의 소유자 또는 점유자를 기망하거나 공갈하여 그

---

27) 신동운, 앞의 책, 910면; 이상돈, 『형법각론』, 박영사(2023), 507면; 이주원, 앞의 책, 631면.

28) 신동운, 앞의 책, 911-913면; 이재상·장영민·강동범, 앞의 책, 263-265면.

29) "어떤 물건이 타인의 점유하에 있는지 여부는, 객관적인 요소로서의 관리범위 내지 사실적 관리가능성 외에 주관적 요소로서의 지배의사를 참작하여 결정하되 궁극적으로는 당해 물건의 형상과 그 밖의 구체적인 사정에 따라 사회통념에 비추어 규범적 관점에서 판단하여야 한다." 대법원 2008. 7. 10. 선고 2008도3252 판결.

30) 대법원 1984. 2. 28. 선고 84도38 판결.

31) "피해자의 교부행위의 취지는 신부측에 전달하는 것일 뿐 피고인에게 그 처분권을 주는 것이 아니므로, 이를 피고인에게 교부한 것이라고 볼 수 없고 단지 신부측 접수대에 교부하는 취지에 불과하므로 피고인이 그 돈을 가져간 것은 신부측 접수처의 점유를 침탈하여 범한 절취행위라고 보는 것이 정당하다." 대법원 1996. 10. 15. 선고 96도2227 판결. 이 경우 피해자의 교부행위는 처분의사에 의한 것이 아니라 단지 신부측 접수대에 전달해 달라는 취지에 불과하므로 처분행위로 볼 수 없고, 따라서 점유는 여전히 신부측 접수대에 있으므로 행위자가 축의금을 가져가는 것은 (책략)절도죄에 해당한다. 신동운, 앞의 책, 931-932면.

들의 자유로운 의사에 의하지 않고 ①점유가 배제되어 그들로부터 ② 사실상 처분권을 취득한 신용카드'라고 해석한 취지를 참고할 수 있을 것이다. 다시 말해 신용카드의 경우에는 다른 여타의 물건과 달리 형법상 점유배제 여부의 판단에 있어서 특수한 사정이 존재하는데, 여타의 물건은 물리적 점유배제(처분의사에 의한 교부)와 동시에 규범적 점유배제(사실상 처분권의 취득)이 언제나 동시에 발생하지만 신용카드의 경우 전술한 바와 같이 담보로만 소지하겠다는 피고인의 기망 또는 공갈에 의해 신용카드를 교부하면서도 소유자 또는 점유자가 카드에 대한 사용승낙은 하지 않은 경우처럼 '물리적 의미의 점유배제(처분의사에 의한 교부)'는 관념할 수 있으나 그와 동시에 '규범적 의미의 점유배제(피고인의 사실상 처분권의 취득[32])'도 곧바로 인정되는지 여부가 불투명한 '예외사례'가 존재하고(이 점에 대한 논의로는 IV-4 참조) 아울러 유흥주점공갈사건처럼 피해자가 기망 또는 공갈에 의해 사용승낙을 하며 신용카드를 교부하였으나 사회통념상 피고인이 그 사실상 처분권을 취득하였다고 보기 어려운 경우도 존재하기 때문에 대상판결은 신용카드부정사용죄가 성립하기 위한 전제조건은 그 대상이 "점유가 배제되어 그들로부터 '사실상 처분권을 취득'한 신용카드"라고 주의깊은 문구로 판시하고 있는 것으로 보인다. 즉, 신용카드에 대한 '물리적 점유배제'와 '규범적 점유배제'가 모두 인정되는 경우에만 그 당연한 법리적 귀결로서 '점유가 배제된 신용카드'로 평가되어 피고인이 이를 사용한 경우 신용카드부정사용죄가 적용될 수 있다는 것이다. 그런데 유흥주점공갈사건의 대법원 판시는 이러한 제반사정에 대한 분석적이고 주의깊은 해석론적 고찰을 반영하지 못한 채 혼동을 줄 수 있는 여지를 줄 수 있는 문구로 결론을 내리고 있는 것으로 보인다.[33]

---

32) 단, 이때의 '사실상 처분권'이란 '카드의 사용까지 포함한 넓은 의미의 처분권'을 뜻한다고 보아야 한다. 왜냐하면, 신용카드라 하더라도 '물리적 점유배제'가 인정되면 곧바로 카드 자체에 대한 물리적 수준의 사실상 처분권, 예컨대 해당 신용카드를 폐기하거나 타인에게 인도하는 등의 사실상 처분권은 행위자에게 당연히 인정될 것이기 때문이다.

요컨대, '카드 자체의 점유배제(물리적 의미의 점유배제)'와 '사실상 처분권의 취득(규범적 의미의 점유배제)'은 각각 달리 판단될 수 있다는 것이다. 따라서 유흥주점공갈사건에서 신용카드 자체의 점유는 피해자로부터 배제되었다고 볼 수 있으나(물리적 점유배제 인정), "피고인이 합의에 따라 피해자들이 건네준 신용카드로 현금서비스를 받거나 물품을 구입하고 매출전표를 작성하였고, 매출전표에 피해자들 본인이 서명까지 한 경우에는"34) 신용카드에 대한 사실상의 처분권은 여전히 피해자가, 혹은 피해자와 피고인이 함께 갖고 있다고 보아야 하기 때문에(규범적 점유배제 부정) 이러한 이유에서 "(규범적 의미에서) 점유가 배제되었다고 보기는 어렵다"고 설시한 것으로 추측된다. 다시 말해, 동판결에서 "점유가 배제되었다고 보기 어렵다"고 설시한 취지는 피고인이 사실상 처분권을 취득하지 못하였다는 의미로 해석할 수 있을 것이다.35)

---

33) 정리해 보면, 타인의 신용카드를 기망 또는 공갈로 취득해 부정사용하는 케이스는 다음과 같이 구분해 볼 수 있다.

　① 기망 또는 공갈에 의해 신용카드를 교부하면서 사용승낙까지 한 경우[물리적 점유배제 인정+(피해자의 의사에 기한)사실상 처분권 취득 인정]: 변호사선임비기망사건

　② 기망 또는 공갈에 의해 신용카드를 교부하면서 사용승낙까지 하였으나 피고인의 사용과정에서 피해자(소유자 또는 점유자)가 직접 매출전표에 서명까지 하는 등 사회통념상 피해자들이 직접 신용카드를 사용한 것과 달리 보기 어려운 경우[물리적 점유배제 인정+사실상 처분권 취득 부정]: 유흥주점공갈사건

　③ 기망 또는 공갈에 의해 신용카드를 교부하면서 사용승낙은 하지 않았으나 그 의사에 반해 신용카드를 사용한 경우[물리적 점유배제 인정+(피해자의 의사에 기하지 않은)사실상 처분권 취득 인정]: 예외사례

34) 대법원 2006. 7. 6. 선고 2006도654 판결.

35) 이 점은 유흥주점공갈사건의 항소심(서울중앙지방법원 2005. 12. 29. 선고 2005노3502 판결)에 잘 드러나 있다. "(1) 여신전문금융업법 제70조 제1항 제4호 소정의 '신용카드를 사용'이라 함은, 신용카드 소지인이 대금결제를 위하여 가맹점에 신용카드를 제시하고 매출전표에 서명하여 이를 교부하는 일련의 행위를 의미한다 할 것인바, 피고인이 피해자들의 신용카드를 사용하여 물품을 구입하는 행위에 관한 한, <u>피고인이나 그 종업원들이 신용카드를 제시하여 물품을 구입하더라도, 피해자들이 직접 매출전표에 서명한 다음 피고인 등으로 하여금 위 매출</u>

　　이와 같이 유흥주점공갈사건의 해석론과 이를 지지하는 견해들은 '기망하거나 공갈하여 물리적 의미의 점유를 취득한 신용카드'라고 하더라도 신용카드에 대한 소유자나 점유자의 사실상의 처분권이 '그의 의사에 기하지 않고' 배제되었다고 보기 어려운 경우에는 신용카드부정사용죄가 성립하지 않는다고 판단하고 있는 것으로 보인다. 예를 들어 카드 소유자를 기망하거나 공갈하여 신용카드를 담보로만 제공하라고 하여 교부받은 후 이를 다른 용도에 사용한 경우처럼 소유자의 사실상의 처분권이 '그의 의사에 기하지 않고' 배제된 경우에만 신용카드부정사용죄가 성립한다고 보는 것이다. 이 경우에는 비록 기망이나 공갈에 의해 신용카드를 교부하였더라도(물리적 점유배제 인정) 그것을 사용하지는 않겠다는 조건이 있었기 때문에 "소유자의 사실상의 처분권이 그의 의사에 기하지 않고 배제되었다(규범적 점유배제 인정)"고 평가될 수 있다. 다시 말하면 소유자의 점유가 그의 '의사에 기하지 않고 배제된 경우(규범적 점유배제 사례)'란 사용승낙이 부재함에도 피고인이 소유자의 '의사에 기하지 않고 신용카드를 사용한 경우'를 뜻하는 것이다. 이러한 맥락에서 보면 변호사선임비기망사건의 항소심이 "기망으로 취득한 신용카드 부정사용은 신용카드 자체를 기망하여 취득한 후 소유자 또는 점유자의 의사에 기하지 않고 신용카드를 사용한 경우에 인정된다"고 설시한 취지를 납득할 수 있다.[36]

전표를 가맹점에 제출하게 한 이상 피고인 등이 신용카드를 제시한 행위만으로는 신용카드를 사용한 것이라고 할 수 없을 뿐만 아니라, (2) 피해자들은 피고인과 일정액의 술값을 지불하기로 합의하고 합의된 금액을 지급하기 위한 방편으로 합의된 금액의 범위 내에서 자신들의 신용카드를 사용하도록 허락하였던바, 피고인이 피해자들로부터 신용카드를 교부받은 것이 폭행 또는 협박에 의한 것이기는 하나, 피해자들로부터 그 신용카드를 사용하는 것에 대하여는 구체적인 승낙이 있었던 것으로 봄이 상당하고, 신용카드를 가맹점에 제시하거나 현금서비스를 제공받음에 있어 피해자들이 직접 가맹점에서 이를 제시하거나 현금서비스를 받지 아니하고 피고인이나 그 종업원들로 하여금 이러한 행위를 하게 하였다고 하여 피해자들이 직접 신용카드를 사용하는 것과 달리 볼 것은 아니다."

36) "여신전문금융업법이 신용카드업 등을 하는 자의 건전하고 창의적인 발전을 지

추측컨대, 이와 같은 해석론은 여신전문금융업법의 입법취지와 신용카드부정사용죄의 보호법익, 즉 '신용카드를 사용한 거래의 안전 및 이에 대한 공중의 신뢰'가 침해되었는지 여부를 고려한 결과로 보인다. 즉, '피해자의 점유가 그의 의사에 기하지 않고 이탈하였거나 배제된 경우'가 아니라면 이때에는 가해자의 사기 또는 공갈에 의해 피해자나 카드발행인의 개인적 법익(재산)은 침해되었다고 볼 수 있겠지만 '신용카드를 사용한 거래의 안전 및 이에 대한 공중의 신뢰'가 침해되었다고 평가하기 어렵다고 보고 있는 것이다. 다시 말해 피고인이 피해자의 카드를 사용한 동기 및 경위에 있어서 피해자가 피고인에게 자신의 신용카드 사용권한을 주었고 편의점에서 물품구입을 위한 대금결제시 매출전표에 서명을 직접 해준 경우라면 비록 신용카드에 대한 피고인의 갈취행위가 인정된다고 하더라도 카드회사나 카드가맹점에 대한 신용카드의 사용이 '거래의 안전 및 이에 대한 공중의 신뢰'를 침해하는 부정사용이라고 할 수는 없다는 것이다(목적론적 축소해석).[37] 왜냐하면 그러한 경우 보호법익 침해의 관점에서 보면 "피해자들이 직접 신용카드를 사용하는 것과 다르지 않다"고 평가될 수 있기 때문이다.[38]

원함으로써 국민의 금융편의를 도모하고 국민경제의 발전에 이바지함을 목적으로 함에 비추어 볼 때 기망으로 취득한 신용카드 부정사용은 신용카드 자체를 기망하여 취득한 후 소유자 또는 점유자의 의사에 기하지 않고 신용카드를 사용한 경우에 인정된다(서울중앙지방법원 2022. 8. 17. 선고 2022노842 판결)."

37) 서울중앙지방법원 2022. 8. 17. 선고 2022노842 판결['변호사선임비기망사건'의 항소심] 참조.

38) 서울중앙지방법원 2005. 12. 29. 선고 2005노3502 판결['유흥주점공갈사건'의 항소심]. "피고인이 피해자들로부터 신용카드를 교부받은 것이 폭행 또는 협박에 의한 것이기는 하나, 피해자들로부터 그 신용카드를 사용하는 것에 대하여는 구체적인 승낙이 있었던 것으로 봄이 상당하고, 신용카드를 가맹점에 제시하거나 현금서비스를 제공받음에 있어 피해자들이 직접 가맹점에서 이를 제시하거나 현금서비스를 받지 아니하고 피고인이나 그 종업원들로 하여금 이러한 행위를 하게 하였다고 하여 피해자들이 직접 신용카드를 사용하는 것과 달리 볼 것은 아니다."

IV. '기망하거나 공갈하여 취득한 신용카드'의 올바른 해석론

1. 목적론적 해석의 한계 및 문제점

유흥주점공갈사건에서 대법원은 목적론적 해석방법을 채택해 여전 법의 입법취지와 신용카드부정사용죄의 보호법익 등을 종합적으로 고려해 '기망하거나 공갈하여 취득한 신용카드'의 의미를 '거래의 안전 및 이에 대한 공중의 신뢰'를 침해하는 방식으로 사용한 경우로만 국한시키려는 의도에서 '소유자 또는 점유자의 의사에 기하지 않고, 그의 점유를 이탈하거나 그의 의사에 반하여 점유가 배제된 신용카드'로 의도적으로 해석한 것이라는 점을 입론해 보았다. 그렇다면 그것은 해당 법령이 개정되기 이전 구법시대의 해석론을 맹목적 또는 무비판적으로 답습하는 우를 범한 것[39]은 아니라고 볼 수 있으며, 나름의 합당한 근거를 갖고 있는 해석론이라고 평가할 여지도 있을 것이다.

하지만, 이러한 해석론은 '기망하거나 공갈하여 취득한 신용카드'라는 법문의 의미와는 너무나 동떨어진 부자연스러운 의미를 낳는 결과를 가져온다. 형법적으로 기망이나 공갈을 통해 취득한다는 것은 상대방의 하자있는 의사에 기한 재산적 처분행위에 의해 재물 또는 재산상의 이익을 얻는다는 의미가 된다는 점은 개념적으로 명백한 것이므로 이를 '소유자 또는 점유자의 의사에 기하지 않고, 그의 점유를 이탈하거나 그의 의사에 반하여 점유가 배제된 신용카드'라고 제한적으로 해석하는 것은 지나친 축소해석으로서 금지되는 유추에 해당할 수 있을 것이다. 물론 가벌성의 범위가 축소된다는 점에서는 피고인에게 유리한 유추가 될 수는 있겠으나 피고인에게 유리한 유추라고 하더라도 언제나 허용되는 것은 아니며, 그에 합당한 근거가 있어야 정당화될 수 있

---

39) 이러한 지적으로는 이주원, 앞의 책, 627면.

다.[40] 이러한 점에 비추어 보면, 유흥주점공갈사건의 대법원의 해석론이 과연 얼마나 충분히, 그에 대한 비판적 논거들을 상쇄할 만큼 합당한 근거를 지니고 있는지 검토해볼 필요가 있을 것이다.

목적론적 해석방법이 내세우는 근거는 입법취지와 보호법익이라고 할 수 있다. 그 점에 있어서는 나름의 합당한 근거를 갖고 있음은 부인할 수 없을 것이다. 하지만 동 해석론에 대해서는 다음과 같은 반론이 제기된다.

첫째, 앞서 살펴본 바와 같이 기망·공갈에 의한 신용카드의 취득은 "카드소유자의 사용승낙이 있는 경우"와 "그 사용승낙이 없는 경우"로 구분되는데, 목적론적 해석방법론에 따르면 극히 예외적인 사태에 속하는 후자의 경우에만, 예를 들어 신용카드를 보관만 하고 절대 사용하지는 않겠다고 기망하여 카드를 교부받은 후 이를 무단 사용한 경우에만 본죄가 성립하는 셈이 된다는 것이다. 그러나 이렇게 되면 여전법 제70조 제1항 제4호를 신설한 입법취지가 거의 대부분 몰각되는 부당한 결과가 초래된다고 비판론은 지적한다.

여전법 제70조 제1항 제4호를 신설한 입법취지는, 2002년 3월 30일의 개정에 의해 여전법 제70조 제1항 제4호가 신설되기 전에는 신용카드부정사용죄의 객체가 '위조·변조·도난·분실'된 카드에 한정되어 있었으므로 부정취득의 방법에 따라 처벌의 불균형[41]이 발생하므로 이를 시정하기 위한 것이었는데[42], 입법취지와 보호법익에 치중한 목적론적

---

40) 이 점에 대해서는 이상돈, 앞의 책, 25면.

41) '위조·변조·도난·분실'된 카드를 사용하면 '7년 이하의 징역 또는 5천만원 이하의 벌금'에 처하는 데 비하여 '편취·갈취·횡령'한 카드를 사용하면 신용카드부정사용죄의 구성요건에 해당하지 않아서 단지 형법상 사문서부정행사죄에 해당하여 '1년 이하의 징역이나 금고 또는 300만원 이하의 벌금'에 처해져 카드의 취득원인만 다를 뿐 그 불법성에 있어서 별다른 차이가 없는 행위들이 각기 매우 다른 법정형에 처해지는 불균형이 발생한다. 이 점에 대해서는 강동범, 앞의 논문, 29-30면 참조.

42) 강동범, "여신전문금융업법상 신용카드의 취득, 사용, 처분범죄 처벌규정의 검토", 법조(제57권 제3호), (2008), 57면 참조.

해석방법은 이러한 개정취지를 제대로 반영하지 못한다는 것이다.

둘째, 신용카드 '부정'사용죄에서 '부정성'의 징표는 바로 '사용승낙의 흠결(부정성 표지[1])'과 '피해자의 점유배제(부정성 표지[2])'라는 두 측면에서 관념할 수 있다고 볼 때, '분실·도난·강취·횡령'에 의해 취득된 신용카드를 사용한 경우에는 부정성 표지[1], 즉 '사용승낙의 흠결'이라는 측면이 선명하게 드러나는 반면 '기망·공갈'의 경우에는 앞서 논급한 예외적인 상황을 제외한다면 일반적으로는 비록 하자있는 의사에 기한 것이기는 하지만 피해자의 사용승낙 자체는 있는 것으로 평가되므로 이 경우에는 '사용승낙의 흠결'이라는 부정성의 징표만으로는 신용카드부정사용죄를 인정하기 어렵기 때문에(부정성 표지[1] 불완전충족[43]) '피해자의 점유배제(행위자의 점유취득)'라는 부정성 징표에 대한 검토가 더욱 중요한 의미를 갖게 되는데,[44] 목적론적 해석방법은 '거래의 안전 및 이에 대한 공중의 신뢰'라는 보호법익 침해 여부에만 초점을 맞추고 있어서 부정성을 구성하는 다층적 징표를 제대로 반영하지 못한다는 비판이 제기될 수 있다. 다시 말해 '기망·공갈을 통해 취득한 신용카드'의 경우에는 '사용승낙의 흠결'이 없으므로 '거래의 안전 및 이에 대한 공중의 신뢰'를 해치지 않아 신용카드부정사용죄의 보호법익을 침해하지 않는 것으로 평가될 수 있고, 따라서 목적론적 해석론에 따르면 변호사선임비기망사건처럼 피해자가 피고인으로부터 기망당함으로써 피해자의 자유로운 의사에 의하지 않고 이 사건 신용카드에 대한 점유를 상실하였고, 피고인이 신용카드에 대한 사실상 처분권을 취득한 경우라고 하더라도 피해자의 의사에 기하지 않고 신용카드를 사용한 경우가 아니라면 신용카드부정사용죄가 성립하지 않는다는 결론을 곧바로 내릴 수 있게 되지만, 이러한 결론(대상판결의 원심)은 '피해자의 점유배제'라는 부정성의 징표를 고려하지 않고 내린 것이

---

43) 여기서 '불완전충족'이라고 지칭한 것은 비록 사용승낙 자체는 있었지만 그것이 '진정한' 사용승낙은 아니기 때문에 '사용승낙의 흠결'이라는 요건이 완전히 미충족된 것이 아니라 불완전한 정도로나마 충족됨을 고려한 것이다.
44) 이주원, 앞의 논문, 339면.

므로 법리적으로 볼 때 부당하다는 것이다. 요컨대, 목적론적 해석방법은 신용카드 부정사용죄의 성부와 관련해 부정성의 징표들 중에서 '사용승낙의 흠결'여부에만 초점을 맞춘 그릇된 판시라는 비판이다.

종합하자면, '기망하거나 공갈하여 취득한 신용카드'에 관하여 대법원의 해석론에는 목적론적 해석방법이라는 나름의 근거가 있기는 하지만, 법문언의 표준적인 의미를 심하게 왜곡시킴으로써 여전법의 개정취지를 제대로 반영하지 못하게 되고, 아울러 신용카드부정사용죄에서 '부정성'을 구성하는 복합적 요소를 온전히 고려하지 못하고 있다는 점에서 그러한 해석은 부당한 축소해석, 즉 금지되는 유추에 해당할 여지가 클 것으로 보인다.

2. 새로운 해석원칙에 따른 해석론

이상 검토한 바와 같이 유흥주점공갈사건에서 대법원이 취한 목적론적 해석방법은 여전법 제70조 제1항 제4호 중 '기망하거나 공갈하여 취득한 신용카드'의 해석론으로 적절해 보이지 않는다. 이러한 비판은 학계에서 꾸준히 제기되어 왔다. 이에 대하여 대법원은 변호사선임비기망사건에서 이 문제를 해결하기 위해서 새로운 해석원칙을 제시한다. 그것은 바로 앞서 논급한 바 있는 '해석원칙[1]'이다.

해석원칙[1]에 따르면 법률을 해석할 때 목적론적·체계적·논리적 해석방법을 사용해 문언의 통상적 의미와 다르게 해석할 수 있으나, 문언 자체가 비교적 명확한 개념으로 구성되어 있다면 원칙적으로 문리해석의 결과가 우선하며 그 밖의 다른 해석방법은 활용할 필요가 없거나 제한되어야 한다. 그런데, 변호사선임기망사건에서 대법원은 동 해석원칙을 제시하면서 그러한 원칙의 근거에 대해서는 언급이 없다. 생각건대, 앞서 논급한 바와 같이 동 원칙은 원래 '임차인의 의미'에 대한 민사판결에서 유래한 것이고 따라서 해당 민사판결에서 제시된 근거가 이를 대신할 수 있다고 보인다. 그러면 해당 민사판결에서는 어떠한 근거를 제시하고 있는가? 판례는 다음과 같이 말한다.

> "법은 원칙적으로 불특정 다수인에 대하여 동일한 구속력을 갖는 사회의 보편타당한 규범이므로 이를 해석함에 있어서는 법의 표준적 의미를 밝혀 객관적 타당성이 있도록 하여야 하고, 가급적 모든 사람이 수긍할 수 있는 일관성을 유지함으로써 법적 안정성이 손상되지 않도록 하여야 한다. 그리고 실정법이란 보편적이고 전형적인 사안을 염두에 두고 규정되기 마련이므로 사회현실에서 일어나는 다양한 사안에서 그 법을 적용함에 있어서는 구체적 사안에 맞는 가장 타당한 해결이 될 수 있도록, 즉 구체적 타당성을 가지도록 해석할 것도 요구된다. 요컨대, 법해석의 목표는 어디까지나 법적 안정성을 저해하지 않는 범위 내에서 구체적 타당성을 찾는 데 두어야 한다. 그리고 그 과정에서 가능한 한 법률에 사용된 문언의 통상적인 의미에 충실하게 해석하는 것을 원칙으로 하고, 나아가 법률의 입법 취지와 목적, 그 제·개정 연혁, 법질서 전체와의 조화, 다른 법령과의 관계 등을 고려하는 체계적·논리적 해석방법을 추가적으로 동원함으로써, 앞서 본 법해석의 요청에 부응하는 타당한 해석이 되도록 하여야 한다."

위 설시내용에 이어서 판례는 "한편, 법률의 문언 자체가 비교적 명확한 개념으로 구성되어 있다면 원칙적으로 더 이상 다른 해석방법은 활용할 필요가 없거나 제한될 수밖에 없고, 어떠한 법률의 규정에서 사용된 용어에 관하여 그 법률 및 규정의 입법 취지와 목적을 중시하여 문언의 통상적 의미와 다르게 해석하려 하더라도 당해 법률 내의 다른 규정들 및 다른 법률과의 체계적 관련성 내지 전체 법체계와의 조화를 무시할 수 없으므로, 거기에는 일정한 한계가 있을 수밖에 없다."고 해석원칙[1]의 원형을 제시한다.

위와 같은 맥락에 비추어 보면, 해석원칙[1]의 근거는 위 밑줄그은 부분처럼 "법문의 표준적 의미를 밝혀 객관적 타당성이 있도록 하여 가급적 모든 사람이 수긍할 수 있는 일관성을 유지함으로써 법적 안정성이 손상되지 않도록 하여야 한다"는 데에서 찾을 수 있다고 본다. 즉, 실정법이란 보편적이고 전형적인 사안을 염두에 두고 규정되기 마련이므로 개별 사안에서는 구체적 타당성을 가지도록 해석할 것이 요구되지만 그러한 법해석의 목표는 어디까지나 법적 안정성을 저해하지 않는 범위 내에서 구체적 타당성을 찾는 데 두어야 한다는 것이 판례의 취지이다. 다시 말해 '법적 안정성'이 '구체적 타당성' 추구에 우선한다는 것이다. 이것이 바로 해석원칙[1]의 근거이다.[45]

그러므로 이러한 해석원칙에 따르면 '기망하거나 공갈하여 취득한 신용카드'는 문언자체가 비교적 명확한 표준적 의미를 지니고 있다고 볼 수 있기 때문에 법적 안정성 측면에서 볼 때 '기망하거나 공갈하여 그들의 자유로운 의사에 의하지 않고 점유가 배제되어 그들로부터 사실상 처분권을 취득한 신용카드'로 해석되어야 한다는 결론이 도출될 수 있다. 이것이 기망과 공갈의 통상적 의미에 충실한 해석론인 것이다.

3. 새로운 해석론에 입각한 유흥주점공갈사건의 재평가

(1) 새로운 해석론에 대한 의문점

상기 고찰한 바와 같이 대법원은 해석원칙[1]을 원용함으로써 이전과 다른 새로운 해석론을 제시하였다. 여기서 판례의 설시내용 중 앞의 인용구에서 살펴보지 않았던 나머지 부분을 보면 다음과 같다.

> "여신전문금융업법 제70조 제1항 제4호에서는 '강취 · 횡령하거나, 사람을 기망하거나 공갈하여 취득한 신용카드나 직불카드를 판매하거나 사용한 자'를 처벌하도록 규정하고 있는데, 여기에서 '사용'은 강취 · 횡령, 기망 또는 공갈로 취득한 신용카드나 직불카드를 진정한 카드로서 본래의 용법에 따라 사용하는 경우를 말한다(대법원 2003. 11. 14. 선고 2003도3977 판결, 대법원 2005. 7. 29. 선고 2005도4233 판결 등 참조)."

---

45) 비슷한 맥락에서 "법해석의 목표는 법적 안정성을 저해하지 않는 범위내에서 구체적 타당성을 찾는 데 두어야 한다"는 입장으로는 천진호, 『형법총론』, 준커뮤티케이션즈(2016), 83면.

위 설시내용에서 '사용'의 의미도 논급한 이유는, 신용카드부정사용죄의 '사용'이란 "신용카드나 직불카드를 진정한 카드로서 본래의 용법에 따라 사용하는 경우"이고, '기망하거나 공갈하여 취득한 신용카드나 직불카드'는 문언상 "기망이나 공갈을 수단으로 하여 다른 사람으로부터 취득한 신용카드나 직불카드"라는 의미이므로, 앞뒤를 연결하면 결국 위 카드의 의미는 "신용카드나 직불카드의 소유자 또는 점유자를 기망하거나 공갈하여 그들의 자유로운 의사에 의하지 않고 점유가 배제되어 그들로부터 사실상 처분권을 취득한 신용카드나 직불카드"로 해석하면 그것으로 충분한 것이지, 위 판결의 원심처럼 '사용'의 의미를 해석함에 있어서 입법취지와 보호법익을 고려한 목적론적 해석방법을 동원해 "신용카드 자체를 기망하여 취득한 후 소유자 또는 점유자의 의사에 의하지 않고" 신용카드를 '사용'한 경우에 인정된다고 보는 것[대상판결의 항소심][46]은 잘못된 해석이라는 점을 드러내 보여주기 위한 것이다.

그런데 변호사선임비기망사건 판례의 위와 같은 해석론은 여전법 제70조 제1항 제4호의 적용과 관련해 더 이상 해석상 문제점을 낳지 않을 만큼 만족스러운 것일까? 생각건대, 동 해석론은 다음과 같은 경우들에 있어서는 해석상 어떻게 처리할 것인지에 대해 의문점이 생겨난다.

(2) 유흥주점공갈사건에 대한 새로운 해석론의 적용

동 사건에서 대법원은 "신용카드에 대한 피해자들의 점유가 피해자들의 의사에 기하지 않고 이탈하였다거나 배제되었다고 보기 어렵다"는 이유로 신용카드부정사용죄의 성립을 부정하였다. 그렇다면 동 사건

---

46) "여신전문금융업법이 신용카드업 등을 하는 자의 건전하고 창의적인 발전을 지원함으로써 국민의 금융편의를 도모하고 국민경제의 발전에 이바지함을 목적으로 함에 비추어 볼 때 기망으로 취득한 신용카드 부정사용은 <u>신용카드 자체를 기망하여 취득한 후 소유자 또는 점유자의 의사에 기하지 않고 신용카드를 사용한 경우에 인정된다</u>(서울중앙지방법원 2022. 8. 17. 선고 2022노842 판결)."

에 새로운 해석론을 적용하면 어떻게 되는지 검토해 볼 필요가 있다. 새 해석론에 의하면 '기망하거나 공갈하여 취득한 신용카드'란 '신용카드나 직불카드의 소유자 또는 점유자를 기망하거나 공갈하여 ① 피해자들의 자유로운 의사에 의하지 않고[의사부합요건] ② 점유가 배제되어 그들로부터 사실상 처분권을 취득한[점유배제요건 및 사실상 처분권 취득요건] 신용카드'를 뜻한다. 유흥주점기망사건에서 피해자들은 비록 피고인의 폭행과 협박때문이기는 하지만 일정금액을 지급하기로 합의하고[의사부합요건 충족], 합의된 금액을 지급하기 위한 방편으로 합의된 금액의 범위 내에서 자신들의 신용카드를 피고인에게 건네주고[점유배제요건 충족] 이를 사용하도록 허락하였다. 이에 따라 피해자의 신용카드로 현금서비스를 받고 편의점에서 물품을 구입하기로 한 후, 피고인은 가맹점에 가서 신용카드를 제시하거나 직접 현금서비스를 받았으며, 다만 물품구입시에는 피해자들이 매출전표에 직접 서명을 하였다. 그러므로 동 사안에서는 사회통념을 고려할 때 "피해자들이 사실상의 처분권을 상실하고, 피고인들은 사실상의 처분권을 취득하였다고" 평가하기 어렵다[피고인의 사실상 처분권 취득요건 미충족].47) 따라서 새로운 판례의 해석론에 의하더라도 유흥주점공갈사건은 여전법상 신용카드부정사용죄의 구성요건해당성이 없는 사안이 된다.

4. 기망·공갈을 하였으나 '사용승낙'이 없는 경우의 제70조 제1항 제4호의 적용문제

(1) 문제의 제기

상기 고찰한 바에 따르면 유흥주점공갈사건의 대법원 해석론은 부분적으로 타당한 측면이 있는데, 이를테면 피해자를 기망·공갈을 하였으나 '사용승낙'이 없는 예외적인 경우에 한해서는 그 카드를 '피해자의 점유가 피해자의 의사에 기하지 않고 이탈하였거나 배제된 신용카

---

47) 동지의 이주원, 앞의 책, 631면.

드'로 볼 수 있다는 점에서 그 해석론이 나름의 의미를 가질 수 있다. 또한 앞서 살펴본 바대로 '부정'사용죄에서 '부정성'의 징표는 바로 '사용승낙의 흠결(부정성 표지[1])'과 '피해자의 점유배제(부정성 표지[2])'라는 두 가지 측면에서 관념할 수 있다. 그렇다면 새로운 해석론에 의하면 기망·공갈에 의해 취득했지만 통상적인 사례와 달리 예외적으로 피해자의 '사용승낙'이 흠결된 카드는 어떻게 취급할 것인지가 문제될 수 있다. 앞서 검토한 바에 따르면 이 경우에는 비록 기망·공갈에 의해 신용카드를 넘겨주었더라도 그것을 사용하지 않겠다는 조건이 있기 때문에 따라서 피해자의 사용승낙이 없는 상황에서 기망·공갈을 한 행위자가 이를 임의로 사용했다는 점에서 "피해자의 점유가 피해자의 의사에 기하지 않고 이탈하였거나 배제되었다(피해자의 의사에 기하지 않은 사실상 처분권의 취득)"고 평가될 수 있다. 그렇다면 이와 같은 경우에도 새로운 판례의 해석론에 따라서 '소유자 또는 점유자를 기망하거나 공갈하여 그들의 자유로운 의사에 의하지 않고 점유가 배제되어 그들로부터 사실상 처분권을 취득한 신용카드'로 볼 수 있을 것인가?

생각건대, 유흥주점공갈사건의 해석론[구해석론]과 변호사선임비기망사건의 해석론[신해석론]은 설시된 문언상으로는 일응 양립하기 어려운 것으로 보인다. 바로 그렇기 때문에 변호사선임비기망사건에서 대법원은 신해석론에 입각해 새로운 법리를 제시한 것이다. 그럼에도 불구하고 "피해자의 사용승낙이 없이 기망·공갈에 의해 취득한 신용카드"는 위 두 해석론이 모두 중첩적으로 적용될 수 있는 사안이라고 본다. 전술한 바와 같이 이 경우에는 비록 기망이나 공갈에 의해 신용카드를 넘겨주었더라도 그것을 사용하지는 않겠다는 조건이 있었기 때문에 구해석론에 따라서 "피해자의 점유가 피해자의 의사에 기하지 않고 이탈하였거나 배제되었다"고 평가될 수 있다. 왜냐하면 전술한 바(Ⅲ-2-(2))와 같이 피해자의 점유가 피해자의 의사에 기하지 않고 이탈하였거나 배제되었다고 평가할 수 있는 사례는 이 경우와 같이 사용승낙이 없음에도 불구하고 피해자의 의사에 기하지 않고 신용카드를 사용한 경우를 뜻하기 때문이다. 또 한편으로 위 사안은 신해석론에 따라서 '소유자 또는 점유자를 기망하거나 공갈하여 그들의 자유로운 의사에 의하지 않고 점유가 배제되어 그들로부터 사실상 처분권을 취득한 신용카드'를 사용한 것이라는 점도 명백하다. 신용카드 자체는 분명히 기망이나 공갈을 통해 피해자의 하자있는 의사에 의해 취득한 것이기 때문이다. 즉 기망·공갈에 의해 취득했지만 사용승낙이 없는 '예외적인 경우'는 신해석론과 구해석론 어느 입장에 의해서도 포섭이 가능한, 양 해석론이 일부 중첩적으로 적용될 수 있는 사례영역이다.

이다만 이때 사용승낙이 없음에도 불구하고 "피해자의 자유로운 의사에 의하지 않고 점유가 배제되어 그들로부터 사실상 처분권을 취득한 신용카드"로 볼 수 있는지 여부가 의문시될 수 있다고 본다. 왜냐하면 소유자나 점유자의 입장에서는 분명 사용승낙이 없이 카드의 점유를 이전했는데, 이를 두고 행위자가 사실상 처분권을 취득했다고 볼 수 있는지 해명이 더 필요하기 때문이다. 생각건대 이 문제는 결국 과연 사용승낙 없이 카드의 점유를 이전하는 것이 소유자나 점유자의 입장에서 평가할 때 사기죄와 공갈죄의 구성요건에서 말하는 재산적 처분행위로 볼 수 있는지 여부로 귀착된다고 보인다. 즉, '사용승낙 없는 점유이전'도 재산적 처분행위로 볼 수 있다면 행위자의 입장에서는 비록 피해자의 의사에 반하는 방식이지만 사실상 처분권을 취득한 것이라고 볼 수 있겠지만,48) 만일 그렇지 않다면 행위자의 입장에서는 사실상 처분권이 없이 소유자나 점유자의 의사에 반하여 카드를 사용한 것이 되므로 이에 대해서는 별도의 법적 평가가 필요할 것이기 때문이다. 이 문제에 대해서는 사기죄의 처분의사와 관련된 대법원 전원합의체판결의 전후로 구분해 고찰해 보기로 한다.

---

48) 각주 33)의 신용카드를 기망 또는 공갈로 취득해 부정사용하는 케이스 유형별 분류 참조.

(2) 재산적 처분행위의 의미와 처분의사

가. 재산적 처분행위의 의미

신용카드부정사용죄의 객체로서 '강취·횡령하거나 기망·공갈하여 취득한 신용카드란 강도행위, 횡령행위, 사기행위, 공갈행위에 의해 행위자가 점유를 취득하게 된 타인의 신용카드를 뜻한다.[49] 따라서 기망·공갈하여 취득한 신용카드의 사용이 본죄의 구성요건에 해당하기 위해서는 사기죄나 공갈죄의 구성요건을 충족시켜야 한다.[50]

사기죄나 공갈죄가 성립하기 위해서는 행위자의 기망이나 공갈로 인하여 상대방의 하자있는 의사에 기한 재산적 처분행위가 존재해야 한다. 재산적 처분행위란 피기망자가 비록 하자가 있는 것이기는 하지만 자유로운 의사에 기초해서 직접 재산상 손해를 초래하는 작위행위나 부작위행위를 의미한다.[51] 재물의 경우 처분행위는 교부의 형태를 취하는데 교부란 재물에 대한 점유의 이전을 말하며, 사실상의 지배를 범인 또는 제3자에게 이전하는 것을 뜻한다.[52] 부동산에 대한 점유의 교부는 소유권이전등기를 경료하거나 부동산을 인도하는 형태를 취한다.[53] 재산상 이익의 경우 처분행위는 취득의 형태를 취하는데 범인 또는 제3자에게 재산상 이익의 공여를 통해 이를 취득하게 하는 것을 말한다.[54] 그렇다면 기망·공갈을 통해 피해자의 사용승낙 없이 취득한 신

---

49) 박상기·전지연·한상훈, 형사특별법(집현재, 2020), 319면.

50) 다만 이때의 구성요건은 객관적 구성요건으로서 '행위자'의 주관적 구성요건요소 (불법영득의사)까지 요구되는 것은 아니다. 박상기·전지연·한상훈, 앞의 책, 319면. 판례 역시 "소유자 또는 점유자의 점유를 이탈한 신용카드를 취득하거나 그 점유를 배제하는 행위를 한 자가 반드시 유죄의 처벌을 받을 것을 요하지 아니한 다(대법원 1999. 7. 9. 선고 99도857 판결)"고 하여 이러한 입장이다. 다만 후술 하는 '처분의사'는 '행위자'가 아닌 '피기망자'의 처분행위(사기죄의 객관적 구성 요건)의 성립에 필요한 요건이므로 동 판례와는 관련이 없다.

51) 배종대, 『형법각론』, 홍문사(2020), 364면; 신동운, 앞의 책, 1050면; 이상돈, 『형 법강론』, 박영사(2023), 537면; 이재상·장영민·강동범, 앞의 책, 346면.

52) 신동운, 앞의 책, 1050면; 이재상, 앞의 책, 346면.

53) 신동운, 앞의 책, 1136면.

용카드의 경우, 피해자의 처분행위가 있었다고 볼 수 있을 것인가? 이
점에 대해서는 처분행위를 구성하는 요소를 검토해 보아야 한다.

나. 처분의사와 처분사실의 개념

처분행위가 인정되기 위해서는 우선 주관적 요건으로 재물이나 재
산상 이익을 처분한다는, 즉 사실상의 지배를 이전하거나 이익을 공여
한다는 의사[처분의사]가 있어야 하고, 아울러 객관적 요건으로서 재물
또는 재산상 이익을 처분한다는 사실[처분사실]이 있어야 한다.[55]

처분사실이란 처분의사에 기초한 행위를 말하며, 여기에는 법률행위
와 사실행위가 모두 포함된다. 처분행위가 법률행위일 경우 그 의사표
시가 반드시 유효할 필요는 없으며, 민법상 무효 또는 취소할 수 있는
것이라도 사기죄의 성립에 영향이 없다.[56]

피해자가 사용승낙은 없이 신용카드를 행위자에게 넘겨준 경우(사
실행위의 존재), 객관적 요건으로서 처분사실은 분명 존재한다. 그런데
이 경우 처분의사도 있었다고 말할 수 있을 것인가? 생각건대 이때에도
피해자에게 신용카드에 대한 사실상의 지배를 이전하는 의사가 있음은
분명해 보인다. 다만, 여기서 문제는 피해자가 당초 생각한 결과, 즉 사
용승낙은 없이 카드의 점유만 이전하기로 한 것인데 가해자가 그 기대
와 달리 신용카드를 사용했다는 점에서 피해자의 '원래의 처분의사'(표
상)와 '실제로 발생한 결과'(실재)가 불일치하는 일종의 착오가 발생한
상황인 것이다.

종래 판례는 처분의사를 처분결과에 대한 인식으로 파악하였다. 그
렇기 때문에 "피고인이 피해자에게 부동산매도용인감증명 및 등기의무

---

54) 신동운, 앞의 책, 1052면과 1136면.
55) 이와 달리 객관적으로 손해를 초래할 수 있는 행위이면 충분하고 주관적으로 처
   분의사가 있을 것을 요하지 않는다는 입장으로는 이재상, 앞의 책, 347면. 책략절
   도와의 구별을 위해서 처분의사가 필요하다는 입장으로는 배종대, 앞의 책, 365
   면. 동지의 홍영기, 『형법』, 박영사(2022), 387면.
56) 이재상, 앞의 책, 347면.

자본인확인서면의 진실한 용도를 속이고 그 서류들을 교부받아 피고인 등 명의로 위 부동산에 관한 소유권이전등기를 경료하였다 하여도 피해자의 위 부동산에 관한 처분행위가 있었다고 할 수 없다.”는 것이 이른바 서명사취사기 사안에 있어서 대법원 판례의 입장[57]이었다. 피해자의 내적 표상과 실제로 발생한 결과가 일치하는 경우에만 그 내적 표상은 처분의사라고 인정되었던 것이다.

하지만 대법원은 전원합의체판결을 통해 처분의사의 개념을 다음과 같이 새롭게 재정립하였다.

> “사기죄에서 피기망자의 처분의사는 기망행위로 착오에 빠진 상태에서 형성된 하자 있는 의사이므로 불완전하거나 결함이 있을 수밖에 없다. 처분행위의 법적 의미나 경제적 효과 등에 대한 피기망자의 주관적 인식과 실제로 초래되는 결과가 일치하지 않는 것이 오히려 당연하고, 이 점이 사기죄의 본질적 속성이다. 따라서 처분의사는 착오에 빠진 피기망자가 어떤 행위를 한다는 인식이 있으면 충분하고, 그 행위가 가져오는 결과에 대한 인식까지 필요하다고 볼 것은 아니다.”[58]

전원합의체판결의 주된 논지는 첫째, 처분의사는 본래적으로 불완전하거나 결함이 있을 수밖에 없어서 피기망자의 주관적 인식과 실제의 결과가 불일치하는 것은 오히려 당연하고 둘째, 피기망자가 자신의 행위가 낳을 결과에 대한 인식이 있는 때에만 처분의사를 인정한다면 행위자가 교묘한 수법을 써서 심하게 착오에 빠질수록 처분의사가 부정될 가능성이 높아져서 부당하며 셋째, 처분의사는 고의와 다르게 책임주의 원칙이 적용되지 않으며, 따라서 착오에 대한 해석론을 그대로 적용해야 할 필요가 없는 처분행위의 주관적 요소에 불과하다는 것이다.[59]

---

57) 대법원 2001. 7. 13. 선고 2001도1289 판결.
58) 대법원 2017. 2. 16. 선고 2016도13362 전원합의체 판결.
59) 대법원 다수의견의 입장을 지지하면서도 서명사취, 보이스피싱, 환급금사기 등과 같이 피기망자를 속여 처분결과에 대한 인식 없이 처분행위를 하게 함으로써 재산상 이익을 취하는 이익사기의 경우에는 피기망자에게 처분의사가 아예 필요

다. 처분의사에 대한 판례변경 전후 법리에 따른 예외사례의 포섭

위와 같이 변경된 판례의 법리에 의하면 피기망자가 신용카드를 사용하지 않는다는 조건으로 카드의 점유를 행위자에게 이전한 경우, 비록 그 행위가 가져오는 결과(피기망자의 의사에 반하여 기망자가 사실상 처분권을 취득해 신용카드를 사용함)에 대한 인식이 결여돼 피기망자의 주관적 인식과 그 실제의 결과가 불일치하더라도 피기망자에게는 처분의사를 넉넉히 인정할 수 있다고 평가하는 것이 합당하다고 보인다. 또한 그러한 처분의사에 기초해 카드를 처분한 것이므로(사실행위) 처분사실도 인정된다. 그러므로 변경된 판례에 의하면 기망·공갈에 의해 취득했지만 사용승낙이 없는 예외적인 경우라 하더라도 '소유자 또는 점유자를 기망하거나 공갈하여 그들의 자유로운 의사에 의하지 않고 점유가 배제되어 그들로부터 사실상 처분권을 취득한 신용카드'로 보는 데 법리적으로 문제가 없다고 생각된다.

다만, 만일 처분의사의 개념에 관한 변경 전 판례를 따른다면 위와 같은 '예외사례'를 어떻게 취급하는 것이 옳은 해석인지 면밀히 검토해 보는 것도 대상판결에서 대법원이 제시한 신해석론과 처분의사의 의미에 대한 판례변경의 조합이 가져올 수 있는 장점을 다각도로 평가할 수 있다는 점에서 법리적으로 큰 의미가 있다고 사료된다.

우선, 처분의사의 측면에서 보면 행위자는 진실한 용도를 속이고 신용카드를 교부받은 것이므로 기망·공갈된 자의 처분의사를 인정하기

없다고 보는 것이 타당하고 재물사기의 경우에는 자력손해와 타력손해를 구분하기 위해 피기망자에게 처분의사가 필요하다고 보아야 한다는 견해(이원설)로는 서보학, "사기죄에 있어서 처분의사의 필요성 여부와 처분의사의 내용", 경희법학 제52권 제4호(2017) 참조. 동지의 견해로는 원형식, "사기죄에서 처분의사 및 재산상 손해 -대법원 2017. 2. 16. 선고 2016도13362 전원합의체 판결-", 일감법학(제38호), (2017). 대법원 다수의견이나 이원설과 달리 처분결과를 피기망자에게 객관적·주관적으로 귀속시킬 수 있기 위해서는 처분결과에 대한 인식이나 의사는 아닐지라도 처분결과에 대한 인식가능성이라는 주관적·인적 관련성은 최소한 구비될 필요가 있다는 견해로는 김재봉, "사기죄의 본질과 처분의사의 내용", 형사법연구(제30권 제4호), (2018) 참조.

어렵다. 그렇다면 이때는 어떤 조항을 적용하는 것이 타당한 것일까? 이에 대해 "이러한 경우는 분실·도난·강취·횡령한 카드와 마찬가지로 카드사용에 대한 카드피해자의 사용승낙이 전적으로 흠결된 경우이므로 그에 준하여 취급하면 된다"는 견해[60]가 있다. 즉 이때에는 유흥주점공갈사건에서 판시한 해석론이 적확히 들어맞는 경우이므로 '소유자 또는 점유자의 의사에 기하지 않고, 그의 점유를 이탈하거나 그의 의사에 반하여 점유가 배제된 신용카드'로 보면 된다는 것이다. 생각건대, 처분의사가 인정되지 않으므로 사기죄나 공갈죄에서의 '기망·공갈하여 취득한' 신용카드로는 볼 수 없는 것이고, 따라서 분실·도난·강취·횡령한 카드와 마찬가지로 평가하여 해당 조문을 적용하는 것이 타당하다고 보인다. 그런데 여기서 남는 문제가 있다. 과연 그와 같이 취득한 카드는 '분실·도난·강취·횡령' 중에서 어디에 해당하는 카드로 보는 것이 법리적으로 옳은 것인지 밝힐 필요가 있기 때문이다.

우선 피해자가 카드를 내주었다는 점에서 분실이나 도난, 강취의 사례가 아니라는 점은 명백하다.

그렇다면, 이제 남는 것은 '횡령'의 성립여부이다. 위 사안은 행위자의 입자에서 볼 때 분명히 '타인소유 자기점유' 카드의 무단사용에 해당한다. 따라서 횡령죄의 성부를 검토하기 위한 기본적 전제조건을 충족시키고 있다고 평가할 수 있을 것이다. 횡령죄는 타인의 재물[요건1]을 보관하는 자[요건2]가 그 재물을 횡령하거나 그 반환을 거부할 때[요건3] 성립하는 범죄이다.[61] [요건1]과 [요건3]은 '타인소유 카드의 무단사용'이란 점에서 충족되고 있다. 검토해야 할 부분은 [요건2]가 될 것이다.

횡령죄의 보관은 재물에 대한 사실상의 지배를 넘어 법률상 지배력이 있는 상태도 포함된다는 것이 통설과 판례의 태도이다.[62] 여기에서

---

60) 이주원, 앞의 논문, 335면 참조.
61) 배종대, 앞의 책, 409면; 신동운, 앞의 책, 1199면; 이재상, 앞의 책, 394면.
62) 이재상, 앞의 책, 394면; 대법원 2000.8.18. 선고 2000도1856 판결.

는 사실상의 지배가 문제되고 있으므로 보관여부에 대한 별다른 이견
은 없을 것이다. 다만, 횡령죄의 본질이 위탁자와 수탁자 사이에 존재하
는 신임관계의 침해라는 점에서[63] 그 보관은 일정한 위탁신임관계에
기초하고 있어야 하므로 예외사례가 이 요건을 충족시키고 있는지 검
토되어야 한다.

위탁신임관계는 당사자 간의 의사의 합치(계약)에 의하여 성립하는
것이 일반적이나 반드시 계약에 한정되지는 않는다. 계약 외의 사무관
리, 관습, 조리, 신의칙에 의해서도 성립할 수 있다. 이러한 위탁신임관
계는 사실상의 관계에 있으면 충분하다.[64] 위탁신임관계의 기초가 된
계약이 법률상 무효가 되거나 취소된 경우에도 인도된 재물은 횡령죄
와 관련하여 위탁신임관계에 의하여 보관된 것으로 볼 수 있다.[65] 예컨
대 금융실명법에 위반하여 차명으로 예금된 금전의 경우에도 소유자와
보관자 사이에는 위탁신임관계가 인정된다.[66]

다만, 보관의 근거가 되는 위탁신임관계는 횡령죄로 보호할 만한 가
치가 있는 신임에 의한 것으로 한정된다.[67] 따라서 절도, 사기, 공갈에
의하여 범인이 점유하고 있는 재물에 대해서는 위탁자와 수탁자 사이
의 '신임관계'가 인정될 수 없다.[68] 보이스피싱범죄의 경우에 이와 같

---

63) 신동운, 앞의 책, 1204면.
64) 신동운, 앞의 책, 1204면.
65) 대법원 2005. 6. 24. 선고 2005도2413 판결.
66) 신동운, 앞의 책, 1205면.
67) 횡령죄의 본질이 신임관계에 기초하여 위탁된 타인의 물건을 위법하게 영득하는
　　데 있음에 비추어 볼 때 위탁관계는 횡령죄로 보호할 만한 가치 있는 신임에 의
　　한 것으로 한정함이 타당하다(대법원 2016. 5. 19. 선고 2014도6992 전원합의체
　　판결, 대법원 2021. 2. 18. 선고 2016도18761 전원합의체 판결 참조). 재물의 위
　　탁행위가 범죄의 실행행위나 준비행위 등과 같이 범죄 실현의 수단으로서 이루
　　어진 경우 그 행위 자체가 처벌 대상인지와 상관없이 그러한 행위를 통해 형성된
　　위탁관계는 횡령죄로 보호할 만한 가치 있는 신임에 의한 것이 아니라고 봄이
　　타당하다(대법원 2022. 6. 30. 선고 2017도21286 판결).
68) 원혜욱, "최신판례분석: 전기통신금융사기에 사용된 계좌에서 현금을 인출한 행
　　위에 대한 횡령죄 성립여부 - 대법원 2017. 5. 31. 선고 2017도3894 판결", 법조

은 법리에 따르면 범인이나 공범에게는 착오송금에서와 같은 위탁신임
관계가 인정되지 않는다.[69] 범인이 피해자의 자금을 점유하고 있다고
해도 범인과 피해자 사이에 보호할 만한 가치가 있는 위탁관계나 신임
관계가 존재한다고 볼 수 없기 때문이다.[70] 따라서 보이스피싱범죄에서
범인이 송금이체된 자금을 인출하는 행위는 사기의 피해자에 대하여
별도의 횡령죄를 구성하지 않는다. 이러한 법리를 전술한 예외사례에
적용해 보면 처음부터 피해자를 기망하여 신용카드를 취득한 범인과
피해자 사이에는 횡령죄로 보호할 만한 위탁관계나 신임관계가 존재한
다고 보기 어려울 것이다.

따라서 사기죄의 처분의사에 대한 변경 전 판례에 의할 때, 예외사
례의 경우에는 적어도 신용카드부정사용죄는 구성요건해당성이 없다는
결론에 도달할 수 있다. 이는 직관적으로는 불합리해 보이지만, 법리적
으로 볼 때 불가피하게 발생할 수밖에 없는 처벌의 흠결이 발생하는 것
이므로 죄형법정주의의 원칙상 신용카드부정사용죄는 성립하지 않는다
고 보아야 한다. 하지만, 판례의 변경으로 인해 결과적으로 이러한 처벌
의 흠결도 극복된 것으로 평가할 수 있을 것이다.

V. 맺음말

대법원은 '변호사선임비기망사건'에서 '기망하거나 공갈하여 취득한
신용카드나 직불카드'는 문언상 '기망이나 공갈을 수단으로 하여 다른
사람으로부터 취득한 신용카드나 직불카드'라는 의미이므로, '신용카드
나 직불카드의 소유자 또는 점유자를 기망하거나 공갈하여 그들의 자

(제66권 제4호), (2017), 591면 이하 참조.

69) 대법원 2017.5.31. 선고 2017도3894 판결.

70) 보호할 가치가 있는 신임관계에 대한 더 참조할 만한 문헌으로는 조기영, "재산
    범죄와 '보호할 가치 있는 신뢰관계'", 형사법연구(제26권 제1호), (2014) 참조.

유로운 의사에 의하지 않고 점유가 배제되어 그들로부터 사실상 처분권을 취득한 신용카드'라고 해석해야 한다고 판시하며 동 문언의 의미에 대한 기존의 해석론과 다른 새로운 해석론을 제시하였다. 대법원은 이러한 해석론에 이르는 과정에서 정당화 논거로서 하나의 해석원칙을 제시하고 있는데, 이에 따르면 법률을 해석할 때 목적론적·체계적·논리적 해석방법을 사용해 문언의 통상적 의미와 다르게 해석할 수 있으나, 문언자체가 비교적 명확한 개념으로 구성되어 있다면 원칙적으로 문리해석의 결과가 우선하며 그 밖의 다른 해석방법은 활용할 필요가 없거나 제한되어야 한다. 동 해석원칙은 문언의 의미가 명확할 때에는 보호법익과 입법취지를 고려해 문언을 해석하려는 목적론적 해석방법이 문언의 한계를 넘어서지 않도록 하는 해석원칙으로서 법적 안정성을 중시하려는 입장에서 제안된 것으로 보인다.

본고는 대법원의 새로운 해석론을 따를 때, 과거 '유흥주점공갈사건'에 대한 대법원 판결도 그 결론에 있어서는 타당하다는 평석을 내렸으며 다만, 기망·공갈을 하였으나 '사용승낙'이 없는 '예외사례'의 경우에는 사기죄의 구성요건으로서 처분의사에 대한 대법원의 변경된 판례에 따를 경우 이를 '소유자 또는 점유자를 기망하거나 공갈하여 그들의 자유로운 의사에 의하지 않고 점유가 배제되어 그들로부터 사실상 처분권을 취득한 신용카드'로 보는 데 법리적으로 문제가 없음을 밝혔다. 아울러 처분의사에 대한 변경 전의 판례에 의할 때, 예외사례의 경우 신용카드부정사용죄는 구성요건해당성이 없어 성립하지 않는다는 점을 입론하였다. 이는 직관적으로는 불합리해 보이는 결론이지만 대법원 판례에 따르면 법리적으로 불가피하게 처벌의 흠결이 발생한 것이므로 죄형법정주의의 원칙상 신용카드부정사용죄는 성립하지 않는다고 보아야 한다. 다만 본고는 판례의 변경으로 이러한 처벌의 흠결도 극복된 것으로 평가할 수 있다는 점을 입론하였다.

PART II 형사소송법

§10. 임의제출물 압수에서 '임의성' 요건

Ⅰ. 문제의 제기

최근 현행범 체포현장에서 형사소송법 제218조에 의한 임의제출물의 압수가 가능한가를 둘러싸고 벌어진 하급심[1]과 대법원[2] 간의 법리 다툼은 임의제출에서 '임의성'의 의미에 대해 학계와 실무의 관심을 촉발시키기에 충분한 것으로 보인다. 사실 그동안 국내에서 임의성의 의미나 인정요건과 관련된 해석론과 법리는 충분히 축적되어 오지 못하고 있었다. 쟁점을 간단히 정리하면 하급심은 현행범 체포과정에서 수사기관은 피의자에 대해 우월한 지위에 있으므로 사실상 피의자가 임의제출을 거절할 수 없기 때문에 제218조의 임의성 요건은 부정된다고 보아야 하고, 따라서 이 경우에는 제217조를 적용해 사후영장을 받아야 한다는 입장인 반면 대법원은 현행범 체포현장이라고 하더라도 제출의 임의성이 인정된다면 제218조에 따른 임의제출물의 압수가 가능하다고 보고 있다.

상·하급심 간의 상기 해석논쟁은 제218조는 물론 자백의 임의성(제309조), 진술의 임의성(제317조) 등 형사소송법에 자주 등장하는 '임의성'이란 개념의 의미 폭이 얼마나 넓은지를 여실히 보여주는 적절한 사례라고 말할 수 있다. 하급심은 수사기관에 의해 현행범으로 체포된 피

---

1) 의정부지방법원 2019.8.22. 선고 2018노2757 판결; 의정부지방법원 2019.10.31. 선고 2018노3609 판결.
2) 대법원 2019.11.14. 선고 2019도13290 판결; 대법원 2020 4.9. 선고 2019도17142 판결.

의자는 심리적 위축으로 인해 '임의성'을 인정할 수 없다는 것이고, 대법원은 설령 그러한 상황에서 압수물을 제출한다고 하더라도 '임의성'이 인정되는 경우도 있다고 판단하고 있는 것이다. 요컨대, 대법원은 '상당한 수준의 심리적 강제'가 추정되는 상황에서도 제출의 임의성은 인정될 여지가 있다고 보지만, 하급심은 그러한 수준의 강제가 추정되는 경우라면 곧바로 임의성을 부정하고 증거능력을 배제해야 한다는 취지로 해석할 수 있을 것이다. 임의성을 규정하는 관점의 차이 내지 간극이 상당히 큰 것을 엿볼 수 있다.

위 견해대립은 저 유명한 미란단 판결을 떠올리게 만든다. 미연방대법원이 주목한 것은 바로 '구금상태하의 신문(interrogation in custody)[3]'은 '본래적으로 강제적인 압력(inherently compelling pressures)'을 지니고 있다는 점인데, 하급심의 입장은 바로 이와 마찬가지로 체포현장에서 수사기관과 피의자 간 대등하지 못한 심리적 불균형 관계의 현실을 적확하게 지적하고 있기 때문이다. 아울러 그렇다면 만일 체포현장이 아닌 곳에서의 임의제출 시에도 본래적으로 강제적인 압력이 추정된다고 평가할 수 있는 것인지에 대해서 하급심은 과연 어떤 입장인지 의문을 품게 만든다. 다양한 심리학적 연구결과에 의하면, 수사기관과 시민 간의 대면(encounter)은 그 자체로 강제적 분위기를 형성하여 시민을 심리적으로 위축시킬 수 있기 때문이다.[4] 이처럼 임의성 인정여부를 판결

---

3) '사실상의 구금상태(in custody)'란 체포나 구속은 물론 '일체의 중대한 방식으로 행동의 자유가 박탈(the deprivation of freedom of action in any significant way)'된 상황을 말한다. Custodial Interrogations, *37 Geo.L.J.Ann.Rev.Crim.Proc. 168* (2008), at 170. 이하 본고에서는 간단히 '구금상태'로 번역하기로 한다.

4) Stanley Milgram, Obedience to Authority: An Experimental View(New York: Perennial Classics, 2004); Leonard Bickman, The Social Power of a *Uniform, 4 J. Applied Soc. Psychol.47* (1974); Janic Nadler, 'No Need to Shout: Bus Sweeps and the Psychology of Coercion, *Sup.Ct.Rev. 153* (2002). 현장수사경험이 많은 수사관들과 인터뷰를 해보면 심지어 수사기관 관계자도 지위고하를 막론하고 임의제출을 요구받는 상황이 되면 당황하게 되는 등 심리적으로 상당히 위축된다고 한다.

하기 어려운 상황의 스펙트럼은 '비구금상태 하에서 임의제출이나 신문에 의한 자백'부터 '체포나 구속 등 구금상태 하에서 임의제출이나 신문에 의한 자백'에 이르기까지 넓게 분포할 수 있다. 임의성을 엄격하게 정의하는 관점들 중에는 '비구금상태 하에서의 임의제출', 즉 실무에서 많이 활용되는[5] 영장 없는, '동의에 의한 압수(consent seizure)' 시에도 임의성을 인정할 수 없다는 견해도[6] 있을 것이다. 이 경우에도 임의성을 온전히 인정하기 어렵다고 보기 때문이다. 하지만 이러한 '엄격'해석론은 형사소송법이 '임의제출물의 압수'를 허용하고 있는 태도와 다르고 상기 대법원의 입장과도 배치되는 것이다. 현행법과 대법원은 현행범 체포 시 임의제출 상황처럼 '일정한 수준의 심리적 강제'가 추정되더라도 그것을 경감하는 사정이 존재한다면 임의성을 인정할 수 있다는 입장으로 보이는바, 임의성은 그 관점에 따라서[7] 매우 다의적이고 논쟁적인 성격의 개념임을 쉽게 파악할 수 있다. 미란다 원칙이 자백의 증거능력 판단과 관련해 전통적인 심사방법인 '임의성을 기준으로 하는 테스트(voluntariness test)'를 극복하는 과정에서 탄생한 것이라는 역사적 배경도 이러한 맥락에서 이해할 수 있을 것이다.[8]

---

5) 김희옥·박일환 대표편집, 주석 형사소송법(II) (한국사법행정학회, 2017), 308면.

6) Marcy Strauss, "Reconstructing Consent", *92 J.Crim.L.&Criminology 211* (2002) at 222-253. 동 문헌은 영장 없이 수행되는 '동의수색(consent search)'은 첫째, '임의성을 기준으로 하는 심사(voluntariness test)' 기준을 따르는 한 그 내재적인 한계에 부딪칠 수밖에 없고 둘째, 대부분의 시민들은 수사기관의 수색 '요청(request)'을 '강제성이 있는 요구(demand)'나 '명령(command)'으로 받아들인다는 현실(특히 미국에서 유색인종의 경우)을 제대로 반영하지 못하고 있으며 셋째, 수사기관이 임의수색 당시에 대한 기억의 왜곡에 의해 '위증(perjury)'을 하게 됨으로써 '사법의 염결성(judicial integrity)'를 훼손시키는 결과를 초래하는 결과를 가져오기 때문에 결국 폐지하는 것이 바람직하다고 주장한다. 이러한 논지는 동의에 의한 압수, 즉 임의제출에 대해서도 같은 입장이라고 볼 수 있을 것이다.

7) 특히 제3자는 당사자에 비해 상황의 강제성 수준을 낮게 예측한다는 흥미로운 실험결과의 소개로는, Roseanna Sommers&Vanessa K. Bohns, "The Voluntariness of Voluntary Consent: Consent Searches and the Psychology of Compliance" *128 Yale L.J. 1962* (2019) 참조.

 본고는 이처럼 임의제출물의 압수와 관련해 '임의성' 유무에 초점을 맞추어 증거능력을 판단하는 방식이 갖는 한계를 지적하고, 압수거부권이 사전 고지되고 임의제출의 기본적 외관을 갖춘 경우는[9] 임의성을 인정하되, 제309조의 법문처럼 폭행, 협박, 기망 등 '임의성을 의심할 만한 이유가 있는 때'에는 증거능력을 배제하는 방향으로 제218조를 해석하고 운용하되(위법배제설의 채택), 다만 수사기관의 위법행위는 없지만 임의성에 의심이 있는 경우에는 보충적으로 '상황의 총체성'을 고려해 임의제출의 적법성을 판단하는 것이 바람직하다는 결론을 제시해 보고자 한다(종합설의 보충적 고려). 이를 위해 먼저 모두에서 논급한 상·하급심 간의 법리 및 해석논쟁을 개관해 보면서 임의성 유무에 초첨을 맞추어 증거능력을 판단하는 방식이 지닐 수밖에 없는 한계점을 살펴보고(II), 자백배제법칙과 관련해 그동안 판례를 통해 형성되어 온 임의성 판단의 법리를 검토한 후 위법배제설 및 종합설의 장점을 입론하고(III), 이러한 중간결론을 동의에 의한 압수·수색의 적법성과 관련된 미연방대법원의 주요 판례 및 이에 대한 비판적 평석들과 비교·검토해 본 후 임의제출 시 압수거부권의 의무화·입법화 필요성 도출해 내면서 (IV), 최종적으로 임의제출물 압수 시 요구되는 임의성 요건에 대하여 합당한 결론을 제시해 보고자 한다(V).

---

8) 이 점에 대해서는 조국, "미란다 규칙의 실천적 함의에 대한 소고", 형사법연구 제10호, 1997, 410면 이하 참조.

9) 예컨대 임의제출진술이 있거나 임의제출서가 징구된 사정 등.

Ⅱ. 현행범 체포 시 임의제출 가능성 논쟁: 임의성 판단기준에 대한 근본적 의문

1. 하급심의 해석론: '본래적으로 강제적인 압력' 추정론

첫 번째 사안의 사실관계: 피고인은 2018.3.20. 지하철역 에스컬레이터에서 핸드폰 카메라를 이용해 여성 피해자의 치마 속을 몰래 촬영하였다. 그 후에도 총 17회에 걸쳐 이와 유사한 기능을 갖춘 기계장치를 이용해 성적 욕망이나 수치심을 유발할 수 있는 타인이 신체를 촬영하였다. 마지막으로 역시 지하철역 에스컬레이터에서 18번째로 핸드폰 카메라를 이용해 여성 피해자의 치마 속을 촬영하다가 경찰관에서 현행범으로 체포되어 성폭법상 카메라등이용촬영죄로 기소되었다.

두 번째 사안의 사실관계: 유사한 사안으로서 피고인은 2018.3.7.부터 2018.4.18.까지 7회에 걸쳐 지하철 전동차 내에서 카메라 기능이 부착된 핸드폰으로 성적 욕망 또는 수치심을 유발할 수 있는 피해자들의 신체를 그 의사에 반하여 촬영하였다. 여기서도 피고인은 성폭법상 카메라등이용촬영죄로 기소되었다.

피고인은 각기 다르지만 피해자의 신체를 몰래 촬영한 카메라를 현행범 체포현장에서 임의제출했다는 점에서 유사한 상기 두 사안에서 현행범 체포 시 임의제출의 허용여부에 대한 의정부지방법원의 판단[10]은 거의 동일하다.

그 요지는 일반적인 현행범 체포현장에서 자신의 죄책을 증명하는 물건을 스스로 제출할 의사가 피의자에게 있다고 해석하는 것은 사회통념에 어긋나, 사법신뢰를 잃기 쉽다는 것이다. 설령 현행범 체포현장에서 피체포자의 임의제출진술이 있다거나 사후적으로 임의제출서가 징구되었더라도, 이는 우월적 지위에 있는 수사기관 영향에 기한 것으

---

10) 의정부지방법원 2019.8.22. 선고 2018노2757 판결; 의정부지방법원 2019.10.31. 선고 2018노3609 판결.

로 보아야 하는데, 왜냐하면 수사기관은 계속 구금할 수 있는 구속영장 청구 여부 내지 확대 압수·수색을 위한 영장청구를 판단할 권한이 있기 때문이라고 한다. 그러므로 체포대상자에 대하여 형사소송법 제218조에 따른 임의제출물 압수·수색을 인정할 필요성은 오로지 형사소송법 제217조 소정의 사후 압수·수색영장 절차를 생략하는 데에 있으며 이는 긴급압수물에 대한 사후영장제도를 형해화시키는 결과를 낳게 될 수 있으므로 제218조에 따른 영장없는 압수·수색은 현행범 체포현장에는 허용되지 않는다고 해석해야 마땅하다는 것이 하급심 논지의 핵심이다. 물론 두 사안에서 하급심은 공통적으로 "종전의 대법원 판례에 따라 현행범 체포현장에서 제218조에 따른 임의제출물의 압수가 가능하다고 하다고 보더라도" 제출의 임의성 여부를 검사가 입증하여야 하는데, 이를 입증하지 못하여 증거능력이 부정되어야 한다고 설시하고 있으나, 여전히 법리적 측면에서는 이러한 상황에서는 임의제출의 임의성이 곧바로 부정되어 제218조의 적용이 배제되므로 제217조의 사후영장을 받아야 한다는 입장으로 보는 것이 타당할 것이다.

2. 대법원의 해석론: '임의성' 추정론

이에 대해 대법원은 다음과 같이 반박한다.

"범죄를 실행 중이거나 실행 직후의 현행범인은 누구든지 영장 없이 체포할 수 있고(제212조), 검사 또는 사법경찰관은 피의자 등이 유류한 물건이나 소유자·소지자 또는 보관자가 임의로 제출한 물건은 영장 없이 압수할 수 있으므로(제218조), 현행범 체포현장이나 범죄현장에서도 소지자 등이 임의로 제출하는 물건은 형사소송법 제218조에 의하여 영장 없이 압수하는 것이 허용되고, 이 경우 검사나 사법경찰관은 별도로 사후에 영장을 받을 필요가 없[으므로]", 현행범 체포현장에서는 임의로 제출하는 물건이라도 압수할 수 없다는 원심의 판단부분은 잘못되었다고 설시한다. 그런데 대법원은 하급심의 해석론에 대해서 결론을 제외하고는 특별히 잘못된 점을 구체적으로 논급하고 있지는 않다.

이다만 그러한 판단의 근거가 되는 선례(대법원 2016. 2. 18. 선고 2015도13726 판결)를 참조하고 있을 뿐이다. 동 판례에 따르면 "검사 또는 사법경찰관은 형사소송법 제212조의 규정에 의하여 피의자를 현행범 체포하는 경우에 필요한 때에는 체포 현장에서 영장 없이 압수·수색·검증을 할 수 있으나, 이와 같이 압수한 물건을 계속 압수할 필요가 있는 경우에는 체포한 때부터 48시간 이내에 지체 없이 압수영장을 청구하여야 한다(제216조 제1항 제2호, 제217조 제2항). 그리고 검사 또는 사법경찰관이 범행 중 또는 범행 직후의 범죄 장소에서 긴급을 요하여 판사의 영장을 받을 수 없는 때에는 영장 없이 압수·수색 또는 검증을 할 수 있으나, 이 경우에는 사후에 지체 없이 영장을 받아야 한다(제216조 제3항). 다만 형사소송법 제218조에 의하면 검사 또는 사법경찰관은 피의자 등이 유류한 물건이나 소유자·소지자 또는 보관자가 임의로 제출한 물건은 영장 없이 압수할 수 있으므로, 현행범 체포현장이나 범죄 장소에서도 소지자 등이 임의로 제출하는 물건은 위 조항에 의하여 영장 없이 압수할 수 있고, 이 경우에는 검사나 사법경찰관이 사후에 영장을 받을 필요가 없다."고 한다. 요컨대, 제218조는 사후영장을 요하는 제216조나 제217조에 대해 이를 필요로 하지 않는 예외조항이 된다고 해석하는 취지인 것이다. 다만 그와 같은 해석론에 도달하게 된 근거가 조문의 문리해석상 당연하다는 취지에서 비롯된 것인지, 현행범 체포 시에도 임의제출이 가능하다는 선이해에서 비롯된 것인지 분명하지 않다. 다시 말해, 조문의 취지가 그러하므로[11] 현행범 체포 시에도 임의성이 인정되는 때가 있다고 보아야 한다는 것인지, 아니면 현행범 체포 시에도 임의성이 인정될 수 있기 때문에 조문을 그렇게 해석해야 한다

---

11) 예컨대 제218조에서 임의제출자의 자격을 소유자소지자, 보관자로 제한하고 있을 뿐 장소를 제한하는 규정을 두고 있지 않다는 점에서 현행범 체포상황이라 하더라도 임의제출 자체가 불가능한 것으로는 볼 수 없다는 견해로는 신이철, "형사소송법 제218조의 유류물 또는 임의제출물의 압수에 대한 소고", 형사법의 신동향 제67권, 2020, 98면 참조.

는 것인지 명확히 논급하고 있지는 않다.

추측컨대 대법원의 이러한 해석론은 인신구속 하에서 진술의 임의성 판단과 관련해 '고문, 폭행, 협박, 신체구속의 부당한 장기화 또는 기망 기타 진술의 임의성을 잃게 하는 사정'이 없다면 임의성은 '추정' 되며, 임의성을 잃게 하는 그와 같은 사정은 헌법이나 형사소송법의 규정에 비추어 볼 때 '이례'에 속한다고 보는 기존의 입장[12], 즉 '임의성 추정론'의 연장선상에서 비롯된 것으로 보인다. 다시 말해 대법원은 현행범 체포상황에서는 피의자의 심리상태가 위축되어 강압적 분위기가 형성될 수 있다는 점을 인정하더라도 고문, 폭행, 협박 등과 같은 '이례' 적 위법행위가 없다면 임의성은 '추정되며', 다만 임의제출의 의미나 효과를 고지했는지 여부, 임의제출할 경우 압수되어 돌려받지 못한다는 사정을 충분히 알고 있었는지 여부 등 '상황의 총체성'을 고려하여 임의성을 판단해야 한다는[13]기존의 입장에 기초한 것으로 이해할 수 있을 것이다.[14]

---

12) 대법원 1983.3.8. 선고 82도3248 판결. 이러한 대법원 입장을 '임의성 추정론'으로 명명하며 이처럼 인신구속 하에서 획득한 자백이 임의성이 없는 경우는 '특히 이례에 속하는 것'이라는 '확정적 추정(conclusive presumption)'은 미란다 판결이 구금상태 하의 신문은 '본래적으로 강제적인 압력'을 지니고 있다고 판단한 것과 정면으로 배치된다고 비판하는 견해로는, 조국, "'자백배제법칙'의 근거와 효과 그리고 '임의성' 입증", 서울대학교 법학 제43권 제1호, 2002, 388면.

13) "검찰수사관이 필로폰을 압수하기 전에 피고인에게 임의제출의 의미, 효과 등에 관하여 고지하였던 점, 피고인도 필로폰 매매 등 동종 범행으로 여러차례 형사처벌을 받은 전력이 있어 피압수물인 필로폰을 임의제출할 경우 압수되어 돌려받지 못한다는 사정 등을 충분히 알았을 것으로 보이는 점, 피고인이 체포될 당시 필로폰 관련 범행을 부인하였다고 볼 자료가 없고, 검찰수사관이 필로폰을 임의로 제출받기 위하여 피고인을 기망하거나 협박하였다고 볼 아무런 사정이 없는 점 등에 비추어 보면, 피고인은 필로폰의 소지인으로서 이를 임의로 제출하였다고 할 것이므로 그 필로폰의 압수도 적법하다(대법원 2016. 2. 18. 선고 2015도13726 판결)."

14) 자백의 임의성과 관련해서도 "조서의 형식, 내용(진술거부권을 고지하고 진술을 녹취하고 작성완료 후 그 내용을 읽어 주어 진술자가 오기나 증감변경할 것이

요컨대, 대법원은 '상당한 수준의 강압'이 추정되는 상황 하에서도 '상황의 총체성'을 고려해 보면 임의성이 인정될 여지가 있다고 판단하고 있는 것으로 보는 것이 타당할 것이다.

이와 관련된 평석들은 대체로 대법원의 판단을 지지하는 것으로 보인다.[15] 즉, 하급심의 논지에도 일리는 있으나, 법문의 해석상 체포현장이라 하더라도 임의제출의 가능성이 원천적으로 차단되지는 않는다는 것이다.[16] 그러한 상황에서도 원칙적으로 임의제출이 허용되나, 다만 이때에는 임의성 여부를 좀 더 주의 깊게 검토해 보아야 하고 검사는 임의성을 엄격하게 입증해야 한다는 것이다.

3. 견해대립의 시사점: 자백배제법칙의 이론적 근거의 재음미 필요성

상기 견해대립은 '임의성' 판단과 관련해 세 가지 중요한 의미를 담고 있다.

첫째, 임의성 개념의 의미 폭이 넓기 때문에 '임의성 유무'에 초점을 맞추는 방식은 임의제출의 적법성 판단기준으로는 거의 무용하다는 점을 알 수 있다. 하급심과 대법원은 각기 다른 관점에서 임의성 유무를 판단하고 있는 것으로 보인다. 엄격한 관점에서 보면 수사기관과 시민 간 상호작용의 현실에 비추어 볼 때 진정 '임의적인' 동의에 의한 압수나 수색은 언제나 성립이 불가능할 것이다.

______

없다는 확인을 한 다음 서명날인하는 등), 진술자의 신분, 사회적 지위, 학력, 지능정도 그 밖의 여러 가지 상황을 참작하여 법원이 자유롭게 판정한다"는 입장이다(대법원 1983.3.8. 선고 82도3248 판결). 하지만 대법원의 이러한 입장은 결국 '상황의 총체성' 기준에만 의존하는 것으로서 이 기준에 대한 비판으로부터 자유롭지 못하게 된다.

15) 신이철, 앞의 논문, 97면 이하; 신상현, "임의제출물 압수의 적법요건으로서의 임의성", 형사법의 신동향 제67권, 2020, 274면 이하; 김정한, "임의제출물의 압수에 관한 실무적 고찰, 형사법의 신동향 제68권, 2020, 251면.
16) 동지의 김희옥/박일환 대표편집, 앞의 책, 317면.

둘째, 현행범 체포현장에서 구금상태로 인한 심리적 위축과 강제적 압력이 형성될 수 있음에도 불구하고 이 경우 임의제출의 '임의성'을 인정할 여지가 있는지에 대해서 하급심과 대법원은 상이한 견해를 견지하고 있음을 알 수 있다. 문리적으로 제218조가 체포·구속상태 하에서는 그 적용이 배제된다는 명문의 근거가 없는 이상, 현행법의 태도는 대법원의 입장과 마찬가지로 상당한 수준의 강압이 추정되는 상황에서도 임의제출의 '임의성'이 인정될 수 있다는 취지로 해석하는 것이 타당할 것이다. 다만, 그러한 해석론을 지지한다고 하더라도 대법원은 과연 어떠한 요건을 갖추어야만 일정한 수준의 강압 하에서도 임의성이 인정될 수 있는지에 대해 명확한 기준을 제시해 주고 있지 못하다.[17] '상황의 총체성'을 고려해야 한다는 입장으로 보이지만, 이 기준은 후술하는 바와 같이 한계에 봉착하고 만다. 미란다 판결처럼 '압수거부권'의 고지를 적법성 인정을 위한 필수요건으로 둘 수 있겠지만, 대법원은 임의제출물의 임의성 판단과 관련해 '임의제출의 의미와 효과(아마도 압수거부권도 포함하여)의 고지'를 고려사항으로 언급하고 있지만 어디까지나 그것은 '상황의 총체성'의 일부를 구성하는 한 요소로서 다루어질 뿐이지 필수적인 요건으로 요구하고 있지 않다.

셋째, 상·하급심 법리다툼에서도 볼 수 있는 바와 같이 임의제출물의 압수와 관련해서 '임의성' 판단법리가 구체적으로 형성되어 있지 못하다는 사실을 알 수 있다. 대법원과 하급심은 각기 자신의 입장만을 내세울 뿐 어떠한 이유에서 기존의 대법원 입장이 틀렸는지, 또는 하급

---

17) 다만, 전술한 첫 번째 사안에서 하급심(원심)은 "임의제출에 의한 압수절차와 그 효과에 대한 피고인의 인식 또는 경찰관의 고지는 없었던 것으로 보이고, 임의성 증명방법으로 형식적 서류가 요구되는 것은 아니지만, 경찰관은 피고인으로부터 임의제출서를 징구하고 압수증명서를 교부해야 함에도 이러한 절차를 준수하지 않았으므로" 경찰관의 강제수사 또는 피고인의 임의적 제출의사 부재를 의심할 수 있다고 설시하고 있어서(의정부지방법원 2019.8.22. 선고 2018노2757 판결) 임의제출물 압수 시 요구되는 임의성 인정의 요건을 제시하려는 시도를 하고 있는 것으로 볼 여지가 있을 것이다.

심의 입장이 왜 잘못되었는지 충분히 납득할 수 있을 만큼 적실한 근거를 설시해 주고 있지 못하다.

이처럼 임의제출물 압수의 적법성 또는 임의성 인정요건과 관련된 법리나 해석론이 부족한 상황이라면 그러한 판단기준과 관련해 이미 상당한 해석론적 논의성과를 이루어 낸 자백배제법칙의 이론적 근거들을 살펴볼 필요가 있을 것이다. 후술하겠지만 이러한 접근방식은 미연방대법원이 '동의에 의한 수색(consent search)'과 관련된 리딩 케이스에서 '임의성'을 어떻게 판단할 것인지에 대해 자백의 임의성 판단기준에 주목하고자 했었던 사실에서도 힘입은 바 크다. 물론 소송법 전반에 걸쳐 여러 조문에 등장하는 '임의성'을 모두 통일적으로 해석하는 것이 옳은 것인지, 형법상 의사의 자유나 승낙 등에 요구되는 임의성 내지 자발성과는 또 어떠한 연관이 있는지 더 논구될 필요가 있을 것이지만, 본고에서 주목하고자 하는 바는, 임의성 판단기준에 대한 현재의 한계상황이 자백배제법칙의 이론적 근거와 관련해 전개되어 온 논의상황의 맥락과 밀접히 맞닿아 있다는 판단 하에, 상대화되기 쉬운 '주관적 판단대상'으로서의 '임의성 기준'을, 법적인 판단을 내릴 때 보다 합당한 '객관적 판단대상'으로 어떻게 전환시킬 수 있으며, 그 전환된 구체적인 기준은 어떠한 것인지에 초점을 맞추어 논의를 진행하고자 한다.

Ⅲ. 자백의 임의성 판단기준과 임의제출물 압수의 적법성 판단요건

미국에서 동의에 의한 압수·수색과 관련된 '임의성 판단' 법리는 기본적으로 자백의 임의성 기준과 관련된 판례의 입장에 기초해 발달해 온 것으로 보인다. 그렇다면 임의제출물의 압수에서 임의성 판단과 관련된 법적 기준의 정립을 위해 자백배제법칙의 근거와 관련해 전개되어 온 학설과 판례들을 검토해 봄으로써 그 논의의 단초를 마련해 보는 것도 의미가 있을 것이다.

1. 학설의 개관 및 검토

(1) 허위배제설

자백배제법칙의 이론적 근거는 다양하지만, 여기에는 일정한 역사적 흐름이 있다고 널리 받아들여지고 있다. 전통적인 관점은 임의성 없는 자백은 허위가 개입될 여지가 크고 진실의 발견을 저해하기 때문에 증거능력이 부정된다는 허위배제설의 입장인데, 이에 따르면 임의성 없는 자백이란 허위의 진술을 할 염려가 있는 상황 하에서 행하여진 자백을 의미하며, 기망에 의한 자백이라도 허위의 자백이 아니면 임의성을 긍정하게 된다. 따라서 임의성 문제는 진실성 내지 신뢰성 문제가 된다. 이 학설에 대해서는 증거능력 판단의 기준이 되어야 할 '임의성' 개념을 '증명력' 판단의 기준인 '신빙성(reliability)'으로 대체하는 오류를 범했다는 비판이 일반적이다.[18]

임의제출물의 압수와 관련시켜서 볼 때 허위배제설은 별다른 의미를 지니지 못함을 알 수 있다. 예컨대 강압에 의한 압수라 하더라도 진술증거와 달리 그 자체의 신용력에 차이가 생기지는 않기 때문이다.

---

18) 권오걸, 형사소송법 (형설출판사, 2010), 665면; 손동권, 형사소송법 (세창출판사, 2010), 551면; 신동운, 신형사소송법 (법문사, 2011), 1167면; 신양균, 형사소송법 (화산미디어, 2009), 752면; 이은모/김정환, 형사소송법 (박영사, 2019), 616면; 이재상, 형사소송법 (박영사, 2012), 552면; 정승환, 형사소송법 (박영사, 2018), 554면; 조국, 앞의 논문(각주 12), 377면; 차용석/최용성, 형사소송법 (21세기사, 2008), 511면. 반면, "왜 자백배제법칙이 중요한 적법절차원리가 되었는가"라는 질문에 대한 답으로 허위배제설이 의미있는 논거를 제시한다고 보는 견해로 배종대/홍영기, 형사소송법 (홍문사, 2017), 313면.

(2) 인권옹호설

이러한 문제점을 안고 있던 허위배제설과 차별성을 분명히 내세우며 주장된 인권옹호설은 증거법적 측면에서 헌법상의 진술거부권을 보호하기 위한 장치가 자백배제법칙이라는 입장으로서 범죄사실의 인부에 대한 의사결정의 자유, 즉 진술의 자유를 침해하는 경우 자백의 임의성이 부정된다고 평가하는 입장이다.[19] 소위 '형사절차혁명(criminal procedure revolution)' 이전까지 미국연방대법원이 취해왔던 '임의성을 기준으로 하는 테스트(voluntariness test)'를 계수한 입장으로서 독일 형사소송법 제136조 a의 '금지된 신문방법' 내지 '증거금지(Beweisverbote)'의 이론적 기초가 된 학설이다. 이 입장에 따르면 '자백의 임의성'은 피의자·피고인의 '자유롭고 합리적인 선택'인지 여부에 따라 결정된다. 그러한 임의성 판단기준에 대해 대법원 판례는 "구체적인 사건에 따라 당해 조서의 형식과 내용, 피고인의 학력, 경력, 직업, 사회적 지위, 지능정도 등 제반 사정을 참작하여 판단한다"[20]고 하는데, 그 취지는 '상황의 총체성(totality of the surrounding circumstances)'을 고려하여 임의성 유무를 판단하는 미연방대법원의 입장[21]과 맞닿아 있다.

인권옹호설은 일견 '임의성'의 의미 그 자체에 초점을 맞추고 있다는 점에서 헌법과 형사소송법의 문언에 충실한 판단기준을 두고 있다는 장점이 있으나, 이에 대해서는 여러 측면의 비판이 제기된다. 첫째,

---

19) 피의자·피고인으로 하여금 국가기관에 자발적으로 협조할 것을 강요하는 것은 그의 내면의 자유를 침해하여 인간의 존엄을 훼손시킨다는 점에서 인권옹호설의도 자백배제법칙의 중요한 근거라고 보는 입장으로는 배종대/홍영기, 앞의 책, 313-314면.

20) 대법원 1993. 7. 27. 선고 93도1435 판결.

21) 미국 판례에서 '상황의 총체성'은 피의자·피고인의 연령, 교육수준, 정신적·육체적 상태, 신문수사관의 수, 신문기간, 신문장소 등을 종합적으로 고려하는 것을 뜻한다. 본고에서는 대법원이 임의제출이나 진술의 임의성 판단을 위해 고려하고 있는 제요소들, 예컨대 신분, 사회적 지위, 학력, 지능정도, 제출의 의미와 효과를 고지했는지 여부 등의 고려사항들을 통칭하는 용어로 '상황의 총체성' 개념을 사용하고자 한다.

임의성 판단을 '의사결정의 자유' 여부에 따라서 내려야 하므로 이를 위해 '상황의 총체성'을 고려해야 하지만, 앞서 살펴본 바와 같이 현행범 체포상황에서의 임의제출이 가능한지에 대해서 견해가 다를 수 있듯이, 이에 대한 판단은 법관의 재량에 의존해 차이가 날 수밖에 없으므로 증거능력 판단기준이 주관화, 내면화될 수 있다.[22] 둘째, '임의성'이란 기준만으로는 수사기관의 신문 내지 임의제출 요구 시에 사용되는 수사기법에 있어서 본래적으로 내재할 수밖에 없는 강제적 요소가 허용되는 정도에 대해 명백한 기준을 제시하지 못한다. 셋째, 자백배제 법칙의 근거를 진술거부권의 침해라는 측면에서만 찾게 된다면 그 이외의 사유, 예컨대 여러 절차상의 위법행위, 즉 헌법적, 법률적 이익에 대한 침해 내지 중대한 위험을 제거하는 데 충분하지 못하다.[23]

상기 비판에도 불구하고 인권옹호설은 임의제출물의 압수의 요건과 관련해 그 의의가 충분히 검토될 필요가 있다. 왜냐하면 형사소송법 제218조 법문에 따르면 "임의로 제출한 물건을 영장없이 압수할 수 있다."고 하여 법률이 '임의성'을 요건으로 두고 있는 한 '의사결정의 자유'라는 임의성의 의미 그 자체를 경시할 수는 없기 때문이다.

(3) 절충설

이 학설은 허위배제설과 인권옹호설을 결합한 것으로 자백에 허위가 개입할 의심이 있거나, 자백획득과정에서 진술의 자유를 침해한 경우 증거능력을 배제하는 입장이다. 대법원 판례 중에는 "임의성 없는 자백의 증거능력을 부정하는 취지는 허위진술을 유발 또는 강요할 위험성이 있는 상태 하에서 행하여진 자백은 그 자체가 실체적 진실에 부

---

22) '상황의 총체성'이라는 기준이 법원과 소송당사자 및 수사기관에게 일관된 가이드라인을 제공하기에 얼마나 무기력한 기준인지 다양한 사례를 통해 논증하고 있는 입장으로는 Marcy Strauss, *Ibid.*, at 223-236.

23) 권오걸, 앞의 책, 664면; 손동권, 앞의 책, 551면; 신동운, 앞의 책, 1169면; 이은모/김정환, 앞의 책, 617면; 이재상, 앞의 책, 552-553면; 정승환, 앞의 책, 555면; 차용석/최용성, 앞의 책, 512면.

합하지 아니할 소지가 있으므로 그 증거능력을 부정함으로써 오판의
소지를 없애려고 하는 데에 있을 뿐만 아니라, 그 진위 여부를 떠나서
임의성 없는 자백의 증거능력을 부정함으로써 자백을 얻기 위하여 피
의자의 기본적 인권을 침해하는 위법·부당한 압박이 가하여지는 것을
사전에 막기 위한 것"이라고 설시하여 절충설을 취하고 있음을 명백히
하고 있는 것도 있다.[24] 이 입장에 따르면 형사소송법 제309조는 '자백
의 임의성 법칙'을 규정한 것으로 이는 '자백의 위법배제법칙'과 다르
다고 한다.[25] 제309조에 위반한 신문방법은 허위가 개입할 여지가 있거
나 임의성에 의심이 있다고 평가되므로 이때는 바로 자백의 임의성 법
칙을 규정한 제309조를 적용해 증거능력을 배제하고, 기타 진술거부권
을 불고지하거나 변호인 접견권을 침해하는 등 자백의 임의성은 인정
되더라도 자백획득의 절차와 방법이 위법한 경우에는 자백의 임의성
법칙이 아니라 별도의 위법수집증거배제법칙(제308조의2)으로 해결해
야 한다는 견해이다.[26]

이 학설에 대해서는 첫째, 허위배제설과 인권옹호설에 대한 비판이
그대로 적용될 수밖에 없고,[27] 둘째, '임의성이 없거나 의심스러운 자
백'과 '임의성은 있으나 위법한 절차에 의해 획득한 자백'을 구별해 각
기 다른 조문을 적용하는 해석론이 '임의성이 의심스러운 자백'의 배제
를 규정한 제309조의 취지에 부합되는 것인지 의문이라는 비판이 제기
된다.[28] 왜냐하면 '임의성에 의심이 있다'는 법문의 의미는 '임의성이
없다'와 다르며, '임의성을 의심하게 하는 유형적 위법활동을 금지한
다', 그리고 '임의성의 결여를 증명할 필요가 없다'는 의미를 가지고 있

---

24) 대법원 2000. 1. 21. 선고 99도4940 판결.
25) 이삼, 자백배제법칙에 관한 연구, 성균관대학교 박사학위 논문, 2002, 105면 이하.
26) 신양균, 앞의 책, 755면.
27) 신동운, 앞의 책, 이은모/김정환, 앞의 책, 617면; 이재상, 앞의 책, 553면; 차용석/
　　최용성, 앞의 책, 512면.
28) 이용식, "자백배제법칙의 근거와 임의성의 판단", 외법논집 제35권 제3호, 2011,
　　198면.

어서, 자백배제법칙을 굳이 '자백의 임의성 법칙'으로 제한하여 해석할
필요가 없기 때문이다.[29]

(4) 위법배제설

위법배제설은 제309조의 자백배제법칙을 자백의 임의성 법칙으로
국한시켜 이해할 필요가 없다는 해석론에 기초하여 논란이 많은 '임의
성'이란 기준으로부터 탈피해 자백 취득과정에서 헌법 제12조 제1항의
적정절차원칙의 이념을 보장하기 위한 증거법상의 법칙으로 이해하는
학설로서 현재 다수설이다.[30] 그 이론적 배경에 있어서 미국 '형사절차
혁명'으로 확립된 위법수집증거배제법칙의 시각에서 자백배제법칙을
포괄하려는 시도로 평가되기도 한다.[31] 이 학설에 따르면 적정절차의
요청에 위반해 위법하게 수집된 자백은 임의성에 대해 판단을 할 필요
도 없이 위법수집증거이기 때문에 증거능력이 배제된다고 본다. 고문·
폭행·협박 등 자백의 임의성에 영향을 미칠 사유가 확인되면 자백의 증
거능력을 부인하고 그 사유와 임의성 사이에 별도의 인과관계를 묻지
않는다. 그 결과 자백배제법칙으로 증거능력을 제한할 수 있는 범위가
확대되고, 자백배제기준으로 위법이라는 객관적·통일적 기준으로 제시
함으로써 동 법칙의 실제적 적용을 촉진시킬 수 있다는 장점을 지닌다.
요컨대, 자백배제법칙은 더 이상 '자백의 임의성배제법칙'이 아니며,
'위법수집자백배제법칙' 내지 '자백의 위법배제법칙'으로 파악되고, 결
국 '위법수집증거배제법칙의 특칙'이 된다.[32] 즉, 자백획득의 절차와 방
법이 위법하면 곧바로 증거능력이 배제된다는 것이다. 후술하겠지만 미
국에서 동의에 의한 압수 및 수색과 관련해 임의성 판단기준이 바로 위
법배제설과 유사한 형태로 변화되어 왔다는 점에서 그 의의와 가치가

---

29) 이용식, 앞의 논문, 200면.
30) 손동권, 앞의 책, 553면; 차용석/최용성, 앞의 책, 514면.
31) 조국, 앞의 논문(각주 12), 383면.
32) 조국, 앞의 논문(각주 12), 383면.

충분히 음미되어야 할 학설이라고 평가할 수 있을 것이다.

이 학설에 대해서는 첫째, 자백의 임의성이라는 측면을 도외시하는 것은 제309조의 입법취지에 반하고, 둘째, 고문이나 폭행에 의한 자백처럼 임의성에 의심이 있는 경우와 자백의 임의성은 인정되나 단지 그 획득절차가 위법한 경우의 질적 차이를 설명하기 곤란하며,[33] 셋째, 적법절차원칙을 넘어서서 자백배제법칙이 갖고 있는 독자적 의미를 밝히지 못한다는 비판을 받고 있다.[34]

(5) 종합설

종합설은 허위배제설, 인권옹호설, 위법배제설 모두 종합적으로 자백의 증거능력을 배제하는 근거가 된다는 입장으로 이들 세 학설은 서로 배척·상충하는 관계가 아니라 상호 보완관계에 있다고 봄으로써 자백배제법칙의 적용범위를 최대한 확장시키고자 한다. 자백배제법칙이 단순히 소송법상 증거법칙의 차원을 넘어서 헌법적 기본권에 해당하기 때문에 동 법칙의 적용범위는 수사기관의 위법행위에 초점을 맞추고 있는 위법배제설의 외연을 넘어 사인간의 영역에까지 확장된다고 한다.[35] 위법배제설이 자백배제법칙의 적용범위를 확대한 것에 더하여 위법배제설보다도 그 적용범위를 더 넓히려는 학설인 것이다.

---

33) 신동운, 앞의 책, 1168면; 신양균, 앞의 책, 753면; 이은모/김정환, 앞의 책, 618면; 이재상, 앞의 책, 556면; 정승환, 앞의 책, 556면.

34) 신동운, 앞의 책, 1168-1170면. 우리 헌법은 자백배제법칙을 단순히 증거법상의 보조수단으로 보고 있지 않으며, 기본권으로 격상시킴으로써 그 독자적인 위치를 강조하고 있기 때문에(헌법 제12조 제7항), 자백배제법칙은 자백이 임의로 진술한 것이 아니라고 의심할 만한 이유만 있으면 곧바로 증거능력이 배제되나, 위법배제설을 따를 경우에는 위법한 증거수집행위가 분명하게 입증되어야 하는데 그것은 결코 용이한 일이 아니므로 피고인의 방어권을 크게 약화시키게 됨으로써 결과적으로 기본권적 지위를 갖고 있는 자백배제법칙의 독자적 의미를 살리지 못한다고 한다.

35) 권오걸, 앞의 책, 668면; 신동운, 앞의 책, 1170-1171면; 이주원, 형사소송법 (박영사, 2019), 371면.

종합설에 대해서는 우선 절충설에 대한 비판이 거의 그대로 적용되는데, 즉 임의성 판단기준으로 '상황의 총체성'을 고려하거나 자백자의 주관을 중시하기 때문에 자백배제법칙의 객관적 운용기준과 판단기준을 제시할 수 없다고 한다. 다음으로 자백배제법칙을 헌법적 권리로 파악한다고 하더라도 이는 '사법절차적 권리'에 속하는 것으로 이 권리는 애당초 수신인이 국가권력이므로 사인효와는 무관한 기본권 규정이라는 지적이 있다.36)

하지만 종합설은 인권옹호설까지 포용하므로 임의제출과 관련하여 법문에 충실한 해석방법이 될 수 있으며, 이로 인하여 증거능력 배제의 효과를 최대한 확장시킬 수 있다는 장점이 있으므로 그 의의가 면밀히 재검토될 필요가 있다고 본다.

2. 학설 개관 및 검토로부터의 시사점: '위법배제설'의 수용과 '종합설'의 고려

(1) 위법배제설에 대한 비판논거의 재반박 – 위법배제설의 옹호 및 수용

앞서 고찰한 바와 같이 위법배제설은 자백배제법칙을 '임의성'이라는 주관적 기준으로부터 벗어나 헌법 제12조 제1항의 적법절차원칙에 기초해 자백의 적법성 여부 판단기준을 설정할 수 있게 해주는 이론적 장점이 있다. 물론 이에 대한 비판적 견해도 있지만, 이에 대해서는 다음과 같은 재반박이 가능하다.

우선, 첫째 비판에 대해서는 제309조의 취지는 고문·폭행·협박 기타 여하한 위법행위로 임의성이 없다고 의심을 불러일으킬 만하다고 평가되는 사유가 있다면, 임의성 유무에 대한 실질적 판단과는 별개로 증거능력을 배제하겠다는 것이고, 이러한 맥락에서 보면 제309조에 열거된 위법행위를 통해 자백을 취득한 경우에 그 자백은 곧 임의성에 의심이

---

36) 조국, 앞의 논문(각주 12), 386면.

있는 자백이 되는 것이므로, 다시 말해 수사기관의 위법행위가 곧 자백의 임의성을 의심할 만한 사유가 되는 것이므로 위법배제설이 임의성과 무관하다는 비판은 적절하지 못하다는 지적이 있다. 다만, '자백의 임의성을 기준으로 하는 테스트'가 수사기관의 위법행위와 임의성의 관계에 대한 실질적인 측면, 즉 자백의 진실성(신뢰성) 내지 진술의 자유 침해여부에 초점을 맞추어 이에 대한 심사를 통해 증거능력 판단을 행하는 것이라고 한다면, 위법배제설은 그러한 증거능력 판단의 시점을 앞당겨서 자백취득행위시의 위법행위가 있으면 곧 자백의 임의성에 의심이 있는 경우로 보고 실질적인 측면에 대한 별도의 심사 없이 증거능력을 배제하는 견해라는 점에서는 양 학설에 차이를 찾아볼 수 있을 것이다.[37]

고문이나 폭행에 의한 자백처럼 임의성에 의심이 있는 경우와 자백의 임의성은 인정되나 단지 그 획득절차가 위법한 경우의 질적 차이를 설명하기 곤란하다는 둘째 비판에 대해서는, 우선 임의성에 의심이 있다는 것은 자백의 증거능력을 배제하는 결론에 해당하는 판단이 되는데, 자백이 위법하게 수집되었다는 점은 임의성에 의심이 있는 자백인가를 판단하는 근거가 되기 때문에 양자는 질적으로 엄격히 구별할 수 있는 개념이 아니라는 지적이 있다. 다시 말해 적법절차를 위반해 불공정하게 획득한 자백은 임의성이 의심된다고 보아야 하기 때문에 임의성은 있으나 그 획득절차가 위법한 경우를 거의 상정하기 어렵다는 것이다. 요컨대, 임의성에 의심이 가는 불공정하게 획득한 자백은 이미 임의성 있는 자백이라고 볼 수 없다는 견해이다.[38]

또 다른 반박논거로서 설령 임의성에 의심이 있는 자백과 임의성은 있으나 위법한 절차에 의해 취득한 자백을 구별하는 것이 가능하다고 하더라도 불법의 측면에서 양자 간의 질적인 차이가 있다고 보기는 어렵다는 견해가 있다. 고문이나 폭행 등에 의한 자백(명백히 임의성에

---

37) 이러한 취지로 해석할 수 있는 견해로는 이용식, 앞의 논문, 28면.
38) 이재상, 556면.

의심이 있는 자백)과 진술거부권을 불고지하여 획득한 자백(임의성이
의심되지만 인정될 수도 있는 자백)의 경우에 전자가 더 야만적인 행위
라고 할 수는 있지만 후자 역시 명백한 헌법상의 기본권 침해로 중대한
불법이라는 점에서 질적 차이가 없다는 것이다.[39]

끝으로, 위법배제설의 정책적 목적은 제309조의 조문취지를 고려할
때, 형사절차에서 자백의 임의성을 적절히 담보하기 위해 자백취득단계
에서 위법한 수사활동을 억제하려는 데 있다고 보아야 하는바, 자백취
득단계에서의 위법행위의 존재는 곧 자백의 임의성에 의심이 있는 경
우에 해당하므로 자백배제법칙의 적용을 위해 검사가 증명해야 하는
대상은 '자유롭고 합리적인 선택'으로서 임의성 유무가 아니라 자백취
득과정에서 위법(수사)행위의 존부가 되어야 하기 때문에, 이러한 조문
의 취지에 비추어 볼 때 자백의 증거능력이 배제될 여러 사례에 있어서
임의성의 존부는 질적 차이를 가져오지 못한다는 견해도 있다.[40]

(2) 위법배제설에 대한 비판논거의 재음미 – 종합설의 재해석 및 보충적 고려

상기 반박논거들은 위법배제설을 옹호하는 입장에서 동 학설의 정
책적 목적에 주목함으로써 적실한 논거들을 잘 제시해 주고 있다고 볼
수 있을 것이다. 하지만 그럼에도 불구하고 여전히 남아 있는 논점은
'임의성'이라는 요건 그 자체가 지니고 있는 '법적 효력'과 그 효력여부
를 결정짓는 '법적 비중'의 문제이다. 위법배제설을 지지하는 주요한 논
거들은 대체로 '임의성 유무' 자체는 자백배제법칙를 적용해 증거능력
을 배제하는 데 있어서 의미있는 비중을 갖지 못한다고 평가하고 있다.
그 이유는 무엇일까? 그것은 앞서 살펴본 바와 같이 제309조의 입법취
지가 '자백의 임의성을 담보하기 위해 위법수사를 억제'하려는 정책적
목표에 있기 때문이다. 또한 '임의성을 기준으로 하는 테스트'라는 전통

---

39) 조국, 앞의 논문(각주 12), 382면.
40) 이용식, 앞의 논문, 198-203면 참조.

적인 자백배제기준, 즉 '상황의 총체성' 기준이 객관적 판단기준으로서 중요성과 효용을 잃게 되면서 임의성에 의심을 줄 만한 수사기관의 '위법행위' 그 자체에 더 비중을 두게 된 과정, 즉 '임의성' 판단기준 법리 발달의 역사적 맥락도 고려될 수밖에 없을 것이다. 하지만 그럼에도 불구하고 위법배제설에 대해 의문을 제기하는 관점에서는 다음과 같이 반문할 수 있다.

첫째, 법의 영역에서 '임의성', '자발성', '자유롭고 합리적인 선택'은 쉽게 포기하거나 간과될 수 없는 매우 중요한 개념이다. 자신의 가치체계에 근거하여 행위자가 자신과 관련된 사항에 대해 스스로 내린 의사결정은 존중되어야 한다는 소위 '자율성 존중의 원칙'은 형사법의 영역에서도 작동하기 때문이다.[41] 예를 들어 세 개념을 유사한 의미로 파악해서 본다면, 그 인정여부 자체가 중요한 법적 효력을 갖는 경우가 있다. 형법의 경우 피해자의 '(자발적) 승낙'은 위법성을 조각시키는 강력한 효과를 가져오며, 피고인의 범행은 '자유롭고 합리적 선택'으로 추정되어 그가 책임무능력자가 아닌 이상 행위의 금지성에 착오가 없고, 강요된 행위 등 책임조각사유가 인정되지 않는다면 온전히 범죄를 성립시키고 형벌이라는 법적 효과를 가져온다. 여기서 흥미로운 사실은 형법의 영역에서도 임의성은 그 의미 폭이 가변적인 개념이라는 점이다. 예컨대, 폭행 또는 협박에 의해 현금카드를 갈취당한 피해자라 하더라도, 피해자의 의사를 완전히 억압할 정도의 폭행이나 협박이 아니었다면, 그 현금카드에 대한 사용승낙이 있다고 평가되어 - 형법적으로는 자발적 행위로 평가되어 - 가해자가 그 현금카드로 현금을 인출했을 경우에는 현금지급기 관리자의 의사에 반하지 않아 절도죄가 성립하지 않는다. 일정한 수준의 강압에도 불구하고 피해자의 재산적 처분행위에 자발성이 인정된다는 것이다.[42] 이와 유사한 법리는 강요된 행위(제12

---

41) '자율성 존중의 원칙'에 대해서는 정규원, "피검자의 동의 - 자발성을 중심으로", 한양대 법학논총 제23권 제1호, 2006, 181면 이하 참조.
42) 대법원 2007.5.10. 선고 2007도1375 판결. "예금주인 현금카드 소유자를 협박하여 그 카드를 갈취한 다음 피해자의 승낙에 의하여 현금카드를 사용할 권한을

조)도 마찬가지다. 일체의 강요된 행위가 행위자의 '자유롭고 합리적인 선택'을 부정하게 되는 것이 아니라 '저항할 수 없는 폭력이나 자기 또는 친족의 생명, 신체에 대한 위해를 방어할 방법이 없는 협박'의 수준에 이르러야 책임이 조각된다.[43]

둘째, 형사절차에서 압수·수색에 대한 '동의'는 헌법상 보장되는 영장주의의 예외를 인정할 수 있을 만큼 강력한 효력을 발휘한다. 따라서 '임의성' 유무는 결코 가볍게 다루어져서는 안 된다. 이러한 맥락에서 보면 다음과 같은 가설적 상황을 제시해볼 수 있을 것이다. 고문에 의해 의사결정의 자유가 완전히 억압되어 자백을 한 경우와 비록 사전에 진술거부권의 고지를 받지는 못 했지만 이미 진술거부권의 의미를 충분히 알고 이해하고 있으며 부당하게 많은 혐의를 받고 있는 상황에서 자신의 저지른 죄를 명백히 하기 위해 '자발적으로' 자백을 한 경우에 두 사례에 있어서 '임의성 유무'는 어떻게 고려되어야 하는가? 우선 전자의 사례에서는 고문이라는 위법행위와 임의성의 부존재라는 사정이 결합되어 증거능력을 배제하는 효과를 부여해야 한다는 점에 대해서는 누구나 동의할 것이다. 문제는 후자의 사례인데, 미란다 판결이 잘 지적한 바와 같이 비록 구금상태라는 일정수준의 강압적 요소가 작용하고 있음을 부인할 수 없지만, '상황의 총체성'을 고려할 때 피의자의 자백에 일정한 '임의성'을 인정할 수 있음은 명백한 사실이다.[44] 다만 이때

부여받아 이를 이용하여 현금자동지급기에서 현금을 인출한 행위는...(중략) 위 예금 인출 행위는 하자 있는 의사표시이기는 하지만 피해자의 승낙에 기한 것이고, 피해자가 그 승낙의 의사표시를 취소하기까지는 현금카드를 적법, 유효하게 사용할 수 있으므로, 은행으로서도 피해자의 지급정지 신청이 없는 한 그의 의사에 따라 그의 계산으로 적법하게 예금을 지급할 수밖에 없기 때문이다."

43) 대법원 1988. 2. 23. 선고 87도2358 판결 "설령 대공수사단 직원은 상관의 명령에 절대 복종하여야 한다는 것이 불문률로 되어 있다 할지라도 국민의 기본권인 신체의 자유를 침해하는 고문행위 등이 금지되어 있는 우리의 국법질서에 비추어 볼 때 그와 같은 불문률이 있다는 것만으로는 고문치사와 같이 중대하고도 명백한 위법명령에 따른 행위가 정당한 행위에 해당하거나 강요된 행위로서 적법행위에 대한 기대가능성이 없는 경우에 해당하게 되는 것이라고는 볼 수 없다."

진술거부권 불고지라는 위법행위와 결합되어 있는데, 그럼에도 임의성
은 인정되는 상황에서[45] 이 경우 증거능력을 배제하는 것이 '임의성이

---

44) 대법원 판례도 진술거부권이 불고지된 경우에도 임의성이 인정될 수 있다고 보
고 있다. "형사소송법 제200조 제2항은 검사 또는 사법경찰관이 출석한 피의자
의 진술을 들을 때에는 미리 피의자에 대하여 진술을 거부할 수 있음을 알려야
한다고 규정하고 있는바, 이러한 피의자의 진술거부권은 헌법이 보장하는 형사
상 자기에 불리한 진술을 강요당하지 않는 자기부죄거부의 권리에 터잡은 것이
므로 수사기관이 피의자를 신문함에 있어서 피의자에게 미리 진술거부권을 고지
하지 않은 때에는 그 피의자의 진술은 위법하게 수집된 증거로서 진술의 임의성
이 인정되는 경우라도 증거능력이 부인되어야 한다." 대법원 1992. 6. 23. 선고
92도682 판결. 이 판결은 진술거부권 불고지가 위법수집증거가 되어 증거능력이
부인된다고 판시한 소위 '최초의 한국판 미란다 판결'이다.

45) 대법원 판례도 진술거부권을 고지하지 않은 때에는 진술의 임의성이 인정되는
경우라도 증거능력이 부인되어야 한다고 설시하여 이러한 상황이 가능함을 시사
하고 있다. 대법원 1992.6.23. 선고 92도682 판결; 대법원 2009.8.20. 선고 2008
도8213 판결; 대법원 2010.5.27. 선고 2010도1755 판결 등. 다만, 진술거부권의
불고지가 단지 수사기관의 실수일 뿐, 피의자의 자백을 이끌어내기 위한 의도적
이고 기술적인 증거확보의 방법으로 이용되지 않았고, 이후 이루어진 신문에서
는 진술거부권을 고지하여 잘못이 시정되는 등 수사절차가 적법하게 진행되었다
는 사정, 최초 자백 이후 구금되었던 피고인이 석방되었다거나 변호인으로부터
충분한 조력을 받은 가운데 상당한 시간이 경과하였음에도 다시 자발적으로 계
속하여 동일한 내용의 자백을 하였다는 사정 등이 있을 경우 최초자백 이후 이를
기초로 한 2차적 증거인 피고인의 법정진술은 증거능력이 있다(대법원 2009. 3.
12. 선고 2008도11437 판결). 이른바, 독수독과 원리의 예외로서 '인과관계의 희
석 또는 단절'이 인정된 사례이다. 외견상 이 판결과 유사한 미국 판례로는
Oregon v. Elstad 470 U.S. 298, 318 (1985). 이 사안에서는 최초의 자백진술이
미란다 고지 없이 이루어졌고, 이후 적정한 미란다 고지가 행해진 후 피고인이
다시 자백을 하였는데 대법원 다수의견은 독수과실의 원리는 1차 증거의 오염에
헌법위반이 있을 것을 요하나 미란다 고지의 불이행은 그러한 헌법위반에는 해
당하지 않기 때문에 2차 자백의 증거능력이 인정된다고 판시하였다. 이러한 결론
은 보수파 연방대법원이 미란다 원칙을 헌법에 의해 보장되는 권리 그 자체가
아니라 자기부죄금지특권을 보호하기 위한 '예방적 법칙'에 불과한 것으로 보았
기 때문이라는 비판으로는 조국, 위법수집증거배제법칙 (박영사, 2005), 52면 이
하 및 430-431면 참조. 이후 미란다 원칙의 지위는 'Dickerson v. United States

인정되면 영장주의의 예외로 증거능력이 인정되고, 임의성이 부정되면 (의심되면) 법적 효과로서 증거능력이 배제된다'라는 원칙에 비추어 볼 때 합당한 것인지 충분히 의문을 제기할 수 있을 것이다.

물론 이에 대해서 다음과 같이 답할 수 있다. "임의성이 인정되는 자백이라도 위법행위와 결합되어 있으면 증거능력은 배제된다"고. 다시 말해 위법행위는 그것이 임의성에 영향을 주거나 아니면 그 자체로 증거능력을 배제시키는 요소이기 때문에 상기 후자의 사례에서 설령 임의성에 영향을 주지 않았다고 하더라도 위법행위 단독으로 증거능력을 배제시키게 된다는 것이다. 이는 위법수집증거배제법칙의 당연한 귀결이기도 하다. 물론 전자 사례와 비교할 때 후자 사례의 경우 증거능력을 배제의 효과를 야기하는 근거로서의 효력은 상대적으로 약하다고 말할 수 있다. 전자의 경우에 고문은 임의성에 영향도 주고 그 자체로 위법행위이기 때문에 더 강력한 효력을 발휘해 상대적으로 오염의 정도가 크다고 볼 수 있기 때문이다. 그렇지만 증거능력의 배제의 효과는 '임의성 유무'는 물론 '위법행위의 존부'로부터도 영향을 받기 때문에 전술한 전자와 후자 사례에서 오염도의 차이는 분명 있겠지만 '증거법적 효과의 측면'에서는 '질적 차이'는 없다고 보는 것이 타당할 것이다.[46]

요컨대 소송법이든 실체법이든 임의성 판단은 여전히 중요하지만, 증거능력 배제의 효과는 임의성 유무라는 실체적 기준만으로 결정되지는 않고 절차상 위법행위의 존부라는 기준도 고려해야 하기 때문에 양 사례에서 분명 '오염도의 차이'는 관념할 수 있겠으나,[47] 증거법적 효

---

530 U.S. 428, 444 (2000)'에서 헌법적 의미를 갖는 지침(constitutional guidelines)으로 다시 복귀되었다고 동 문헌은 평가한다.

[46] 이러한 결과가 발생하는 이유는 '임의성의 부재(또는 의심)'와 '위법행위의 존재'는 각각 그 단독으로 증거능력 배제의 효과를 가져올 수 있는 근거로서의 크기와 효력을 지니고 있기 때문이다.

[47] 질적 차이를 긍정하는 견해로는 신동운, 앞의 책, 1172면. 같은 맥락에서 자백의 수집절차에 위법이 있으나 임의성은 명백히 인정되는 경우가 분명 존재한다고 보는 견해로는 이주원, 앞의 책, 371면.

과의 측면에서 "질적으로 같다"고 보면 될 것이다.[48]

그렇다고 해서 '위법배제설'의 이론적 토대가 침식되지는 않는다. 위법행위는 일반적으로 임의성에 영향을 줄 여지가 크기 때문이다. 앞의 '가설적' 상황처럼 위법행위가 개입되었음에도 불구하고 임의성이 인정될 수 있는 사례는 극히 예외적일 것이다. 다만, 위법배제설이 '임의성'을 도외시한다는 비판은 동 학설이 수사기관의 '위법행위가 개입되지 않았으나 임의성이 없는 자백'[49]을 제대로 분별해낼 수 없다는 점에서는 분명 그 의의를 지니고 있다고 평가하는 것이 공정할 것이다. 바로 이러한 맥락에서 '종합설'의 미덕이 잘 드러난다고 보는데, 왜냐하면 종합설은 허위배제설, 인권옹호설, 위법배제설의 각 의의를 고르게 인정하면서 이들이 상호 배타적이지 않고 보완적으로 적용될 수 있다고 보고 있기 때문이다.[50] 요컨대, 위법배제설만으로 증거능력을 배제

---

48) 논자에 따라서는 고문이나 폭행과 같이 증거수집절차의 위법이 본질적이고, 이를 통해 임의성 없는 자백이 획득된 경우와 진술거부권 불고지처럼 그 위법이 비본질적이어서 자백의 임의성이 인정되는 경우에 후자의 경우는 증거동의에 의해 증거능력이 인정되므로 증거법적으로 '질적 차이'가 있다고 볼 수도 있을 것이다. 백형구, 형사소송법강의 (박영사, 2000), 585, 641면. 하지만 진술거부권 고지의무의 불이행은 진술거부권이라는 헌법상 권리의 두터운 보호를 위한 제도적 담보장치를 해체시키는 중대한 위법이므로 '본질적 위법'이 아니라는 평가는 타당하지 못하다 할 것이며, 제309조에 위반해 획득된 자백의 증거능력을 절대적으로 배제되어 증거동의에 의해서도 증거능력은 인정되지 않으며 탄핵증거로도 사용할 수 없다는 것이 통설이다. 조국, 앞의 논문(각주 12), 389면.

49) 예컨대 비교적 장시간 수면을 방해하여 얻었지만 임의성을 명백하게 부정하기에 부족한 경우(30시간 잠을 재우지 않고 얻은 자백의 임의성을 부정한 사례로는 대법원 1997. 6. 27. 선고 95도1964 판결), 병든 피의자에게 경찰이 약을 주었는데, 우연히 의사지배능력을 떨어뜨리는 효과가 있었으나 경찰은 그러한 효과를 알지 못했던 경우(관련된 미국 판례로는 Townsend v. Sain. 372 U.S.293 (1963) 이 있으며 동 판결은 미란다 판결이 나오기 전 '임의성을 기준으로 하는 테스트'를 따른 판결이다.) 등이 있다.

50) 종합설을 지지하는 견해로는 배종대/홍영기, 앞의 책, 315면. 동 문헌은 대법원도 허위배제설(2000.1.21. 선고 99도4930 판결), 위법배제설(1983.3.8. 선고 82도 3248 판결), 인권옹호설(2015.9.10. 선고 2012도9879 판결 등)을 종합적으로 설

할 수 없지만 전체상황에 비추어 볼 때 임의성이 의심스러운 사안에 대해서는 '임의성을 기준으로 하는 테스트'를 통해 판단할 필요성이 여전히 있다는 것이고, 바로 이 점에서 '종합설'의 장점이 있다고 볼 것이다. 다만, 앞서 논급한 판례들의 입장에 의하면 대법원은 '상황의 총체성' 기준을 '전가의 보도'처럼 사용하고 있으나,[51] 전술한 바와 같이 수사기관의 위법행위가 개입되지 않았지만 임의성이 의심스러운 경우에 한해 보충적으로 그 기준을 사용하는 것이 바람직하다고 본다.[52] 아울러 후술하겠지만, 판례의 입장처럼 압수거부권 고지는 단지 '상황의 총체성'을 구성하는 한 판단요소로만 볼 것이 아니라 그것이 결여되면 증거능력을 배제시키는 필수적 요건으로 보아야 한다.

(3) 임의제출의 '임의성' 요건에 대한 시사점

자백배제법칙의 근거와 관련된 상기 견해대립의 검토는 임의제출물의 압수에 있어서 '임의성' 요건에 대한 몇 가지 시사점을 제공해 준다.

첫째, 임의제출의 적법성 판단기준과 관련해 '임의성을 기준으로 하는 심사'가 '상황의 총체성'에 의존하여 증거능력판단 기준의 주관화화 내면화를 초래할 수밖에 없듯이, 임의제출물의 압수에서 임의성 판단도 '임의성 유무'에 초점을 맞추는 방법은 한계에 봉착할 수밖에 없다.

둘째, '임의성'은 다의적이고 의미의 폭이 넓은 개념이므로 일정수준의 강제적 요소[53]가 추정되는 상황에서도 인정될 수 있다. 임의성 판

시하여 종합설에 가까운 입장으로 볼 수 있다고 평가한다. 역시 종합설을 지지하는 입장으로는 이주원, 앞의 책, 371면.

51) 이 점에 대한 지적으로는 이용식, 앞의 논문, 202면.

52) '상황의 총체성'이라는 기준은 보충적으로 적용된다면, 임의성이 문제되는 수많은 상황과 무정형한 요소들을 포괄적으로 고려할 수 있다는 점에서는 그 나름의 의의가 있다고 본다.

53) 이러한 강제적 요소에는 고의적인 위법한 행위도 있겠지만 반드시 여기에 국한되지는 않는다. 구속된 피의자 신문이나 임의제출물의 압수처럼 형사절차에 본래적으로 내재한 강압적 요소도 고려해야 하기 때문이다.

단과 관련된 형사절차는 예컨대 '인신구속 하의 자백'이나 '현행범 체
포상황 하의 임의제출' 등과 같이 일정한 수준의 강압이 개입되는 경우
가 많으며, 따라서 임의성 기준은 이러한 요소를 완전히 배제하는 방향
으로 설정되어서는 안 되고, 임의제출물의 압수 시 허용되는 강압의 수
준과 유형을 어떻게 설정해야 하는가에 초점을 맞추어야 한다.

셋째, 위법배제설의 논거에서 간취할 수 있듯이 자백배제법칙의 취
지가 자백의 임의성을 담보해 줄 수 있도록 위법행위를 억제하려는 정
책적 목표에 있다면 이러한 정책적 목표는 헌법상 요구되는 영장주의
의 예외로서 임의제출에 의한 압수에 대해서도 마찬가지라 할 것이므
로 그 적법성이 인정되기 위해서는 임의성 판단기준을 엄격히 설정해
야 한다. 이를 위해 임의성을 담보해줄 수 있는 장치로서 자백의 경우
진술거부권의 고지가 헌법과 법률에 의해 요구되고 있는 것처럼, 임의
제출에 있어서도 압수거부권의 고지가 입법화될 필요가 있는지 논구되
어야 한다. 이 점에 대해서는 아래(IV)에서 상론하기로 한다.

넷째, 위법배제설이 자백배제법칙을 '자백의 임의성 법칙'으로 국한
시켜 이해하지 않듯이, 임의제출에 요구되는 '임의성 판단기준'도 '제출
의 임의성'으로 협소하게 파악하는 것도 부당한지 검토될 필요가 있다.
전자의 경우 제309조가 명백히 '진술의 임의성이 의심될 만한 이유가
있는' 경우 자백의 증거능력을 배제하고 있는 반면 제218조는 '임의로
제출한' 경우 제출의 적법성을 인정하고 있어서 문언상의 차이가 있다.
전자의 경우는 확실히 '자백의 임의성 법칙'으로 국한시켜 해석할 필요
가 없다. 하지만 후자의 경우는 다르다. 문언상 '임의로' 제출한 경우에
만 영장 없는 압수가 적법하다는 취지이므로, '임의성' 자체의 존부가
관건이라는 취지로 해석할 여지도 있다. 하지만 형법해석에서 일반적으
로 특별한 책임조각사유가 존재하지 않는 한 행위자가 저지른 행위가
'자유롭고 합리적인 선택'이라는 사실은 추정되듯이, 본래적인 강압이
추정되는 상황이 아니라면 '임의성'의 존재도 적극적으로 입증할 필요
는 없을 것이다. 그보다는 소극적으로 '임의성'의 부재사유가 존재하면

증거능력을 부정하되, '임의성 유무' 자체에 대한 판단에 초점을 맞춤으로써 수반되는 난점을 회피하기 위해서는 그 방법은 자백의 경우와 마찬가지로 '임의성을 의심할 만한 이유', 즉 허용되는 수준의 강압을 넘어선 위법행위 및 영향력 행사가 있는지 여부를 판단하면 될 것이다.

요컨대, 임의제출물의 압수에 있어서 '임의성' 요건을 충족시키지 못하여서 증거능력이 배제되는 이론적 근거는 '위법배제설'에서 찾는 것이 합당하다고 본다. 다만, 그렇다 하더라도 수사기관의 위법행위가 없는 상황에서도 임의성이 의심되는 사례도 존재할 수 있고, 이때에는 보충적으로 '상황의 총체성'을 고려해 별도의 판단이 필요하다는 점은 전술한 바와 같다.[54]

---

54) 서울중앙지방법원 2020. 12. 23. 선고 2019고합927 판결 참조. 이 사건에서 강사 휴게실 PC 보관자인 조교 A는 검찰수사관으로부터 강사휴게실 PC를 조사할 필요성에 대해서 설명을 들은 뒤 검찰수사관이 제시한 임의제출동의서, 압수목록 교부서 등에 서명하였고 뒤 진술서를 작성하였는데 변호인측은 진술서를 작성할 당시 검찰수사관의 강압이 있었으므로 임의제출의 임의성을 인정하기 어렵다고 주장하였고, 이에 법원은 임의제출 전후의 '상황의 총체성'을 검토한 뒤 "설령 변호인의 주장과 같이 A가 검찰수사관의 강요에 의하여 진술서를 작성하였다고 하더라도, 그러한 사정만으로 그 이전에 A가 임의제출동의서를 작성함으로써 강사휴게실 PC를 임의로 제출하겠다는 의사를 표시한 것이 검찰수사관의 강요에 의한 것이었다고 볼 수 없다."고 판단하였다. 이 사건에서 압수(제출)거부권에 대한 고지가 있었는지 불분명하지만 만일 고지를 했더라도 제반 정황(소속대학 행정지원처장 B에게 임의제출동의서에 서명할 것인지 여부를 문의하였고, B로부터 검찰수사관에게 협조해야 한다는 답변을 들은 후에 서명함)에 비추어 볼 때, 거부권을 고지받았더라도 서명을 하였을 것으로 판단되며, 따라서 수사기관의 위법행위가 없어도 임의성이 의심되는 사례의 하나로 제시할 수 있을 것이다.

IV. 동의수색 기준에 대한 미란다 판결의 함의: 쉬넥로스 판결의 의의와 한계

1. 동의에 의한 압수·수색에 관한 미연방대법원 판례의 검토와 논의의 필요성

앞서 검토한 자백배제법칙과의 비교를 통한 임의성 판단기준에 대한 논의의 양상은 흥미롭게도 미연방대법원의 판례입장의 변화와 유사성을 보이고 있다. 즉 임의성이라는 주관적, 실체적 요소에 대한 직접적이고 적극적인 판단 대신에 수사기관의 위법행위라는 절차적이고 객관적인 요소의 입증을 통해 동의에 의한 압수·수색의 적법성을 판단하는 방향으로 법리를 형성해 나아가고 있는 미연방대법원의 입장은 우리에게도 시사하는 바가 매우 크다고 판단된다. 아울러 이와 관련된 국내외 논의들은 임의제출물의 압수와 관련된 세부 판단기준의 설정에 있어서도 상당히 유의미한 기여를 해줄 수 있을 것으로 사료된다. 이하에서는 동의에 의한 압수·수색과 관련된 미국의 리딩케이스를 살펴본 후 그 법리적인 의의와 한계를 알아보고, 그 시사점이 현재 우리나라 임의제출물 압수법리에 어떤 함의를 가질 수 있는지 살펴보기로 한다. 주로 동의에 의한 수색(consent search)과 관련된 미국 법원의 입장과 학술적 견해들이지만, 성질상 동의압수(consent seizure), 즉 임의제출물의 압수에도 공통적으로 적용될 수 있는 논의들이라고 볼 수 있을 것이다.[55]

---

55) 동지의 김정한, 앞의 논문, 234면.

2. 판례입장의 변화: '상황의 총체성' 기준에서 '위법배제' 기준으로

(1) Schneckloth v. Bustamonte, 412 U.S. 218(1973)

동의에 의한 압수·수색과 관련된, 더 정확히는 동의수색(consent search)의 임의성 판단기준에 대한 기념비적 판결인 쉬넥로스 케이스의 개요는 다음과 같다.

경찰관이 헤드라이트가 고장나 있고 번호판이 타버린 차를 정지시켰는데, 차 안에는 총 6명이 있었다. Alcala와 Bustamonte는 운전사인 Gonzales와 앞좌석에 타고 있었는데 경찰관의 질문에 Gonzales를 비롯한 네 명은 면허 증을 제시하지 못하였다. 유일하게 면허증을 제시한 Alcala는 그 차가 자신 의 형의 자동차임을 밝혔고, 모두 차에서 내린 후 2명의 경찰관이 추가로 도착하였다. Alcala는 경찰관의 자동차 수색요청에 동의하였다. 트렁크에 서는 세차장에서 도난된 3장의 수표가 발견되었고, Alcala가 아닌 Busta- monte가 절도죄로 기소되었다.

미연방대법원에 따르면 동의는 수정헌법 제4조에 보장된 영장주의 의 적법한 예외가 되며, 그러기 위해서는 동의가 반드시 자유롭고 임의 적인 것이어야 한다. 그런데 쉬넥로스 판결에 따르면 임의성 개념은 그 의미의 폭이 너무 넓어서 쓸모가 없다고 한다. 폭력의 위협과 같은 강 압 하에서도 수사대상자는 어쨌든 '선택'을 하고 있기 때문에 그의 진 술이나 동의는 임의적이라고 볼 수 있는 반면 일체의 어떠한 공식적인 요구가 없는 상황 하에서만 그의 진술이나 동의는 '진실로' 임의적이라 고 볼 수도 있기 때문이다. 다시 말해 임의성은 일도양단적(binary)으로 작동하는 기준이 아니며, 강압의 수준이나 사회적인 압력에 따라 달라 질 수밖에 없는 '정도(degree)'의 문제인 것이고 이런 측면에 비추어서 임의성은 정책판단에 기초해 있는 용어라서, 그 올바른 정의를 위해서 는 불공정하고 야만적인 수사기법의 회피가능성과 법집행기관의 적법

한 이익 간의 균형에 대한 고려가 필요하다고 지적한다.56)

쉬넥로스 판결은 미란다 판결 이전의 Columbe v. Connecticut57) 판결을 참조하면서 피고인의 의지가 압도되거나 자기결정능력이 심각하게 훼손되면 자백은 임의적이지 않다고 보면서, 과거의 판례들은 임의성 판단기준으로 '상황의 총체성'을 고려했다고 설시한다.58) 이 기준은 피고인의 특성을 고려한다는 점에서 주관적이고, 동시에 경찰관의 행위와 신문의 상황을 고려한다는 점에서는 객관적이다. 동 판결은 상황의 총체성 기준을 동의에 관한 법리에 수용하면서 동의라는 맥락에서 임의성 역시 법집행기관의 이익과 위법행위의 억제필요성 사이의 균형의 관점에서 구성되어야 한다고 설시하였다.59)

쉬넥로스 판결은 자백배제법칙과 관련해 형성되어 온 '상황의 총체성' 법리를 수용하고 답습했다는 점에서는 피고인의 주관적 요소와 수사기관의 객관적 요소를 종합적으로 고려하고 있는 것처럼 보이지만,60) 실제로는 판결 전체에 걸쳐서 임의성이란 요건은 수사기관의 위법행위를 억제하기 위한 것이지, 피고인이 주관적으로 자유로운 선택을 한 것인지를 확증하기 위한 것은 아님을 명확히 하고 있다는 점에서, 실질적으로는 객관적인 요소로 판단의 비중을 옮겨가고 있었다고 보는 것이 타당하다고 한다.61) 그리고 이러한 정책적 목표 하에서는 수사기관의 위법행위에 초점을 맞추어야 하며, 특정 피고인의 인식과 이해 (knowledge and intelligence)에 초점을 맞추어서는 안 된다는 것이 동 판결의 전반적인 취지로 보인다.

---

56) Schneckloth v. Bustamonte, 412 U.S. 218, 223-225.
57) Columbe v. Connecticut, 367 U.S. 568 (1961).
58) Schneckloth v. Bustamonte, 412 U.S. 218, 226.
59) Schneckloth v. Bustamonte, 412 U.S. 218, 227-229.
60) 이 점에 대해서는 Marcy Strauss, *Ibid.*, at 216-219. "the question whether a consent to a search was in fact 'voluntary' or was the product of duress or coercion, express or implied, is a question of fact to be determined from the totality of all the circumstances." Schneckloth v. Bustamonte, 412 U.S. 218, 227.
61) 이러한 평가로는 Ric Simmons, *Ibid.*, at 779.

(2) 쉬넥로스 판결 이후 드레이튼 판결까지 판례입장의 변화

동의수색에 있어서 임의성 판단기준과 관련된 법리에는 쉬넥로스 판결 이후 큰 변화가 없지만, 그 실질에 있어서는 객관적 요소에 초점을 맞추는 방향으로 발전해 왔다. 예컨대, 판례는 점차 피고인의 교육배경이나 지능 등 주관적 요소보다는 수색의 장소, 수색을 요청하는 표현방식, 수사기관의 행위 등 객관적 요소만을 고려해 임의성 판단을 해오고 있다.[62] 특히 이러한 경향은 United States v. Drayton 판결[63]에 이르러 정점에 도달하는데, 동 판결의 다수의견에 의하면 동의수색에 있어서 임의성 기준은, 수정헌법 제4조의 '합리성(reasonableness)' 요건을 원용하여, 수사기관의 수색요청이나 행위가 '합리적인 사람'이라면 그 요청을 거부할 수 있는 자유가 있음을 느낄 수 있는 정도인지 여부가 된다. 요컨대, 객관적인 '합리성 기준'에 초점을 맞추게 된 것이다.[64] 결론적으로, 판례의 기준은 수사기관이 동의를 얻기 위해 강제적 기법을 사용하지 않았을 경우에만 동의수색은 '자발적'인 것이 된다[65]는 입장으

---

62) 이러한 판례경향에 대한 상세한 소개로는 Marcy Strauss, *Ibid.*, at 225-235.

63) 사실관계는 다음과 같다. 피고인들은 미시간으로 가는 버스에 탑승해 있었는데 마약을 그들의 넓적다리 안쪽에 테이트로 묶어서 나르려는 목적이었다. 버스가 주유를 위해 정차하고 운전사가 하차하자 경찰관 세 명이 탑승했다. 그중 한 명은 출입문 쪽에 서 있었고, 나머지 한 명은 각각의 승객들에게 몸을 밀착시키면 몸과 짐의 수색에 대한 협조를 요구하였고, 또 다른 한 명은 각각의 승객들이 질문과 협조 요구를 받을 때 을 받을 때, 그 뒤에 서 있었다. 피고인 두 명 모두 수색에 동의를 하였고, 경찰관은 마약을 발견하였다. United States v. Drayton, 536 U.S. 194 (2002). 드레이튼 판결에 대한 보다 상세한 소개와 평석으로는 강우예, "임의수사에 있어서 자발성에 관한 연구", 중앙법학 제9권 제3호, 2007, 196-199면 참조.

64) United States v. Drayton, 536 U.S. 194, 206. 이러한 평가로는 Ric Simmons, *Ibid.*, at 780-783. 이러한 판단기준에 의하면 자백의 경우, 만성적 정신분열증 환자가 신의 목소리를 듣고 자백을 한 경우에도 수사기관의 행위에 적법절차의 위반이 없다면 '자발적'인 것이 된다. Colorado v. Connelly, 479 U.S. 157 (1986).

65) "A consent to search is 'voluntary' if the police have not used 'coercive' tactics in obtaining the consent."

로 발전해 온 것이다. 즉, 동의수색의 적법성 판단에 있어서 법원이 물어야 할 것은 '수사기관 행위의 합리성' 여부가 된다. 그리고 이와 같은 법리는 '동의압수(consent seizure)[66]'의 경우에도 마찬가지라고 한다.[67]

(3) 시사점

상기 동의수색과 관련해 미국에서 판례를 통해 발달해 온 임의성 판단기준의 법리는 임의제출물 압수의 적법성과 관련해서도 몇 가지 시사점을 제공해 준다.

첫째, 동의에 의한 압수이든, 수색이든 그것이 적법한 것이 되기 위해서는 임의성이 인정되어야 하지만, 이때의 임의성은 '자유롭고 합리적인 선택' 여부와 같은 주관적 표지에 의해서 결정되는 것이 아니고, 수사기관의 위법행위나 압수와 수색 시의 강제적 요소가 있었는지 여부와 같은 객관적 요소에 따라서 판단되어야 한다.

둘째, 미국의 경우는 그러한 객관적 요소가 수정헌법 제4조의 '합리성' 요건 및 수정헌법 제14조의 적정절차조항으로 구체화될 수 있으며, 우리나라의 경우 헌법 제12조 제1항 및 제3항의 '적법절차'와 더불어 형사소송법 제308조의2의 '위법수집증거배제법칙'의 '적법한 절차', 그리고 헌법 제12조 제7항 및 제309조의 자백배제법칙에서 금지하는 위법유형인 '임의성에 영향을 주어 의심을 가게 할 만한 일체의 부적절한 수사행위'[68] 등에서 그 판단기준을 도출해 낼 수 있을 것이다.[69]

---

66) '동의압수'와 '임의제출물 압수'를 구별하는 견해도 있지만(김정한, 앞의 논문, 258면), 임의제출도 엄연히 수사기관의 요구가 있어야 하고 양자 모두 '임의성'을 요건으로 한다는 점에서 본고에서는 양자를 혼용가능한 개념으로 사용하기로 한다.

67) Ric Simmons, *Ibid.*, at 781-783.

68) 제309조를 제308조의2의 특칙으로 보더라도, 여기서 배제하려는 위법행위는 제309조의 위법유형인 '적법한 절차'를 넘어 '임의성에 영향을 주는 일체의 적절하지 못한 수사행위'라고 보는 입장으로는 이용식, 앞의 논문, 210면.

69) 자백배제법칙(헌법 제12조 제7항 및 형소소송법 제309조)은 적법절차의 원칙(헌

셋째, 미국에서 발달한 임의성 판단기준, 즉 합리성이란 기준은 자백 배제법칙의 이론적 근거와 관련된 위법배제설의 입장과 밀접하다고 평가할 수 있을 것이다. 다만, 이와 관련해 헌법과 형사소송법에서 금지하는 유형의 '전형적' 위법행위가 임의성을 부정하게 만들거나 의심을 품게 만드는 것은 당연하지만, 그러한 위법유형은 아니더라도 일정수준 이상의 허용되지 않는 강제적 요소가 있을 경우 임의성이 의심된다고 보는 것도 '합리성 기준'의 당연한 귀결이므로 이러한 법리를 수용한다면 임의제출의 임의성 판단에 있어서도 합리성 기준에 따라 허용되지 않는 일체의 부적절한 수사행위까지도 배제하는 방향으로 고려할 수 있을 것이다.

3. 임의제출의 적법성을 인정하기 위한 요건

앞서 검토한 바와 같이 '임의성' 개념의 넓은 의미 폭으로 인해 임의 제출물의 압수의 적법성 판단은 주관적이고 실체적인 요소보다는 객관적이고 절차적인 요소에 비중을 두어 판단하는 것이 합당하고 바람직해 보인다. 하지만, 미국에서 발달한 임의성 기준 법리를 수용하더라도 과연 어느 정도의 '강제적 요소'가 있을 때 임의성이 담보될 수 있어서 허용가능한 수준인지 여전히 명확하지 않고, 따라서 보다 구체적으로 논구될 필요가 있을 것이다. 일반적으로 수사기관에 의한 압수와 수색은 체포상황에서는 물론 모든 경우에 일정한 강제적 요소를 내재하고 있으므로, 관건은 허용되는 수준의 강압이라고 할 때, 과연 허용되는 수준이 어느 정도이고, 어떤 유형인지 판단하는 일이 될 것이다.

법 제12조 제1항 및 제3항)뿐만 아니라 진술거부권(헌법 제12조 제2항), 변호인의 조력을 받을 권리(헌법 제12조 제4항) 등과 관련해서 검토되어야 한다는 견해로는 신동운, 앞의 책, 1171면.

(1) 미란다 판결의 재발견: 압수거부권의 고지 필요성

진술거부권을 불고지하고 획득한 자백의 증거능력배제 근거에 대해 일반적으로 진술거부권 고지는 진술거부권 행사의 불가결한 전제이며,[70] 이에 의하여 수사의 공정성이 담보될 수 있고,[71] 진술거부권의 불고지는 피고인의 기본권 행사를 저해하는 위법이 있으므로[72] 증거능력이 배제되어야 한다고 한다. 더 나아가 진술거부권은 피고인의 방어권 행사를 위한 기본권적 성격을 지니므로 이를 고지하지 않은 채 얻은 자백은 기본권을 침해하는 중대한 위법에 해당하므로[73] 임의성에 의심이 있는 경우로 볼 수 있어[74] 증거능력이 부정된다는 견해도 있다. 또 진술거부권을 고지하지 않은 채 자백을 얻어내는 방법은 작위의무를 위반한 묵시적 기망에 해당한다고 볼 수 있으며, 기본권을 침해하는 중대한 위법이기 때문에 증거능력이 부정된다는 견해도 있다.[75]

진술거부권 고지의무와 관련된 상기 견해들은 진술거부권의 고지가 헌법상 보장되는 진술거부권의 실질적 행사를 담보해 주는 장치로서 매우 중요하므로 그 불고지는 중대한 위법이 된다는 점에 있어서는 공통적인 입장으로 보인다. 다만 진술거부권 고지의무와 관련된 선도적 판결인 미란다 판결의 핵심 취지가 잘 드러나지 않고 있어서 이하에서는 미란다 판결의 판단구조로부터 진술거부권의 고지가 왜 필요하며 어떠한 의의를 갖는 것인지 검토해 보고자 한다.

미란다 판결은 헌법상 보장되는 자유의 이념을 형사사법에서 확장, 구현하기 위한 노력의 일환으로 형사절차혁명의 전개로 발현되었다고 평가된다.[76] 그런데 '허용되는 수준의 강압', 다시 말해 '임의성이 담보

---

70) 이은모/김정환, 앞의 책, 623면.
71) 이재상, 앞의 책, 561면.
72) 신동운, 앞의 책, 1176면.
73) 이주원, 앞의 책, 376면.
74) 이창현, 형사소송법 (피앤씨미디어, 2018), 862면.
75) 배종대/홍영기, 앞의 책, 319면.
76) 조국, 앞의 논문(각주 8), 409-410면.

될 수 있는 수준의 강압'과 관련해서 미란다 판결은 대단히 중요한 법리를 설시하고 있어서 이를 재음미할 필요가 있다.

우선, 미란다 법원은 강요에 의한 진술을 금지하고 있는 수정헌법 제5조의 '강제' 개념을 법적, 물리적 강제 이외 것으로 확장시켰다는 점에서 큰 의의가 있다. 미란다 판결 전의 판례 입장은 법적, 물리적 강제는 금지했지만 다양한 유형의 '심리적인 압력과 기법들'은 허용하고 있었다. 미란다 법원은 긴 지면을 통해 자백에 이르게 하는 수사기관의 신문기법과 매뉴얼을 논급하면서 그러한 심리적 공격은 구금상태 하에서 피의자의 의지를 억압하도록 매우 빠르게 작동할 수 있다고 예리하게 지적하였다.[77] 즉, 수사기관의 심리적 강제도 피신문자의 의지를 억압할 수 있다는 것이다.[78]

다음으로, 미란다 법원은 그러한 강압으로부터 획득된 자백의 증거능력을 곧바로 배제하는 대신, 강압의 수준을 완화(cure)하는 장치를 고안하였는데, 그것이 바로 미란다 고지(warnings)인 것이다.[79] 그리하여 미란다 고지를 하지 않고 획득한 진술은 임의성 유무와 관계없이 그 자체로 위법한 것이 된다.[80] 미란다 고지의 주된 목적은 피신문자로 하여금 자신의 진술거부권을 인지하게 하는 데 있지 않고, 그보다는 신문상황에 본래적으로 내재한 강제적 압력을 극복하는 데 있다.[81] 따라서 설령 피신문자가 진술거부권을 완벽히 인지하고 있다 하더라도, 미란다

---

77) Miranda v. Arizona, 384 U.S. 436, 447-456.

78) Miranda v. Arizona, 384 U.S. 436, 469.

79) Miranda v. Arizona, 384 U.S. 436, 479. 이와 관련된 논평으로는 Matthew Phillips, "Effective Warnings Before Consent Searches: Practical, Necessary, and Desirable" *45 Am.Crim.L.Rev. 1185* (2008) at 1208. "Although warnings may not completely cure coercion problems, they may alleviate coercion and encourage consent for more acceptable reasons."

80) Miranda v. Arizona, 384 U.S. 436, 479.

81) Miranda v. Arizona, 384 U.S. 436, 468. 물론 미란다 고지는 자기부죄금지특권을 모르는 자에게는 그것을 알게 해주는 역할도 하지만, 더욱 중요한 것은(more important) 신문상황에 내재한 본래적 압력을 극복하는데 전제조건이 된다고 한다.

고지는 피신문자에게 신문자가 그러한 권리를 존중하여 만일 피신문자가 그 권리를 행사할 경우 이를 승인할 것임을 알려주는 기능을 한다. 그리하여 미란다 고지는 신문상황에 본래적으로 내재한 강압의 수준을 허용가능한 수준으로 낮춰주는 기능을 하게 된다.[82] 즉, 미란다 고지는 진술의 임의성을 담보해 줄 수 있는 하나의 법적 장치가 되는 것이다.[83] 미란다 법원의 구상을 형법적 관점에서 보자면 구금상태 하의 신문 시에 미란다 규칙의 불고지라는 '부작위'는 폭행, 협박, 신체구속의 장기화처럼 임의성에 영향을 주거나 의심하게 만드는 '작위'행위와 동등한 가치를 갖는 위법행위로[84] 평가되어야 한다는 취지로 해석할 수 있을 것이다.

허용가능한 강압의 수준을 가늠하는 지표로서 '미란다 고지'라는 미란다 판결의 높은 기준은 수정헌법 제5조의 자기부죄금지특권으로부터 도출된다. 이 헌법상의 권리가 침해될 위험이 있는 상황에서 이를 보호하기 위한 최소한의 절차적 안전장치가 바로 미란다 고지인 것이다.[85] 아울러 그보다 낮은 기준으로서 고문 등 물리적 강제를 금지하는 기준은 수정헌법 제14조 적정절차조항으로부터 도출되는데, 이처럼 자백의 증거능력판단과 관련하여 이중의 기준(dual standard)이 적용된다고 볼

---

82) Miranda v. Arizona, 384 U.S. 436, 468. "진술자로 하여금 신문상황에 내재한 압력을 극복하고 자신이 자기부죄금지특권을 행사함에 있어서 자유로움을(free to exercise the privilege) 인지할 수 있도록 보장해 주는 데 있어서 필수불가결하다(indispensable)."고 한다. 요컨대 본래적 강압의 수준을 '임의성을 담보할 만한 수준으로(허용가능한 수준으로)' 낮추어 준다는 취지로 이해할 수 있다.

83) 박용철, "진술거부권 불고지에 대한 소송법적 문제", 형사법연구 제22권 제1호, 2010, 111면.

84) 배종대/홍영기, 앞의 책, 319면은 이를 부작위에 의한 기망으로 본다. 타당한 견해이나 비단 기망으로만 볼 필요는 없을 것이다. 본래적으로 내재한 강제적 요소를 고의로 제거하지 않는 것은 그 자체가 강압(기망이든 협박이든)과 동가치를 갖는 행위로 평가될 수 있기 때문이다.

85) 김성돈, "미란다법칙과 위법수사통제방안", 형사법연구 제14권, 2000, 3면과 8면 참조.

수 있다.86)

하지만 미란다 판결 이후에도 수사기관은 가족과 집으로부터 격리시키는 등 '심리적 강제'에 해당하는 다양한 신문기법을 지속적으로 활용해 왔는데, 이로부터 미란다 고지 후에도 수사기관과 피조사자 사이에 여전히 남아있게 되는 강압의 유형은 무엇인지 검토할 필요가 있을 것이다.

아울러 상기 미란다 판결에 대한 고찰은 임의제출물의 압수나 동의수색 등에 있어서도 압수·수색 거부권의 고지가 필수적으로 요구되는지 논의될 필요성을 제기한다. 이와 관련해 살펴보면, 일단 동의에 의한 압수나 수색도 이중의 기준이 작동함을 알 필요가 있다. 우선 수정헌법 제14조의 적정절차조항은 자백의 경우와 마찬가지로 동의수색에도 적용되며, 아울러 수정헌법 제4조의 합리성 요건은 동의수색에 허용되는 강압의 수준을 설정하기 위해서 작동한다. 이와 같이 각기 다른 헌법적 원천에서 유래하는 법리지만, 허용가능한 강압의 수준이라는 점에서 동일한 원리에 기초해 있다. 그렇다면 동의압수나 수색의 경우에도 미란다형 고지가 필요한 것일까? 이와 관련해서 미연방대법원은 동의수색은 자백보다는 수월해야 하기 때문에 필요하지 않다고 지적하는데,87) 이 논점에 대해서는 뒤에서 상론하기로 한다.

(2) '심리적 강제'의 유형

미란다 고지가 수사기관과 피조사자 사이에 본래적으로 내재한 강압의 수준을 허용가능한 범위로 낮추어 주는 기능을 한다고 할 때, 이때 본래적으로 내재한 강압의 유형은 구체적으로 무엇이며 그럼에도 불구하고 여전히 수사기관에 의해 행하여지는 여러 방식의 강제적 요

---

86) Ric Simmons, *Ibid.*, at 794. 따라서 설령 수사기관이 미란다 고지라는 높은 기준을 충족시켰어도, 물리적 강제력을 사용했을 때에는 적정절차조항 위반으로 증거능력이 부정된다.

87) Ric Simmons, *Ibid.*, at 795.

소, 즉 자백과 동의를 획득하기 위한 수사기법에는 어떠한 것들이 있는지 이를 유형화하여 검토해볼 필요가 있을 것이다. 단, 적법절차에 위배되거나 헌법과 법률이 금지하는 위법유형은 당연히 임의성을 배제하는 근거로 평가될 것이기 때문에 여기서는 그에 해당하지 않더라도 임의성에 영향을 줄 수 있는 일체의 부적절한 수사행위나 기법에 주목해 보기로 한다.

우선, 수사기관과 시민의 상호작용과 같은 상황에서 수사기관의 권위가 시민에게 끼칠 수 있는 영향력은, 사회심리학자 French와 Raven이 분류한 권력유형(영향력 내지 힘의 유형)에 따라서 다음과 같이 여섯 가지로 유형화할 수 있다.[88]

첫째, 보상의 힘(Reward Power)은 수사기관이 관대한 처벌 등을 약속함으로써 갖게 되는 권력을 말하고,

둘째, 강제력의 힘(Coercive Power)은 처벌이나 불이익을 가하겠다는 위협에 기초해 갖게 되는 권력이며,

셋째, 정당성의 힘(Obligatory Power)은 시민에게 무언가를 요구할 수 있는 정당한(legitimate) 자격이나 권리에 기초한 것으로 예컨대 수사기관이 영장 없이도 압수를 요구하고 압수할 수 있다고 시민이 믿게 되는 경우에 기능한다.

넷째, 준거의 힘(Referent Power)은 다른 사람이 특정인(수사기관)에 대한 신뢰나 존경이나 매력을 느껴서 그에게 동화되고 그를 본받으려고 하는 데 기초를 둔 권력을 말한다.

다섯째, 전문성의 힘(Expert Power)은 수사기관이 가진 해당분야의 전문성으로부터 나오는 권력이고,

여섯째, 정보의 힘(Informational Power)은 수사기관이 시민에게 필요

---

88) 프렌치와 라벤은 권력을 '한 사람이 다른 사람에게 어떤 일을 하도록 영향력을 행사할 수 있는 정도'로 규정하며, 이는 본고에서 주목하고자 하는 수사기관의 지위에 기한 시민에 대한 영향력 분석에 유용하다고 보여 원용하기로 한다. French & Raven, The Basis of Social Power, in: Studies in Social Power (Dorwin Cartwright ed., 1959), at 150-167.

한, 혹은 알고 싶어나 알아야 할 정보를 제공함으로써 지니게 되는 권력이다.[89]

이 중에서 임의제출이나 동의수색의 상황에서 수사기관이 갖게 되는 영향력의 유형은 최소한 4개로 정당성, 강제력, 준거, 정보에 기반한 권력이 그러하다. 보상의 힘은 압수나 수색은 통상적으로는 형사절차에서 매우 이른 단계이므로 아직 수사기관이 이를 내세워 압수나 수색의 동의를 받는 경우는 상정하기가 어려울 것이다.[90]

이러한 힘의 유형 중에서, 미국의 경우에 수정헌법이 금지하고자 하는 것은 대체로 '정당성 힘'과 '강제력의 힘'일 것이다. 예컨대 수사기관이 '정당성의 힘'을 행사하기 위해서는 동의에 의한 압수나 수색을 강제할 수 있는 권리가 있다고 믿도록 만들어야 하는데 분명히 수사기관에게는 그러한 권리가 없기 때문이다.[91] 반면 준거나 정보로부터 나오는 힘에 기반한 동의는 허용가능한, 즉 임의성의 담보에 영향을 미치지 않는 범위에 속한다고 보아야 한다. 수사기관을 신뢰하고 존경해서 동의하거나(준거의 힘), 해당 사건의 중요성이나 동의 필요성에 공감해서(정보의 힘) 동의하는 경우는 그러한 영향력 행사가 헌법적 가치에

---

89) 상기 여섯 유형의 권력이 수사기관과 시민 간의 상호작용에 작동할 수 있다는 것은 미국법원에서 말하는 '합리적 인간(reasonable person)'이 '합리적이고 무고한 인간(reasonable innocent person)'임을 전제한다. 왜냐하면 만일 '합리적이고 유책한 인간(reasonable guilty person)'을 전제할 경우 그는 오로지 정당하거나 강압적인(obligatory or coercive) 권력에만 반응할 것이기 때문이다. Ric Simmons, *Ibid.*, at 816.

90) 프렌치와 라벤의 권력유형 분석 등에 대한 소개로는 Ric Simmons, *Ibid.*, at 810-814

91) 그럼에도 불구하고 현실적으로 대부분의 시민은 수사기관의 압수나 수색에 대한 동의 요청(request)에는 법적인 효력(force of law)이 있다고 여긴다. 즉, 수사기관의 요청을 그의 권위로부터 나오는 하나의 '강제력 있는 요구(demand)'로 간주한다는 것이다. 이러한 점을 지적하고 있는 다양한 판례의 소개로는 Marcy Strauss, *Ibid.*, at 241-242. 따라서 이와 같은 시민들의 반응성향은 수사기관에게 그 점을 이용해 더욱 더 자신에게 정당한 힘이 있게끔 믿도록 만드는 수사기법을 개발하려는 유인력을 제공해 준다고 볼 수 있을 것이다.

반한다고 평가할 수 없기 때문이다. 이러한 유형화는 우리나라의 법체계에서도 타당성을 지닌다고 생각된다.

미란다 판결이 논급한 바, 구금상태 하 신문에 본래적으로 내재한 강제적인 압력의 요소 중에서 미란다 고지를 통해 분명히 낮출 수 있는 것은 전술한 권력유형에 비추어 보면 바로 '정당성의 힘'을 지칭하는 것으로 볼 수 있을 것이다. 왜냐하면 미란다 고지는 수사기관에게 진술을 강요할 수 있는 자격이나 권리가 없다는 사실을 솔직하게 밝히는 성격을 갖고 있기 때문이다. 미란다 판결에서 강조하듯이 거부권 고지는 진술자로 하여금 자신이 자기부죄금지특권을 자유롭게 행사할 수 있다는 점을 인지할 수 있도록 보장해 주며, 이는 압수·수색의 경우에도 마찬가지다. 따라서 동의에 의한 압수·수색 시에도 거부권 고지를 할 경우에는, 그것이 적절하게 이루어진다면 최소한 이때 수사기관이 갖고 있지 않은 '정당성의 힘'에 의한 압력을 제거하거나 줄일 수 있으며,[92] 더 나아가 수사기관으로 하여금 그보다 허용가능한 설득기법을 선택하도록 유도할 수 있다.[93] 이러한 의미에서 미란다 고지는 본래적인 강압의 수준을 허용가능한 수준으로 낮추는 기능을 한다고 말할 수 있다. 하지만 '강제력의 힘'은 거부권이 고지되어도 여전히 별개로 작동할 수 있다. 물론 미란다 고지나 거부권 고지를 통해 부수적으로는 '강제력의 힘'도 일부 무력화시키는 효과를 가져올 수도 있을 것이다. 하지만 수사기관은 고지 후에 대상자가 순순히 요구에 응하지 않으면 차고 있는

---

92) 압수나 수색의 경우에도 동의거부권(right to refuse consent)의 고지가 그 절차에 내재한 강압의 수준을 경감시키는 기능을 할 수 있다는 점에 대해서는 Marcy Strauss, *Ibid.*, at 255-256. 다만 동 문헌은 그러한 거부권의 고지가 있다 하더라도 시민과 수사기관의 대면 및 상호작용에 내재한 강압을 완전히 제거할 수는 없기 때문에, 결론적으로 동의에 의한 수색(또는 압수) 제도를 폐지해야 한다고 주장한다. 하지만 본고의 견해에 따르면, 거부권의 고지를 통해 강압을 완전히 제거하는 것이 목표가 아니라 그 수준을 '허용되는 수준으로' 낮출 수 있으면 족한 것이고, 그 밖에 수사기관의 위법행위가 수반되지 않는다면 통상적으로 임의성이 인정되는 적법한 압수나 수색으로 볼 수 있다는 것이다.

93) Ric Simmons, *Ibid.*, at 819-820.

총에 손을 갖다 대거나 험악한 어조로 진술 및 제출을 요구하거나 거짓 조언을 하거나 가족들과의 부당한 격리를 예고하면서 위협할 수도 있는데, 이러한 '강제력의 힘'은 단지 미란다 고지나 거부권 고지를 통해서는 쉽게 제거되거나 낮아지지 않을 것이다. 이에 대해서는 별도의 통제장치가 필요하다.94) 다만, 그렇다 하더라도 최소한 '정당성의 힘'이 제거된다면, 미란다 판결의 취지와 같이 대상자는 자신에게 진술이나 제출을 거부할 자유가 있음을 알게 될 것이고, 따라서 그 상황에 본래적으로 내재하는 총체적인 강압의 수준은 임의성을 담보할 만한 수준, 즉 허용되는 수준으로 완화된다는 점에 있어서는 차이가 없다고 볼 수 있다.

이상의 논의를 정리해보면, 임의성 판단기준은 객관적인 합리성 요건에 따라 판단하는 것이 명료한 결과를 가져오는 장점이 있으며, 더 나아가 동의에 의한 압수·수색에는 일정수준의 강제적 요소가 있음을 시인할 때 허용되는 수준의 설득방식을 유도하기 위해서는 최소한 거부권 고지를 하는 것이 요구된다. 요컨대, 수사기관에게 헌법과 법률에 위배되는 위법행위가 있으면 임의제출물 압수의 임의성이 부정될 것이고, 그러한 수준의 위법하고 강제적인 요소는 없다고 하더라도 수사기관의 기망 등에 의해 '정당성의 힘'에 호소한 임의제출 요구가 발생하는 것을 방지하기 위해서는 거부권 고지를 의무화, 입법화할 필요가 있으며, 만일 수사기관이 압수거부권 고지를 하지 않을 경우에는 그 자체로 임의제출은 위법한 것으로 평가되어야 한다. 요컨대, 권리보장을 위

---

94) 그 강제력의 수준과 유형이 형법상 폭행이나 협박 등의 범죄구성요건을 충족시킬 경우 우선 형사처벌이 가능하고, 획득된 증거는 위법수집증거에 해당하여 증거능력 배제를 통한 통제가 가능할 것이다. 만일 그러한 수준에 이르지 않는 유형의 강제력이라도 임의성에 영향을 주어 이를 의심케 할 만한 행위라면 '상황의 총체성'을 고려하여 임의성에 의심이 있다고 보아 증거능력을 배제할 수 있을 것이다. 이로부터 미란다 고지는 총체적 강압의 수준을 임의성을 담보할 만한 수준으로 경감시켜 주지만, 그 강압의 모든 유형을 완전히 제거해 주는 것은 아니므로, 여전히 임의성에 대한 심사가 필요하다는 점을 알 수 있다.

한 별도의 장치가 없다면 압수거부권의 고지는 임의제출 시 요구되는 '임의성' 요건의 핵심이며, 임의성을 담보하기 위한 최소한의 요건이 된다.[95]

4. 압수거부권의 고지 의무화를 둘러싼 법리적 문제: 쉬넥로스 판결 비판[96]

현재 국내의 상당수 학자들은 압수거부권[97]의 고지를 미란다 고지처럼 법률에 명문화하거나 판례를 통해 수사기관의 의무로 규정할 필요가 있다고 지적한다. 이와 관련해 전술한 동의수색과 관련된 기념비적 판결인 쉬넥로스 판결에서는 거부권의 고지는 '상황의 총체성' 기준에 의거해 동의의 유효성을 판단하는 한 요소에 불과할 뿐 임의성을 인정하기 위한 필수적인 조건은 아니라고 명시적인 판단을 내리고 있어

---

95) 압수거부권 고지가 입법적으로 해결되기 전에는 판례를 통해 고지의무를 부과하는 것이 타당하다. 단, 기존의 판례처럼 동의거부권 고지가 '상황의 총체성' 맥락에서 고려되는 한 요소로만 고려되어서는 안 되고 그것이 결여되면 임의제출의 적법성이 부정되는 필수적인 요건으로 자리매김되어야 한다. 그 고려방식은 예컨대 임의동행의 적법성 요건과 관련해 대법원이 "수사관이 동행에 앞서 피의자에게 동행을 거부할 수 있음을 알려 주었거나 동행한 피의자가 언제든지 자유로이 동행과정에서 이탈 또는 동행장소로부터 퇴거할 수 있었음이 인정되는 등 오로지 피의자의 자발적인 의사에 의하여 수사관서 등에의 동행이 이루어졌음이 객관적인 사정에 의하여 명백하게 입증된 경우에 한하여, 그 적법성이 인정되는 것으로 봄이 상당하다."고 판시한 것을 참고할 만하다(대법원 2006. 7. 6. 선고 2005도6810 판결; 대법원 2020. 5. 14. 선고 2020도398 판결: 대법원 2020. 5. 14. 선고 2020도398 판결).

96) 쉬넥로스 판결에서 수색거부권의 고지는 불필요하다고 밝힌 논거들 중 법리적 측면이 아닌 수사실무 상의 현실적인 어려움(impracticality)도 논급되고 있으나, 본고에서는 법리적인 측면에 대한 논거만 검토하고 이에 대한 반박의 근거를 제시하고자 한다. 수색거부권 고지의 현실적 어려움이라는 논거에 대한 폭넓고 정치한 비판을 가하며 거부권의 고지가 필요하고 정당하다고 밝히고 있는 논문으로는 Matthew Phillips, *Ibid.*, at 1193-1211.

97) '임의제출 거부권'이 더 정확한 용어겠지만, 본고에서는 간단히 '압수거부권'으로 칭하기로 한다.

서 이에 대해 면밀히 살펴볼 필요가 있다.98)

(1) 거부권 고지의 불필요성을 지지하는 쉬넥로스 판결의 논거99)

무엇보다 쉬넥로스 판결이 그러한 결론에 이르는 논거를 차례대로 살펴보면 다음과 같다. 그 논거의 핵심은 헌법상 진술거부권이 요구되는 자백진술과의 차이점에 주목한다는 점에 있다.100)

첫째, 무고한 자가 수색에 동의하는 것은 빨리 혐의로부터 벗어날 수 있다는 장점이 있다.101) 즉, 무고한 자라 하더라도 진술거부권을 행사하지 않고 진술을 한다고 해서 수사기관으로부터 자신의 결백함을 인정받기는 어렵다는 점에서 신문의 경우는 동의의 이익이 거의 없는 것과 차이가 있음을 강조하는 취지로 보인다.

---

98) 이러한 결론에 대해 이상한(strange) 판결이 아니냐는 의문을 제기하고 있는 문헌으로는 Ronald Jay Allen, Joseph L. Hoffmann, Debra A. Livingston, & William J. Stuntz, Comprehensive Criminal Procedure (Aspen Publishers, 2005), at 674. 한편 동의수색의 임의성이 인정되기 위해서는 쉬넥로스 판결과 달리 수사기관의 거부권 고지가 요구된다거나 피수색자의 거부권에 대한 인식이 필요하다고 판시한 일부 주법원 판결에 대한 소개로는 John N. Ferdico, Criminal Procedure (Wadsworth/Thomson Learning, 2002), at 350.

99) 쉬넥로스 판결의 보다 정확한 판시사항은 "동의거부권에 대한 인식은 임의적 동의의 전제조건이 아니라는 것(Knowledge of a right to refuse to consent is not a prerequisite of a "voluntary" consent)"이다. 동의거부권의 고지라는 요건과 동의거부권에 대한 인식이라는 요건은 엄밀히 말하면 차이가 있지만, 동 판결에서는 동의거부권의 고지에 대한 명백히 반대함을 밝히고 있고(Schneckloth v. Bustamonte, 412 U.S. 218, 231-232). 미란다 판결의 법리와의 차별성을 부각시키고 있는 점 등에 비추어 볼 때 전체적인 맥락에서 동의거부권의 고지에 대한 반대논거로 이해하는 것도 무방하다고 본다. 이러한 입장으로는 Marcy Strauss, *Ibid.*, at 218-220; Ric Simmons, *Ibid.*, at 794-795.

100) 쉬넥로스 판결의 논거에 대한 개괄적인 소개로는 Matthew Phillips, *Ibid.*, at 1187-1189.

101) Schneckloth v. Bustamonte, 412 U.S. 218, 228. "a search pursuant to consent may result in considerably less inconvenience for the subject of the search."

둘째, 진술거부권은 재판상의 권리('trial' right)임에 비하여 수색거부권은 재판 전 권리('pretrial' 권리)로서 양자는 중요한 차이가 있는데, 전자는 변호인 선임권처럼 공정한 재판을 받을 권리와 관련되며 따라서 '인지하고 이해하면서 포기(waiver)할 권리'라는 원리는 전자에만 적용되고 후자에는 적용되지 않는다. 따라서 법집행기관은 구금상태하 피의자 신문 시 진술거부권을 고지해야 하는 것과 달리 동의수색 시 이를 거절할 권리를 고지할 필요가 없다.[102] 쉬넥로스 판결은 재판상 권리와 재판 전 권리의 구별을 지지해 주는 몇 가지 논거를 제시하는데, 다음과 같다.

우선, 수정헌법 제4조는 불합리한 압수·수색으로부터 프라이버시와 안전을 보장받기 위한 조항으로서 형사재판에서 공정하게 실체진실을 규명하는 것과 관계없다.[103] 수정헌법 제4조는 실체진실 규명을 위한 보조장치(adjunct)가 아니며, 따라서 제4조의 권리를 침해받더라도 재판의 공정성, 즉 사실확인절차의 염결성(integrity of fact finding process)은 침해되지 않는다. 자신의 프라이버시에 대한 권리를 포기한 자는 오로지 자신의 프라이버시에만 영향을 주지만, 재판상 권리, 즉 자기부죄금지특권이나 변호인선임권을 포기한 자는 공정한 재판을 받을 권리를 포기하는 것이 되어 '재판제도의 정당성 그 자체'에 영향을 준다. 수정헌법 제4조는 진술거부권과는 다른 헌법적 법익(constitutional values)을 보호하기 위한 조항이라는 것이다.

다음으로 수정헌법 제4조의 권리는 어떤 측면에서는 상대적으로 덜 보호된다고 말할 수 있다. 수색에 대한 동의는, 설령 수색의 대상자가 부재해도 압수물과 이해관계가 있는 제3자도 할 수 있는데 이것은 '재판상 권리'의 경우에는 불가능한 일이다. 즉, 진술거부권은 그렇게 할 수 없다.[104] 그렇기 때문에 진술거부권과 달리 수정헌법 제4조의 권리

---

102) Schneckloth v. Bustamonte, 412 U.S. 218, 236-245.
103) Schneckloth v. Bustamonte, 412 U.S. 218, 242.
104) Schneckloth v. Bustamonte, 412 U.S. 218, 245.

는 피고인이 반드시 '알면서 자발적으로' 포기해야 한다고 말할 수 없다. 수정헌법 제4조의 권리침해 여부는 법집행기관의 행위의 합리성(reasonableness)에 초점을 맞추는 반면, 수정헌법 제5조의 권리침해 여부는 피고인의 주관적 동의 여부, 즉 피고인이 알면서 임의로 권리를 포기했는지 여부가 관건이 된다. 요컨대, 객관적 요소에 초점을 맞추는 합리적 수색은 허용되지만, 합리적 신문을 통한 자백은, 피고인이 알면서 자발적으로 진술거부권을 포기하지 않는 이상 허용되지 않는다.

끝으로 중요한 차이점은, 미란다 판결의 핵심은 구금상태하 신문 시에 경찰의 신문기법 및 구금환경의 본성(nature of custodial surroundings)으로부터 본래적으로 강압적인 상황이 형성되는 관계로, 그러한 강압을 제거하기 위한 충분한 보호장치가 없이는 어떠한 진술도 진정 임의적인 것으로 볼 수 없기 때문에 미란다 고지가 요구된다는 취지인바, 수색은 전형적으로 피수색자에게 익숙한 장소에서 비구금상태하에서 이루어지기 때문에, 전통적인 임의성 판단기준, 즉 임의성을 기준을 하는 심사를 기각할 이유가 없으며, 따라서 미란다형(Miranda-like) 수색거부권을 고지할 필요가 없다.[105] 다시 말해 미란다 원칙은 비구금상태하 신문에는 적용되지 않는데, 이러한 상황은 동의수색의 상황과 매우 직접적인 유사성이 있으므로(most directly analogous to the situation of a consent search), 동의수색의 상황이 본래적으로 강압적이라고 간주될 필요는 없다는 것이다.

쉬넥로스 법원이 논급한 것은 아니지만 자백과 수색 사이에는 또 하나의 중요한 차이점이 있다.[106] 자백의 임의성을 확인하려는 목적은 증거능력 유무의 문제도 있지만, 증명력(reliability)을 확보하려는 데도 있다. 자백을 평가하는데 있어서 진술의 신빙성은 가장 중요한 관심사가 된다. 만일 강압이 사용되었다면 자백은 허위일 가능성이 있고 따라서 법원은 자백이 실제로 임의로 행하여진 것인지 여부를 확인해야 할 좋

---

105) Schneckloth v. Bustamonte, 412 U.S. 218, 248.
106) Ric Simmons, *Ibid.*, at 798.

은 이유가 있다. 하지만 수색이나 압수의 결과물은 강압이 사용된 경우나 그렇지 않은 경우를 불문하고 그 자체 신용력이 있다는 점에서 자백과는 차이가 있다. 이른바 '성상불변론'의 관점에서 보면 진술증거인 자백과 비진술증거의 압수·수색은 차이가 있다고 말할 수 있을 것이다.[107]

(2) 쉬넥로스 판결의 논거 및 성상불변론에 대한 비판

동의수색의 경우에는 거부권 고지가 불필요하다는 쉬넥로스 판결의 논거에 대해서 차례로 검토해 보기로 한다.

먼저, 첫째 논거에 대해서는 자백보다 수색의 경우에 동의의 이익이 더 크다고[108] 하여서 동의수색의 경우에는 수색거부권의 고지가 필요하지 않다는 결론은 도출되지는 않는다. 동의수색은 헌법상 보호되는 영장주의의 예외로서 그것이 인정되기 위해서는 동의의 '임의성'이 인정되어야 한다. 앞서 살펴본 바와 같이 미란다 고지는 구금상태하의 신문 시 본래적으로 내재하는 강압을 자백의 임의성을 담보할 수 있는 정도의 허용되는 수준으로 완화하려는 장치라는 점을 고려하면, 동의로부터 얻는 이익이 자백보다 수색이 크다고 하더라도, 이는 수색에 동의하게 되는 하나의 동기에 대한 설명에 불과하며 동의수색에서도 거부권 고지를 해야 할 당위와 필요성을 제거하지 못 한다. 일부 특수한 상황을 근거로 동의수색이 자백보다 쉽게 이루어져야 한다는 논지는 임의수사를 빙자한 사실상 강제수사를 조장할 가능성을 높인다. 영장주의를 형해화시켜 사법신뢰를 잃기 쉽다는 것이다. 이러한 점은 정책적 목표의 측면에서도 정당화될 수 있다. 앞서 고찰한 바와 같이 동의에 의한 압수나 수색 시 임의성 판단기준을 위법배제설의 관점에서 이해해야 한다고 할 때 위법배제설의 취지가 임의성을 담보해 줄 수 있도록 위법

---

107) 이러한 논거에 기초해 임의제출물의 압수 시 압수거부권의 불고지가 있더라도 이 사실 하나만으로는 - 진술증거도 아닌 - 물적 증거의 증거능력을 전면으로 부정하는 것에 소극적인 입장으로는 신이철, 앞의 논문, 95면 참조

108) 이 전제 자체를 부정하는 견해로는 Marcy Strauss, *Ibid.*, at 265-269.

행위를 억제하려는 정책적 목표에 있다면 헌법상 요구되는 영장주의의 예외로서 임의제출 및 동의수색에 대해서도 마찬가지라 할 것이므로 그 적법성이 인정되기 위해서는 임의성 판단요건을 엄격히 설정해야 한다. 요컨대, 동의로 인한 이익의 다소는 일부 특수한 사례에 대한 설명일 뿐, 이를 근거로 동의수색의 임의성 기준이 낮게 설정되어야 한다는 논거는 동의거부권의 전반적 취지와 형사소송의 기본원리에 어긋난다는 것이다.

둘째 논거에 대해서는 진술거부권의 침해는 공정한 재판을 받을 권리, 다시 말해 재판시스템의 정당성 내지 염결성 훼손과 연관되어 있는 반면, 수색거부권은 개인의 프라이버시권의 침해만 관련되며, 전자가 본인만 '알면서 자발적으로' 포기할 수 있는 것과 달리 후자는 제3자에 의한 동의도 가능하다는 점에서 수색에 대한 동의거부권은 상대적으로 덜 보호받는 권리의 보호와 관련된다는 취지의 논변으로 볼 수 있는바, 이 역시 미란다 고지의 목적에서 벗어난 것으로 평가할 수 있을 것이다. 설령 법에 의해 더 보호받아야 하는 권리와 그렇지 못한 권리라는 구분법을 수용한다 하더라도 중요한 점은 진술거부권이나 동의거부권 모두 신문과 수색 시 임의성의 담보를 위한 최소한 필수적인 요건이라는 점에서 동일하고 따라서 거부권 고지는 양자에게 있어서 공통적으로 요구된다고 보는 것이 타당할 것이다. 이 점은 아래에서 보듯이 거부권 고지로 인해 완화하고자 하는 강압의 유형이 무엇인지를 고려하면 더욱 선명해 진다.

아울러 수색거부권의 포기는 헌법상 프라이버시권에만 영향을 주고 재판의 공정성과는 무관하다는 지적에 대해서는, 그것이 비록 재판의 공정성 보호와는 무관하다고 하더라도 일체의 형사소송법의 원리에 저촉됨이 없이 단지 프라이버시권에만 영향을 준다고 볼 수는 없다. 수색거부권을 고지하는 등 '임의성을 담보할 만한 장치'를 제공하지 않고 사실상 암묵적 강제에 의해 이루어진 수색은 영장 없이 이루어지는 사실상 강제수사에 해당한다고 평가할 수 있고 따라서 이를 무분별하게 허용하는 것은 수정헌법 제4조의 '합리성' 요건에 반한다고 볼 수 있다. 즉 우리나라의 경우 '영장주의'에 반하며 형사소송법이 천명하고 있는 '임의수사의 원칙'에도 어긋난다고 할 것이다. 동일한 맥락에서 대법원은 임의동행의 적법성 요건과 관련해 다음과 같이 판시한 바 있다.[109]

> "형사소송법 제199조 제1항은 "수사에 관하여 그 목적을 달성하기 위하여 필요한 조사를 할 수 있다. 다만, 강제처분은 이 법률에 특별한 규정이 있는 경우에 한하며, 필요한 최소한도의 범위 안에서만 하여야 한다"고 규정하여 임의수사의 원칙을 명시하고 있는바, 수사관이 수사과정에서 당사자의 동의를 받는 형식으로 피의자를 수사관서 등에 동행하는 것은, 상대방의 신체의 자유가 현실적으로 제한되어 실질적으로 체포와 유사한 상태에 놓이게 됨에도, 영장에 의하지 아니하고 그 밖에 강제성을 띤 동행을 억제할 방법도 없어서 제도적으로는 물론 현실적으로도 임의성이 보장되지 않을 뿐만 아니라, 아직 정식의 체포구속단계 이전이라는 이유로 상대방에게 헌법 및 형사소송법이 체포·구속된 피의자에게 부여하는 각종의 권리보장 장치가 제공되지 않는 등 형사소송법의 원리에 반하는 결과를 초래할 가능성이 크므로, 수사관이 동행에 앞서 피의자에게 동행을 거부할 수 있음을 알려 주었거나 동행한 피의자가 언제든지 자유로이 동행과정에서 이탈 또는 동행장소로부터 퇴거할 수 있었음이 인정되는 등 오로지 피의자의 자발적인 의사에 의하여 수사관서 등에의 동행이 이루어졌음이 객관적인 사정에 의하여 명백하게 입증된 경우에 한하여, 그 적법성이 인정되는 것으로 봄이 상당하다."

이다만 재판상 권리와 재판 전 권리의 구분은 수색거부권의 고지대상을 굳이 피의자로 국한시킬 필요가 없음을 일깨워준다는 점에서 그 의의가 있을 것이다. 다시 말해 진술거부권은 재판상 권리로서 공정한 재판을 받을 권리와 밀접한 권리이기 때문에 우리나라의 경우 진술거부권의 고지대상이 형사소송법에 피의자와 피고인으로 명문화(제244조의3, 제283조의2)되어 있다. 하지만 수색거부권 내지 압수거부권의 고

---

109) 대법원 2006. 7. 6. 선고 2005도6810 판결. 굵은 글씨는 필자 강조.

지는 공정한 재판을 받을 권리의 보호를 위해 요구되는 것이라기보다는 '영장주의'의 예외를 허용하기 위한 엄격한 '임의성' 기준설정 필요성 및 수사기관의 위법행위를 억제할 정책적 목표에서 요구된다고 볼 것이기 때문에 군이 피의자·피고인으로 그 고지대상이 제한될 필요는 없을 것이다. 형사소송법 제218조는 "소유자, 소지자 또는 보관자가 임의로 제출한 물건은 영장 없이 압수할 수 있다."고 하여 임의제출의 주체가 반드시 피의자 또는 피해자로 한정되지 않는다. 그렇다면 압수거부권의 고지대상 역시 군이 피의자로 자격에 제한을 둘 필요는 없을 것이고, 쉬넥로스 판결은 이러한 차이를 잘 해명해 준다는 점에서 그 의의를 찾을 수 있다.

셋째 논거는 상당히 면밀한 검토를 요한다. 미란다 판결의 취지는 구금상태하 신문 시에 본래적으로 내재하는 강압을 제거하기 위해서 미란다 고지가 요구된다는 것이기 때문에 미국 법원은 '구금상태'라는 요건이 갖추어지지 않았거나 '신문'이라는 요건이 결여된 경우는 미란다 고지가 불필요하다고 일관되게 판시해 오고 있기 때문이다.[110] 이러한 맥락이라면 동의수색의 경우 전형적으로 비구금상태하에서 행하여지기 때문에 거부권의 고지가 불필요하다고 판단한 쉬넥로스 판결에도 분명 일리는 있을 것이다. 하지만 이러한 논변은 다음과 같은 한계를 지닌다.

우선 적어도 우리나라 형사소송법에는 부합되지 않는다. 현행 형소법은 피의자를 신문하기 전에 진술거부권 등을 고지하도록 규정되어 있기 때문에(법 제244조의3), 구금상태와 비구금상태를 불문하고 진술거부권 고지가 요구된다.[111] 그렇다면 조문 해석상 우리나라 법은 미란다 원칙의 적용범위보다도 더욱 엄격하게 구금과 비구금 상태의 구별 없이 수사기관과 시민 간의 대면과 상호작용에서 발생하게 되는 강압

---

110) 이와 관련된 다양한 판례의 소개로는 Custodial Interrogations, *37 Geo.L.J. Ann.Rev.Crim.Proc. 168* (2008) at note 522.

111) 이 점에 대해서는 박용철, 앞의 논문, 97면.

을 제거하기 위한 법적 장치를 마련하려는 입법적 결단을 내리고 있는 것으로 해석할 수 있고[112] 따라서 이러한 결단은 동의에 의한 수색 및 압수에도 일관되게 반영되어야 한다고 보는 것이 합당하고 자연스러운 해석론일 것이다.

다음으로 만일 쉬넥로스 판결처럼 구금상태와 비구금상태의 강압의 수준을 구별하는 법리를 수용한다고 하더라도 미란다 고지의 기능을 고려할 때 동의수색 시에도 수색거부권을 고지해야 할 필요성이 사라지는 것은 아니다. 우선 비구금상태의 익숙한 환경이라고 하여 일반시민이 수사기관의 요구에 직면하여 겪게 되는 심리적 위축과 강압이 없다고 단정하는 것은 전술한 바 있는[113] 여러 심리학적 연구결과들은 물론 사회통념에 비추어 보더라도 타당하지 않음을 지적해 두고자 한다. 아울러 수색이나 압수도 현행범 체포상황에서의 임의제출처럼 구금상태에서도 충분히 발생할 수 있다. 이 경우에는 쉬넥로스 판결의 법리를 따르더라도 거부권의 고지가 필요할 것이다.[114]

물론 상기 논거에 대한 반론의 더욱 중요한 근거는 다른 데 있다. 쉬넥로스 법원은 미란단 판결의 핵심을 놓치고 있다. 앞서 논급한 바와 같이 미란다 고지는 구금신문(custodial interrogation) 시 그 본래적 강압으로부터 임의성을 담보하기 위한 장치이다. 임의성을 담보하기 위해 가장 중요한 것은 피신문자가 자신의 권리를 인식하고 그것을 행사함에 있어서 자유롭다는 사실을 일깨워 고무시켜 주는 것이다.[115] 요컨대, 강압으로부터 임의성을 담보하기 위한 요체가 되는 것은 자신의 권리를 앎과 동시에 상황에 본래적으로 내재하는 강압이 작동하는 상황에서도 그 권리행사의 자유로움을 깨닫는 것이므로, 바꾸어 말하면 신문 시 작동하는 강압의 여러 유형 중에서 정당성의 힘을 제거하는 것이다.

---

112) 동지의 박용철, 앞의 논문, 112면 참조.

113) 각주 4) 및 각주 91) 참조.

114) 쉬넥로스 판결에 따르면 동 판결은 수색의 대상이 비구금상태인 경우에(when the subject a search is not in custody) 적용되는 것이라고 밝히고 있다.

115) Miranda v. Arizona, 384 U.S. 436, 468.

다른 유형의 강압이 작동하더라도 정당성의 힘이 제거되면, 자백의 임의성을 담보할 수 있는 정도의 허용되는 수준으로 강압을 낮출 수 있다는 것이 미란다 판결의 요체인 것이다.

이처럼 미란다 고지로 제거하려는 강압의 유형은 바로 '정당성의 영향력'인데, 이는 구금상태와 비구금상태를 불문하고 수사기관의 권위에 기반한 기망행위 등에 의존해 행사될 수 있는 것이기 때문에[116] 동의거부권 고지는 동의수색의 경우에도 여전히 그 본래적 목적을 달성하는 데 필요하다. 아울러 부수적으로는 동의거부권 고지는 수사기관으로 하여금 피수색자의 권리를 존중하도록 만들고, 보다 적절한 수준의 허용가능한 수사기법으로 동의수색에 임하도록 유도하는 기능[117]을 할 수 있을 것이기 때문에 이 역시 "심리적 강제의 수준을 허용가능한 수준으로 낮춘다"는 본래의 목적 달성에 기여한다. 이에 대해 비구금상태에서는 강제적 압력이 이미 허용가능한 수준이기 때문에 미란다 고지는 불필요하지 않느냐고 반문할 수도 있을 것이다. 물론 구금상태와 비교하

---

116) 예를 들어 만일 거부권 고지가 의무화되지 않는다면, 수사기관은 실제로는 없는 압수·수색의 권한이 있는 듯이 주장할 것이고(claim authority to search yet in fact lack such authority), 그럴 경우 압수·수색 대상자는 그러한 정당성의 힘에 굴복해 거절할 수 있다는 사실을 모르게 되며, 이러한 무지는 동의를 무효로 만드는 요소가 된다는 지적으로는 Yale Kamisar, Wayne R. LaFave, Jarold H. Israel, & Nancy J. King, Basic Criminal Procedure (Thomson/West, 2005), at 452.

117) '강제력의 힘'이나 '정당성의 힘'에 의존하지 않는 보다 적절한 수준의 허용가능한 수사기법으로서는 일단 임의제출물의 압수상황의 경우라면, 피압수자가 압수에 동의하는 동기로는 다음과 것들을 상정해볼 수 있는데, 이때 수사기관으로서는 강압의 방법이 아니라 설명과 설득의 방식으로 둘째나 셋째 동기를 유발하는 방법을 제시해볼 수 있을 것이다.

① 임의제출에 협조함으로써 훈방조치 등 관대한 처분을 위해서
② 어쨌거나 결국 자신은 압수당할 것으로 생각해서(압수거부권이 없다고 생각하거나 체포현장이라면 임의제출을 거부하더라도 영장에 의한 압수를 당할 것이라고 생각해서)
③ 자신의 행위를 정당화하거나 결백함을 해명하기 위해서

면 비구금상태는 양적으로 볼 때 총체적인 강압의 수준이 낮다고 평가할 수 있을 것이다. 구금상태에서 분명 여러 유형의 강압이 더 크고 쉽게 작동할 것이다. 하지만 '임의성의 담보'에 반드시 요구되는 것은 '정당성의 힘'을 제거하는 것이므로 강압의 총량은 문제되지 않는다. 바꾸어 말하면 강압의 수준이 낮아도 '정당성의 힘'이 제거되지 않으면 임의성은 담보되지 않는다. 어느 경우든 '정당성의 힘'을 이용해 보려는 동기는 여전히 남아 있고, 오히려 비구금상태라면 수사기관에게는 다른 수사기법보다 바로 이 '정당성의 힘'에 호소하려는 유인력이 더 크게 작동할 수밖에 없을 것이다. 이는 명백히 경계되어야 하는 기제이므로 거부권 고지를 통해 수사기관이 자신에게 동의를 강제할 수 있는 자격과 권리가 없음을 밝힘으로써 피수색자에게 자신의 권리를 알고 그 거부권 행사에 자유로움을 깨닫게 해주려는 목적에서 수색거부권 고지가 반드시 필요하다고 보는 것이 타당할 것이다.[118]

끝으로 쉬넥로스 판결의 명시적인 논거는 아니지만 어쩌면 압수 및 수색거부권 고지에 반대하는 논거의 배경에서 암묵적인 기능을 하고 있다고도 말할 수 있는 성상불변론에 대해서는 우선, 이 논거 역시 거

---

118) 이러한 취지에서 보면, 구금상태와 비구금상태를 구별하여 전자의 경우에만 미란다 고지를 요구하는 미국 판례의 입장은 어쩌면 미란다 판결의 본의에서 다소 벗어나 있는 것으로 평가해야 할 것이다. 하지만 수사의 효율성 측면에서 미란다 판결에 반대하고 도전하는 입장도 여전히 상당하다는 점에서(김성돈, 앞의 논문, 4면 참조) 그러한 구분 법리는 일종의 절충안 내지 타협안으로 선해할 수 있을 것이다. 사견으로는 '정당성의 영향력'에 의존할 가능성은 자백보다 압수·수색의 경우가 더 크기 때문에 후자의 경우에는 구금상태와 비구금상태를 불문하고 미란다 고지를 할 필요성이 크다고 생각한다. 왜냐하면 신문을 받는 대상은, 수사기관에 진술을 강요할 수 있는 자격이나 권리가 있다고 믿어서라기보다는(그렇지 않다는 것을 일반시민도 잘 알고 있음) 구금상태로부터 오는 불안감과 공포 내지 수사기관의 다양하고 교묘한 설득기법으로 인해 신문에 협조할 동기를 가질 수 있지만, 비구금상태의 일반적인 압수·수색상황에서는 그러한 점을 관념하기 어렵고, 오히려 '정당성의 힘'을 가장한 수사기관의 영향력에 굴복하는 경우가 많을 것이기 때문이다.

부권의 본래적 기능, 즉 "심리적 강제의 수준을 허용가능한 수준으로 낮춘다"는 기능을 간과해서 제기될 수 있는 논거로 보인다. 심리적 강제의 수준은 수사기관과의 대면상황 및 상호작용의 양상에 따라서 달라지는 것이지, 그 수집대상이 진술증거인지 비진술증거인지에 좌우되는 것은 아니기 때문이다.[119] 다음으로 이 논거는 우리나라의 현행 법체계에서는 큰 의미가 없다고 평가할 수 있을 것이다. 왜냐하면 위법수집증거배제법칙의 입법화(제308조의2)로 인해 진술증거와 비진술증거를 구별함이 없이 위법하게 수집된 증거에 대해서는 동등하게 그 증거능력을 배제하는 입장을 취하고 있기 때문이다. 물론 비진술증거에 대해서는 판례가 '재량적' 증거배제론을 취하고 있지만[120] 수색거부권의 불고지는 진술거부권의 불고지에 상응하는 정도로 형사소송의 기본원리에 반하는 중대한 위법사유로 보아야 한다.[121]

(3) 국내의 논의

임의제출거부권 고지를 해야만 비로소 제출의 임의성을 인정받을 수 있는가 여부, 다시 말해 상황의 총체성을 고려한다고 할 때 임의제출거부권의 고지는 미란다 고지처럼 임의제출의 적법성 인정을 위해서 필수적인 요건인가에 대해 학설은 대립되고 있다.

우선 긍정성설은 증언거부권이나 진술거부권과 같은 취지에서 수사기관은 압수거부권을 반드시 사전에 고지해야만 하고 불고지 시 임의성을 부정하여 증거능력을 배제해야 한다는 입장이다.[122]

---

119) 동지의 신상현, 앞의 논문, 285면.
120) 대법원 2007.11.15. 선고, 2007도3061 전원합의체판결.
121) 재량적 위법수집증거배제법칙에 대해서는 조국, "재량적 위법수집증거배제의 필요성, 근거 및 기준", 서울대학교 법학 제45권 제2호, 2004, 49면 이하 참조. 이러한 판례의 태도에 비판적인 입장으로는 김봉수, "'재량적' 위법수집증거배제(론)에 대한 비판적 고찰 - 왜 유독 '비진술증거'에 대해서만 '재량적 배제'를 인정하려 하는가? -, 비교형사법연구 제11권 제2호, 2009, 205면 이하.
122) 조국, "압수·수색의 합법성 기준 재검토, 비교형사법연구 제5권 제2호, 2003,

　반면에 부정설은 현행법에는 수사기관의 고지의무가 명문화되어 있지 않기 때문에 고지의무는 인정되지 않으며, 임의성은 상황의 총체성을 판단하는 한 요소일 뿐이므로 압수거부권을 고지하지 않았다고 하여도 제출자의 의사결정의 자유를 반드시 침해하게 되는 것도 아니므로 제출의 임의성이 인정될 수 있다는 입장이다.[123] 또한 압수거부권의 고지를 동의의 유효요건으로 두는 것은 수사 현장의 긴박성을 충분히 고려하지 못한 비현실적인 방법이므로 무리라고 한다.

　한편 제출의 임의성을 담보하기 위해서는 압수거부권 고지가 요구된다고 보면서도 아직 그러한 거부권이 진술거부권처럼 명문화되어있지 않은 상태에서는 그 불고지로 인해 임의제출물 압수가 위법해지는 것은 아니며, 이를 절대적 요건으로 두면 자칫 실체진실발견에 소홀할 우려가 있으므로 임의성을 판단하는 자료로서 활용하는 것이 바람직하

　　776면; 김학신, "미국의 디지털 범죄와 헌법상 영장주의", 미국헌법연구 제20권 제1호, 2009, 272면; 조국, 앞의 책, 360면. 역시 같은 취지로 볼 수 있는 홍영기, "형법·형사소송법 2019년 대법원 주요판례와 평석", 안암법학 제60권, 2020, 139면. 독일의 문헌중에는 Kleinknecht, Meyer, & Meyer-Goßner, Strafprozeßordnung, 43.Aufl. (C.H. Beck, 1997), §97 Rn.6 참조. 참고로 독일의 경우 임의제출물의 압수와 관련해 '임의성'에 초점을 맞춘 논의를 찾아보기 힘들다. 별도 설명이 없거나 미미한 수준이다. 예를 들어 Roxin/Schünemann, Strafverfahrensrecht (C.H. Beck, 2012); Kindhäuser, Strafprozessrecht (Nomos, 2006); Rudolphi (Gesamtredaktion), SK-StPO (Alfred Metzner Verlag, 1996); Volk/김환수·문성도·박노섭 공역, 독일형사소송법 (박영사, 2009); Klesczewski/김성돈 역, 독일형사소송법 (성균관대학교 출판부, 2007) 등이 그러하다. 같은 취지에서 독일에도 수사기관의 압수거부권 고지의무 인정여부에 대한 찬반견해는 일부 있으나 그 충분한 논거는 제시되어 있지 않다는 지적으로는 신상현, 앞의 논문, 281면 참조.

123) 강동범, "동의나 영장 없는 혈액압수의 적법성", 고시계, 통권 제514호(1999), 38면; 이상돈, 사례연습 형사소송법 (법문사, 2006), 178면; 안성수, "당사자의 동의에 의한 압수·수색", 비교형사법연구 제10권 제1호, 2008, 309면; 최창호, "미국법상 동의에 의한 수색에 관한 연구", 가천법학 제6권 제3호, 2013, 314면; 한상훈, "임의제출물의 영치와 위법수집증거배제법칙, 법조 제65권 제8호, 2016, 618면.

다는 견해도 있다.124)

판례는 전술한 앞서 검토한 바와 같이 '상황의 총체성'을 종합적으로 고려해 판단한다는 입장이며, 따라서 압수거부권의 고지 여부를 임의성 판단시의 한 요소로 고려하고 있는 것으로 보이며 따라서 이는 문리에 따르는 해석론을 취하고 있는 것으로 볼 수 있을 것이다.

(4) 임의제출물 압수에서 '임의성'이 인정되기 위한 요건

자백이든 임의제출이든, 수사기관의 협조요구에 대한 동의가 유효하기 위한 요건으로 현행법은 양자 모두에 '임의성'이란 기준을 설정하고 있다는 점에서 공통적이다. 임의성이 부정되거나 임의성에 의심이 있는 자백이나 임의제출은 위법하며, 증거능력이 배제된다. '임의성'은 진술거부권이나 영장주의와 같은 헌법적 권리의 보호에 대한 예외를 만들어 내기 때문에 엄격한 요건 하에서만 인정되어야 한다. 그런데 '임의성'은 어떠한 기준에 의해 판단되어야 하는가에 대해 학설과 판례는 다양한 입장을 취하고 있다. 오늘날 지배적이고 공통적인 견해는 '임의성을 기준으로 하는 심사(voluntariness test)'는 판단하는 사람에 따라서 달라질 수밖에 없어서 판단기준이 주관화, 내면화되기 쉽다는 것이다. 이 기준의 한계는 '상황의 총체성'이라는 복합적 기준을 활용해도 마찬가지로 드러난다. 이러한 난점을 극복하기 위해 국내 학계에서는 자백배제법칙의 이론적 근거와 관련해 객관적인 위법수사에 초점을 맞추는 '위법배제설'이 다수설적 지위를 차지하게 되었다. 같은 맥락에서 미국에서는 자백의 임의성 유무를 불문하고 사전에 진술거부권 등을 고지하지 않을 경우 증거능력이 배제된다는 미란다 판결을 통해 미란다 고지를 의무화 하였다. 아울러 동의수색의 임의성 판단기준에 대해 쉬넥로스 판결 및 드레이튼 판결은 수사기관의 위법행위나 그 행위의 '합리성'이라는 객관적인 요소에 중점을 두는 법리를 제시하였다.

---

124) 김태명, "체포현장에서 피의자가 임의제출한 휴대전화기의 압수와 휴대전화기에 저장된 정보의 탐색·수집", 경찰법연구 제19권 제1호, 2021, 45면 참조.

다시 원래의 질문으로 돌아가면, 자백이나 임의제출물 압수에 요구되는 엄격한 요건은 어떠한 것이어야 하는가? 자백과 관련해서 미란단 판결과 현행법이 진술거부권 등의 고지라는 높은 기준을 설정해 두고 있음은 주지의 사실이다. 이 기준을 임의제출에도 적용할 수 있을 것인가에 대해 학설은 나뉘어 있고 동의에 의한 수색과 관련된 리딩케이스인 쉬넥로스 판결은 부정적인 근거를 제시하여 부정설의 근거가 되고 있다. 하지만, 앞서 고찰한 바와 같이 미란다 고지가 ‘구금상태하 신문 상황에 본래적으로 내재하는 강제적 압력’을 제거 또는 경감하기 위해서 요구된다는 미란다 판결의 취지에 비추어 보면 임의제출물 압수 시에도 압수거부권의 고지가 의무화되어야 할 것이다.[125] 물론 전형적인 임의제출물 압수는 비구금상태에서 행하여진다는 차이점이 있지만, 우선 현행범 체포상황과 같은 구금상태에서 임의제출이 행하여질 수도 있고, 다음으로 진술거부권의 고지를 구금·비구금 불문하고 공통적으로 요구하고 있는 현행법의 태도 내지 입법적 결단, 다시 말해 형사절차에서 시민의 헌법적 권리를 두텁게 보호하려는 취지에 비추어 보면 장소를 불문하고 임의제출 시에도 압수거부권의 고지가 요구된다고 보는 것이 영장주의의 예외를 인정하기 위한 엄격한 기준이라는 맥락에서 볼 때 적절하다고 생각된다.

이러한 입장에 의하면 압수거부권을 고지하지 아니한 임의제출물의 압수는 위법하며 증거능력이 배제된다. 물론 압수거부권을 고지했다고 하더라도 폭행, 협박, 기망 등 수사기관의 위법행위가 개입된 경우에는 증거능력이 배제되며, 다만 압수거부권이 고지되었고 그러한 위법행위가 개입되지 않는 경우라도 그 제출의 임의성이 의심되는 경우에는 – 매우 드물겠지만 – 보충적으로 ‘상황의 총체성’을 고려하여 임의성 여부를 판단하면 될 것이다.

---

125) 그 방법은 입법적으로 해결하는 것이 가장 바람직하겠으나, 그 입법화 전에 과도기적으로는 판례가 이를 요구하는 방향으로 나아가야 할 것이다. 입법적 해결안에 대해서는 신이철, 앞의 논문, 96면과 신상현, 앞의 논문, 291면 참조.

V. 맺음말

동의가 유효하기 위한 조건은 무엇인가? 일반적으로 받아들여지는 요건은 첫째, '충분한 설명에 기반한 동의(informed consent)'여야 하고, 둘째, 그 동의가 '임의적(voluntary)'이어야 한다는 것이다. 형법학자 파인버그(Feinberg)는 임의성 요건으로 ① 충분한 지식 ② 심리적 강제의 부재 ③ 외부적 제약의 부재 등을 제시하였다.[126] 물론 이러한 일반론만으로 임의제출물의 압수에 요구되는 '임의성' 요건을 적절하게 해석해 낼 수는 없다. 하지만 적어도 논증의 개괄적인 방향성을 비판적으로 가늠해 보기에는 충분해 보인다.

임의제출물의 압수 시 피압수자에게 임의제출물의 의미나 효과, 압수거부권 등의 고지가 없는 상황이라면 그 동의는 유효하다고 보기 어렵다. 충분한 설명에 기반한 동의가 아니기 때문이다. 현행법이 명시적으로 요구하고 있지 않은 '압수거부권' 고지까지 이루어져야만 임의제출이 적법하다고 볼 것인지 여부는 임의제출 시 피압수자가 느끼게 되는 심리적 강제의 수준, 위법수사의 억제라는 정책적 목표 등을 종합적으로 고려해 결정해야 할 문제이다. 물론 궁극적으로 입법적으로 해결하는 것이 바람직할 것이다.

압수거부권의 고지는 '충분한 설명에 기반한 동의'를 위해 필요하기도 하나 파인버그가 말한 '심리적 강제'의 수준을 낮추거나 제거하기 위해 요구된다고 보아야 한다. 수사기관과 대면한 상태에서 현실적으로 완전한 수준의 임의성은 관념하기 어려울 것이다. 따라서 임의제출물 압수에 요구되는 '임의성'의 정도는 일정한 수준의 심리적 강제가 작동하는 상황을 전제하고 있다고 보아야 하며, 미란다 판결의 혁신적 법리에 비추어 보면 일반적으로 '동의거부권' 고지는 심리적 강제의 수준을 허용되는 범위로, 즉 임의성을 담보할 만한 수준으로 낮추어 주는 기능을 하므로, 압수거부권의 고지 역시 임의제출의 적법성이 인정되기 위

---

126) Joel Feinberg, Social Philosophy (Prentice-Hall, 1973), at 48.

해서 반드시 요구된다.

　압수거부권의 고지가 이루어져도 수사기관은 폭행, 협박, 기망 등 여러 가지 형태의 '외부적 제약' 내지 '심리적 강제'를 행사하는 경우도 있을 것이다. 이 경우에 수사기관의 수사기법은 헌법상, 법률상의 위법행위에 해당하므로 '위법배제설'의 관점에서 임의성에 의심이 있는 경우에 해당하여 증거능력이 배제될 것이다. 압수거부권 고지는 임의제출의 적법성이 인정되기 위한 최소한의 요건이지 충분한 것은 아니다. 그렇다면 압수거부권이 고지되고 수사기관의 위법행위도 없지만 임의성에 의심이 있는 경우에는 어떻게 적법성을 판단해야 하는가? 이때에는 증거능력 배제의 효과를 최대한 확장시키려는 '종합설'의 취지에 비추어, '상황의 총체성'에 따라서 임의성 인정여부를 판단하면 될 것이다. 즉, 신분, 사회적 지위, 학력, 지능정도, 연령, 정신적·육체적 상태, 수사관의 수, 압수장소, 그리고 임의제출 전후의 사정 등을 종합적으로 고려하여 판단하면 될 것이다. 이밖에도 '상황의 총체성' 기준은 보충적으로 적용된다면 나름의 의의를 지닐 수 있는데, 명백한 위법행위로 간주하기 힘들지만 임의성에 의심을 품게 만드는 다양하고 무정형한 수사기관의 강압적 수사기법을 밝혀내고 억제하는 데 기여할 수 있다.

　입법론적으로 압수거부권의 고지의무가 명문화되어야 하며, 불고지는 위법수집증거로서 증거능력을 배제시키게 된다. 입법화 전까지는 임의동행의 적법성 요건과 같이 판례를 통해 압수거부권의 고지의무를 적극적으로 요구할 필요가 있으며, 그 위반의 경우 '임의성'이 부정되어 위법한 임의제출로 보는 법리가 형성되어야 할 것이다.

　본고는 임의제출물의 압수와 관련해 '임의성'이라는 요건이 지니는 법적 비중과 의의를 재조명하면서 형사소송의 제원리 및 관련 법리와 정합적이면서도 일관성 있는 해석론을 제시해 보고자 하였다. 혹자는 임의제출의 적법성 요건을 이렇게 엄격하게 설정하는 것이 과연 사회 전체의 이익을 위해서 바람직한 것인가라는 의문을 제기할 수도 있을 것이다. 이러한 이견의 제기가능성은 미란다 법원도 잘 인식하고 있었

다. 자기부죄금지특권의 보호보다 신문의 필요성이 더 중요하다는 주장
이 반복하여 제기되어 왔음을 언급하면서 미란다 판결은 다음과 같은
인용구를 제시한 바 있다.

> "한 국가의 문명의 질은(The quality of a nation's civilization) 대체로 형법
> 의 집행에 사용되는 수단에 의해 측정될 수 있다."[127]

궁극적으로 이 문제는 우리가 현재 어떤 사회에 살아가고 있으며,
어떠한 사회에서 살고자 하는가를 결정짓는 문제이기도 할 것이다.

---

127) Miranda v. Arizona, 384 U.S. 436, 479-480.

§11. 증언번복진술조서의 증거능력과
증거동의의 효력

Ⅰ. 문제의 제기

"공판준비 또는 공판기일에서 이미 증언을 마친 증인을 검사가 소환한 후 피고인에게 유리한 증언 내용을 추궁하여 이를 일방적으로 번복시키는 방식으로 작성한 진술조서를 유죄의 증거로 삼는 것은 당사자주의·공판중심주의·직접주의를 지향하는 현행 형사소송법의 소송구조에 어긋나는 것일 뿐만 아니라, 헌법 제27조가 보장하는 기본권, 즉 법관의 면전에서 모든 증거자료가 조사·진술되고 이에 대하여 피고인이 공격·방어할 수 있는 기회가 실질적으로 부여되는 재판을 받을 권리를 침해하는 것이므로, 이러한 진술조서는 피고인이 증거로 할 수 있음에 동의하지 아니하는 한 증거능력이 없다[증언번복조서판결]."[1]

흔히 '증언번복진술조서의 증거능력'이라는 짧은 제목으로 널리 알려진 위 법리는, 처음에는 대법원 전원합의체판결에서 진술조서에 대해 적용된다고 판시하였으나, 이후 대법원은 동 법리가 진술서에도 동일하게 적용되고[2], 더 나아가 이미 증언을 마친 증인에게 수사기관에 출석할 것을 요구하여 그 증인을 상대로 위증의 혐의를 조사한 내용을 담은 피의자신문조서에도 적용된다고 판시하였으며[3] 최근에는 "제1심에서

---

1) 대법원 2000. 6. 15. 선고 99도1108 전원합의체 판결.
2) 대법원 2012. 6. 14. 선고 2012도534 판결.
3) 대법원 2013. 8. 14. 선고 2012도13665 판결. 증언번복조서판결의 법리를 피의자 신문조서에까지 확대적용하는 것에 대한 비판적 견해로는 이흔재, "진술번복 증

피고인에 대하여 무죄판결이 선고되어 검사가 항소한 후, 수사기관이
항소심 공판기일에 증인으로 신청하여 신문할 수 있는 사람을 특별한
사정 없이 미리 수사기관에 소환하여 작성한 진술조서는 피고인이 증
거로 할 수 있음에 동의하지 않는 한 증거능력이 없다.”고 판시하여 위
법리를 증언번복진술조서(이하 ‘증언번복조서’ 및 ‘증언번복조서판결
(또는 사건)’로 약칭함)가 아닌 조서까지, 시기적으로는 증인신문 전의
경우까지 적용범위를 확장한 바 있다.[4]

　이러한 일련의 대법원판례에 대해 크게 두 가지 의문이 제기될 수
있다. 무엇보다 대법원이 과연 어떠한 의미나 이유에서 당사자주의·공
판중심주의·직접주의에 어긋난다고 판단한 것인지 판결문에는 명확히
드러나 있지 않다. 따라서 우선 이 점을 명확히 밝혀줄 필요가 있다. 아
울러 그와 같이 소송구조나 이념[5]에 어긋나는 위법이 증거능력 배제에
어떻게 기여하고 있는지 검토되어야 한다. 그래야만 헌법 제27조의 재
판을 받을 권리에 대한 침해만으로도 적법절차의 위반으로 증거능력이
배제될 수 있는데도,[6] 굳이 당사자주의·공판중심주의·직접주의의 위반
이라는 별도의 위법형상을 지적한 이유가 해명될 것이기 때문이다.[7]

인에 대한 검사 작성 피의자신문조서에 관한 위법성판단과정에 대한 논증검토”,
홍익법학(제15권 제2호), (2014), 568면 이하; 심희기, “법정증언을 번복하는 내
용의 참고인진술조서의 증거능력 - 대법원 2000년 6월 15일 선고, 99도1108 판
결”, 법률신문(2000.7.27.); 이주일, “공소제기후 참고인조사”, 비교법학연구(제6
집), (2005), 105면 참조.

4) 대법원 2019. 11. 28. 선고 2013도6825 판결.

5) 당사자주의·공판중심주의·직접주의가 소송구조뿐 아니라 형사소송의 이념과도
연관되어 있음은 본고의 결론부분(IV)에서 논증하고 있다.

6) 물론 공소제기 후 참고인에 대한 임의수사가 그 자체로 모두 위법인 것은 아니
다. 판례가 증언번복조서판결과 같은 사안을 제외하고 공소제기 후 참고인에 대
한 임의수사가 허용된다는 입장이라고 보는 견해로는 이흔재, 앞의 논문, 554면.
같은 지적으로는 신이철, “수사절차상 참고인조사와 진술조서의 증거능력”, 치안
정책연구(제35권 제3호), (2021), 222-223면 참조.

7) 증언번복조서판결의 증거능력 부인의 근거에 대해 ① 당사자주의·공판중심주
의·직접주의 등 현행 형사소송법의 기본원리 ② 재판을 받을 권리라는 피고인의

다음으로 눈에 띄는 점은 증거동의에 의해 증거능력을 인정할 여지
는 '공통적으로' 남겨두고 있다는 사실이다. 만일 상기 해당 판결의 진
술조서들이 위법수집증거로서 증거능력이 부정되는 취지라면, 즉 형사
소송법 제308조의2(위법수집증거의 배제)가 적용되어 증거로 할 수 없
다는 취지라면 대법원의 태도는 일견 납득하기 어려운 측면이 있다고
보인다. 왜냐하면 그동안 대법원은 위법수집증거에 대해서는 증거동의
를 하더라도 증거능력이 인정되지 않는다고 판시해 왔기 때문이다. 다
시 말해 헌법에 정한 영장주의 위반과 같이 '적법절차의 실질적인 내
용'[8]을 침해한 경우에는 위법수집증거가 되어 증거능력이 없고, 이는
헌법과 형사소송법이 선언한 영장주의의 중요성에 비추어 볼 때 피고
인이나 변호인이 이를 "증거로 함에 동의하였다고 하더라도 달리 볼 것
은 아니다"라고 판시한 것[9]과 대비된다는 것이다. 한 마디로 위법수집
증거는 증거동의의 대상이 아니며, 동의가 있더라도 증거능력이 인정되
지 않는다.[10] 그렇다면 검사가 '증언을 마친' 또는 '공판기일에 증인으
로 신청하여 신문할 수 있는' 사람을 소환해 작성된 진술조서와 관련된

기본권 두 가지로 분석하는 견해로는 신동운,『판례분석 신형사소송법 Ⅱ』, 법문
사(2014), 249면. 상기 증거능력 배제근거 ①과 ②는 각각 독립하여 증거능력을
배제시킬 수 있는 크기와 효력을 갖고 있지만 판례가 이를 둘 다 논급한 것은증
거법적 효력에 다소의 차이가 있기 때문이다. 이 점에 대해서는 후술하는 본문
(Ⅳ-3-다) 참조. 증거능력 배제근거는 단독으로도, 두 개 이상 복합적으로도 작용
할 수 있다는 점에 대한 논의로는 안성조, "임의제출물 압수에서 '임의성' 요건
－ 자백배제법칙과 미란다 판결의 함의", 형사법연구(제33권 제1호), (2021), 57
면 이하 참조.

8) 대법원 2007. 11. 15. 선고 2007도3061 전원합의체 판결; 대법원 2011. 3. 10.
선고 2010도9127 판결.

9) 대법원 2009. 12. 24. 선고 2009도11401 판결. 같은 취지의 판결로는 대법원
2010. 1. 28. 선고 2009도10092 판결; 대법원 2010. 10. 14. 선고 2010도9016 판
결; 대법원 2011. 4. 28. 선고 2009도2109 판결; 대법원 2011. 5. 13. 선고 2009도
10871 판결; 대법원 2013. 3. 14. 선고 2010도2094 판결; 대법원 2010. 1. 14.
선고 2009도9344 판결.

10) 이주원,『형사소송법』, 박영사(2022), 583면.

위 판례에서 증거능력이 배제되는 법적 근거는 위법수집증거배제법칙(제308조의2)이 아니라는 취지인 것일까? 이 점에 대한 의문이 자연스럽게 떠오를 수밖에 없다. 이와 관련해 현재까지 제시된 견해를 분류해보면 다음과 같다.

첫째, 증언번복조서판결 및 그 관련 판결들은 공통적으로 피의자·피고인의 참여권과 반대신문권을 부당하게 제한한 위법이 있는 사례들이므로 위법수집증거에 해당하며 따라서 증거동의가 있다고 하더라도 원칙적으로 증거능력이 인정될 수 없다는 견해(적극설),[11]

둘째, 위법수집증거이기는 하나 적어도 제308조의2에 정한 위법수집증거는 아니라는 견해(절충설),[12]

셋째, 당사주의와 공판중심주의 등 형사소송법의 이념이나 구조에 어긋나고 헌법 제27조가 보장하는 재판을 받을 권리를 침해하여 증거능력을 부정해야 할 필요성은 긍정되나 만일 조서작성 과정에서 위법함이 개재되지 않았고 이후 법정에서 성립의 진정함이 인정되고 피고인측의 반대신문기회까지 보장되었다면 그와 같은 사정만으로는 증거능력을 부인할 근거로서 충분하지 않다는 견해(소극설),[13]

넷째, 위와 같이 작성된 진술조서는 공판절차의 기본원리로 규정된 구두변론주의(제275조의3)에 반하므로 이는 형사소송법 제312조에서 규정한 '적법한 절차와 방식'의 요건을 충족시키지 못하므로 전문증거

---

11) 배종대·홍영기,『형사소송법』, 박영사(2022), 393면. 상기 판례들은 위법수집증거배제법칙 법리에 대한 예외적인 판례로서 전문증거에 대한 증거동의를 통해 반대신문권 제한을 문제삼지 않겠다는 법리의 연장선상에 있는 것으로 평가할 수 있다고 보면서 그러한 판례의 논지에 대해 의문을 제기하고 있다. 동지의 입장에서 증언번복조서판결은 적법절차에 반하여 수집된 증거로 증거능력이 부정된다고 하면서 피고인의 증거동의로 절차의 위법이 치유될 수 있다고 본 것은 적법절차 위반의 법리를 오해한 것으로 생각된다는 견해로는 이주일, 앞의 논문, 108면. 역시 같은 입장으로 보이는 이승호·이인영·심희기·김정환,『형사소송법강의』, 박영사(2020), 265면.

12) 이주원, 앞의 책, 519면.

13) 이창현,『형사소송법』, 정독(2020), 927면.

가 되어 증거능력이 부정된다는 견해(전문증거설)[14] 등으로 나뉜다.[15]

견해대립의 구도를 종합하여 간명히 정리하면 다음과 같다.

우선, 당사자주의·공판중심주의·직접주의 등 형사소송의 이념과 구조에 어긋나거나 헌법 제27조의 재판을 받을 권리를 침해한다는 사정이 과연 제308조의2에서 말하는 '적법절차의 실질'을 침해한 것과 동등한 것으로 평가될 수 있는지 여부에 대한 관점의 차이로부터 위 견해대립이 발생하는 것으로 보인다. 이로부터 적극설과 소극설이 선명하게 대립한다. 절충설은 위와 같이 작성된 진술조서는 그 '위법(오염)의 정도'가 법 제308조의2에서 말하는 '적법절차의 실질'을 침해한 수준에 이르고 있다고 보지는 않고 있기 때문에 증거동의에 의한 증거능력의 부여를 부정할 정도는 아니라는 것으로 볼 수 있고, 전문증거설은 관점을 달리해 법 제312조에서 규정한 '적법한 절차와 방식'의 요건을 충족시키지 못하므로 증거능력이 부정된다는 논리적 구조를 취하는 것으로 사료된다. 이 중에서 전문증거설은 후술하는 증거동의 본질에 비추어 볼 때 증거동의에 의한 증거능력 부여를 법리적으로 가장 잘 해명해 준다는 장점이 있다고 할 수 있을 것이다.

이하에서는 대법원 판례를 통해 제시된 논거를 면밀히 검토함으로써 대법원의 입장을 명확히 해명해 해보고, 더 나아가 증거동의에 의한 증거능력 부여가능성을 열어둔 취지는 무엇인지도 상세히 밝혀 보고자 한다. 아울러 증거동의에 의한 증거능력 회복이 가능하다는 판례의 입장이 당사자주의·공판중심주의·직접주의 위반의 법적 성격과 헌법 제27조의 재판을 받을 권리, 특히 반대신문권의 법적 지위에 비추어 볼 때 과연 앞으로도 타당한 것으로 유지될 수 있을 것인지 검토해 보기로

---

14) 신동운,『판례분석 신형사소송법』, 법문사(2007), 618면.

15) 증언번복 진술조서는 전문법칙의 예외가 인정되지 않는 전문증거이거나 또는 다른 전문증거들과는 달리 증거능력을 부정해야 할 특수한 사정이 있는 전문증거라는 점에서 증거능력이 부정되어야 한다는 견해(전문증거설)가 가능하다는 글로는 조기영, "증언번복진술 법리의 증거법적 의의", 형사법연구(제31권 제2호), (2019), 197-198면.

한다. 이러한 논증을 위해 다수의견뿐만 아니라 보충의견과 반대의견도 상세히 검토하고자 하는데 두 의견에는 다수의견의 취지를 명확히 이해하는 데 상보적으로 기여하는 논거는 물론 본고의 논지전개에 핵심적인 역할을 하는 내용도 포함되어 있기 때문이다.

II. 증언번복조서판결의 다수의견 입장에 대한 검토

1. 다수의견의 증거능력 배제 근거에 대한 검토

대법원은 상기 법리를 제시한 리딩케이스가 된 전원합의체판결[증언번복조서판결](대법원 2000. 6. 15. 선고 99도1108 전원합의체 판결)에서 다음과 같이 설시한다.

> "공판준비 또는 공판기일에서 이미 증언을 마친 증인을 검사가 소환한 후 피고인에게 유리한 그 증언 내용을 추궁하여 이를 일방적으로 번복시키는 방식으로 작성한 진술조서를 유죄의 증거로 삼는 것은 당사자주의·공판중심주의·직접주의를 지향하는 현행 형사소송법의 소송구조에 어긋나는 것일 뿐만 아니라[배제근거①], 헌법 제27조가 보장하는 기본권, 즉 법관의 면전에서 모든 증거자료가 조사·진술되고 이에 대하여 피고인이 공격·방어할 수 있는 기회가 실질적으로 부여되는 재판을 받을 권리를 침해하는 것이므로[배제근거②], 이러한 진술조서는 피고인이 증거로 할 수 있음에 동의하지 아니하는 한 그 증거능력이 없다고 하여야 할 것이고, 그 후 원진술자인 종전 증인이 다시 법정에 출석하여 증언을 하면서 그 진술조서의 성립의 진정함을 인정하고 피고인측에 반대신문의 기회가 부여되었다고 하더라도 그 증언 자체를 유죄의 증거로 할 수 있음은 별론으로 하고 위와 같은 진술조서의 증거능력이 없다는 결론은 달리할 것이 아니다."

리딩케이스에서 제시한 증거능력 배제의 근거는 크게 두 가지이다.

하나는 당사자주의·공판중심주의·직접주의를 지향하는 현행 형사소송
법의 이념과 구조에 어긋난다는 점이고[배제근거①], 다른 하나는 헌법
제27조가 보장하는 기본권, 즉 법관의 면전에서 모든 증거자료가 조사·
진술되고 이에 대하여 피고인이 공격·방어할 수 있는 기회가 실질적으
로 부여되는 재판을 받을 권리를 침해한다는 것이다[배제근거②]. 다시
말해 형사소송의 이념과 구조는 물론, 법관에 의해 법률에 의한 재판을
받을 권리(헌법 제27조 제1항)를 침해한다는 것이다. 이하에서는 먼저
어떠한 의미나 이유에서 당사자주의·공판중심주의·직접주의 및 재판을
받을 권리를 침해해 위법한 증거수집으로 평가받게 되는지 살펴보기로
한다.

(1) 공판중심주의와 증언번복조서판결의 의미

대법원은 공판중심주의와 관련해 "우리 형사소송법이 채택하고 있
는 공판중심주의는 형사사건의 실체에 대한 유죄·무죄의 심증형성은
법정에서의 심리에 의하여야 한다는 원칙으로, 법관의 면전에서 직접
조사한 증거만을 재판의 기초로 삼을 수 있고 증명대상이 되는 사실과
가장 가까운 원본증거를 재판의 기초로 삼아야 하며 원본증거의 대체
물 사용은 원칙적으로 허용되어서는 안된다는 실질적 직접심리주의를
주요원리로 삼고 있다."고 판시한 바 있다.16) 즉 공판중심주의란 형사
사건에 대한 법관의 심증형성은 공판기일에 공판정에서의 심리를 중심
으로 이루어져야 한다는 원칙으로서 공개주의, 구두변론주의, 직접주
의, 집중심리주의를 내용으로 한다.17) 증언번복조서판결에서 검사가 이
미 증언을 마친 증인을 다시 소환하여 일방적으로 피고인에게 불리한
진술조서를 작성한 것은, 만일 수사기관이 필요하면 다시 증거신청을
하여(법 제294조) 직접 증인신문에 참여하거나(법 제163조 제1항) 직접

---

16) 대법원 2006. 12. 8. 선고 2005도9730 판결.
17) 이재상·조균석·이창온,『형사소송법』, 박영사(2021), 463면 이하; 신동운, 앞의
    책, 453면 이하; 이주원, 앞의 책, 327면 이하.

참여하지 않을 경우는 수소법원에 청구하여 증인신문을 통해 확인할
수 있음(법 제164조 제1항[18])에도 불구하고 수사기관이 임의로 법정이
아닌 장소에서 조사해 이를 증거로 제출하는 방법을 취한 것이기 때문
에 법관이 직접 조사한 증거만을 재판의 기초로 삼아야 한다는 공판중
심주의에 어긋난다는 취지로 이해된다.[19]

(2) 당사자주의와 증언번복조서판결의 의미

당사자주의란 법원이 아닌 대립당사자 즉, 검사와 피고인에게 소송
에서의 주도적 지위를 인정하는 소송구조를 말한다.[20] 당사자주의는 일
반적으로 당사자 사이의 공격과 방어에 의해 심리가 진행되고 법원은
제3자적 입장에서 당사자의 주장과 입증을 판단하게 되어 당사자에게
소송진행의 주도권을 인정하는 당사자소송주의 내지 변론주의를 의미
한다.[21]

당사자주의를 정당화하는 다양한 담론과 이론이 있지만 자유주의
사상을 바탕으로 개인의 존엄성과 자율성을 최대한 보장해 주기 위한
개인적 권리이자 공동체의 원칙으로 발전해 왔다는 평가[22]는 증언번복

---

18) 제164조(신문의 청구) ① 검사, 피고인 또는 변호인이 증인신문에 참여하지 아니
    할 경우에는 법원에 대하여 필요한 사항의 신문을 청구할 수 있다.
19) 미국의 경우 크로포드 판결(Crawford v. Washington, 541 U.S. 36 (2004)) 이후
    공판중심주의가 더 강화되었다고 평가하는 글로는 김희균, "미국법 상 전문법칙
    의 최근 동향: 공판중심주의의 문제", 형사법연구(제20권 제2호), (2008),
    237-238면. 크로포드 판결은 미국의 형사사법시스템에 대해서도 커다란 반향을
    일으킨 것으로 보인다. "an earthquake rocking America's criminal justice
    foundations"이라는 표현이 이를 잘 보여준다. Fred O. Smith, "Crawford's
    Aftershock: Aligning the Regulation of Nontestimonial Hearsay with the History
    and Purposes of the Confrontation Clause", *60 Stan. L. Rev. 1497 (2008)*, at
    1498.
20) 이창현, 앞의 책, 30면; 신양균·조기영,『형사소송법』, 박영사(2022), 22면.
21) 이와 함께 당사자에게 소송물의 처분권을 인정하는 당사자처분권주의도 여기에
    포함된다. 이에 대해서는 신양균·조기영, 앞의 책, 22면; 이창현, 앞의 책, 30면.
22) 이성기, "당사자주의의 원칙에 입각한 피의자 대면권의 헌법적 권리와 조서의 증

조서판결 분석과 관련해 흥미로운 시사점을 제공한다. 즉 당사자주의는 국가권력을 통제하고 견제하려는 의도를 지니고 있으며, 판결의 정당성과 관련해 확증하기 힘든 실체진실의 구명보다는 절차적 적법성을 중요시한다는 것이다. 따라서 이러한 절차적 정당성을 확보하기 위해서는 당사자간의 평등을 보장해 주는 무기대등의 원칙이 당사자주의의 가장 중요한 원리가 된다.

대법원은 당사자주의와 관련해 "헌법은 제12조 제1항 후문에서 적법절차의 원칙을 천명하고, 제27조에서 재판받을 권리를 보장하고 있다. 형사소송법은 이를 실질적으로 구현하기 위하여, 피고사건에 대한 실체심리가 공개된 법정에서 검사와 피고인 양 당사자의 공격·방어활동에 의하여 행해져야 한다는 당사자주의와 공판중심주의 원칙, 공소사실의 인정은 법관의 면전에서 직접 조사한 증거만을 기초로 해야 한다는 직접심리주의와 증거재판주의 원칙을 기본원칙으로 채택하고 있다."[23]고 한다. 요컨대, 당사자주의는 공판중심주의와 더불어 적법절차와 재판을 받을 권리를 실질적으로 구현하기 위한 형사소송법의 기본원칙의 하나라는 것이다. 여기서 우리 형사소송법에는 직권주의적 요소도 포함되어 당사자주의적 요소와 절충적 구조를 취하고 있음에도 불구하고 판례가 이를 하나의 '원칙'인 것처럼 설시한 점에 의문이 들 수 있다. 형사소송의 구조는 당사자주의와 직권주의 중 어느 것으로 할 것인지는 입법정책의 문제로서 현행 형사소송법은 직권주의를 취한 구법과 달리 당사자주의를 대폭 도입함으로써 절충적 구조를 취하고 있다는 점에 대해서는 이견이 없다.[24] 다만 어느 것이 기본이 되고 어느 것이 보충적인지에 대해 견해대립이 있으나 대법원은 "당사자주의를 그 소

거능력에 관한 논의", 성신법학(제12호), (2013), 200-208면.

23) 대법원 2019. 11. 28. 선고 2013도6825 판결.

24) 이창현, 앞의 책, 35면; 이승호·이인영·심희기·김정환, 앞의 책, 19면; 이주원, 앞의 책, lii면; 이재상·조균석·이창온, 앞의 책, 49면. 특히 80년대에 이르러 당사자주의를 기본골격으로 한 것이라는 판례입장이 등장하기 시작했다는 견해로는 신양균·조기영, 앞의 책, 23면.

송구조로 하고 있는 현행 형사소송법체계에서는"25)라는 표현을 사용한 바 있고, 헌법재판소는 "소송절차의 전반에 걸쳐 기본적으로 당사자주의 소송구조를 취하고 있는 것으로 이해되고, 또한 재판실무도 그와 같은 전제하에 운용되고 있다."26)고 판시한 바 있으므로 종합하면 당사자주의를 기본으로 하되, 보충적으로 직권주의를 채택하고 있다는 입장으로 보인다.27) 이러한 맥락에서 "형사소송법의 기본원칙의 하나"라고 판시한 점을 이해하면 될 것으로 보인다.

아울러 당사자주의는 일반적으로 소송구조의 한 형태로 이해되고 있는데 대법원이 '원칙'이라는 표현을 채택한 배경에는 이를 단순히 형사사법목표를 달성하는 합목적적 '정책'이 아니라 정의나 공정과 같은 도덕적 요청을 구현하는 개인적 권리로 이해하고 있음을 엿볼 수 있게 해준다. 따라서 당사자주의 위반은 소송경제나 효율성과 같은 공리주의적 가치와 쉽게 타협할 수 없는 가치이자 권리침해의 성격을 지닌다.28)

증언번복조서판결은 증언번복조서작성이 어떠한 이유에서 당사자주의에 위배된다는 것인지 명확한 설시가 없다. 당사자주의와 관련된 판례를 보면 "검사가 비록 공익의 대표자적 지위에 있다고는 하나, 기본적으로 피고인과 대등한 당사자의 지위에 있는 것이므로, 검사와 피고인에게 공정한 공격 방어의 기회를 주어야 할 것이고, 검사를 지나치게 유리하게 하는 것은 당사자주의의 기본취지에 반하게 된다."고 한다.29)

---

25) 대법원 1984. 6. 12. 선고 84도796 판결.

26) 헌법재판소 1995. 11. 30. 선고 92헌마44 전원재판부.

27) 현행 형사소송법상 우리 형사소송은 일부 직권주의적 요소가 있지만 기본적으로 당사자주의를 취하고 있다는 견해로는 한상훈, "형사소송의 구조와 검사, 피고인의 지위 - 당사자주의와 증거개시제도를 중심으로 - ", 형사법연구(제21권 제4호), (2009), 406면. 이와 달리 현행 형사소송법은 직권주의를 기본으로 하되 보충적으로 당사자주의를 채택하고 있다는 견해로는 변종필, "증언번복 진술조서의 증거능력 - 대법원 2000.6.15. 선고 99도1108 전원합의체판결 - ", 비교형사법연구(제2권 제2호), (2000), 398면.

28) 동지의 이성기, 앞의 논문, 211면.

29) 헌법재판소 1995. 11. 30. 선고 92헌마44 전원재판부. 청구인의 주장은 다음과

한 마디로 당사자주의의 가장 중요한 원리라고 할 수 있는 무기대등의 원칙이 침해되었다는 것이다. 이러한 법리에 비추어 보면 증언번복조서 사건은 검사가 수사기관으로서의 권한을 이용하여 이미 증언을 마친 증인을 소환해 '일방적으로'30) 피고인에게 불리한 진술조서를 작성했다는 점에서, 이는 경우에 따라서 피고인측에게는 불가능하거나 검사에 비해 제한적으로만 허용되는 증거수집방법으로서 증인에 대한 그러한 조사행위를 허용하는 것은 검사에게 지나치게 유리하므로 당사자주의에 반한다는 취지로 그 판결의 입장을 이해할 수 있다고 본다. 다만, 증

같다. "항소가 제기된 경우 소송기록과 증거물을 유독 검사에게만 송부하도록 규정하고 있는 것은 당사자주의적 소송구조를 채택하고 있는 현행 형사소송법 아래에서 피고인을 검사보다 현저히 차별대우하는 것이다. (중략) 피고인에게도 마찬가지로 항소심에서 그의 방어권을 행사하기 위하여 소송기록을 검토하여야 할 필요가 있는 것이고, 더구나 제1심재판에서 거의 모든 공소사실에 대하여 유죄판결이 선고되는 현실에서 검사보다는 피고인에게 그 준비의 필요성이 훨씬 큰 점에 비추어 합리성이 없다. 따라서 이 사건 법률조항은 헌법 제11조의 평등권과 헌법 제27조 제3항의 신속한 재판을 받을 권리를 침해하는 위헌의 법률이다."

30) 증언번복조서판결이 설시한 '일방적으로'라는 표현과 관련해 피고인의 반대신문권 보장이 없는 증인의 진술은 증거능력을 인정할 수 없다는 저 유명한 판결인 크로포드 판결에서 미연방대법원은 헌법상의 증인대면권이 상정하고 있는 주요 폐단은 대륙법계 형사절차이고, 특히 피고인의 참여가 없는 '일방적인(ex parte)' 조사결과를 피고인에게 불리한 증거로 사용하는 것(the principal evil at which the Clause was directed was the civil-law mode of criminal procedure, particularly the use of ex parte examinations as evidence against the accused)이라고 설시한 점은 시사하는 바가 클 것이다. Crawford v. Washington, 541 U.S. 36 (2004), at 1355. 동 판결에 대한 평석으로는 Leading Cases, *125 Harv. L. Rev. 251 (2011)*. 여기서 제시된 법리는 법정 외의 증언적 진술(testimonial statement)을 법정에서 증거로 사용하기 위해서는, 증언을 할 수 없거나 피고인이 그 이전에 증인을 반대신문할 기회가 없었다면, 반드시 반대신문의 기회가 보장되어야 한다는 것이다. 동 판결과 관련해 증언적 진술과 비증언적 진술의 구분이 모호하다는 지적도 많이 있으나 크로포드 판결이 제시한 법리가 대면권 조항의 목적, 즉 국가권력의 통제와 견제라는 점에서 하급심 판결에서 일관성 있게 적용됨을 보여주고 있는 논문으로는 Dylan O. Keenan, "Confronting Crawfords V. Washington in the Lower Courts", *122 Yale L.J. 782 (2012)* 참조.

언번복조서사건에서 검사의 증인조사는 소위 '증인빼돌리기 사건'[31]과
는 차이가 있다. 증인빼돌리기 사건에서는 검사가 법원의 증인으로 채
택된 수감자를 그 증언에 이르기까지 거의 매일 검사실로 하루 종일 소
환하여 피고인측 변호인이 접근하는 것을 차단하고, 검찰에서의 진술을
번복하는 증언을 하지 않도록 회유·압박하는 한편, 때로는 검사실에서
그에게 편의를 제공하기도 하였기 때문에 당사자주의에 반한다는 점이
현저하게 드러나고 절차상의 위법성도 명확해 적법절차원칙을 침해한
것으로 평가될 수 있는데,[32] 증언번복조서사건은 그 정도까지는 아니지
만 통상적으로 피고인측이 가질 수 있는 능력에 비추어 볼 때 상대적으
로 검사에게 유리하고 피고인측에 불리한 조사방법을 활용한 사안임은
분명하다는 점에서 "당사자주의에 반한다"는 평가는 동 사건에 대해서
도 유효하다고 생각한다.[33]

(3) 직접주의와 증언번복조서판결의 의미

직접주의(Grundsatz der Unmittelbarkeit)는 직접심리주의라고도 하며,
법원이 공판기일에 공판정에서 직접 조사한 증거만을 재판의 기초로
삼는다는 원칙을 말한다. 직접주의는 규문주의 시대의 서면주의와 밀행
주의에 대한 반성으로 도입된 것으로,[34] 태도증거 등을 통해 법관의 정
확한 심증형성이 가능해져 실체진실 발견에 기여하고, 피고인에게는 반

---

31) 헌법재판소 2001. 8. 30. 선고 99헌마496 전원재판부.
32) 헌법재판소 2001. 8. 30. 선고 99헌마496 전원재판부 결정사항.
33) 당사자주의를 '당사자대등원칙' 내지 '무기대등원칙'으로 설명하면서 증언번복진
    술조서를 받아내는 것은 당사자주의에 반한다는 평석으로는 남영찬, "판례평석 :
    증언을 번복하는 진술조서의 증거능력", 법조(제49권 제10호), (2000), 210-211면
    참조. 한편 증언번복조서판결에서 당사자주의 위반은 증인신문에서 교호신문제
    도(제161조의2)를 준수하지 않은 점(반대신문권 침해)에서 찾을 수 있다는 견해
    로는 변종필, 앞의 글, 399면.
34) 직접주의의 도입배경에 대해서는 이완규, "반대신문권과 수사기관 조서의 증거
    능력 및 증명력", 형사판례연구(제18권), (2010), 367면.

대신문의 기회를 제공하여 피고인의 이익을 보호하는 것을 목적으로 한다.[35]

대법원은 "우리 형사소송법이 채택하고 있는 공판중심주의는 형사사건의 실체에 대한 유죄·무죄의 심증 형성은 법정에서의 심리에 의하여야 한다는 원칙으로, 법관의 면전에서 직접 조사한 증거만을 재판의 기초로 삼을 수 있고 증명 대상이 되는 사실과 가장 가까운 원본 증거를 재판의 기초로 삼아야 하며 원본 증거의 대체물 사용은 원칙적으로 허용되어서는 안된다는 실질적 직접심리주의를 주요 원리로 삼고 있다."고 판시함으로써 형식적 직접주의와 실질적 직접주의가 공판중심주의의 핵심적 내용임을 천명하고 있다. 즉 형식적 직접주의는 피고사건에 대한 심증형성의 주체, 시간, 장소가 각각 법원, 공판기일, 공판정이어야 한다는 요청이고, 실질적 직접주의는 원본증거의 대체물 사용은 원칙적으로 허용되어서는 안 된다는 원칙이다. 실질적 직접주의가 필요한 근거에 대해 판례는 "법관이 법정에서 직접 원본 증거를 조사하는 방법을 통하여 사건에 대한 신선하고 정확한 심증을 형성할 수 있고 피고인에게 원본 증거에 관한 직접적인 의견진술의 기회를 부여함으로써 실체적 진실을 발견하고 공정한 재판을 실현할 수 있기 때문"이라고 한다.[36]

전술한 바와 같이 증언번복조서판결은 이미 증언을 마친 증인에 대한 검사의 진술조서작성은 공판중심주의에 위배된다고 판시하면서 공판중심주의의 핵심적 내용인 직접주의에 어긋난다는 취지의 판시를 하였으므로 직접주의에 위배된다는 동 판결의 판단이유를 어렵지 않게 이해할 수 있다.

(4) 헌법 제27조의 해석론과 증언번복조서판결

증언번복조서판결은 헌법 제27조가 보장하는 재판을 받을 권리를

---

35) 신동운, 앞의 책, 457면; 이주원, 앞의 책, 330면; 이재상·조균석·이창온, 앞의 책, 468면.

36) 대법원 2009. 1. 30. 선고 2008도7917 판결.

침해한다고도 설시한다. 일반적으로 헌법 제27조 후단의 '법률에 의한 재판'을 받을 권리는 법관에 의한 재판을 받되 법에 정해진 대로의 재판 즉 절차법이 정한 절차에 따라서 실체법이 정한 내용대로 재판을 받을 권리를 보장하자는 취지로 해석된다.[37] 특히 형사재판에 있어서는 "그 기본원리인 죄형법정주의와 적법절차주의에 위배되지 않는 실체법과 절차법에 따라 규율되는 재판이라야 '법률에 의한 재판'이라고 할 수 있다"고 헌법재판소는 판시한다.[38] 더 나아가 헌법재판소는 "헌법에 '공정한 재판'에 관한 명문의 규정이 없지만 재판청구권이 국민에게 효율적인 권리보호를 제공하기 위해서는 법원에 의한 재판이 공정하여야만 할 것임은 당연하므로, '공정한 재판을 받을 권리'는 헌법 제27조의 재판청구권에 의하여 함께 보장된다고 보아야 하[므로] 제27조 제1항의 내용을 '공정한 재판을 받을 권리'로 해석"해야 한다고 판시한다.[39] 공정한 재판을 받을 권리란 실질에 있어서 공판중심주의와 당사자주의에 맞닿아 있음을 쉽게 확인할 수 있다.[40] 이러한 해석에 따르면 "공정한 재판을 받을 권리 속에는 신속하고 공개된 법정의 법관의 면전에서 모든 증거자료가 조사·진술되고 이에 대하여 피고인이 공격·방어할 수 있는 기회가 보장되는 재판, 즉 원칙적으로 당사자주의와 구두변론주의가 보장되어 당사자가 공소사실에 대한 답변과 입증 및 반증하는 등 공격·방어권이 충분히 보장되는 재판을 받을 권리가 포함되어 있다."[41]고 한다. 한 마디로 피고인의 방어권 보장과 관련된 권리라는 것이다.

---

37) 성낙인,『헌법학』, 법문사(2021), 1582면.

38) 특히 헌법 제27조 제1항에서의 "법률에 의한 재판"이라 함은 합헌적인 실체법과 절차법에 따라 행하여지는 재판을 의미하므로, 결국 형사재판에 있어서는 적어도 그 기본원리인 죄형법정주의와 위와 같은 적법절차주의에 위반 되지 않는 실체법과 절차법에 따라 규율되는 재판이라야 "법률에 의한 재판"이라고 할 수 있다. 헌법재판소 1993. 7. 29. 선고 90헌바35 전원재판부.

39) 헌법재판소 2006. 7. 27. 선고 2005헌바58 전원재판부.

40) 동지의 이은모·김정환,『형사소송법』, 박영사(2021), 19-20면 참조.

41) 헌법재판소 1996. 12. 26. 선고 94헌바1 전원재판부. 동지의 성낙인, 앞의 책, 1586면.

이러한 방어권에는 진술거부권, 변호인의 조력을 받을 권리, 반대신문
참여권 등이 있으며 이러한 방어권도 후술하듯이 적법절차의 실질적
내용을 구성하는 권리들이다. 판례도 역시 피고인의 반대신문권에 대한
부당한 제한은 헌법상의 적법절차의 원칙 및 청구인의 공정한 재판을
받을 권리를 침해하게 된다고 본다.[42]

그렇다면 증언번복조서판결에서 대법원이 말한 헌법 제27조의 재판
을 받을 권리는 공정한 재판을 받을 권리라고 이해할 수 있고, 동 판결
에서 검사는 증인을 재조사하면서도 피고인에게 아무런 방어권을 보장
해 주지 않았으므로 결과적으로 그 실질에 있어서 반대신문권이 배제
된 증인신문을 한 것으로 평가할 수 있으므로 이러한 조사방법은 "법관
의 면전에서 모든 증거자료가 조사·진술되고 이에 대하여 피고인이 공
격·방어할 수 있는 기회가 실질적으로 부여되는 재판을 받을 권리를 침
해하는 것"이라고 판시한 맥락을 이해할 수 있다.

2. 다수의견 취지의 종합검토

(1) 증언번복조서판결의 다수의견과 비교판결

증언번복조서판결의 의미를 보다 명확히 하기 위해 당사자주의·공
판중심주의·직접주의와 공정한 재판을 받을 권리에 의거해 증거능력
인부판단에 이르는 판결로서 다음과 같은 사안을 살펴볼 필요가 있다.

---

42) 헌법재판소 1996. 12. 26. 선고 94헌바1 전원재판부. "피고인 등의 반대신문권을
제한하고 있는 법 제221조의2 제5항은 피고인들의 공격·방어권을 과다히 제한
하는 것으로써 그 자체의 내용이나 대법원의 제한적 해석에 의하더라도 그 입법
목적을 달성하기에 필요한 입법수단으로서의 합리성 내지 정당성이 인정될 수는
없다고 할 것이므로, 헌법상의 적법절차의 원칙 및 청구인의 공정한 재판을 받을
권리를 침해하고 있다." 같은 취지로 적법절차의 원칙(제12조 제1항)과 공정한
재판을 받을 권리(제27조 제1항 및 제3항)를 실현하기 위해서 직접주의와 반대신
문권을 규정하고 있다는 결정사항으로는 헌법재판소 1998. 9. 30. 선고 97헌바51
전원재판부.

공소가 제기된 후에는 그 사건에 관한 형사절차의 모든 권한이 사건을 주재하는 수소법원에 속하게 되며, 수사의 대상이던 피의자는 검사와 대등한 당사자인 피고인의 지위에서 방어권을 행사하게 된다.[43] 따라서 "제1심에서 피고인에 대하여 무죄판결이 선고되어 검사가 항소한 후, 수사기관이 항소심 공판기일에 증인으로 신청하여 신문할 수 있는 사람을 특별한 사정 없이 미리 수사기관에 소환하여 작성한 진술조서는 피고인이 증거로 할 수 있음에 동의하지 않는 한 증거능력이 없다[비교판결]."[44] 만일 검사가 공소를 제기한 후 참고인을 소환하여 피고인에게 불리한 진술을 기재한 진술조서를 작성하여 이를 공판절차에 증거로 제출할 수 있게 한다면, 피고인과 대등한 당사자의 지위에 있는 검사가 수사기관으로서의 권한을 이용하여 일방적으로 법정 밖에서 유리한 증거를 만들 수 있게 하는 것이므로 당사자주의·공판중심주의·직접심리주의에 반하고 피고인의 공정한 재판을 받을 권리를 침해하기 때문이다.[45] 비교판결은 증언번복조서판결 이후에 나온 것이지만, 앞의 판결에서 말한 당사자주의 등 형사소송의 구조와 이념이 어떠한 맥락에서 증거능력 인부판단에 기여하고 있는지 보다 선명하게 제시해 준다는 점에서 의미가 있다고 보인다.[46] 정리하자면, 검사가 공소를 제기한 후 참고인을 소환하여 피고인에게 불리한 진술을 기재한 진술조서를 작성하여 이를 공판절차에 증거로 제출할 수 있는 가능성을 열어두게 되면 피고인과 대등한 당사자의 지위에 있는 '검사가 수사기관으로서의 권한을 이용해 일방적으로[당사자주의 위반]' '법정 밖에서[공판중심주의 및 직접심리주의 위반]' '피고인에게 불리한 증거를 만들 수 있게 하는 것[공정한 재판을 받을 권리침해]'이므로 결론적으로 당사자주

---

43) 대법원 2009. 10. 22. 선고 2009도7436 전원합의체판결.
44) 대법원 2019. 11. 28. 선고 2013도6825 판결.
45) 대법원 2019. 11. 28. 선고 2013도6825 판결.
46) 동 판결에 대해 증언번복조서판결의 법리를 확인하는 동시에 공판중심주의를 더욱 강화하고 있다는 평가로는 홍영기, "형법·형사소송법 2019년 대법원 주요판례와 평석", 안암법학(제60호), (2020), 143면.

의·공판중심주의·직접심리주의에 반하고 공정한 재판을 받을 권리를
침해한다는 것이다.

　비교판결의 취지를 고려하면 검사가 이미 증언을 마친 증인 또는 증
인으로 신청할 수 있는 자를 소환해 작성한 진술조서는 증언번복을 시
키려는 목적이 있는지 여부와는 관계없이 그 자체로 증거능력이 배제
된다는 것이 대법원 다수의견의 입장임을 알 수 있다.

(2) 종래 판례의 변천 과정과 증언번복조서판결의 법리적 구조

　증언번복조서판결의 법리는 약간의 의미있는 변천의 과정을 거쳤다.

　우선 "기소 후 공소유지를 위해 수사관에 의하여 모집된 증거가 위
법 증거라고는 할 수 없다고 하더라도 형사소송이 추구하는 이상인 인
권보장 및 당사자주의 그리고 현행 형사소송구조에서 볼 때 결코 바람
직스러운 것이 못되며, 피고인에게 유리한 증언을 한 증인을 법정외에
서 추궁하여 법정에서의 증언을 번복하게 하는 등의 방법으로 모집된
증거는 신빙성이 희박하다 하겠다."고 판시해 대법원은 처음에는 증거
능력을 부인하지 않고 신빙성을 부인하는 법리를 취하였다.[47]

　이후 대법원은 "증인이 법정에서 증언한 후에 검사가 그 증인을 검
찰청에 소환하여 일방적인 신문방식으로 그 증언내용의 진실 여부를
추궁하여 작성한 진술조서는 피고인이나 변호인의 반대신문의 기회가
확보된 법정진술을 검사의 일방적 신문으로 번복하는 것이어서 당해
사건의 유죄증거로 삼아서는 안 된다. 그 후 공판기일에 그를 다시 증
인으로 환문하면서 위 진술조서 기재내용에 관하여 피고인측에게 반대
신문의 기회를 부여하였다면, 위 진술조서를 유죄의 증거로 쓸 수 있

---

47) 대법원 1983. 8. 23. 선고 83도1632 판결. 이를 보다 명료하게 표현한 "피고인에
　게 유리한 증언을 한 증인을 법정 외에서 추궁하여 법정에서의 증언을 번복하게
　하는 따위의 증거수집은 공정한 수사권의 행사라 할 수 없을 뿐만 아니라, 그렇
　게 수집된 증거는 신빙성 또한 상대적으로 희박하다 할 수밖에 없으므로 신빙성
　이 부정되어야 한다(대법원 1993. 4. 27. 선고 92도2171 판결)"는 판결도 있다.

다."48)고 함으로써 일단 그와 같은 진술조서는 증거능력이 없지만,49) 증언번복조서판결과 달리 이후 증인신문절차에서 피고인측에게 반대신문의 기회를 부여하였다면 증거능력이 인정된다고 설시한다.

그러다가 결국 증언번복조서판결에 이르러서는 그와 같이 작성된 진술조서는 반대신문권의 기회가 부여되더라도 증거동의가 없는 한 증거능력이 부정된다는 입장으로 판례변경을 하게 된 것이다.50)

그렇다면 사실관계의 실질에 있어서 거의 유사한 사안임에도 불구하고 증언번복조서판결이 이전의 판례와 달리 반대신문권의 기회가 부여되더라도 증거동의가 없는 한 증거능력이 부정된다는 입장으로 전회한 합당한 근거는 어디에 있을까? 추측컨대 그것은 바로 당사자주의·공판중심주의·직접주의 위반이라는 새로운 위법형상을 해당 사안에서 관념할 수 있음을 인정하게 되었기 때문이라고 생각된다. 즉 증언번복조서판결 이전에도 공정한 재판을 받을 권리에 대한 침해가 발생했다는 점은 인정하고 있었다. 그러나 증언번복조서판결에 이르러서야 비로소 반대신문권침해[배제근거②] 외에도 당사자주의·공판중심주의·직접주의 위반[배제근거①]이라는 새로운 위법을 해당 사안에 관념할 수 있음을 인식하게 된 것이고 바로 그러한 위법이 더해짐으로 인해 이후 공판절차에서 반대신문권이 보장되더라도 증거동의가 없는 한 증거능력을 인정할 수 없다는 법리로 입장변화가 생긴 것이다. 즉 대법원은 [배제근거①]의 증거법적 효력을 이미 반대신문권이 침해된 진술조서

---

48) 대법원 1992. 8. 18. 선고 92도1555 판결.

49) 동 판결을 두고 증거능력을 배제한 것으로 보는 견해로는 백영엽, "피고인에게 유리한 증언을 한 증인을 법정외에서 추궁하여 법정에서의 증언을 번복하게 하는 등의 방법에 의하여 수집된 증거의 증명력", 대법원판례해설 제19권 제2호 (1993), 480면; 문병찬, "참고인 진술조서의 증거능력 제한 - 법정에서 진술을 번복한 경우", 형사소송법 핵심판례 110선, 박영사(2017), 173면

50) 이러한 판례의 변천과정을 두고 '증명력'차원에서 다루던 문제를 '증거능력'차원의 문제로 전환시킨 거의 유일한 사례라고 의미를 부여하는 견해로는 조기영, 앞의 논문, 195면. 동 문헌에 의하면 영국에서는 자백배제법칙이나 위법수집증거배제법칙도 이와 유사한 법리적 변화를 겪었다고 한다.

는 이후 증인신문절차에서 반대신문권이 보장되더라도 증거능력이 회복되지 못하게 만드는 것이라고 보고 있는 것이다. 다만 그렇다 하더라도 여전히 증거동의에 의한 증거능력의 인정가능성은 남아 있고 따라서 이를 언급하고 있는 것으로 보인다. 요컨대 증언번복조서판결과 유사한 사안에서 대법원은 그동안 [배제근거②]에 기초해 증거능력을 배제하였고, 다만 이후 공판절차에서 반대신문권이 보장되면 증거능력이 회복될 수 있다고 판시하였으나, 증언번복조서판결은 그러한 사안들에서 이전에는 관념하지 않았었던 [배제근거①]이 추가적으로 인정될 수 있다고 본 것이고 이로 인해 사후적인 반대신문권 부여만으로는 증거능력이 인정될 수 없다는 법리로 전회한 것이라고 말할 수 있을 것이다. 간략히 말하면 당사자주의·공판중심주의·직접주의의 위반은 사후적인 반대신문권 보장에 의한 하자의 치유를 부정하는 효력이 있다는 것이 증언번복조서판결의 취지이다.

(3) 유사법리의 검토

이러한 판례의 법리와 유사한 법리는 증인신문 시 실질적으로 반대신문권이 제한된 경우의 증거능력 인부판단과 관련된 판례에서도 찾아볼 수 있다. 대법원은 "증인이 반대신문에 대하여 답변을 하지 아니함으로써 진술내용의 모순이나 불합리를 드러내는 것이 사실상 불가능하였다면, 그 사유가 피고인이나 변호인에게 책임있는 것이 아닌 한 그 진술증거는 법관의 올바른 심증형성의 기초가 될 만한 진정한 증거가치를 가진다고 보기 어렵다 할 것이고, 따라서 이러한 증거를 채용하여 공소사실을 인정함에 있어서는 신중을 기하여야 한다."고 하여 증인이 반대신문에 대하여 묵비함으로써 진술내용의 모순이나 불합리를 드러내는 것이 사실상 불가능한 경우, 과거에는 그 증인의 진술증거에 대해 증거능력이 아닌 증명력을 제한하는 법리를 제시한 바 있다.[51] 그러다가 최근 "형사재판에서 증거는 법관의 면전에서 진술·심리되어야 한다

---

51) 대법원 2001. 9. 14. 선고 2001도1550 판결.

는 직접주의와 피고인에게 불리한 증거에 대하여 반대신문할 수 있는 권리를 원칙적으로 보장하고 있는데, 이러한 반대신문권의 보장은 피고인에게 불리한 주된 증거의 증명력을 탄핵할 수 있는 기회가 보장되어야 한다는 점에서 형식적·절차적인 것이 아니라 실질적·효과적인 것이어야 한다. 따라서 피고인에게 불리한 증거인 증인이 주신문의 경우와 달리 반대신문에 대하여는 답변을 하지 아니하는 등 진술 내용의 모순이나 불합리를 그 증인신문 과정에서 드러내어 이를 탄핵하는 것이 사실상 곤란하였고, 그것이 피고인 또는 변호인에게 책임 있는 사유에 기인한 것이 아닌 경우라면, (중략) 이와 같이 실질적 반대신문권의 기회가 부여되지 아니한 채 이루어진 증인의 법정진술은 위법한 증거로서 증거능력을 인정하기 어렵다. 이 경우 피고인의 책문권 포기로 그 하자가 치유될 수 있으나, 책문권 포기의 의사는 명시적인 것이어야 한다.”고 하여 그러한 증인의 법정진술의 증거능력은 부정되지만 ‘명시적인’ 책문권 포기[52]에 의해 증거능력이 인정될 수 있다고 판시한 바 있다.[53] 비록 전원합의체 판결은 아니지만, 실질적으로 반대신문권의 기회가 부여되지 않은 채 이루어진 증인의 법정진술은 증거능력이 부정되지만, 책문권의 명시적 포기, 즉 증거동의에 의해서 증거능력이 인정될 수 있다는 법리를 이전 판결과 달리 새롭게 제시한 것으로 볼 수 있다.

---

52) 책문권은 곧 절차이의권이라고 할 수 있고, 이는 곧 반대신문의 기회보장이 없었다는 위법의 제거를 내용으로 하는 것이므로 책문권의 명시적 포기는 반대신문권의 포기를 포함한다는 견해로는 이주원, 앞의 책, 379면. 책문권의 명시적 포기는 곧 증거동의로 볼 수 있다고 한다.

53) 대법원 2022. 3. 17. 선고 2016도17054 판결. 이러한 유사법리에 대한 귀중한 조언을 해 주신 심승우 부장판사님께 고마움의 뜻을 전한다.

III. 증언번복조서판결의 보충의견 및 반대의견에 대한 검토

1. 보충의견에 대한 검토

다수의견에 대한 대법관 김형선의 보충의견은 다음과 같은 세 가지 논거에 근거해 제시된다.

(1) 해당 참고인 진술조서는 전문법칙의 예외요건을 적용할 수 없다는 논거

이 사건 진술조서는 검사가 신문하면서 들은 진술을 서류로 작성하여 법원에 제출한 것으로서 위 법조가 규정하는 '공판준비 또는 공판기일에서의 진술에 대신하여 진술을 기재한 서류'에 해당하므로, 법 제311조 내지 제316조의 예외 규정에 해당하지 않는 한 그 증거능력이 없음은 당연하다. 그런데 이 사건 진술조서는 법 제312조와 제313조에도 해당하지 아니하므로, 결국 이 사건 진술조서는 법 제318조에 따라 증거로 할 수 있음에 대한 피고인의 동의가 없는 한 그 증거능력이 없다는 것이 보충의견의 논지이다. 그 근거는 다음과 같다.

"법은 ① 공소제기 이전 단계에서 검사가 피의자나 피의자 아닌 자에 대하여 작성한 조서는 법 제312조에서, ② 제1회 공판기일 이전 단계에서 수소법원이 아닌 판사가 행한 증거보전절차 등에 따라 작성된 증인신문조서는 법 제311조 후문에서, ③ 제1회 공판기일 이후에 수소법원에 의하여 작성된 증인신문조서는 법 제311조 전문에서 각 그 증거능력을 규정하고 있음을 알 수 있다. 이에 따라 법 제311조는 '피고인이나 피고인 아닌 자'라고 하고, 법 제312조는 '피의자나 피의자 아닌 자' 또는 '피고인이 된 피의자' 및 '피의자였던 피고인'이라고 하여 '피고인'과 '피의자'의 용어를 준별하여 사용하고 있[다].
따라서 이 사건 진술조서는 공소제기에 따라 피의자가 피고인이 됨으로써 피의자라는 개념이 없어진 이후에 작성된 것으로서 법 제312조가 예정하는 '피의자 아닌 자'의 진술을 기재한 조서에 해당하지 아니하고(이렇게 해석하지 아니하면 법 제311조 및 제313조에서와는 달리 법 제312조에서 굳이 '피의자나 피의자 아닌 자'라는 용어를 사용한 이유를 설명하기 어려울 것이다), 법 제313조도 법 제311조와 제312조 이외의 진술서 등 서류를 규정한 것으로서 역시 이 사건 진술조서와 같은 것을 예정하고 있는 것이라고 볼 수 없으므로, 이 사건 진술조서는 법 제312조의 조서나 제313조의 진술서 등에 해당하지 아니한다."

요컨대, 형사소송법은 피의자와 피고인이라는 용어를 주의깊게 구별하여 사용하고 있고, 따라서 증언번복조서판결 선고 당시[54] 법 제312조에는 '피의자나 피고인 아닌 자'라는 법문을 채택하고 있는 이상, 이미 공소제기 되어 피고인이 된 자에게는 이 조항을 적용할 수 없다는 취지로 보인다.

(2) 진술조서 작성행위는 법정 아닌 장소에서의 임의적 재신문에 해당한다는 논거

두 번째 논거로서 보충의견은 다음과 같이 말한다.

"공소가 제기된 이후에 검사는 수사기관으로서의 수사업무와 공소유지기관, 즉 당사자로서의 소송행위 업무를 동시에 수행하게 되지만 수사와 소송행위는 그 성질상 엄밀히 구별되어야 하고, 법 제312조나 제313조가 규

---

54) 개정 전 형사소송법 제312조(검사 또는 사법경찰관의 조서) ① 검사가 피의자나 피의자 아닌 자의 진술을 기재한 조서와 검사 또는 사법경찰관이 검증의 결과를 기재한 조서는 공판준비 또는 공판기일에서의 원진술자의 진술에 의하여 그 성립의 진정함이 인정된 때에는 증거로 할 수 있다. 단, 피고인이 된 피의자의 진술을 기재한 조서는 그 진술이 특히 신빙할 수 있는 상태하에서 행하여 진 때에 한하여 그 피의자였던 피고인의 공판준비 또는 공판기일에서의 진술에 불구하고 증거로 할 수 있다. ② 검사 이외의 수사기관 작성의 피의자 신문조서는 공판준비 또는 공판기일에 그 피의자였던 피고인이나 변호인이 그 내용을 인정할 때에 한하여 증거로 할 수 있다.

정하는 조서나 서류는 수사기관이 수사업무를 수행하면서 작성하거나 수집한 증거를 말하는 것이다. 그런데 이 사건의 사실관계에 의하면, 검사는 종전 증인 공소외인을 상대로 이 사건 진술조서를 작성함에 있어서 그를 위증 혐의로 입건·수사한 바 없다는 것인바, 그렇다면 이러한 진술조서의 작성행위는 그 실질에 있어서 공소외인이 행한 종전 증언을 탄핵할 목적으로 증인 공소외인을 상대로 재신문을 행하되, 법정이 아닌 자기의 사무실에서 증인신문절차가 아닌 임의의 방법을 취한 것에 불과하다고 봄이 상당하므로, 결국 이러한 검사의 행위는 수사기관이 행하는 수사라기보다는 공소유지기관인 당사자가 행하는 재신문이라는 소송행위의 연장선상에 있는 것으로 봄이 마땅하고, 그 결과 작성된 이 사건 진술조서는 법 제312조나 제313조가 규정하는 조서나 서류에 해당한다고 볼 수도 없는 것이다."

위 논거는 더 나아가 다수의견이 증언번복조서가 공정한 재판을 받을 권리를 침해한다고 판시한 맥락을 잘 이해할 수 있게 해주기 때문이다. 보충의견에 의하면 그러한 조사행위는 그 실질에 비추어 보면 임의적 재신문으로서 피고인의 반대신문권이 부여되어야 함에도 불구하고 그러한 참여권 보장이 없었으므로 당사자주의에 반한다는 평가가 가능할 것으로 사료된다. 요컨대, 보충의견은 증언번복조서 사안에 공정한 재판을 받을 권리를 침해한다는 평가를 할 수 있는 또 하나의 관점을 제시해 주고 있다고 볼 수 있다.

(3) 진술조서에 전문법칙 예외 요건을 인정하려는 것은 직접주의에 반한다는 논거

세 번째 논거는 직접주의에 반한다는 취지로서 다음과 같다.

"법 제312조나 제313조는 전문증거인 조서나 진술서 등이 작성될 당시 그 사건을 직접 심리할 수소법원이 그 원진술자 등을 신문하여 그가 경험한 사실을 직접 청취할 수 없었던 사정을 감안하여 일정한 요건 하에 예외적으로 증거능력을 부여하는 취지임을 알 수 있는바, 이 사건과 같이 참고인이 증인으로 소환되어 법관의 면전에서 자기가 경험한 사실을 직접 진술한 바 있고 그 후에도 재차 증언이 가능한 경우, 수소법원으로서는 그 증인의 종전 증언 내용에 의문이 있다고 판단되면 직권이나 당사자의 신청에 따라 그를 다시 소환하여 증언을 직접 들으면 되고 또한 그것으로 충분한 것이며, 그럼에도 불구하고 검사가 종전 증인을 상대로 진술조서를 작성하여 유죄의 증거로 제출하였다면, 그것은 법원의 직접 심리가 얼마든지 가능한 상황에서 의도적으로 만들어진 전문증거로서 직접주의에 역행하는 산물임이 분명하므로, 여기에 제312조나 제313조를 내세워 증거능력을 부여할 수 없는 것이다. 이와 반대의 입장을 취한다면, 법 제310조의2의 원칙 규정을 신설한 입법취지가 몰각됨은 물론이고, 직접주의의 원칙과 그 예외가 뒤바뀌는 결과에 이르게 될 것이다.”

요컨대, 제312조나 제313조를 적용하는 것은 직접주의의 예외를 인정하는 것인데, 직접주의원칙에 따라서 수소법원이 직권이나 당사자(즉 여기서는 검사)의 신청에 따라 증인을 소환해 증언을 직접 들으면 될 수 있음에도[55] 불구하고 그 진술조서에 증거능력을 부여하려는 것은 직접주의의 원칙과 그 예외가 뒤바뀌는 결과라는 것이다.

(4) 형사소송의 당사자인 피고인의 권리를 침해한다는 논거

네 번째 보충의견 논거는 두 번째 논거와 맞물려 있는 논거로서 다

---

55) 이러한 입장에 대해 실무적으로 당해 증인에 대하여 검사가 일정한 사유로 증인 신문을 다시 신청할 경우 법원이 재판지연 등을 이유로 그 신청을 받아들이는 데 소극적이기 때문에 비현실적이라는 지적이 있다. 즉 법조문상으로는 그러한 가능성이 열려 있지만 실무적으로는 거의 불가능한 상황이라는 것이다. 추측컨대 이러한 실무관행의 형성은 증거신청에 대한 법원의 증거결정에 대해서는 보통항고가 허용되지 않는다는 판례, “당사자의 증거신청에 대한 법원의 채택여부의 결정은 판결 전의 소송절차에 관한 결정으로서 이의신청을 하는 외에는 달리 불복할 수 있는 방법이 없고, 다만 그로 말미암아 사실을 오인하여 판결에 영향을 미치기에 이른 경우에만 이를 상소의 이유로 삼을 수 있을 뿐이다(대법원 1990. 6. 8. 선고 90도646 판결).”와 무관하지 않다고 생각된다. 따라서 증언번복 조서판결의 취지를 제대로 살리기 위해서는 향후 법원의 증거결정에 대한 불복 방법이 제도적으로 갖추어질 필요가 있을 것이다.

수의견의 법리가 그동안 축적된 대법원의 다른 유사한 법리와 어떻게
연관되어 있는지 다음과 같이 잘 보여준다.

> "대법원은 일찍부터, 법관의 면전에서 직접 신문이 이루어짐으로써 성립의
> 진정에 아무런 문제도 없는 증인신문조서에 관하여도 소송관계인인 피고
> 인에게 증인신문을 통지하는 등 공격방어의 기회를 부여하지 아니하였다
> 면 특별한 사정이 없는 한 그 증거능력이 부정되어야 한다는 취지의 판시
> 를 한 바 있다. 그런데 이 사건 진술조서는 공소제기에 따라 피고인이 당사
> 자로서의 지위를 갖춘 이후에 작성된 것임에도 불구하고 피고인측의 반대
> 신문권 보장은 물론이고 피고인이나 변호인의 참여도 전혀 없는 상태에서
> 이루어진 것임이 분명하므로, 앞서 본 법원의 증인신문조서와 비교하여 볼
> 때 그 증거능력을 인정할 도리가 없는 것이다."

물론 이러한 논거에 대해서는 실제로는 법정에서 증인신문이 아닌
이상 검사의 증인조사 시에 법률에 명시적으로 피고인의 참여권과 반
대신문권을 요구하고 있지 않은 이상 절차적 위법은 없다는 반론도 가
능할 것이다. 하지만 앞서 두 번째 논거에서 살펴본 바와 같이 그러한
행위는 실질에 있어서 증인에 대한 재신문에 해당하기 때문에 위와 같
은 방어권이 보장되어야 한다는 맥락에서 이해하면 보충의견의 주장에
는 설득력이 있다.

요컨대, 공소제기로 당사자의 지위를 갖춘 피고인은 헌법 제27조에
따라서 공정한 재판을 받을 제권리를 보장받게 되는바, 증인신문을 하
면서 피고인에게 반대신문권을 행사할 기회를 부여하지 않은 경우 증
거능력을 부정한 대법원 판례에 비추어 보아도 이 사안의 진술조서는
증거능력이 부정될 수밖에 없다는 것이다. 증언번복조서판결이 어떠한
법리적 근거에서 진술조서의 증거능력을 부정함에 이르게 되었는지 잘
해명해 주고 있다는 점에서 매우 참고가 되는 내용이다. 다만, 그럼에도
불구하고 증거동의에 의해 증거능력이 부여될 수 있다고 단서를 단 근
거에 대해서는 합당한 해명이 없다는 점은 다른 논거들과 마찬가지이다.

(5) 실체적 진실발견을 위해서도 직접주의를 관철하는 것이 합당하다는 논거

마지막으로 보충의견은 다수의견에 대한 반론으로 실체적 진실발견이라는 관점에서 이 사건 진술조서의 증거능력은 긍정되어야 한다는 반론에 대해 반박을 가하고 있다.

"실체적 진실발견이라는 관점에서 이 사건 진술조서의 증거능력을 부정함은 옳지 않다는 반론이 있을 수 있다. 그러나 오히려 직접주의나 전문법칙은 법관으로 하여금 정확한 심증을 형성하게 하고 피고인에게 증거에 관하여 직접적인 의견진술의 기회를 부여함으로써 실체적 진실발견과 공정한 재판을 달성하는 데에 기여하는 것이다. 어떤 사람이 공개된 법정에서 위증의 벌의 경고와 함께 이루어진 선서를 하고 피고인의 반대신문을 받으면서 한 증언보다 검사의 사무실에서 위증의 벌의 경고 및 선서와 피고인의 참여도 없이 일방적으로 한 진술이 실체적 진실발견에 더욱 유용하다는 논리는 쉽사리 납득이 되지 아니하며, 법 제297조는 증인이 피고인 또는 어떤 재정인의 면전에서 충분한 진술을 할 수 없다고 인정한 때에는 그를 퇴정하게 하고 진술할 수 있는 장치까지 마련하여 놓고 있는 것이다. 더구나 이 사건 진술조서와 같은 것도 증거능력이 있다는 취지의 종전의 대법원 판결들조차 이러한 진술조서의 작성 경위에 비추어 보면 그 신빙성이 희박하다는 취지의 판시를 하고 있는 실정이므로, 실체적 진실발견을 내세우는 반론은 그다지 설득력이 없을 것이다."

요컨대, 실체적 진실발견을 위해서도 검사의 사무실에서 위증의 벌의 경고 및 선서와 피고인의 참여도 없이 일방적으로 진술을 들을 것이 아니라 법정에서 증언을 하게 하는 편이 더 바람직하다는 취지로 보인다. 이 논거는 상당히 중요하다고 보이는데, 왜냐하면 당사자주의·공판중심주의·직접주의가 후술하듯이 적법절차와 공정한 재판의 권리를 구현하는 원칙으로서 기능함에 더하여 실체진실의 발견에도 기여하는 원칙이라는 함의가 담겨있기 때문이다.

2. 반대의견에 대한 검토

그렇다면 다수의견과 보충의견에 대해 반대의견은 어떠한 반론을 제시하고 있는지 검토할 필요가 있을 것이다.

(1) 다수의견의 증거능력 배제요건에 대한 문제제기

반대의견은 다수의견이 당사자주의·공판중심주의·직접주의 등을 내세워 진술조서의 증거능력을 부정한 것에 대해서 과연 그러한 근거만으로 증거능력을 일률적으로 배제하는 것이 법리적으로 타당한 것인지에 대해 다음과 같이 의문을 제기한다.

"검사에 의하여 유죄의 증거로 제출된 서류가 증거능력이 없다고 단정하기 위하여는 증거능력 배제규정에 해당되거나, 형사절차의 지도이념에 명백히 위배되는 경우에 한할 것이며 증거능력을 부정할 근거가 없는 한 그의 증거능력은 인정하되 그의 증거가치에 관한 판단을 법관의 자유로운 심증에 맡겨 당사자주의, 공판중심주의, 직접주의의 실현을 기하도록 운용해가야 할 것이다. 다수의견에 따르면, 공판기일에 증인으로 출석하여 증언한 증인에 대하여 검사가 후에 다시 진술조서를 받은 경우, 일률적으로 그 진술조서의 증거능력을 부정하고 마는 결과로 된다. 그러한 처리가 법규상의 근거가 있는 것인지 나아가 피고인이나 당해 참고인의 인권보호와 실체적 진실 발견을 위하여 어떠한 순기능과 역기능을 하는 것인지, 소송의 실제에 있어서 당사자주의나 직접주의 공판중심주의의 실현에 이바지하는 것인지에 관하여 더욱 검토될 필요가 있다."

요컨대, 반대의견의 요지는 해당 진술조서가 형사소송법상의 증거능력 배제규정에 해당되거나, 형사절차의 지도이념에 명백히 위배되는 경우에 한하여 증거능력을 부정할 수 있는 것이고, 그렇지 않다면 그의 증거능력은 인정하되 그의 증거가치에 관한 판단을 법관의 자유로운 심증에 맡기는 방식으로도 당사자주의·공판중심주의·직접주의 를 구현할 수 있다는 취지로 보인다. 즉 명백한 증거능력 배제요건이 없다면 증명력을 제한하는 방식으로 형사소송의 지도이념을 구현해 내는 것이 타당하다는 것이다.

(2) 검사작성 진술조서가 전문법칙의 예외요건을 충족시킬 수 있다는 반론

앞서 보충의견은 해당 진술조서에 대해서는 제312조나 제313조를 적용할 수 없다고 설시한 바 있다. 이에 대해 반대의견은 그러한 논증이 잘못되었음을 지적한다.

"보충의견은 증거능력 배제를 규정한 형사소송법 제310조의2의 예외규정인 법 제312조가 '피의자 아닌 자의 진술'이라는 표현을 쓰고 있다는 점을 근거로 들어 거기서의 진술조서를 피고인이 피의자 신분인 공소제기 전의 시점에 검사에 의하여 작성된 조서만을 가리킨다고 주장한다. 그러나 '피의자 아닌 자'라는 용어는 피고인이 된 피의자 외의 사람을 가리키는 뜻이지 피고인이 된 피의자의 신분변경상의 시점을 나타낸 문언은 아니라고 보아야 한다. 법 중 증거법조항들에 한정해 보아도 피고인이나 피의자라는 용어의 사용에 있어서 다수의견의 주장처럼 준별 사용되는 것이 아니라 그러한 시기적 개념의 구분없이 혼용되고 있는 것이 실상이다. 예를 들면, 사법경찰관이 작성한 피해자 등 참고인에 대한 진술조서에 관하여는 법 제313조 제1항에 규정되어 있는데 거기서는 '법 제312조의 규정 이외에 피고인 또는 피고인 아닌 자'라는 용어가 씌어져 있고 그 조서는 피고인이라는 용어 사용에도 불구하고 사법경찰관이 공소제기 전에 참고인에 대하여 작성한 진술조서를 포함한다는 데 이견이 없는 것이다. 요컨대, 법 제312조와 제313조를 참고인에 대한 진술조서를 기준으로 구별하자면 작성시기가 공소제기의 전인가 후인가를 막론하고 그 제312조는 검사작성의 진술조서를, 그 제313조는 사법경찰관 작성의 진술조서를 나누어 규정하였다고 보는 것이다. 이 점에서 다수의견의 보충의견이 가장 중요한 법문상의 근거로 들고 있는 법 제312조의 진술조서는 공소제기 전에 작성된 조서만을 가리킨다고 하는 전제는 무너져버리는 것이다."

요컨대, 보충의견은 증언번복조서판결 선고 당시 법조문을 근거로

제312조가 '피의자 아닌 자의 진술'이라는 표현을 쓰고 있으므로 거기
서 진술조서를 피고인이 피의자 신분인 공소제기 전의 시점에 검사에
의하여 작성된 조서만을 가리킨다고 주장하지만 법 중 증거법조항들에
한정해 보아도 피고인이나 피의자라는 용어의 사용에 있어서 다수의견
의 주장처럼 준별해 사용되는 것이 아니라 그러한 시기적 개념의 구분
없이 혼용되고 있는 것이 실상이므로 작성시기가 공소제기의 전인가
후인가를 막론하고 법 제312조는 검사작성의 진술조서를, 법 제313조
는 사법경찰관 작성의 진술조서를 나누어 규정하였다고 보는 것이 올
바른 해석론이라는 것이다. 생각건대, 현행 법조문을 보더라도 참고인
진술조서에 대해서 '피고인 아닌 자'[56]라는 용어를 사용하고 있는 점에
비추어 보더라도 반대의견의 논지가 타당한 것으로 보인다.[57] 보충의견
의 해석론에도 일리가 있지만, 당시 제312조가 '피의자 아닌 자'라는 용
어를 채택하고 있는 것이 공소제기 이후 시점의 참고인진술조서를 배
제하려는 취지라고 단정하기에는 충분하지 않다고 생각된다. 이러한 점
에서 증언번복진술조서는 법 제312조 또는 제313조의 증거능력 인정요
건을 갖추더라도 당사자주의·공판중심주의·직접주의에 어긋나고 공정
한 재판을 받을 권리를 침해하여 증거능력이 배제된다는 것이 증언번
복조서판결의 취지인 것이다.

---

56) 제312조(검사 또는 사법경찰관의 조서 등) ④ 검사 또는 사법경찰관이 피고인이
   아닌 자의 진술을 기재한 조서는 적법한 절차와 방식에 따라 작성된 것으로서
   그 조서가 검사 또는 사법경찰관 앞에서 진술한 내용과 동일하게 기재되어 있음
   이 원진술자의 공판준비 또는 공판기일에서의 진술이나 영상녹화물 또는 그 밖
   의 객관적인 방법에 의하여 증명되고, 피고인 또는 변호인이 공판준비 또는 공판
   기일에 그 기재 내용에 관하여 원진술자를 신문할 수 있었던 때에는 증거로 할
   수 있다. 다만, 그 조서에 기재된 진술이 특히 신빙할 수 있는 상태하에서 행하여
   졌음이 증명된 때에 한한다.
57) 동지의 이창현, 앞의 책, 927면 참조

(3) 증거능력 배제를 위해서는 당사자주의·공판중심주의·직접주의위반 이외의 추가적인 법적 근거가 필요하다는 반론

마지막으로 반대의견은 앞서 다수의견이 제시한 증거능력 배제요건만을 근거로 해 일률적으로 증거능력을 배제하는 것은 충분하지 않다고 지적한 부분에 대해서 스스로 추가요건을 제시한다. 약술하면 다음과 같다.

"공소제기 후에 검사에 의하여 작성된 진술조서라 하여 일률적으로 증거능력이 배제되는 것은 수긍되지 않는다 할지라도 다른 증거법칙에 따라 그의 증거능력의 유무가 결정될 수 있음은 당연한 일이다. 검사가 증인신문 후 다시 진술조서를 받는 절차상의 위법성이 개별적으로 검토되어야 한다. 검사가 적법한 근거도 없고, 새로운 사항의 조사 등 실제상의 필요도 없는 상황에서 증인의 인권을 침해하고 그로써 공판중심주의와 직접주의를 흐리게 하는 결과를 야기하였다면 증거수집상의 그러한 위법사유를 이유로 그 진술조서의 증거능력을 배제하는 것은 근거있는 조치라 할 것이다. 검사가 상당한 이유도 없이 진술자의 시인 또는 부인하는 답변만을 바꾸도록 유도 또는 강요하려는 의도에서 재진술조서를 받은 경우라면 실제상의 불필요성 때문에 전항에서 본 바와 같은 절차상의 위법성을 인정할 수도 있을 것이다. 그러나 처음의 증언에 누락 또는 착오가 있었거나 도면을 작성하면서 설명하는 일 등이 불가피하여 증언만에 의해서는 충분히 진술할 수 없는 등의 사정이 있어서 공소제기 후 새로이 진술조서를 작성하고 그 참고인을 다시 증인으로 신청하는 공소유지 행위[라면] 허가되지 못할 근거는 없는 것이다.

법정증언의 현실에 눈을 돌려 볼 때, 검사에 의한 재조사의 필요성을 전면 부인할 수는 없으며 절차상의 위법사유 유무의 판단에서는 이러한 점도 고려되어야 할 것이다. 이 사건에서 한번 증언을 한 공소외인의 최초의 진술조서의 내용과 그 후의 증언의 내용, 검사가 그에 대한 재차의 진술조서를 받게 된 이유와 그 절차 경위, 그 진술조서의 내용 등을 조사하여 거기서 증거능력을 부정할 수 있는 위법사유가 있는지의 여부가 판단되어야 할 것이기에, 한번 증언한 자에 대한 진술조서라는 한가지 이유만으로 그의 증거능력을 부정한다는 데는 찬성할 수 없다."

긴 내용의 반론이지만 그 핵심은 다음과 같다. "다수의견이 한번 증언한 자에 대한 진술조서라는 한가지 이유만으로", 여하한 다른 사정에 대한 고려 없이 '일률적으로' 증거능력을 부정하는 데는 찬성할 수 없다는 것이다. 따라서 다음과 같은 추가적인 법적 근거가 요구된다고 한다.

첫째, 검사가 적법한 근거도 없고, 새로운 사항의 조사 등 실제상의 필요도 없는 상황에서[추가요건①], 부당한 신체자유의 제한, 위법한 신문방법 등으로 인권을 침해한 경우라면[추가요건②] 증거수집상의 위법사유를 근거로 증거능력이 부정될 수 있다고 한다. 이 중에서 [추가요건②]는 현행법상 제302조의2에 해당하는 위법하게 수집된 증거로서 당연히 증거능력이 부정될 것이므로, 반대의견의 관심은 [추가요건①]로서 [추가요건①]이 충족된 경우에만 증거능력이 부정될 수 있다는 취지로 보인다.

둘째, 위와 같은 논지에서, 검사가 상당한 이유도 없이 진술자의 시인 또는 부인하는 답변만을 바꾸도록 유도 또는 강요하려는 의도에서 재진술조서를 받은 경우라면 실제상의 불필요성 때문에 전항에서 본 바와 같은 절차상의 위법성을 인정할 수도 있을 것이지만, 반대로 공소제기 전의 진술조서나 법정에서의 처음의 증언에 누락 또는 착오가 있었거나 도면을 작성하면서 설명하는 일 등이 불가피하여 증언만에 의해서는 충분히 진술할 수 없는 등의 사정이 있어서 공소제기 후 새로이 진술조서를 작성하고 그 참고인을 다시 증인으로 신청하는 예와 같은 공소유지 행위가 허가되지 못할 근거는 없다고 한다. 요컨대, 재조사를 할 상당한 이유가 있어서 검사가 증인을 소환해 진술조서를 작성한 경우라면 증거능력을 배제할 수 없다는 것이다. 즉, '상당한 이유' 유무에 따라서 절차상 위법성의 판단이 달라질 수 있다는 논지로 판단된다.

셋째, 따라서 법정증언의 현실에 눈을 돌려 볼 때, 증언에 당하여 심신상의 장애, 착오진술 등 증인의 주관적 사정에 의한 이유에서나 피고인 기타의 사람들의 협박 등 외부적 사정에 의한 이유에서 임의성이 없거나 인식내용과 다른 증언을 한 증인에게 위증벌의 불안에서 벗어날 수 있게 하고 진실발견에 도움이 되는 새로운 진술기회의 부여라는 구제의 방법으로서 검사에 의한 재조사의 필요성을 전면 부인할 수 없으며 따라서 절차상의 위법사유 유무의 판단에서는 이러한 점도 고려되어야 한다고 반론을 제기한다.

요컨대, 반대의견은 한번 증언한 자에 대한 진술조서라는 한 가지 이유만으로 증거능력을 일률적으로 배제하는 것은 부당하고, 그러한 재조사에 이르게 된 사정과 경위를 종합적으로 검토하여 위법유무를 판단해야 한다는 것인데 반해, 다수의견은 위에서 살펴본 것처럼, 설령 그러한 사정을 고려한다고 하더라도 검사에 의한 재조사 방식보다는 직접주의를 관철하는 것이 실체진실의 발견에도 더 바람직한 방법이므로 그러한 반론은 타당하지 않다는 취지로 정리할 수 있을 것이다. 다수의견의 취지는 결국 "제1심에서 피고인에 대하여 무죄판결이 선고되어 검사가 항소한 후, 수사기관이 항소심 공판기일에 증인으로 신청하여 신문할 수 있는 사람을 특별한 사정 없이 미리 수사기관에 소환하여 작성한 진술조서는 피고인이 증거로 할 수 있음에 동의하지 않는 한 증거능력이 없다."[58]고 판시한 비교판결을 통해 더욱 확고해 진다. 이미 증언을 마친 증인에 대한 재조사인지 아닌지 여부를 불문하고 직접주의를 관철하겠다는 취지로 보인다.

생각건대, 반대의견은 피고인 기타의 사람들의 협박 등 외부적 사정에 의한 이유에서 임의성이 없거나 인식내용과 다른 증언을 한 증인에게 위증벌의 불안에서 벗어날 수 있게 하고 진실발견에 도움이 되는 새로운 진술기회의 부여라는 구제의 방법으로 검사가 증인을 소환해 재조사하는 것이라면 실체진실의 발견에 도움이 될 수 있다는 점에서 '상당한 이유'가 있으므로 증거능력을 배제해서는 안 된다는 반론을 제기하고 있지만, 이 점에 대해서는 이미 보충의견에서 적확하게 지적한 바대로 공개된 법정에서 위증의 벌의 경고와 함께 이루어진 선서를 하고 피고인의 반대신문을 받으면서 한 증언보다 검사의 사무실에서 위증의

---

58) 대법원 2019. 11. 28. 선고 2013도6825 판결.

벌의 경고 및 선서와 피고인의 참여도 없이 일방적으로 한 진술이 실체적 진실발견에 더욱 유용하다는 논리는 쉽게 납득하기 어려우며, 형사소송법 제297조는 증인이 피고인 또는 어떤 재정인의 면전에서 충분한 진술을 할 수 없다고 인정한 때에는 그를 퇴정하게 하고 진술할 수 있는 장치까지 마련하여 놓고 있기 때문에 피고인의 협박 등 외부적 사정에 의한 불안으로 인해 사실과 다른 진술을 할 가능성은 직접주의를 통해서 제거하는 것이 타당한데도 이를 벗어나는 방식으로 검사의 재조사라는 방법을 통해 실체진실의 발견을 도모한다는 것은 근거가 충분해 보이지 않으므로 '재조사의 필요성'을 두고 그것이 증거능력을 부여할 수 있는 '상당한 이유'에 해당한다고 보기는 어렵다고 생각된다. 설령 원칙인 공판중심주의(직접주의)와 예외적인 방법인 검사의 재조사가 모두 실체진실발견에 기여할 수 있다고 하더라도 직접주의에 문제가 없는 이상 굳이 공판중심주의적 관점에서 볼 때 '합리적 의심이 드는' 예외적 방법을 허용할 이유는 찾아내기 어려울 것으로 사료된다.[59]

3. 소결론

이상 다수의견에 대한 보충의견과 반대의견을 차례대로 검토한 결과를 요약하면, 첫째, 검사가 증언을 마친 증인을 소환해 조사하는 것은 그 실질에 있어서 '법정 아닌 장소에서의 임의적 재신문'에 해당한다는 것과 피고인의 당사자로서의 방어권을 침해한다는 견해는 타당하지만, 제312조 내지 제313조를 적용할 수 없다는 보충의견의 논거는 타당하지 않은 것으로 판단된다. 따라서 다수의견은 제312조나 제313조의 증거능력 인정요건을 갖추더라도 증거능력이 배제된다는 취지로 해석된다.

---

59) 이러한 맥락에서 보충의견은 "더구나 이 사건 진술조서와 같은 것도 증거능력이 있다는 취지의 종전의 대법원 판결들조차 이러한 진술조서의 작성 경위에 비추어 보면 그 신빙성이 희박하다는 취지의 판시를 하고 있는 실정이므로, 실체적 진실발견을 내세우는 반론은 그다지 설득력이 없을 것이다."고 적실히 지적한다.

둘째, 반대의견의 반론 중에서 해당 진술조서에 대해서도 제312조 내지 제313조를 적용할 수 있다는 지적은 타당해 보이지만, 기타 '재조사의 필요성'이 있으면 당연히 '상당한 이유'가 인정되어야 하고 따라서 증거능력을 인정할 수 있다는 논거는 타당해 보이지 않는다.

요컨대, 증언번복조서는 당사자주의·공판중심주의·직접주의 위반 및 공정한 재판을 받을 권리를 침해한 위법이 있으므로 증거능력이 배제된다는 다수의견의 논지에 대한 반대의견의 반론에는 적실히 반박할 논거가 부족하다고 사료되며 그렇다면 이제 남는 문제는 다수의견이 제시한 법리를 긍인할 수 있다고 하더라도, 과연 어떠한 이유에서 증거동의에 의한 증거능력 인정의 여지를 남겨두고 있는지 더 논구될 필요가 있을 것이다. 이하에서는 이 점에 대해서 검토해 보기로 한다.

IV. 당사자주의·공판중심주의·직접주의 위반 및 공정한 재판을 받을 권리의 침해는 헌법상 적법절차의 실질적 내용의 침해에 해당하거나 그에 상응하는가?

1. 위법수집증거배제법칙과 적법절차원칙의 실질적 내용

생각건대, 증언번복조서판결은 공정한 재판을 받을 권리에 대한 침해[배제근거②] 외에 법문에 규정되지 않은 새로운 유형의 위법[배제근거①]을 추가적 근거로 내세워 증거능력을 배제할 수 있다는 법리를 제시하고 있는 것으로 보인다.[60) 당사자주의·공판중심주의·직접주의 위

---

60) 동지의 조기영, 앞의 논문, 201면. "대법원은 증언번복 진술조서등의 증거능력을 부정함으로써 형사소송법에 명문 규정이 없는 새로운 독자적 증거능력배제유형을 판례에 의해 창설한 것이라고 볼 수 있다"고 한다.

반이 바로 그것이다. 이 중에서 [배제근거①]은 증거능력배제규정으로
서 법문에 명시되어 있지 않기 때문에 반대의견과 같은 회의와 반론이
충분히 제기될 수밖에 없다고 보인다. 아울러 증언번복조서판결은 [배
제근거①]과 [배제근거②]을 근거로 조서의 증거능력을 부정하면서도
증거동의에 의한 증거능력 부여의 가능성은 열어놓고 있다. 만일 대상
사건에서 검사가 작성한 진술조서가 위법수집증거라면 원칙적으로 피
고인의 동의가 있더라도 증거능력이 부정되어야 하는바, 그렇다면 증언
번복조서판결이 설시한 두 개의 위법유형이 도대체 각각 어떠한 법적
성격을 갖는 것인지 검토되어야 한다. 또한 각기 다른 두 개의 위법유
형의 상호관계는 어떻게 보아야 하는지 구명될 필요가 있을 것이다. 일
반적으로 위법수집증거(제308조의2)에 해당하면 '절대적으로' 증거능력
이 없다고 평가된다. 즉 당해 증거의 배제를 주장할 수 있는 자격도 위
법수사에 의해 기본권을 침해당한 사람뿐만 아니라 그 외의 모든 사람
에게 인정되며(대인적 절대효), 증거동의가 있더라도 증거능력이 인정
되지 않는다(대물적 절대효).61) 이러한 법리에 따르면 증언번복조서판
결에서 증거동의에 의해 증거능력 부여가 가능하다고 판시하고 있는
점은 증언번복조서의 경우 적어도 법 제308조의2에 의한 위법수집증거
는 아니라고 판시하고 있는 것으로 해석할 여지가 있을 것이다. 다시
말해 당사자주의·공판중심주의·직접주의 위반과 공정한 재판을 받을
권리의 침해라는 절차적 위법성은 인정되어 원칙적으로 증거능력이 부
정되지만 증거동의가 있을 경우 증거능력이 인정될 수 있다는 것이다.
그렇다면 증언번복조서판결의 법리는 검사가 증인을 재조사한 행위를
정확히 어떠한 유형의 위법으로 평가하고 있는 것일까? 주지하다시피 위
법수집증거배제법칙을 인정한 리딩케이스에 해당하는 대법원 판결은 이
때의 위법은 '적법절차의 실질적 내용'을 침해하는 경우라고 규정한다.

---

61) 신동운,『간추린 신형사소송법』, 법문사(2020), 593-594면; 이주원, 앞의 책, 437-
438면; 이은모·김정환, 앞의 책, 617면.

"전체적·종합적으로 살펴 볼 때, 수사기관의 절차 위반행위가 적법절차의 실질적인 내용을 침해하는 경우에 해당하지 아니하고, 오히려 그 증거의 증거능력을 배제하는 것이 헌법과 형사소송법이 형사소송에 관한 절차 조항을 마련하여 적법절차의 원칙과 실체적 진실 규명의 조화를 도모하고 이를 통하여 형사 사법 정의를 실현하려 한 취지에 반하는 결과를 초래하는 것으로 평가되는 예외적인 경우라면, 법원은 그 증거를 유죄 인정의 증거로 사용할 수 있다고 보아야 한다."62)

그렇다면 이제 관심은 증언번복조서사건이 적법절차의 실질을 위반한 사안에 해당하는지 여부를 검토하는 일이다. 이하에서는 적법절차의 의미를 중심으로 증언번복조서사건이 그 위반의 위법성이 있는지 여부를 검토해 보기로 한다.

2. 적법절차와 소송구조 및 피고인의 방어권과의 관계

(1) 적법절차와 당사자주의·공판중심주의·직접주의의 상호관계

일반적으로 제308조의2에서 말하는 '적법한 절차'는 헌법 제12조의 '적법한 절차'와 동일한 의미를 갖는 것으로 이해되고 있다. 헌법재판소에 의하면 "적법절차의 원칙은 공권력에 의한 국민의 생명·자유·재산의 침해는 반드시 합리적이고 정당한 법률에 의거해서 정당한 절차를 밟은 경우에만 유효하다는 원리[로서] 그 의미는 누구든지 합리적이고 정당한 법률의 근거가 있고 적법한 절차에 의하지 아니하고는 체포·구속·압수·수색을 당하지 아니함은 물론, 형사처벌 및 행정벌과 보안처분, 강제노역 등을 받지 아니한다고 이해되는바, 이는 형사절차상의 제한된 범위 내에서만 적용되는 것이 아니라 국가작용으로서 기본권 제한과 관련되든 아니든 모든 입법작용 및 행정작용에도 광범위하게 적용된다."63) 이처럼 판례는 적법절차의 원칙을 형사절차는 물론 기본권

---

62) 대법원 2007. 11. 15. 선고 2007도3061 전원합의체 판결.
63) 헌법재판소 2001. 11. 29. 선고 2001헌바41 전원재판부.

제한과 관련된 모든 절차, 더 나아가 모든 입법작용 및 행정작용을 규율하는 원칙으로 보고 있다.[64] 형사소송법상 적법절차의 원칙에 포함되는 내용에 대해 약간의 견해의 차이는 있지만 공정한 재판의 원칙, 비례성원칙, 피고인보호원칙 등이 여기에 포함된다는 점에 대해서는 이견이 없어 보인다.[65] 그중에서 당사자의 방어권 내지 반대신문권과 관련된 원칙은 공정한 재판의 원칙이다. 증언번복조서판결은 피고인에게 불리한 일방적 조사방식때문에 당사자주의 등 위반과 반대신문권 침해가 문제된 사안이므로 공정한 재판의 원칙에 위배됨으로써 적법절차 원칙의 침해여부가 문제되는 사안으로 볼 수 있을 것이다.

판례에 따르면 "헌법은 제12조 제1항 후문에서 적법절차의 원칙을 천명하고, 제27조에서 재판받을 권리를 보장하고 있다. 형사소송법은 이를 실질적으로 구현하기 위하여, 피고사건에 대한 실체심리가 공개된 법정에서 검사와 피고인 양 당사자의 공격·방어활동에 의하여 행해져야 한다는 당사자주의와 공판중심주의 원칙, 공소사실의 인정은 법관의 면전에서 직접 조사한 증거만을 기초로 해야 한다는 직접심리주의와 증거재판주의 원칙을 기본원칙으로 채택하고 있다."[66] 즉 당사자주의와 공판중심주의 및 직접심리주의와 증거재판주의는 적법절차의 원칙과 재판을 받을 권리를 구현하기 위한 형사소송법의 기본원칙이다. 아울러 판례는 제27조 제1항의 재판을 받을 권리를 '공정한 재판을 받을 권리'로 해석해야 한다고 판시한다.[67] 그리고 "공정한 재판을 받을 권

---

64) 동지의 이혼재, 앞의 논문, 567면. 동 문헌은 헌법재판소의 다른 결정(헌법재판소 1992. 12. 24. 선고 92헌가8 전원재판부)을 근거자료로 인용하고 있다.

65) 특히 피고인의 방어권을 보장하는 공정한 재판의 원칙을 적법한 절차에 포함시키는 견해로는 허영,『한국헌법론』, 박영사(2021), 390-391면; 손동권·신이철,『형사소송법』, 세창출판사(2022), 20면 이하; 이창현, 앞의 책, 23면 이하; 이주원, 앞의 책, xlvi면; 배종대·홍영기, 앞의 책, 11면 이하; 임동규,『형사소송법』, 법문사(2022), 11면 이하 참조.

66) 대법원 2019. 11. 28. 선고 2013도6825 판결.

67) 헌법재판소 2006. 7. 27. 선고 2005헌바58 전원재판부. 동지의 심희기, "법정증언을 번복하는 내용의 검사작성의 참고인진술조서의 증거능력), 고시연구(2000.8.),

리 속에는 신속하고 공개된 법정의 법관의 면전에서 모든 증거자료가 조사·진술되고 이에 대하여 피고인이 공격·방어할 수 있는 기회가 보장되는 재판, 즉 원칙적으로 당사자주의와 구두변론주의가 보장되어 당사자가 공소사실에 대한 답변과 입증 및 반증하는 등 공격·방어권이 충분히 보장되는 재판을 받을 권리가 포함되어 있다."[68] 이러한 일련의 판례입장을 종합해 보면, 당사자주의·공판중심주의·직접주의는 헌법상 적법절차원칙과 공정한 재판을 받을 권리를 실질적으로 구현하기 위한 기본원칙이다. 전술한 바대로 공정한 재판의 원칙은 형사소송법상 적법절차 원칙의 주요내용이고, 이를 구현하기 위해서는 당연히 공정한 재판을 받을 권리가 보장되어야 할 것이다. 그렇다면 판례의 설시대로 공정한 재판을 받을 권리 속에는 공판중심주의(직접심리주의)와 당사자주의의 소송구조가 구비됨으로써 당사자가 공격·방어할 수 있는 기회가 충분히 보장되는 재판을 받을 권리가 포함되므로 실질적으로 당사자주의·공판중심주의·직접주의적 소송구조의 실현이 전제되어야만 공정한 재판을 받을 권리가 충분히 보장되어 적법절차원칙의 일부인 공정한 재판의 원칙이 구현될 수 있다는 점을 확인할 수 있다.[69] 물론 그렇게 보더라도 당사자주의·공판중심주의·직접주의가 그 자체로 적법절차의 실질을 이루는 원칙이라고 단언할 수는 없을 것이다. 판례가 적법절차를 실질적으로 구현하기 위한 원칙이라고 말하는 것은 적법절차를 온전히 구현해 내기 위한 여러 요소의 하나라는 의미로 볼 수 있기 때문이다. 예컨대 영장주의에 위반한 압수·수색의 경우 이는 적법절차의 실질을 침해한 것은 명백하지만, 증인에 대한 검사의 재조사 사안의 경우 그것이 곧 적법절차의 실질적 내용을 침해한다고 단언하기는 어려울

129면.

68) 헌법재판소 1996. 12. 26. 선고 94헌바1 전원재판부. 동지의 성낙인, 앞의 책, 1586면.

69) 동지의 이주원, 앞의 책, xlvi 참조 "공정한 재판을 위해서는 공평한 법원의 구성, 피고인의 무죄추정 및 방어권 보장, 실질적 당사자주의 구현(무기평등) 등이 요구된다."

것이다. 비록 그것이 당사자주의·공판중심주의·직접주의를 위반한 행위라는 점은 분명해 보이지만 그렇다고 곧바로 적법절차 원칙을 위반한 것으로 평가하는 것은 우리의 법적 사고에 아직 낯설다.[70] 그렇기 때문에 반대의견은 "증거능력이 없다고 단정하기 위하여는 증거능력 배제규정에 해당되거나, 아니더라도 위와 같은 형사절차의 지도이념에 명백히 위배되는 경우에 한할 것이며 증거능력을 부정할 근거가 없는 한 그의 증거능력은 인정하되 그의 증거가치에 관한 판단을 법관의 자유로운 심증에 맡겨 당사자주의, 공판중심주의, 직접주의의 실현을 기하도록 운용해 가야 할 것이다."라고 반론을 제기하고 있는 것이다. 그렇다면 이번에는 공정한 재판을 받을 권리에 대한 침해가 과연 적법절차의 실질적 내용을 침해하는 것인지 확인할 필요가 있을 것이다.

(2) 적법절차와 공정한 재판을 받을 권리

공정한 재판을 받을 권리 속에는 피고인의 방어권이 충분히 보장되는 재판을 받을 권리가 포함되어 있다. 헌법재판소는 "형사피고인으로서는 형사소송절차에서 단순한 처벌대상이 아니라 절차를 형성·유지하는 절차의 당사자로서의 지위를 향유하며 형사소송절차에서는 검사에 대하여 '무기대등의 원칙'이 보장되는 절차를 향유할 헌법적 권리를 가진다 할 것이다."라고 하여 피고인이 검사와 대등한 지위에서 방어권을 행사할 수 있는 헌법적 권리[무기대등의 원칙을 구현하는 권리]를 인정하고 있다. 이때의 방어권에는 크게 적극적 방어권과 소극적 방어권이 있는데, 대표적으로 진술거부권은 소극적 방어권에 속하고 피고인이 향유하는 각종 절차참여권과 반대신문권은 적극적 방어권에 속한다.[71] 그리고 이러한 소극적·적극적 권리의 실효적 행사를 위해서는 변호인의 조력을 받을 권리가 요구됨은 주지의 사실이다.

공정한 재판의 권리가 적법절차의 실질적 내용을 이루거나 최소한

---

70) 동지의 조기영, 앞의 논문, 200면 이하 참조.
71) 이러한 분류법으로는 이주원, 앞의 책, xlviii면.

헌법적 권리임은 분명해 보인다. 따라서 이에 대한 침해를 통해 수집된 증거는 원칙적으로 법 제308조의2가 규정한 위법수집증거로서 증거능력이 없고, 증거동의에 의해서도 증거능력이 인정되지 않는다고 보아야 할 것이다. 하지만 판례는 일정한 유형의 방어권 침해사례, 예컨대 진술거부권의 불고지[72], 변호인의 접견교통권[73] 및 피의자신문 참여권 침해[74] 등의 경우에는 적법절차의 실질적 내용을 침해한 위법수집증거로 평가하지만, 앞서 검토한 바와 같이 증인신문 시 피고인의 참여권 내지 반대신문권 침해의 경우에는 이를 위법수집증거로 보지 않고 증거동의에 의해 증거능력이 인정될 수 있다고 판시해 오고 있다.[75] 추측컨대 그 이유는 판례가 반대신문권의 법적 지위에 대해 헌법에 명시된 '절대적' 지위를 갖는 권리가 아니라 입법정책에 따라서 그 보장여부가 정해지는 '상대적' 지위를 갖는 권리로 파악하고 있는 데서 찾을 수 있을 것이다.[76] 헌법재판소는 "피고인에게 불리한 증거는 법관의 면전에서 직접 진술되어야 하고 피고인에게 반대신문의 기회를 부여하여야 하는 이러한 권리보장은 적법절차에 의한 공정한 재판을 받을 권리나 공개재판을 받을 기본권 실현을 위한 여러 방법 중의 한 방법일 뿐이고, 헌법상 명문으로 규정된 권리는 아니다. 따라서 원칙적으로 이 권리를 부여하고 이 권리를 인정하는 근거를 배제할 만한 부득이한 사유가 있는 경우에 그 예외와 예외의 범위를 정하는 것은 입법권자가 규범체계 전체와의 조화를 고려하여 정할 문제로서 적법절차에 의한 공정한 공개재판을 받을 기본권을 본질적으로 침해하는 것이라거나 이를 형해화한

---

72) 대법원 2011.11.10. 선고 2011도8125 판결.

73) 대법원 1990.8.24. 선고 90도1285 판결.

74) 대법원 2013.3.28. 선고 2010도3359 판결.

75) 이를 위법수집증거이지만 예외적으로 증거동의를 인정하고 있다고 보고 있는 견해로는 『검찰실무 I』, 법무연수원(2022), 30면 참조.

76) 유사한 맥락에서 헌법재판소에 따르면 진술거부권은 헌법상의 권리이지만, 반대신문권은 법률로 정해진 권리라는 분석으로는 류지영, "공범자 자백의 증거능력" 중앙법학(제14집 제4호), (2011), 165면.

것이라고 할 수 없다."77)고 판시해 반대신문권을 보장하지 않았다고 하여 적법절차에 의한 공정한 재판을 받을 권리를 본질적으로 침해한 것으로 볼 수는 없다고 판단한 바 있다. 물론 헌법재판소의 위 결정은 형사소송법 제314조가 피고인에게 불리하도록 직접주의를 제한하거나 피고인의 반대신문권을 제한한 규정이라는 청구인의 주장에 대한 것이어서 법률에 규정되어 있는 반대신문권이 침해된 경우에 대한 결정사항이 아니라는 점에서 일반화하기는 어렵겠지만, 반대신문권의 법적 지위에 대한 고려가 작용하고 있다는 점에서 주목할 필요가 있다. 다시 말해 반대신문권이 보장되지 않았다는 사정만으로 곧바로 적법절차의 실질에 대한 본질적 침해가 된다고 단정하기는 어렵다는 취지로 보인다. 요컨대, 원칙적으로 피고인의 방어권은 적법절차의 실질적 내용에 해당하지만, 판례는 방어권 침해유형을 구분해서 반대신문권은 헌법상의 지위를 갖지 않으므로 그 침해에 대해서는 증거동의에 의한 증거능력 회복이 가능하다고78) 보아 증거능력 부여여부를 차별적으로 판단하고 있는 것이다.79) 이는 헌법적 지위를 갖지 않는 전문법칙에 위배된 증거에

---

77) 헌법재판소 1998. 9. 30. 선고 97헌바51 전원재판부. 이 결정문에 수록된 법무부 장관의 의견에는 "헌법상 공정한 재판을 받을 권리는 어떠한 경우에도 제한할 수 없는 절대적인 기본권이라고는 할 수 없고, 헌법상의 다른 가치나 기본권과 상충될 때에는 이익형량 또는 규범조화적 견지에서 필요최소한의 제한은 불가피하다"는 내용이 들어있다. 이 사건에서 문제된 반대신문권은 상대적 기본권이라는 취지로 읽힌다.

78) 참여권 및 반대신문권을 배제한 위법은 전문법칙에 반하는 증거수집방법과 공통되므로 증거동의에 의한 증거능력 회복가능성을 열어놓은 증언번복조서판결에 근거가 없지는 않다고 보는 홍영기, 앞의 논문, 145면.

79) 물론 판례의 이러한 태도가 합당한 것인지에 대해서는 재고의 여지가 있다. 앞서 논급한 다른 판례는 "피고인의 반대신문권에 대한 부당한 제한은 헌법상의 적법절차의 원칙 및 청구인의 공정한 재판을 받을 권리를 침해하게 된다(헌법재판소 1996. 12. 26. 선고 94헌바1 전원재판부)"고 하여 반대신문권의 법적 지위를 '상대적'인 것으로 보는 판례들과 모순된 인상을 주기도 한다. 크로포드 판결에서 논급한 바 있듯이 미국 수정헌법 제6조(The Sixth Amendment)는 모든 형사재판 피고인에게 자신에게 불리한 증인을 대질할 권리를 보장하는 증인대면권 내용을

대해서는 증거동의에 의해 증거능력이 회복될 수 있다고 보는 법리적 구조와 흡사한 것이다. 동일한 맥락에서 반대신문권의 상대적 지위로부터 대법원은 그동안 증인신문 시 피고인의 참여권 또는 반대신문권을 침해하여 수집한 증거는 위법한 증거로서 증거능력이 없지만, 이후 공판기일에서 그 증인신문조서에 대한 증거조사를 하면서 그러한 증인신문결과를 고지하였던바, 피고인이나 변호인이 '이의가 없다'고 진술한 경우라면 '책문권(절차이의권) 포기'로 보아 그 절차상 흠결은 치유된다고[80] 판시한 바 있고 이러한 법리는 형사소송법 제184조에 의한 증거보전절차로 증인신문을 하는 경우 검사, 피의자 또는 변호인에게 증인신문의 시일과 장소를 미리 통지하여 증인신문에 참여할 수 있는 기회를 주어야 하나 참여의 기회를 주지 아니한 경우라도 피고인과 변호인이 증인신문조서를 증거로 할 수 있음에 동의하여 별다른 이의없이 적법하게 증거조사를 거친 경우에는 위 증인신문조서는 증인신문절차가 위법하였는지 여부에 관계없이 증거능력이 부여된다는 판결[81])에서도 확인된다. 요컨대 증인신문 시에 반대신문권을 보장하지 못하였다고 하더라도 다음 공판기일에 책문권 포기의사를 명시하거나 증거동의를 하면 증거능력이 인정된다는 것이다.[82])

두고 있다. "In all criminal prosecutions, the accused shall enjoy the right to be confronted with the witnesses against him." 전문법칙과 헌법상 증인대면권의 관계에 대한 다양한 해석론과 판례입장의 소개로는 Park, Leonard, & Goldberg, Evidence Law (Thomson/West, 2004), at 399-415. 이와 관련해 반대신문권은 헌법상 기본권의 지위를 갖고 있고, 적법절차 원칙의 한 방법으로 이해되어야 하므로 반대신문권을 침해하여 얻은 증거는 위법수집증거로서 증거동의에 의해서도 증거능력이 회복되지 않는 것으로 보아야 한다는 견해로는 홍영기, "반대신문권 보장: 전문법칙의 근거", 고려법학(제75호), (2014), 30-36면.

80) 대법원 1974. 1. 15. 선고 73도2967 판결.
81) 대법원 1988. 11. 8. 선고 86도1646 판결.
82) 이에 대해 책문권의 포기상실로는 절차적 하자의 치유에 그칠 뿐 증거능력을 회복시켜 주지는 못한다는 견해로는 김정한, 『실무형사소송법』, 준커뮤니케이션즈 (2022), 526면 참조.

증언번복조서사건은 검사가 일방적으로 증인을 소환해 피고인에게 불리하게 사실상 재신문을 한 케이스이다. 이 경우 증인을 조사하는 과정에서 진술거부권을 고지하는 등 관련 적법한 절차와 방식을 따랐다고 하더라도 증언번복조서판결에 의하면 그러한 행위 자체가 이미 당사자주의·공판중심주의·직접주의의 관점에서 허용되지 않는 행위이기 때문에 그렇게 작성된 진술조서는 위법한 증거라고 평가된다[배제근거 ①]. 또한 증언을 마친 증인에 대한 '그 실질에 있어서' 검사의 재신문 행위시에 피고인에 대한 참여권 내지 반대신문권이 보장되지 않았기 때문에 위법하며[배제근거②] 이는 공정한 재판을 받을 권리에 대한 침해가 되어 적법절차의 실질을 침해한 것으로 볼 여지도 있을 것이다. 하지만, 판례의 일관된 입장에 따르면 그러한 반대신문권 침해의 위법은 증거동의에 의해 증거능력이 인정될 수 있고, 이는 후술하듯 증거동의의 본질(반대신문권 포기설)에 비추어 볼 때 기존의 법리구조 하에서 일견 정합적인 측면이 있다고 사료된다.

3. 증언번복조서의 증거능력과 증거동의의 효력

(1) 증거동의의 본질과 증언번복조서판결의 취지

증거동의란 증거능력 없는 증거에 대해서 증거능력을 부여하는 당사자의 소송행위이다. 증거동의는 신속한 재판과 소송경제를 도모하기 위한 제도로서 입증절차에 있어서 당사주의의 이념을 구현한 당사자처분권주의적 색채가 강한 소송행위이다.[83]

증거동의의 본질에 대해 반대신문권포기설은 증거동의를 반대신문권의 포기로 보는 견해이고, 반면 처분권설은 증거동의를 증거능력에 대한 당사자의 처분행위로 보는 견해이다. 전자에 의하면 증거동의는 반대신문의 결여와 관계있는 전문증거에 대해서만 제한적으로 허용되지만, 처분권설에 의하면 전문증거뿐만 아니라 위법수집증거는 물론 모

---

83) 이재상·조균석·이창온, 앞의 책, 696면.

든 증거물이 증거동의의 대상이 된다고 본다. 통설과 판례는 반대신문권포기설의 입장이다. 판례에 따르면 "형사소송법 제318조 제1항은 전문증거금지의 원칙에 대한 예외로서 반대신문권을 포기하겠다는 피고인의 의사표시에 의하여 서류 또는 물건의 증거능력을 부여하려는 규정이므로 피고인의 의사표시가 위와 같은 내용을 적극적으로 표시하는 것이라고 인정되는 경우이면 증거동의로서의 효력이 있다."[84]고 한다. 이러한 점에서 증거동의는 반대신문권의 포기 및 소송경제의 관점에서 인정되는 제도로서 반대신문의 결어와 무관계한 위법수집증거의 경우에는 증거동의가 있어도 증거능력이 인정되지 않는다.[85]

증거동의의 본질에 비추어 보면 제308조의2에 의한 위법수집증거는 반대신문권과 무관하기 때문에 증거동의가 있어도 증거능력이 인정되지 않는다는 법리가 이해된다[반대신문권포기설]. 반대로 전문증거는 반대신문권포기로 인해 증거능력이 인정된다. 그렇다면 과연 증언번복조서사건의 진술조서는 어떠한 범주에 속한다고 보아야 하는가? 전술한 바대로 대법원 다수의견은 명시적으로 말하고 있지 않지만 보충의견을 보면 그 실질에 있어서 반대신문권 침해가 발생하고 있다고 한다. 아울러 다수의견은 공정한 재판을 받을 권리의 침해, 즉 피고인의 방어권(반대신문권) 침해를 논급하고 있다. 그렇다면 증언번복조서사건은 실질적으로 반대신문권과 관련된 사안이므로 증거동의에 의해 증거능력이 인정될 수 있다는 증언번복조서판결의 논리는 그러한 한에서 일관성이 있다.

(2) 반대신문권의 법적 지위의 강화와 증거동의의 효력

증언번복조서판결이 제시한 법리는 위에서 살펴본 것처럼 그동안 법원이 제시한 여러 법리들과 잘 부합된다는 점에서 정합적인 것으로 평가할 수 있다. 그리고 그 근저에는 전술한 바와 같이 반대신문권의

---

84) 대법원 1983. 3. 8. 선고 82도2873 판결.
85) 신동운, 앞의 책, 611면.

법적 지위에 대한 헌법재판소의 판단, 즉 그것은 '상대적' 기본권에 불과하다는 입장이 자리잡고 있는 것으로 볼 수 있다. 반대신문권은 적법절차에 의한 공정한 재판을 받을 권리나 공개재판을 받을 기본권 실현을 위한 여러 방법 중의 한 방법일 뿐이고, 미국이나 일본처럼 헌법상 명문으로 규정된 권리는 아니므로 원칙적으로 이 권리를 부여하고 이 권리를 인정하는 근거를 배제할 만한 부득이한 사유가 있는 경우에 그 예외와 예외의 범위를 정하는 것은 입법권자가 규범체계 전체와의 조화를 고려하여 정할 문제라는 것이다.[86]

하지만 이후 다른 결정에서 헌법재판소는 "진술증거에 대한 반대신문권은 형사소송절차에서 공정한 재판을 받을 권리의 핵심적 내용을 이루는 것이다"라고 판시한다.[87] 이어 "피고인이나 변호인의 반대신문권은 형식적·절차적인 것이 아니라 실질적·효과적인 것이어야 한다."[88]고 강조한다. 헌재의 이와 같은 입장은 반대신문권은 그 보장과 제한의 여부가 입법정책에 따라 달리 정해질 수 있는 상대적 권리에 불과하다는 앞의 결정과는 분명 결을 달리하는 것으로 보인다. 특히 반대신문권이 공정한 재판을 받을 권리의 핵심을 이룬다면, 단지 헌법에 명문으로 규정되지 않았다는 이유로 진술거부권의 침해나 변호인의 조력을 받을 권리와 같은 다른 유형의 방어권 침해와 달리 그 침해에 대해서 증거동의에 의해 증거능력의 회복이 가능한 상대적 권리로 분류하는 판례의 태도는 온전히 납득하기 어렵다. 더 나아가 반대신문권이 공정한 재판을 받을 권리의 핵심을 이룬다면, 그것은 곧 적법절차의 실질적 내용에

---

86) 헌법재판소 1994. 4. 28. 선고 93헌바26 전원재판부.

87) 헌법재판소 1996. 12. 26. 선고 94헌바1 전원재판부.

88) "피고인이나 변호인의 반대신문권은 형식적·절차적인 것이 아니라 실질적·효과적인 것이어야 한다. 그런데 만일 제1회 공판기일전에는 변호인의 소송서류에 대한 열람·등사청구권이 없다고 한다면 이 사건 제2항의 절차에 변호인 등이 참여하게 하여도 효과적인 반대신문을 하기가 어렵다 할 것이고, 변호인 등이 이러한 반대신문을 제대로 할 수 없다면 이는 결국 법관의 심증형성에 영향을 미치게 된다 할 것이다."

해당한다는 의미가 될 것이므로 그에 대한 부당한 침해에 기반해 획득한 증거에 대해서는 증거동의 여부와는 관계없이 증거능력이 부정되는 위법수집증거로 보는 것이 타당할 것이다.[89]

　　생각건대, 반대신문권의 상위개념인 대면권은 국제형사재판소의 로마규정(Rome Statute of the International Criminal Court) 및 유럽인권협약의 규정, 그리고 유럽인권재판소 판결 등에 비추어 볼 때 형사절차에서 피고인의 기본권으로서 국제적인 승인을 얻어가고 있는 것으로 보인다.[90] 분명 반대신문권은 형사절차에서 무기대등원칙을 구현해 피고인의 자유와 권리를 보호하는 역할을 하는 중요한 소송법적 장치이다. "검사의 능력에 의해 일방적으로 왜곡될 수 있는 절차의 상황을 바로잡을 수 있는 최소한의 조건"이라는 평가[91]도 이를 뒷받침한다. 형사소송을 '적법한 절차' 내에서 '실체진실'을 발견 내지 구성해 내는 과정이라고 정의한다면 반대신문권에 대한 침해(여기서의 '침해'는 증언번복조

---

89) 물론 법원으로서는 기존의 관련 판례의 변경이 불가피하여 부담스러운 결단이 될 것으로 생각된다. 하지만 대법원은 개정형사소송법이 시행되기 이전, "피고인이 공소사실 및 이를 뒷받침하는 수사기관이 원진술자의 진술을 기재한 조서 내용을 부인하였음에도 불구하고, 원진술자의 법정 출석과 피고인에 의한 반대신문이 이루어지지 못하였다면, 강한 증명력을 인정할 특별한 사정이 있거나 다른 유력한 증거가 있지 않다면 그 조서는 진정한 증거가치를 가진 것으로 인정받을 수 없는 것이어서 이를 주된 증거로 하여 공소사실을 인정하는 것은 원칙적으로 허용될 수 없다. 이는 원진술자의 사망이나 질병 등으로 인하여 원진술자의 법정 출석 및 반대신문이 이루어지지 못한 경우는 물론 수사기관의 조서를 증거로 함에 피고인이 동의한 경우에도 마찬가지이다."라고 하여 반대신문권이 침해된 참고인 진술조서에 대해서 증거동의와 관계없이 '증명력'이 제한된다는 법리를 제시한 바 있어, 향후 변화된 입장의 가능성을 엿볼 수 있게 한다. 동 판결에 대해 '판례에 의한 공판중심주의 혁명'이라는 평으로는 심희기, "반대신문을 경유하지 아니한 참고인진술조서의 증명력 제한", 법률신문 (2007. 1. 4.자). 관련 평석으로는 이완규, 앞의 논문, 365면 이하, (2010); 이성기, "당사자주의하에서의 대면권과 전문법칙 - 미국의 크로포드(Crawford) 원칙과 유럽인권협약상 대면권의 비교를 중심으로 -", 비교형사법연구(제13권 제1호), (2011), 149면 이하 참조.

90) 이성기, 앞의 논문, 127면. 홍영기, 앞의 논문(각주 79), 28면.

91) 홍영기, 앞의 논문, 24면.

서사건처럼 사실상 보장되지 못하였거나 법률에 이미 규정된 반대신문권이 부당하게 제한된 것을 모두 포함한다)는 적법절차의 핵심요소의 위반에 해당하므로, 이를 진술거부권의 불고지나 변호인의 조력을 받을 권리에 대한 침해처럼 중대한 위법으로 평가해 그에 기초한 증거는 위법수집증거로 증거동의 여부와 관계없이 증거능력을 부정하는 것이 타당할 것으로 사료된다.[92]

(3) 당사자주의·공판중심주의·직접주의 위반의 법적 성격과 증거동의의 효력

증언번복조서판결을 통해 대법원은 당사자주의·공판중심주의·직접주의의 위반이라는 새로운 성질의 위법형상을 관념하기 시작한 것으로 보인다. 이러한 유형의 위법형상은 과연 어떤 법적 위상과 성질을 지닌 것으로 보는 것이 타당할까?

우선, 그것은 피고인의 방어권 내지 반대신문권의 보장이 추구하는 목표와 지향점이 다른 - 일부 중첩되겠지만 - 별개의 원칙으로 생각된다. 그렇기 때문에 증언번복조서판결은 당사자주의·공판중심주의·직접주의 위반과 함께 헌법 제27조의 공정한 재판을 받을 권리의 침해를 별도 거시하고 있는 것이다. 이처럼 별개의 위법유형이기 때문에 전술한 바(Ⅱ-2-나)와 같이 증언번복조서판결은 반대신문권침해[배제근거②] 외에도 당사자주의·공판중심주의·직접주의 위반[배제근거①]을 해당 사안에 관념하게 된 것이고 바로 그러한 위법이 더해짐으로 인해 이후 공판절차에서 '반대신문권이 보장되더라도' 증거동의가 없는 한 증거능력을 인정할 수 없다는 법리로 과거와는 다른 입장변화가 생긴 것이다. 요컨대, 증언번복조서판결의 취지에 비추어 볼 때 당사자주의·공판중심주의·직접주의의 위반은 일차적으로 사후적인 반대신문권 보장에 의

---

92) 이러한 맥락에서 반대신문권의 헌법적 지위를 인정해야 한다는 제안으로는 최병각, "영상녹화물에 수록된 성폭력범죄피해자의 진술", 동아법학(제50호), (2011), 201면; 이성기, 앞의 논문, 147면.

한 하자의 치유를 부정하는 효력이 있다. 당사자주의·공판중심주의·직접주의는 단지 소송구조를 지칭하는 기술적 개념(descriptive concept)에 그치는 것이 아니라 규범적 개념(normative concept)이라는 점을 증언번복조서판결은 선언한 것이다.[93] 다만, 판례의 현재 입장에서는 그렇다고 증거동의에 의한 증거능력 회복의 가능성까지 차단하지는 않는다.

그런데 증언번복조서판결이 새롭게 관념하기 시작한 위법유형인 당사자주의·공판중심주의·직접주의 위반이 단지 그러한 증거법적 효력을 초래하는 데 그쳐야 하는 것으로 보는 것이 타당한 것일까? 과연 그러한 원칙의 위반은 형사절차에 있어서 무엇을 침해하고 어떤 효력을 발생시킨다고 보는 것이 타당할까? 이를 위해서는 각 원칙을 통해 이루고자 하는 소송법적 목표가 무엇인지 확인할 필요가 있다.

우선 당사자주의는 당사자에게 소송진행의 주도권을 부여함으로써 법원의 공정한 판단에 기여할 수 있고, 동시에 피고인에 검사가 대등한 지위에서 공방하므로 상대적 약자인 피고인의 자유와 권리를 실질적으로 보호할 수 있다.[94] 결과적으로 형사소송법상의 적법절차 원칙의 한 내용인 공정한 재판의 원칙과 피고인 보호의 원칙에 기여할 수 있다는 것이다.

다음으로 공판중심주의와 실질적 직접주의에 대해 판례는 "우리 형사소송법은 형사사건의 실체에 대한 유죄·무죄의 심증 형성은 법정에서의 심리에 의하여야 한다는 공판중심주의의 한 요소로서, 법관의 면전에서 직접 조사한 증거만을 재판의 기초로 삼을 수 있고 증명 대상이

---

93) 당사자주의가 단순히 技術的當事者主義에 머물러서는 안 된다는 주장도 이전부터 제기되어 왔다. 정영석, "현행법구조에 있어서 대륙법과 영미법의 교착 : 형사소송법에 있어서의 대륙법과 영미법의 교착", 연세대학교 법학연구(제1권), (1973), 25-36면.

94) 이재상·조균석·이창온, 앞의 책, 42면; 이주원, 앞의 책, li면; 이은모·김정환, 앞의 책, 27면; 이창현, 앞의 책, 31면. 더 나아가 당사자주의가 실체적 진실발견에도 중요한 역할을 한다는 견해로는 이승호·이인영·심희기·김정환, 앞의 책, 9면 참조.

되는 사실과 가장 가까운 원본 증거를 재판의 기초로 삼아야 하며, 원본 증거의 대체물 사용은 원칙적으로 허용되어서는 안 된다는 실질적 직접심리주의를 채택하고 있는바, 이는 법관이 법정에서 직접 원본 증거를 조사하는 방법을 통하여 사건에 대한 신선하고 정확한 심증을 형성할 수 있고 피고인에게 원본 증거에 관한 직접적인 의견진술의 기회를 부여함으로써 실체적 진실을 발견하고 공정한 재판을 실현할 수 있기 때문이다."[95]고 설시한다. 그렇다면 공판중심주의와 직접주의는 법관의 정확한 심증형성에 기여함으로써 실체진실의 발견과 공정한 재판의 실현에 도움을 준다고 볼 수 있을 것이다. 요컨대, 공판중심주의와 직접주의는 형사소송의 목적과 이념인 실체진실주의에 부합되며 적법절차원칙의 한 내용인 공정한 재판의 원칙의 실현에도 기여할 수 있다는 것이다.

종합해 요약하면 당사자주의·공판중심주의·직접주의는 피고인의 자유와 권리의 보장에 기여함과 동시에 법관의 공정하고 정확한 판단에 기여함으로써 적법절차 원칙을 실현하고 또한 실체진실의 발견에도 부합하는 원칙으로 자리매김할 수 있다. 따라서 하나의 규범으로서 효력을 지닌다. 이러한 원칙은 형사소송의 목적과 이념[실체진실주의와 적법절차원리]의 구현과 매우 긴밀히 맞물려 있음을 확인하게 된다. 헌법재판소도 "헌법이 보장하는 적법한 절차 내지 공정한 재판을 받을 권리의 형사소송법적 표현인 공판중심주의"라는 개념규정을 제시하기도 한다.[96] 헌법상 적법절차와 공정한 재판을 받을 권리를 형사절차에 부합되게 구체화한 원칙이 공판중심주의라는 것이다. 증언번복조서판결의 보충의견은 "어떤 사람이 공개된 법정에서 위증의 벌의 경고와 함께 이루어진 선서를 하고 피고인의 반대신문을 받으면서 한 증언보다 검사의 사무실에서 위증의 벌의 경고 및 선서와 피고인의 참여도 없이 일

---

95) 대법원 2009. 1. 30. 선고 2008도7917 판결. 동지의 이재상·조균석·이창온, 앞의 책, 468면.

96) 헌법재판소 1996. 12. 26. 선고 94헌바1 전원재판부.

방적으로 한 진술이 실체적 진실발견에 더욱 유용하다는 논리는 쉽사리 납득이 되지 않는다”고 지적한 바 있다. 여기에는 당사자주의·공판중심주의·직접주의의 철저한 관철이 실체진실의 발견에도 더 적합하다는 법원실무의 뿌리깊은 신념이 자리잡고 있다.[97] 요컨대 적법절차와 공정한 재판을 받을 권리는 당사자주의·공판중심주의·직접주의라는 소송구조를 매개로 하여 실체진실의 발견에 기여한다는 것이 판례의 생각인 것으로 보인다.[98] 즉, “적법절차=소송구조=실체진실”이라는 도식이 증언번복조서판결에 자리잡고 있는 것이다. 흔히 적법절차주의와 실체진실주의는 상호긴장관계에 있는 형사소송의 양대 이념으로 이해되거나 적법절차 내에서 제한된 진실만 추구해야 한다는 견해가 널리 제시되고 있지만 증언번복조서판결은 적법절차의 관철이 곧 실체진실 발견에 직결된다고 보고 있는 것이다. 이러한 입론이 타당하다면, 증언번복조서판결이 새롭게 관념하기 시작한 당사자주의·공판중심주의·직접주의의 침해라는 위법형상은 다음과 같이 그 의의를 정리할 수 있다.

당사자주의·공판중심주의·직접주의는 헌법상 적법절차 원칙과 공정한 재판을 받을 권리를 형사절차에서 구현하려는 소송구조상의 원칙이며[“적법절차의 형사소송법적 구현”] 동시에 실체진실의 발견에도 기여하는 원칙이다[“실체진실의 발견은 소송구조를 통해”].

---

97) 당자자주의 재판시스템(The Adversarial Trial)에 대해서 동일한 신념을 드러내고 있는 문헌으로는 Park, Leonard, & Goldberg, *Ibid.*, at 2. 영미의 당사자주의 구조 하에서도 실체진실의 발견은 형사소송의 중요한(important) 또는 근본적(fundamental) 목표라는 견해 및 미연방대법원 판례를 소개하면서 당사자주의는 실체진실의 발견과 인권보장에 모두 기여할 수 있다는 견해로는 한상훈, 앞의 논문, 407-411면 참조.

98) 판례의 이러한 신념은, 증언번복조서판결과 유사하게 증언번복진술조서를 받은 사안에 대해 “실체적 진실의 발견을 외면한 채 송치, 기소된 피고인이 진범인이라는 아집에 집착한 나머지 이 사건의 경우와 같이 피고인에 유리한 증언을 한 증인을 법정외에서 추궁하여 법정에서의 증언을 번복하게 하는 따위의 증거의 수집은 공정한 수사권의 행사라고는 할 수가 없[다]”고 판시한 대법원 판결(대법원 1983. 8. 23. 선고 83도1632 판결)에서도 찾아볼 수 있다.

　　수사기관이 법에 명시적으로 금지되지 않는 방법이라면 실체진실을 발견을 위해서 가능한 모든 방법을 동원하려는 것은 이해하지 못할 바 아니다. 하지만 증언번복조서판결은 그러한 '임의적[99] 실체진실주의'보다는 '절차적으로 소송구조에 기반한 실체진실주의'가 실체진실의 발견에도 더 적합하다는 점을 강조하고 있는 것이다.

　　이러한 입론이 옳다면 당사자주의·공판중심주의·직접주의 위반은 절차적으로 실체적 진실발견에 기여하기 위해 의도된 현행 소송구조 및 형사소송의 목적과 이념에 반하는 행위로 평가될 수 있다고 본다. 따라서 이미 증언을 마친 증인에 대한 검사의 소환조사는 적법절차와 공정한 재판을 받을 권리의 실질적 구현을 방해하기도 하지만 결국 실체진실의 발견을 저해하는 위법행위로 평가될 수 있다. 그것은 진술거부권의 불고지 행위와 마찬가지로 '문명사회의 양심에 충격을 주는' 행위에 다름아닌 것으로 시민의 자유와 권리를 중시하는 법치주의국가 공동체의 구성원이라면 자신이 피고인의 입장이 된다고 가정해 볼 때 누구나 거부하는 것이 마땅한 증거수집방법으로 보아야 할 것이다.[100] 따라서 향후 대법원은 당사자주의·공판중심주의·직접주의의 위반행위에 대해 적법절차의 실질적 내용의 침해에 상응하는 중대한 위법으로 간주함으로써 사후적인 반대신문권 보장에 의한 하자의 치유를 부정하는 법적 효력 외에 증거동의가 있더라도 증거능력을 배제하는 효력까지 부여하는 법리를 형성해 나아가는 것이 바람직할 것으로 생각된다.

---

99) 여기서 '임의적'이라는 표현을 사용한 것은 증언번복조서판결의 보충의견에서 "이러한 진술조서의 작성행위는 그 실질에 있어서 공소외인이 행한 종전 증언을 탄핵할 목적으로 증인 공소외인을 상대로 재신문을 행하되, 법정이 아닌 자기의 사무실에서 증인신문절차가 아닌 '임의의 방법'을 취한 것에 불과하다고 봄이 상당해[다]"고 지적한 것에서 착안하였다.

100) 이러한 시각을 열어줄 수 있는 방법론적 논의로는 안성조,『형법학』, 법문사 (2022), [도입글] 참조. 공판중심주의로 인해 공판절차에서는 피고인을 보호하기 위한 기본원칙이 의미를 가질 수 있게 되며, 정의와 법적 안정성 및 비례성 원칙이라는 법치국가원리의 내재적 본질요소가 실현될 수 있다는 평가로는 이재상·조균석·이창온, 앞의 책, 463면 이하 참조.

V. 맺음말

이상 고찰한 바를 토대로 다음과 같이 결론을 제시하고자 한다.

1. 증언번복진술조서의 증거능력이 부정되는 근거[배제근거]에는 다음과 같은 두 가지 위법유형이 있다.

가. 첫째, 당사자주의·공판중심주의·직접주의 위반으로서 이는 소송구조와 형사소송의 목적과 이념에 반하고 헌법에 보장된 적법절차와 공정한 재판을 받을 권리의 실질적 구현을 방해하는 위법행위이다[배제근거①].

나. 둘째, 절차상 위법으로서 헌법 제27조의 공정한 재판을 받을 권리(반대신문권)를 침해함으로써 원칙적으로 헌법상의 적법절차원칙에 위배된다[배제근거②].

2. 당사자주의·공판중심주의·직접주의 위반은 명백한 법률상의 증거능력 배제규정에 해당하는 것은 아니지만, 증언번복조서판결이 새롭게 관념하고 있는 위법으로서 증언번복조서판결에서는 종전 증인이 다시 법정에 출석하여 증언을 하면서 그 진술조서의 성립의 진정함을 인정하고 피고인측에 반대신문의 기회가 부여되었다고 하더라도 그 조서의 증거능력이 회복될 수 없게 만드는 효력을 발생시킨다. 하지만 그와 같은 유형의 위법은 적법절차와 공정한 재판을 받을 권리의 실질적 구현을 방해하기도 하지만 동시에 실체진실의 발견을 저해하는 위법행위로 그 법적 성격을 부여할 수 있으므로 궁극적으로는 헌법상의 적법절차의 실질적 내용 침해에 상응하는 중대한 위법으로 간주되어야 할 것이고 향후 이처럼 소송구조에 어긋난 방식으로 수집된 증거는 증거동의가 있더라도 증거능력이 배제되도록 법리를 형성해 나아가야 할 것이다.

3. 공정한 재판을 받을 권리에 대한 침해는 적법절차의 실질적 내용을 침해하는 것으로서 이를 통해 수집된 증거는 원칙적으로 위법수집증거로서(제308조의2) 증거동의 유무에 관계 없이 증거능력이 부정되어야 하지만, 기존의 판례는 피고인의 방어권에 대한 침해에 경중을 두어서 진술거부권이나 변호인의 조력을 받을 권리 등을 침해한 경우에는 증거동의의 유무를 불문하고 증거능력을 배제하지만, 반대신문권을 침해한 경우는 증거동의에 의해 증거능력이 인정된다고 보고 있다. 이는 반대신문권이 헌법에 명시된 권리가 아니므로 반대신문권 침해가 곧바로 적법절차의 실질에 대한 본질적 침해가 되지 않는다고 보고 있기 때문인 것으로 보인다. 이러한 법리적 구조에서 증언번복조서판결이 증언번복조서에 대하여 증거동의가 있으면 증거능력이 인정된다고 판시한 취지를 이해할 수 있다. 하지만, 피고인의 방어권의 핵심을 이루는 반대신문권의 법적 지위를 이처럼 '상대적'인 것으로 간주해 헌법상 보장되는 진술거부권이나 변호인의 조력을 받을 권리와 차별적으로 취급하는 판례의 태도에는 합리적 근거가 부족하고, 대면권 내지 반대신문권을 형사절차에서 피고인의 기본권으로 승인하는 국제규범에 비추어 볼 때 이에 대한 침해는 적법절차의 실질적 내용을 침해하는 것으로 보아야 할 것이다.

4. 이처럼 반대신문권의 법적 지위가 헌법상의 권리로 강화될 가능성이 열려 있고 당사자주의·공판중심주의·직접주의 위반의 위법이 적법절차의 실질적 내용을 침해한 것에 상응하는 것으로 간주되어야 하므로 향후 증언번복진술조서를 비롯해 소송구조에 어긋나게 수집된 증거는 법 제308조의2에 정한 위법수집증거로서 증거능력이 부정되며 증거동의가 있어도 증거능력을 배제하는 것이 합당하다고 본다.

§12. 공소사실의 동일성 판단기준과
一事不再理의 효력이 미치는 범위

Ⅰ. 문제의 제기

대법원이 전원합의체 판결을 통해 공소사실의 동일성 판단에 규범적 요소를 도입한 이래[1] 이에 대한 다양한 비판적 논문이 쏟아져 나오고 있다. 비판의 요지를 간략히 추려보면, '공소사실의 동일성'은 전법률적 판단의 대상으로서 시간과 장소의 근접성과 같은 사실관계만을 토대로 확정하는 것인데, 여기에 규범적 요소까지 고려하게 될 경우 법전문가인 소추기관이나 법관과 피고인의 판단의 불일치가 커지게 되며, 특히 피고인으로서는 처벌되는 행위의 범위를 예측하기 어려워져 법적 안정성에 큰 훼손을 가져오게 된다는 것이다. 반면에 이를 긍정하는 측에서는 순수한 전법률적 판단이라는 것은 인식론적으로 가능한 것이 아니며,[2] 따라서 규범적 요소라는 것은 '정도의 문제'일 뿐 전혀 새로운 요소라고 볼 수 없고, 게다가 실제로 범한 전체 범죄사실의 불법에 비해 현저히 가벼운 처벌을 받은 자에게 실질적 정의의 관점에서 정당한 형벌권을 행사하기 위해서는 규범적 요소를 고려해 기판력의 범위를 제한해야 할 현실적 필요성이 있다고 한다.

일반적으로 공소사실의 동일성은 소송법상 하나의 사건으로 취급할 수 있는 범위를 획정하는 기준이 되며 이에 따라 공소장변경이 인정되

---

1) 대법원 1994.3.22. 선고, 93도2080 전원합의체판결.
2) Philippe Mastronardi, Juristisches Denken: eine Einführung (Bern: Haupt, 2001), 51면 이하.

는 범위와 기판력이 미치는 범위가 결정된다고 이해된다. 하지만 정작 그 동일성 판단의 기준이 무엇이어야 하는지는 실무적으로나 이론적으로 여전히 매우 논쟁이 많고 도그마틱적으로 다루기 어려운 주제의 하나이다.[3] 동일성 판단기준에 대하여 학설은 이미 어느 정도 의견의 일치를 보고 있지만(기본적 사실동일설이거나 수정된 기본적 사실동일설 중 양자택일), 각 학설을 지지하는 견해들 사이의 대립양상은 복잡하다. 해석론과 정책 및 가치관의 戰場이 되어있다고 보아도 과언이 아니다. 현재까지의 논의지형을 간단히 살펴보면 다음과 같다.

첫째, 동일성 판단은 기본적 사실동일설에 따라서 전법률적 관점에 의해서 해야 하는 것이 원칙이고, 예외를 두어서는 안 된다(제1설).[4]

둘째, 동일성 판단은 기본적 사실동일설에 따라서 해야 하는 것이 원칙이나, 기본적 사실동일설의 전법률적 관점도 기준이 모호하므로, 이 기준을 더 나은 대안(생활세계적 사건개념)으로 보완할 필요가 있고, 그 개선된 기준을 도그마틱적으로 유형화해야 한다(제2설).[5]

셋째, 규범적 요소도 기본적 사실동일성의 실질적 내용의 일부를 이루고 있으므로 동일성 판단에 있어서 보호법익이나 죄질 등 규범적 요소도 고려해야 한다(제3설).[6]

---

3) 헌법상의 '동일한 행위' 개념은 실체법상의 죄수론의 판단과 일치하는 것도 아니지만, 그렇다고 형사소송법상의 행위개념을 그대로 따를 필요도 없으므로 독자적 행위개념이 필요하다는 문제의식과 고민은 이러한 개념적 난점을 잘 보여준다. 손인혁, "헌법상 이중처벌금지원칙의 내용과 그 적용", 유럽헌법연구 제35호 (2021), 42면.

4) 이재상, "공소사실의 동일성-기본적 사실동일성과 규범적 요소의 관계-", 고시연구 제24권 제4호(1997); 권오걸, "공소장변경의 제문제", 비교형사법연구 창간호 (1999), 247면; 홍승희, "공소사실의 동일성판단에서 규범적 요소의 의미", 형사법연구 제26호 (2006); 임상규, "공소사실의 동일성에 대한 대법원의 규범논리", 저스티스 통권 제98호 (2007); 홍영기, "형사소송법상 사건의 동일성 – 이론과 정책", 형사법연구 제19권 제3호 (2007); 최호진, "공소사실의 단일성과 동일성", 비교형사법연구 제5권 제2호 (2003); 김형준, "공소사실의 동일성 판단기준으로서의 규범적 요소", 중앙법학 제14집 제3호 (2012) 참조.

5) 이상돈, "일사부재리의 효력범위와 적대적 범죄투쟁", 판례연구 제7권(1995).

넷째, 동일성 판단은 규범적 요소를 고려해야 함과 동시에 일사부재리효를 예외적으로 후퇴시킬 만한 사정(수사기관의 태만 등)도 고려해야 한다(제4설).[7]

다섯째, 기존의 제학설들에 의하면 동일성 판단의 객관적인 기준을 찾을 수 없으므로 예측가능성을 확보하기 위해서는 이를 죄수판단 기준과 일치시켜야 한다(제5설).[8]

본고는 상기 견해들의 논거와 그 당부를 면밀히 검토하는 것을 목표로 하지 않는다. 그보다 각 견해들에서 얻을 수 있는 문제의식과 착안점으로부터 공소사실의 동일성 판단기준이라는 難題의 해결에 필요한 적실한 실마리를 찾아보고자 한다.

본고는 크게 다음과 같은 세 가지 근본의문으로부터 시작해 합당한 동일성 판단기준을 정식화하는 과정을 거칠 것이다.

우선, 어떠한 근거에서 공소장에 기재된 '현실적 심판대상'을 넘어 공소사실의 동일성이 인정되는 '잠재적 심판대상까지' 기판력이 미쳐야 하는지에 대해 검토해 보기로 하겠다. 이로부터 일사부재리의 객관적 효력범위와 동일성 판단기준의 설정에 있어서 헌법상 이중위험금지원칙의 중요성을 입론한다. 다음으로 기본적 사실동일설에서 동일성 판단기준으로 제시하는 시간과 장소의 밀접관계나 양립불가능성의 의미가 무엇인지에 대해서 헌법 제13조 제1항 '동일한 범죄'의 의미에 비추어 살펴볼 것이다. 끝으로 대법원이 수정된 기본적 사실동일설을 통해서

---

6) 윤진수, 판례의 무게 (박영사, 2020), 315면 이하; 김종구, "범죄사실의 동일성에 관한 대법원과 미국 연방대법원 판례의 비교 고찰", 형사법연구 제19권 제3호 (2007); 원형식, "공소사실의 동일성 판단에서 규범적 요소의 적용한계 - 행위단일성을 중심으로 -", 비교형사법연구 제16권 제1호 (2014); 이존걸, "공소사실의 동일성에 대한 판단기준", 전북대학교 법학연구 통권 제42집 (2014).

7) 김희균·김효준, "소위 수정된 기본적 사실동일설에 대한 비판적 검토-대법원 2017.1.25. 선고 2016도15526 판결-, 강원법학 제64권 (2021).

8) 윤동호, "공소사실의 동일성 개념의 재고찰", 비교형사법연구 제8권 제2호(2006); 조성훈, "공소사실의 동일성과 죄수판단의 관계: 판례에서 규범적 요소의 역할을 중심으로", 비교형사법연구 제21권 제3호 (2019).

제시한 규범적 요소의 의미가 무엇이며, 이를 어떻게 이해하는 것이 다양한 사례의 통일적이고 일관된 해결에 기여할 수 있을 것인지 구명해 보기로 한다. 이에 본고에서는 일사부재리의 객관적 효력범위를 공소사실의 동일성이 인정되는 잠재적 심판대상과 일치시켜야 하는 법적 근거를 검토해 보고(Ⅱ), 이를 토대로 기본적 사실동일설이 제시하는 밀접관계와 양립불가능성이란 판단기준의 의미를 재해석해 본 후(Ⅲ), 대법원 판결의 타당성을 다각도로 검토해 봄으로써(Ⅳ), 공소사실의 동일성 판단의 합당한 기준을 제시해 보고자 한다.

Ⅱ. 일사부재리원칙과 동일성 도그마틱

1. 일사부재리원칙의 개념과 유래

먼저 일사부재리란 어떻게 정의되는 개념인지 확인해 볼 필요가 있다. 재판에 실체적 확정력(광의의 기판력)이 발생하면 내부적 효력으로서 구체적 형벌권의 존부와 범위가 확정되고 형의 집행력이 발생하며, 외부적 효력으로서 동일한 사건에 대하여 재소가 금지되는 특수한 효과가 발생한다. 이를 가리켜서 '一事不再理의 효력(Sperrwirkung, ne bis in dem)' 또는 '고유한 의미의 기판력(res judicata)'이라고 한다. 고유한 의미의 기판력과 일사부재리의 효력을 달리 보는 견해도 있으나 통설은 양자를 동일한 개념으로 본다.9)

양자를 달리 보는 학설은 일사부재리원칙은 재판의 효과인 기판력이 아니라 이중위험금지(double jeopardy) 원칙에서 유래하는 것으로서 이는 피고인의 불안정한 지위나 상태를 제거하고자 하는 인권옹호의

---

9) 신동운, 신형사소송법(법문사, 2011), 1496면 이하; 이재상·조균석, 형사소송법 (박영사, 2019), 729면 이하; 배종대·이상돈·정승환·이주원, 신형사소송법 (홍문사, 2012), 766면 이하 참조.

사상, 즉 피고인보호의 원칙으로서의 의미를 지니는 것이므로 이것은 재판의 효력으로서 기판력과는 구별된다고 지적한다(구별설). 일사부재리원칙의 취지가 국가로 하여금 동일범죄로 인한 형사절차의 반복이 시민에게 주는 정신적·물질적 고통을 방지하려는 '형사소추의 일회성 요청(Gebot der Einmaligkeit der Strafverfolgung)'을 실현하는 원칙이라는 점에서 구별설은 타당한 측면이 있다고 본다. 그렇지만 영미법상의 이중위험금지원칙도 재판의 최종성(finality of judgement)을 전제로 피고인의 보호를 도모하는 것이므로 기판력과 전혀 무관하다고 볼 수는 없다는 이해가 일반적이다.[10] 따라서 본고에서는 기판력과 일사부재리의 효력을 헌법상의 이중위험금지원칙(이중처벌금지원칙)과 매우 밀접한 관계에 있는 개념이라는 점에서 혼용가능한 범위 내에서 동의어로 사용하면서 관련 논의를 진행하기로 한다.

일사부재리원칙 유래는 상당히 오래된 것으로 보인다. 고대 그리스는 물론 로마법과 카논법에서도 그와 유사한 원칙과 법리적 근거를 찾아볼 수 있다고 한다.[11] 그 뒤 대륙법계에서는 기판력의 구속력에서 일사부재리 효력을, 영미법에서는 이중위험금지 법리를 각각 발전시켰는데[12] 그러다가 헌법상 원칙으로 발전하게 된 것은 미국헌법의 공헌으로 평가된다. 영국의 이중위험금지원칙을 수용해 수정헌법 제5조에서 "누구든지 동일한 범행에 대해 생명이나 신체에 대한 위험을 거듭 받지 않는다."고 규정함으로써 형사절차에서 개인의 생명과 신체의 안전을 보장하는 핵심적인 절차적 보호수단으로 발전하게 되었다.[13]

---

10) 배종대·이상돈·정승환·이주원, 앞의 책, 767면; 신동운, 앞의 책, 1497면.

11) 홍영기, "일사부재리의 효력범위 - 즉결심판을 예로 하여", 저스티스 통권 제123호(2011), 155면.

12) 차용석·최용성, 형사소송법(21세기사, 2008), 734면.

13) 손인혁, 앞의 논문, 104면. 동 문헌에 의하면 독일(기본법 제103조)과 일본(헌법 제39조)도 이중처벌금지원칙을 헌법에 규정하고 있지만, 프랑스는 헌법에 명문으로 규정하고 있지는 않다고 한다.

2. 일사부재리의 객관적 효력범위의 법적 근거

통설적 견해에 따르면 公訴事實의 同一性은 공소제기의 효력이 미치는 범위를 결정하고(제248조 2항)[14], 공소장변경의 한계가 되며(제298조 1항)[15] 기판력이 미치는 범위를 결정하는 기준이 된다. 즉 확정판결의 기판력은 공소사실의 동일성이 인정되는 범위 내에서 모두 미치고, 이 점에서 기판력의 객관적 범위는 공소장변경이 허용되는 범위와 동일하다. 이는 널리 통용되는 공소사실의 동일성 또는 사건의 동일성 도그마틱이다('동일성 도그마틱'으로 약칭). 판례도 이 도그마틱을 따른다.[16]

상기 도그마틱을 분석해 보면, 공소제기의 효력이 범죄사실 전부에 미친다는 것은 '한 건의 범죄사실 일부'에 대한 공소제기는 그것과 동일성이 인정되는 '한 건의 범죄사실 전부'에 미친다는 것으로 해석된다.[17] 이러한 결론은 전술한 법조문에서 명문의 근거는 찾을 수 있다.

---

14) 제248조 ② 범죄사실의 일부에 대한 공소의 효력은 범죄사실 전부에 미친다.

15) 제298조 ① 검사는 법원의 허가를 얻어 공소장에 기재한 공소사실 또는 적용법조의 추가, 철회 또는 변경을 할 수 있다. 이 경우에 법원은 공소사실의 동일성을 해하지 아니하는 한도에서 허가하여야 한다.

16) "공소사실의 동일성이 인정되는 한 공소장의 변경을 허용할 수 있어 기판력이 미치는 범위와 공소장변경이 허용되는 범위는 일치한다고 보아야 하는 바, 소추기관은 그 동일성이 있는 범위(기판력이 미치는 범위) 내의 사실에 대하여는 언제든지 공소장변경을 통하여 법원이 이를 심판할 수 있게 할 권능을 갖게 되는 것이어서 피고인이 그 동일성이 있는 범위 내의 어느 사실에 대하여 일단 소추를 당한 경우에는 그 동일성이 있는 범위 내의 모든 사실에 대하여 소추 재판의 위험이 따른다고 보아야 할 것이다(대법원 1994. 3. 22. 선고 93도2080 전원합의체 판결).

17) 물론 범죄사실 '전부'가 '공소사실의 동일성'과 같은 의미로 해석될 필연성은 없다는 견해도 있다. 양천수, "공소사실과 일사부재리의 객관적 효력범위", 형사소송 이론과 실무 제11권 제1호(2019), 187면. 반면 현행 형사소송법은 범죄사실 개념으로 심판대상과 기판력의 범위를 모두 일치시키고 있다는 견해로는 신동운. 앞의 책, 1498면.

그런데 기판력이 미치는 범위도 역시 공소가 제기된 현실적 심판대상을 넘어 그와 동일성이 인정되는 잠재적 심판대상, 즉 '한 건의 범죄사실 전부'가 되어야만 하는 근거는 어디에서 찾을 수 있을까? 이를 명문화한 법조문은 없다. 물론 "공소제기의 효력은 범죄사실 전부에 미친다"고 규정한 형소법 제248조 2항을 근거로 확정판결의 기판력이 범죄사실 전체에 미친다고 보는 것은 당연한 해석이라는 견해도 있지만, 이러한 해석론은 직권주의하라면 공소장변경 없이 동일성이 인정되는 범죄사실 전체를 심판의 대상으로 하기 때문에 가능할 수 있겠으나[18] 현행법상으로는 동일성이 인정되는 범죄사실이라 하더라도 공소장변경절차에 의해 변경되지 않은 사실을 법원이 심판할 수 없기 때문에 동 조문만으로 당연히 기판력이 미친다고 보기는 어렵다.[19] 따라서 그 근거를 해명하기 위한 여러 견해가 제시되어 있으며[20] 다수설은 기판력이 동일성이 인정되는 범죄사실 전부에 미치는 이유는 그 부분에 대해서도 소추되어 유죄로 될 위험(이중위험)이 있기 때문이라고 본다.[21] 공

---

18) 이재상, 형사소송법 (박영사, 2012), 710면.

19) 이경렬, "형사소송법상 한 개 사건의 의미", 비교형사법연구 제6권 제1호 (2004), 198면. 이재상, 앞의 책, 430-431면과 711면.

20) 다양한 견해에 대한 소개로는 신양균, 형사소송법 (화산미디어, 2009), 960면. 동 문헌은 국가형벌권의 작용범위라는 측면에서 그 근거를 구해야 한다고 하며, 형사소추일회성의 원칙에서 근거를 찾아야 한다고 본다.

21) 이은모, 형사소송법 (박영사, 2012), 806면. "헌법 제13조 제1항은 이중위험 금지를 규정하고 있으므로 검사는 공소사실의 동일성이 인정되는 범죄사실에 대하여는 이를 1회의 소송에서 해결해야 할 의무를 부담하게 되며, 따라서 그 범위에서는 당연히 일사부재리의 효력이 발생한다고 보아야 한다." 차용석·최용성, 앞의 책, 742면. "직권주의를 택한 구법에서는 공소장변경제도도 없었고 공소사실 전체가 심판의 대상이었지만 현행법에서의 심판의 대상은 검사가 공소장에서 주장하는 사실만이다. (중략) 여기에서 일사부재리효가 소인사실을 초월하여 공소사실 전체에 미친다고 하기 위해서는 새로운 근거를 요하게 되었다. 이러한 요청에 부응하기 위하여 위험을 절차에서 오는 사실에서 구하고 판단내용에 구애받지 않게 하는 이중위험의 개념을 헌법에서 이끌어내게 된 것이다." 이밖에 동지의 입장으로 보이는 정승환, 형사소송법 (박영사, 2018), 711면; 이주원, 형사소송법

소장변경이 가능한 범위 내에서 피고인은 잠재적으로 공소장에 기재된 것과는 다른 공소사실에 의하여 처벌될 위험에 노출된 것이므로 이중위험의 금지(double jeopardy)라는 관점에서 기판력도 공소장변경이 가능한 범위까지 미친다고 해석하는 것이 타당하다는 것이다.22) 즉, 피고인의 권리보호를 위한 헌법상 원칙(Verfassungsrechtssatz)에 의해서(헌법 제13조 1항) 一事不再理의 효력을 내용으로 하는 기판력의 객관적 범위는 공소제기의 효력이 미치는 범위와 일치하게 된다.23) 그리고 이처럼 심판대상과 일사부재리 효력범위를 일치시키는 것은 결과적으로 피고인의 방어이익(법적 안정성)과 국가형벌권의 적정한 실현(형사정의의 실현) 사이에 균형의 유지라는 합목적성에 기여한다.24)

요컨대, 동일성 도그마틱은 공소제기의 효력범위와 관련된 소송법적 규정과 피고인의 권리보호를 위한 헌법적 요청(이중위험금지 원칙)이 정합적으로 조응하여 확립된 법리라고 이해할 수 있을 것이다.25)

(박영사, 2019), 526면; 신현주, 형사소송법 (박영사, 2002), 709면.

22) 윤진수, 앞의 책, 321면; 이재상, 앞의 책, 711면. 대법원 1994. 3. 22. 선고 93도2080 전원합의체판결의 소수의견도 이와 같은 취지로 판단된다. "소추기관은 그 동일성이 있는 범위(기판력이 미치는 범위) 내의 사실에 대하여는 언제든지 공소장변경을 통하여 법원이 이를 심판할 수 있게 할 권능을 갖게 되는 것이어서 피고인이 그 동일성이 있는 범위 내의 어느 사실에 대하여 일단 소추를 당한 경우에는 그 동일성이 있는 범위 내의 모든 사실에 대하여 소추 재판의 위험이 따른다고 보아야 할 것이다."

23) 물론 심판대상과 일사부재리의 효력범위가 반드시 일치할 필요는 없다는 이설도 있다. 이러한 학설에 대한 소개로는 윤진수, 앞의 책, 320-321면. 한편 대법원 판례가 동일성의 범위를 제한하는 경우의 대부분은 '일사부재리의 효력범위'에서지만, '심판대상'에서는 동일성을 오히려 넓게 인정하려는 경향을 보인다는 평가도 있다. '살인미수'의 공소사실에 예비적으로 '강간치상'의 공소사실을 추가하는 공소장변경 사안(대법원 1984.6.26. 선고 84도666)이 그러하다고 한다. 이주원, 앞의 책, 236면.

24) 이상돈, 앞의 논문, 237면; 김종구, 앞의 논문, 717면; 윤동호, 앞의 논문, 305면; 홍승희, 앞의 논문, 785면.

25) 이러한 맥락에서 형사소송법의 소송물, 즉 심판대상(Prozessgegenstand)과 기판력(Rechtskraft)의 효력범위가 일치하는 것은 법치국가원칙(Rechtsstaatsprinzip)에서

3. 헌법상 이중위험금지원칙과 동일성 판단기준: 해석론의 필요성

헌법 제13조 1항은 동일한 사건으로부터 다시 처벌되는 위험으로부터 국민과 피고인의 기본권을 보호하라는 헌법상의 요청이며, 형사소송법의 해석 및 적용과 관련해 심판대상과 일사부재리의 효력범위를 일치시키는 동일성 도그마틱을 통해 이 요청은 1차적으로 구현되고 있다. 그렇지만 이중위험금지 원칙의 本義는 일사부재리의 효력범위와 심판대상을 일치시키는 것에만 있지는 않다. 이 원칙을 개별 사안에 일관되게 해석, 적용하기 위해서는 동일성을 무엇을 기준으로 판단해야 하는지 정해져야 하기 때문에 이에 대한 지침도 함께 제시해 주어야 한다. 그런데 동 원칙은 동일성의 세부적인 판단기준은 무엇인지에 대해서 침묵하고 있다. 이로부터 이중위험금지 원칙의 本義에 따를 때 과연 동일성의 판단기준은 무엇인지 의문이 제기된다. 그런데 이는 헌법의 기초자가 애당초 그다지 염두에 두지 않았던 문제일 것이고, 다른 한편으로는 과거 입법자의 관점에서 예정했던 것과 달리 동 원칙의 적용을 받는 형법상의 법률관계가 시대변화에 따라서 훨씬 더 복잡해졌기 때문에 새롭게 제기되는 문제이기도 할 것이다. 그러므로 동일성 여부를 판단하는 합당한 기준의 설정은 해석론에 맡겨질 수밖에 없다. 이와 관련해 '동일성 판단기준'도 헌법의 정신에 부합되게 해석할 필요성이 있다는 것이 지배적인 견해로 보인다. 앞서 고찰한 바와 같이 일사부재리의 효력범위가 잠재적 심판대상까지 미쳐야 하는 근거가 헌법상의 이중위험금지의 원칙과의 정합적 해석에서 나온다면 '동일성 판단기준'도 헌법의 요청이 무엇인지 검토해 그에 부합되도록 설정되어야 할 것이다. 우리나라와 독일에서 통설과 판례의 입장이었고, 현재도 근간이 유지되고 있는 기본적 사실동일설은 바로 그러한 헌법적 요청에서 나온 것으

비롯되는 결론이라는 설명을 이해할 수 있다. Roxin/Schünemann, Strafverfahrensrecht, 29.Aufl. (München: C.H. Beck, 2017), 141-142면.

로 이해할 수 있다. 독일에서도 공소사실의 동일성은 실체법상 죄수개념과는 독립된 소송법상의 개념으로서 '한 개의 역사적 사건(einheitlicher geschichtlicher Vorgang, ein historischer Vorgang)'이라는 사실적 개념으로 이해한다. 그것은 일상적 생활개념에 비추어 유사하거나 같은 종류로서 하나의 통일성이 있다고 여겨지는 것을 뜻한다.[26) 대법원이 "기판력의 문제는 모든 국민은 동일한 범죄에 대하여 거듭 처벌받지 아니한다고 천명한 헌법규정을 구체화한 개념으로 받아들여지고 있음에 유념해 볼 때, 기판력의 한계를 설정하는 공소사실의 동일성 여부는 자연적·전법률적 관점에서 사회일반인의 생활경험을 기준으로[27) 판단해야 한다는 것이 보다 제도의 근본취지에 가까운 개념설정이라고 할 수 있을 것"[28)이라고 설시한 것은 바로 이 점을 지적하고 있는 것이다. 요컨대, 동일성 기준에 대한 헌법적 요청은 원칙적으로 '사회일반인의 생활경험'이다.[29) 하지만 시대변화로 법률관계가 복합해짐에 따라서[30) 이중처벌의 위험으로부터 보호받는 동일한 사건의 범위, 즉 '한 사건(一事)'의 범죄사실의 경계가 모호하고 복잡해지기 시작했고, 이에 일부 학설과 대법원 판례는 이러한 상황을 반영하고 있다.

---

26) Wolfgang Joecks, Studienkommentar StPO (München: C.H. Beck, 2006), 542면.

27) 독일의 지배적인 학설과 판례도 '생활의 관점에 따른 역사적 사건(geschichtliches Vorkommnis nach der Lebensauffassung)'으로 이해한다. Roxin/Schünemann, 앞의 책, 139면.

28) 대법원 1994.3.22. 선고 93도2080 전원합의체 판결의 소수의견(반대의견) 참조.

29) 이러한 헌법적 요청을 가장 세밀한 개념으로 구체화한 견해로는 이상돈, 앞의 논문, 227면 이하. 동 문헌에 의하면 헌법 제13조 제1항은 형사절차에 휘말려드는 시민의 생활세계를 보호하려는 프로그램을 담고 있는 것이므로, 사건의 동일성 여부는 시민들의 생활세계를 구성하는 일상언어/자연언어를 토대로 판단되어야 하고, 그렇게 해야만 국가형법권력에 대한 시민의 희생한계(하나의 형사절차가 한 피고인에게 지울 수 있는 부담의 최고상한선)가 설정되어 비례성원칙이 실현된다고 한다.

30) 다른 한편으로 법원이 실체적 진실을 발견할 수 있는 능력이 예심판사제도가 있던 시절보다 줄어들었기 때문에 기본적 사실동일설은 과거의 낡은 아이디어를 반영하고 있다는 지적도 있다. 김희균·김효준, 앞의 논문, 210-211면 참조.

우선 대법원이 "두 죄의 기본적 사실관계가 동일한가의 여부는 그 규범적 요소를 전적으로 배제한 채 순수하게 사회적, 전법률적인 관점에서만 파악할 수는 없고, 그 자연적, 사회적 사실관계나 피고인의 행위가 동일한 것인가 외에 그 규범적 요소도 기본적 사실관계 동일성의 실질적 내용의 일부를 이루는 것이라고 보는 것이 상당하다"고 판시한 것은 이러한 맥락에서 이해가 가능할 것이다.[31]

관련 학설도 이러한 변화된 상황을 수용한다. 잘 알려진 바처럼 죄질동일설과 구성요건동일설은 공통적으로 기본적 사실동일설이 동일성의 범위를 지나치게 넓게 인정된다는 문제점을 보완하기 위해서 제시된 것으로 보인다.[32] 소인공통설은 소인의 요소로서 피고인, 범죄의 일시, 장소, 방법, 피해법익의 내용, 피해자, 공범관계 등[33]을 고려하여 그 소인들 가운데 한 개의 변동이 있으면 동일성이 인정되지만 2개 이상이 다른 때에는 그 요소간의 일치, 유사, 근접, 포함 등의 관계를 총합평가하고 검사와 피고인의 이익을 비교형량해 동일성을 판단해야 한다는 입장인데(총합평가설) 규범적 요소를 적절히 고려하면서 동시에 기본적 사실동일설의 판단기준을 좀 더 구체화하려시도한다는 점에 그 의의가 있다고 생각된다.[34]

---

31) 대법원 1994.3.22. 선고 93도2080 전원합의체 판결의 다수의견 참조.

32) 이은모, 앞의 책, 457면; 이재상·조균석, 앞의 책, 446면.

33) 범죄사실이나 공소사실이 순수한 사실로서의 범죄사실을 의미함에 반하여 소인은 법률적으로 재구성된 범죄사실이라는 점에 차이가 있다. 신동운, 앞의 책, 617면. 예컨대 "특정 일시에 피고인이 피해자의 소유물인 자전거 1대를 함부로 끌고 갔다"는 사실은 공소사실이지만, "특정 일시에 피고인이 피해자의 소유물은 자전거 1대를 '절취'하였다거나 '장물을 취득'하였다"는 범죄사실은 소인이라고 한다.

34) 최호진, 앞의 논문, 309면.

Ⅲ. 기본적 사실동일설의 재검토

1. 기본적 사실동일설의 의의와 동일성 판단기준

(1) 기본적 사실동일설의 재해석

가. 학설의 기본내용

기본적 사실동일설은 공소사실과 변경이 요구되는 공소사실을 각각 그 기초가 되는 사회적 사실로 환원하여 그러한 사실 사이에 다소의 차이가 있더라도 '기본적인 점'에서 동일하면 동일성을 인정해야 한다는 견해이다. 현재 다수설이며 종래 대법원도 이 입장을 취하고 있었다.[35] 동 학설은 동일성 판단기준을 사회일반인의 생활경험에서 찾을 것을 요구함으로써 이중위험금지 원칙을 천명한 헌법의 요청을 충실히 구현하는 학설로 평가받는다.[36] 이에 따르면 공소사실의 동일성은 일체의 법률적 관점을 배제하고 순수하게 자연적, 전법률적 관점에서 사회일반인의 생활경험과 일치할 수 있도록 판단해야 하며 행위자가 저지른 일련의 사건을 '한 건'으로 평가하는데 고려될 수 있는 핵심적인 요소, 즉 일시와 장소의 근접성을 고려해 이것이 밀접한 관계에 있거나(밀접관계), 두 개의 사건이 사실적 혹은 법률적으로 양립할 수 없는 관계에 있는 때에는(비양립관계 내지 택일관계) 기본적 사실관계가 동일하다고 본다.[37]

나. '밀접관계'의 의미

그런데 종래 이 학설에 대한 일반적 설명은 학설이 제시하는 동일성 판단의 요소, 즉 일시와 장소의 '밀접관계'가 이중처벌금지라는 헌법의 요청과 관련해 어떤 의미를 지니는 것인지 명확히 설명해 주고 있지 못한 듯 보인다. 즉 어떤 이유에서 시간적·장소적 관련성(zeitlicher und

---

35) 예컨대, 대법원 1990.3.9. 선고 89도1046 판결.
36) 이재상, 앞의 논문, 102면.
37) 이은모, 앞의 책, 457면. 이재상, 앞의 논문, 91면.

ortlicher Zusammmenhang)이 중요한지에 대해서 적절한 설명이 없다는 것이다. 다시 말해 행위자가 자신이 저지른 일련의 행위를 '한 건'으로 인식하는 범위가 동일성 판단에서 중요한 것이라면 왜 "행위자가 주관적으로 두 개의 사건을 한 건으로 인식했는지 여부" 혹은 "행위자가 한 개의 사건으로 인식한 범위"를 직접적 판단의 요건으로 두지 않고 시간적, 장소적 관련성이라는 간접적이고 객관적인 사정들만 판단요소로 제시하고 있느냐는 것이다. 그 이유를 추측해 본다면, 만일 그러한 주관적 요건을 고려요소로 삼을 경우, 국가의 형벌권 행사가 피고인의 자의적인 주관적 의사에 따라 좌우되는 결과를 가져올 것이므로,38) 이와 같은 불합리한 결과를 방지하기 위해 사회일반인의 관점에서 두 개의 사건을 한 건으로 인식하는 데 고려할 수 있는 객관적 요소를 동일성 판단의 합리적인 기준으로 제시한 것이기 때문인 것으로 보인다. 즉 시간적, 장소적으로 밀접한 관련성이 있는 일련의 행위는 사회통념상 우리에게 한 건으로 인식되는 생활의 한 단면이 된다는 것이다.

　형사절차와 관련된 법리 중에는 행위자의 주관적 요소에 대한 판단을 다른 객관적인 요소로 대체하려는 방법론적 의도가 담겨 있는 것을 쉽게 찾아볼 수 있다. 예를 들어 '임의성(voluntariness)'의 판단방법이 그러하다. 자백배제법칙의 근거의 변천사를 보면 인권옹호설은 범죄사실의 인부에 대한 의사결정의 자유, 즉 진술의 자유를 침해하는 경우 자백의 임의성이 부정된다고 평가하는 입장인 바, 이에 따르면 '자백의 임의성'은 피의자·피고인의 '자유롭고 합리적인 선택'인지 여부에 따라 결정된다. 그러한 임의성 판단기준에 대해 대법원 판례는 "구체적인 사건에 따라 당해 조서의 형식과 내용, 피고인의 학력, 경력, 직업, 사회적 지위, 지능정도 등 제반 사정을 참작하여 판단한다"39)고 하는데, 이는 곧 '상황의 총체성'을 고려하여 임의성 유무를 판단하는 것이다. 그러나

---

38) 공소장변경의 경우에 피고인은 최대한 자신이 인식한 한 건의 범위를 좁게 해석할 것이고, 반면에 일사부재리의 객관적 효력범위와 관련해서는 최대한 넓게 해석할 것이기 때문이다.

39) 대법원 1993. 7. 27. 선고 93도1435 판결.

주지하다시피 이러한 판단방식은 법관의 선이해와 재량에 의존해 차이가 날 수밖에 없으므로 증거능력 판단기준이 주관화, 내면화될 수 있다는 비판에 직면하게 된다.[40] 이러한 법리적 난관을 극복하기 위해 주목받게 된 것이 위법배제설이다. 동 학설은 논란이 많은 기준인 '임의성'으로부터 탈피하여 적정절차의 요청에 위반해 위법하게 수집된 자백은 임의성에 대해 판단을 할 필요도 없이 위법수집증거이기 때문에 증거능력이 배제된다고 본다. 고문·폭행·협박 등 자백의 임의성에 영향을 미칠 객관적인 사유가 확인되면 자백의 증거능력을 부인하고 그 사유와 임의성 사이에 별도의 인과관계를 묻지 않는다. 그 결과 자백배제기준으로 '임의성'이라는 주관적 요소를 대체하여 고문·폭행·협박 등 일정 유형의 위법행위라는 객관적·통일적인 요소를 제시한다.

이와 유사한 방법론적 노선을 따라간 사례로 동의에 의한 압수·수색과 관련된 미국연방대법원의 입장의 변화가 있다. 간단히 말해 그 변화의 핵심은 '임의성 유무' 기준에서 '위법배제' 기준으로"라고 규정할 수 있다. 동의에 의한 압수·수색 관련 리딩케이스로 쉬넥로스 판결[41]이 있다. 미연방대법원에 따르면 동의는 수정헌법 제4조에 보장된 영장주의의 적법한 예외가 되며, 그 동의는 반드시 자유롭고 임의적인 것이어야 한다. 그런데 쉬넥로스 판결에 따르면 임의성 개념은 그 의미폭이 너무 넓어서 거의 쓸모가 없다고 한다. 따라서 임의성 개념은 법집행기관의 이익과 위법행위의 억제필요성 사이의 균형의 관점에서 구성되어야 한다는 점에 주목하면서[42] 즉 임의성이란 요건은 수사기관의 위법행위를

---

40) '상황의 총체성'이라는 기준이 법원과 소송당사자 및 수사기관에게 일관된 가이드라인을 제공하기에 얼마나 무기력한 기준인지 논증하고 있는 글로는 Marcy Strauss, "Reconstructing Consent", *92 J.Crim.L.&Criminology 211* (2002), 223-236면.

41) Schneckloth v. Bustamonte, 412 U.S. 218(1973). 경찰관이 헤드라이트가 고장난 승용차를 정지시켰는데, 승용차 안에는 6명이 타고 있었다. 그 중 Alcala는 경찰관의 자동차 수색요청에 동의하였다. 트렁크에서 도난된 수표가 발견되었고, Alcala가 아닌 Bustamonte가 절도죄로 기소되었다.

42) Schneckloth v. Bustamonte, 412 U.S. 218, 227-229.

억제하기 위한 것이지, 피고인이 주관적으로 자유로운 선택을 한 것인지를 확증하기 위한 것은 아님을 명확히 하고 있다.[43] 쉬넥로스 판결 이후 미국판례는 실질에 있어서 객관적 요소에 초점을 맞추는 방향으로 발전해 왔다. 예컨대, 판례는 점차 피고인의 교육배경이나 지능 등 주관적 요소보다는 수색의 장소, 수색을 요청하는 표현방식, 수사기관의 행위 등 객관적 요소만을 고려해 임의성 판단을 해오고 있다.[44]

요컨대, 기본적 사실동일설이 제시하는 동일성 판단의 요소 중 밀접관계라는 것도 상기 임의성 판단법리의 발달과 유사하다. 피고인의 주관적 인식상태가 아닌 일반적 평균인의 관점에서 볼 때 일련의 행위를 한 건으로 판단할 수 있는 요소인 것이다. 즉, 판단기준을 주관적인 요소에서 객관적인 요소로 전환시킨 것이다. 따라서 일반적 이해와는 달리 기본적 사실동일설이 제시하는 판단요소 중 '밀접관계'에는 이미 규범적 고려가 스며들어 있다. 이로부터 시간적, 장소적 '밀접관계'가 인정되면 동일성이 인정되는 이유를 이해할 수 있다. 일련의 범죄사실이 '한 건'이라는 인식, 즉 '동일한 사건'이라는 인식은 시간적, 장소적으로 밀접할수록 누구에게나 더 강하게 들 것이기 때문이다.

다. '양립불가능성'의 의미

다음으로 비양립관계가 인정되면 왜 기본적 사실관계가 동일한 것으로 평가되어 공소사실의 동일성이 인정되는가? 비양립관계라는 것은 크게 사실적인 것과 법률적인 것으로 나눌 수 있다.

우선 사실적 비양립관계가 어떤 의미인지 가늠할 수 있는 판례가 있다.

> "최초의 공소사실과 변경된 공소사실간에 그 일시만을 달리하는 경우, 사안의 성질상 2개의 공소사실이 양립할 수 있다고 볼 사정이 있는 경우에는

---

43) 이러한 평가로는 Ric Simmons, "Not 'Voluntary' But Still Reasonable: A New Paradigm for Understanding the Consent Searches Doctrine", *80 Ind.L.J. 773* (2005), 779면.

44) 이러한 판례경향에 대한 상세한 소개로는 Marcy Strauss, 앞의 논문, 225-235면..

그 기본인 사회적 사실을 달리할 위험이 있다 할 것이므로 그 기본적 사실은 동일하다고 볼 수 없다 할 것이지만, 일방의 범죄가 성립되는 때에는 타방의 범죄의 성립은 인정할 수 없다고 볼 정도로 양자가 밀접한 관계가 있는 경우에는 그간의 시간적 간격이 긴 경우라도 양자의 기본적 사실관계는 동일한 것이라고 할 것인바, 최초의 공소사실이 피고인은 1981.1.14. 19:00경 공소외 갑의 집에서 피해자 을의 얼굴을 1회 때려 폭행했다는 것인데 그 일시만을 1979.12. 중순경으로 변경된 경우에 있어서 피고인 및 피해자의 진술과 증언에 의하여 공소사실과 같은 시비나 폭행을 1981.1. 중순경이 아니고 1979.12. 중순경에 있었던 일을 경찰에서 잘못 진술했다는 취지로 인정되고, 양 공소사실의 내용에 의하더라도 그 폭행한 장소, 수단, 방법, 부위, 회수나 피해자가 같아서 양 사실을 별개의 다른 사실이 아니고 1개의 동일한 사실이라고 보지 않을 수 없다면 양 공소사실은 동일성의 범위 안에 있다고 할 것이다(대법원 1982. 12. 28. 선고 82도2156 판결).”

“원심은 피고인 1이 아리랑관광호텔의 관광택시 사업권과 관련하여 피해자 공소외인으로부터 1976. 12. 27. 금 1,200만원을 교부받은 외에 별도로 1977. 3. 20. 택시구입대금으로 금 1,500만원을 받은 사실이 있음을 인정하고 있는 바 이와 같이 두가지 사실이 양립하고 있는 것이라면 피고인 1이 피해자 공소외인으로부터 1976.12.27. 교부받은 금 1,200만원을 횡령하였다는 당초의 공소사실과 검사가 변경신청한 같은 피고인이 피해자로부터 1977.3.20. 교부받은 금 1,500만원을 횡령하였다는 사실은 두개의 공소사실이 양립할 수 있는 것일 뿐 아니라 금원의 교부일시 및 금액에 있어 차이가 있어 공소사실의 동일성이 인정된다고 할 수 없을 것이다(대법원 1989. 9. 26. 선고 88도1677 판결)”

두 사안에서 보면 사실적으로 보았을 때 일시만 다를 뿐 동일한 사건으로 판단이 되면 동일성이 인정되고, 양립가능한 별개의 사건으로 보이면 동일성이 부정된다는 것이다. 한 마디로 사물논리적으로 (sachlogisch) 두 사건이 하나로 인정될 수 밖에 없는 사정이 있다면, 둘은 양립불가능한 사건이 되고 동일성이 인정된다는 취지로 보인다. 이로부터 사실적 비양립관계는 그것이 인정되면 필연적으로 공소사실의 동일성이 인정된다는 점을 알 수 있다.

　　다음으로 법률적 양립불가능성에 대해 살펴보기로 한다. [대표판례
-1]은 법률적으로 양립불가능한 대표적인 케이스다. 갑이 장물취득죄의
본범(강도상해죄)이면서, 동시에 장물취득죄의 주체가 될 수는 없기 때
문이다.

　　　　"[대표판례-1] 갑은 을 등 공동피고인과 공모해 서울 서초구 방배동 공중전
　　　화박스 옆에서 공소 외 병이 전날인 23일 23시 40분경 서울 구로구 구로동
　　　노상에서 피해자로부터 강취한 국민카드 1매를 장물인 점을 알면서도 교
　　　부받아 취득한 사실로 장물취득죄로 기소되어 유죄판결을 받자 항소하였
　　　다. 항소심 계속 중 갑이 을 등과 23일 11시 40분경 서울 구로구 구로동
　　　노상에서 피해자를 폭행하고 국민카드 2매, 비씨카드 2매, 현금 6만원, 주
　　　민등록증 등을 강취하여 피해자에게 타박상을 입혔다는 새로운 사실이 밝
　　　혀져 강도상해죄의 공소가 제1심에 별건으로 제기되었다. 이에 피고인은
　　　장물취득 등 사건의 항소를 취하하여 확정된 뒤, 장물취득죄 사건은 확정
　　　되었으므로 이와 동일한 강도상해죄에 대해서도 이미 확정판결이 있는 때
　　　에 해당하므로 면소의 선고를 해야 한다고 주장하였다(대법원 1994.3.22.
　　　선고 93도2080 전원합의체 판결)."

　　그런데 이 판례에 대한 해설 중에는 강도(상해죄)와 장물취득죄는
불가벌적 사후행위기이기 때문에 양립불가능하다는 해설도 많이 있다.
동 판결의 대법원 소수의견도 이런 입장에 있다. 하지만 불가벌적 사후
행위라는 것은 그 행위 자체가 구성요건에 해당하는 가벌적인 행위여
야 한다. 이미 장물죄의 주체로서의 자격이 없어서 범죄가 성립할 수
없는 경우에는 불가벌적 사후행위에 해당되지 않는다.[45] 물론 갑이 강
도상해죄의 (공동)정범[46]이 아니라 교사범일 경우에는 장물취득죄가
성립할 수 있지만, 이 경우에는 양 죄는 실체적 경합범 관계가 된다는
것이 통설과 판례[47]의 입장이다.

---

45) 이재상, 형법총론 (박영사, 2011), 526면.
46) 보다 정확히는 특수(합동)강도상해죄가 될 것이다.
47) 대법원 1986.0.9. 선고 86도1273 판결.

어쨌든 [대표판례-1]은 구성요건의 해석상 양 죄가 법률적으로 양립할 수 없는 관계를 말한다. 즉 갑에게 강도죄(혹은 절도죄)가 성립하면, 갑은 영득한 재물에 대해서 장물죄는 성립하지 않는다. 장물죄의 본범은 장물죄위 주체가 될 수 없기 때문이다. 이밖에도 절도죄와 그 장물의 손괴와 같이 불가벌적 사후행위도 역시 법률적으로 양립불가능함은 명백하다.

그런데 여기서 의문은 두 개의 범행이 양립불가능한 것이 사건이 동일하다는 것과 어떠한 연관성이 있느냐는 것이다.[48]

이에 대해서는 다음과 같은 설명이 제시되어 있다.

첫째, 소송법의 관점에서 양립불가능한 행위과정에 대해서는 통일된 판단이 불가피하기 때문에, 즉 국가는 하나의 형벌권만 행사할 수 있기 때문에 이 경우 동일성을 인정하는 것이고, 특히 절도죄와 장물취득죄의 사례가 그러하다고 한다.[49] 부연하면 실체진실은 양립불가능한 절도죄와 장물취득죄의 두 범죄 가운데 하나에 부합될 것인데, 만일 장물취득죄로 유죄판결을 받았는데, 절도죄로 재기소가 될 경우에는 동일성을 인정하여 '한 건'의 범죄로 통일된 소송법적 취급(기판력 인정, 면소판결)을 하겠다는 설명으로 보인다. 그렇게 하지 않으면 하나의 사태에 대해 양립할 수 없는 두 개의 실체진실과 그 각각의 형벌권을 인정하는 격이 되기 때문이다.

둘째, 두 개의 범죄사실의 동일성이 문제될 경우 어느 하나에 대한 확정판결이 있으면 공소권의 목적이 달성되는 동시에 다른 사실은 공소권이 있을 수 없을 때(양립불가능하므로), 양 사실은 소송의 객체로서 동일성이 인정된다는 것이다.[50] 예컨대 장물취득죄로 유죄의 판결을 받았고, 그것이 다른 범죄사실과의 관계에 있어서 공소권의 목적이 달성된 것으로 평가될 수 있으며 동시에 다른 범죄는 법률상 양립불가능할

---

48) 이러한 문제의식으로는 윤진수, 앞의 책, 302면.
49) 이재상, 앞의 논문, 100면.
50) 이재상, 앞의 논문, 101면.

경우 공소사실의 동일성을 인정할 수 있다는 취지로 보인다.

그런데 상기 어느 설명도 만족스럽지 못하다.

첫째의 경우, 장물죄에 대한 유죄판결의 기판력을 절도죄에 대해 인정하지 않아도 반드시 국가 형벌권행사의 통일성이 훼손되는 것은 아니다. 장물죄에 대한 재심이 가능하기 때문이다. 또한 통일된 판단이 필요하다고 하여 두 범죄의 배경이 되는 사회적 사실을 반드시 동일하다고 평가할 수는 없을 것이다. 양립불가능한 범죄가 밀접한 관련성이 없다면, 그 배경이 되는 사회적 사실에도 동일성은 인정해서는 안 되기 때문이다. 예컨대 절취한 재물을 몇 주 뒤에 손괴하였다면, 양 죄는 불가벌적 사후행위로 주된 범죄가 성립하면 사후행위는 처벌될 수 없는 관계이지만, 그렇다고 이 경우까지 사회적 사실이 동일하다고 평가할 수는 없을 것이다.

둘째 설명은, 가령 장물죄에 대한 확정판결로 공소권의 목적이 달성된다는 것은 그 자체가 이미 절도죄와 장물죄의 배경이 되는 사회적 사실 간에는 동일성이 인정되어서 굳이 절도죄로는 더 이상 처벌할 필요가 없다는 뜻이므로, 여기에 덧붙여 절도죄와 장물죄가 양립불가능하기 때문에 동일성이 인정된다는 설명은 사족으로 더 이상의 아무런 근거 제시가 되지 못한다.

그렇다면 법률적으로 양립불가능한 사례에 있어서 그로부터 공소사실의 동일성을 인정할 수 있는 근거는 어디에서 찾을 수 있는 것일까? 생각건대, 법률적 양립불가능성만으로 곧바로 공소사실이 동일하다는 평가에 이르지는 못 한다. 행위자의 인식이라는 주관적 요소에 비추어 보더라도 예컨대 장물을 취득한 자의 피고인의 인식 속에 자신이 장물을 취득하는 행위가 애당초 그 장물을 절도의 범행으로 취득하는 행위와 '법률적으로 양립불가능하기 때문에' 동일하다고 생각되지 않을 것임은 분명하다. 그렇다고 사회일반인의 관점에서 이 기준이 시간과 장소의 밀접성처럼 사건의 동일성을 가늠케 해주는 요소도 아니다. 따라서 이를 다른 측면에서 이해해야 한다. 양립불가능한 범죄들이란 구성요건의 해석상 양립이 불가능한 장물죄와 절도(강도)죄의 관계도 있지만, 다른 경우로는 불가벌적 사후행위에 해당하는 사례도 있는데, 그러한 불가벌적 사후행위들은 대체로 두 개의 사건이 '결과적으로' 행위자의 입장에서는 '한 건'의 범죄로 인식되는 경우가 대부분이다. 즉, 법률적 양립불가능성은 대체로 배경사실 간의 '내적 관련성이 있는 경우'라서 동일성이 인정되는 경우가 많다는 것이다. 살인죄와 증거인멸죄처럼 살인죄의 주체는 범행에 사용된 흉기를 버리더라도 증거인멸죄의 주체가 될 수 없다든지 장물인 자기앞수표를 현금 대신 교부하는 경우[51] 등이 바로 그에 해당한다. 이 각각의 사례에서 피고인은 '내적 관련성이 있는'[52] 일련의 행위를 한 건으로 충분히 인식하기 쉬우며 그것은 또한 자연스럽다. 그러므로 기본적 사실동일설이 제시하는 동일성판단의 요소로서 '양립불가능성'이란 행위자에게 한 건으로 인식되기 쉬운 특수한 유형의 사례들에 '공통된 법적 특성'을 지칭하는 것으로 이해할 수 있을 것이다.

요컨대, 일시와 장소의 '밀접관계'는 피고인의 주관적 인식내용에 기대지 않고 사회일반인의 관점에서 한 건으로 인식할 수 있는 객관적 요소의 관계적 특성이라면, '법률적 비양립관계'는 여기에서 더 나아가 한 건으로 인식되는 일정한 유형 사례들의 특성으로서 사회통념에 의하지 않고 순법률적 측면에서 공소사실의 동일성을 판단할 수 있는 요소인 것이다. 이와 같은 점에서 '밀접관계'와 '법률적 비양립관계'는 동일성 판단기준으로서의 성격에 일정한 차이가 있다고 말할 수 있다.

그런데 비양립관계는 '일정 유형 사례들'에 제한적으로 의미를 지닐 수 있는 요소이므로 비양립관계는 아니지만 피고인은 물론 사회일반인

---

51) 대법원 1993. 11. 23. 선고 93도213 판결.

52) "내적 관련성이 있다"는 것은 일련의 범행을 저지르는 피고인의 주관 속에 각 행위들 간 연관성이 있는 경우를 뜻한다. 예컨대, 수단과 목적의 관계라든지 전건과 후건의 범죄가 자연스럽게 예견될 수 있는 관계를 말한다. 이를테면 흉기를 휴대하여 상해를 가하는 경우가 그렇다(후술하는 [원칙판례-1] 참조). 이와 유사하게 '내적 연관관계의 존재'라는 표현을 사용하는 BGHSt 41, 385, 388.

의 관점에서도 한 건으로 인식될 수 있는 더 많은 유형의 행위까지 모두 포함하지는 못한다. 따라서 법률적으로 양립가능하다고 해서 항상 동일성이 부정되는 것은 아니다.[53] 또한 법률적으로 양립불가능한 경우라도 사안에 따라서는 동일성이 부정되는 것이 타당한 경우도 발생할 수 있을 것이다([대표판례-1]). 그러므로 법률적 양립불가능성은 사실적 양립불가능성과 달리 기본적 사실의 동일성을 가늠하는 데 활용할 수 있는 단지 보조적 요소로 보는 것이 적절할 것이다.[54]

Ⅳ. 수정된 기본적 사실동일설의 내용과 대법원 판례의 동일성 판단기준 검토

1. 기본적 사실동일설의 문제점과 대안의 모색

(1) 기본적 사실동일설의 문제점

이 학설에 대해서는 동일성 판단을 위한 수많은 인자들 중에서 어느 요소가 기본적인지 불분명하며[55] 동일성 판단에서 규범적 관점을 전적으로 배제하고 있다는 비판이 제기된다.[56] 그러나 전술한 바와 같이 시간적, 장소적 밀접관계는 행위자가 자신이 저지른 일련의 범행을 한 건으로 생각하기 쉬운 핵심적인 형상이므로 이를 주요한 판단인자로 삼는 것은 결코 불합리하지 않으며, 행위자 개인의 사적 인식내용을 토대로 하는 것이 아니라 사회일반인의 생활경험을 바탕으로 판단되는 것

---

53) Ferdinand Gillmeister, Zur normativ-faktischen Bestimmung der strafprozessualen Tat, NStZ 1989, 4면.
54) 이재상, 앞의 논문, 101면. 홍영기, 앞의 논문(각주 4), 709면. 池田 修·前田雅英, 刑事訴訟法講義 (東京大學出版會, 2006), 256면.
55) 이상돈, 앞의 논문, 219면.
56) 강구진, 형사소송법(학연사, 1982), 318면.

이므로 여기에는 이미 규범적 요소가 스며들어 있다. 아울러 규범적 고려를 배제함으로써 동일성의 범위를 지나치게 확장시킨다는 비판이 있는데 동일성의 범위가 넓어지면 기판력이 미치는 범위는 넓어지지만, 공소장변경의 허용범위도 넓어져서 피고인의 방어권 행사에는 불리한 측면이 있으므로 반드시 피고인에게 유리한 것만은 아니라는 반론 제기되어 있다.[57] 하지만 이러한 문제점들은 그렇게 중요한 것이 아니다.

본질적인 문제점은 그보다는 다른 데 있다. 우선 기본적 사실동일설은 각종 법령의 홍수 속에 있는 복잡다기한 현대 산업사회가 아닌 비교적 단순한 법체계를 갖춘 과거 사회를 배경으로 한 것이기 때문에 일련의 행위과정이 다수의 법령에 위반하는 경우가 많은 현대사회에서 있어서는 한계를 노정할 수밖에 없다는 지적이 있다.[58] 예심판사제도가 있던 과거와 달리 법원이 실체적 진실을 발견할 능력이 줄어들었기 때문에 기본적 사실동일설을 그대로 관철하며 피고인은 끝까지 큰 범죄를 숨기려 하므로 법원은 발견한 작은 범죄의 처벌로 그쳐야 하는 결함이 발생할 수밖에 없다는 분석도 있다.[59] 면소의 판결을 받을 수 있는 경로가 다양해진 점도 여기에 한몫을 하고 있다. 공판절차를 거치지 않

---

57) 이은모, 앞의 책, 457면.
58) 김종구, 앞의 논문, 727면. 예컨대 도로교통 관련법규가 부재하던 시대와는 달리 오늘날 자동차를 운전하던 자가 업무상 과실로 타인의 차량을 충격해 대물사고와 대인사고를 동시에 발생시키고 아무 조치없이 도주한 경우 대물사고에 대해서는 도교법상 업무상과실 재물손괴죄(제151조)와 손괴 후 미조치죄(제148조)가 성립하고 양죄는 실체적 경합관계에 있으며(대법원 1991.6.14. 선고 91도253 판결) 대인사고에 대해서는 교특법위반죄(제3조 제1항)와 도교법상 사상 후 미조치죄(제148조)가 성립할 수 있으나 이는 특가법위반(도주차량)죄(제5조의3)에 흡수되어 별죄를 구성하지 않고 특가법상 도주차량죄만 성립하게 된다. 그리고 특가법상 도주차량죄와 업무상과실 재물손괴죄는 실체적 경합관계에 있으나(대법원 1996.4.12. 선고 95도2312 판결) 도주량죄와 손괴 후 미조치죄는 상상적 경합관계에 있다(대법원 1993.5.11. 선고 93도49 판결). 이처럼 행위자로서는 시간적으로나 장소적으로 '한 건'의 사고로 인식할 수밖에 없는 사안이라도 현행법으로는 실체법상 다양한 구성요건이 적용되고 죄수관계가 복잡한 경우가 발생한다.
59) 김희균, 앞의 논문, 211면.

는 즉결심판이나 검사의 약식기소에 의한 약식명령으로 결과가 확정됨
으로써 전체범죄에 대한 기판력이 부여받는 경우가 많아졌다는 것이
다.60) 그러다 보니 "몽둥이로 맞아야 할 사람이 회초리로 맞은 사례가
등장하면, 적어도 회초리를 다시 들어야 하지 않겠느냐"는 고민을 법원
이 할 수밖에 없다는 것이다.61)

이처럼 대법원이 전원합의체판결로 "규범적 요소도 기본적 사실관
계 동일성의 실질적 내용의 일부를 이루는 것이라고 보는 것이 상당하
다"고 판단한 데에는 이 학설을 원형 그대로 철저히 관철시켜 나아갈
경우 '형사정의(criminal justice)'의 관점에서 부당한 결과를 가져올 수
있다는 우려가 작용했다고 보는 분석이 일반적이다.62) 즉 경한 범죄의
유죄판결로 인하여 나중에 밝혀진 중한 범죄를 처벌할 수 없게 되어 실
질적 정의에 반하는 결과가 초래되는 경우가 발생할 수 있으므로 동일
성 판단에 규범적 요소의 고려가 필요하다는 것이다. 대표적으로 다음
과 같은 판례가 있다.

> [대표판례-2] 피고인은 1997.4.3. 23:00경 소외 1이 범행 후 햄버거 가게 화
> 장실에 버린 칼을 집어들고 나와 용산 미8군영 내 하수구에 버려 타인의
> 형사사건에 관한 증거를 인멸하였다. 피고인은 원심에서 폭처법위반(우범
> 자)죄와 증거인멸죄로 유죄판결을 받았고, 상고포기로 이 사건은 확정되었
> 다. 이후 피고인은 피해자에 대한 살인죄로 기소되었는데, 공소사실은
> 1997.4.3. 21:50경 술에 취한 피해자가 햄버거 가게 화장실로 들어가자 소외
> 1과 함께 뒤따라 가서 소외 1이 지켜보는 가운데, 소지한 칼로 피해자를
> 찔러 과다출혈로 사망케 하였다(대법원 2017.1.25. 선고 2016도15526 판결).

[대표판례-2]에 대해 대법원은 살인죄의 공소사실과 선행사건에서
유죄로 확정된 폭력행위 등 처벌에 관한 법률 위반(우범자)죄와 증거인

---

60) 김희균, 앞의 논문, 213-214면.
61) 임상규, 앞의 논문, 171면 참조.
62) 이상돈, 앞의 논문, 238면; 이재상, 앞의 논문, 94면; 홍영기, 앞의 논문(각주 4),
   711면.

멸죄는 범행의 일시, 장소와 행위 태양이 서로 다르고, 살인죄는 폭력행위 등 처벌에 관한 법률 위반(우범자)죄나 증거인멸죄와는 보호법익이 서로 다르며 죄질에서도 현저한 차이가 있으므로, 살인죄의 공소사실과 증거인멸죄 등의 범죄사실 사이에 기본적 사실관계의 동일성이 인정할 수 없다고 판시하였다. 전술한 [대표판례-1]에서 장물취득죄와 강도상해죄의 공소사실의 동일성을 인정할 경우 발생하는 문제점을 고려한 같은 취지의 판결로 생각된다. [대표판례-1]은 기본적 사실동일설에 의하면 밀접관계도 인정되고 비양립관계도 인정되므로 동일성이 인정될 수 있다. 그렇기 되면 장물취득죄보다 중한 범죄이면서 보호법익과 죄질면에서 다른 강도상해죄로는 처벌할 수 없기 때문에 대법원은 기존의 기본적 사실동일설에 변형을 가해서 '수정된' 기본적 사실동일설을 채택한 것이다. 생각건대 전체적으로 강도(상해)범이 그 과정에서 강취한 재물을 취득하는 일련의 행위는, 소수의견의 지적처럼 생활의 한 단면으로 수범자 시민의 눈에서 '한 건'으로 인식된다고 보는 것도 크게 무리가 있는 것은 아니다. 하지만, 장물취득죄에 대한 판결의 기판력이 강도상해죄에까지 미쳐서 후소에 대해 면소판결을 받게 된다면63) 피해자측은 물론 일반인의 법감정에 반하는 측면이 없지 않을 것이다.64)

　[대표판례-2]는 이러한 문제점이 좀 더 극명히 드러나는 경우다. 만일 피고인이 피해자를 살해하고, 곧바로 증거인멸을 위해 범행에 사용한 칼을 인근 하수구에 버렸는데, 범행에 사용된 칼을 버린 증거인멸죄

---

63) 특히 이 사안에서는 장물취득죄로 유죄판결을 받은 피고인이 이에 불복하여 항소하던 중 강도상해죄로 기소되자 항소포기로 장물취득죄의 기판력을 인정받고자 한 의도가, 법원으로서는 일사부재리원칙을 악용하려는 것으로서 부도덕하다는 의심을 품게 만들 수 있다는 분석으로는 홍영기, 앞의 논문(각주 4), 710면 참조.

64) 이러한 평가로는 이창현, "2017년 형사소송법 주요판례", 인권과 정의 제473권 (2018), 51면 참조; 이 사안에 대한 면밀한 분석으로는 김희균·김효준, 앞의 논문, 218면 이하. 동 문헌은 대법원의 수정된 기본적 사실동일설에 동의하면서도 대상판결은 Kellet Rule을 적용해 일사부재리효를 예외적으로 후퇴시킬 만한 사정을 인정하기 어렵다고 한다.

로만 기소되어 처벌받았으면 그 기판력이 나중에 기소된 살인죄에까지 미친다고 보아야 할까? 이 경우에 기본적 사실동일설에 따르면 밀접관계나 비양립관계가 모두 인정될 수 있을 것이므로 이를 긍정하겠지만, 행위태양과 보호법익과 죄질이 다름에도 살인죄와 증거인멸죄의 동일성이 인정되는 것은 동일성의 범위가 지나치게 넓어진다는 생각을 사회일반인들이 품게 하기 충분할 것이다. 즉, 생각을 달리해 보면 '한 건'의 범위에 대한 피고인의 주관적 기대이익이 법에 의해 그토록 두텁게 보호받아야 할 가치가 있는가에 대한 의문까지지도 제기될 수도 있다는 것이다.

(2) 대법원의 대안 제시: 동일성 판단기준의 '수정'

가. 대법원의 법리구성

기본적 사실동일설의 문제점에 대해 대법원은 규범적 요소의 도입을 통한 해결방식을 제시한다. 즉 장물죄와 강도상해죄의 관계는 장물죄와 절도죄의 관계와는 달리 동일성을 인정할 수 없다는 것이다. "두 죄의 기본적 사실관계가 동일한가의 여부는 그 규범적 요소를 전적으로 배제한 채 순수하게 사회적, 전법률적인 관점에서만 파악할 수는 없고, 그 자연적, 사회적 사실관계나 피고인의 행위가 동일한 것인가 외에 그 규범적 요소도 기본적 사실관계 동일성의 실질적 내용의 일부를 이루는 것이라고 보는 것이 상당하다."고 하면서 "유죄로 확정된 장물취득죄와 이 사건 강도상해죄는 범행일시가 근접하고 위 장물취득죄의 장물이 이 사건 강도상해죄의 목적물 중 일부이기는 하나, 그 범행의 일시, 장소가 서로 다르고(밀접관계 부정), 강도상해죄는 피해자를 폭행하여 상해를 입히고 재물을 강취하였다는 것인 데 반하여 위 장물취득죄는 위와 같은 강도상해의 범행이 완료된 이후에 강도상해죄의 범인이 아닌 피고인이 다른 장소에서 그 장물을 교부받았음을 내용으로 하는 것으로서 그 수단, 방법, 상대방 등 범죄사실의 내용이나 행위가 별개이고(양립불가능성 인정), 행위의 태양이나 피해법익도 다르고 죄질에도 현저한 차이가 있어(규범적 요소의 도입), 위 장물취득죄와 이 사건 강도상해죄 사이에는 동일성이 있다고 보기 어렵고, 따라서 피고인이 장물취득죄로 받은 판결이 확정되었다고 하여 강도상해죄의 공소사실에 대하여 면소를 선고하여야 한다거나 피고인을 강도상해죄로 처벌하는 것이 일사부재리의 원칙에 어긋난다고는 할 수 없다.[65]

정리하면 양립불가능성은 인정되지만, 밀접관계를 인정할 수 없고, 보호법익과 죄질의 차이가 있어서 공소사실의 동일성을 인정할 수 없다는 취지이다. 즉 명시적으로 언급하고 있지는 않지만, 장물취득죄의 확정판결의 기판력이 강도상해죄까지 미쳐서 실질적 정의에 반하는 난점을 동일성을 부정할 수 있는 논거(규범적 요소의 도입)를 마련함으로써 기본적 사실동일설에 '수정'을 가해 '법리적으로' 해결할 수 있는 대안을 제시하고 있는 것이다.

나. 대안에 대한 일반적 평가

이에 대해 대다수의 선행연구는 부정적인 시각이 우세하다. 一事不再理의 원칙 내지 二重危險의 금지는 피고인의 이익보호를 위해 실질적 정의의 이념을 후퇴시키라는 헌법적 요청이기 때문에 이러한 법적 안정성에 대한 원칙을 실질적 정의를 앞세워 무너뜨리는 것은 잘못이라는 것이다.[66] 그리고 원칙에 대한 대법원의 흔들림은 하급심의 오해로 이어지기도 한다고 지적한다.[67]

다. 종합적 재검토

그런데 대법원이 제시한 기준을 두고 법적 안정성과 실질적 정의의 대립관계로 규정하고 일사부재리라는 절차법상의 근본이념을 실질적 정의를 앞세워 파괴하는 것은 부당하다는 비판이 적절한 것인지 되물

---

65) 대법원 1994. 3. 22. 선고 93도2080 전원합의체판결.
66) 이재상, 앞의 논문, 94면.
67) 임상규, 앞의 논문, 173면.

어볼 필요도 있을 것 같다. 헌법의 기초자의 입장에서 정보의 결핍과 부족으로 이후 벌어질 구체적인 상황까지 예견하지 못하는 것은 필연적인 일이다. 그럼에도 불구하고 국민의 권리보호를 위해 동일한 '한 건'의 범죄사실 전체에 대해서는 거듭 처벌하지 못한다는 원칙을 세울 수 있는 것은, 결국 입법과 법해석의 단계에서 공소사실의 동일성을 밝히는 작업이 요청되기 때문이다. 이에 따라 형사정의에 현저히 반하는 결과를 가져오는 경우에는 피고인과 사회일반인의 관점에서 '한 건'으로 인식될 가능성이 높다고 하더라도 규범적 교정이 필요하다고 해석하는 것은, 크게 부당해 보이지 않는다. 어차피 입법자가 사건의 동일성 판단기준에 대해서 해석의 여지를 남겨두고 있다면, 원칙적으로 헌법의 요청에 충실하면서도규범적 요소를 가미해 개별 사례에 일관되고 정합적으로 적용될 수 있는 합당한 기준을 이끌어낼 수 있다면, 그러한 해석론이 법리적으로 무조건 부당하다고 단정할 수 없을 것이다. 예컨대, 과거 입법자가 예상하지 못했던 만큼 한 건의 행위를 규율하는 관계법령이 복잡해져서 경범죄처벌법(안전운전의무)위반으로 범칙금통고처분을 자가 다른 형사범죄(교통사고처리특례법)의 구성요건도 충족시켰을 경우에는, '한 건'으로 인식될 가능성이 높다고 하더라도, 절차의 차이를 고려하면 "범칙금의 납부에 따라 확정판결에 준하는 효력이 인정되는 범위는 범칙금 통고의 이유에 기재된 당해 범칙행위 자체 및 범칙행위와 동일성이 인정되는 범칙행위에 한정된다. 따라서 범칙행위와 같은 시간과 장소에서 이루어진 행위라 하더라도 범칙행위의 동일성을 벗어난 형사범죄행위에 대하여는 범칙금의 납부에 따라 확정판결에 준하는 일사부재리의 효력이 미치지 아니한다"고 대법원이 판시한 것은[68] 이러한 규범적 교정의 맥락에서 이해할 수 있다(후술 [비교판례-2] 참조).

---

68) 대법원 2002.11.22. 선고 2001도849 판결; 대법원 2007.4.12. 선고 2006도4322 판결; 대법원 2011.4.28. 선고 2009도12249 판결; 대법원 2012.9.13. 선고 2012도6612 판결 등. 물론 이와 반대로 범칙금납부에 확정판결의 효력을 인정하고 있는 판결도 있다(대법원 2003.7.11. 선고 2002도2642 판결). 이러한 판례의 비일관성을 지적하고 있는 견해로는 홍승희, 앞의 논문, 791면 이하.

물론 반대로 실질적 정의의 요청도 절대적일 수는 없다. 일사부재리의 효력과 관련된 헌법의 요청은 무엇보다 피고인이 일상적으로 한 건으로 인식할 수 있는 범위에서 사건의 동일성을 인정해야 피고인이 형사절차에서 감내해야 하는 고통을 덜어줄 수 있다는 것이므로(비례성의 충족), 그 판단기준을 객관화하는 작업에 더하여, 실체적 정의에 어긋나는 모든 불합리한 결과에 대해서는 일사부재리 효력을 인정할 수 없다는 식의 법리구성도 역시 허용되어서는 안 될 것이기 때문이다(후술 [원칙판례] 참조).

생각해 보면, 저지른 범죄에 대한 응분의 대가는 반드시 치르어야 한다는 형사정의(실질적 정의) 요청이 국가의 압도적인 권력에 의해 형사절차에서 과도하게 수범자인 개인에게 무차별적으로 거듭하여 가해지는 것을 막기 위해, 다시 말해 국가형벌권의 무분별한 행사로부터 시민의 자유와 권리를 보호하기 위한 적법절차원칙의 차원에서 마련된 것이 이중위험금지 내지 일사부재리의 효력이라고 볼 수 있다. 그렇다고 해서 일사부재리원칙을 모든 법원칙에 우선하는 원칙으로 내세울 경우(공소사실의 동일성을 지나치게 넓게 인정하면) 전체범죄의 극히 일부에 대한 확정판결만으로 전체범죄에 대해 면소의 판결을 받게되는 불합리한 결과를 가져올 수 있다. 특히 즉결심판에 의해 처벌받은 자가 그 기판력에 의해 그보다 훨씬 중한 형사범죄로 처벌받는 것이 불가능해지는 경우에 이러한 우려는 커진다.[69] 이러한 경우까지 무조건 허용되도록 공소사실의 동일성 범위의 기준을 결정하라는 것이 헌법 기초자의 생각은 아니었을 것이다. 그렇다면, 일사부재리원칙은 형사정의의 원칙과 정합적인 조화를 이루어야 할 것이고[70] 그 법리적 매개물은 공소사실의 동일성일 것이다. 즉 피고인의 권리와 소추기관 내지 법원의 이익 사이의 조화를 공소사실의 동일성 법리가 담당하는 것이다.

요컨대, 이중위험금지라는 헌법상의 원칙에서 출발하면 순수한 기본

---

69) 이러한 문제의식으로는 배종대·홍영기, 형사소송법(홍문사, 2017), 479면.
70) 동지의 이경렬, 앞의 논문, 201면.

적 사실동일설이 절대 우선되어야 할 것으로 여겨지기 쉽지만,[71] 형사사법과 관련된 헌법상의 원칙은 그 규범적 유래에 있어서 국가형법권력에 의한 실질적 정의의 추구가 적정성을 벗어나지 못하도록 형벌권 행사의 한계선을 긋도록 하는 데 있다는 점을 상기하면, 순수한 기본적 사실동일설과 실질적 정의의 요구를 적절히 조화시켜 규범적 요소를 도입하는 것은 오히려 합당한 결과라고 말할 수 있다. 또 다른 헌법상의 원칙이라 할 수 있는 죄형법정주의나 책임원칙도 일정한 한계사례에 직면해서는 한발 물러나기도 한다는 점은 주지의 사실이다.

그렇다면 전원합의체 판결 이후 대법원이 규범적 요소를 어떻게 구체적으로 제시하고 있으며, 실질적 정의에 반하는 문제점을 해결하면서도 일사부재리원칙의 본의에 부합되도록 동일성 규범을 형성해 가고 있는지, 또 그것이 모든 사례에서 일관되게 합당한 결과를 산출할 수 있는 기준인지 살펴보기로 한다.

2. 대법원 판례의 판단기준 분석–일관성의 측면

(1) 기본적 사실동일설의 유지

전술한 바와 같이 대법원 판례에 의해 제시된 수정된 기본적 사실동일설의 기준은 두 죄의 기본적 사실관계가 동일한가의 여부는 그 규범적 요소를 전적으로 배제한 채 순수하게 사회적, 전법률적인 관점에서만 파악할 수는 없고, 그 "자연적, 사회적 사실관계나 피고인의 행위가 동일한 것인가 외"에 그 "규범적 요소"도 기본적 사실관계 동일성의 실질적 내용의 일부를 이루는 것이라고 보는 것이 상당하다고 한다. 즉 장물취득죄와 강도상해죄의 공소사실의 동일성을 판단함에 있어서 종래 기본적 사실동일설이 채택하고 있던 밀접관계나 양립불가능성에 대

---

71) 손인혁, 앞의 논문, 131면. 이를 법적 안정성과 정의의 대립구도로 파악하고 법적 안정성이 우위에 있다는 논의로는 Jürgen Wolter, Tatidentität und Tatumgestaltung im Strafprozeß, GA 1986, 154면 이하.

한 판단을 내리고 있다.

이어서 대법원은 행위태양과 보호법익 및 죄질을 규범적 요소로 제시하고 있다. 장물취득죄와 강도상해죄는 실행행위의 태양은 물론 보호법익과 죄질이 모두 다르다는 것이다.[72) 여기서 죄질은 죄질동일설에서 말하는 의미로 보면 적절할 것으로 보인다.[73]

(2) [대표판례-1] 이후 판례의 일관성

대법원이 기본적 사실관계에 규범적 요소를 포함시켜 고려할 것을 기준으로 제시한 이래 아래의 일련의 판결은 이 기준에 부합되는 판시를 하고 있는 것으로 평가할 수 있다. 대부분 판결의 공통사항은 "시간과 장소의 근접성(밀접관계)는 인정되나 규범적 요소에 현저한 차이가 있어" 공소사실의 동일성을 부정하고 있다는 점이다.

가. 규범적 요소를 고려해 동일성을 부정한 판례

"[부정판례-1] 약식명령이 확정된 소방법위반의 범죄사실과 업무상과실치상·업무상실화의 공소사실 모두 인화물질을 매개로 동일 장소·일시에서 근접하여 이루어졌다는 점에서는 일부 중복되는 면이 있으나, 각 위반행위의 내용과 태양 및 책임의 근거, 직접적인 보호법익 등이 다를 뿐만 아니라 그 죄질에도 현저한 차이가 있는 이상 이들 행위 상호간에는 그 기초가 되는 사회적 사실관계가 동일한 것이라고 평가할 수 없다(대법원 2005. 1. 13. 선고 2004도6390 판결)".[74]

"[부정판례-2] 상해의 공소사실에 폭력행위 등 처벌에 관한 법률 위반(집

---

72) 동지의 윤진수, 앞의 책, 316면.

73) 이상돈, 앞의 논문, 220면.

74) "위 확정된 소방법위반의 범죄사실과 이 사건 공소사실 모두 이 사건 인화물질을 매개로 동일 장소·일시에서 근접하여 이루어졌다는 점에서는 일부 중복되는 면이 있다 할 것이나, 위에서 본 것처럼 각 위반행위의 내용과 태양 및 책임의 근거, 직접적인 보호법익 등이 다를 뿐만 아니라 그 죄질에도 현저한 차이가 있다."

단·흉기 등 협박) 등의 공소사실을 추가하여 공소장변경신청을 한 사안에서, 범행 장소와 피해자가 동일하고 시간적으로 밀접되어 있으나 수단·방법 등 범죄사실의 내용이나 행위태양이 다를 뿐만 아니라 죄질에도 현저한 차이가 있어 기본적인 사실관계가 동일하지 않으므로 공소사실의 동일성을 인정할 수 없다(대법원 2008. 12. 11. 선고 2008도3656 판결)".

"[부정판례-3] 당초의 공소사실인 마약류관리에 관한 법률 위반(향정)의 범죄사실과 검사의 공소장변경에 의해 예비적으로 추가된 사기의 범죄사실은 그 수단·방법 등 범죄사실의 내용이나 행위의 태양 및 피해법익이 다르고 죄질에도 현저한 차이가 있어, 그 기본적인 사실관계가 동일하다고 볼 수 없다(대법원 2012. 4. 13. 선고 2010도16659 판결)".[75]

"[부정판례-4] 검사가, 피고인들이 토지거래허가구역 내 토지를 미등기 전매한 후 매매대금을 지급 받고도 등기를 이전하지 않은 채 제3자에게 근저당권을 설정해 줌으로써 재산상 이익을 취득하고 매수인들에게 손해를 가하였다는 내용의 배임 공소사실로 기소하였다가, 원심에서 피고인들이 장차 설정될 예정이었던 근저당권을 말소하여 소유권이전등기를 넘겨줄 의사나 능력이 없고 산지전용허가가 취소될 것임을 알면서도 산지전용허가가 나 있다는 등으로 피해자들을 기망하여 매매대금을 편취하였다는 사기 공소사실을 예비적으로 추가하는 공소장변경신청을 한 사안에서, 위 각 범죄사실은 범행일시와 장소, 수단, 방법 등 범죄사실의 내용이나 행위태양, 범죄의 결과가 다르고 죄질에도 현저히 차이가 있어 기본적 사실관계가 동

---

75) 검사는 당초 '피고인은 2008.10.하순경 성남시 모란시장 부근 도로에 정차한 승용차 안에서 공소외 1에게 향정신성의약품인 메스암페타민 약 0.3g을 건네주어 이를 교부하였다'는 범죄사실로 공소를 제기하였다가, 2010.10.15. 원심법원에 '피고인은 사실은 10g 상당의 필로폰을 구해다 줄 의사나 능력이 없었음에도 불구하고 필로폰을 구해다 줄 것처럼 하여 필로폰 대금 명목의 금원을 편취하기로 마음먹고, 2008.10. 중순경 장소불상지에서 공소외 1에게 전화로 350만 원을 주면 필로폰 10g을 구해다 주겠다고 거짓말하여 이에 속은 공소외 2, 1로부터 같은 달 하순경 성남 모란역에서 필로폰 대금 및 수고비 합계 370만 원을 교부받았다'는 범죄사실을 예비적으로 추가하는 내용의 이 사건 공소장변경허가신청을 하였고, 이에 원심법원은 2010.11.9. 제12회 공판기일에서 이 사건 공소장변경을 허가한 다음 이 부분 공소사실에 대하여 유죄를 인정하였음을 알 수 있다.

일하다고 볼 수 없다(대법원 2012. 4. 13. 선고 2011도3469 판결)".

"[부정판례-5] 공소사실에 따른 의료법 위반죄는 병원 시술상품 광고를 이용하였다는 점에서 유죄로 확정된 표시·광고의 공정화에 관한 법률(이하 '표시광고법'이라 한다) 위반죄의 범죄사실과 일부 중복될 뿐이고, 거짓·과장의 표시·광고, 기만적인 표시·광고를 행위태양으로 하고, 부당한 표시·광고를 방지하고 소비자에게 바르고 유용한 정보를 제공토록 함으로써 공정한 거래질서를 확립하고 소비자를 보호하려는 입법 목적을 갖고 있는 표시광고법 위반죄와 달리 영리를 목적으로 환자를 소개·알선·유인하는 것을 행위태양으로 하고, 영리 목적의 환자유인행위를 금지함으로써 의료기관 주위에서 환자유치를 둘러싸고 금품 수수 등의 비리가 발생하는 것을 방지하고 나아가 의료기관 사이의 불합리한 과당경쟁을 방지하려는 입법 목적을 갖고 있는 등 행위의 태양이나 피해법익 등에 있어 전혀 다르고, 죄질에도 현저한 차이가 있어 표시광고법 위반죄의 범죄사실과 동일성이 있다고 보기 어렵다(대법원 2019. 4. 25. 선고 2018도20928 판결)".[76]

상기 판례들을 종합해 보면 당초([대표판례-1]) 대법원이 제시했던 규범적 요소의 내용인 행위태양, 보호법익 및 죄질 외에 실행행위의 태양에 대한 행위자의 인식내용, 범죄사실의 내용, 책임의 근거, 범죄의 결과 등을 추가적으로 제시하고 있음을 알 수 있다.

나. 규범적 요소를 고려해 동일성을 긍정한 판례

규범적 요소는 공소소사실의 동일성을 부정하는 주요한 판단근거가

---

76) 인터넷 성형쇼핑몰 형태의 통신판매 사이트를 운영하는 피고인들이 '2013.9.경부터 2016.7.21.까지 병원 시술상품을 판매하는 배너광고를 게시하면서 배너의 구매 개수와 시술후기를 허위로 게시하였다.'는 표시광고법 위반죄의 범죄사실로 벌금 각 100만 원의 약식명령을 받아 확정되었는데, '영리를 목적으로 2013.12.경부터 2016.7.경까지 병원 시술상품을 판매하는 배너광고를 게시하는 방법으로 총 43개 병원에 환자 50,173명을 소개·유인·알선하고, 그 대가로 환자들이 지급한 진료비 중 15~20%를 수수료로 의사들로부터 지급받았다.'는 의료법 위반 공소사실로 기소됨.

되기도 하지만, 반대로 이를 긍정하는 근거로 원용되기도 한다. 기준의 '일관성'이라는 측면에서 합당한 태도라도 생각된다. 이하의 일련의 판례가 그러한 입장이다.

"[인정판례-1] 피고인이 공공의 안녕질서에 직접적인 위협을 끼칠 것이 명백하다는 등의 이유로 금지통고된 집회를 주최하였다는 집회 및 시위에 관한 법률(이하 '집시법'이라고 한다) 위반 공소사실로 기소되었는데, 선행 사건에서 위 집회와 그 이후 계속된 폭력적인 시위에 참가하였다는 이른바 질서위협 집회 및 시위 참가로 인한 집시법 위반죄 등으로 유죄 확정판결(이하 '선행 확정판결'이라고 한다)을 받은 사안에서, 위 공소사실과 선행 확정판결의 공소사실은 집회의 '주최'와 '참가'라는 점에서 차이가 있으나, 같은 일시, 장소에서 있었던 위 집회를 대상으로 하는 점에서 범행일시와 장소가 동일한 점, 집회 또는 시위의 주최자는 '자기 이름으로 자기 책임 아래 집회나 시위를 여는 사람이나 단체'를 말하므로(집시법 제2조 제3호), 이와 같은 집회나 시위에 뜻을 같이하여 단순히 참가하였음에 불과한 참가자는 주최자와는 구별되고, 집회 또는 시위의 주최자가 동일한 집회 또는 시위의 참가자도 되는 경우란 개념적으로 상정하기 어려워 동일한 집회를 주최하고 참가하는 행위는 서로 양립할 수 없는 관계에 있는 점, 금지통고된 집회 주최로 인한 집시법 위반죄(위 공소사실)와 질서위협 집회 참가로 인한 집시법 위반죄(선행 확정판결의 공소사실)는 모두 공공의 안녕질서 등을 보호법익으로 하는 점에서 각 행위에 따른 피해법익 역시 본질적으로 다르지 않은 점 등 사회적인 사실관계와 규범적 요소를 아울러 고려하면, 위 공소사실과 선행 확정판결의 공소사실은 기본적 사실관계가 동일한 것으로 평가할 수 있는데도, 이와 달리 보아 위 공소사실을 유죄로 인정한 원심판단에 공소사실이나 범죄사실의 동일성 여부, 일사부재리의 효력에 관한 법리오해의 잘못이 있다(대법원 2017.8.23. 선고 2015도11679 판결)."

"[인정판례-2] 이 사건 공소장변경 전후의 공소사실은 모두 같은 근로자에 대하여 동일한 임금의 미지급 행위를 대상으로 하는 것으로서 피고인이 해당 근로자의 퇴직 후 금품 청산의무를 위반한 것인지와 매월 임금지급의무를 위반한 것인지에 관한 법률적 평가만을 달리하고 있다. 나아가 그 죄질과 피해법익도 유사하므로, 상고이유로 지적하는 사정들을 고려한다고 하더라도 그 기본적 사실관계가 동일하다고 볼 수 있다(대법원 2017. 4. 7.
선고 2017도744 판결)".

3. 대법원 판례의 판단기준 분석: 정합성의 측면

다음으로 검토할 측면은 '정합성'의 측면이다. 다시 말해 판례가 단
지 형사정의에 반하는 결과를 회피하기 위해서만 규범적 요소를 도입,
활용하는 것이 아니라는 점이 밝혀져야 판례입장의 타당성이 입증될
수 있을 것이다. 이 점을 가장 명확히 확인할 수 있는 부분은 판례가
과연 일사부재리원칙의 헌법적인 의미와 요청을 적절히 수용하고 있느
냐의 여부일 것이다. 다시 말해 피고인과 사회일반인의 입장에서 일상
언어에 의해 '한 건'으로 인식한 범위의 존중이라는 헌법적 요청을 과
연 얼마나 수용하고 있는지 살펴봐야 한다. 이하의 판례들은 두 사안에
서 규범적 요소에 현저한 차이가 있음에도 불구하고 바로 그러한 요청
에 근거해 동일성을 인정하고 있는 것으로 보인다.

"[원칙판례-1] 피고인이 흉기인 회칼을 휴대한 행위와 위 회칼로 피해자
공소외 2를 찔러 상해를 가한 행위는 피고인이 피해자에게 상해를 가하려
는 단일의 범의하에 저지른 상호 수단과 결과의 관계에 있는 일련의 행위
로서 밀접한 인과관계가 있다고 할 것이므로 상고이유에서 주장하는 바와
같은 요소들을 고려한다고 하더라도 위 공소사실과 위 확정판결의 범죄사
실은 그 기본적 사실관계가 동일한 것이라고 하지 않을 수 없다(대법원
2009. 11. 12. 선고 2009도9189 판결)".77)

---

77) 동일한 취지의 판결로는 "피고인들이 피해자를 감금한 행위와 그 감금한 상태에
서 발급받아 놓은 피해자 명의의 인감증명서를 이용하여 회사의 대표이사 명의
나 회사 부지의 소유자 명의를 변경하여 경영권을 빼앗은 행위는 모두 피고인들
이 피해자로부터 회사의 경영권을 갈취하려는 단일의 범의하에 저지른 상호 수
단과 결과의 관계에 있는 일련의 행위로서 밀접한 인과관계가 있다고 할 것이므
로, 소론지적과 같은 요소들을 고려한다고 하더라도 양 사실은 그 기본적 사실관계
가 동일한 것이라고 하지 않을 수 없다(대법원 1998. 8. 21. 선고 98도749 판결).

"[원칙판례-2] 경범죄처벌법위반죄의 범죄사실인 음주소란과 폭력행위등처벌에관한법률위반죄의 공소사실은 범행장소가 동일하고 범행일시도 같으며 모두 피고인과 피해자의 시비에서 발단한 일련의 행위들임이 분명하므로, 양 사실은 그 기본적 사실관계가 동일한 것이어서 이미 확정된 경범죄처벌법위반죄에 대한 즉결심판의 기판력이 폭력행위등처벌에관한법률위반죄의 공소사실에도 미친다(대법원 1996. 6. 28. 선고 95도1270 판결)".

"[원칙판례-3] 피고인이 1988.5.20. 17:00경부터 23:00경까지 사이에 술에 취해 주점에 찾아와 그곳 손님들에게 시비를 걸고 주먹과 드라이버로 술탁상을 마구치는 등 약 6시간동안 악의적으로 영업을 방해하였다는 사실로 경범죄처벌법 제1조 제12호, 제24호, 제25호 위반으로 구류 5일의 즉결심판을 받아 확정된 사실이 있다면, 피고인이 같은 날 17:00경 같은 주점에서 그곳의 손님인 피해자와 시비를 벌여 주먹으로 피해자의 얼굴을 1회 때리고 멱살잡이를 하다가 위 주점 밖으로 끌고 나와 주먹과 발로 피해자의 복부 등을 수회 때리고 차서 피해자로 하여금 그 이튿날 19:30경 외상성 장간막 파열로 인한 출혈로 사망케 한 것이라는 이 사건 공소사실과 위 즉결심판의 범죄사실은 동일한 피고인이 동일한 일시, 장소에서 술에 취하여 그 주점의 손님들에게 시비를 걸고 행패를 부린 사실에 관한 것으로 양사실의 기초가 되는 사회적 사실관계가 기본적인 점에서 동일하다(대법원 1990. 3. 9. 선고 89도1046 판결)"

"[원칙판례-4] 경범죄처벌법위반죄로 범칙금 통고처분을 받아 범칙금을 납부한 범칙행위인 소란행위와 상해죄의 공소사실은 범행장소가 동일하고 범행일시도 거의 같으며, 모두 피고인과 피해자의 시비에서 발단한 일련의 행위임이 분명하므로, 양 사실은 그 기본적 사실관계가 동일한 것이라고 할 것이어서 위 경범죄처벌법위반죄에 대한 범칙금납부로 인한 확정재판에 준하는 효력이 상해의 공소사실에도 미친다(대법원 2003. 7. 11. 선고 2002도2642 판결)"

상기 일련의 판례들의 공통점은 행위태양과 보호법익 및 죄질의 측면에서는 규범적으로 다르다고 평가할 여지가 있음에도 불구하고 "단일의 범의하에 저지른 상호 수단과 결과의 관계에 있는 일련의 행위로서 밀접한 인과관계가 인정”되는 경우라든지 “범행장소가 동일하고 범행일시도 같으며 모두 피고인과 피해자의 시비에서 발단한 일련의 행위들임이 분명”한 경우에 있어서는, 다시 말해 '피고인으로서는 한 건의 사건으로 인식하기에 충분한 경우'에 있어서는 그러한 차이점에도 불구하고 헌법의 요청에 부응해 공소사실의 동일성을 인정하고 있는 것으로 보인다. 이를 보다 간명한 조건으로 표현하자면 ① 일련의 행위에 '내적 연관이 강한' 경우와 ② 일시와 장소가 '동일한' 경우로 정식화할 수 있을 것이다. 이러한 법리는 수정된 기본적 사실동일설을 채택하기 이전에 상해치사의 범죄사실과 경범죄처벌법의 범죄사실이 죄질의 측면에서 현저히 다른 경우라도 관철되고 있었던 것으로 보이며[원칙판례-3], 현재로서도 역시 이를 따르고 있는 것으로 평가할 수 있을 것이다.

"[비교판례-1] 상해의 공소사실에 폭력행위 등 처벌에 관한 법률 위반(집단·흉기 등 협박) 등의 공소사실을 추가하여 공소장변경신청을 한 사안에서, 범행 장소와 피해자가 동일하고 시간적으로 밀접되어 있으나 수단·방법 등 범죄사실의 내용이나 행위태양이 다를 뿐만 아니라 죄질에도 현저한 차이가 있어 기본적인 사실관계가 동일하지 않으므로 공소사실의 동일성을 인정할 수 없다(대법원 2008. 12. 11. 선고 2008도3656 판결)"[78]

"[비교판례-2] 피고인이 경범죄처벌법상 '음주소란' 범칙행위로 범칙금 통고처분을 받아 이를 납부하였는데, 이와 근접한 일시·장소에서 위험한 물건인 과도를 들고 피해자를 쫓아가며 "죽여 버린다."고 소리쳐 협박하였다는 내용의 폭력행위 등 처벌에 관한 법률 위반으로 기소된 사안에서, 피고인에게 적용된 경범죄처벌법 제1조 제25호(음주소란등)의 범칙행위와 폭

---

[78] "피고인이 2004.3.22. 22:00경 포천시에 있는 피고인의 집에서 피해자와 말다툼을 하다가 발로 피해자의 배와 가슴 부위를 수회 차 피해자에게 약 2주간의 치료를 요하는 흉부좌상을 가하고, 계속하여 부엌 뒤에 있는 창고에서 위험한 물건인 전지가위를 가지고 와 거실바닥에 쓰러져 있는 피해자에게 들이대며 '너 오늘 죽여 버리겠다'고 말하여 피해자를 협박하였다."

력행위 등 처벌에 관한 법률 위반 공소사실인 흉기휴대협박행위는, 범행 장소와 일시가 근접하고 모두 피고인과 피해자의 시비에서 발단이 된 것으로 보이는 점에서 일부 중복되는 면이 있으나, 범죄사실의 내용이나 행위의 수단 및 태양, 각 행위에 따른 피해법익이 다르고, 죄질에도 현저한 차이가 있으며, 범칙행위의 내용이나 수단 및 태양 등에 비추어 그 행위과정에서나 이로 인한 결과에 통상적으로 흉기휴대협박행위까지 포함된다거나 이를 예상할 수 있다고 볼 수 없으므로 기본적 사실관계가 동일한 것으로 평가할 수 없다(대법원 2012. 9. 13. 선고 2012도6612 판결)."

상기 [비교판례-1]은 일응 [원칙판례-3]처럼 범행장소와 피해자도 동일하여 피고인의 입장에서는 한 건으로 인식할 수 있는 요건을 갖춘 듯이 보이지만, [원칙판례-1]처럼 단일한 고의로 전체범행을 저지른 것도 아니고, 상해를 가한 후에 별도로 협박을 했다는 점에서, '내적 연관이 약해' 일련의 범행을 한 건의 범죄로 인식하기에 충분하다고 평가하기 어렵고, 또한 두 개의 범죄사실은 규범적 요소를 고려할 때 동일성을 인정받기 어렵다는 입장으로서 대법원이 규범적 요소를 도입한 취지를 되살려내고 있다고 평가할 수 있다.

[비교판례-2]는 [원칙판례-4]와 거의 모든 조건이 동일함에도 불구하고 상이한 결론을 내리고 있다는 점에 유의할 필요가 있을 것이다. 즉 대법원은 후자의 사례에 있어서는 피고인이 한 건으로 인식하기에 충분한 상황이라면 그것으로부터 더 이상의 규범적 요소는 고려하지 않고 공소사실의 동일성을 인정했으나, 전자의 경우에 있어서는 오히려 규범적 요소에 더 중점을 두면서 예견가능성이라는 요소까지 끌어와서 규범적으로 현저한 차이가 있다는 판단을 내리고 있는 것이다. 이에 대해서는 여러 비판이 있으나79), 대법원의 입장을 정합적으로 해석해 본다면 양자는 우선 사실적인 측면에서 차이점이 있다. 즉 후자의 경우에 있어서는 특정 제한된 장소(사무실)에서 벌어진 일이지만, 전자는 피해

---

79) 김정환, "경범죄처벌법 위반행위와 관련된 일사부재리의 효력과 규범적 요소를 고려한 사실의 동일성 판단", 법조 제62권 제6호 (2013), 186면 이하.

자를 쫓아가면서 장소적으로 밀접관계가 후자에 비해 약한 상황인 것으로 보인다([사실판단]). 그렇기 때문에 판례는 "음주소란은 불특정인의 평온 내지 사회의 안녕질서를 보호법익으로 하는 데 비하여 흉기휴대협박은 특정인의 의사결정의 자유를 보호법익으로 하므로 각 행위에 따른 피해법익이 전혀 다르[다]"고 판시하고 있는 것이다([규범판단①]). 그런데 [비교판례-2]는 그보다 더욱 중요한 설시를 하고 있다. [원칙판례-4]가 통고처분에 따른 범칙금 납부의 효력이 형사범죄행위에까지 미친다고 인정함으로써 일사부재리원칙의 헌법적 요청에 충실하게 면소판결을 할 수 있다고 보는 반면 [비교판례-2]는 "범칙금의 납부에 따라 확정판결에 준하는 효력이 인정되는 범위는 범칙금 통고의 이유에 기재된 당해 범칙행위 자체 및 범칙행위와 동일성이 인정되는 범칙행위에 한정된다. 따라서 범칙행위와 같은 시간과 장소에서 이루어진 행위라 하더라도 범칙행위의 동일성을 벗어난 형사범죄행위에 대하여는 범칙금의 납부에 따라 확정판결에 준하는 일사부재리의 효력이 미치지 아니한다."고 하여 '범칙금 납부효력'의 법적 성격에 대해서 다른 입장을 전제하고 있는 것이다. 다시 말해 [비교판례-2]는 범칙행위와 형사범죄는 규범적으로 다르다는 평가를 전제하고 있는 것이며, 결국 '범칙금 납부에 따라 확정판결에 준하는 효력이 인정되는 범위'라는 또 하나의 규범적 요소를 도입하고 있는 것이다([규범판단②]). 결론적으로 전술한 [사실판단]과 [규범판단①~②]를 종합해 보면 일련의 행위에 대해서 공소사실의 동일성을 인정하기 어렵다는 것이 대법원의 입장인 것으로 보인다. 대법원이 범칙금납부와 관련해서는 이미 동 판결 이전에 범칙행위의 동일성을 벗어난 형사범죄에 대해서는 확정판결에 준하는 효력을 인정할 수 없다고 판시한 바([비교판례-3~5]) 있기 때문에 그와 같은 맥락에서 보면 충분히 이해할 수 있을 것이다.

"[비교판례-3] 범칙행위와 같은 일시, 장소에서 이루어진 행위라 하더라도 범칙행위의 동일성을 벗어난 형사범죄행위에 대하여는 범칙금의 납부에 따라 확정판결의 효력에 준하는 효력이 미치지 아니한다. 같은 일시, 장소에서 이루어진 안전운전의무 위반의 범칙행위와 중앙선을 침범한 과실로 사고를 일으켜 피해자에게 부상을 입혔다는 교통사고처리특례법위반죄의 범죄행위사실은 시간, 장소에 있어서는 근접하여 있는 것으로 볼 수 있으나 범죄의 내용이나 행위의 태양, 피해법익 및 죄질에 있어 현격한 차이가 있어 동일성이 인정되지 아니하고 별개의 행위라고 할 것이어서 피고인이 안전운전의 의무를 불이행하였음을 이유로 통고처분에 따른 범칙금을 납부하였다고 하더라도 피고인을 교통사고처리특례법 제3조 위반죄로 처벌한다고 하여 도로교통법 제119조 제3항에서 말하는 이중처벌에 해당한다고 볼 수 없다(대법원 2002. 11. 22. 선고 2001도849 판결).”

“[비교판례-4] 교통사고처리특례법 제3조 제2항 단서 각 호에서 규정한 예외사유에 해당하는 신호위반 등의 범칙행위와 같은 법 제3조 제1항 위반죄는 그 행위의 성격 및 내용이나 죄질, 피해법익 등에 현저한 차이가 있어 동일성이 인정되지 않는 별개의 범죄행위라고 보아야 할 것이므로, 교통사고처리특례법 제3조 제2항 단서 각 호의 예외사유에 해당하는 신호위반 등의 범칙행위로 교통사고를 일으킨 사람이 통고처분을 받아 범칙금을 납부하였다고 하더라도, 업무상과실치상죄 또는 중과실치상죄에 대하여 같은 법 제3조 제1항 위반죄로 처벌하는 것이 도로교통법 제119조 제3항에서 금지하는 이중처벌에 해당한다고 볼 수 없다(대법원 2007.4.12. 선고 2006도4322 판결)”.

“[비교판례]-5] 피고인에게 적용된 경범죄처벌법 제1조 제26호(인근소란등)의 범칙행위와 흉기인 야채 손질용 칼 2자루를 휴대하여 피해자의 신체를 상해하였다는 폭력행위 등 처벌에 관한 법률 위반(집단·흉기등상해)의 공소사실은 범죄사실의 내용이나 그 행위의 수단 및 태양, 각 행위에 따른 피해법익이 다르고, 그 죄질에도 현저한 차이가 있으며, 위 범칙행위의 내용이나 수단 및 태양 등에 비추어 그 행위과정에서나 이로 인한 결과에 통상적으로 흉기휴대상해 행위까지 포함된다거나 이를 예상할 수 있다고는 볼 수 없어 기본적 사실관계가 동일한 것으로 평가할 수 없다는 이유로, 위 범칙행위에 대한 범칙금 납부의 효력이 위 공소사실에는 미치지 않는다(대법원 2011. 4. 28. 선고 2009도12249 판결)”.

생각건대, 즉결심판절차와 달리 법원의 판단이 배제된 범칙금납부통고처분은 일사부재리원칙의 적용범위에서 벗어난 것으로 보는 것이 타당하다고 본다.[80) 따라서 대법원은 또 하나의 규범적 요소로서 '범칙금납부에 따라 확정판결에 준하는 효력이 인정되는 범위'를 동일성 판단에 고려하고 있다고 말할 수 있을 것이다.

4. 대법원 판례입장의 정리

규범적 요소를 고려한 대법원 판례의 비일관성에 대해서는 다양한 비판이 있지만[81) 필자가 보기에 전원합의체 판결 이후 판례가 대부분의 사례에서 일관되고 정합적인 판단을 내리고 있다고 평가할 수 있으며, 그러한 평가가 가능하기 위해서는 각 사례에서 제시된 기준들 간의 우선순위나 적용방식을 어느 정도 정식화할 필요가 있을 것이다. 상기 언급한 판례들을 중심으로 그러한 기준을 정식화 해보면 다음과 같다.

제1원칙: 두 공소사실이 행위자의 입장은 물론 사회일반인의 입장에서 '한 건'의 범죄사실로 인정하기에 '충분한' 경우[82) 규범적 요소에 현저한 차이가 있더라도 공소사실의 동일성이 인정된다([원칙판례-1~3]). 다만 이 경우 '한 건'에 해당하는 범죄사실에 범칙행위와 형사범죄행위가 포함된 때에는 예외로 한다([비교판례-2~5]).[83)

---

80) 동지의 홍영기, 앞의 논문, 166면.

81) 김형준, 앞의 논문, 216면 이하; 홍승희, 앞의 논문, 794면 이하.

82) 제1원칙에서 '충분한 경우'란 ① 단일의 범의하에 저지른 상호 수단과 결과의 관계에 있는 일련의 행위로서 밀접한 인과관계가 인정되거나[양자 간 '내적 연관이 강한' 경우] ② 시간과 장소가 '일치'하는 경우[시간과 장소의 동일성]를 말한다. 이때의 '일치'란 단지 근접하여서 밀접관계나 비양립관계가 인정될 정도가 아니라 완전히, 혹은 거의 일치하는 경우이다.

83) 제1원칙에 의하면 [대표판례-1]은 물론 [대표판례-2](소위 이태원 살인사건)도 공소사실의 동일성이 인정될 수 없다. [대표판례-2]의 경우는 비록 화장실에서 살인을 저지르고 도망가면서 칼을 버렸기 때문에 장소를 옮겼다고 해도 하나의 범행

제2원칙: 두 공소사실 간에 밀접관계나 비양립관계가 인정되더라도 제1원칙이 적용될 만큼 '한 건'의 범죄사실로 인정하기에 '충분하지 못한 경우'[84) 규범적 요소에 현저한 차이가 있다면 공소사실의 동일성이 부정된다([대표판례-1~2], [부정판례-1~5], [비교판례-1~2]).

제3원칙: 제1원칙이 적용될 만큼 '한 건'의 범죄사실로 인정하기에 '충분한' 경우는 아니지만 두 공소사실 간에 밀접관계나 비양립관계가 인정되고 규범적 요소에 현저한 차이가 없다면 공소사실의 동일성이 인정된다([인정판례-1~2]).[85)

요컨대, 대법원은 행위자의 입장이나 사회일반인의 관점에서 한 건의 범죄사실로 받아들일 것이 충분한 경우에 있어서는 공소사실의 동일성을 인정함으로써 일사부재리원칙에 내재한 헌법적 요청을 존중, 수용하고 있는 것으로 평가할 수 있을 것이다. 이 경우에는 비록 행위태양, 보호법익, 죄질 등 규범적 요소에 현저한 차이가 있어서 결과에 있어서 실질적 정의에 반하는 부당함이 초래되어도 원칙을 따른다는 결론에 변함이 없다. 다만, 범칙행위와 형사범죄행위 간에는 예외를 둔다(제1원칙).

계획을 실현한 단일한 과정이므로 "the same criminal episode)로 보아 동일성을 인정해야 한다는 견해도 있다. 김희균·김효준, 앞의 논문, 220면. 그러나 제1원칙에 따르면 시간과 장소가 완전히 일치된 것은 아니므로 규범적 요소를 고려해 동일성이 부정된다.

84) 제2원칙에서 '충분하지 못한 경우'란 ① 단일의 범의하에 저지른 상호 수단과 결과의 관계에 있는 일련의 행위로서 밀접한 인과관계가 인정되지는 못하거나 [양자 간 '내적 연관이 약한' 경우] ② 제1원칙의 적용조건처럼 시간과 장소가 '일치'하지는 못하고 단지 근접성이 인정되는 경우[시간과 장소의 비동일성]를 말한다.

85) 장물죄와 절도죄 간의 공소사실의 동일성을 인정하는 국내외 판례의 입장은 이러한 맥락에서 이해할 수 있을 것이다. 대법원 1964.12.29. 선고 64도664 판결; 일본최고재판소 1954(昭和 29).5.14. 판결; BGHSt 35, 172, 174 등.

다음으로 위와 같은 충분한 상황이 아니라면 밀접관계, 양립불가능성, 규범적 요소들을 종합적으로 고려해 공소사실의 동일성 여부를 판단하고 있는 것으로 평가할 수 있을 것이다(제2원칙 및 제3원칙).

5. 기타 참고할 판례

대법원이 논급한 규범적 요소의 하나로 고려해볼 만한 것으로서 최근 몇몇 대법원 판례에서는 실체법상 죄수관계를 언급하고 있는 것들이 있는데, 학계에서도 죄수판단을 공소사실의 동일성 판단에 고려하자는 일부 견해가 있는바, 판례의 의도에 주목할 필요가 있을 것이다. 그 내용은 아래와 같다.

"[죄수판례-1] 실체적 경합범 관계에 있는 이 사건 공소사실과 범죄단체 공소사실은 범행일시, 행위태양, 공모관계 등 범죄사실의 내용이 다르고, 그 죄질에도 현저한 차이가 있다. 따라서 위 두 공소사실은 동일성이 없으므로, 공소장변경절차에 의하여 이 사건 공소사실에 위 범죄단체 공소사실을 추가하는 취지의 공소장변경은 허가될 수 없다(대법원 2020. 12. 24. 선고 2020도10814 판결)".

"[죄수판례-2] 원심은 제4회 공판기일에서 위 공소장변경허가신청을 허가하였다가, 원심판결을 통하여 관세법 위반죄와 목재이용법 위반죄는 위반행위의 수단 또는 방법과 대상이 상이하여 행위태양이 같다고 할 수 없고, 피해법익, 죄질 등에 차이가 있는 등 실체적 경합범 관계에 있으므로, 공소장변경 전후의 공소사실 사이에 동일성이 인정되지 않는다고 보아 종전의 허가결정을 취소한 후, 원래 공소가 제기된 당초의 범죄사실에 대하여 유죄를 선고한 제1심판결을 파기하고 당초 공소사실을 무죄로 판단하였다. 변경 전·후의 공소사실은 모두 목재이용법에 따라 미리 규격·품질 검사를 받아야 함에도 그와 같은 검사를 받지 않은 목탄 및 성형목탄을 국내로 수입하는 행위에 관한 것으로서, 행위의 주체, 범행의 일시 및 장소, 행위의 객체인 물품 및 수량, 검사의무의 근거가 되는 법률, 행위태양 등 공소사실의 기초되는 사실관계가 기본적인 점에서 동일하다고 볼 수 있다(대법원 2021. 7. 21. 선고 2020도13812 판결)”.

　　상기 판례들을 보면 동일성 판단에 실체법상 죄수론을 논급하고 있다는 점이 특징이다. 하지만 [죄수판례-1]의 경우 죄수관계를 직접적 판단의 근거로 삼고 있지는 않으며, [죄수판례-2]는 원심에서 실체적 경합범 관계이기 때문에 공소사실의 동일성을 인정할 수 없다고 하는 판단[86]을 파기한 것으로서 대법원이 실체법상 죄수관계를 공소사실의 동일성 판단에 규범적 요소로 고려하고 있다는 점을 입증해 주지는 못한 것으로 보인다. 따라서 대법원이 별도의 규범적 요소로서 죄수관계를 제시한 것으로 볼 여지는 없다.

　　다수설에 의하면 소송법상 죄수개념은 실체법상의 그것과 다르다. 왜냐하면 실체법상 죄수는 이미 구성된 사안을 ‘행위’를 중심으로 관련 구성요건에 따라 보호법익을 고려해 결정되는 과정인 반면, 소송법상 죄수, 즉 사건의 동일성은 사안을 구성하는 과정에서 행위자가 비법률적 자연언어로 통째로 인식한 현실사태를 규명하는 작업이기 때문이다.[87] 따라서 양자는 일치하지 않는다. 그러므로 이러한 논거의 제시는 소송법상 사건의 동일성 판단을 위해 실체법상 죄수론을 방법론적 도구로 활용할 수는 있다는 점에서는 의미가 있겠지만,[88] 그러한 방법론은 본고에서 논한 바와 같이 법률적 양립불가능성이란 기준이 동일성 판단을 위한 한 고려요소로 활용될 수는 있으나 단독으로 이를 결정짓는 요소가 되지는 못한다는 한계를 지니는 것처럼 동일성 판단에 있어서 보조적으로만 활용될 수 있다고 보는 것이 적절할 것이다.

---

86) 일부 하급심도 이러한 입장이다. 서울고등법원 2020.8.31. 선고 2020노486, 2018노3185(병합) 판결. “제1원심 판시 별지 범죄일람표 (1), (3) 기재 각 국고손실 범행과도 실체적 경합범 관계에 있으며, 실체적 경합범 관계에 있는 위 각 범행 사이에 범죄사실의 동일성이 인정된다고 볼 수 없[다].”

87) 신동운, 앞의 책, 629면; 이상돈, 앞의 논문, 230면; 배종대·홍영기, 앞의 책, 243면. 대표적 사례로 각주 54)의 업무상 과실에 의한 교통사고(대인 및 대물사고) 케이스를 참고할 수 있다.

88) 이러한 입장으로는 최호진, 앞의 논문, 302면.

V. 맺음말: 향후 과제

이상 고찰해본 바와 같이 대법원은 일사부재리의 효력을 인정함에 있어서 현저히 부당한 결과가 발생하지 않도록 규범적 요소를 고려하고 있는 것으로 보인다. 하지만 그것은 동일성에 대한 판단은 사회일반인의 생활경험에 따라야 한다는 헌법적 요청에 대한 예외를 인정하는 것으로서 최대한 제한될 필요가 있다는 점도 충분히 인식하고 있는 것으로 판단된다. 그렇기 때문에 "일의 범의하에 저지른 상호 수단과 결과의 관계에 있는 일련의 행위로서 밀접한 인과관계가 있는 경우[원칙판례-1]", "범행장소가 동일하고 범행일시도 같으며 모두 피고인과 피해자의 시비에서 발단한 일련의 행위들임이 분명한 경우[원칙판례-2]"에 있어서는 행위태양과 보호법익 및 죄질이 현저히 달라도 피고인의 입장에서나 사회일반인의 생활경험에 비추어 볼 때 '한 건'의 범죄사실로 인정하기에 충분한 조건이 각각 충족된 것으로 평가하여 공소사실의 동일성을 인정하고 있다. 실질적 정의의 요청에 부응해 일사부재리원칙에 일정한 수정을 가하면서도 아울러 원칙의 적용조건이 충분한 경우에 있어서는 다시 엄격하게 원칙을 고수하려는 태도를 취하고 있는 것이다. 일사부재리원칙의 헌법적 의미가 두 사안의 비교에 있어서 최대한 전법률적인 사실관계에 따라서 피고인이 일상언어에 의해 하나의 사건으로 인식할 수 있는 범위가 어디까지인지 헤아려 보아야 한다는 요청에 있다면[89], 판례의 태도는 크게 불합리해 보이지는 않는다. 원칙의 완전한 포기가 아니라 실질적 정의라는 또 다른 규범적 요청을 원칙을 훼손하지 않는 범위 내에서 수용한 것으로 보여지기 때문이다. 하지만, 이러한 긍정적 평가가 지속적으로 유지되면서 보다 넓은 공감대를 얻을 수 있기 위해서는 대법원이 [원칙판례]의 범위를 축소시켜서는 안 된다. [비교판례]에서 이미 [원칙판례]에 범위를 제한하는 조건을 제시하고 있는바, 그 범위가 넓어질수록 일사부재리원칙의 형해화에 대

---

89) 동지의 홍영기, 앞의 논문, 169면.

한 우려는 커질 수밖에 없을 것이다. 따라서 그와 반대로 최대한 더 확대할 수 있는 방향으로 동일성 법리를 형성해 나아가야 할 것이다.

끝으로 판례가 규범적 요소의 구체화를 위해 더 주의를 기울여야 할 부분이 있다. 바로 제3원칙이 적용되는 영역이다. 제1원칙과 제2원칙의 경계에 있는 영역이므로 엄밀하게 말하면 공소사실의 동일성을 부정할 수도 있는 영역이다. 제3원칙이 적용되는 [인정판례1~2]에서는 기본적 사실관계의 동일성을 인정하는 근거로서 규범적 요소인 (죄질과) 피해법익이 '본질적으로 다르지 않다'거나 '유사하다'는 판단을 내리고 있다. 그러나 '죄질과 법익이 유사하다'는 기준은 지나치게 포괄적인 논증언어이다. 예를 들어 [대표판례1~2]에서 장물취득죄와 강도상해죄의 관계나 증거인멸죄와 살인죄의 관계는 제2원칙이 적용되는 사례로 규범적 요소에 '현저한 차이'가 있어서 동일성이 부정된다면, 장물죄와 절도죄, 혹은 장물죄와 강도죄의 관계는 어떻게 보아야 할까? 일단 장물죄와 절도죄는 둘 다 재산범죄이므로 죄질과 법익이 유사하다고 보는 데 별다른 이견은 없을 것이다. 국내외 판례는 모두 공소사실의 동일성을 인정한다. 하지만 장물죄와 강도죄의 관계는 어떨까? 재산범죄라는 점에서는 공통점이 있지만 강도죄는 폭행과 협박이라는 행위가 결합되므로 법익 및 죄질의 측면에서 일정한 차이가 있다. 따라서 이 문제에 대한 규범적 판단은 상이할 수밖에 없을 것이다.[90] 그렇다면 제3원칙은 양자의 관계에 대해서 어떤 명료한 기준을 제시해 주는가? 현재로서는 그러한 기준을 제시해 주고 있지 못한 것으로 평가하는 것이 합당해 보인다. 이에 대해 보다 정교한 논증언어로 규범적 요소를 구체화하는 것이 향후 대법원과 학계의 공동과제가 될 것이다.

---

90) 장물죄와 강도죄의 관계에 대한 동일성을 인정한 일본(후쿠오카 고등재판소 1952.3.26. 판결)과 반면 동일성을 부정한 독일(BGHSt 35, 60)의 판례에 대한 소개와 평석으로는 윤진수, 앞의 책, 305-310면 참조.

§13. 피고인 진술조력인제도 도입가능성에 관한 연구

Ⅰ. 문제의 제기

오늘날 피해자의 권리를 보호함과 동시에 진술증거의 질을 높이기 위한 제도로서 진술조력인의 필요성이나 당위성에 대해 의문을 제기하는 입장은 없다고 생각된다. 마찬가지로 형사절차에서 피해자뿐 아니라 피의자·피고인도 의사소통능력이 취약한 당사자라면 그들도 같은 이유에서 진술조력인의 도움을 받아야 한다는 점에 대해서도 이의를 제기할 사람은 없을 것이다. 주지하듯이 피해자 진술조력인제도는 피해자의 2차피해 방지와 실체진실발견에 기여할 수 있다는 장점이, 피고인 진술조력인제도는 피고인의 공정한 재판을 받을 권리보호와 적법절차의 이념에 기여할 수 있다는 점 등이 나름의 도입 필요성과 정당화 근거로 제시되어 있다. 이러한 맥락에서 진술조력인제도의 개선방안을 다루고 있는 여러 연구문헌들에서도 우리나라는 현재 피해자 진술조력인제도만을 보장하고 있는데 동 제도를 피고인에게까지 확대해야 한다는 목소리가 최근 높아지고 있다.[1] 당초 진술조력인은 성폭력 피해 장애인이나 아동의 사례로부터 그 필요성이 제기되기 시작한 것은 사실이지만, 동 제도가 필요한 논리나 근거는 당연히 피의자·피고인에게도 적용될

---

[1] 대표적으로 김창군·김유정, "진술조력인의 역할 제고방안", 법과정책 제24집 제2호(2018); 조광훈, "형사절차상 진술조력인 제도에 관한 연구", 고려대학교 박사학위논문 (2020).

수 있다는 인식이 점차 확산되고 있는 것이다. 무기대등의 원칙이나 공정한 재판을 받을 권리라는 측면에서 보면, 동 제도는 어쩌면 피의자·피고인에게 더 필요한 제도라고까지 볼 여지도 없지 않을 것이다.

사실 진술조력인제도의 확대 필요성 논의는 오늘날 새롭게 제기되는 주장은 전혀 아니다. 이미 동 제도를 도입하기 위한 입법과정에서도 찾아볼 수 있는 견해의 하나이다. 이를테면 2012. 11. 22. 제안된 성폭력범죄의 처벌 등에 관한 특례법 전부개정법률안에 대한 제311회 국회 법제사법위원회 회의록(법안심사 제1소위원회)에는 진술조력인제도의 도입필요성과 도입과정에서 예상되는 문제점에 이르기까지 제도의 장단점에 대한 현실적인 쟁점들이 거의 모두 망라되어 있는데 그중에서 동 제도를 피고인에게까지 확대시킬 필요성을 언급하고 있는 당시 법무부차관의 발언을 소개해 보면 다음과 같다.

> "지금 저희들이 진술조력인을 채택하게 된 배경이 된 제도가 영국인데요, 영국 입법에서도 '중개'라는 용어를 써서 인정을 하고 있다고 합니다. 그리고 '중개'라는 말이 상법상 중개나 그런 의미가 아니고 진술조력인이 일종의 통역인데 통역하고자 하는 것을 정확하게 전달한다는 그런 의미이기 때문에 단순히 보조만 해서는 안 되고 그것을 전달한다는 의미에서라도 '중개'라는 말이 들어갔으면 좋겠다는 취지고요. 그리고 아까 박범계 위원님이 지적하셨듯이 그 부분은 정말로 중요합니다. 그래서 어떤 의미에서 보면 사실은 아직 법제화가 되지 못하고 깊은 연구가 안 돼서 그렇기는 한데 우선은 진술조력인에 대해서 대상을 13세 미만 성폭력 피해 아동이나 장애인에 대해서 하지만 사실은 피의자나 피고인을 위해서도 필요한 제도라고 생각을 합니다. 다만 지금의 성폭력 대책이 피해자를 위한 것에 강조를 두었기 때문에 우선은 이렇게 가지만 결과적으로 보면 박범계 위원님 지적대로 좀 더 확대시켜야 될 필요는 있지 않나 하는 이런 의견이고요. 그리고 이 부분은 지금 장애인단체나 이런 데서 강력하게 요청을 하는 부분이기 때문에 위원님들 중에 혹시 이견이 있으시더라도 이번에 통과를 시켜 주셨으면 하는…"

상기 법무부차관의 발언을 보면, 우리나라 진술조력인제도의 모범이 된 제도는 영국의 그것이라고 밝히고 있으며, 현실적으로는 성폭력 피해자를 중심대상으로 제도를 설계하고 있지만 궁극적으로는 피의자·피고인을 위해서도 필요한 제도라고 동 제도의 적용범위를 상정하고 있음을 확인할 수 있다.

여기서 흥미로운 점은 우리나라가 본받은 영국은 이미 피고인 진술조력인제도를 이미 마련하고 있다는 점인데 그 운용상 특성을 간략히 살펴보면 다음과 같다. 영국의 경우 2008년에 피해자나 증인을 위한 진술조력과 법률조력에 관한 법적 근거가 먼저 마련되었고 이후 2009년에 제정된 '검시와 정의에 관한 법률(The Coroners and Justice Act 2009)'에 따라서 피의자, 피고인도 진술조력인을 통한 진술조력을 받을 수 있는 자격을 부여하고 있다. 그러나 현재까지 이 법률에 의해서 마련된 피의자·피고인 진술조력인 제도는 한 번도 시행되지 못했고 이로 인해 피의자·피고인에 대한 진술조력인 신청에 대한 가부는 공정한 재판(fair trial)을 받을 권리를 보장하기 위한 법원의 재량에 맡겨져 있다.[2] 아울러 후술하듯이 법원의 재량이 허용하는 진술조력인의 조력이 가능한 범위는 매우 제한적이다. 이처럼 법원의 재량에 의해서 개별 사안에 따라서 피고인에게 인정되는 진술조력인은 법률에 의해 선정되는 등록진술조력인(registered intermediary)과 명칭을 구분하여 비등록진술조력인(non-registered intermediary)라고 부른다.[3] 다시 말해 영국의 피고인 진술조력인제도는 법률에 근거가 마련되기는 했지만, 법률에 근거해 피고인에게 진술조력인을 선임한 예는 현재까지 없고, 오로지 법원의 재량에 맡겨져 있는데, 그 허용범위가 매우 제한적이라는 점이 눈여겨보아야 할 부분인 것이다.

이상의 고찰을 토대로 할 때, 다음과 같은 일련의 의문이 자연스럽게 떠오른다. 즉 피고인에 대한 진술조력인제도 역시 필요하다는 점에

---

[2] John Taggart, Intermediaries in the criminal justice system and the 'neutrality paradox', *Journal of Law and Society, 49(2)* (2022), at 341.

[3] John Taggart, *Ibid.*, at 341.

대해서는 국내외에서 광범위한 합의가 형성되고 있다고 보여지지만 이를 선도적으로 도입한 영국에서 어떤 이유에서 동 제도의 확대적용에 어려움을 겪고 있는 것일까? 그리고 영국법원은 과연 어떠한 기준에 입각해서 피고인 진술조력인의 선임을 허용하고 있는 것일까?

본고는 이러한 문제의식 하에 그동안 영국에서 피고인 진술조력인에 대해 판례를 통해 제기된 이슈들의 시사점을 중심으로 우리나라의 피고인 진술조력인제도의 도입가능성 여부를 검토해 보고자 한다. 선도적으로 제도를 도입한 국가의 시행착오과정을 점검하는 것은 적절한 제도형태를 구상하고 그 도입여부를 검토함에 있어서 시간과 에너지를 절약할 수 있는 첩경일 것이기 때문이다. 따라서 먼저 진술조력인제도를 개관해 보고(Ⅱ), 다음으로 영국의 진술조력인 제도와 그 제도운용의 시사점을 살펴본 후(Ⅲ), 국내 논의상황과 함께 비교, 검토해 봄으로서(Ⅳ), 최종적으로 피고인 진술조력인제도 도입의 당부에 대한 결론을 제시해 보고자 한다(Ⅴ).

Ⅱ. 진술조력인제도 개관

진술조력인제도(Intermediary Scheme)는 의사표현능력이 미약한 아동이나 신체적 또는 정신적 장애로 의사소통 내지 의사표현에 어려움이 있는 범죄피해자가 그러한 취약성(vulnerability)으로 인해 수사절차나 재판과정 등 형사절차에서 불리한 상황에 처하거나 여러 유형의 2차적 피해를 겪지 않도록 조력함과 동시에[4] 경찰이나 검찰, 변호인, 법관 등 형사절차 참가자들과 원활한 의사소통이 이루어질 수 있도록 중개함으로써 적극적으로 피해자의 권리를 보호하는 제도이다. 그러한 점에

---

4) 아동 및 장애인의 의사소통의 특수성에 대한 형사사법기관의 이해 부족으로 인한 2차 피해 사례군에 대해서는 김창군·김유정, 앞의 논문, 87면 참조. 대체로 피해자 진술의 신빙성이 문제가 된 사례들이다.

서 진술조력인은 형사사법절차에서 피해자의 인권보호에 기여하는 동시에 증거의 질을 향상시킴으로써 실체진실의 발견에도 기여하게 되는 특별한 의미의 '의사소통전문가(communication specialist)' 또는 '형사사법통역사'5)라고도 일컬어진다. 형사소송법상 보조인(제21조) 역시 진술조력인과 피의자·피고인의 원활한 의사소통을 돕고, 심리적으로 안정시키는 등 그들의 방어권을 보조하는 역할을 한다는 점에서 유사한 제도이기는 하지만 소통능력이 취약한 자들을 전문적으로 조력할 수 있는 자격증이 요구되지 않는다는 점에서 진술조력인과 같은 기능을 할 수 있다고 보기는 어렵다. 또 다른 유사제도로 신뢰관계인(형소법 제163조의2 및 제244조의5)도 피해자 또는 피의자의 심리적인 안정과 원활한 의사소통을 위해 '동석'하는 역할을 하지만 진술조력인의 전문적이고 복합적인 역할에 상응하는 기능을 하지는 못한다는 점에서 차이가 있음에 유의할 필요가 있다.

서구에서도 동 제도가 도입된 것은 그렇게 오래된 일이 아니지만 진술조력인제도의 도입과 확대 추세는 오늘날 법계를 막론하고 형사사법의 영역에서 거스를 수 없는 한 추세가 되고 있는 것으로 보인다. 1990년대 이후 오스트리아와 남아프리카공화국 및 영국을 필두로 세계 각국에서 동 제도 및 그와 유사한 제도를 도입하고 있다.6)

국내에는 2012. 12. 18. 성폭력범죄의 처벌 등에 관한 특례법(이하

---

5) 조광훈, 앞의 논문, 20면. 영국에서는 진술조력인의 도입초기 논의과정에서 'interlocutor(교섭자)'라는 용어가 먼저 등장하기도 하였다. 1989년 피굿보고서(Pigot Report)는 변호사가 아동에게 질문을 할 경우 아동의 신뢰를 얻을 수 있는 자로서 법원에 의해 승인된 '교섭자(interlocutor)'에 의해 중계되도록(relayed) 명령할 수 있는 예외적인 사례들을 상정하기도 하였다. Penny Cooper/Michelle Mattison, Intermediaries, vulnerable people and the quality of evidence: An international comparison of three versions of the English intermediary model, The International Journal of Evidence & proof, Vol.21 (2017) at 352.

6) 영국(England and Wales)을 필두로 하여 북아일랜드, 오스트레일리아 등 각국의 진술조력인제도를 상호 비교고찰을 하고 있는 문헌으로 Penny Cooper/Michelle Mattison, Ibid., at 357-367.

'성폭력처벌법')의 전면개정에 의하여 처음 도입되었다. 전면개정된 성폭력처벌법은 제35조부터 제39조까지 진술조력인제도를 규정하고 있는데 그 내용으로는 ① 진술조력인의 자격과 법무부장관의 진술조력인 양성의무(제35조), ② 진술조력인의 수사과정에의 참여(제36조), ③ 진술조력인의 재판과정에의 참여(제37조), ④ 진술조력인의 중립의무 및 피해자의 사생활 누설금지(제38조), ⑤ 뇌물죄 벌칙적용에 있어서 진술조력인의 공무원 의제(제39조) 등이 포함되어 있다. 동법은 2023.7.11. 일부개정되었는데, 진술조력인과 관련된 개정사항의 주요내용을 보면 "수사 및 재판과정에서 진술조력인이 지원할 수 있는 피해자 중 13세 미만 아동을 19세 미만 아동으로 확대하고, 진술조력인의 참여목적에 형사사법절차 및 재판과정에서의 조력을 추가(제36조 및 제37조)[7]"한 점이 눈에 띈다. 이는 그동안 진술조력을 받을 수 있는 대상을 넓혀야 한다는 각계의 지적을 수용함과 동시에 일부개정 전의 동법 제36조 제1항(진술조력인의 수사과정 참여)이 "…원활한 조사를 위하여…조사과정에 참여하여 의사소통을 중개하거나 보조하게 할 수 있다"고 규정하고, 제37조 제1항(재판과정 참여)은 "…원활한 증인신문을 위하여…증인신문에 참여하여 중개하거나 보조하게 할 수 있다"고 규정하고 있어, "진술조력인의 주된 역할이 수사기관 및 법원의 요청에 따른 '형사사법절차의 원활한 진행'이라는 형사절차상의 합목적성에 더 초점을 두고

---

7) 제36조(진술조력인의 수사과정 참여) ① 검사 또는 사법경찰관은 성폭력범죄의 피해자가 19세미만피해자등인 경우 형사사법절차에서의 조력과 원활한 조사를 위하여 직권이나 피해자, 그 법정대리인 또는 변호사의 신청에 따라 진술조력인으로 하여금 조사과정에 참여하여 의사소통을 중개하거나 보조하게 할 수 있다. 다만, 피해자 또는 그 법정대리인이 이를 원하지 아니하는 의사를 표시한 경우에는 그러하지 아니하다. <개정 2023. 7. 11.>
제37조(진술조력인의 재판과정 참여) ① 법원은 성폭력범죄의 피해자가 19세미만 피해자등인 경우 재판과정에서의 조력과 원활한 증인신문을 위하여 직권 또는 검사, 피해자, 그 법정대리인 및 변호사의 신청에 의한 결정으로 진술조력인으로 하여금 증인신문에 참여하여 중개하거나 보조하게 할 수 있다. <개정 2023. 7. 11.>

있는 것으로 해석될 우려가 있다는 문제점을 고려한 것이다. 다시 말해 피해자에 대한 조력과 원활한 절차진행의 요구가 상호 충돌할 경우 후자가 우선할 수 있다는 그동안 제기된 학계의 비판8)을 반영한 것이다. 이처럼 성폭력처벌법에 그 골자가 마련된 진술조력인제도는 이후 2014.1.28. 제정된 아동학대범죄의 처벌 등에 관한 특례법(이하 '아동학대처벌법')에 이를 준용하는 규정을 두어 아동학대범죄의 피해아동에 대해서도 진술조력인의 보조가 가능하게 되었다. 또한 2021.1.27. 전면 개정되어 2021.1.28. 시행된 「장애인복지법 제59조의 16(진술조력인의 지원)」은 피해장애인에 대한 진술조력인 참여와 진술조력인 선정 대상을 확대하여 성폭력처벌법·아동학대처벌법상 피해자(13세 미만9)이거나 장애로 의사소통 곤란)에서 장애인복지법 개정으로10) 성폭력·아동학대범죄 외에도 모든 범죄의 피해장애인 대상으로 지원 대상이 확대되었고 수사기관에서도 수사 시 피해자가 의사소통과 의사표현이 어려운 경우 진술조력인 선정여부를 확인하고 진술조력인을 선정할 수 있음을 고지하는 등의 절차가 의무화되었다. 요컨대, 장애인 피해자의 경우에는 모든 범죄의 피해장애인을 대상으로 진술조력인의 보조가 가능

---

8) 대표적으로 김창군·김유정, 앞의 논문, 99면 참조.

9) 현행 19세 미만.

10) 제59조의16(진술조력인의 참여 등) ① 검사, 사법경찰관 또는 법원은 범죄사건의 피해자인 장애인(이하 이 조에서 "피해자"라 한다)이 의사소통이나 의사표현에 어려움이 있는 경우 피해자에 대한 형사사법절차에서의 조력과 원활한 조사·검증 또는 증인 신문을 위하여 직권이나 피해자 또는 제59조의8제1항에 따른 보조인(이하 이 조에서 "보조인"이라 한다)의 신청에 따라 「성폭력범죄의 처벌 등에 관한 특례법」 제35조제1항에 따른 진술조력인으로 하여금 조사과정, 검증 또는 증인 신문에 참여하여 의사소통을 중개하거나 보조하게 할 수 있다.

② 검사, 사법경찰관 또는 법원은 피해자에 대한 조사·검증 또는 증인 신문 전에 피해자 및 보조인에게 진술조력인에 의한 의사소통 중개나 보조를 신청할 수 있음을 고지하여야 한다.

③ 그 밖에 진술조력인의 수사·재판과정의 참여와 의무 등에 관하여는 「성폭력범죄의 처벌 등에 관한 특례법」 제36조부터 제39조까지의 규정을 준용한다.

[본조신설 2021. 7. 27.]

하게 된 것이다.[11]

　이처럼 우리나라도 세계 각국의 입법례에 보조를 맞추어서 진술조력인제도를 법제화하고 지속적으로 개선함으로써 외국의 입법례와 마찬가지로 피해자의 권리보호를 위한 노력을 기울이고 있다는 점에서 일단 긍정적으로 평가할 여지가 있을 것이다. 하지만, 진술조력인제도의 도입에도 불구하고 우리사회에서 장애인 성폭력 피해자들처럼 이들에 대한 지식과 이해와 관심의 부족으로 수사나 재판절차에서 만일 적절한 조력을 받았으면 당하지 않았을 2차적 피해[12]와 권리침해를 겪고 있는 사람들의 처지에 대한 관심과 이해가 여전히 부족하기 때문에 보다 현행 제도가 이와 같은 문제점을 극복할 수 있도록 보다 섬세하게 재설계된 개선안이 필요하다는 견해들이 다음과 같이 호소력 있게 제시되고 있다.

　　"주변에서 지지해줄 수 있는 사람이 있고 지속적인 교육을 받으며 스스로에 대해 자존감이 형성되어 있는 사람이 성폭력을 경험한 경우와, 방치되고 보호망에서 벗어나 있으며 폭력피해가 일상화되어 있는 사람이 성폭력

---

11) 김지영, "장애인복지법상 진술조력인 제도의 현황과 개선방안", 사회법연구 제48호(2022), 637면.

12) 2차적 피해에 대한 명확한 개념정의는 찾아보기 어렵고, 여러 문헌들이 다양한 맥락에서 2차적 피해라는 용어를 사용하고 있는 것으로 보인다. 2차적 피해의 정의를 시도하는 문헌으로는 이진국·조상제·도중진, 각국의 피해자 진술조력 제도 연구, 법원행정처(2013), 14면. "이차적 피해는 반복된 진술의 강요, 피해자의 사생활에 대한 무감각한 폭로와 질문들, 피고인과 얼굴을 마주해야 하는 견디기 힘든 상황 등이 일반적인 양상으로 거론될 수 있다."고 보는 문헌으로는 이호중, "피해자변호인의 신문참여권", 형사정책연구 제17권 (2006), 245면. 본고에서는 2차적 피해란 범죄피해자의 직접적 범죄피해 외에 각종 형사절차에서 만일 합당한 조력을 받았다면 겪지 않았을 범죄피해자의 각종 피해를 통칭하는 것으로 정의하되, 그것이 피해자의 특수성에서 기인하는 것으로 국한하기로 한다. 모든 피해자는 형사절차에서 여러 심리적 부담과 수치심, 두려움 등을 경험할 수 있으며 이러한 일반적인 피해까지 통칭하게 되면 2차적 피해로서의 개념범위가 너무 넓어질 수 있기 때문이다.

을 경험한 경우는 성폭력에 대한 대처방식과 그 경험을 이해하고 내면화하는 방식, 타인에게 설명하는 방식에서 상당한 차이를 보이게 된다. 이렇게 볼 때, 지적장애인의 진술능력을 지적 연령이나 장애등급만을 기준으로 판단하는 것은 매우 위험하다."13)

"우리 법현실에서 중립적이라고 가정되는 '합리적인 사람'이 실제로는 우리 사회에서 성폭력 피해가 갖는 의미를 이해하지 못하는 사람이거나 장애를 경험해본 적도, 장애에 대한 이해도 없는 비장애인이어서 '합리적인 사람'의 경험칙 또한 비장애인의 경험칙에 불과한 것이라면 그 '경험칙'의 범위는 매우 좁아질 수밖에 없을 것이고 장애인 피해자가 진술하는 범행 당시의 상황은 '비상식적'이고 '개연성이 없는' 일로 쉽사리 배척당할 수 있다."14)

이처럼 사회통념에 따른 '일반인'의 관점에서 바라보면 특수한 처지에 있는 취약한 사람들(the vulnerable)이 겪을 수 있는 직·간접적인 여러가지 고통과 피해를 충분히 헤아리지 못하고 쉽게 간과하게 되어서 이를 법제도에 제대로 반영하지 못하는 경우가 발생할 수 밖에 없다는 것이다. 이 점은 뒤에서 볼 영국의 진술조력인제도의 운용상황을 참고해 보더라도 잘 드러난다고 볼 수 있는데 진술조력인제도를 선도적으로 도입한 영국에서도 법원조차 여전히 의사소통능력이 취약한 자들의 처지를, 위에서 제기된 문제의식처럼 보다 적극적인 자세로 충분히 고려하지는 못하고 있는 형편으로 보이기 때문이다. 이는 우리나라에 대해서도 시사하는 바가 크다고 할 것이며 이 점에 대해서는 관련 부분에서 상술하기로 한다. 이러한 문제의식의 연장선상에서 볼 때 진술조력인제도가 성폭력피해자와 장애인과 관련해 가장 먼저 도입된 된 이유

---

13) 그럼에도 불구하고 "실제 수사 및 재판에서 장애는 장애등급, 등록된 장애종류, 겉으로 보이는 특성 등을 통해 판별되는 경향이 있다. 지적장애인의 진술은 때로는 낮은 지적 능력을 이유로 불신을 받고, 때로는 표면적으로 드러나는 모습만으로 장애의 존재가 무시되거나 경시[되는] 경향이 있다."고 한다. 김정혜, 앞의 논문, 41-42면.

14) 김정혜, "진술조력인의 의의와 역할- 성폭력 범죄 피해 장애인을 중심으로 -", 고려법학 제69호 (2013), 45면.

에 대해서도 추측해 볼 수 있다.

> "피해자는 피고인의 범죄를 입증하기 위하여 종종 자신의 증언이 진실함을 '증명하여야' 하는 상황에 놓이고, 이에 실패하면 언제든 위증이나 무고의 혐의를 받아 피의자로 지위가 역전될 수 있다. 특히 성폭력 범죄 피해자는 다른 범죄보다도 더 많은 의심을 받고, 때로는 비난까지도 감수하여야 하며, 피해자의 전형이라는 장벽에 부딪히는 특성이 있다. 성폭력 범죄피해자가 장애인으로서 스스로를 방어하고 원활하게 의사소통하기 어려운 때에는 범죄 피해를 입증하는 것이 더 어려워지고, 그 과정에서 발생할 수 있는 2차 피해에도 더 취약한 특성을 갖게 된다."15)

요컨대, 성폭력범죄 피해자, 그 중에서도 장애인 피해자는 피해자가 오히려 가해자로 뒤바뀔 수 있는 불합리에 가장 크게 노정되어 있기 때문에 이들의 권리보호를 위해 진술조력인제도가 다른 피해자보다 더욱 절실하다는 것이다. 또한 아동 피해자16)의 경우도 역시 이와 유사한 맥락에서 이해할 수 있을 것이다.17)

본고는 진술조력인이 필요하다는 상기의 문제의식에 전적으로 공감

---

15) "성폭력 범죄 피해자는 '앞길이 창창한' 남성을 처벌하기에는 너무 사소한 피해라고, 사실은 동의한 것이 아니냐고, 먼저 유혹한 것으로 보인다고, 성관계 경험이 많다고, 합의금을 노리는 것이거나 상대남성에게 복수하려는 의도가 아니냐고 추궁당한다. 피의자나 피고인이 아니라 피해자인 자신에게 쏟아지는 공격을 모두 방어한 뒤에야 비로소 '피해자'로서 인정받을 수 있다. 범죄 피해자에게는 결코 쉬운 과정이 아니다.", 김정혜, 앞의 논문, 39면 참조.

16) 아동이 피해자인 경우 나이가 어릴수록 기억능력, 언어능력 등의 발달상 한계 때문에 진술의 신빙성이 문제되는 경우가 많다는 지적으로는 이지연, 형사절차법상 아동진술제도의 문제점과 개선방안, 성균관대학교 석사학위논문(2017), 12면 참조.

17) "장애인은 연령이 어리고 지능이 낮을수록, 장애가 더 심할수록 의도적인 무고의 혐의는 덜 받지만, 지적 능력의 부족으로 인한 증언의 신빙성이나 외부로부터의 영향으로 인한 왜곡의 가능성이 제기되며 의사소통 상의 특성에서 비롯된 오해가 발생하는 예가 많다. 때문에 범죄 피해를 증명하기 위해서는 적절한 지원이 요구된다." 김정혜, 앞의 논문, 40면.

하면서, 나아가 동일한 문제의식의 연장선상에서 실체적 진실을 규명에 관여하는 모든 관계자들(피고인, 피해자, 참고인, 증인)은 의사소통에 취약성이 있다면 형사절차에서 진술조력인의 도움을 받을 수 있도록 제도를 보완해야 한다는 입장[18])에 주목하고 이를 지지하고자 한다. 형사절차에서 피해자를 위한 진술조력인제도가 필요한 근거는 피의자·피고인을 비롯한 기타 모든 형사절차 참여자에게 달리 적용되어야 할 합당한 이유를 찾기 어렵기 때문이다. 특히 피의자·피고인이 의사소통의 취약성으로 인해 자신의 방어권 행사를 적절히 하지 못할 경우 단순히 자신의 의견이 절차에 적절하게 반영되지 못하는 위험뿐만 아니라 부당한 형사처벌을 받을 직접적인 위험에도 직면하게 되기 때문에 더욱 더 요구된다고 생각된다.

그런데 진술조력인제도가 비교적 최근에 이르러서야 세계 각국의 형사사법체계에서 주목을 받게 된 것은 다소 뒤늦은 감이 없지 않다. 위에서 살펴본 바와 같이 이러한 유형의 제도는 그 명칭과 형식이 무엇이든 형사절차에서 당사자들 간의 명확한 의사소통이 가능해지게 함으로써 실체진실의 발견을 위해 반드시 요구된다고 볼 수 있고, 피해자 인권보장의 측면이나 신속한 재판의 관점에서도 중요한 제도이기 때문이다. 그렇다면 과연 여러 측면에서 장점이 있는 진술조력인제도가 비교적 뒤늦게야 각국의 형사사법체계에 자리를 잡게 된 이유는 무엇일까?

진술조력인제도는 헌법상 피해자의 재판절차 진술권을 실질적으로 구현함과 동시에 실체진실의 발견과 인권보장 등 형사소송의 이념에도 공할 수 있는 제도임을 전제로, 그럼에도 불구하고 제도의 도입을 더디게 만든 신중론의 배경으로 가장 현실적으로는 중립의무가 철저히 요구되는 진술조력인의 양성, 관리, 선임 등의 시간과 비용 문제가 매우 큰 장애물로 작용해 왔다는 점 등이 지적된다. 후술하겠지만 영국에서는 피고인에 대한 진술조력인 선정가능성에 대한 논란이 있었는데 여기서도 자원배분의 문제, 즉 비용문제가 매우 중요한 이슈로 등장한다

---

18) 김지영, 앞의 논문, 647면 참조.

는 점에 주목할 필요가 있을 것이다.

III. 영국의 진술조력인제도

국회 논의과정에서 우리나라 진술조력인제도는 영국의 제도를 참고한 것이라는 사실을 법무부 차관의 발언을 통해 확인할 수 있었다. 따라서 우선 영국의 진술조력인제도가 도입된 배경과 과정을 살펴보고 관련법규와 더불어 운용방식을 간단히 개관해 보는 것이 무엇보다 중요할 것이다.

1. 도입배경

영국에서는 대략 1%의 사람들이 일상 활에 영향을 미칠 만큼 말하기, 언어 또는 의사소통 문제를 가지고 있는 것으로 추정되는데 실제로는 그 이상일 것이라는 연구결과과도 있다. 100만 명 이상의 어린이가 말하기, 언어 및 의사소통 장애로 고통받고 있고 그중 약 10%는 장기적인 말하기, 언어 및 의사소통이 필요하거나 임상적으로 승인할 수 있는 정신장애를 가지고 있다. 아동기 자폐증의 비율은 약 1%로 정도이다. 진술조력인의 기원은 1955년으로 거슬러 올라간다. 그 해에 이스라엘은 아동의 조사를 담당하는 '아동조사관(Youth Examiner)' 제도를 도입했다. 남아프리카공화국은 1977년에 중개인이 변호사의 질문을 어린이에게 전달할 수 있도록 하는 법안을 통과시킨 바 있다.

위와 같은 역사적 배경하에 진술조력인 개념은 1987년 잉글랜드와 웨일즈에서 최초로 제안되었다. 영국 케임브리지대의 법학자 글랜빌 윌리엄스(Glanville Williams)는 이스라엘 모델을 빌러 '아동조사관'이 변호사의 질문을 아동 증인에게 전달하고, 증인의 증언은 재판 전에 비디오로 녹화할 것을 제안했다. 이 아이디어는 Thomas Pigot QC 판사가 의장을 맡고 있던 자문그룹에 의해 빠르게 채택되었는데, 이 자문그룹은 재판 전에 교호신문(cross examination)을 포함해 아동의 모든 증거를 캡쳐하고(capturing) 법원은 변호인의 질문이 아동이 신뢰할 수 있고 법원의 승인을 받은 사람을 통해 전달되도록 명령할 재량권을 가져야 한다고 권고했다. 이에 따라 1991년 제정된 형사사법법(Criminal Justice Act)은 피곳의 권고에 따라 경찰이 영상녹화한 아동 인터뷰의 일부를 증거로 인정할 수 있도록 했지만, 아동은 여전히 교호신문을 위해 재판에 출석해야 했다. 아동 진술조력인(child interlocutor)에 대한 제안과 재판전 교호신문영상녹화(filming of cross-examination) 제안은 채택되지 않았다.[19)]

2. 도입과정

영국에서 진술조력인제도(Witness Intermediary Scheme)는 1999년 소년사법 및 형사증거법(Youth Justice and Criminal Evidence Act 1999)[20)]이 입법되면서 법적 근거가 마련되었다. 제16~제17조, 제29~제30조에 법적근거를 두고 있으며 제16~제17조에서는 진술조력 대상과 피해자와 증인을 위한 특별조치를 받을 수 있는 피해자의 요건을 규정하고 있고,[21)] 제29조에서는[22)] 진술조력인의 기능과 역할을 규정하고 있다. 진술조력의 대상은 18세 미만이거나 정신장애 또는 지적장애, 사회적 기

---

19) Joyce Plotnikoff/Richard Woolfson, Intermediaries in the Criminal Justice System (Bristol University Press, 2022 online publication), 7면 이하.

20) 1999년 소년사법 및 형사증거법은 크게 소년사범에 대한 처분에 관한 내용과 장애가 있거나 미성년 등 취약한 증인과 위협을 받고 있는 증인의 형사절차상 증거개시에 관한 특별조치로 나누어 볼 수 있다. 이진국·조상제·도중진, 앞의 글, 33면 참조.

21) 제16조의 표제는 "연령 또는 진술불능에 따른 지원을 받을 증인의 자격"이고 제17조의 표제는 "증언에 대한 두려움 또는 정신적 고통으로 인해 지원을 받을 증인의 자격"이다.

22) 제29조의 표제는 "진술조력인을 통한 증인신문"이다.

능장애, 신체적 장애 등으로 인해 진술이 완전하지 못하거나 지능이나
사회적 기능이 현저히 떨어져 있거나 그 일관성과 정확성이 떨어져서
증언의 질에 영향을 끼칠 것으로 보인다면 중개자의 지원을 받을 수 있
다. 단 의사소통의 어려움을 보조하는 것이기 때문에 연령 및 장애 기
준 외에 의사소통 보조의 필요성도 함께 인정되어야 한다. 법원은 그
대상을 고려함에는 증인의 나이, 범죄의 성질, 증인의 주장이나 그의 사
회적·문화적 배경, 증인의 고용환경, 종교적 신념, 장래에 고발인이나
증인이 될 가능성 등을 충분히 참작하여 정한다. 동법의 제정과 함께
영국 법무부 내 공판개선부(Better Trial Unit)는 진술조력인 제도의 시
범운영을 조직하였고 2004년부터 이듬해인 2005년까지 총 6개주에서
시범운영되었다. 시범운영의 결과 대체로 긍정적인 보고가 주를 이루었
는데 그 요지는 진술조력인이 절차에 참여함으로써 증인과 다른 형사
절차 관계자와의 의사소통을 촉진하고, 피해자의 증언에 따르는 스트레
스에 대처하는 데 도움이 되었으며, 가해자를 처벌하고 정의를 실현하
는 데 잠재적 도움이 되는 것으로 평가되었다는 것이다. 비용절감효과
도 지적되는데, 경찰이 심문하기 힘든 사건을 조기에 분류함으로써 경
찰업무의 시간을 경감시켜 주고 증인에게 적합한 어휘와 질문방식, 의
사소통 방식을 활용함으로써 증인의 집중도를 제고하고 질문에 소요되
는 시간을 줄여 법원의 시간도 절약되었다. 이처럼 시범운영이 성공적
으로 평가받으면서 형사사법제도 전반에 걸쳐 운영되었고 이후 2008년
에 영국 전역으로 확대되어 오늘날의 제도로 발전되었다. 공판개선부는
범죄인의 기소와 증인의 보호를 위해 등록된 진술조력인에 관한 데이
터베이스인 '진술조력인등록(Intermediary Register) 제도를 운영하고 있
고 법무부의 허가를 받아 진술조력인 모집, 선발, 교육을 담당하고 있는
데, 진술조력인을 위한 구체적인 매뉴얼도 만들어져 있어 진술조력인은
동 매뉴얼을 따라서 업무를 수행하여야 한다. 또한 영국 검찰청(Crown
Prosecution Service)도 범죄피해자를 위한 실무상 법규(Code of Practice
for Victims of Crime)에 따라 피해자와 증인지원을 위해 증인보호부

(witness care units)를 운영하고 있다. 증인은 사건을 기소하는데 있어 핵심이라 할 수 있기에 증인보호부는 피해자와 증인에게 연락을 취하고 정보를 제공할 수 있는 담당관(witness care officers)을 지정한다. 지원 담당관은 피해자와 증인에게 필요한 것이 무엇인지 평가하고 지속적으로 보살피며 사건의 진행에 대한 정보를 제공하고, 재판 등 사법절차가 끝난 이후에도 관련 지원단체와의 공조를 통해 지속적으로 지원을 받을 수 있도록 하고 있다. 이처럼 다양한 증인 지원제도에 따라 의사소통에 있어 어려움이 있는 피해자와 증인의 형사절차상의 이익을 보호하고 수사와 재판을 원활히 진행하기 위해 '진술조력인(intermediary)'이라는 전문가의 도움을 받을 수 있도록 하고 있다.

진술조력인은 언어치료사, 작업치료사, 심리학, 사회사업가, 교육자, 간호사, 전직 경찰관 등으로 이들 대부분은 언어치료 영역에서 10~20년 정도의 경력을 가진 사람들이다. 이들 의사소통이 취약한 증인들의 의사소통을 원활히 하기 위해 증인에 대한 질문, 증인에게 질문한 사람에게 증인의 답변 전달, 증인 또는 질문자에 대하여 상대방에 대한 질문 또는 답변을 이해할 수 있도록 의사소통이나 의사표현을 중개 또는 보조하는 것이다. 요컨대, 경찰 조사과정에서부터 공판이 종결될 때까지 의사소통능력이 취약한 증인(vulnerable witness)을 형사사법절차 전반에 걸쳐 이들의 의사소통을 보조하는 역할을 한다. 그리고 증인이 의사소통이 원활한지를 확인한 후, 중개의 필요성을 평가하여 조사담당 경찰관에게 전달하거나 경찰관의 원활한 조사를 위한 효과적인 조사방법의 제안, 질문 스타일 등의 조언이나 지원, 특별조치 명령신청, 공판 전 증인과 동행, 법정증언 시에 증언의 정확한 전달 등의 역할을 수행하는 자들이 바로 진술조력인이다. 영국정부는 소년사법 및 형사증거법이 1999년 입법된 후 진술조력인 제도를 포함해 증인과 피해자 심리 및 특별조치 적용과 관련하여 정부차원의 지침서를 발간하고 있다.

영국에서는 현재 피의자나 피고인도 진술조력을 받을 수 있도록 동제도의 수혜자 범위가 확장되어 있는데, 우선은 피해자나 증인을 위한

진술조력과 법률조력에 관한 법적 근거가 먼저 마련되었고 이후 2009
년에 제정된 '검시와 정의에 관한 법률(The Coroners and Justice Act
2009)'에 따라 피의자, 피고인도 진술조력인을 통한 진술조력을 받을
수 있는 자격을 부여하고 있다. 그렇지만 현재까지 이 법률에 규정되어
있는 피의자 및 피고인을 위한 진술조력인 제도는 시행되지(implement-
ed) 못하고 있고,23) 따라서 피의자 및 피고인에 대한 진술조력인 신청
에 대한 가부는 법정에서는 공정한 재판(fair trial)을 받을 권리를 보장
하기 위한 법원의 재량에 맡겨져 있다.24) 그리고 법원의 재량에 의해
개별 사안에 따라(case by case base) 피고인 등에게 인정되는 진술조력
인의 경우에 법률에 의해 선정되는 등록진술조력인(registered intermedi-
ary)과 그 명칭을 달리해 비등록진술조력인(non-registered intermediary)
라고 일컬어진다.25)

　　진술조력인은 첫째, 피해자를 조사하기 전에 제3자의 동석 하에 피
해자의 의사소통능력을 점검·평가하고 증인과 관련된 정보들을 수집할
수 있다. 둘째, 피해자에 관한 예비보고서를 작성하여 경찰관에게 제공,
피해자가 조사상황을 제대로 이해하고 있는지, 조사할 때 사용해도 되
는 어휘와 사용을 삼가야 하는 어휘가 무엇인지 조언하고, 조사방식과

---

23) Section 104 Coroners and Justice Act 2009 (not yet implemented) will allow
certain vulnerable defendants to give oral evidence at trial with the assistance of
an intermediary. Until section 104 of the Coroners and Justice Act 2009 is
implemented, there is no statutory framework for allowing the use of an
intermediary for a defendant. In the interim, the practice has developed in the
Crown Court whereby judges, exercising their inherent jurisdiction to ensure that
the accused has a fair trial, have granted applications by the defence to allow
the defendant to be assisted by an intermediary during their evidence and, in
many cases, throughout their trial. Prosecutors should note that section 104 of
the Coroners and Justice Act 2009 allows only for the provision of an
intermediary during a defendant's oral evidence and not for the duration of the
trial.

24) John Taggart, *Ibid.*, at 341.

25) John Taggart, *Ibid.*, at 341.

질문방식 및 조사실의 각종 환경(좌석위치, 마이크, 비디오카메라 위치 등)이 적절하도록 경찰관과 협의하며, 피해자에 대한 조사가 끝나면 최종보고서를 작성한다. 셋째, 재판절차에서 진술조력인이 신청되면 피해자가 증언하기 전에 판사, 변호인, 진술조력인이 기본규칙 청문(ground rules hearing)을 열어 증인이 이해하기 쉬운 질문방법, 증인에게 휴식이 필요한 경우에 판사에게 알리는 방법, 반대신문시 유의사항 등 효율적인 증언을 위한 필요한 사항을 협의하기도 한다.

영국에서는 2004년 제도가 시행된 이래 2010년 1,206건, 2012년 3,337건으로 2012년 3월까지 중개인에 대한 신청 건수가 5,300건이 넘어섰고, 2018년까지 6,391건으로 매년 크게 증가하고 있다. 진술조력인들은 월 평균 약 500~530명 정도의 피해자와 증인을 돕고 있다. 영국은 진술조력인들의 전문성과 진술조력의 높은 품질을 유지하기 위하여 품질보증위원회(Quality Assurance Board)를 두고 있다.

영국에서는 진술조력인제도를 형사사법절차에서 필수적인 제도로 평가하고 있으며 위에서 살펴본 바와 같이 영국의 진술조력인은 우리나라 진술조력인과 유사한 역할을 수행하고 있다.

3. 리딩케이스(Rashid Case)의 검토: 피고인 진술조력인제도의 운용방식

앞서 우리나라에 진술조력인제도가 도입된 배경이라든지, 도입과정에서 중점적으로 논의가 되었던 중요한 이슈가 무엇이었는지 등에 대해서 살펴보기 위해 국회 입법과정에서의 논의를 참고했던 것처럼, 선도적으로 동 제도를 도입한 영국의 진술조력인제도가 현재 어떠한 위치에 있으며 어떠한 가치결단에 입각해 있는 것인지 등에 대해서 엿볼 수 있게 해주는 비교적 최근의 판례[26]가 있어서 이를 상세히 소개함으로써 영국내에서 전개되어 왔던 피고인 진술조력인제도를 둘러싼 찬반

---

26) R. v Rashid (Yahya) [2017] EWCA Crim 2.

양론의 주요논거와 함께 진술조력인의 역할과 필요성에 대한 영국 내의 이해수준과 문제의식 등을 검토해 보기로 한다. 이는 영국의 제도를 새로운 시각에서 이해할 수 있는 계기를 마련해 줌과 동시에 이로부터 우리나라의 현행 진술조력인제도를 비판적 관점에서 바라볼 수 있는 시사점을 제공해 준다고 사료된다.

(1) Rashid case 사실관계 및 판시사항

18세의 대학생인 Rashid는 친구들의 영향으로 급진화되어 대학으로부터 융자를 받은 학자금으로 항공권을 구매해 시리아로 가서 이슬람국가(Islamic State:IS)를 위해 싸우기 위한 계획을 세웠다는 혐의를 받아 테러범죄로 기소되었다. 패딩턴 역 경찰서에서 조사를 받은 라시드는 변호인 조력(right to legal advice)을 거부했고, 보호담당관(custody officer)은 그가 '적절한 성인(appropriate adult)'의 도움 없이도 조사를 받는 데 적합하다고 보았고 의료담당관(medical examiner)도 조사에 적합하다고 판단했다. 변론준비기일(preparatory hearing)에 두 명의 심리학자들은 라시드가 정신적 취약성(mental vulnerability)와 학습장애가 있기 때문에 진술조력인이 필요하다고 증언했고, 이에 제1심은 라시드에게 공판정 진술을 하는 동안(during evidence)에 한해 진술조력인의 도움을 받을 수 있도록 허가해 주었으나 그는 공판정에서의 진술뿐만 아니라 재판의 전과정에 걸쳐서 진술조력인이 필요했다고 항소하였다.[27] 이에 항소심은 이를 기각하고(refused) 피고인 진술조력인은 그가 공판정진술을 하거나 할 때에만 요구된다고 판시(held that an intermediary was only required if and when the applicant gave evidence)하였다.[28]

라시드 판결의 항소심은 다음과 같은 전제에 기초하고 있다. "피고

---

27) 항소이유는 크게 3가지가 있었으나 여기서는 진술조력인의 선임에 관한 부분만 논급하기로 한다.

28) R. v Rashid (Yahya) [2017] EWCA Crim 2.

인이 법정에서 최량의 질을 갖춘 진술을 하고(give best quality evidence), 효과적으로 절차에 참여하여 공정한 재판을 받도록 돕는 것은 '법원의 고유한 권한(inherent power of the court)'이다. 압도적인 다수의 케이스를 보면, 유능한 법률대리(competent legal representation)와 양질의 소송지휘(good trial management)는 이러한 것들을 가능케 한다. 유능한 법률대리와 양질의 소송지휘가 있음에도 불구하고 피고인의 정신적 혹은 기타의 결함(mental or other disability)으로 인해 최량의 질을 갖춘 진술과 효과적인 절차참여 및 공정한 재판의 가능성이 부족해지는 경우는 매우 드물다. 만일 그런 경우가 발생한다면 진술조력인이 요구될 수도 있을 것이다."[29] 그러면서 다음과 같은 판결[30]을 인용한다.

　"공판절차가 만일 진술조력인의 도움을 받으면 개선될 수 있다고 하더라도 그럴 때마다 진술조력인을 선임하는 것이 의무라고는 말할 수 없다. 법관의 전반적인 책임(overall responsibility)에는 피고인이나 증인(검찰측이든 피고인측이든)이 겪게 되는 특정한 '의사소통상의 문제(communication problem)'를 처리하는 것이 포함되는데 이 점이 때때로 간과된다. 필요하다면, 특정한 개인이 그가 어떠한 형태의 개인적 결함을 지녔든 그로 인해 불이익을 받지 않도록 공판절차는 법관에 의해 지휘되어야(adapted) 한다. 진술조력인의 이용이 늘어났다고 하더라도 공정한 재판을 위해 소송을 지휘해야 하는 법관의 전반적인 책임이 변한 것은 아니다."

아울러 라시드 판결의 항소심은 "R(OP) v Secretary of State for Justice [2015] 1 Cr App R 7"[31] 판결에서 Rafferty 판사가 설시한 다음과 같은 진술조력인의 역할 두 가지를 그대로 인용했다. 이에 따르면 피고인을 돕는 진술조력인은 두 가지의 역할이 있다. 첫째, 공판절차전

---

29) R. v Rashid (Yahya) [2017] EWCA Crim 2에서 'inherent power of the court' 참조.
30) R v Cox [2012] 2 Cr App R 6.
31) R.(on the application of OP) v Secretary of State for Justice [2014] EWHC 1944 (Admin).

반에 걸쳐 보조하는 역할인데(assist throughout the trial), 여기에는 일반적 지원(general support), 안심(reassurance) 및 절차의 전개과정에 대한 침착한 해석(calm interpretation of unfolding events) 등이 있다. 그런데 이런 유형의 조력은 연륜있는 성인(adult with experience of life)이, 공판절차에서 원만한 의사소통이 우려되는 자의 이해를 증진시키려는 심적 태도(cast of mind)만으로도 쉽게 성취할 수 있는 것들이다. 그리고 대부분의 사례에서 이러한 조력은 충분히 제공되고 있는 것으로 보인다. 둘째는 피고인이 공판정 진술(evidence)32)을 정상적으로 할 수 있도록 돕는 역할로서 여기에는 '숙련된 지원과 해석기술(skilled support and interpretation)이 요구된다. 그리고 이 역할에는 피고인의 공판정 진술과 관련해 재판에 개입할 수 있는 역량(the potential for intervention)'이 요구되는데 이는 때때로 재판부(Bench)에 대하여 필요한 제안을 할 수 있는 역량을 요하기도 한다. 이것은 바로 진술조력인제도가 요구하고 있는 역할이기도 하다. 이 역할이야말로 가장 절실한 것이라 할 수 있는데 왜냐하면 법정진술은 피고인이 증인석(witness box)에 나아가 교호신문을 받으면서 자신을 변론해야 하는 일로서 피고인에게 가장 부담스러운 일이기 때문이다. 라시드의 항소심은 전술한 바처럼 변호인이 유능하고, 법원이 공정한 재판을 위해서 자신의 고유한 권한을 적절히 행사하는 한, 피고인의 법정진술을 돕기 위해 진술조력인이 선정되는 일은 드물 것이고, 특히 (진술에 관한 조력 이외의 조력업무는 굳이 진술조력인이 아니더라도 변호인이 수행할 수 있는 업무이므로)33) 공판절차 전반에 걸쳐서 진술조력인이 선정되는 일은 더욱 드물 것이라고 (Directions to appoint an intermediary for a defendant's evidence will thus be rare but for the entire trial extremely rare) 판시하였다.34) 만일

---

32) 'evidence'는 '증언', '증거' 등으로도 번역할 수 있겠으나 여기서는 문맥에 비추어 '(공판정)진술'로 번역하기로 한다.
33) 이 괄호 안의 이유는 필자가 이해를 돕기 위해 덧붙인 것이다.
34) 2016년 법률위원회(The Law Commission)의 한 보고서에 의하면 동 위원회도 기본적으로는 이와 같은 구분법에 동의하지만 피고인이 해리성정체감장애

변호인의 의사소통능력이 부족해서 질문이 너무 복잡하거나 부가의문
문 형태로 주어져(tagged) 피고인이 이해하기 곤란할 경우 법관이 소송
지휘(trial management) 차원에서 이에 개입해 시정할 수 있다는 것이다.

항소심은 피고인이 정당하게 재판 중 진술조력인을 신청할 수 있을
가능성을 배제하지 않았지만, 다만 그보다는 평범한 의뢰인이 재판절차
의 모든 국면에 완벽하게 참여할 수 있도록 보장해 주어야 하는 변호인
의 의무에 더 역점을 두었다. 이는 변호인이 의사소통능력이 취약한 피
고인의 재판참여를 돕는 진술조력인의 역할을 할 수 있다는 의미이다.
항소심은 피고인에 대한 진술조력인이 필요한지 여부를 판단하는 데
있어서 논의의 전제는 변호인이 특수한 훈련을 잘 받아서 진술조력인
이 개입을 신청할 필요가 없을 정도로필요한 질문들을 적절하게 잘 수
행할 수 있는 능력이 있는지 여부라고 보았다. 변호인의 이러한 능력
중에는 질의응답을 함에 있어서 부가의문문(tag question) 활용없이 간
결한 문장을 잘 사용하고 문법적으로도 간명하게 표현하는 능력 등을
말하는데, 만약 변호인에게 이러한 의사소통능력이 부족한 경우일 때에
는 진술조력인을 공판절차전반에 걸쳐서 선임하는 것은 적절한 구제방
법(remedy)이 되지 못한다고 보았다. 왜냐하면 그렇게 되면 유능한 변
호(competence advocacy)에 의해 제공되어야 하는 조력에 지불해야 할
비용을 변호인 선임자가 아닌 형사사법행정(administration of criminal
justice)이 부담하는 격이 되어버리기 때문이다.[35]

이러한 맥락에서 항소심은 원심이 진술조력인의 부족(scarcity of

(dissociative identity disorder)와 같은 중증의 정신적 취약성을 갖고 있는 경우에
는 공판절차 반에 걸쳐서 진술조력인이 선임될 필요가 있다고 한다. 이에 대해서
는 R. v Rashid (Yahya) [2017] EWCA Crim 2. para. 78. 현재 영국의 실무에서
등록진술조력인은 피고인이 법정에서 구두진술을 하는 기간에(during the period
of oral testimony) 의사소통을 보조하도록 선정되는 반면, 비등록진술조력인은
공판절차전체에 걸쳐서(throughout the duration of a trial) 선정되고 있다고 한다.
John Taggart, *Ibid.*, at 341.

35) 항소심은 라시드 케이스에서 변호인에게 이러한 능력이 부족했다고 인정하기는
어렵다고 보았다. R. v Rashid (Yahya) [2017] EWCA Crim 2. para. 81.

intermediaries)과 기타 다른 자원까지 고려할 때 피고인 진술조력인은 피고인이 법정진술을 할 경우에만 요구된다고 판시한 것은 의심의 여지없이(unimpeachably) 옳다고 판단했다.[36]

4. Rashid 판결의 배경

(1) R(OP) v Secretary of State for Justice [2015] 1 Cr App R 7 판결의 영향

전술한 바와 같이 Rashid 판결은 진술조력인의 역할 및 변호인의 자격요건에 대하여 R. (on the application of OP) v Secretary of State for Justice 케이스의 판시사항을 그대로 채택하고 있다.

위 사안에서는 제1심법원(magistrates' court)은 피고인이 심각한 학습장애(learning disability)와 아스퍼거증후군(Asperger's syndrome)[37]이 있어서 등록진술조력인이 제공되어야 한다고 명령했음에도 불구하고 법무부가 등록진술조력인의 제공을 거부한 것이 다투어졌다. 이에 항소심(The Divisional Court)은 피고인이 공판정에서 진술을 할 때에 필요한 것은 등록진술조력인이며, 등록진술조력인은 공판절차전반에 걸쳐서 필요한 것은 아니라고 판시하였다. 이 사안에서 피고인은 법무부가 불공정한 조치를 했다고 주장했는데, 등록진술조력인의 자질이 비등록진술조력인보다 낮기 때문이다. 이에 대해 법무부는 심리기간에 다음과 같은 증거들을 제출하였다. 2009년부터 2011년 사이에 등록진술조력인 신청이 97건이 있었는데, 그중 83건이 공판절차전반(duration of trial)을 위한 신청이었다. 그런데 법정진술은 며칠에 걸쳐 진행되는 반면, 공판

---

36) 물론 항소심의 판단근거에는 Rashid의 변호인은 유능했고, 그에게 진술조력인이 선임되지 못해서 그가 공판절차전반에 걸쳐서 효과적으로 참여하지 못했다는 그 어떤 증거도 없다는 점도 고려되었다. 즉 첫째, 변호인의 유능함 둘째, 진술조력인의 부재가 피고인의 절차참여에 장애요소가 되지 않았다는 사실이 전제되어 있는 판시사항인 것이다.

37) 발달장애나 자폐성 장애의 일종.

은 몇 주에 걸쳐서 지속되기 때문에, 공판절차전반을 위한 등록진술조력인 신청은 검찰측 증인(prosecution witness)의 조력에 필요한 진술조력인의 가용인원에 영향을 주게 될 수밖에 없다는 취지의 증거였다.

이에 대해 위 항소심 판결은 진술조력인의 전반적 문제가 어떻게 검토되어야 하는지에 대한 기준을 세워 제시했다(set out how the whole matter of intermediaries for defendants should be examined). 동 기준은 이 문제를 피고인과 검찰측 증인을 위한 진술조력인의 수를 균등하게 맞추려는 시도로 볼 수 있는데, 이에 따르면 피고인에 대한 진술조력인은 도움은 오로지 법정진술을 하는 경우에만 요구된다는 것이다. 결국 법원의 기준은 자원배분의 문제를 해결하려는 시도(attempt to deal with the resource issue)인 것이다. 법원은 공판정의 법정진술(evidence)을 돕기 위해서만 필요한 등록진술조력인은 매우 소수였다는 통계를 제공받았다. 만약에 피고인에 대한 등록진술조력인이 이처럼 법정진술의 경우에만 허용된다면, 여러 주에 걸쳐 진행되는 (피고인의) 발언, 검찰조사에서의 피고인진술(prosecution evidence), 그리고 변론을 위한 진술조력인의 도움은 불필요해질 것이라고 보았고 그렇게 되면 피고인과 증인측 모두에게 진술조력인은 충분해질 것이라고 판단한 것이다.

그렇지만 동 판결에서 Rafferty 판사가 구분해 제시한 진술조력인의 두 가지 역할 중에서 첫 번째인 "일반적 지원과 안심, 절차의 전개과정에 대한 침착한 해석"라는 역할에 등록진술조력인이 실제로 수행하는 상당히 많은 업무들, 예컨대 피고인에 대한 평가와 정보를 토대로 계속적인 조력을 제공하는 업무라든지 피고인의 정신적, 정서적 상태나 언어능력, 어떤 개념에 대한 이해, 피고인의 참여를 돕기 위한 공판의 속도(pace) 등을 고려하여 공판절차가 어떻게 적응되어야 할지 추천하는 업무(ground rule setting)는 포함되지 않는다는 점에 유의할 필요가 있다.38) 아울러 기본수행규칙심문(ground rule hearing)의 기초가 되는 것

---

38) David Wurtzel, Intermediaries for defendants: recent developments, Criminal Law Review (2017), at 467.

은 진술조력인의 보고(report)이다. 공판과정에서 진술조력인은 피고인 옆에 앉아서 이해정도를 점검하고, 추가적인 휴식을 요청할 수 있고, 진행중인 재판의 상황에 따라서 추가적인 대처(adaptation)를 할 수 있다. 게다가 피고인이 그들의 변호인에게 지침을 주고자 할 때에도 요구되며, 이제껏 발생한 바에 대한 이해에 비추어 증언을 할 것인지 말 것인지에 대해 의미있는 결정을 내릴 때에도 진술조력은 요구된다.[39]

(2) 공정한 재판의 의미에 대한 법원의 제한적 해석과 진술조력인의 급증

영국에서 피고인 진술조력인제의 활용이 공판과정에서 미진한 것은 일단 법정진술의 조력은 매우 전문적인 일로서 변호인의 고유한 업무영역이고, 진술조력인이 일반적으로 행하는 의사소통의 조력과 같은 일은 변호인도 할 수 있기 때문에 실질적으로 공판과정 전반에 걸쳐서 진술조력인이 필요한 경우는 거의 없다는 것인데, 한 마디로 말해 피고인의 경우는 변호인이 선임되어 있는 이상 진술조력인 선임으로 얻을 이익(benefit)이 거의 없다는 것이다.

2008년까지 법원은 공정한 재판(fair trial)을 위해서 법원의 고유한 재량으로서(under their inherent jurisdiction) 피고인 진술조력인의 선정을 명령해 오기도 하였다. 그해 가을 법원의 한 보고서에 의하면 피고인이 공판단계뿐만 아니라 공판전 단계에도 피고인의 공정한 재판을 보장해 주는 것은 법원의 의무이며, 따라서 진술조력인이 필요하다고 되어 있다. 다시 말해 피고인이 진술조력인의 도움 없이는 공정한 재판을 받을 수 없을 경우에 피고인이 절차에 참여하고 증언을 할 수 있도록 조력하도록 등록진술조력인을 선정하는 것은 법원의 권리이자 때로는 의무라고 한다.

그렇지만 법원은 피고인이 공정한 재판을 받았는지 여부의 기준은 광범위한 판단문제라고 인정해 왔다. 법원은 진술조력인의 부재만으로

---

39) David Wurtzel, *Ibid.*, at 467.

는 공정한 재판을 받을 권리를 박탈한 것은 아니라고 판시해 왔던 것이
다. 그 이유는 우선은 변호인에게 취약한 피고인의 의사소통을 도울 수
있는 능력이 기대되며, 다음으로 변호인에게 그러한 능력이 없을 경우
에 해당 피고인이 불리해지지 않도록 공판절차를 지휘하는 것은 항상
법원의 전반적인 책임에 속하기 때문이라고 한다.[40]

한편 법원실무 밖에서도 피고인 진술조력인에 대한 반론이 있는데,
2016년 Law Commission Report에 의하면 오늘날 진술조력인의 사용은
급속도로 성장했고 진술조력인이 된다는 것은 거대한 돈벌이수단이 되
었다고 한다. 이 보고서는 등록진술조력인과 비등록진술조력인에 대한
구분이 없이 보고된 것이지만, 진술조력인의 선임이 공판절차전반에 걸
친 조력을 위한 경우에만 진술조력인 제공계약을 체결하는 회사가 있
는데, 이것은 공적 자금의 무분별한 사용(not a sensible use of public
money)에 해당한다고 지적하고 있다. 진술조력인이 큰 돈을 벌 수 있는
대상이라고 생각하는 자들은 형사사법시스템은 그럴 만한 여력이 없다
는 점을 깨달아야 한다고 지적하였다. 그래서 2023년 형사실무지침(the
Criminal Practice Directions)에서도 Rashid 판결과 마찬가지로 피고인의
법정진술을 위한 진술조력인 선정은 드물 것이고, 특히 공판절차전반에
걸쳐 조력을 제공하기 위한 선정은 더욱 드물 것이라고 기술되어 있다.[41]

(3) Rashid 판결에 대판 비판

영국에서도 Rashid 판결에 대해서 다음과 같은 비판적 논평이 있다.
첫째, 이 판결은 변호사가 특별한 훈련을 받아서 적정한 자격을 갖
추면 진술조력인이 굳이 필요하지 않을 것이라고 전제하는데, 그 특별

---

40) 즉 변호인이 그러한 역할을 제대로 하지 못할 경우, 예컨대 의사소통에 문제가
   있을 경우 법관이 개입해 그러한 오류를 바로잡고 배심원들에게 별도의 지침을
   설시할 수 있다는 취지로 보인다. 이 점에 대해서는 형사실무지침(Criminal
   Practice Directions 2023)의 6.1.7 참조.
41) David Wurtzel, *Ibid.*, at, 467-469.

한 훈련이라는 것은 일정한 기관연수에 참석해서 받는 교육인데 그것은 의무적이지도 않고 누구든 참석하기만 하면 이수할 수 있는 것이라서 이것을 기준으로 삼는 것은 넌센스로 보인다는 것이다.42)

둘째, 법원인 논급하는 변호사의 전문적 소통능력(professional competence)이라는 것은 결국 피고인과 의사소통 및 질의응답을 함에 있어서 간결한 문장을 능숙하게 사용하고 문법적으로도 간명하게 표현하는 능력을 말하는데, 이러한 측면에서 변호사가 훈련이 잘 되고 유능한지 여부는 재판이 다 끝나고 나서야 판명되는 것이기 때문에 그때는 이미 진술조력인의 개입이 무의미하다. 또한 만일 유능한 변호사는 피고인과 의사소통을 잘할 수 있으므로 특별한 사정이 없는 한 진술조력인이 불필요하다면, 달리 말해 취약한 피고인을 위해 진술조력인을 선정해줄 수 있더라도, 일반 변호인의 유능함을 전제로 그 변호인조차 원만한 소통을 도와줄 수 없는 한도에서만 진술조력인의 선정이 가능하다고 한다면 이 제도의 취지가 의사소통능력이 취약한(vulnerable) 자를 변호하기 위해 탄생한 것(The history of the intermediary scheme is the history of advocates)이라는 점에 배치된다. 즉 결과적으로 유능한 변호사를 돕는 제도로 변질된다는 것이다.43)

요컨대, 법원의 판단에 따르면 변호인이 의사소통능력이 취약한 피고인에게 필요한 질문들을 적절하게 할 수 있는 능력이 부족한 경우에는 이에 더해 진술조력인을 선임하는 것은 피고인에게 적절한 구제책이 되지 못한다고 하는데 왜냐하면 특수한 훈련을 받아서 전문적 소통능력을 갖추고 있어야 할 변호인에게 치르면 충분했을 비용에 더하여 추가로 비용부담만 더 지우는 셈이 되기 때문이라고 한다. 또한 만일 변호인의 의사소통능력이 부족해서 질문이 너무 복잡하거나 부적절하게 주어져서 피고인이 이해하기 곤란할 경우 법관에게 추어진 책무상 법관이 소송지휘 차원에서 이에 개입해 시정할 수 있다고 한다. 생각건

---

42) David Wurtzel, *Ibid.*, at 470.
43) David Wurtzel, *Ibid.*, at 470.

대 변호인과 법관이 소통능력이 취약한 피고인의 절차참여를 상당한
정도로 도와줄 수 있는 것은 사실이지만, 본래 진술조력인제도가 수사
기관이나 변호인, 법관 등 절차참여자들이 취약한 증인이나 피고인과
대면하여 겪게 되는 의사소통의 한계를 극복할 수 있게 해주기 위해 탄
생한 것이라는 점에 비추어 보면, Rashid 법원의 판단은 피고인과의 소
통능력에 대해 변호인과 법관의 역할을 지나치게 과신하고 있다고 보
여진다. 즉, 의사소통능력이 취약한 증인이나 피고인의 특수성을 충분
히 고려하고 있지 못하다는 것이다.

Ⅳ. 영국 진술조력인 제도의 평가와 시사점

이상 살펴본 보와 같이 영국 진술조력인제도의 모델은 이스라엘의
'아동조사관(Youth Examiner)'제도에서 유래한 것이다. 동 제도의 시범
운용기간에 진술조력인이 절차에 참여함으로써 증인과 다른 형사절차
관계자와의 의사소통을 촉진하고, 피해자의 증언에 따르는 스트레스에
대처하는 데 도움이 되었으며(피해자 인권보호), 가해자를 처벌하고 형
사정의를 실현하는 데(실체진실주의 구현) 도움이 되었다는 평가는 우
리에게도 시사하는 바가 크다고 할 수 있으며, 진술조력인제도가 필요
한 근거를 제시해 주고 있다. 아울러 비용절감효과도 지적되는데, 경찰
이 조사하기 힘든 사건을 조기에 분류함으로써 경찰업무의 시간을 경
감시켜 주고 증인에게 적합한 어휘와 질문방식, 의사소통 방식을 활용
함으로써 증인의 집중도를 제고하고 의사소통에 소요되는 시간을 줄여
법원에서 소요되는 시간도 절약할 수 있었다고(신속한 재판) 평가된다.
이러한 도입근거 이외에도 영국(잉글랜드와 웨일즈)과 유사한 제도를
운용하고 있는 북아일랜드 법무부(DOJ: Department of Justic of
Northern Ireland)는 의사소통능력이 취약한 모든 사람들은 피해자이든
피고인이든 무기대등의 원칙(principle of equality of arms)상 진술조력

인의 보조를 요구할 자격이 있다는 입장을 제시하고 있으며44) 영국의 경우 피고인 진술조력인제도의 도입과 관련해 공정한 재판을 받을 권리(fair trial)가 법원실무에서 중점적으로 고려되고 있는 점으로 미루어 볼 때, 동 제도는 형사절차상의 적법절차와 인권보호와도 밀접한 연관성을 지닌 제도라고 자리매김할 수 있을 것이다.

이다만 현재 영국이 겪고 있는 제도 운용상의 고충은 우리에게 시사하는 바가 크다고 보인다. 영국은 우리와 달리 현재 피고인 진술조력인제도까지 도입하고 있다. 다만, 피고인에 대한 진술조력인 선임은 전적으로 법원의 재량에 맡겨 있어서 사실상 제정법이 아닌 카먼로(common law)에 의해 규율되고 있다.45) 최근 영국법원은 Rashid 판결에서 피고인 진술조력인은 공판정 진술을 하는 기간 동안에만 선임될 수 있다고 판시한 바 있는데, 그 근거는 앞서 살펴본 바와 같이 피고인에게 공판정 진술은 매우 부담스러운 일로서 그가 공판정에서 정상적으로 잘 진술할 수 있도록 돕는 역할이야말로 진술조력인이 절실히 요구되는 업무라고 말할 수 있고, 반면에 진술조력인이 수행하는 형사절차상의 일반적 조력은 변호인도 할 수 있기 때문에 공판절차 전반에 걸쳐서 진술조력인의 조력이 요구되는 경우는 실질적으로 거의 없어서 피고인의 경우 진술조력인의 선임으로 얻을 이익(benefit)이 거의 없다는 판단에 놓여 있다. 따라서 현재 영국의 실무에서 등록진술조력인은 피고인이 법정에서 진술을 하는 기간에만(during the period of oral testimony) 의사소통을 보조하도록 선정되는 반면, 비등록진술조력인은 공판전체에 걸쳐서(throughout the duration of a trial) 선정되고 있다고 한다.46) 물론 이와 같은 판단의 배경에는 진술조력인제도 운용상의 비용 내지 자원배분의 고려도 한 몫을 하고 있다. 다시 말해 Rashid 판결의 기준은 이 문제를 피고인과 검찰측 증인을 위한 진술조력인의 수를 적정하게 맞

---

44) John Taggart, *Ibid.*, at 342.
45) David Wurtzel, *Ibid.*, at 463-470.
46) John Taggart, *Ibid.*, at 341.

추려는 시도로 볼 수 있는데, 이에 따르면 피고인에 대한 진술조력인은 선정은 오로지 법정진술을 하는 경우에만 필요하다고 보아야 하는데, 이는 전술한 바와 같이 결국 자원배분의 문제를 해결하려는 시도라고 볼 수 있다.

이상 고찰해 본 영국에서 진술조력인제도의 도입의 의의와 그 문제점 등은 우리에게 여러 면에서 시사하는 바가 크다고 본다. 특히 우리나라에는 아직 피고인 진술조력인제도가 도입되지 않았기 때문에, 현재 영국에서 진행되고 있는 논의는 향후 우리나라에도 참고할 만한 부분이 적지 않을 것이라고 생각한다. 예를 들어 진술조력인의 충분한 양성과 공급이 전제되지 않을 경우에 피고인 진술조력인제도를 도입하더라도 진술조력인의 조력이 제공될 수 있는 범위가 축소될 수 있는 논리가 제공될 가능성도 있다는 것이다. 다만 영국 내에서도 현재의 그와 같은 판례의 입장이 과연 타당한 것인가에 대한 비판적 견해가 제기되고 있는 만큼 이 문제는 향후 더 많은 추가적 연구가 필요하다고 보인다.

끝으로 Rashid 판결에는 진술조력인의 역할에 대한 법원의 이해방식이 잘 드러나고 있는데, 사실상 잘 교육받은 유능한 변호인이라면 피고인 진술조력인의 역할을 해낼 수 있다는 기대를 나타내고 있으나, 이는 특히 의사소통능력이 취약한 자들에게 진술조력인제도가 절실히 필요한 근거와는 상충되는 논거라 할 수 있으므로 이에 대한 비판으로는 이하의 맺음말 부분에서 논급해 보고자 한다.

V. 맺음말

(1) Rashid 판결의 문제점

다시 처음으로 되돌아가 보자. 우리는 왜 진술조력인제도가 필요한 것일까?

여기에는 무엇보다도 다음과 같은 근본적인 문제의식이 작동하고 있다고 생각된다. 그것은 바로 근대 형사소송법이 상정하고 있는 합리적 인간이라는 기준은 어떤 유형의 사람들에게는 잘 들어맞지 않는다는 것이다. 미성년자이거나 지적장애를 겪고 있어 의사소통능력이 취약한 자들에게 일반적인 조사방법과 질문을 통해 그들로부터 정상적인 답변과 반응을 기대하려는 것은 무지의 소치이고 어불성설에 가까운 일이다. 때로는 그들이 지닌 취약성은 그들의 처지가 피해자이든 피고인이든 예상하지 못한 불행과 불이익을 남길 수 있다.

그렇지만 의사소통능력이 취약한 절차참여자의 관점과 이익은 사실상 실질적으로 형사정의가 온전히 구현되고 있는지를 가늠하게 해주는 매우 중요한 기준이 된다고 말할 수 있다. 그들의 이익과 관점이 충분히 반영되지 못하면 그 형사절차는 국가의 자기목적적이고 공허한 공권력행사에 불과할 것이기 때문이다.

이처럼 취약한 피해자들의 처지에 대한 절차상 고려에 대한 문제의식이 꾸준하게 제기되어 왔음에도 불구하고 우리나라의 경우 매우 최근에 이르러서야 성폭력처벌법의 일부개정으로 수사 및 재판과정에서 진술조력인이 지원할 수 있는 피해자 중 13세 미만 아동을 19세 미만 아동으로 확대하고, 진술조력인의 참여 목적에 형사사법절차 및 재판과정에서의 조력이 추가(제36조 및 제37조)[47]되는 진전을 이루어 냈다. 이는 우리사회에서 범죄(성폭력) 피해가 갖는 의미를 이해하지 못하는

---

47) 제36조(진술조력인의 수사과정 참여) ① 검사 또는 사법경찰관은 성폭력범죄의 피해자가 19세미만피해자등인 경우 형사사법절차에서의 조력과 원활한 조사를 위하여 직권이나 피해자, 그 법정대리인 또는 변호사의 신청에 따라 진술조력인으로 하여금 조사과정에 참여하여 의사소통을 중개하거나 보조하게 할 수 있다. 다만, 피해자 또는 그 법정대리인이 이를 원하지 아니하는 의사를 표시한 경우에는 그러하지 아니하다. <개정 2023. 7. 11.>
제37조(진술조력인의 재판과정 참여) ① 법원은 성폭력범죄의 피해자가 19세미만 피해자등인 경우 재판과정에서의 조력과 원활한 증인신문을 위하여 직권 또는 검사, 피해자, 그 법정대리인 및 변호사의 신청에 의한 결정으로 진술조력인으로 하여금 증인신문에 참여하여 중개하거나 보조하게 할 수 있다. <개정 2023. 7. 11.>

사람들, 장애를 경험해본 적도, 장애에 대한 이해도 없는 비장애인의 관점에 있는 '합리적 사람들'의 관점이 다수를 이루는 사회에서 '인식의 변화'를 이끌어 내는 것이 얼마나 지난한 과정인지를 잘 웅변해 준다고 볼 수 있을 것이다.

이 점은 특히 진술조력인제도를 선도적으로 도입한 국가의 하나인 영국을 보더라도 확인할 수 있다. 피고인 진술조력인 선임에 관한 리딩케이스인 라시드 판결을 보더라도 법원실무는 여전히 진술조력인의 역할이 기존의 다른 조력제도와 차별성이 있는지에 대해 온전한 이해에 이르고 있지 못한 것으로 보인다. 다시 말해 영국의 법원은 적절한 교육을 이수한 유능한 변호인이라면 진술조력인의 역할을 대부분 해낼 것으로 기대된다는 입장에 서있고, 만약 그럼에도 불구하고 당해사건의 변호인이 그런 능력이 결여되어 있다면 이때에는 공정한 재판을 구현하기 위해 법원이 개입하여 문제를 해결할 수 있다는 취지로 판시하고 있다. 재판절차전반에 걸쳐서 진술조력인선임을 허가해 주지 않았다고 하더라도 그것만으로 곧바로 공정한 재판의 원칙에 위배되는 것은 아니라는 영국법원의 입장은 어느 정도 수긍할 수 있다고 본다. 또한 변호인에게 일정부분 진술조력인의 역할을 담당할 것을 기대하는 것도 일리는 있다고 본다. 예를 들어 해당사건과 무관한 피해자의 성적 이력에 대한 질문이나 피해자에 대한 부당한 비난과 같이 비장애인에게도 2차 피해의 문제를 야기할 수 있는 사항에 대해서는 변호사가 그 방지 역할을 할 수 있고 또 하여야 할 것이다. 그러나 장애인 피해자의 개인적 특성과 관련하여 특별히 제기될 수 있는 2차 피해의 문제는 이는 진술조력인만이 해결할 수 있으며 전문성이 요청된다는 점은 결코 간과되어서는 안 되며 절차전반에 걸쳐서 명확히 인식해야 한다.[48] 따라서 변호인이 일정한 교육을 이수하면 진술조력인의 역할을 해낼 수 있다는 기대와 인식은 상당히 잘못된 선이해의 결과라고 생각된다. 물론 영국법원도 유능한 법률대리와 양질의 소송지휘가 있음에도 불구하고 피

---

48) 김정혜, 앞의 논문, 52면 참조.

고인의 정신적 혹은 기타의 결함으로 인해 최량의 질을 갖춘 진술과 효과적인 절차참여 및 공정한 재판의 가능성이 부족해지는 경우가 발생한다면 진술조력인이 요구될 수도 있을 것이라고 말하면서도 그러한 경우는 매우 드물 것이라고 전망하며 피고인진술조력인의 필요성에 대해서 전반적으로 매우 소극적인 인식을 드러내고 있다."49) 하지만 우리나라의 입법과정에서도 확인해 보았듯이 다양한 조력제도가 진술조력인제도와 중복될 가능성이 있음에도 불구하고 진술조력인제도가 도입, 탄생한 배경에는 진술조력인만이 의사소통이 취약한 능력의 피해자를 여타의 다른 형사절차 참여자, 예컨대, 경찰, 검찰, 변호인은 물론 법관과 원활하게 의사소통할 수 있도록 연결해줄 수 있다는 진지한 성찰이 자리잡고 있었다. 이는 형사피고인에 대해서도 마찬가지일 것이며 따라서 영국법원의 입장은 설득력 있는 법리(ratio)나 근거(rationale)라기보다 자원배분의 효율문제, 즉 피고인 진술조력인을 재판절차전반에 걸쳐서 허가할 경우 피해자 증인을 위해 필요한 등록진술조력인의 수가 부족해진다는 정책적 판단에 따른 것으로 보는 것이 더 합당하다고 사료된다.

그렇다면 피고인 진술조력인제도의 도입가능성은 긍정적이다. 양질의 충분한 진술조력인의 양성과 공급이 전제된다면 의사소통능력이 취약한 피고인에게 무기대등의 원칙과 공정한 재판을 받을 권리를 보다 두텁게 보장해 주고 적법절차 원칙을 실질적으로 구현하는 절차법적 장치라는 측면에서 향후 빠른 시일 내에 피고인 진술조력인제도가 도입되어야 할 것이고 또한 가능하다고 본다.

(2) 피고인 진술조력인제도 도입에 따른 자원배분의 문제 해결방안

오늘날 진술조력인제도는 대상범죄를 불문하고 피해자, 피고인, 참고인, 증인 구분없이50) '의사소통능력이 취약한' 자들을 돕기 위해 활

---

49) R. v Rashid (Yahya) [2017] EWCA Crim 2에서 'inherent power of the court' 참조.

용될 필요가 있는 것이 지배적 견해로 보인다.[51] 여기서 한 걸음 더 나아가 한 진술조력인 형사절차의 처음부터 끝까지 역할을 할 수 있도록 제도화하자는 견해까지 제시되고 있는 실정이다. 그 논지는 아래와 같다.

> "성폭력 범죄 피해 장애인에 대한 지원 경험이 있는 활동가들은 지원 담당자가 변경되지 않고 지속적으로 피해자를 지원하는 체계의 중요성을 강조한다. 피해자의 특성은 한 번에 포착되기 어려우며, 범행은 '폭행, 협박을 수반한 성기 삽입'과 같이 명료하게 정리되는 '단 1회의 가해 행위'라기보다는 '연속적인 행위의 일부'이다. (중략) 그러나 담당자가 변경되면 그동안 쌓았던 이해의 깊이는 단절되고, 다시 얕은 정보로부터 새롭게 시작하여야 한다는 것이다. 따라서 형사사법절차의 시작부터 최종심 판결이 선고되어 그 결과가 피해자에게 전달되고 필요한 사후지원이 확보되는 시점까지, 인적 지속성이 담보될 수 있는 단일한 통로를 확보하는 것이 중요하다. 의사소통에 어려움이 있는 피해자일수록 그 필요성은 강조되어야 하며, 의사소통적 전문성을 갖고 있는 진술조력인이 그 역할을 담당하는 것이 적절하다고 생각된다."[52]

실제로 이미 국내에서도 대상범죄와 연령 등에 있어서 적용범위가 확대되었으며, 앞서 살펴본 바와 같이 영국은 이미 피의자 및 피고인에게도 진술조력인제도가 확대되어 인정되고 있다. 본고 역시 형사절차의

---

50) 현행 진술조력인의 선정 등에 관한 규칙 제1조의2(정의)에 따르면 진술조력인의 도움을 받을 수 있는 피해자등에는 개별 법령에 따라서 피해자, 참고인, 증인 등이 적시되어 있다. 다만, 아직 '피고인'을 포함시킨 법령은 없다.

51) 예를 들어 "진술조력인의 조력을 받을 권리는 성폭력이나 아동학대범죄의 피해 아동이나 장애인뿐만 아니라, 나아가서 '의사소통이나 의사표현에 장애가 있는 사람' 및 '장애에 준하는 상태로 인하여 의사소통이나 의사표현에 어려움이 있을 것으로 의심되는 사람'에게도 보장되어야 한다. 아울러 진술조력인 제도는 피의자나 피고인 등 가해자의 경우에도 지적장애인의 수사 및 재판절차에서 의사소통을 중개하거나 보조하도록 확대할 필요가 있다."는 견해로는 송진경, "진술조력인제도의 개선방안: 범죄피해자인 지적 장애인에 대한 진술조력을 중심으로", 명지법학 제20권 제1호 (2021) 참조.

52) 김정혜, 앞의 논문, 82-83면.

공정성과 신속성 등을 위해서 조력대상자의 범위가 피고인으로까지 확장되어야 한다는 입장이다.[53] 다만, 앞서 검토해 본 바와 같이 피고인 진술조력인제도를 앞서 도입한 영국어 겪고 있는 시행착오와 고충[54]은 이러한 확대경향에 중요한 시사점을 제공해 준다고 볼 수 있다. 다시 말해 영국의 경우 피고인 진술조력인의 선정범위를 '법정진술'으로 국한시킴으로써 당초 진술조력인제도로 보호하고자 했던 피해자 증인이 진술조력인의 도움을 받지 못하게 될 가능성을 최소화해 양자에게 필요한 진술조력인 수의 균형을 맞추고 있는 것으로 보인다. 즉 현실적으로 모든 피해자와 피고인에게 진술조력인을 선정해 주기 어렵다면, 일정한 한계설정을 통해 자원배분의 문제를 해결할 수밖에 없다는 것이다.

이러한 맥락에서 볼 때, 장차 진술조력인제도가 피고인으로까지 확대되는 방향으로 개선될 가능성이 높다고 한다면, 이러한 개선안이 이상론[55]에 그치지 않기 위해서는 현실적으로 마주치게 될 진술조력인의

---

53) 사건의 실체적 진실을 규명에 관여하는 모든 관계자들(가해자, 피해자, 참고인, 증인)은 의사소통에 취약성이 있다면 진술조력인의 도움을 받을 수 있도록 제도를 보완해야 한다는 입장으로는 김지영, 앞의 논문, 647면 참조.

54) 필자가 작년에 영국 옥스퍼드대에 방문학자로 체류하던 기간 중 영국 University College London의 법대건물에서 개최된 옥스퍼드, 캠브리지, UCL 세 대학의 조인트 형사법 세미나인 Assize seminar에 참석했던 당시, 영국의 진술조력인 제도에 대한 논의가 있었고, 당일 "Cut adrift: In Search of effective participation for children in police custody"란 제목의 발표를 한 발표자(Miranda Bevan)는 필자의 질문에 대해 영국은 진술조력인제도 확대문제와 관련해 복잡한 사정을 안고 있다고 답변해 준 바 있다. 영국의 제도와 관련해, '검시와 정의에 관한 법률(The Coroners and Justice Act 2009)'에 피의자·피고인을 위한 진술조력인제도가 규정되었음에 불구하고 현재까지 이 법률에 의해서 마련된 피의자·피고인 진술조력인 제도가 시행되지 못하고 있는 이유에 대해서는 정확한 검토와 확인이 필요하다고 생각한다. 이 문제에 대한 심층연구는 후일을 기약하고자 한다.

55) 제도적 확대의 전제로 국가적 재원마련은 물론 그러한 전문적인 인력의 양성시스템이 뒷받침되어야 한다는 적확한 지적으로는 김지영, 앞의 논문, 647-647면. 동 문헌에 따르면 여전히 장애인의 특성에 대한 진술조력인의 전문성이 부족하다고 한다.

수급과 관련된 자원배분의 문제를 고려해야만 한다. 그 해결방안으로는 무엇보다도 애당초 진술조력인을 가장 필요로 했던 사례군, 이를테면 '성폭력' '장애인(아동)' '피해자'에 대한 진술조력인의 선임이 성폭력 범죄가 아닌 다른 범죄나 비장애인(성인)이나 피고인에 대한 진술조력인 선임과 경합된다면 전자에 우선권을 두는 법규를 마련하는 것을 제안하고자 한다. 물론 가장 이상적으로는 모든 경우에 대비해 필요충분한 진술조력인을 양성해 조력을 필요로 하는 자에게 선임해 주는 것이 바람직하겠지만, 이는 현실적으로 달성하기 어려울 것이고 따라서 진술조력인 선임의 우선순위를 정하는 방향으로 이 문제를 해결하는 것이 현실적인 대안이 될 수 있다고 생각한다. 다만 이러한 제안은 자원배분 문제를 해결하기 위한 하나의 선택지일 뿐이고 향후 이와 관련된 보다 많은 논의가 이루어지기를 희망한다.

[본서의 기초가 된 필자의 연구업적목록]

안성조, "형법상 근본원칙의 계약론적 정당화 - 롤즈의 구상에 기초하여 - ", 제주대학교 법과정책 제30권 제2호 (2024)

______, "형법 제16조에 대한 유기천 교수의 해석론 연구", 제주대학교 법과정책 제22권 제2호 (2016)

______, "위법성조각사유의 전제사실의 착오에 대한 대법원 판례의 재검토 - 오상을 이유로 위법성을 조각하는 법리의 의의와 한계 - ", 형사정책 제34권 제4호 (2023)

______, "위법성조각사유의 전제사실의 착오에 관한 유기천 교수의 견해 연구 - 오상방위를 중심으로 - ", 연세법학 제45호 (2024)

______, "영국형법에서 오상방위의 취급에 관한 연구 - 대법원 판결에 대한 함의 - ", 비교형사법연구 제26권 제2호 (2024)

______, "합동범의 공동정범", 연세대학교 법학연구 제31권 제3호 (2021)

______, "준강간죄의 불능미수", 연세대학교 법학연구 제30권 제3호 (2020)

______, "재산범죄의 객체로서 재물과 재산상 이익", 형사법연구 제32권 제3호 (2020)

______, "신용카드부정사용죄에서 '기망하거나 공갈하여 취득한 신용카드'의 의미와 그 해석론적 근거에 대한 재검토", 법조 제72권 제3호 (2023)

______, "임의제출물 압수에서 '임의성' 요건 - 자백배제법칙과 미란다 판결의 함의", 형사법연구 제33권 제1호 (2021)

______, "증언번복진술조서의 증거능력과 증거동의의 효력", 법조 제72권 제1호 (2023)

______, "공소사실의 동일성 판단기준과 一事不再理의 효력이 미치는 범위", 형사법연구 제34권 제1호 (2022)

______, "피고인 진술조력인제도 도입가능성에 관한 연구 - 영국 판례의 시사점을 토대로 - ", 경찰법연구 제22권 제2호 (2024)

안성조

현 제주대학교 법학전문대학원 교수
영국 옥스퍼드 대학교 법학부 방문학자

주요저서

형법상 법률의 착오론(경인문화사, 2006)
기업범죄연구 제1권(경인문화사, 2009, 공저)
기초법 연구 제1권(경인문화사, 2009)
현대 형법학 제1권(경인문화사, 2011)
현대 형법학 제2권(경인문화사, 2015)
법과 진화론(법문사, 2016, 공저)
법학에서 위험한 생각들(법문사, 2018, 공저)
현대 형법학 제3권(경인문화사, 2019)
법의 딜레마(법문사, 2020, 공저)
형법개론(정독, 2022, 공저)
형법학(경인문화사, 2022)
법의 미래(법문사, 2022, 공저)

현대 형법학 제4권

초판 인쇄 | 2024년 09월 23일
초판 발행 | 2024년 09월 30일

지은이 | 안성조
펴낸이 | 한정희
펴낸곳 | 경인문화사
편집부 | 김지선 한주연 김숙희
마케팅 | 하재일 유인순
주 소 | 파주시 회동길 445-1 경인빌딩 B동 4층
전 화 | 031)955-9300   팩스 | 031)955-9310
출판신고 | 제406-1973-000003호
홈페이지 | http://www.kyunginp.co.kr
이 메 일 | kyungin@kyunginp.co.kr

ISBN 978-89-499-6818-6 93360
값 48,000원